자연계열 ▶
교과세특
탐구주제
바이블

KB220944

저자 소개

안병선 ── 광덕고등학교 진로전담교사

- 2022 개정 교육과정 고등학교 〈진로와 직업〉 교과서 집필
- 〈성공적인 대입을 위한 면접 바이블〉, 〈학과연계 독서탐구 바이블〉 집필

안준범 ── 광주 중앙고등학교 진로전담교사

- 現) 건국대학교 진로진학상담전공 겸임교수
- 2022 개정 교육과정 고등학교 〈진로와 직업〉 교과서 집필

이남설 ── 수원외국어고등학교 진로전담교사

- 주요 대학 교사자문위원, 한국교원연수원 고교학점제 대표강사
- 네이버 카페 '진로진학상담 무작정 따라하기', '1만시간의법칙으로 명문대학가기' 운영자
- 2022 개정 교육과정 고등학교 〈진로와 직업〉 교과서 집필
- 〈독서탐구 바이블〉, 〈직업 바이블〉, 〈면접 바이블〉, 〈학생부 바이블〉, 〈교과세특 탐구주제 바이블〉, 〈교과세특 기재 예시 바이블〉 등 다수 집필
- 진로 포트폴리오 〈하이라이트〉(고등학교) 개발
- 엑셀을 활용한 '교과세특 전문가', '진로 기반 학생부', '진로 진학 수시 상담', '1만 시간의 법칙 공부 시간 관리' 등 다수 프로그램 개발

김래홍 ── 신평고등학교 진로전담교사

- 충청남도진학교육지원단
- 충청남도고교학점제전문지원단
- 주요 대학 교사자문위원

허정욱 ── 의정부여자고등학교 영어교과교사

- 〈성공적인 대입을 위한 면접 바이블〉, 〈학과연계 독서탐구 바이블〉 집필

전소영 ○ 청학고등학교 영어교과교사

- 경기도교육청 학교생활기록부 강사요원
- 구리남양주교육청 학교생활기록부 현장지원단
- 디지털 기반 교육혁신 선도학교 터치교사단 및 현장지원단
- 경기도 미래교실연구회
- 창의인성영어수업디자인연구회
- 네이버 블로그 '꿈꾸는 영어쌤' 운영자 (학교생활기록부 업무 및 영어 수업) ⌂ https://bit.ly/46UO9Jr
- 유튜브 '꿈꾸는 영어쌤' 운영자(학교생활기록부 및 에듀테크) ⌂ https://bit.ly/3Tmz0cT
- 〈학생부 바이블〉 집필

고재현 ○ 성남여자고등학교 국어교과교사

- 유튜브 '고재쌤' 운영
- 대입, 고입, 공부법, 학생부종합전형, 면접 관련 컨설팅 다수
- 한국외국어대학교 대입교사자문위원회 자문위원
- 〈성공적인 대입을 위한 면접 바이블〉, 〈학과연계 독서탐구 바이블〉 집필

은동현 ○ 대구 함지고등학교 국어교과교사

- 네이버 밴드 '고등학교 담임쌤들의 시너지' 운영자 ⌂ https://band.us/@sorry95
- 대구가톨릭대학교 사범대학 국어교육과 산학협력 교수
- '주제 탐구활동 기획 및 기재 전략', '학교생활기록부 차별화 전략', '고교학점제와 28대입 전략' 등 중고등학교 대상 특강 다수 진행
- 고등학교 학교생활기록부 컨설팅 자문위원 활동
- 前) 국어과 연구 교사(대구시교육청)
- 前) '중등교사 특색 있는 수업 발표대회' 국어계열 1등급 수상(대구시교육청)
- 〈교과세특 추천 도서 300(공학계열)〉, 〈출제자의 시선〉 집필

강서희 ○ 안양문화고등학교 진로전담교사

- 2022 개정 교육과정 〈성공적인 직업생활〉 교과서 집필
- 〈10대를 위한 홀랜드 유형별 유망 직업 사전〉, 〈교과세특 탐구주제 바이블〉, 〈교과세특 추천 도서 300〉, 〈학생부 바이블〉 등 다수 집필
- 2022 개정 교육과정 〈직업계고 진로 워크북〉, 2022 개정 교육과정 〈중학교 창체 진로활동 워크북〉 집필
- 〈청소년을 위한 직업 카드〉, 〈미래 유망 신직업 카드〉, 〈MBTI 롤모델 카드〉, 〈드림온 스토리텔링 보드게임〉, 〈원하는 진로를 잡아라 보드게임〉 등 다수 개발

김강석 〉 숭신여자고등학교 진로전담교사

- 한국교원연수원 고교학점제 대표강사
- UN청소년환경총회 자문 및 심사위원
- 前) 경기진로전담교사협의회 부회장
- 前) 교육과정평가원, 환경부, 교육부, 한국과학창의재단 자문위원
- 〈학과 바이블〉, 〈나만의 진로 가이드북〉, 〈학생부 바이블〉, 〈교과세특 탐구주제 바이블〉, 〈면접 바이블〉 집필
- 2009 ~ 2022 교육과정 환경 및 진로 교과서 등 총 10종의 교과서 집필
- 고등학교 진로 부교재 〈하이라이트〉 등 다수의 진로 관련 도서 집필
- 청소년 진로·직업 온라인 교육 콘텐츠 '초현실 세계가 온다, 메타버스의 세계' 개발
- KB은행 진로 영상 제작(교육부, 전국진로진학협의회)

한승배 〉 양평 청운고등학교 진로전담교사

- 前) 청소년 사이버범죄예방 교과연구회, 정보통신윤리교육 교과연구회 회장
- 前) 전국선플교사협의회 회장
- 네이버 카페 '꿈샘 진로수업 나눔방' 운영자 ⌂ https://cafe.naver.com/jinro77
- 2022 개정 교육과정 중학교, 고등학교 〈진로와 직업〉 교과서 집필
- 2015 개정 교육과정 중학교, 고등학교 〈진로와 직업〉, 〈성공적인 직업생활〉, 〈기술·가정〉 교과서 집필
- 〈10대를 위한 직업 백과〉, 〈미리 알려주는 미래 유망 직업〉, 〈직업 바이블〉, 〈10대를 위한 홀랜드 유망 직업 사전〉,
  〈유 노 직업 퀴즈 활동북〉, 〈학습만화 직업을 찾아라〉 집필
- 〈학과 바이블〉, 〈학생부 바이블〉, 〈고교학점제 바이블〉, 〈교과세특 탐구주제 바이블〉, 〈교과세특 추천 도서 300〉,
  〈면접 바이블〉, 〈학과연계 독서탐구 바이블〉, 〈특성화고 학생을 위한 진학 바이블〉, 〈미디어 진로탐색 바이블〉 집필
- 〈청소년을 위한 학과 카드〉, 〈청소년을 위한 직업 카드〉 개발
- 〈드림온 스토리텔링 보드게임〉, 〈원하는 진로를 잡아라 보드게임〉 개발

서수환 〉 장곡고등학교 진로전담교사

- 주요 대학 교사자문위원 활동
- 2009 개정 교육과정 교과서 집필
- 〈성공적인 대입을 위한 면접 바이블〉, 〈학과연계 독서탐구 바이블〉 집필

유홍규 〉 서신여자고등학교 진로전담교사

- 충남진학교육지원단, 충남진학지도협의회
- 2022 개정 교육과정 고등학교 〈진로와 직업〉 집필
- 〈성공적인 대입을 위한 면접 바이블〉, 〈학과연계 독서탐구 바이블〉 등 집필

차례

1. 교과 세부능력 및 특기사항(교과세특)이란

1 교과학습 발달상황이란?

학교생활기록부 중 교과 학습 발달상황에서는 학생의 학업능력을 확인할 수 있는 핵심 자료로 학업에 대한 수월성과 충실성을 살펴볼 수 있다. 이곳에서는 수강자 수, 등급, 원점수, 평균, 표준편차 등을 종합적으로 고려한 과목별 학업성취도와 선택교과 이수 현황을 통해 학업역량을 확인할 수 있으며, 전공 및 진로와 관련된 교과 이수 현황과 성취도를 통해 학업 우수성 및 전공(계열) 적합성을 확인할 수 있다. 이와 함께 학년별 성적 추이와 전반적인 교과에서 균형 잡힌 고른 성취 등을 통해 학생의 성장 잠재력과 발전 가능성, 그리고 학업에 임하는 성실성을 엿볼 수 있다.

교과 담당 선생님의 기록인 세부능력 및 특기사항은 학생의 수업태도, 수업활동 및 학습내용(발표, 토론, 실험 등), 과제 수행 과정 및 내용, 교사와의 상호작용 등 정량적인 수치에서 드러나지 않는 학생의 학업 역량 및 인성적 측면을 살펴볼 수 있는 의미 있는 자료이다. 더불어 학업에서 어려움을 극복하고 자신의 방식으로 발전하려는 모습을 통해 자기주도적 학습태도를 확인할 수 있다. 따라서 평소 학교 수업을 충실히 준비하고 적극적으로 참여하려는 것이 중요하다.

대학에서는 이렇게 평가해요.

1. 학생부교과전형에서는 학업 성취도가 지원자의 학업 역량을 평가하는 주요 지표가 된다.

2. 학생부종합전형에서는 학업 역량, 진로 역량, 공동체 역량 등을 판단하는 여러 요소 가운데 하나로 활용되고 있다. 등급과 원점수뿐만 아니라 이수 과목, 이수자 수, 평균과 표준편차 등을 종합적으로 평가한다.

3. 종합적인 학업 성취도와 함께 학년의 변화에 따른 성적 변화를 함께 고려해 발전 가능성 등을 평가한다.

4. 다양한 과목 구분에 따라 학기별로 분석된 자료를 참고해 지원자의 학업 성취도를 평가하고 전 과목이나 주요 과목을 통해 전체적인 학업 능력을 평가하며, 지원자가 전공하고자 하는 분야와 관련된 교과목에 대한 개별적인 평가를 진행한다.

5. 세부능력 및 특기사항 기록 내용을 통해서 교과 수업에서 이루어진 학습 활동을 바탕으로 학생이 실제 습득한 학업 역량과 학업 태도를 종합적으로 평가한다.

6. 수업과 과제수행 과정에서 학생이 보여 준 주도적인 학업 노력, 열의와 관심, 성취 수준, 다양한 탐구 방법의 모색 등 의미 있는 지적 성취에 대한 교사의 관찰 결과에 주목한다.

7. 교과 관련 독서, 토론, 글쓰기, 탐구 활동, 실험 등 다양한 학습 경험에 대한 교사의 기록 내용을 참고로 학생의 학업 태도를 파악한다.

8. 교과 세부능력 및 특기사항을 통해 자기 주도적인 배움의 확장성, 토론이나 실험, 과제 수행, 집단 학습 같은 다양한

학습 경험과 창의성, 자기 주도성, 학업에 대한 열정 등을 평가한다.

9. 교과 수업 중 각종 탐구활동에 얼마나 자기 주도적으로 참여하였는지, 본인의 역량을 키우기 위해 어떤 프로그램에 관심을 갖고 참여하였는지를 평가한다.

② 교과 세부능력 및 특기사항

교과 세부능력 및 특기사항은 흔히 '교과 세특'이라고 줄여서 사용한다. 교과 세특은 과목 담당 교사가 한 학기 동안 수업 시간을 통해 관찰한 학생의 성장 과정과 탐구 모습을 기록하는 항목이다. 단순한 성취 결과보다 과목별 성취 기준에 따른 성취 수준의 특성 및 참여도, 태도 등 특기할 만한 사항을 구체적이고 객관적으로 입력한다.

또한 교과 세특에 기재된 내용을 통해 수업 환경을 확인하고, 과목별 수업 시간에 나타난 학생의 자세, 태도, 교과 관련 활동, 탐구 과정, 성취와 결과, 개인의 우수성 등을 전체적으로 확인해 종합적으로 평가한다.

대학은 세특 항목을 통해 학업 역량 및 진로 역량 외에도 공동체 역량, 학습 태도, 성실성, 적극성, 창의성, 문제해결 능력 등 다양한 역량을 평가할 수 있다. 과제수행 과정 및 결과, 수업 시간 내 토론, 모둠활동, 발표의 주도성 등을 통해 드러난 모습을 통해 학생이 가진 대부분의 역량을 파악할 수 있다 해도 과언이 아니다. 따라서 세특 기록에 자신의 역량이 구체적으로 잘 나타나도록 적극적으로 수업에 참여한다면 긍정적인 평가를 받을 수 있다.

③ 교과 세부능력 및 특기사항의 중요성

교과 세부능력 및 특기사항이 중요한 이유는 과목의 수업 시수가 창의적 체험활동 전체 시수보다 많기 때문이다. 여러 과목의 평가가 모여 서술되기 때문에 물리적으로 시간이 더욱 많으며 내용도 창의적 체험활동보다 많아 지원자에 대한 정보가 풍성하다.

또한 학생에 대한 평가가 보다 객관적이다. 창의적 체험활동의 진로활동이나 행동특성 및 종합의견의 경우 담임교사가 기재하기 때문에 한 사람의 서술이지만, 교과 세특은 고교 3년 동안 여러 명의 교과 담당 교사가 한 학생을 평가하는 것이어서 상대적으로 더 높은 신뢰도를 가지게 된다.

2. 탐구활동 방법 및 결과물

① 탐구활동이란

탐구활동에 관하여 명확하게 정의된 내용은 없다. 하지만 고등학교에서 이루어지는 탐구활동은 '평소 의문을 가지고 있던 다양한 문제를 여러 가지 방법을 이용하여 해결해 가는 것으로, 학생 스스로 탐구주제를 정하고 주제에 맞게 탐구를 설계하며, 탐구를 통하여 문제를 해결해 가는 일련의 활동'이라고 할 수 있다.

즉 학생이 궁금하던 문제를 찾아 효과적인 방법을 스스로 모색하고, 그 방법으로 문제를 해결한 뒤 이를 다른 사람에게 알리는 과정을 의미한다.

② 탐구활동의 종류

이러한 탐구활동에는 관찰, 실험, 현장조사, 문헌조사 등이 있다.

1. 관찰	2. 실험	3. 현장조사	4. 문헌조사
식물의 재배나 동물의 사육, 에너지 사용 실태	다양한 기구 및 약품을 활용한 실험	수목원 또는 동물원 견학	전문 서적 또는 논문 조사

③ 탐구활동 결과물 예시

탐구활동 후에는 발표 및 전시 이외에도 다음과 같은 다양한 결과물을 만들 수 있다.

탐구활동 결과물	예시
지필 결과물	연구보고서, 담화, 편지, 포스터, 계획서, 시, 브로슈어, 팸플릿, 질문지, 자서전, 에세이, 서평, 보고서, 사설, 영화 스크립트.
프레젠테이션 결과물	연설, 토론, 연극, 노래, 뮤지컬, 구두 보고, 패널 토론, 드라마 연극, 뉴스 방송, 토론, 춤, 제안서, 데이터 표현(차트 등), 전시, 사진
테크놀로지 결과물	컴퓨터 토론, 컴퓨터 그래픽, 프로그램, 웹사이트, 커뮤니티 맵핑 자료
미디어 결과물	오디오테이프, 슬라이드 쇼, 비디오테이프, 작도, 회화, 조각, 콜라주, 지도, 스크랩북, 역사적 증언, 사진 앨범
연습 결과물	프로그램, 매뉴얼, 작업 모형, 아이디어 노트, 통화 일지 등
계획 결과물	계획서, 예측, 입찰, 로드맵, 순서도, 일정표
구성 결과물	물리적 모형, 소비자 제품, 시스템, 과학적 실험, 음악회

3. 탐구주제 선정 방법

이러한 탐구활동을 위해 가장 먼저 해야 할 일은 바로 탐구주제를 선정하는 것이다.

"좋은 교과 학생부(세특)의 시작은 좋은 탐구주제 선정부터"

좋은 탐구활동 그리고 좋은 교과 세부능력 및 특기사항의 시작은 좋은 주제 선정부터라는 말이 있듯이 탐구활동을 하는 데 있어 가장 중요한 것이 바로 탐구주제 선정이다. 하지만 대부분 학생이 탐구주제 선정에 어려움을 겪고 있다.

그 이유 중 하나가 너무 큰 욕심으로 실현 불가능한 탐구주제를 선정하거나 주제에 대한 기본적인 이해가 없기 때문이다. 또한 모둠활동의 경우 모둠원과의 합의 과정에서 많은 시간과 열정을 소비하게 되면서 탐구 시작부터 너무 많은 에너지를 쓰기 때문에 주제 선정에 어려움을 겪게 된다.

그러므로 탐구주제를 선정할 때는 평소 교과 수업을 들을 때나 자신이 희망하는 전공(계열) 분야에 관련해서 품었던 호기심을 해결하기 위한 탐구주제를 선정해야 한다. 우리 주변의 아주 작고 사소한 소재라 할지라도 평소 무심히 지나쳤던 것들에 조금만 더 관심을 갖고 의문을 품어 본다면 좋은 탐구주제가 될 수 있다.

그 외에도 TV나 도서 그리고 매체를 통해 접했던 것들을 떠올려 보거나, 일상 속에서 불편함을 느꼈던 것들을 찾는 과정 중 내가 더 알고 싶은 것을 탐구주제로 선정할 수 있다.

1 탐구주제 선정 시 유의할 사항

1) 이 주제를 선정할 충분한 이유(동기)가 있는가?

2) 주제에 대한 충분한 흥미가 있고 나의 전공, 계열과 연계된 문제인가?

3) 고등학교 수준에 적합한 주제인가?

4) 새롭고 독창적인 문제인가?

5) 탐구 진행 시 충분한 시간과 기술을 가지고 있는가?

6) 고등학생으로서 필요한 자료의 수집이 가능한가?

7) 모둠원들의 능력과 지식으로 해결할 만한 주제인가?

선정 이유	흥미/관련성	난이도	독창성	시간	자료 수집	해결 가능성
주제 선정 시 충분한 이유(동기)가 있는가?	주제에 흥미, 희망 전공과의 관련성이 있는가?	고등학교 수준에 적합한 주제인가?	새롭고 독창적인 문제인가?	탐구활동 진행 시 충분한 시간이 있는가?	고등학생으로서 필요한 자료의 수집이 가능한가?	모둠원들의 능력과 지식으로 해결 가능한가?

tip 탐구활동의 독창성

이를 위해 탐구주제를 선정할 때 독창성을 고려해야 한다. 독창성은 탐구의 생명이자 가장 중요한 요소이다. 탐구의 독창성은 새로운 사실이나 소재의 발견, 새로운 이론의 발견을 통해 달성할 수 있다. 하지만 이미 다루어진 사실이나 소재를 대상으로 하더라도 그것을 다루는 원리나 방법이 새롭고, 이미 밝혀진 이론을 적용하더라도 결과물이 새로운 것이라면 이 또한 충분히 독창성이 있다고 볼 수 있다.

② 학교에서 배운 내용에서 탐구주제 찾아보기[1]

대학의 평가자들은 학생을 평가할 때 고교의 교육과정에 충실했는지에 관심이 있다. 예를 들어 지원자가 〈생명과학〉 과목을 이수했다면 '효소의 작용'을 제대로 이해했는지 확인하고 싶어 한다. 그래서 학교생활기록부에는 효소의 작용을 잘 이해했는지를 알 수 있게 특기사항을 기록한다. 그런데 우수한 학생을 선발하려고 하는 대입 과정에서는 교과 내용의 이해에만 그치면 좋은 평가를 받지 못한다. 그다음이 있어야 한다.

효소의 작용을 배울 때 활성화 에너지와 기질 특이성에 대해서도 배운다. 여기서는 적어도 세 개의 과학적 개념을 이해해야 한다. '효소', '활성화 에너지', '기질 특이성'이다. 이를 알게 되었다면, 이 개념들로 생명체의 다양한 기관에서 벌어지는 현상을 분석할 수 있어야 한다. 즉 적용할 수 있어야 한다. 쉽게 말해 학교에서 배운 내용을 써먹을 줄 알아야 한다는 것이다.

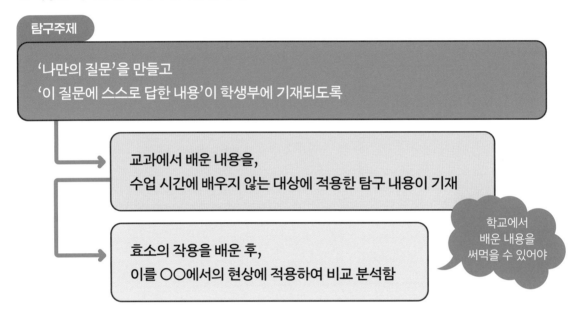

즉 교과 내용을 이해한 후, 그 내용에 관심을 가지고 궁금해 하는 호기심이 필요하다.

예를 들어 대기권의 층상 구조에는 대류권, 성층권, 중간권, 열권이 있다. 이 중 오존층이 있는 곳은 성층권으로 이는 수업 시간에 배우는 내용이다. 그런데 이 내용에 더 호기심을 가지게 된다면 다음과 같은 질문을 할 수 있으며, 이는 좋은 탐구주제가 된다.

"왜? 오존층은 성층권에만 있을까?"

또한 좋은 탐구주제를 위해서는 개념을 이용하여 어떤 현상을 이해할 수 있도록 심화 질문을 만들고 책이나 논문을 통해 그 답을 찾는 과정이 필요하다.

---

1. 의약 계열 특기사항은 이렇게 관리하세요(문성준, 〈조선에듀〉, 2023. 4. 28)

| 심화 질문을 만들고 책이나 논문을 통해 그 답을 찾아보기 |

- 효소의 작용에 문제가 있다면 어떤 질병을 앓게 될까?
- 그 질병은 어떻게 치료할 수 있을까?

책: 궁금한 내용을 큰 틀에서 여러 다른 개념과 현상을 연결 지어 이해할 수 있음 (탐구의 확장)
논문: 구체적인 데이터와 깊이 있는 설명과 분석을 얻을 수 있음 (새로운 지식 습득 가능)

그 외에도 학생 수준에 맞는 문제해결 과제를 설정하고 해결방안을 구상해 보는 것이 중요하다. 즉 효소의 내용을 배운 후 효소를 이용한 치료제 개발 가능성에 대해 학생 수준에 맞는 자료를 찾고 제시한다면 좋은 탐구주제와 세특이 될 수 있다.

다음은 〈생명과학〉 과목을 이수하고 '효소의 작용'을 주제로 진행한 탐구활동에 대한 교과 세부능력 및 특기사항의 예시이다.

학생부 예시 : 생명과학

효소의 작용을 배운 후, 인체에 소화기관에서 작용하는 립아제 효소의 활성 이상으로 발병하는 췌장암 질환의 치료 가능성을 책과 심화 자료를 참고하여 탐구함. 립아제 효소가 비활성 상태에서 ○○한 이유로 작용하지 못함을 알고, 비활성 상태에 대한 약물 실험에서 ○○한 과정으로 호전됨을 바탕으로 치료 가능성을 제시함.

'○○'에는 매우 구체적인 내용이 기재되어야 탐구 과정도 드러나고 근거를 바탕으로 한 탐구 내용도 담을 수 있음.

마지막으로 대학은 지원자가 기본적으로 고교 교육과정에 충실했는지를 본다. 문학 과목에서 문학 비평 개념을 배웠다면 이를 교과서 외 문학 작품에 적용해서 분석하는 탐구활동을 해야 한다. 국어 교과에서 매체별 특징적인 언어 현상을 배웠다면 특정 매체의 언어 현상을 더 구체적으로 분석할 수 있어야 한다.

하지만 하나의 주제를 가지고 한 과목에서만 심화 탐구를 해서는 안 된다. 국어, 영어, 사회, 과학, 교양 등 다양한 과목과 연결 지어 탐구할 수 있다면 예시와 같이 관련 주제를 연결하여 탐구가 가능하다.

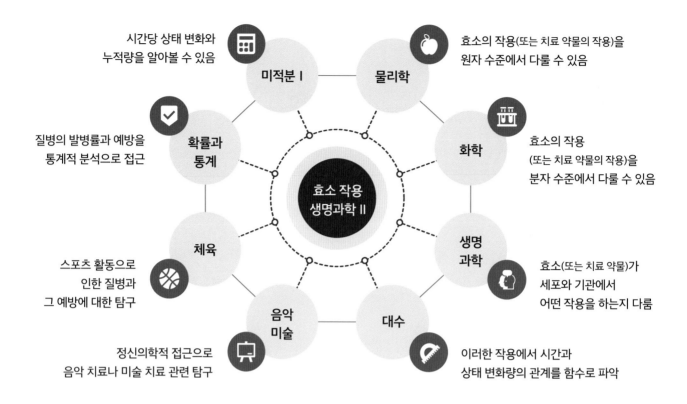

시간당 상태 변화와
누적량을 알아볼 수 있음

미적분 I

물리학

효소의 작용(또는 치료 약물의 작용)을
원자 수준에서 다룰 수 있음

질병의 발병률과 예방을
통계적 분석으로 접근

**확률과
통계**

화학

효소의 작용
(또는 치료 약물의 작용)을
분자 수준에서 다룰 수 있음

**효소 작용
생명과학 II**

스포츠 활동으로
인한 질병과
그 예방에 대한 탐구

체육

**생명
과학**

효소(또는 치료 약물)가
세포와 기관에서
어떤 작용을 하는지 다룸

**음악
미술**

대수

정신의학적 접근으로
음악 치료나 미술 치료 관련 탐구

이러한 작용에서 시간과
상태 변화량의 관계를 함수로 파악

❸ 선택 교육과정을 통한 탐구주제 선정하기

탐구주제를 선정하는 가장 좋은 방법은 학교 수업시간에 배운 내용에 호기심을 가지고 이를 심화·확장하는 것이다.

지금까지 배운 교과에서 자신이 진행한 교과활동의 목록을 확인하고 학교 교육과정을 살펴보아 올해 또는 다음 연도의 선택교과 중 심화 또는 확장할 수 있는 주제를 검토해 탐구 로드맵을 작성한다면 고등학교 과정 전체의 탐구주제를 명확히 할 수 있을 것이다.

이때 다음과 같이 질문을 통해 탐구주제를 구체화하면 좋은 탐구주제를 선정할 수 있다.

탐구주제 선정의 팁!

- 이전 연도 학생부 교과세특에서 나의 탐구 역량이 드러난 탐구주제 목록을 나열한 후, 그중에서 심화 또는 확장 가능한 주제를 추출하기
- 올해 교과 수업을 통해 호기심을 갖게 된 주제가 있는지 질문형으로 적어 보기
- 내년도 교육과정 편제표를 확인한 후, 자신의 전공 적합성이 드러날 과목을 선택하여, 이번 주제와 연계될 수 있는 탐구주제 로드맵을 구상하기(주제 심화, 확장, 융합)
- 사회적 또는 범세계적으로 최근 이슈가 되고 있는 내용이 무엇인지 키워드로 적어 보기
- DBpia, 국회전자도서관 등을 통해 기존 연구논문의 주제 및 제언에서 주제 참고하기
- 자신이 나열한 주제들 중에서 나의 진로, 적성 분야와 관련된 주제 선정하기

이를 위해 아래와 같이 자신이 배운 교과 중 기억에 남는 내용을 정리하고 2, 3학년 때 선택할 교과를 정리할 필요가 있다.

주요 수업 내용 기록장 ①

소속   학번   성명

교과	교과(군)	기억에 남는 수업		일반선택과목		진로·융합 선택과목	
		과목	수업내용	2학년	3학년	2학년	3학년
기초	국어						
	수학						
	영어						

주요 수업 내용 기록장 ②

소속   학번   성명

교과	교과(군)	기억에 남는 수업		일반선택과목		진로·융합 선택과목	
		과목	수업내용	2학년	3학년	2학년	3학년
기초	과학						
	사회						
	체육예술						
	생활교양						
창체활동							

④ 키워드를 활용한 탐구주제 선정하기

고등학교 교과수업 및 자신이 희망하는 학과에 대해 호기심이 크지 않다면 교과 세특을 위한 탐구주제를 단박에 선정하기란 어려운 일이다. 그런 경우 호기심을 가지고 있는 키워드를 먼저 생각하고 이 키워드를 활용해 탐구주제를 선정하는 것도 방법이 될 수 있다.

예를 들어 지속가능경영이 궁금하다면, 국립중앙도서관, 국회전자도서관, 국가전자도서관, 구글 학술 검색, 네이버 학술정보, DBpia 등에서 검색을 통해 선행연구를 확인할 수 있다. 선행연구를 통해 다음 과정을 이해하고 새로운 아이디어를 만들 수 있다.

1) 탐구하려고 하는 주제와 관련하여 어떤 이론들이 있고 얼마만큼 연구가 진행되었는지 파악
2) 선행연구에서 연구 문제 도출, 연구 가설 설정, 그리고 연구 방법 등을 포함한 다양한 측면에서 장애 요인이나 한계점은 없는지 확인
3) 선행연구에서 다루지 않은 변인들이 무엇이며 학생 수준에서 다룰 수 있는 변인이 무엇인지 추론
4) 선행연구 분석을 통해 자신이 탐구할 주제에 대한 새로운 아이디어 생산

국회전자도서관의 경우 '인포그래픽 → 연관어 분석'을 통해 최근 키워드와 연관된 단어들을 검색할 수 있어 이를 통해 탐구주제의 내용을 심화·확장할 수 있다.

⑤ 탐구주제 아이디어 떠올리기[2]

탐구주제는 어떻게 선정해야 할까? 평소에 내가 관심을 가졌던 대상이나 하고 싶은 연구 분야가 있었다면 정리해 보자. 이 단계에서는 가능한 한 많은 아이디어를 떠올리는 것이 좋다. 브레인스토밍, 친구와의 논의, 자료 찾기 등 여러 방법을 통해 아이디어를 끌어내 보자. 아래 제시된 방법을 활용해도 좋다.

---

2. 〈자유 주제 탐구 학생 안내서〉, 김성원 외 5명, 한국과학창의재단(2020)

▶ 내가 관심 있는 주제(topic)를 선택한다. 평소에 더 알고 싶거나 궁금했던 주제가 있을 것이다. 주제를 선정하면 꽤 긴 시간 동안 그 주제에 관해 연구하게 된다. 그러니 신중하게 선택하자.

▶ 인터넷으로 검색해 보자. 이미 수행된 연구 프로젝트나 보고서를 포함하여 내가 수행하게 될 분야 전반에 대한 일반 적인 정보를 수집해 보자.

▶ TV나 인터넷에서 내가 들어 본 적이 있는 주제를 떠올려 보자. 무엇이 있었는가?

▶ 내 가족과 관련된 이슈를 생각해 보자. 특정한 주제에 관심이 가는 개인적인 이유가 있을 수도 있다.

▶ 교과서나 잡지 또는 관련 도서 등을 펼쳐 보고 아이디어를 얻자.

▶ 최근 학교에서 배운 내용이 무엇이었나? 더 알아보고 싶은 것이 있었다면 무엇인가?

연구 주제를 결정했다면 이제 해야 할 일은 구체적인 형식의 질문을 만드는 것이다. 이때, '왜'보다는 '어떻게, 무엇이, 언제, 누가, 또는 어떤'을 이용해 질문을 만들어 보도록 하자. "왜 물고기의 수정체는 사람의 수정체와 다르게 생긴 걸까?" 같은 질문은 범위가 너무 넓어서 실험을 통해 알아보기가 어렵다. 이 질문을 좀 더 구체적으로 쪼개어 다음과 같이 과학 실험이 가능한 질문으로 만들 수 있다. "물속 환경에서 잘 적응하기 위한 어류 수정체의 구조는 무엇일까?"

이러한 과정을 통해 연구 주제를 결정했다면 실제 연구를 수행할 수 있는 주제로 구체화해야 한다. 이를 위해 다음 그림을 활용하면서 연구 주제를 선정해 보자.

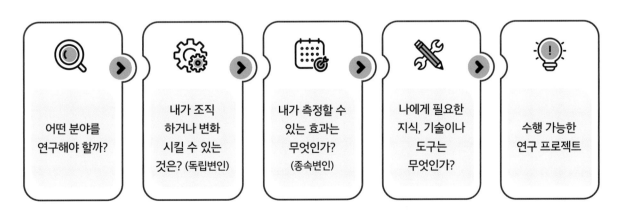

어떤 분야를 연구해야 할까? → 내가 조직하거나 변화시킬 수 있는 것은? (독립변인) → 내가 측정할 수 있는 효과는 무엇인가? (종속변인) → 나에게 필요한 지식, 기술이나 도구는 무엇인가? → 수행 가능한 연구 프로젝트

4. 교과 세특 탐구활동 수행 방법

탐구주제가 선정되었다면 본격적으로 다음과 같이 탐구활동을 수행해야 한다.

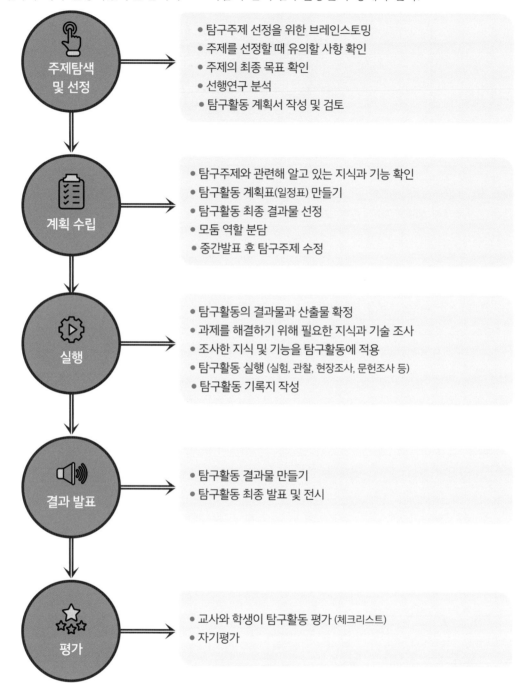

주제탐색 및 선정
- 탐구주제 선정을 위한 브레인스토밍
- 주제를 선정할 때 유의할 사항 확인
- 주제의 최종 목표 확인
- 선행연구 분석
- 탐구활동 계획서 작성 및 검토

계획 수립
- 탐구주제와 관련해 알고 있는 지식과 기능 확인
- 탐구활동 계획표(일정표) 만들기
- 탐구활동 최종 결과물 선정
- 모둠 역할 분담
- 중간발표 후 탐구주제 수정

실행
- 탐구활동의 결과물과 산출물 확정
- 과제를 해결하기 위해 필요한 지식과 기술 조사
- 조사한 지식 및 기능을 탐구활동에 적용
- 탐구활동 실행 (실험, 관찰, 현장조사, 문헌조사 등)
- 탐구활동 기록지 작성

결과 발표
- 탐구활동 결과물 만들기
- 탐구활동 최종 발표 및 전시

평가
- 교사와 학생이 탐구활동 평가 (체크리스트)
- 자기평가

무엇보다 탐구활동의 과정에서 예상했던 결과와 다르게 나올 경우 왜 예상과 다른 결과가 나오게 되었는지 분석하는 과정이 꼭 필요하다.

탐구활동은 탐구 과정을 통해 희망 전공 관련 또는 교과의 호기심을 채워나가는 것이다. 하지만 좋은 결과만 좋은 탐구활동이 되는 것은 아니다. 탐구활동을 수행하는 과정에서 다양한 문제 상황에 대처하는 과정, 탐구활동을 통해 모둠원과 의사소통하고 갈등을 해결하는 과정, 그리고 이 모든 과정을 통해 배우고 느낀 점을 통해 앞으로 탐구 과정에서 성장하는 모습이 탐구활동을 하는 더 큰 이유가 될 것이다.

국어 교과군

구분	교과(군)	공통 과목	선택 과목		
			일반 선택	진로 선택	융합 선택
보통 교과	국어	공통국어1 공통국어2	화법과 언어 독서와 작문 문학	주제 탐구 독서 문학과 영상 직무 의사소통	독서 토론과 글쓰기 매체 의사소통 언어생활 탐구

공통 과목	수능	공통국어1	절대평가	상대평가
	X		5단계	5등급

단원명 | 듣기·말하기

| 🔍 | 화자, 청자, 상황 맥락, 사회·문화적 맥락, 담화 공동체, 담화 관습, 대화, 토론, 쟁점, 논증

[10공국1-01-01] ●●●

대화의 원리를 고려하여 대화하고 자신의 듣기·말하기 과정과 공동체의 담화 관습을 성찰한다.

➡ 과학적 의사소통은 주로 근거를 들어 논하는 자세와 관련이 있다. 과학적 사실은 특정 가설과 그 가설을 입증하기 위한 관찰 혹은 실험 설계 등을 통해 도출될 수 있기 때문에, 관찰 결과와 실험 과정 등의 타당성이 요구된다. 최근에 관찰한 현상이나 실험한 내용에 대해 타당성 있는 근거를 제시하고, 그것을 토대로 특정 과학적 사실을 설명하는 글을 작성해 보자.

관련 학과 자연계열 전체

과학기술 글쓰기
이도흠 외 4명, 새문사(2021)

책 소개

이 책은 인문학과 자연과학이 만나야 하는 이유와 방법에 대해 설명하고 있다. 특히 문학의 영역으로 간주되던 유추, 환유, 은유가 유사성과 인접성의 차원에서 자연과학과 맥락을 같이할 수 있음을 보이고, 그러한 과학기술 글쓰기의 과정, 표현, 방법, 글 유형에 대해 총체적으로 정리하고 있다.

세특 예시

'책을 통해 자신을 돌아보기' 시간에 책을 토대로 자신의 담화 관습을 성찰하는 일지를 작성하기 위해 '과학기술 글쓰기(이도흠 외)'를 읽은 후, 자신이 평소 쓰는 실험 보고서 등에서 개념적인 부분을 그대로 가져오기만 하고 독자층을 배려하여 쉬운 언어를 사용하지 않았음을 파악하고, 책에 제시된 은유, 환유 등을 토대로 새로이 '과학 스피치' 스크립트를 만들어 발표함.

[10공국1-01-02] ●●●

논제의 필수 쟁점별로 논증을 구성하고 논증이 타당한지 평가하며 토론한다.

➡ 논제에는 사실 논제, 가치 논제, 정책 논제의 세 가지 유형이 있다. 사실 논제는 '사실의 진위 여부'를 다루는 논제를 말한다. 예컨대 "액상과당은 당뇨의 원인이다."라는 문장이 그러하다. 이러한 논제는 대개 과학적 실

험이나 논리적 정합에 의해 그 타당성이 입증되지만, 이에 대한 반례가 나오면 기각될 수도 있다. 이렇게 반례에 의해 기각될 수 있는 사실 논제를 정리해 보고, 이러한 반례 제시의 토론 방식이 지니는 의의에 대해 설명해 보자.

관련 학과 자연계열 전체

《**과학페어**(과학토론) **대회**》, 박진국, 리얼스프(2022)

단원명 | 읽기

| 🔎 독자, 배경지식, 경험, 의미 능동적 구성, 상황 맥락, 사회·문화적 맥락, 목적, 점검·조정, 문제 해결, 읽기 전략, 긍정적 정서, 사회적 독서 문화

[10공국1-02-01]   •••

다양한 글이나 자료를 읽으며 논증의 타당성을 평가하고 자신의 관점을 바탕으로 논증을 재구성한다.

➡️ 신경호르몬인 옥시토신이 실제로 심근경색 등으로 손상된 조직의 재생을 도울 수 있다는 미시간주립대 의생명공학과 연구팀의 연구 결과와 관련된 글을 읽고, 그 구체적인 논증 과정을 인과관계를 중심으로 정리해 보자. 나아가 이러한 인과관계가 실제로 명확한지 각 과정에 기인하는 과학적 현상이나 개념 등을 추가로 찾아보고, 이를 토대로 자신의 언어로 이 논증을 재구성하여 친구들 앞에서 발표해 보자.

관련 학과 동물자원과학과, 미생물학과, 분자생물학과, 생명과학과, 생물학과, 수산생명의학과, 축산학과, 통계학과, 해양학과, 화학과

《**호르몬과 건강의 비밀**》, 요하네스 뷔머, 배명자 역, 현대지성(2020)

[10공국1-02-02]   •••

자신의 진로나 관심 분야와 관련된 다양한 글과 자료를 찾아 주제 통합적으로 읽고 읽은 결과를 공유한다.

➡️ 자신의 흥미와 관심사를 토대로 다양한 글과 자료를 선정하는 것은 매우 중요하다. 독서를 통해 문제 해결하기 프로젝트의 일환으로, '우리 학교 주변에서 볼 수 있는 환경 문제'와 관련된 자료를 선정하기 위하여 모둠끼리 공동의 세부 주제를 만들어 보자. 이후 이 주제와 걸맞은 자료를 각각 1권씩 선정한 후, 그 자료의 공통점과 차이점을 비교하는 표를 작성하여 모둠의 공동 관점을 정리해 보자.

관련 학과 농생물학과, 대기과학과, 산림학과, 생명과학과, 생물학과, 수산생명의학과, 지구환경과학과, 환경학과

《**속보! 환경 뉴스, 지금 시작합니다**》, 그린포스트코리아, 책세상어린이(2022)

단원명 | 쓰기

| 🔎 필자, 기호, 매체, 인간의 생각과 감정, 의미 구성, 상황 맥락, 사회·문화적 맥락, 의사소통 목적, 문제 해결, 쓰기 전략, 쓰기 경험, 쓰기 윤리, 의사소통 문화

내용 전개의 일반적 원리를 고려하여 사회적 쟁점에 대한 자신의 견해를 정교하게 표현하는 글을 쓴다.

➡ '인과'는 일어난 일의 원인과 결과를 엮어서 밝히는 전개 방법이다. 수학과 물리학 등 수식을 사용하여 인과관계를 표현하는 학문은 일종의 '언어 약속'이 내재되어 있기에 인과성을 파악하기 편리하다. 수학과 물리학 교과서에 나타나 있는 증명 등을 우리말로 풀어서 써 보고, 이 과정에서 인과의 방식을 어떻게 적용하는 것이 가장 바람직한지, 더 효율적인 내용 전개 방식은 없는지 토의해 보자.

`관련 학과` 물리학과, 수학과, 통계학과

《황제의 새 마음》, 로저 펜로즈, 박승수 역, 이화여자대학교출판문화원(2022)

다양한 언어 공동체의 특성을 고려하며 필자의 개성이 드러나는 글을 쓴다.

➡ 생명과학적 의사소통의 방법론적 측면으로 보았을 때 '유전자'를 간과할 수는 없다. 특히 유전자는 이기적인 선택을 하는 것 같지만 나름 이타적인 관계 형성을 통해 자신의 삶을 영위해 나간다. 이타성을 발현시켜 다른 생명체와 더불어 살아갈 수 있는 방향성에 대해 탐구한 뒤 이를 한 편의 글로 작성해 보자.

`관련 학과` 농생물학과, 동물자원과학과, 미생물학과, 분자생물학과, 생명과학과, 생물학과, 수산생명의학과, 식물자원학과, 지구환경과학과, 축산학과, 해양학과, 환경학과

**생명이 있는 것은
다 아름답다**

최재천, 효형출판(2022)

`책 소개`
〈황소개구리와 우리말〉로 우리에게 매우 친숙한 최재천 교수의 생명과학적인 사상과 생각을 잘 정리한 책이다. 개미나 까치 등을 연구하면서 알게 된 사실은, 우리 인간, 즉 호모 사피엔스는 결국 다른 종들을 면밀히 파악하고 이해하며, 이윽고 사랑하고 공생해야 한다는 것이다.

`세특 예시`
필자의 개성과 사회적 공동체의 공통감(common sense, common moral)이 나름의 공통분모를 가진다는 사실을 학습한 후, '생명이 있는 것은 아름답다(최재천)'를 읽고 '동물도 죽음을 애도한다', '동물들은 모두가 서정시인', '동물도 서로 가르치고 배운다' 부분에서 '동물을 인간과 분리해서 보는 예상 독자'들에게 어떠한 공통감을 토대로 개성을 발휘해야 할지에 대해 고민하고 이를 실제로 작문 활동으로 옮김.

단원명 | 문법

🔍 규칙과 원리, 문법 탐구, 체계와 구조, 의미 생성 자원, 관습적 규약, 문화적 산물, 의사소통의 과물, 언어 주체로서의 정체성, 국어 의식

[10공국1-04-01] • • •

언어 공동체가 다변화함에 따라 다양해진 언어 실천 양상을 분석하고 언어 주체로서 책임감을 가지며 국어생활을 한다.

➡ 언어 주체로서의 책임감 중 하나는 '생명의 발생, 존속, 소멸' 등에 대한 명확한 진술일 것이다. 모든 생명이 발생하고 소멸하는 가운데, 이 과정을 우리 인간들이 타당하게 인식할 수 있도록 현존하는 인간의 언어로 위의 내용을 설명하는 글을 써 보자. 나아가 이를 포럼 형식으로 변환한 후, 실제 포럼 절차를 통해 얻게 된 질문을 목록화하여 질문자의 의도를 고려한 답을 마련해 보자.

관련 학과 동물자원과학과, 분자생물학과, 생명과학과, 생물학과, 수산생명의학과, 식물자원학과, 축산학과, 해양학과, 환경학과

《생명, 인간 그리고 나의 모습》, 김시형, 도훈(2021)

[10공국1-04-02] • • •

음운 변동을 탐구하여 발음과 표기에 올바르게 적용한다.

➡ '음운 동화(同化)'는 음운과 음운이 만났을 때, 한 음운이 다른 음운의 영향을 받아서 그와 같거나 비슷하게 소리가 나는 현상을 말한다. 이러한 동화가 일어나는 이유 중 하나는, 경제적 차원에서 에너지를 적게 소비하기 위해서라고 볼 수 있는데, 동식물 중에 이러한 동화의 성격을 지니는 사례(보호색 등)를 찾아 동화주, 피동화주, 동화의 양상 및 동화의 방향 등을 정리하고, 이때의 에너지 효율성에 대해 자신의 생각을 말해 보자.

관련 학과 물리학과, 분자생물학과, 생명과학과, 생물학과, 수산생명의학과, 식물자원학과, 축산학과, 해양학과

《나를 찾아봐》, 모니카 랑에, 조국현 역, 시공주니어(2017)

[10공국1-04-03] • • •

다양한 분야의 글과 담화에 나타난 문법 요소 및 어휘의 표현 효과를 평가하고 적절한 표현을 생성한다.

➡ 피동(被動) 표현은 문장의 주어가 다른 주체에 의해 어떠한 동작을 당하게 되는 것으로서, 능동과 대립적 관계를 형성하고 있다. 그러나 피동 표현을 쓰게 되면 그러한 행동을 하게끔 한 능동주의 의지나 의도가 불분명해지므로 문장 해석이 어려워질 수 있다. 객관적 사실을 다루는 자연과학 계열의 교과서나 개론서는 더욱 그러하기에, 과학 교과서에 나타난 피동 표현의 적절성을 자연과학적 사실과 결부시켜 판단하는 글을 작성해 보자.

관련 학과 자연계열 전체

책 소개
글쓰기의 이해와 방법론, 윤리의식 함양 및 실제에 대해 다룬 책의 '자연과학 및 공학계열' 판이다. 자연계열이나 공학계열의 글에서 '자료의 객관성, 신뢰성, 주장의 타당성, 공정성' 등을 확보하려면 어떤 방식으로 글을 써야 할지에 대해 소개하고 있다. 구체적 사례를 들어 이해를 돕는다.

세특 예시
'피동·사동 표현'을 학습한 후 자신이 평소 관심을 두고 있었던 생명과학 교과서의 피동 표현의 적절성을 평가하는 시간을 가짐. 이 과정에서 '글쓰기: 자연과학·공학 계열(글쓰기교재편찬위원회)'을 읽고 '효소는 생명현상

을 유지하기 위해 만들어진다'라는 문장의 피동 표현 중 '-어지다'가 적절할 수 있지만, '만든다'라는 타동사와 결합할 경우 만드는 주체가 불분명해지기 때문에 '발생된다' 등으로 바꾸는 것이 적절한가를 고민하고 이를 실제로 작문 활동으로 옮김.

단원명 | 문학

| 🔍 | 인간의 삶, 형상화, 타자와의 소통, 갈래, 작가와 독자, 사회와 문화, 문학사, 수용·생산, 해석, 감상, 비평, 창작, 향유, 자아 성찰, 공동체

[10공국1-05-01] ●●●

문학 소통의 특성을 고려하며 문학 소통에 참여한다.

➡ 생물다양성, 인간과 다른 생명체와의 관계, 인간이 아닌 다른 생명체와 또 다른 생명체와의 관계 등은 오래전부터 구체적으로 논의되어 오던 주제이다. 루리의 소설 〈긴긴밤〉은 이러한 주제에 대해 문학적인 장치를 통해 명확하게 문제를 던지고 있다. 이 소설에 나오는 코뿔소와 코끼리, 펭귄 등의 상호 작용이 실제 사회생물학적인 차원에서 형성될 수 있는지에 대해 분석하고, 이를 통해 우리나라 생물다양성의 흐름에 대해 진단해 보자.

관련 학과 동물자원과학과, 분자생물학과, 산림학과, 생명과학과, 생물학과, 수산생명의학과

긴긴밤
루리, 문학동네(2021)

책 소개

1인칭 주인공 시점으로 전개되지만 주인공의 이름은 없는 이 소설은, 흰바위코뿔소와 펭귄이 바다를 찾아 나가는 여정을 그리고 있다. 인간의 욕심 때문에 희생당하는 동물의 문제를 담고 있지만, 소설 속 동물끼리의 연대 의식과 타 종(種)에 대한 사랑은 생물다양성에 대해 큰 관심을 두지 않는 우리 인간들에게 큰 경종을 울리고 있다.

세특 예시

문학은 허구와 상상을 통해 아름다움을 추구하지만, 이러한 아름다움이 현실의 특정 문제를 반영할 수 있다는 반영론적 관점을 학습한 후, 소설 '긴긴밤(루리)'을 읽고 이 작품에 드러난 생물다양성 문제에 주목해 나름의 문제점과 해결책을 밝힘. 인간의 윤리의식을 꼬집는 방향성뿐만 아니라, 포유류인 코뿔소 노든과 조류인 펭귄 치쿠의 교류를 사회생물학적 관점에서 분석하려는 노력이 특히 인상적임.

[10공국1-05-02] ●●●

갈래에 따른 형상화 방법의 특성을 고려하며 작품을 수용한다.

➡ 자연 보호에 대한 내용을 설명문, 논설문으로 제시하는 것도 나름의 의의가 있겠지만, 소설이나 시 등으로 형상화하여 주제 의식을 제시했을 때 독자들이 느끼는 감동과 인식은 색다른 측면이 있을 것이다. 김원일의 소설 〈도요새에 관한 명상〉을 읽고서 이 작품에서 형상화된 인물 간의 갈등 양상을 분석하고, 이러한 갈등이 소설로 형상화되었을 때의 장단점에 대해 독자의 입장에서 설명해 보자.

관련 학과 농생물학과, 대기과학과, 동물자원과학과, 미생물학과, 분자생물학과, 산림학과, 생명과학과, 생물학과, 수산생명의학과, 식물자원학과, 원예학과, 조경학과, 지구환경과학과, 축산학과, 해양학과, 화학과, 환경학과

도요새에 관한 명상
김원일, 문학과지성사(2021)

책 소개

〈도요새에 관한 명상〉은 타락한 삶에 대한 비판과 순수한 인간성의 회복을 주제로 한 중편 소설이다. 분단 상황에 대한 문제의식이 이 작품의 표면적인 주제라면, 자연과 환경에 대한 우리들의 인식의 전환이 필요하다는 것이 이면적인 주제라고 할 수 있다. 특히 생물다양성에 대한 관심이 늘어나고 있는 요즘, 이 책은 새 한 마리라도 우리에게 존귀할 수 있다는 자연과학적, 윤리적 가치관을 심어 줄 수 있을 것이다.

세특 예시

소설 갈래는 인물을 설정하고, 그 인물들의 갈등에 의해 플롯이 전개될 수 있다는 사실을 학습한 후, "갈등 자체가 우리에게 어떠한 주제 의식을 전달할 수 있지 않을까?"라는 추가적인 질문을 생성함. 이후 '도요새에 관한 명상(김원일)'을 읽고 소설 속 '병국'과 '병식'의 갈등 구조를 가치관의 대립을 통해 전개한 후, 이러한 갈등 구조의 형성이 주제의식을 어떻게 강화했는지에 대해 분석하여 자신의 의견을 제시함.

[10공국1-05-03] •••

작품 구성 요소의 유기적 관계와 맥락에 유의하여 작품을 수용하고 생산한다.

➡ 시 문학의 구성 요소 중 '시어'는 작품의 맥락적 차원에 따라 다채롭게 해석되기 마련이다. 김광섭의 〈성북동 비둘기〉의 '비둘기'는 본래 평화를 상징하는 것으로 유명하지만, 독자의 자의적 해석에 따라 불편하거나 기피하고 싶은 대상으로 인식되기도 한다. 그럼에도 불구하고 이 시의 주제 의식을 형상화하는 데 '비둘기'라는 시어를 구성 요소로 설정한 이유에 대해 다양한 관점에서 토의해 보자.

관련 학과 농생물학과, 대기과학과, 동물자원과학과, 미생물학과, 분자생물학과, 산림학과, 생명과학과, 생물학과, 수산생명의학과, 식물자원학과, 원예학과, 조경학과, 지구환경과학과, 축산학과, 해양학과, 화학과, 환경학과

《**성북동 비둘기**》, 김광섭, 시인생각(2013)

단원명 | 매체

🔍 소통을 매개하는 도구·기술·환경, 소통 방식, 소통 문화, 주체적인 수용과 생산, 정체성 형성, 사회적 의미 구성, 자신과 타인의 권리, 건강한 소통 공동체

사회적 의제를 다룬 매체 자료를 비판적으로 분석한다.

➡ 파리기후변화협약(Paris Climate Change Accord)은 각 국가가 '국가 온실가스 관리목표(NDC)'를 충실하게 이행해야 한다는 점을 명시한 점이 특기할 만하다. NDC의 이행의 당위성을 서술하는 매체 자료는, 경우에 따라 산업적, 경제적 특성을 간과하여 공정성을 잃는 경우가 있다. 이렇듯 과학적 사실과 경제적 논리가 상충되는 자료를 읽을 때, 우리들이 어떠한 반응을 보이는지에 대해 '반응 서술'을 해 보고, 서술된 내용을 서로 비교하여 우리들의 읽기 태도를 점검해 보자.

관련 학과 대기과학과, 산림학과, 생명과학과, 생물학과, 수산생명의학과, 식물자원학과, 지구환경과학과, 천문우주학과, 환경학과

기후 변화를 둘러싼 가짜 뉴스 10가지

마리앙 다망 외 1명, 정미애 역, 두레아이들(2023)

책 소개

어린이들이 읽기 쉽게 서술된 책이지만 내용은 결코 만만치 않다. 이 책은 우리가 흔히 기후 변화에 대해 가지고 있는 '둔감성', 그리고 그 둔감성을 토대로 여러 가지의 매체들이 범하는 불감증을 꼬집는다. 나아가 기후위기는 비단 한 집단의 문제가 아닌 우리 모두의 문제임을 명시하면서 경각심을 일깨워 준다.

세특 예시

매체 자료를 비판적으로 수용하는 과정을 학습하면서, 주제는 같지만 다른 견해를 지닌 글을 읽는 주제 통합적 독서가 매체 자료 비판의 시작임을 인지함. 환경학에 대한 자신의 초인지를 점검하고자 '기후 변화를 둘러싼 가짜 뉴스 10가지(미리앙 다망 외)'를 읽고 자신이 평소 가지고 있었던 '환경 불감증'이 어떠한 위험을 낳을 것인지를 깨달은 뒤, 이를 토대로 자기 성찰 보고서에 뉴스나 인터넷 기사에 나오는 기후 관련 내용을 비판적으로 볼 수 있는 힘을 길렀다는 내용을 정리함.

소통 맥락과 매체 특성을 고려하여 다양한 목적의 매체 자료를 제작한다.

➡ 각종 생명과학 다큐멘터리를 보면 인체의 내부에서 일어나는 일을 컴퓨터 그래픽을 활용하여 제시하는 경우가 많다. 혈관, 뼈, 근육, 장기, 호르몬, 신경 등의 양상은 눈에 보이지 않기 때문에 영상 매체가 내용 전달에 더 효과적일 수 있다. 음식물의 섭취 및 소화, 배설 과정에서 일어나는 우리 몸의 변화에 대해 인포그래픽과 동영상 매체 등을 활용해 초등학생이 이해하기 쉽게끔 내용을 구성하고 실제로 영상으로 제작해 보자. 그리고 이때 생명과학적으로 '시각화해야' 하는 요소가 무엇인지를 그 이유와 함께 설명해 보자.

관련 학과 농생물학과, 동물자원과학과, 미생물학과, 분자생물학과, 생명과학과, 생물학과, 수산생명의학과, 식물자원학과, 원예학과, 지구환경과학과, 축산학과, 통계학과, 화학과

《인체기행》, 권오길, 지성사(2021)

국어 교과군

영어 교과군

수학 교과군

도덕 교과군

사회 교과군

과학 교과군

공통 과목	수능	공통국어2	절대평가	상대평가
	X		5단계	5등급

단원명 | 듣기·말하기

> | 🔍 | 청중 분석, 상호 작용, 언어적 표현, 준언어적 표현, 비언어적 표현, 매체, 발표, 상황 맥락, 사회적 소통 윤리, 사회·문화적 맥락, 쟁점, 이해관계, 협상,

[10공국2-01-01] •••

청중의 관심과 요구에 맞게 내용을 구성하여 발표하고 청중의 질문에 효과적으로 답변한다.

➡ 우리나라의 1인당 연간 커피 소비량은 세계 평균 소비량의 두 배가 넘을 정도로 많다. 커피에 대한 이러한 관심은 플라스틱 빨대나 컵 등의 일회용품 처리 방안에 대한 사회적 관심으로 이어지고 있다. 하지만 상대적으로 커피콩에서 커피 액을 추출하고 남은 부산물, 즉 커피 찌꺼기를 이르는 '커피박(coffee 粕)'의 활용 방안에 대한 관심은 낮은 편이다. 현재 우리나라는 커피박의 바이오 에너지 원료화를 추진하고 있는데, 커피박의 구체적인 활용 방안 및 적용 원리, 재활용 시스템 구축을 위한 정책적 지원 방안 등에 대해 탐구하여 학급 친구들을 대상으로 커피박을 주제로 발표해 보자.

`관련 학과` 식물자원학과, 외식산업학과, 지구환경과학과, 화학과, 환경학과

《난 돈 벌면서 커피찌꺼기 버린다》, 비피기술거래, 비피기술거래(2018)

[10공국2-01-02] •••

쟁점과 이해관계를 고려하여 문제를 해결할 수 있는 대안을 탐색하며 협상한다.

➡ 낙농가와 유가공업계는 매번 우유 원유(原乳) 가격 협상을 놓고 갈등을 빚고 있다. 그런데 원유 가격이 인상되면 우유뿐만 아니라 아이스크림, 빵 등 각종 유제품의 가격도 줄줄이 상승하는, 우유와 인플레이션의 합성어인 '밀크플레이션'이 촉발될 가능성이 높기에 정부에서도 이들 간의 협상 진행 과정을 예의 주시하고 있다. 국내외 인플레이션 상황에서 지난해부터 가격을 인상해 왔기에 또다시 우유 가격을 인상할 경우 소비자들의 반감으로 인한 수요 감소가 우려되는 데다 2025년부터 자유무역협정(FTA)에 따라 수입산 우유에 적용되던 관세의 폐지로 국산 우유의 경쟁력이 떨어질 것으로 예상되기 때문에 정부의 대처에 이목이 집중되고 있다. 원유 가격 협상을 둘러싼 쟁점과 이해관계에 대해 분석하고, 이를 바탕으로 문제 해결을 위한 대안을 마련해 보자.

`관련 학과` 동물자원학과, 식품영양학과, 외식산업학과, 축산학과

《시장과 가격 쫌 아는 10대》, 석혜원, 풀빛(2019)

[10공국2-01-03] •••

사회적 소통 과정에서 말의 영향력을 고려하여 책임감 있게 듣고 말한다.

⮕ 미국 HBO에서 방영한 드라마 〈체르노빌〉은 체르노빌 원전 사고를 각색한 작품으로, 체면을 지키기 위해 진실을 감추는 국가와 고통스럽더라도 진실을 밝히고 재발 방지를 위해 노력해야 한다는 과학자들의 대결을 다루고 있다. 일반적으로 대중은 과학자의 도덕성을 믿기 때문에, 과학자들마저 특정 세력에 동조하여 진실을 감춘다면 대중은 사건과 관련된 진실을 알기 어렵다. 이처럼 진실을 둘러싼 갈등 상황에서 과학자의 선택이 영향을 미친 사건을 찾아, 사회적 소통 과정에서 말의 영향력과 책임감에 대한 자신의 생각을 발표해 보자. 또한 체르노빌 원전 사고의 발생 원인을 물리적으로 분석하고, 이후 재발 방지를 위해 도입된 기술의 원리에 대해 탐구해 보자.

관련 학과 자연계열 전체

《**체르노빌**》, 앤드류 레더바로우, 안혜림 역, 브레인스토어(2020)

단원명 | 읽기

| 🔍 | 내용의 타당성, 공정성, 표현의 적절성, 비판적 읽기, 주제 통합적 읽기, 글 재구성하기, 사회·문화적 맥락, 신뢰성, 읽기 목적 및 전략, 읽기 과정의 점검 및 조정

[10공국2-02-01] ● ● ●

복합 양식으로 구성된 글이나 자료에 내재된 필자의 관점이나 의도, 표현 방법을 평가하며 읽는다.

⮕ 우리가 알고 있는 진실들은 모두 사실이 아닐 수도 있다. 사회·정치 분야에서 언론이나 정부에 의한 의도적인 사실 왜곡의 사례는 익히 알려져 있다. 오죽하면 "역사는 승자의 기록이다."라는 말이 있겠는가. 객관적 데이터에 근거하여 사실만을 엄중하게 다루어야 할 과학 분야에 정부, 언론, 과학계가 의도적으로 왜곡하여 만들어낸 과학적 진실이 있다면 어떨까? 정치적으로 왜곡된 과학의 사례를 찾아 과학적으로 사실을 재검증해 보고, 사실을 왜곡한 주체의 의도에 대해 탐구해 보자. 또한 과학에서 사실을 왜곡하는 원리를 분석하고, 이를 바탕으로 필자의 의도나 관점을 고려하여 비판적으로 읽는 것의 중요성에 대해 발표해 보자.

관련 학과 자연계열 전체

《**정치적으로 왜곡된 과학 엿보기**》, 톰 베델, 박종일 역, 인간사랑(2009)

[10공국2-02-02] ● ● ●

동일한 화제의 글이나 자료라도 서로 다른 관점과 형식으로 표현됨을 이해하며 읽기 목적을 고려하여 글이나 자료를 주제 통합적으로 읽는다.

⮕ '유전자 변형 농수산물(GMO)'은 유전자를 인위적으로 결합시켜 새로운 특성의 품종을 개발하는 유전자 변형을 가한 농수산물을 가리킨다. 그런데 최근 국내에서는 생산 및 유통될 수 없는 유전자 변형 주키니 호박이 지난 8년 동안 유통되어 국민들의 밥상에 올라왔다는 사실이 밝혀지면서 한동안 잠잠했던 GMO 반대 여론이 다시 불거지고 있다. 그런데 GMO에 반대하는 시민단체에서 GMO의 안전성에 의문을 제기하는 것과는 달리, 과학계는 판매가 허용된 GMO 식품은 유해하지 않다는 입장이 압도적이다. 오히려 과학계에서는 GMO로 유발되는 논란은 GMO 자체의 유해성보다는 경제, 환경 등의 다른 부차적인 이유에서 발생하는 것이라고 말한다. GMO를 둘러싼 양측의 자료를 비교 분석해 보고 글에 나타난 관점을 평가한 뒤, GMO에 대한 자신의 생각을 정리하여 발표해 보자.

관련 학과 농생물학과, 동물자원과학과, 분자생물학과, 생명과학과, 생물학과, 식물자원학과, 식품영양학과, 외식산업학과, 원예학과, 축산학과

《**과학의 씨앗**》, 마크 라이너스, 조형택 역, 스누북스(2020)

[10공국2-02-03]   ● ● ●

의미 있는 사회적 독서 활동에 참여함으로써 타인과 교류하고 다양한 지식이나 정보, 삶에 대한 가치관 등을 이해하는 태도를 지닌다.

➡ 유전자 가위라고도 불리는 '크리스퍼(CRISPR)'는 유전체에서 원하는 부위의 DNA를 정교하게 잘라 낼 수 있는 기술을 말한다. 그 안정성과 효과가 입증되면 인류에게 장밋빛 미래를 가져다줄 것으로 예상되는 만큼 MIT가 뽑은 2023년 10대 미래 기술로 선정되었다. 2021년 일본에서는 수면 촉진 및 스트레스 감소 기능이 있는 유전자 편집 작물 'GABA 토마토'를 시판하기도 했다. 이처럼 유전자 편집 기술은 질병 치료, 식량 문제의 해결 등 여러 분야에서 인류에 도움을 줄 것으로 보이지만, 한편으로는 생태 문제, 생명윤리의 근간을 흔들 수 있는 가능성으로 인해 신중하게 접근해야 할 필요도 있다. 크리스퍼 유전자 편집 기술에 대한 글을 읽으며 이 기술의 과학적 원리와 가능성 및 위험성에 대해 탐구해 보고, 관련 논제를 준비하여 학급 친구들과 토론 활동을 해 보자.

관련 학과 농생물학과, 동물자원학과, 미생물학과, 분자생물학과, 산림학과, 생명과학과, 생물학과, 수산생명의학과, 식물자원학과, 식품영양학과, 원예학과, 축산학과, 해양학과, 화학과, 환경학과

《**유전자가위 크리스퍼**》, 욜란다 리지, 이충호 역, 서해문집(2021)

단원명 | 쓰기

| 🔍 | 언어 공동체, 쓰기 윤리, 작문 관습, 쓰기 과정 및 전략의 점검, 사회적 책임, 논증 요소, 논증하는 글쓰기, 신뢰할 수 있는 자료, 복합 양식 자료, 공동 보고서 쓰기

[10공국2-03-01]   ● ● ●

언어 공동체가 공유하는 작문 관습의 특성을 이해하고 쓰기 과정과 전략을 점검하며 책임감 있게 글을 쓴다.

➡ 자연과학은 자연현상의 보편적 법칙, 과학적 원리를 탐구하는 순수학문이지만 동시에 4차 산업혁명 시대에 국가 경쟁력의 핵심이 되는 첨단 기술의 모태이기도 하기에, 과학자가 글을 쓸 때는 과학자로서의 사회적 역할에 걸맞은 책임감을 가져야만 한다. 이를 위해서는 언어 공동체의 쓰기 윤리에 대한 이해가 필수적인데, 쓰기 윤리에는 개인적 쓰기 윤리와 사회적 쓰기 윤리가 있다. 개인적 쓰기 윤리는 필자가 거짓으로 꾸미지 않고 진실하게 쓰는 것을 의미하고, 사회적 쓰기 윤리는 타인의 자료를 무단으로 도용하지 않으며 그것을 활용할 때 원저자의 허락을 얻거나 출처를 명확하게 밝히는 것을 말한다. 쓰기 윤리를 위반한 과학 분야의 글이나 자료 또는 사건에 관한 사례를 찾아 분석하고, 과학 분야에서의 쓰기 윤리 위반 행위가 가져올 수 있는 사회적 파급력에 대해 탐구해 보자.

관련 학과 자연계열 전체

《**과학기술 글쓰기**》, 이도흠 외 6명, 새문사(2021)

[10공국2-03-02]　•••

논증 요소에 따른 분석을 바탕으로 효과적으로 내용을 조직하여 논증하는 글을 쓴다.

➡ 유럽연합(EU)이 재생에너지 항목에서 목재, 원목 등의 산림 바이오매스를 제외하는 결정을 내리면서, 그동안 유럽의 바이오매스 정책을 참고해 온 우리나라도 바이오매스 활용 방안을 다시 검토해야 한다는 의견이 나오고 있다. 이런 흐름은 산림 바이오매스의 탄소 배출량이 오히려 석탄보다 높다는 환경 단체와 과학계의 우려를 반영한 것인데, 산림 바이오매스 업계는 장기적 관점에선 산림 바이오매스가 기후 변화를 완화하는 데 도움이 된다고 반박하고 있다. 또한 국립산림과학원은 산림 바이오매스를 연소할 때 석탄보다 탄소 배출량이 적다는 정반대의 연구 결과를 제시하고 있어 논란이 되고 있다. 산림 바이오매스의 친환경성 논란에 대한 여러 자료를 찾아 읽어 보고, 기후위기 극복을 위한 신재생 에너지의 일환으로 산림 바이오매스를 계속 활용하는 것이 타당한지를 논증하는 글을 써 보자.

관련 학과 농생물학과, 대기과학과, 산림학과, 생물학과, 식물자원학과, 원예학과, 지구환경과학과, 화학과, 환경학과

《지구를 위한다는 착각》, 마이클 셸런버거, 노정태 역, 부키(2021)

[10공국2-03-03]　•••

신뢰할 수 있는 정보를 종합하여 복합양식 자료가 포함된 공동 보고서를 쓴다.

➡ 공동 보고서 쓰기는 특정 주제에 관심이 있는 학습자들이 모여 함께 연구를 수행하고 보고서를 작성하는 것으로, 동일 영역의 전문가들뿐 아니라 특정 주제와 관련된 서로 다른 영역의 전문가들로도 연구 공동체를 구성할 수 있다. 예를 들어, '부엌에서 활용되는 과학 원리'를 주제로 공동 보고서를 쓸 경우 물리학 전공자는 요리와 열, 압력을, 화학 전공자는 요리와 색, 발효를, 생명과학 전공자는 요리와 생체분자를 주제로 정하여 연구하는 식으로, 대주제 안에서 소주제를 달리하며 공동 연구를 진행할 수 있는 것이다. 이처럼 공동 보고서 쓰기라는 국어 교과의 성취 기준을 활용하여, '요리 또는 요리 도구에 숨어 있는 수학 및 과학 원리'처럼 한 주제에 대해 서로 다른 전문성을 지닌 학생들과 팀을 구성하여 공동 보고서 쓰기 활동을 해 보자.

관련 학과 자연계열 전체

**나는 부엌에서
과학의 모든 것을 배웠다**

이강민, 더숲(2017)

책 소개

이 책은 과학과 요리가 접목된 분자요리와 분자미식에 마음을 빼앗긴 작가가 부엌에서 배울 수 있는 과학 원리를 주제로 쓴 책이다. 구체적으로 '부엌에서 ○○을 배우다'라는 형식으로, 부엌에 적용된 물리학, 화학, 생명과학 등 실생활과 관련된 다양한 과학적 원리를 구체적인 사례를 활용하여 쉽게 설명하고 있다.

세특 예시

동일한 전공의 전문가들이 공동 보고서를 작성한 사례를 읽으며 공동 보고서 작성법 및 유의사항을 학습한 후 서로 다른 영역의 전문가들이 공동 보고서를 쓰면 어떠할지에 대한 호기심을 가짐. 이후 서로 다른 과학 교과목에 관심이 있는 학생들을 모아 모둠을 구성하고, 주제 선정 과정에서 '나는 부엌에서 과학의 모든 것을 배웠다(이강민)'를 읽은 뒤 '부엌에서 활용되는 과학 원리'를 공동 보고서의 주제로 추천함. 물리학에 관심이 있

국어 교과군

영어 교과군

수학 교과군

도덕 교과군

사회 교과군

과학 교과군

는 학생은 '요리와 물리학'을 주제로, 요리와 열, 요리와 압력, 요리와 상 변화에 대해 보고서를 작성함. '요리와 화학', '요리와 생명과학'을 주제로 작성한 다른 모둠원들의 보고서 내용과 종합하여 공동 보고서를 발표함. 모둠 구성 및 주제 선정, 세부 내용 기획 등의 과정에서 협업 및 소통 능력이 돋보였으며, 타 모둠의 공동 보고서와는 다른 방식의 접근으로 인해 급우들에게 좋은 평가를 받음.

단원명 | **문법**

🔍 국어의 변화, 국어의 역사성, 신조어, 언어의 사회 반영, 국어문화 발전, 한글 맞춤법, 문제 해결적 사고, 국어생활 성찰 및 개선, 국어 의식

[10공국2-04-01] •••

과거 및 현재의 국어생활에 나타나는 국어의 변화를 이해하고 국어문화 발전에 참여한다.

➡ 언어는 시간의 흐름에 따라 의미나 형태가 생성, 소멸, 변화하는 과정을 거친다. 이러한 언어의 변화는 사회·문화적 상황과 밀접한 관계에 있는데, 특히 트렌드의 변화에 민감한 의류, 외식 산업의 경우 관련 신조어를 살펴보면 현재의 사회 변화를 확인할 수 있다. 일례로 원마일 웨어, 패스트 패션, 비건 패션, 미닝 아웃 등의 의류 산업계의 신조어와 런치플레이션, 할매니얼, 가만비 등의 외식 산업계의 신조어를 분석하면, 현재 국어생활에 나타나는 국어의 변화를 통해 사회의 최신 트렌드를 확인할 수 있다. 한편으로는 이러한 의류, 외식 산업계의 신조어가 외국어를 많이 사용하고 있어서 전체 국어 사용자들에게 그 의미가 온전히 전달되지 않는다는 문제점도 있다. 의류, 외식 산업계에 최근 생겨나고 있는 신조어를 찾아 관련 사회 현상을 분석하고, 이러한 언어 현상이 국어문화 발전에 어떤 영향을 미칠지에 대해 고민해 보자.

관련 학과   외식산업학과, 의류학과, 의류산업학과, 의상학과, 통계학과

《**트렌드 경제용어 2023**》, 권기대, 베가북스(2022)

[10공국2-04-02] •••

한글 맞춤법의 원리를 적용하여 국어생활을 성찰하고 문제를 해결한다.

➡ 과학기술정보통신부(이하 과기부)가 카카오톡 서비스 복구와 관련하여 국민들에게 발신한 안전 안내 문자를 두고 논란이다. 과기부는 "▲카톡메시지, 카카오T·내비 주요기능 이용불편 없으십니다. ▲메일·검색등 복구중입니다. ▲상세내용은 카톡상단에서 확인가능합니다."라는 문자를 전 국민에게 보냈는데, 정부 산하 기관의 대국민 공식 메시지임에도 안전 문자의 목적에 어울리지 않는 어색한 높임 표현을 사용한 점, 띄어쓰기를 무시한 점, 정식 기업 명칭을 사용하지 않은 점 등이 비판을 받았다. 이뿐만이 아니다. 과기부는 정부의 각 부처 중 업무용 보도 자료에서 맞춤법 오류가 가장 많이 집계되어 망신을 당한 사실도 있다. 과학 분야에서 자주 틀리는 맞춤법의 사례를 찾아 올바른 표기로 수정해 보고, 과학자를 위한 맞춤법 안내 자료를 제작해 보자.

관련 학과   자연계열 전체

《**요즘 어른을 위한 최소한의 맞춤법**》, 이주윤, 빅피시(2023)

단원명 | 문학

| 🔍 | 한국 문학사, 작가 맥락, 독자 맥락, 사회·문화적 맥락, 문학사적 맥락, 문학의 수용과 생산, 주체적 관점에서의 작품 해석, 작품의 가치 평가, 해석의 다양성

[10공국2-05-01] •••

한국 문학사의 흐름을 고려하여 작품을 수용한다.

➡️ 사군자 중 으뜸으로 꼽히는 매화는 한국 문학의 전통에서 시대를 막론하고 많은 문학 작품의 소재가 되었다. 매화는 이른 초봄에 추위와 억센 바람을 이기고 꽃을 피워 봄이 왔음을 가장 먼저 알리는 꽃이다. 이러한 특성 때문에 많은 작가들이 어떠한 상황에서도 의지와 소신을 굽히지 않겠다는 뜻을 나타내기 위해 작품에 매화를 자주 사용하였다. 고려 시대의 문장가인 이색은 기울어 가는 고려를 걱정하는 우국지사(憂國之士)를 매화에 비유한 시조를 읊었고, 조선 시대의 문인 신흠은 '매화는 한평생 춥게 살아도 결코 향기를 팔지 않는다'며 청빈하고 지조 있는 선비의 모습을 매화에 빗대어 묘사하였다. 또한 일제강점기의 시인 이육사는 〈광야〉에서 매화를 통해 고고한 의지와 민족의 기상을 나타냈다. 이처럼 한국 문학에는 꽃, 나무 등 자연물이 갖는 특성을 매개로 작가의 뜻을 나타내는 문학 작품이 많다. 작가의 의도나 주제를 나타내기 위해 자연물을 사용한 문학 작품을 찾아보고, 작품에서 자연물이 갖는 역할과 의미를 자연물 본래의 특성과 연관 지어 분석해 보자.

관련 학과) 농생물학과, 산림학과, 식물자원학과, 원예학과, 조경학과

《**이규보의 화원을 거닐다**》, 홍희창, 책과나무(2020)

[10공국2-05-02] •••

주체적인 관점에서 작품을 해석하고 평가하며 문학을 생활화하는 태도를 지닌다.

➡️ 올더스 헉슬리의 〈멋진 신세계〉는 문명이 매우 발달하여 과학이 사회의 모든 부분을 관리 및 통제하게 된 미래 세계를 배경으로 하는 디스토피아적 풍자 소설이다. 작품 속 아이들은 인공수정으로 태어나 부모가 누군지도 모른 채 인큐베이터 속에서 자라게 되고, 지능의 우열에 따라 미리 정해진 계급으로 분류되어 끊임없이 반복되는 전기 충격과 수면 학습을 통한 세뇌로 각자의 신분과 직업에 만족하며 살아간다. 작가가 예언한 미래 사회의 모습이 빠른 속도로 다가오고 있는 상황에서, 이러한 사회가 작품 제목처럼 정말 '멋진 신세계'인지에 대한 평가는 관점에 따라 다를 수 있다. 작품에서 묘사되는 사회가 정말 멋진 신세계인지 자신의 관점에서 주체적으로 평가해 보고, 과학기술의 발전을 토대로 한 이상적인 문명사회는 어떤 모습일지 고민하여 서평을 작성해 보자. 또한 미래를 배경으로 하는 소설을 찾아 읽으며, 과학기술의 발전으로 인해 발생할 수 있는 미래 사회의 문제 현상에 대해 탐구해 보자.

관련 학과) 자연계열 전체

《**멋진 신세계**》, 올더스 헉슬리, 안정효 역, 소담출판사(2015)

단원명 | 매체

| 🔍 | 매체 비평 자료, 비판적 수용, 주체적 수용과 생활화, 사회·문화적 맥락, 매체의 변화, 매체 기반 소통, 소통 문화, 성찰하기

국어 교과군

영어 교과군

수학 교과군

도덕 교과군

사회 교과군

과학 교과군

[10공국2-06-01]   • • •

매체 비평 자료를 비판적으로 수용하고 자신의 관점을 담아 매체 비평 자료를 제작한다.

➡ ESG 경영이 글로벌 트렌드가 되면서 여러 기업이 친환경 사업을 추진하고 있지만, 오히려 '그린워싱(Green washing)'이라고 평가받는 사례들이 늘어나고 있다. 그린워싱이란 실제로는 친환경적이지 않지만 마치 친환경적인 것처럼 홍보하는 위장환경주의 또는 친환경 위장술을 말하는 것으로, 모 커피 프랜차이즈의 '리유저블 컵' 이벤트가 이에 해당한다. 해당 이벤트는 매장에서 음료를 주문하면 재사용이 가능한 다회용 컵을 무료로 제공하여, 재사용이 가능한 컵에 음료를 마시며 환경 보호를 위해 노력하자는 목적으로 진행한 것이다. 하지만 다회용 컵에 일회용 플라스틱 컵보다 더 많은 플라스틱이 사용된 데다, 굿즈처럼 제작되어 소비자들이 줄을 서며 컵을 받으려고 하는 바람에 오히려 자원 낭비를 불러왔다는 지적을 받으며 일부 기사에서는 '예쁜 쓰레기를 나눠 주었다'고 혹평을 받기도 했다. 이러한 기업들의 ESG 경영과 그린워싱에 대한 여러 매체 비평 자료를 찾아 읽으며 현상에 대해 탐구해 보고, 그린워싱의 사례를 찾아 직접 매체 비평 자료를 작성해 보자.

관련 학과 대기과학과, 물리학과, 산림학과, 식물자원학과, 외식산업학과, 의류학과, 지구환경과학과, 통계학과, 화학과, 환경학과

《그린워싱 주의보》, 이옥수, 스리체어스(2022)

[10공국2-06-02]   • • •

매체의 변화가 소통 문화에 끼치는 영향을 탐구한다.

➡ 어렵고 복잡하게 느껴지는 과학을 대중이 쉽게 이해하고 접근할 수 있도록 하는 것은 과학자들의 오랜 과제이다. 독일의 과학 커뮤니케이션 단체인 '대화하는 과학재단(WID)'은 과학이 우리 생활 속에 항상 존재하기에 과학자와 대중이 서로 소통하며 신뢰를 쌓는 것이 매우 중요하다는 점을 강조하고, 과학과 대중이 상호 소통하고 이해할 수 있는 무대를 마련하는 것이 필요하다며 꾸준히 관련 활동을 이어 가고 있다. 이런 맥락에서 매체의 발달 및 변화는 여러 주체가 다양한 분야의 정보로 대중과 소통할 수 있는 통로를 넓혔다는 점에서 과학과 대중의 소통을 보다 진전시킬 수 있는 계기를 마련했다고 볼 수 있다. 매체의 발달이 가져온 소통 문화의 변화를 고려하여 유튜브, 팟캐스트, 애니메이션, 카드 뉴스 등의 매체를 통해 과학으로 대중과 소통하고 있는 사례를 찾아 그 특성을 분석해 보자. 그리고 자신이 직접 대중과 과학으로 소통한다면 어떤 내용을 선정할지 고민 후 직접 자료를 제작해 보자. 더 나아가 매체를 통해 대중과 소통할 때의 유의점에 대해서도 정리해 보자.

관련 학과 자연계열 전체

《위대한 과학자의 사회 책임과 소통》, 조항민, 커뮤니케이션북스(2016)

선택 과목	수능	화법과 언어	절대평가	상대평가
일반 선택	O		5단계	5등급

🔍	의사소통 목적과 맥락, 담화 참여자, 음성 언어, 의미 구성, 사고 행위, 언어적 실천, 소통 행위, 맥락, 의미 기능, 담화 수행, 비판적 사고, 능동적 참여, 언어생활 성찰, 문화 형성

[12화언01-01] •••

언어를 인간의 삶과 관련지어 이해하고, 국어와 국어생활이 시간의 흐름에 따라 변화하는 양상을 분석한다.

➡ 수학에서 쓰이는 기호는 하나의 약속이다. 따라서 우리는 이 약속의 논리를 따라야 수학의 세계를 이해할 수 있다. 하지만 수학적 기호가 나름의 역사성을 가지고 있기 때문에 우리에게 친숙하게 다가올 뿐, 경우에 따라서는 더 현명한 기호 표현이 존재할 수도 있다. 그럼에도 불구하고 수학적 기호가 하나의 언어로서 우리에게 사회적 약속의 성격을 견고하게 유지할 수 있는 이유에 대해 토의해 보자.

관련 학과 물리학과, 수학과, 통계학과

《수학기호의 역사》, 조지프 마주르, 권혜승 역, 반니(2017)

[12화언01-02] •••

표준 발음을 이해하고 정확하게 발음하는 국어생활을 한다.

➡ 표준 발음법 제 29항은 '합성어 및 파생어에서, 앞 단어나 접두사의 끝이 자음이고 뒤 단어나 접미사의 첫 음절이 '이, 야, 여, 요, 유'인 경우에는, 'ㄴ'소리를 첨가하여 [니, 냐, 녀, 뇨, 뉴]로 발음한다.'라고 규정한다. 그러나 '인명'과 관련해서는 이러한 경우가 수의적인 것이 현실이다. 그렇다면 '김연아'를 무엇으로 발음할지와 그 이유에 대해 설문 조사를 해 보고, 이 데이터를 통계적으로 처리하여 자신의 견해를 담아 발표해 보자. 또한 통계 과정에서 사용된 수학적 이론에 대해서도 설명해 보자.

관련 학과 물리학과, 수학과, 통계학과

《함수, 통계, 기하에 관한 최소한의 수학지식》, 염지현, 가나출판사(2017)

[12화언01-03] •••

품사와 문장 구조에 대한 지식을 활용하여 언어 자료를 분석하고 설명한다.

➡ '파리협정'은 온실가스 배출을 줄이기 위한 규제를 구체적으로 협약한 기후 변화 협약의 이행 방안이다. 국가별로 협약을 명확히 이해하고 실천하기 위해서는 해당 협정안에 대한 올바른 번역, 문장 분석이 선행되어야 한다. 파리협정의 주요 내용을 번역한 문장을 살펴보고, 번역 과정에서 우리말의 문장 구조가 적절하게 제시되었는지를 환경과 관련된 지식 및 문장 구조에 대한 지식 등을 토대로 분석해 보자.

관련 학과 대기과학과, 산림학과, 생명과학과, 생물학과, 지구환경과학과, 천문우주학과, 환경학과

《파리협정의 이해》, 박덕영·유연철, 박영사(2020)

[12화언01-04] ● ● ●

단어의 짜임과 의미, 단어 간의 의미 관계를 중심으로 어휘를 이해하고 담화에 적절히 활용한다.

➡ '엔트로피'가 증가한다는 것은 질서에서 무질서로 향하는 운동성을 의미한다고 볼 수 있다. 그렇다면 신어(新語)가 계속 만들어지는 것, 기존의 어근과 접사가 '줄임, 늘임' 등의 방식 등을 통해 서로 역동적으로 결합하는 것을 '엔트로피의 증가'로 볼 수 있는지에 대해 분석해 보자. 나아가 '신조어'의 확산이 사회·과학적으로 어떤 의의가 있을지에 대해 각자 입장을 마련하여 '미니 콜로키엄' 방식으로 토의해 보자.

관련 학과 대기과학과, 물리학과, 미생물학과, 분자생물학과, 수산생명의학과, 수학과, 식물자원학과, 지구환경과학과, 천문우주학과, 통계학과, 화학과, 환경학과

《엔트로피와 예술》, 루돌프 아른하임, 오용록 역, 전파과학사(2017)

[12화언01-05] ● ● ●

담화의 맥락에 적절한 어휘와 문법 요소를 선택하여 화자의 태도를 드러낸다.

➡ 'A가 B를 C로 변하게 한다'라는 사동문의 형태에서 사동주인 'A'를 삭제해도 여전히 사동문은 성립된다. 하지만 사동주가 표면적으로 나타나지 않기 때문에 의미가 불분명할 수도 있다. 외식 산업, 식품 산업이나 의류와 관련된 과학 및 공학적 공정 과정에서 이러한 사동주 생략의 사동문이 쓰이는 예시를 여러 잡지나 학술 자료에서 찾아보고, 사동주를 부여하는 글쓰기를 해 보자.

관련 학과 외식산업학과, 의류학과

《우리말 문장 바로 쓰기 노트》, 이병갑, 민음사(2014)

[12화언01-06] ● ● ●

담화의 구조를 고려하여 적절한 어휘와 문장으로 응집성 있는 담화를 구성한다.

➡ 통일성이란 담화 내의 발화들이 주제와 긴밀하게 연결되어 있는 성질을 말한다. '학급 교실 꾸미기' 프로젝트의 일환으로 관상용 허브 재배 계획을 친구들을 예상 청자로 삼아 발표해 보자. 이 과정을 친구들의 동의를 얻어 녹음한 뒤, 스크립트로 만들어서 해당 발화들이 '바질 재배'라는 주제 의식과 관련이 있는지 하나하나 분석하는 성찰 리포트를 작성해 보자.

관련 학과 농생물학과, 동물자원과학과, 미생물학과, 분자생물학과, 산림학과, 생명과학과, 생물학과, 수산생명의학과, 식물자원학과, 식품영양학과, 외식산업학과, 원예학과, 조경학과, 지구환경과학과, 해양학과, 환경학과

《하루 한 권, 채소》, 모리 아키히코, 원지원 역, 드루(2023)

[12화언01-07] ● ● ●

다양한 유형의 담화와 매체를 대상으로 언어의 공공성을 이해하고 평가한다.

➡ 최근 과학적 내용을 다룬 방송 매체나 온라인 플랫폼 매체들이 많은 사람들에게 인기를 얻고 있다. 그러나 '표현의 정확성, 적절성' 등이 결여되어 해당 내용들에 대한 신뢰성이 떨어지는 경우가 있다. 자신이 본 과학과 관련된 매체 내용 중 이러한 정확성, 적절성이 떨어지는 사례를 찾아 모둠원들과 함께 의논하여 올바르게 고쳐 보고, 그 이유에 대해 발표해 보자.

관련 학과 자연계열 전체

《과학의 언어》, 캐럴 리브스, 오철우 역, 궁리(2010)

[12화언01-08]

자아 개념이 의사소통 방식에 미치는 영향을 인식하고 협력적인 관계 형성에 적절한 방식으로 대화한다.

➡️ '원헬스'는 인간과 동물, 나아가 자연의 통합적인 건강의 증진을 일컫는 운동으로서, 인간의 무분별한 자연 파괴로 인한 바이러스 감염, 기후위기 등을 경계한다. 그러나 기술 개발이나 이윤 추구를 목적으로 하는 이들과는 원헬스 운동에 대해 협력적 대화를 이어 나가기 어려울 수도 있다. 자신의 상황과 가치를 어떻게 노출해야 협력적 대화를 할 수 있을지에 대해 '대화 계획'을 세워 보고, 이러한 대화 방식이 '경쟁적 대화'와 어떤 차이가 있는지에 대해 토의해 보자.

관련 학과 동물자원과학과, 생명과학과, 생물학과, 수산생명의학과, 식물자원학과, 지구환경과학과, 축산학과, 해양학과, 환경학과

《**우리를 구할 가장 작은 움직임, 원헬스**》, 듣똑라, 중앙북스(2021)

[12화언01-09]

정제된 언어적 표현 전략 및 적절한 준언어적·비언어적 표현 전략을 활용하여 발표한다.

➡️ 동물들은 육성으로 의사소통하는 경우도 있지만, 화학적 신호를 이용하기도 한다. 이러한 의사소통의 양식을 인간의 언어로 변환하는 것은 동물들의 삶을 면밀히 이해할 수 있는 방법이 될 것이다. 인간의 준언어, 비언어적인 요소를 활용하여 개미, 코끼리 등의 특정 상황에서의 의사소통 양상을 분석하고, 여기에 동물 환경 맥락적인 요소를 결합하여 하나의 '스크립트'로 만든 후 공유해 보자.

관련 학과 동물자원과학과, 생명과학과, 생물학과, 축산학과, 해양학과, 환경학과

《**이토록 놀라운 동물의 언어**》, 에바 메이어르, 김정은 역, 까치(2020)

[12화언01-10]

화자의 공신력을 이해하고 효과적인 설득 전략을 활용하여 연설한다.

➡️ 학기말 연설 프로젝트 시간에 '플라스틱 빨대를 줄입시다'라는 주제로 연설하기에 앞서, 두 화자를 '감성적 설득 전략'과 '공신력을 활용한 설득 전략'을 사용하는 이로 설정하자. '북극곰이 사라지는 사진'을 보여 주고 연설하는 것과, 평소 매일매일 쓰레기를 줍고 스테인리스 빨대를 씻어서 사용하는 모습을 보여 준 후 연설하는 것 중 어떤 것이 더 인상 깊었는지를 이야기하고, 자신의 연설 전략에 대해서도 생각하여 토의해 보자.

관련 학과 농생물학과, 대기과학과, 동물자원과학과, 산림학과, 생명과학과, 생물학과, 축산학과, 해양학과, 환경학과

《**기후 위기, 마지막 경고**》, 서형석, 문예춘추사(2021)

[12화언01-11]

토의에서 주제와 관련된 다양한 자료를 통해 공동체의 문제를 분석하고 합리적으로 해결한다.

➡️ 친환경 소재를 활용한 의류 제작을 위한 회의를 진행하면서, 이를 위해 과학적으로 알아야 할 개념과 지식, 이론 등을 자체적으로 조사하고, 이를 토대로 한 의류 제작 계획을 공유해 보자. 이후 예산, 디자인, 기능성 등의 기준을 세우고, 그 기준대로 해당 의류들의 상품성을 평가한 뒤 최종적으로 한 의류를 선정해 보자.

관련 학과 자연계열 전체

《**오늘은 유행, 내일은 쓰레기?**》, 레이나 딜라일, 현혜진 역, 초록개구리(2022)

[12화언01-12]

주장, 이유, 근거를 비판적으로 검토하여 논증의 타당성, 신뢰성, 공정성에 대해 반대 신문하며 토론한다.

➡ '바이오매스를 석유 대체자원으로 활용하는 것이 바람직하다'라는 가치 논제를 토대로 자신의 입장을 마련하기 위해 다양한 논문, 학술지, 잡지 등을 참고할 수 있다. 이러한 논제로 CEDA 토론을 진행한 후, 토론 이후 자신의 논의를 강화하기 위해 어떠한 자료를 참고하였는지에 대해 '셀프 리플렉션 보고서'를 만들어 교과 온라인 커뮤니티에 게재해 보자. 그리고 이러한 내용들의 신뢰성, 타당성, 공정성을 상호 검증하는 댓글을 달아 보자.

관련 학과 농생물학과, 대기과학과, 동물자원과학과, 생명과학과, 생물학과, 수산생명의학과, 식물자원학과, 지구환경과학과, 천문우주학과, 환경학과

《**바이오매스와 저탄소녹색마을**》, 배재근, 아진(2012)

[12화언01-13]

상황에 맞는 협상 전략을 사용하여 서로 만족할 수 있는 대안을 찾아 의사 결정을 한다.

➡ 미세플라스틱을 줄이기 위한 교내 빨대 사용 자제 캠페인에 대한 '학생-학생회 간 협상 프로젝트 과정'에서 편리성을 주장하는 측과 환경을 중시하는 측의 주장을 최대한 반영한 최적의 대안을 제시해 보자. 혹은 타인의 논리적 허점이나 반성적 실마리를 명시하는 방법을 통한 협상 전략 시나리오를 작성해 보자.

관련 학과 미생물학과, 분자생물학과, 산림학과, 생명과학과, 생물학과, 수산생명의학과, 식물자원학과, 지구환경과학과, 해양학과, 화학과

《**치명적인 독, 미세 플라스틱**》, 매트 사이먼, 최원재 역, 북하이브(2022)

[12화언01-14]

기호를 활용한 사회적 행위로서의 국어생활을 성찰하고 문제점을 개선하는 태도를 지닌다.

➡ '와글 댄스(waggle dance)'라고 하는 벌의 날갯짓 및 움직임은 촉각으로 의미를 전달할 수 없는 벌의 한계를 보완하기 위한 진화의 결과이며 생존 전략이다. 벌의 움직임에 각각 어떤 의미가 있는지 살펴보고, 이러한 기호가 과연 벌의 의사소통 전략으로서 가장 효율적인지를 벌의 특성, 서식 환경, 운동량 등을 토대로 분석하여 토의해 보자. 나아가 이러한 와글 댄스와 유사한 우리만의 '동작 기호'를 만들어서 간단하게 의사소통해 보자.

관련 학과 농생물학과, 동물자원과학과, 미생물학과, 생명과학과, 생물학과, 식물자원학과, 환경학과

《**벌, 우리의 친절한 이웃**》, 앨리슨 벤저민·브라이언 맥캘럼, 김한슬기 역, 돌배나무(2022)

[12화언01-15]

언어 공동체의 담화 관습을 이해하고, 다양성을 존중하는 의사소통 문화 형성에 기여하는 태도를 지닌다.

➡ 식품 및 식자재 관리, 식물 자원을 활용한 식품 생산, 이를 토대로 하는 외식 산업 마케팅의 전 과정에서는 생산자, 유통자, 소비자, 식품의약품안전처 간의 의사소통 구조가 중요하다. 그러나 식품이나 성분에 대한 정보 전달, 안전성에 대한 검증 및 설득, 소비자 보호 등 목적에 따라 특정한 담화 관습적 양상이 전개될 수 있다. '소고기 유통'을 소재로 하여 위의 목적을 달성하기 위한 의사소통 시나리오를 작성해 보고, 이 과정에서 화자, 청자가 가져야 할 바람직한 화법적 태도에 대해 논의해 보자.

관련 학과 식물자원학과, 식품영양학과, 외식산업학과, 축산학과, 화학과

《**식품산업 지속성장의 길**》, 권대영, 한국외식정보(2017)

선택 과목	수능	독서와 작문	절대평가	상대평가
일반 선택	O		5단계	5등급

🔍	문어 의사소통, 사회·문화적 맥락, 독서 전략 및 관습, 사실적 읽기, 비판적 읽기, 주제 통합적 읽기, 추론적 읽기, 작문 전략 및 관습, 정보 전달 글쓰기, 논증하는 글쓰기, 성찰하는 글쓰기

[12독작01-01] •••

독서와 작문의 의사소통 방법과 특성을 이해하고 문어 의사소통 생활을 주도적으로 실천하고 성찰한다.

➡ 필자는 사회 구성원에게 전달하고자 하는 메시지를 작문 활동을 통해 표현하고, 독자는 독서 활동을 통해 필자의 생각을 비판적으로 수용한다. 이런 맥락에서 과학자는 관련 기관이나 전문가들을 대상으로 자신의 연구 결과를 발표하는 보고서도 쓰지만, 일반 대중을 대상으로도 책을 집필해 과학을 주제로 대중과의 소통을 시도한다. 과학자들이 시도하는 소통의 대표적인 주제는 당연한 듯 여겼던 현상에 숨겨진 과학적 원리 소개하기, 그리고 이를 통해 현상에 대해 새롭게 인식하는 것의 묘미를 깨닫게 하기, 더 나아가 과학이란 학문에 대한 가치를 인식시키고 흥미를 유발하기 등이 있다. 이러한 목적으로 출간된 자연과학 도서를 찾아 읽으며 책을 통해 전달하고자 하는 필자의 메시지를 파악하고, 해당 도서에 대한 서평을 작성하며 필자의 소통에 응답해 보자. 또한 독서 과정에서 알게 된 과학 원리를 활용해 과학에 대한 대중의 흥미를 유발할 수 있는 카드 뉴스 내용을 구상해 보자.

관련 학과 자연계열 전체

《정재승의 과학콘서트》, 정재승, 어크로스(2020)

[12독작01-02] •••

독서의 목적과 작문의 맥락을 고려하여 가치 있는 글이나 자료를 탐색하고 선별한다.

➡ 우리나라의 초미세먼지 농도가 경제협력개발기구(OECD) 회원국 가운데 가장 높은 것으로 나타났다. 2023년 4월에는 미세먼지 농도가 연일 최고치를 기록하였으며, 특히 제주도에서는 '매우 나쁨' 수준인 151mg/㎥의 5.5배에 달하는 828mg/㎥까지 미세먼지 수치가 치솟아 충격을 주었다. 세계보건기구(WHO) 산하 국제암연구소(IARC)는 미세먼지를 1군 발암물질로 지정한 바 있으며, 실제로 미세먼지는 천식, 호흡기 및 심혈관계 질환, 각종 암 등을 유발하는 주요 원인으로 지목되고 있다. 이러한 미세먼지는 중국 등 국외로부터의 유입, 제조업 연소 및 축산 시설 등 국내에서의 배출, 기상학적 요인 등 복합적인 요소들의 영향으로 발생한다고 알려져 있다. 미세먼지 농도가 가장 심각했던 기간과 관련된 자료를 찾아 과학적 원인을 분석해 보고, 미세먼지로 인한 아동, 노인 등 취약 계층의 피해 사례 및 관련 정책에 대한 탐구를 바탕으로 실효성 있는 대안을 마련해 보자.

관련 학과 농생물학과, 대기과학과, 산림학과, 생명과학과, 생물학과, 지구환경과학과, 통계학과, 환경학과

《미세먼지에 관한 거의 모든 것》, 김동식·반기성, 프리스마(2019)

[12독작01-03] •••

글에 드러난 정보를 바탕으로 글의 내용을 파악하고 글에 드러나지 않은 정보를 추론하며 읽는다.

➔ 현대 사회는 숫자와 그래프로 가득하다. 이런 이유로 숫자와 그래프를 바탕으로 세상을 빠르고 정확하게 읽어 내는 능력은 중요한 영역이 되었다. 그런데 숫자와 그래프로 표현되는 통계는 데이터 수집, 계산, 해석 및 결론 도출의 전 과정에서 주관이 개입된다. 구체적으로 통계에 사용되는 단위를 조정하거나 개념을 수정하거나 표본을 조절하면 같은 내용에 대한 통계 자료임에도 불구하고 다른 결과가 도출된다. 따라서 현대 사회에서는 통계의 숨은 의미를 찾아 제대로 읽어 내는 능력이 중요하다고 할 수 있다. 필자가 특정 의도를 갖고 통계 자료를 제작 또는 해석하여 설득하는 글을 쓴 사례들을 찾아 읽으며 글에서 사용된 통계 자료의 숨은 의미를 추론하고, 어떠한 통계 기법을 사용했는지 그 원리를 탐구해 보자. 그리고 이를 바탕으로 '통계의 거짓말'을 주제로 글을 작성해 보자.

관련 학과 데이터사이언스학과, 수리빅데이터학과, 수학과, 응용수학과, 정보수학과, 정보통계학과, 통계학과

《숫자는 거짓말을 한다》, 알베르토 카이로, 박슬라 역, 웅진지식하우스(2020)

[12독작01-04] •••

글의 내용이나 관점, 표현 방법, 필자의 의도나 사회·문화적 이념을 평가하며 읽는다.

➔ 코로나가 한창 극심하던 시기에 특정 기업에서 자사 발효유 제품이 코로나19 바이러스를 억제하는 데 효과가 있다고 보도 자료를 배포한 일이 있었다. 여러 언론사에서 같은 보도 자료를 내보내자, 해당 기업의 주가가 급등했다. 그러나 해당 기업이 근거로 내놓은 실험 결과는 동물의 세포를 가지고 실험한 것이었다는 문제 제기가 이어지자, 질병관리청은 "특정 식품의 코로나19 예방 또는 치료 효과를 확인하려면 사람 대상의 연구가 수반돼야 한다. 잘 통제된 사람 대상의 연구 결과가 발표되면 그 이후에 공유할 만한 효능인지를 검토하는 것이 적절해 보인다."라고 공식 입장을 내놓았다. 이처럼 우리 사회는 과학적인 듯하지만 비과학적인, 진실을 일부 포함한 듯하지만 거짓인 내용이 인터넷이나 SNS에서 활개를 치고 있다. 사회적으로 공유되었던 가짜 과학 뉴스의 사례를 찾아 과학적 근거를 바탕으로 진실을 분석해 보고, 비판적 읽기의 필요성에 대해 탐구해 보자.

관련 학과 자연계열 전체

《가짜과학 세상을 여행하는 팩트체커를 위한 안내서》, 선정수, 빛은책들(2023)

[12독작01-05] •••

글을 읽으며 다양한 내용 조직 방법과 표현 전략을 찾고 이를 글쓰기에 활용한다.

➔ 가습기 살균제, 발암물질 생리대, 라돈 침대 사건 등을 겪으며 우리 사회는 '화학'이라는 단어에서 '필요'보다는 '위험'을 먼저 떠올리게 되었다. 이처럼 생필품이나 먹거리 등에 포함된 화학물질에 대해 부정적인 인식을 넘어 공포를 느끼는 현상을 '케모포비아(chemophobia)'라고 한다. 정부는 이러한 현상을 막고자 포럼, 토론회, 기고문 등을 통해 올바른 화학 지식을 전달하여 국민의 건강을 지키고 생활 편의를 향상시키기 위해 노력하고 있다. 국민을 대상으로 생활과 관련된 화학 지식을 전달하는 자료를 찾아 읽으며, 복잡한 원리를 쉽게 설명하기 위해 어떠한 내용 조직 방법과 표현 전략을 사용했는지 분석해 보자. 또한 생필품의 화학물질 안전성 논란 및 일상과 관련된 화학 원리 등에 대해 탐구한 뒤 정보 전달을 위한 인포그래픽 자료를 제작해 보자.

관련 학과 나노바이오화학과, 생명환경화학과, 생화학과, 신소재화학과, 응용화학과, 정밀화학과, 화장품학과, 화학과

《세상은 온통 화학이야》, 마이 티 응우옌 킴, 배명자 역, 한국경제신문사(2019)

[12독작01-06] • • •

자신의 글을 분석적·비판적 관점으로 읽고, 내용과 형식을 효과적으로 고쳐 쓴다.

➡ 최근 해양 미세조류 '스피루리나'에서 추출한 기억력 개선 소재가 식약처 인증을 받았다. 이 외에도 미세조류는 탄수화물, 단백질, 무기질이 풍부하여 미래 식량으로 활용될 수 있는 슈퍼 푸드로 인정받고 있으며, 3세대 바이오에너지 생산 연료로 주목받기도 한다. 전 세계가 식량 자원 및 에너지 고갈, 기후 변화로 인한 환경 문제 등을 겪고 있는 상황에서 '해양 바이오'의 중요성은 갈수록 커지고 있다. 해양 바이오 관련 연구의 진행 상황, 해양 바이오가 활용되는 원리 등에 대해 탐구하고, 이를 바탕으로 해양 바이오에 대해 다루고 있는 책의 서평을 작성해 보자. 그리고 비전공자도 쉽게 이해할 수 있도록 내용을 구성하고, 적절한 표현 전략을 사용했는지 등을 점검해 보자.

관련 학과 농생물학과, 미생물학과, 바이오식품과학과, 분자생물학과, 생명과학과, 생물학과, 수산생명의학과, 해양학과, 해양생태환경학과, 해양융합과학과

《**해양바이오**》, 이희승·이정현, 한국해양과학기술원(2017)

[12독작01-07] • • •

인간과 예술을 다룬 인문·예술 분야의 글을 읽고 삶과 예술에 대한 자신의 생각을 담은 글을 쓴다.

➡ 첨성대는 우리나라의 문화재로 세계에서 현존하는 가장 오래된 천문대이다. 그런데 첨성대에서 어떻게 천문을 관측했는지에 대한 구체적인 기록이 없다 보니, 첨성대를 별을 관측하는 곳이 아니라 하나의 상징물 또는 선덕여왕을 신성화하기 위한 도구 등으로 설명하는 학자들도 있다. 하지만 하늘의 움직임에 따라 농사의 시기를 결정하고 관측 결과를 바탕으로 국가의 길흉을 점치던 점성술(占星術)의 기록이 우리나라 문헌 곳곳에 실려 있는 것으로 보아, 우리 민족이 천문학에 관심을 갖고 있었던 것은 분명한 듯하다. 첨성대의 기능에 대한 여러 학설을 찾아 읽으며 첨성대의 건축 원리 및 각종 의문점에 대해 탐구해 보고, 천문학이 우리 민족의 삶에서 어떤 역할을 해 왔는지, 앞으로 어떤 가치를 갖는지에 대한 자신의 생각을 글로 써 보자.

관련 학과 물리학과, 물리천문학과, 지구시스템과학과, 천문대기과학과, 천문우주학과, 천체물리학과

《**경주 첨성대의 기원**》, 정연식, 주류성(2023)

[12독작01-08] • • •

사회적·역사적 현상이나 쟁점 등을 다룬 사회·문화 분야의 글을 읽고 사회·문화적 사건이나 역사적 인물에 대한 관점을 담은 글을 쓴다.

➡ 인류는 문명의 발전을 이루어 내기에 적합한 안정된 기후를 만나 높은 수준의 성과를 만들어 냈지만, 그 과정에서 발생한 부정적인 부산물로 인해 이제는 기후가 인류에게 위협이 되고 있다. 세계 각 분야의 전문가들이 기후 변화에 대응하기 위해 노력하고 있는 상황에서 과학자의 역할은 특히나 중요하다. 과학자들이 대류권 오존과 성층권 오존의 구분, 대류권 오존의 생성 원리, 대류권 오존의 생성을 억제하는 데 활용될 수 있는 화학 반응, 현 상황 유지 시 예상되는 기후 변화의 속도 등에 대한 연구 결과를 공유하면, 다른 분야에서는 세부 대책을 마련하기 때문이다. 기후 변화 대응을 위한 거버넌스에 과학 분야의 전문가로서 참여한다고 가정하고, 화학 반응을 중심으로 한 대류권 오존의 생성 원리, 이와 관련한 타 분야의 대응 방안 등에 대해 정보를 전달하는 발표문을 작성해 보자.

관련 학과 대기과학과, 물리학과, 생명환경화학과, 응용화학과, 지구환경과학과, 화학과, 환경학과

《**파란하늘 빨간지구**》, 조천호, 동아시아(2019)

국어 교과군

영어 교과군

수학 교과군

도덕 교과군

사회 교과군

과학 교과군

[12독작01-09] ● ● ●

과학·기술의 원리나 지식을 다룬 과학·기술 분야의 글을 읽고 과학·기술의 개념이나 현상을 설명하는 글을 쓴다.

➡ 지구 환경의 변화로 인한 미생물의 다양성 감소 현상이 과학계의 새로운 문제로 대두되고 있다. 미생물은 우리 눈에는 띄지 않지만 지구 생태계 전체를 떠받치고 있다고 해도 과언이 아니다. 그런데 미생물의 다양성이 위생 상태의 개선, 항생제 및 방부제의 사용 등 다양한 이유로 감소하는 추세이다. 특히 인체의 장내 미생물은 신진대사에서부터 중추신경계, 면역 체계에 이르기까지 인체의 거의 모든 생명 활동 영역에 영향을 끼치는 만큼, 미생물의 다양성이 보존되어야 인체에 유익한 미생물군을 활용할 수 있기에 더욱 민감한 사안이다. 미생물이 인체에서 하는 구체적인 기능과 원리, 미생물 다양성 감소에 대한 글을 읽고, 미생물의 인체 내 작용과 미생물 다양성 보존의 필요성 및 방안에 대해 설명하는 카드 뉴스를 제작해 보자.

관련 학과 미생물학과, 분자생물학과, 생명과학과, 생명환경화학과, 생물학과, 생화학과, 스마트바이오학과, 응용생물학과

《내 속엔 미생물이 너무도 많아》, 에드 용, 양병찬 역, 어크로스(2017)

[12독작01-10] ● ● ●

글이나 자료에서 가치 있는 정보를 수집하고 효과적으로 조직하면서 정보를 전달하는 글을 쓴다.

➡ 환경 오염과 기후 변화로부터 지구를 지키기 위한 '화이트 바이오 산업'이 각광을 받고 있다. 화이트 바이오는 기존의 석유화학 소재 대신 식물, 미생물 등 재생 가능한 자원을 활용해 친환경 연료나 플라스틱 대체 제품 등을 생산하는 기술을 말한다. 식물성 오일, 동물성 지방 등 자연의 원료를 사용함으로써 대기 오염을 줄이는 바이오 디젤, 대량의 탄소 배출로 인한 환경 오염을 극복할 수 있게 식물성 원료를 사용하는 바이오 플라스틱 등이 화이트 바이오 기술이 적용된 대표적인 사례다. 화이트 바이오 기술은 석유화학 제품에 비해 제품을 만들 때 발생하는 이산화탄소의 배출량이 적기 때문에 친환경적이라는 점에서 그 필요성이 대두되고 있다. 화이트 바이오에 대한 자료를 수집하고 분석한 후 화이트 바이오 산업에 적용되는 기술, 현황과 전망, 구체적 사례 등을 안내하는 보고서를 작성해 보자.

관련 학과 식물자원학과, 미생물학과, 분자생물학과, 생물자원과학과, 신소재화학과, 지구환경과학과, 화학과, 환경학과

《화이트바이오 산업-생분해성 바이오플라스틱》, 한국미래기술교육연구원, 미래기술(2022)

[12독작01-11] ● ● ●

글이나 자료에서 타당한 근거를 수집하고 효과적인 설득 전략을 활용하여 논증하는 글을 쓴다.

➡ 지구 온난화로 인해 극지방의 빙하가 녹기 시작하면서 극지방 개발의 접근성이 높아진 것을 계기로, 인접 국가 및 선진국들의 극지방 개발에 대한 관심이 높아지고 있다. 첨단 과학기술을 활용하여 극지방에 매장된 천연자원을 확보할 수 있다면 인류에게 큰 도움이 될 것이라고 보기 때문이다. 그러나 극지방을 개발할 경우 환경 오염 및 생태계 파괴가 발생할 수밖에 없고, 대부분의 나라가 과학 발전 및 지구 환경 보전이 아니라 자국의 이익을 목적으로 극지방 개발에 접근하고 있다는 비판의 목소리도 있다. 극지방 개발의 득과 실을 중심으로 관련 논란의 쟁점을 탐구해 보며, 극지방 개발로 얻게 될 경제적 이익과 환경 오염 및 생태계 파괴로 입게 될 경제적 손실을 비교·분석해 보자. 또한 이를 바탕으로 극지방 개발에 대한 자신의 주장을 담은 신문 사설을 작성해 보자.

관련 학과 대기과학과, 물리학과, 미생물학과, 분자생물학과, 생명환경화학과, 생물학과, 스마트수산자원관리학과, 응용화학과, 지구환경과학과, 해양학과, 화학과, 환경학과

《파워풀한 실전 과학 토론》, 남숙경·이승경, 특별한서재(2022)

정서 표현과 자기 성찰의 글을 읽고 자신의 정서를 진솔하게 표현하거나 자신의 삶을 성찰하는 글을 쓴다.

➡ 인간과 동물을 구분 짓는 관점 중 하나였던 '도구의 사용'이라는 기준을 바꾸어 놓은 것은 '침팬지의 어머니'라 불리는 제인 구달이다. 어려서부터 동물을 좋아했던 그녀는 아프리카에서 침팬지들의 생활을 관찰하고 기록하면서, 그동안 알려지지 않았던 침팬지들의 다양한 생활 모습을 발견해 동물행동학자로서 세계적인 명성을 얻었다. 또한 침팬지의 도구 사용과 의사소통, 사회생활 등에 대해 연구하는 과정에서 멸종 위기에 처한 침팬지들의 고통에 공감하며 환경운동가로서도 적극적으로 활동하였다. 동물과 자연, 삶과 인간을 바라보는 제인 구달의 관점이 담긴 글을 읽은 후 필자의 가치관과 삶의 태도로부터 배운 점을 바탕으로 자신의 삶을 성찰하는 글을 써 보자.

관련 학과 자연계열 전체

《**희망의 이유**》, 제인 구달, 박순영 역, 김영사(2023)

다양한 글을 주제 통합적으로 읽고 학습의 목적과 교과의 특성을 고려하여 학습을 위한 글을 쓴다.

➡ 데이터 과학은 의미 있는 통찰을 얻기 위해 수행하는 데이터 연구로, 수학, 통계, 인공지능 및 컴퓨터공학, 정보 과학 등의 분야에서 도출된 이론과 기술의 결합을 통해 대량의 데이터를 분석하는 총체적 접근 방식이다. 온·오프라인의 수많은 삶의 기록이 데이터로 바뀌어 축적되고 있는 상황에서, 데이터 과학은 비즈니스뿐 아니라 다양한 분야에서 활용되고 있기에 그 가치가 무궁무진하다고 할 수 있다. 항공편 예약 서비스의 진단, 예측, 처방 등 구체적 사례를 들어 데이터 과학이 어떤 용도로 사용되는지, 데이터 과학에서 필요한 능력이나 기술이 교과 학습 내용과 어떻게 연결되는지 등에 대해 탐구한 뒤, 데이터 과학에 대한 정보를 전달하는 글을 써 보자.

관련 학과 자연계열 전체

《**데이터과학자의 사고법**》, 김용대, 김영사(2021)

매체의 유형과 특성을 고려하며 글이나 자료를 읽고 쓴다.

➡ 최근 제품의 생산과 소비의 큰 화두인 '친환경'이 패션업계에서도 주요 키워드로 주목받고 있다. 유행에 발맞추어 빠르게, 대량으로 생산하던 '패스트(Fast) 패션'에서 옷의 생산 및 소비 속도를 늦추는 '슬로(Slow) 패션'으로 패션업계의 흐름이 전환되면서, 친환경적인 소재와 염색 방법으로 환경과 인체에 미치는 영향을 최소화하려는 노력이 진행 중이다. 특히 동물 및 인조 가죽 대신 농업 폐기물이나 식물 소재를 활용한 '비건(vegan) 가죽'으로 패션 제품을 생산하는 '비건 패션'에 대한 관심과 수요가 증가하는 추세이다. 슬로 패션의 경향성과 사례에 대한 자료를 탐구해 보고, 인쇄 및 영상 매체, 뉴미디어 등의 매체 중 하나를 선택한 후 매체의 특성을 고려하여 슬로 패션을 권장하고 홍보하는 내용의 자료를 제작해 보자.

관련 학과 동물자원학과, 식물자원학과, 의류학과, 지구환경과학과, 환경학과

《**지구를 살리는 옷장**》, 박진영·신하나, 창비(2022)

독서와 작문의 관습과 소통 문화를 이해하고 공동체의 소통 문화 및 담론 형성에 책임감 있게 참여한다.

➡ 2022년 3월, 유엔환경총회(UNEA)에서 지구 환경을 위협하는 플라스틱 오염에 맞서기 위해 플라스틱의 생산부터 처리까지 전 공정을 관리하는 '플라스틱 오염을 끝내기 위한 법적 구속력 있는 국제협약'이 최초로 통과되었다. 인간이 삶의 편의를 위해 개발한 각종 화학물질이 수많은 시간을 지나 이제는 도리어 인간과 지구의 건강을 위협하고 있다는 인식을 전 세계가 공감하고 있는 것이다. 플라스틱을 포함한 각종 화학물질이 어떤 과정을 거쳐 인류에게 피해를 주고 있는지, 구체적으로 그 실태는 어떠한지에 대해 탐구해 보자. 또한 문제 해결을 위한 각계각층의 노력을 조사해 '화학물질의 두 얼굴'을 주제로 카드 뉴스를 제작해 보자.

관련 학과 물리학과, 신소재화학과, 응용화학과, 지구환경과학과, 해양학과, 화학과, 화장품학과, 환경학과

《오늘도 플라스틱을 먹었습니다》, 롤프 할든, 조용빈 역, 한문화(2022)

국어 교과군

영어 교과군

수학 교과군

도덕 교과군

사회 교과군

과학 교과군

선택 과목	수능	문학	절대평가	상대평가
일반 선택	O		5단계	5등급

| 🔍 | 문학의 인식적·윤리적·미적 기능, 내용과 형식의 관계, 문학 감상의 맥락, 한국 문학의 역사와 성격, 문학의 공감적·비판적·창의적 수용, 문학의 수용과 창작, 문학의 가치, 문학의 생활화 |

[12문학01-01]   ● ● ●

문학이 인간과 세계에 대한 이해를 돕고, 삶의 의미를 깨닫게 하며, 정서적·미적으로 삶을 고양함을 이해한다.

➡ 이문구의 〈성난 풀잎〉은 풀독으로 고생했던 작가의 경험담이 담긴 수필이다. 작가는 작고 쓸모없다고 생각했던 잡풀을 뽑다가 풀독이 오른 경험을 통해 "한갓 잡풀일망정 뽑히고 베일 때 왜 느낌이 없을 수 있겠는가."라며, 쓸모없다는 것 또한 인간을 기준으로 한 판단이었음을 깨닫는다. 즉 인간 중심적인 사고와 가치관을 반성하면서 자연을 거스르지 않는 삶의 중요성을 강조하는데, 이를 통해 발전과 성장이라는 명목하에 인위적으로 자연과 생태계를 변화시키며 자연을 훼손해 왔던 오늘날의 우리를 되돌아보게 한다. 이문구의 〈성난 풀잎〉을 감상한 후 문학의 인식적 및 윤리적 기능을 고려하여 오늘날 인간 중심적 사고 및 가치관으로 인해 파괴되는 자연환경의 사례에 대해 탐구하고, 평소 자연을 대하는 자신의 태도를 성찰하여 서평을 작성해 보자.

관련 학과 자연계열 전체

《생명이 있는 것은 다 아름답다》, 최재천, 효형출판(2022)

[12문학01-02]   ● ● ●

문학의 여러 갈래들의 특성과 문학의 맥락에 대해 이해한다.

➡ 천재 시인이라 불리는 이상의 작품 중 하나인 〈오감도, 시제 4호〉를 물리학의 관점에서 분석한 논문이 이상문학회의 학술지에 게재되었다. 기존에는 대각선을 사이에 둔 대립에 대한 묘사로 보거나 등비수열이 적용되었다고 보는 관점 등이 있었으나, 연구팀은 시공간의 연결과 반복이라는 주제로 접근하여 반복, 무한, 자아 분열, 권태 등 이상 문학에 등장하는 다른 모티프와의 관련성을 주장했다. 이는 시인 이상이 서울대학교 공과대학의 전신인 경성고등공업학교의 건축과 출신으로, 높은 수준의 이공계 지식을 바탕으로 작품 활동을 했을 것이라고 가정하는 것이다. 이처럼 작가 이상의 생애에 대한 정보를 바탕으로 이상의 작품 속에 숨어 있는 수학·과학적 원리를 분석하여 비평문을 작성해 보자.

관련 학과 데이터정보학과, 물리학과, 수리빅데이터학과, 수학과, 응용수학과, 통계학과

《이상 시집》, 이상, 스타북스(2017)

[12문학01-03]   ● ● ●

주요 작품을 중심으로 한국 문학의 범위와 갈래, 변화 양상을 탐구한다.

➡ 오늘날 자연은 도시의 삭막한 삶과 바쁜 일상에 지친 사람들에게 휴식과 회복의 의미를 지닌다. 한때 귀농 및

귀촌이 성행했을 정도로 자연에서의 평화로움은 많은 이들이 꿈꾸는 삶의 모습이기도 한데, 자연 속에서 즐기는 풍류를 노래했던 문학 갈래 중 하나가 바로 '은일 가사'이다. 속세를 벗어나 산수에 은둔하며 자연에 동화된 모습을 그린 은일 가사의 대표작인 정극인의 〈상춘곡〉은 '봄을 맞아 경치를 구경하며 즐기는 노래'라는 제목에서도 드러나듯, 자연의 아름다움과 자연을 즐기는 삶의 정취를 작품에 고스란히 담고 있다. 자연과 일체가 되어 속세의 어지러움을 벗어나고자 하는 은일 가사의 계보 및 변화 양상을 조사하고, 은일 가사에 나타난 자연의 의미에 대해 탐구하여 보고서를 작성해 보자.

관련 학과 농생물학과, 산림학과, 식물자원학과, 원예학과, 조경학과, 환경학과
《**조선 전기 사대부가사**》, 최현재, 문학동네(2012)

[12문학01-04] ● ● ●

한국 문학에 반영된 시대 상황을 이해하고 문학과 역사의 상호 영향 관계를 탐구한다.

➡ 김원일의 〈도요새에 관한 명상〉은 산업화가 급격하게 진행되던 1970년대 우리 사회를 배경으로 환경 문제와 분단 문제를 함께 다루고 있는 작품이다. 비료 공장에서 오염물질을 강에 배출하고 있다는 사실을 지적하는 진정서를 시 보건과에 제출하는 '병국'의 행동을 통해 산업화로 인해 훼손되는 자연의 모습을 드러낸다. 당시는 환경보다 경제 성장을 위한 개발을 중시했던 시기이기에, 산업화로 인한 환경 오염이 심각한 문제로 대두되었지만 환경 보호를 위한 정부 차원의 규제가 이루어지지 않았다. 〈도요새에 관한 명상〉의 배경이 되는 당대 사회의 모습을 탐구해 보고, 작품의 사회적 배경과 오늘날의 사회 상황을 비교하여 작품의 현대적 가치를 평가하는 서평을 작성해 보자.

관련 학과 농생물학과, 대기과학과, 산림학과, 생물학과, 식물자원학과, 지구환경과학과, 해양학과, 화학과, 환경학과
《**도요새에 관한 명상**》, 김원일, 문학과지성사(2021)

[12문학01-05] ● ● ●

한국 작품과 외국 작품을 비교하며 읽고 한국 문학의 보편성과 특수성을 파악한다.

➡ 쥘 베른의 〈해저 2만 리〉는 잠수함, 잠수복도 없던 시대에 주인공이 바닷속이라는 미지의 세계에서 온갖 신비한 경험을 겪는 이야기를 다루고 있다. 이와 유사하게 우리나라의 판소리계 소설인 작자 미상 〈토끼전〉 또한 육지의 동물인 토끼가 자라의 꾀에 당해 바닷속 용궁으로 가 여러 가지 일을 겪는 이야기를 다룬다. 두 작품 모두 바다에 대한 관심을 바탕으로 바닷속을 사건의 배경으로 하지만, 바닷속 공간에 대한 설정은 차이가 있다. 특히 〈토끼전〉은 바닷속에서도 육지와 같이 군신 관계를 바탕으로 하는 지배 체제가 있다는 설정을 하는데, 이는 작품이 창작된 당시의 사회가 유교적 가치관을 중시했기 때문으로 보인다. 이처럼 두 작품을 비교·분석하여 감상해 보고, 〈토끼전〉에 나타난 한국 문학의 보편성과 특수성을 탐구해 보자.

관련 학과 미생물학과, 생명과학과, 생물학과, 수산생명과학과, 지구환경과학과, 해양생태환경학과, 환경학과
《**토끼전·옹고집전·배비장전**(외)》, 전규태 역, 종합출판범우(2023)

[12문학01-06] ● ● ●

문학 작품에서는 내용과 형식이 긴밀하게 연관됨을 이해하며 작품을 수용한다.

➡ 조선의 대표적 실학자이자 천문학자인 홍대용은 지구 자전설, 지구 구형설, 무한 우주론 등 대담하고도 파격적인 이론을 펼쳐 '조선의 갈릴레이'라고 불린다. 특히 그의 저서 《의산문답》에 성리학에 얽매여 진정한 진리를 보지 못하는 '허자(虛子)'와 청나라와 서양의 자연과학을 비롯한 새로운 지식을 터득한 '실옹(實翁)'이라는 가상

의 인물을 내세워 자신의 과학적 사상을 고스란히 담았다. 제목에서도 나타나듯 《의산문답》은 두 인물의 문답으로 이루어져 있는데, 이를 통해 허자의 어리석음을 질타하고 이전의 배움이 헛된 것임을 풍자하고 있다. 《의산문답》을 읽고 작가의 사상과 이론을 표현하기에 문답 형식이 적절한지를 평가해 보고, 이와 같이 문답 형식을 사용한 다른 작품을 감상한 후 내용과 형식의 연관성에 대해 탐구해 보자.

관련 학과 자연계열 전체

《의산문답》, 홍대용, 김태준·김효민 역, 지식을만드는지식(2011)

[12문학01-07] • • •

작품을 공감적, 비판적, 창의적으로 감상하며, 다양한 방식으로 작품에 대해 비평한다.

➡ 로이스 라우리의 SF 4부작 중 하나이자 베스트셀러인 〈기억 전달자〉는 '늘 같음 상태'를 유지하기 위해 과학 기술을 활용하여 모든 것을 통제함으로써 완벽한 상태를 추구하는 사회의 모습을 보여 준다. 작품 속 사회에서는 날씨, 외모, 의복, 식사량, 꿈과 같은 지극히 개인적인 것도 검열 및 통제되고 출산과 가족 구성원, 직업마저 사회로부터 정해지는 등 모든 갈등 요소가 제거되어, 겉으로 보기에는 매우 평화로운 상태를 유지한다. 그러나 특정 약물로 개인의 감정과 욕구가 억제당하고, 색깔의 개념마저 삭제된 사람들의 모습은 독자로 하여금 부조리함을 느끼게 한다. 〈기억 전달자〉를 읽고 작품 속에서 완벽한 사회로 묘사된 '갈등이 없는', '효율적인' 사회가 과연 이상적인지에 대해 토론해 보고, 과학의 발전과 이상적인 사회에 대한 자신의 의견을 바탕으로 작품에 대한 비평문을 작성해 보자.

관련 학과 자연계열 전체

《기억 전달자》, 로이스 라우리, 장은수 역, 비룡소(2024)

[12문학01-08] • • •

작품을 읽고 새로운 시각으로 재구성하거나 주체적인 관점에서 작품을 창작한다.

➡ 조선 시대에 창작된 기녀 시조인 홍랑의 〈묏버들 가려 꺾어〉는 화자가 자신의 분신이라 할 수 있는 '묏버들'을 이별한 임에게 보내면서 자신을 잊지 말아 달라고 당부하는 작품이다. 화자는 떠나는 임에 대한 사랑을 소박한 자연물을 통해 드러내고 있는데, 이러한 방식으로 대상에 대한 정서를 표현하는 작품은 당대의 문학에서도 어렵지 않게 찾아볼 수 있다. 고전 문학에서 대상에 대한 화자의 정서 표현을 위해 활용되는 사물들을 찾아 분석하고 당대의 문학적 관습을 파악해 보자. 그리고 이별의 상황에서 음식을 활용하여 화자의 정서를 표현한다고 가정하고, 음식이 가지는 관습적 의미, 당시 사회의 물리적 유통 과정 등을 고려해 음식을 선정한 후 패러디 작품을 창작해 보자.

관련 학과 농생물학과, 동물자원학과, 생활과학과, 식물자원학과, 식품가공학과, 식품생명과학과, 식품영양학과, 외식산업학과, 축산학과

《천년의 향기 편지로 남다》, 이재원, 답게(2008)

[12문학01-09] • • •

다양한 매체로 구현된 작품의 창의적 표현 방법과 심미적 가치를 문학적 관점에서 수용하고 소통한다.

➡ 제2의 아인슈타인으로 불리며 아벨상과 노벨경제학상을 수상한 천재 수학자 '존 내쉬'의 삶을 다룬 영화 〈뷰티풀 마인드〉는 동명의 전기 소설을 바탕으로 만들어졌다. 원작은 전기 소설인 만큼 700여 쪽에 달하는 방대한 분량 안에 존 내쉬의 업적과 그가 연구했던 수학 이론, 소수(prime number)의 규칙성에 관한 가설인 '리만 가

설'을 연구하다 얻은 조현병으로 인해 고통의 시간을 겪다가 마침내 극복하는 과정, 그리고 주변 인물의 이야기들까지 촘촘하게 담겨 있다. 반면 영화는 치밀한 심리 묘사와 반전 등 극적 효과를 통해 전체적으로 미스터리한 분위기를 자아냄으로써, 재미와 감동을 극대화했다는 평을 받는다. 〈뷰티풀 마인드〉 영화와 소설을 감상하고, 매체에 따라 내용과 표현, 전달하고자 하는 메시지 등이 어떤 차이를 보이는지 비교·분석하여 보고서를 작성해 보자.

관련 학과 데이터정보학과, 물리학과, 수리빅데이터학과, 수학과, 응용수학과, 통계학과

《**뷰티풀 마인드**》, 실비아 나사르, 이종인 역, 승산(2002)

[12문학01-10] • • •

문학을 통하여 자아를 성찰하고, 타자를 이해하며 상호 소통한다.

➡ 조선 후기 실학자인 한백겸의 수필 〈나무 접붙이기〉는 집 동산의 보잘것없는 복숭아나무를 이웃 사람이 접붙여서 다시 소생시키는 것을 보고 느낀 바를 바탕으로 자신을 성찰하는 작품이다. 작가는 실학자로서 접붙이기와 같은 농업 기술의 가치에 대해 높게 평가하는 한편, 나무뿐 아니라 인간도 옛 가지를 베어 내고 새로운 가지를 접붙이듯 악한 생각을 버리고 선(善)을 덧붙여 잘 보살핀다면 성인(聖人)이 될 수 있음을 말하고 있다. 〈나무 접붙이기〉를 읽으며 작품에 반영된 작가의 가치관을 파악하여 감상평을 작성하고, 다른 사람들과 공유해 보자. 또한 농업 기술에 대한 탐구를 바탕으로, 농업 기술과 관련한 일상 경험을 가정하여 〈나무 접붙이기〉처럼 자아를 성찰하는 내용의 수필을 창작해 보자.

관련 학과 농생물학과, 동물자원학과, 산림학과, 식물자원학과, 원예학과, 조경학과, 축산학과

《**우리 선비들은 자연에서 무엇을 깨달았을까**》, 정병헌, 사군자(2004)

[12문학01-11] • • •

문학을 통해 공동체가 처한 여러 문제를 이해하고 문제 해결에 참여하는 태도를 지닌다.

➡ 2022년 전국에 걸쳐 꿀벌의 개체 수가 급감하는 '꿀벌 군집 붕괴 현상'이 발생하여 이슈가 되었다. 꿀벌은 세계 식량의 90%를 차지하는 100대 주요 작물 중 71종의 수분을 책임지고 있다. 따라서 꿀벌이 사라지게 되면 인간이 식물에서 얻는 식량의 양이 급감하여 식량난이 발생하게 되는데, 꿀벌 실종의 여러 원인 중 유력한 원인으로 기후 변화가 지목된다. 소설가 베르나르 베르베르는 겨울임에도 지구 온난화가 극심해져 기온이 43도가 넘고, 꿀벌이 사라지면서 식량이 부족해져 곳곳에서 폭동이 일어나는 30년 뒤의 미래를 다녀온 주인공이 미래를 바꾸기 위해 노력하는 내용을 〈꿀벌의 예언〉에 담아 인류의 미래에 대해 심각한 경고를 하고 있다. 이러한 문학 작품의 창작이 공동체 문제 해결을 위해 어떠한 역할을 하고 있는지, 사회문제 현상 및 그것과 관련된 작품 사례를 바탕으로 탐구하여 발표해 보자.

관련 학과 농생물학과, 대기과학과, 동물자원학과, 산림학과, 생명과학과, 생물학과, 식물자원학과, 원예학과, 지구환경과학과, 환경학과

《**꿀벌의 예언**》, 베르나르 베르베르, 전미연 역, 열린책들(2023)

[12문학01-12] • • •

주체적인 문학 활동을 생활화하여 지속적으로 문학을 즐기는 태도를 지닌다.

➡ 소설가 김승옥은 〈무진기행〉, 〈서울, 1964년 겨울〉 등의 작품에서 안개가 낀 듯 앞날이 불투명했던 1960년대를 배경으로 그 시대를 살아간 쓸쓸한 도시인의 불안과 상실감, 일탈 등을 감각적인 문장으로 나타냈다. 특히

국어 교과군

영어 교과군

수학 교과군

도덕 교과군

사회 교과군

과학 교과군

〈무진기행〉의 작중 배경인 '무진'은 안개가 자욱한 도시로 묘사되는데, 이 작품에서 '안개'는 주인공을 외부와 단절시키는 역할을 하며, 진정한 자아를 찾기 위해 방황하는 주인공의 내면 세계 등을 의미하면서 서사에 중요한 기능을 한다. 〈무진기행〉을 읽고 작품의 배경이 주제의 형상화에 미치는 영향에 대해 탐구해 보자. 더 나아가 작가가 자신의 고향인 '순천'을 모델로 무진이라는 공간을 만들어 냈다는 점을 참고하여 정말 순천에 안개가 자주 발생하는지, 그렇다면 과학적 근거는 무엇인지 분석하여 탐구 보고서를 작성해 보자.

관련 학과 대기과학과, 물리학과, 지구환경과학과, 해양학과, 화학과, 환경학과

《**무진기행**》, 김승옥, 더클래식(2021)

선택 과목	수능	주제 탐구 독서	절대평가	상대평가
진로 선택	X		5단계	5등급

| 🔍 | 관심 분야, 책과 자료, 통합적 읽기, 주체적 탐구, 비판적·창의적 독서, 자신의 관점과 견해 형성, 주도적 독서, 삶의 성찰 및 계발 |

[12주탐01-01] ● ● ●

주제 탐구 독서의 의미를 이해하고 관심 있는 분야에서 탐구할 주제를 탐색한다.

➡️ '친환경 제품에 대한 탐구'라는 큰 주제 하에 친환경 제품의 연구, 생산, 쟁점, 유통 중 관심 있는 분야를 선정하여 그 내용과 관련된 독서를 하고, 이를 '독서 워크숍'을 통해 모둠원들과 공유해 보자. 나아가 모둠원들끼리의 토의를 통해 구체적으로 어떤 친환경 제품을 탐구할지 결정한 뒤, 이후의 계획을 마련해 보자.

관련 학과 자연계열 전체

《**지구를 지키는 50가지 환경 미션**》, 변지선·이은지, 썬더키즈(2022)

[12주탐01-02] ● ● ●

학업과 진로 탐색을 위해 주제 탐구의 독서 목적을 수립하고 주제를 선정한다.

➡️ '이것인 줄 알았는데 저것이었던 것들'은 동식물을 이해하는 데 있어 매우 흥미로운 주제 중 하나이다. 이러한 것들을 연구하는 진로 계획을 세우기 위해 거미, 대나무, 오리너구리, 고래, 꽃등에, 벌 등과 관련된 다양한 책을 읽은 뒤, 여러 생명과학 분야 중 어떤 세부적인 진로로 나아갈지에 대해 자신의 계획을 정리하여 발표해 보자.

관련 학과 농생물학과, 동물자원과학과, 분자생물학과, 생명과학과, 생물학과, 수산생명의학과, 식물자원학과, 축산학과

《**왠지 이상한 동물도감**》, 누마가사 와타리, 신은주 역, 미래엔아이세움(2018)

[12주탐01-03] ● ● ●

관심 분야의 책과 자료가 지닌 특성을 파악하며 주제 탐구 독서를 한다.

➡️ 김상욱 교수의 《하늘과 바람과 별과 인간》은 윤동주 시인의 시집 제목 '하늘과 바람과 별과 시'를 차용해서, 단순히 물리 법칙이나 생명과학적 현상만을 설명하는 데 그치지 않고 이를 통해 사물의 본성과 인간 존재를 규명하는 데까지 나아가고 있다. 원자, 별, 생명, 인간, 신, 정보 중 자신이 관심 있는 부분을 찾아 읽고, 그 부분에서 물리학 등의 과학 이론이 어떻게 적용되는지 이해하게 되는 자신의 인지적 변화 과정을 정리하여 발표해 보자.

관련 학과 물리학과, 미생물학과, 분자생물학과, 생명과학과, 생물학과, 수학과, 지구환경과학과, 천문우주학과, 통계학과, 해양학과, 화학과, 환경학과

《**하늘과 바람과 별과 인간**》, 김상욱, 바다출판사(2023)

[12주탐01-04]

주제와 관련된 책이나 자료를 탐색하면서 신뢰할 수 있고 가치 있는 정보를 선정하여 분석하며 읽는다.

➡️ 한화택 교수의 책 《미적분의 쓸모》의 부제는 '보통 사람들도 이해하는 새로운 미래의 언어'이다. 미적분이라는 학문은 어렵지만, 시간, 속도, 자연, 인공지능, 의학, 물리학, 경제, 경영 등 많은 분야에 활용된다. '내 인생에 있어서의 미적분의 쓸모'라는 주제로 이 책의 특정 부분을 분석하여 읽고, 위 주제에 대한 발표 내용을 정리하여 친구들 앞에서 발표해 보자.

관련 학과 물리학과, 수학과, 외식산업학과, 원예학과, 의류학과, 조경학과, 통계학과, 해양학과, 화학과, 환경학과

《미적분의 쓸모》, 한화택, 더퀘스트(2022)

[12주탐01-05]

주제에 관련된 책과 자료를 종합하여 읽으며 자신의 관점과 견해를 형성한다.

➡️ 어미나무라고 불리는 '모수(母樹)'는 종자나 묘목 따위를 얻기 위하여 기르는 나무를 말한다. 재배의 관점에서 모수는 필수적인데, 산림 개발 과정에서 모수의 벌목이 필요한 경우가 있다. 이에 대해 각기 다른 견해가 담긴 학술 자료, 기사문, 뉴스, 도서 등에서 정보를 추출하여 비교해 보고, 자신의 입장을 정립하여 발표해 보자.

관련 학과 농생물학과, 산림학과, 생명과학과, 생물학과, 식물자원학과, 원예학과, 조경학과, 축산학과, 해양학과, 화학과, 환경학과

《처음 시작하는 나만의 정원수 가꾸기》, 히키치 가든 서비스, 노경아 역, 돌배나무(2022)

[12주탐01-06]

매체를 포함한 다양한 방법으로 주제 탐구 독서의 과정이나 결과를 사회적으로 공유하고 소통한다.

➡️ '귀부균'은 주로 포도주를 만들기 위해 발효하는 포도에 기생하는 균이다. 이러한 귀부균이 이름답게 '귀한 균'으로 불리는 이유와 이를 생산·유통하는 데 필요한 생물학적, 식품공학적 환경을 구성하기 위한 이론 등을 여러 학술 자료를 통해 모둠별로 찾아보고 공유해 보자. 특히 구글 공유 문서 등을 활용하여 '공동 보고서 작성'을 해 보고, 이 과정에서 '댓글' 기능을 활용해 구성원들끼리 의사소통해 보자.

관련 학과 동물자원과학과, 산림학과, 생명과학과, 생물학과, 수산생명의학과, 식물자원학과, 식품영양학과, 외식산업학과

《와인 뽀개기》, 이시영, 지식공감(2021)

[12주탐01-07]

주제 탐구 독서를 생활화하여 주도적으로 삶을 성찰하고 계발한다.

➡️ '미세 플라스틱 줄이기', '탄소 줄이기' 등 최근 주목받고 있는 기후위기 극복 방안에 대해 더욱 자세히 알기 위해 생명과학, 환경학, 대기과학, 산림학 등과 관련된 여러 학술 자료를 읽어 보자. 평소 자신이 무심코 한 행동들이 구체적으로 어떻게 환경을 파괴하고 있는지에 대해 성찰하고 개선하는 '자기성장보고서'를 작성한 뒤, 이를 모둠별로 모아 '학급 환경 지킴 10계명'을 만들어 보자.

관련 학과 농생물학과, 대기과학과, 동물자원과학과, 산림학과, 생명과학과, 생물학과, 수산생명의학과, 식물자원학과, 식품영양학과, 의류학과, 지구환경과학과, 해양학과, 환경학과

《기후위기 행동사전》, 김병권 외 4명, 산현재(2023)

선택 과목	수능	문학과 영상	절대평가	상대평가
진로 선택	X		5단계	5등급

| 🔍 | 형상화, 언어 예술, 영감, 상상력, 시각적 요소와 청각적 요소의 결합, 현실 세계, 상상의 세계, 변용과 창조

[12문영01-01]

문학과 영상의 형상화 방법과 그 특성을 이해한다.

➡ 〈물고기는 존재하지 않는다〉라는 과학 에세이에서 '모든 범주는 상상의 산물이다'라는 부분이 생명과학, 나아가 인문학·사회과학적 측면에서 어떤 의미가 있는지 모둠원과 논의해 보자. 그리고 에세이 형식, 특히 중수필의 '개인의 깊은 사유'가 담긴 부분을 영화로는 어떻게 표현할 수 있을지에 대해 '새로운 인물 설정, 플롯 재배치, 그래픽 표현' 등의 기준을 토대로 이야기 나누어 보자.

관련 학과 농생물학과, 동물자원과학과, 생명과학과, 생물학과, 수산생명의학과, 식물자원학과, 지구환경과학과, 해양학과, 환경학과

물고기는 존재하지 않는다
룰루 밀러, 정지인 역,
곰출판(2021)

책 소개

방송계의 퓰리처상이라고 불리는 피버디상을 수상한 책으로서, 우리에게 '물고기', '인간', '세계' 등에 대한 언어적 범주 설정에 대해 새로운 관점을 제시하고 있다. 특히 미스터리하면서도 반전이 있는 구성을 통해 철학적, 과학적으로 큰 충격을 주면서 독자들이 '지식'이라고 하는 것의 진실을 스스로 깨닫게끔 유도하고 있다.

세특 예시

문학과 영상의 형상화 방법에 대한 내용을 학습한 후, '중수필'과 가까운 에세이에서 작가의 구체적이면서 심오한 생각을 영상으로 형상화할 수 있는지에 대한 가능성을 친구들과 의논함. 이 과정에서 '물고기는 존재하지 않는다(룰루 밀러)'를 읽고, '모든 범주는 상상의 산물이다', '성장한다는 건 자신에 대한 다른 사람들의 말을 더 이상 믿지 않는 법을 배우는 거야' 등의 표현을 영화로 형상화하기 위해 '영화 속 자막 배치'에 대한 새로운 방법론을 제시하고 실제로 영상으로 만들어 친구들에게 찬사를 받음.

[12문영01-02]

양식과 매체에 따른 특성과 효과를 고려하여 문학 작품과 영상물을 해석하고 비평한다.

➡ 윌리엄 골딩의 〈파리대왕〉, 마크 트웨인의 〈허클베리 핀의 모험〉 등의 모험 소설은 아이들이 자연을 하나의

'몸'으로서 마주하는 장면을 담고 있지만, 거기서 더 나아가 등장인물들의 생활 속에서 자연과학적인 사실과 개념, 이론을 도출할 수 있다. '〈파리대왕〉에서 알 수 있는 자연과학'이라는 주제로, 소설의 대사와 행동에서 추출한 자연과학적인 실마리를 엮어 유튜브 영상으로 제작해 보고, 이를 소설의 텍스트와 비교하여 표현상의 장단점을 파악해 보자.

`관련 학과` 미생물학과, 분자생물학과, 산림학과, 생명과학과, 생물학과, 수산생명의학과, 식물자원학과, 식품영양학과, 원예학과, 의류학과, 조경학과, 지구환경과학과, 해양학과, 화학과, 환경학과

《**파리대왕**》, 윌리엄 골딩, 유종호 역, 민음사(2000)

[12문영01-03] ● ● ●

문학 작품과 영상물 간의 영향 관계와 상호 작용의 효과를 파악한다.

➡ 고마쓰 사쿄의 〈일본 침몰〉은 대규모의 지각 변동에 의해 일본이 침몰 위기에 몰리고, 그 안에서 인간들이 어떻게 살아가는지를 다룬 소설로 같은 제목의 영화로 만들어지기도 했다. 소설과 영화라는 매체의 차이가 '두려움, 절망, 희망' 등 재난 상황 속 인간의 정서를 표현하는 데 어떠한 영향을 끼치는지를 비교·분석해 보자. 특히 자연재해의 원인, 그 재해를 이겨 내는 생물학적 방법론, 인간과 동물의 진화적 특성 등을 토대로 자신의 입장을 정립하여 설명해 보자.

`관련 학과` 동물자원과학과, 산림학과, 생명과학과, 생물학과, 수산생명의학과, 식물자원학과, 식품영양학과, 외식산업학과, 원예학과, 의류학과, 조경학과, 지구환경과학과, 해양학과, 화학과, 환경학과

《**일본 침몰**》, 고마쓰 사쿄, 고평국 역, 범우사(2006)

[12문영01-04] ● ● ●

문학 창작과 영상 창작의 요소와 기법을 바탕으로 문학 작품과 영상물을 수용·생산한다.

➡ 미디어를 사용해 우리 지역의 환경 관련 콘텐츠를 만들기 위한 전반적 계획을 세우고 이를 실천해 보자. 특히 '우리 지역의 하천 오염', '우리 지역의 지리·사회·문화적 요소에 따른 환경적 특색' 등을 주제로 영상 미디어를 만들어 이를 친구들에게 공유해 보자. 이 과정을 통해 환경 콘텐츠가 다양한 매체로 형상화되었을 때의 장단점에 대해서도 스스로 정리해 보자.

`관련 학과` 농생물학과, 대기과학과, 동물자원과학과, 물리학과, 산림학과, 생명과학과, 생물학과, 수산생명의학과, 원예학과, 조경학과, 지구환경과학과, 천문우주학과, 해양학과, 환경학과

《**환경오염과 지구**》, 이동근·김둘선, 경상국립대학교출판부(2024)

[12문영01-05] ● ● ●

소재가 유사한 문학 작품과 영상물을 비교하면서 통합적으로 수용한다.

➡ 마크 트웨인의 〈톰 소여의 모험〉은 미국의 미시시피강 유역을 배경으로 대자연 속 어린이의 삶을 다루고 있다. 영화 〈라이프 오브 파이〉는 망망대해에서 동물들과 함께 생존하는 인물의 이야기를 다루고 있는데, '자연과 인간의 공존, 대자연의 신비' 등을 공통점으로 하여 각 작품에서 나타나는 자연과 인간의 관계성에 대해 토의하고, 이를 토대로 바람직한 자연관을 모둠별로 만들어 캠페인 형식으로 친구들에게 소개해 보자.

`관련 학과` 농생물학과, 대기과학과, 동물자원과학과, 산림학과, 생명과학과, 생물학과, 수산생명의학과, 원예학과, 조경학과, 지구환경과학과, 해양학과, 환경학과

《**파이 이야기**》, 얀 마텔, 공경희 역, 작가정신(2022)

[12문영01-06]　● ● ●

문학 작품과 영상물을 효과적으로 전달할 수 있는 경로와 매체를 선택하여 공유한다.

➡ 보니 가머스의 〈레슨 인 케미스트리〉는 여성 화학자 '엘리자베스 조트'의 외로우면서도 치열한 삶을 통해 과학 연구에서의 여성의 역할, 페미니즘, 진정한 자아실현의 의미 등의 주제를 제시하고 있다. 이 소설에 나오는 '화학과 요리의 조화'를 보여 줄 수 있는 사례를 꼽아 '레시피 소개' 형태의 영상을 제작하고, 이후 이 소설의 의미를 영상 후반부에 배치하는 식의 유튜브 영상을 만들어, 실제 학교 계정을 이용하여 올려 보자.

　`관련 학과` 물리학과, 분자생물학과, 수학과, 의류학과, 조경학과, 지구환경과학과, 천문우주학과, 통계학과, 해양학과, 화학과, 환경학과

《**레슨 인 케미스트리 1~2**》, 보니 가머스, 심연희 역, 다산책방(2023)

[12문영01-07]　● ● ●

문학과 영상에 관련된 진로와 분야에서 요구하는 문화적 소양에 대해 탐구한다.

➡ 김광섭의 〈성북동 비둘기〉는 도시의 발전 때문에 삶의 터전을 잃어 가는 동물들의 삶을 '비둘기'라는 특정 동물로 형상화하여 전개한 시 문학이다. 인간과 자연의 관계에 대해 자신만의 판단을 내리고, 그것을 적절한 언어로 형상화하는 능력은 문학과 관련된 진로 분야에서 요구되는 소양일 것이다. 특히 다른 동물이 아닌 '비둘기'로 형상화한 것의 의미, '성북동, 구공탄, 산1번지 채석장' 등의 구체적 시어를 제시하기 위한 소양 등이 중요한데, 이러한 소양을 키우기 위해 어떠한 노력이 필요한지에 대해 스스로 정리하여 발표해 보자.

　`관련 학과` 농생물학과, 동물자원과학과, 미생물학과, 분자생물학과, 산림학과, 생명과학과, 생물학과, 수산생명의학과, 식물자원학과, 조경학과, 지구환경과학과, 환경학과

《**성북동 비둘기**》, 김광섭, 시인생각(2013)

[12문영01-08]　● ● ●

문학 작품과 영상물을 비판적으로 수용하며 자신의 삶을 성찰한다.

➡ 소설가 이효석의 대표작인 〈메밀꽃 필 무렵〉은 중심인물 중 한 명인 '동이'가 왼손에 채찍을 들고 있는 장면을 통해 동이가 허생원의 아들일 수 있다는 열린 결말을 전개한다. 이러한 내용을 읽어 보고, 실제 생물학적으로 왼손잡이가 유전될 수 있는지에 대해 학술 자료를 찾아 비판해 보자. 나아가 그럼에도 불구하고 이 소설의 플롯이 탄탄하게 유지되는 이유에 대해서도 설명해 보자.

　`관련 학과` 농생물학과, 분자생물학과, 생명과학과, 생물학과, 수학과, 통계학과, 해양학과, 환경학과

《**메밀꽃 필 무렵**》, 이효석, 소담출판사(2021)

[12문영01-09]　● ● ●

문학 작품과 영상물을 통해 창의적 사고를 표현하고 세계와 적극적으로 소통하는 태도를 가진다.

➡ 김치가 '항진균'으로서 기능할 수 있을까? 만약 그렇다면 우리가 먹는 김치 중 어떤 성분이 더 많이 들어간 김치가 더 효과적일까? 이를 탐구하기 위해 치즈에서 곰팡이균을 추출, 배양하고, 김치가 이 배양된 곰팡이균을 얼마나 없애는지 전 과정을 영상으로 촬영해 보자. 그 결과를 SNS에 올리고, 댓글을 통해 해당 실험에서 어떠한 점을 더 보완해야 하는지에 대해 소통해 보자.

미생물학과, 분자생물학과, 생명과학과, 생물학과, 식물자원학과, 식품영양학과, 외식산업학과, 축산학과, 통계학과, 화학과, 환경학과

《선생님이 보는 과학탐구실험》, 윤자영 외 4명, 더문(2019)

[12문영01-10]　　　　　　　　　　　　　　　　　　　　　　　　　● ● ●

문학 작품과 영상물의 수용과 생산 활동에 따르는 윤리적 책임을 인식하면서 주체적이고 능동적으로 참여한다.

➡ 과학뿐 아니라 모든 분야에서 발표 자료 및 영상을 만들 때 '신뢰성' 및 '미디어 리터러시'를 지키기 위해 '출처 및 참고문헌'을 제시하는 것은 필수적이다. 지금까지 자신이 과학 발표 등의 목적으로 영상을 만든 적이 있다면, 그 과정에서 출처를 제시하지 않은 부분이 있는지 확인해 보고 영상을 수정해 보자. 나아가 새롭게 영상을 만드는 경우에는 어떤 부분에서 출처를 달아야 하는지 생각해 보고, 특정 주제를 선정해 그에 대한 정보를 제시하는 영상을 만들되, 제작 전 모둠원들과 출처 인용 부분을 어떻게 표시할지 의논해 보자.

자연계열 전체

《자연과학 글쓰기》, 조희형, 교육과학사(2014)

선택 과목	수능	직무 의사소통	절대평가	상대평가
진로 선택	X		5단계	5등급

| 🔍 | 직무 의사소통의 목적, 맥락, 매체, 표현 전략, 의사소통 역량, 공동체·대인 관계 역량, 직무 정보의 관리 및 활용과 조직 및 표현, 갈등 조정하기, 문제에 대한 대안 탐색 및 해결

[12직의01-01] ● ● ●

직무 의사소통의 목적과 맥락, 매체, 참여자 특성을 이해하고 적절한 표현을 사용하여 능동적으로 소통한다.

➡ 과학현황지수 조사(2022)에서 한국인의 86%가 과학이 일상생활에서 매우 중요하다고 답할 정도로 오늘날 과학이 미치는 영향은 실로 엄청나다. 이에 따라 과학과 대중을 이어 주는 역할을 하는 '과학 커뮤니케이터'의 역할이 더욱 중요해지고 있다. 과학 커뮤니케이터는 학생 및 일반인을 대상으로 실험이나 강연, 기고문 및 프로그램 등을 통해 과학을 보다 쉽게 이해시키고 알리는 일을 하며, 과학 문화의 대중화를 위해 다방면에서 활약하고 있다. 자신이 청소년 대상 과학 커뮤니케이터가 되었다고 가정하고, 목적과 맥락, 참여자 특성에 맞는 적합한 표현을 사용해 최근 관심 있는 과학 주제에 대해 다양한 매체로 표현해 보자. 또한 과학 원리를 좀 더 쉽게 이해시키기 위한 표현법에 대해 탐구하여 '과학 커뮤니케이터의 표현법'을 주제로 보고서를 작성해 보자.

[관련 학과] 자연계열 전체

《생명과학을 쉽게 쓰려고 노력했습니다》, 박종현, 북적임(2022)

[12직의01-02] ● ● ●

직무 공동체의 다양한 소통 문화와 직무 환경 변화에 적합하게 자기를 소개하고 면접에 참여한다.

➡ 지구 온난화에 따른 기후 변화와 잦은 기상 이변으로 인해 단기적으로는 농지 침수, 시설 붕괴 등이, 장기적으로는 재배적지의 변화, 변화된 기후에 의한 새로운 병해충의 출현 등이 나타나 식량의 안정적 수급을 위협하는 요인이 되고 있다. 이에 최첨단 정보통신 기술을 농작물 재배 및 가축 사육 시설에 접목하여 생산성과 효율성, 품질을 높이는 '스마트팜(Smart Farm)'에 대한 관심이 커지고 있다. 정부는 국내 스마트팜 관련 기술 개발을 통해 우리 기업들이 해외에 진출할 수 있도록 지원하고, 미래의 수출 역군이 될 수 있도록 키우겠다고 밝혔다. 국내의 스마트팜 기술 현황에 대해 탐구하고, 이를 바탕으로 수출을 목적으로 해외 바이어에게 국내의 스마트팜 기술 및 관련 정부 지원 정책 등을 홍보하는 자료를 제작해 보자.

[관련 학과] 농생물학과, 대기과학과, 동물자원학과, 미생물학과, 분자생물학과, 산림학과, 생명과학과, 스마트팜학과, 식물자원학과, 원예학과, 조경학과, 축산학과, 환경학과

《즐거운 농업의 시작, 스마트팜 이야기》, 이강오, 공감의힘(2021)

[12직의01-03] ● ● ●

효과적인 진로 탐색 및 직무 수행을 위해 다양한 방법으로 정보를 수집하고 분석하여 내용을 이해하고 평가한다.

➡ 국민 4명 중 3명은 일주일에 1회 이상 배달 앱을 사용하고 있을 정도로 코로나19 이후 배달 음식에 대한 수요가 급증하고 있으나, 배달 음식에 대한 영양 성분 표기가 의무화되어 있지 않아 소비자들의 불만이 커지고 있다. 배달 음식은 대체로 고열량인 데다 나트륨, 당, 포화지방 등이 과다하게 함유된 경우가 많아, 영양 불균형, 비만, 각종 성인병을 초래할 수 있다. 그러나 바쁜 생활 속 간편함을 추구하는 현대인의 생활 습관 때문에 배달 음식이 건강을 위협한다는 것을 알면서도 바꾸기가 쉽지 않아 사회적인 문제로까지 번지는 추세이다. 배달 앱에서 인기 있는 음식의 영양 정보를 분석하고, 해당 음식들이 건강에 미칠 영향을 탐구해 보자. 또한 배달 음식에 대한 영양학적 지식을 기반으로 현대인을 위한 바른 식습관과 영양 상식에 대한 내용을 카드 뉴스로 제작하여 전달해 보자.

관련 학과 바이오식품과학과, 생명과학과, 식량자원과학과, 식품영양학과, 외식산업학과

《**식품에 대한 합리적인 생각법**》, 최낙언, 예문당(2016)

[12직의01-04] ● ● ●

적절한 매체를 사용하여 직무에 필요한 정보를 체계적으로 관리하고 활용한다.

➡ 단맛과 짠맛을 함께 썼을 때 그 맛이 극대화되는 '단짠'의 궁합을 활용한 소금빵은 본래 일본이 원조이지만, 최근 우리나라로 건너와 확산되면서 이제는 빵집마다 없는 곳이 없을 정도로 성행하고 있다. 이러한 '단짠' 트렌드에는 소금의 짠맛이 유발하는 대비 효과가 숨어 있는데, 소금은 이 외에도 단백질과의 화학 작용을 통해 육즙과 풍미를 가두는 역할, 음식의 단단하고 쫄깃한 식감을 만드는 역할을 한다. 소금의 특성과 화학 작용에 대한 조사를 바탕으로 소금이 주요하게 활용되는 다양한 음식들의 사례를 탐구해 보자. 그리고 소금의 화학 반응을 근거 내용으로 하는 소금 활용 매뉴얼 북을 제작해 보자.

관련 학과 바이오식품과학과, 생화학과, 식량자원과학과, 식품영양학과, 외식산업학과, 화학과

《**요리는 화학이다**》, 아르튀르 르 켄, 임석 역, 도림북스(2015)

[12직의01-05] ● ● ●

정보를 효과적으로 조직하여 직무의 목적·대상·상황에 적합하게 표현한다.

➡ 막걸리, 칼로리 제로 음료 등의 식품에 설탕 대체용으로 널리 사용되었던 아스파탐이 발암 가능 물질로 규정되면서 비영양감미료의 안전성에 대한 논란이 커지고 있다. 비영양감미료는 설탕보다 열량은 낮지만 단맛이 훨씬 강한 감미료로, 과거에 비영양감미료 중 하나인 사카린이 발암 가능 물질로 분류되었다가 연구를 통해 다시 제외된 바 있다. 아스파탐 또한 직접적 발암 물질로 인정할 근거가 충분하지 않다는 연구 결과와 여러 관련 기관의 견해들이 속속 발표되고 있어, 대중에게 혼란을 주고 있다. 비영양감미료의 안정성에 대한 서로 다른 의견 및 연구 결과를 비교·분석하며, 과학적 근거를 바탕으로 비영양감미료의 특성에 대해 탐구해 보자. 또한 비영양감미료 사용에 대한 자신의 생각을 정리해 보고, 효과적인 표현 전략을 사용하여 비영양감미료를 주제로 한 칼럼을 작성해 보자.

관련 학과 바이오식품과학과, 생화학과, 식량자원과학과, 식품영양학과, 외식산업학과, 화학과

《**단맛 탐험**》, 송주현 외 3명, 자유아카데미(2021)

[12직의01-06] ● ● ●

직무 수행 과정에서 발생하는 의사소통 문제와 대인 관계 갈등에 대해 대화와 협의로 대처하고 조정한다.

➡ 폭염과 가뭄 등 이상기후로 인한 물 부족 현상이 심각한 문제로 대두되고 있는 가운데, 먹을 물조차 부족한 지

국어 교과군

영어 교과군

수학 교과군

도덕 교과군

사회 교과군

과학 교과군

역에 글로벌 기업들이 진출하여 산업 용수를 끌어다 쓰면서 주민들의 불만이 커지고 있다. 74년 만에 찾아온 최악의 가뭄으로 어려움을 겪고 있는 우루과이의 주민들은 구글이 우루과이에 데이터센터 건설을 계획하고 있다는 사실에 불만을 표출하고 있는데, 그 이유는 이 데이터센터의 하루 물 사용량이 5만 5천 명의 사용량과 비슷하기 때문이다. 이처럼 세계적 기업들마저도 물 부족을 우려하는 지역 주민들의 거센 반발에 부딪혀 공장 건설이나 규모 확대에 차질을 빚는 '워터 리스크'를 겪고 있다. 워터 리스크로 인해 갈등을 빚는 기업과 주민의 사례를 분석하여 물 부족 현상의 근본 원인과 갈등 상황을 파악해 보고, 이를 바탕으로 기업과 주민 간의 갈등을 해결할 수 있는 방법을 탐구해 보자.

관련 학과 대기과학과, 바이오환경과학과, 지구환경과학과, 지질학과, 환경학과
《**최종경고: 6도의 멸종**》, 마크 라이너스, 김아림 역, 세종서적(2022)

[12직의01-07] • • •

직무 공동체의 의사 결정 과정에 적극적으로 참여하여 대안을 탐색하고 합리적으로 문제를 해결한다.

최근 '국민 아기 욕조'로 불리며 인기를 끌던 아기 욕조에서 기준치의 600배가 넘는 환경 호르몬이 검출되어 사회적으로 공분을 샀다. 특히 이 제품은 안전 인증 마크인 KC마크가 부착된 채 판매되었는데, 대개 KC마크가 표시된 경우 소비자들이 제품의 안정성을 신뢰하여 안심하고 사용한다는 점에서 더욱 논란이 되었다. 뿐만 아니라 어린이용 매트, 장난감, 수영복 등 시중에 이미 판매되고 있는 많은 제품들에서 기준치를 웃도는 환경 호르몬이 계속해서 검출되고 있어 소비자들의 불안감이 높아지고 있다. 현재 판매되고 있는 제품들에서 주로 검출되는 환경 호르몬의 특성과 인체에 미치는 영향에 대해 탐구해 보자. 또한 환경 호르몬 검출 문제가 지속적으로 발생하는 원인을 파악해 보고, 시민, 정부, 나아가 국제 사회가 협력하여 환경 호르몬 관련 문제를 해결할 수 있는 방안을 탐구해 보자.

관련 학과 생명과학과, 생화학과, 신소재화학과, 정밀화학과, 지구환경과학과, 화학과, 환경학과
《**화학물질의 습격**》, 계명찬, 코리아닷컴(2018)

[12직의01-08] • • •

직무 상황에서 구성원들과 다양한 매체를 활용하여 적극적으로 협업하고 언어 예절을 갖추어 소통한다.

원자력 발전에서 핵분열의 연료로 사용하고 남은 핵연료를 '사용 후 핵연료'라고 하는데, 이 물질은 방사선과 높은 열 방출로 인해 위험 폐기물로 분류하고 있다. 현재 우리나라는 지역 이기주의 때문에 사용 후 핵연료를 원전 시설 내에 임시 보관 중이지만, 곧 한계에 이를 것으로 보여 대책 마련이 시급하다. '퓨렉스 공법'과 같은 핵 재처리 방식이 있기는 하지만, 핵무기의 원료인 플루토늄을 단독으로 추출할 수 있다는 것 때문에 우리나라에서는 이 기술을 채택할 수 없는 상황이다. 이에 우리나라도 핵 재처리 방식이 허용되도록 한미 원자력 협정을 개정하자는 목소리가 나오고 있다. 사용 후 핵연료의 저장과 운반, 처분에 대한 기술 및 관련 법률과 제도에 대한 탐구, 이를 둘러싼 갈등에 대한 토론 활동을 바탕으로, 사용 후 핵연료 처리 사업을 공론화할 수 있는 기사문을 작성해 보자.

관련 학과 나노전자물리학과, 물리학과, 에너지과학과, 응용물리학과, 지구환경과학과, 화학과, 환경학과
《**사용후핵연료 처리기술 연구개발 동향**》, 비피기술거래, 비피기술거래(2020)

[12직의01-09] • • •

개인의 권리와 정보 보안에 대한 책무를 인식하면서 직무 의사소통에 참여한다.

⊙ 서울의 한 대학병원의 소속 교수가 환자의 데이터를 무단으로 사용하는 등 연구 윤리를 위반하여 논문이 철회된 사실이 있었다. 연구자는 연구 과정에서 연구 대상자들의 안전과 권리를 보장하기 위해 힘써야 함에도 불구하고, 연구 대상자들의 동의 없이 개인 정보를 수집 및 사용한 사실이 문제가 된 것이다. 이러한 문제를 예방하기 위해 정부는 '생명윤리 및 안전에 관한 법률'에 따라 보건복지부장관이 기관생명윤리위원회(IRB)를 지정할 수 있도록 하여, 생명과학 실험 등에서 연구 대상자의 권리와 복지를 보호하기 위해 노력하고 있다. 연구 대상자의 권리와 관련해 연구 윤리를 위반한 사례를 탐구하고, 연구 과정에서 개인의 권리를 보호하고 정보 보안을 지킬 수 있는 실효성 있는 대안을 모색해 보자. 연구 윤리 보장 기구로서 기관생명윤리위원회(IRB)의 역할과 과제를 주제로 탐구 보고서를 작성해 보자.

관련 학과 자연계열 전체

《착한 과학자들》, 미국 한림원, 신민정 역, 글램북스(2016)

[12직의01-10]   ● ● ●

직무 환경의 변화에 대응하여 지속적으로 자기를 계발하고, 직무 의사소통에 능동적이고 협력적으로 참여하는 태도를 지닌다.

⊙ 국제연합기구(UN)에서 지구 온난화와 그에 따른 이상 기후 현상으로 인해 향후 30년간 식량 안보가 심각하게 위협받을 것이라고 경고한 가운데, 전 세계 인구의 3분의 1 이상이 주식으로 의존하고 있는 밀이 폭염과 심각한 가뭄 때문에 수확량이 크게 줄고 있다. 특히 밀은 유전자가 인간보다 무려 5배나 많아 그 복잡성으로 인해 그간 품종 개량이나 생산성 향상이 어려웠는데, 최근 한 연구에서 밀의 핵심 유전자를 찾아 유전자 편집 기술을 이용해 폭염에 더 강한 품종을 개량하는 데 성공하여 수십억 명의 식량을 확보할 수 있을 것이라 기대하고 있다. 밀의 유전학적 특성과 품종 개발의 핵심 원리 및 향후 과제에 대해 탐구해 보고, 기후 변화와 식량 위기에 대응할 수 있는 방안을 연구하여 보고서를 작성해 보자.

관련 학과 농생물학과, 대기과학과, 미생물학과, 분자생물학과, 산림학과, 생명과학과, 스마트팜학과, 식물자원학과, 원예학과, 조경학과, 환경학과

《과학을 달리는 십대: 생명과학》, 박재용, 우리학교(2022)

선택 과목	수능	독서 토론과 글쓰기	절대평가	상대평가
융합 선택	X		5단계	5등급

국어 교과군

영어 교과군

수학 교과군

도덕 교과군

사회 교과군

과학 교과군

| 🔍 | 주체적이고 협력적 의미 발견 및 구성, 사회적 소통 행위, 개인과 공동체의 문제 해결, 능동적·협력적 참여, 존중, 유연한 자세 |

[12독토01-01] ●●●

개인이나 공동체의 관심사를 고려하여 읽을 책을 선정한 후 질문을 생성하고 주체적으로 해석하며 책을 읽는다.

➡️ 환경과 관련된 문제 해결을 위한 관심사를 토대로, 산림, 대기, 토목, 식물, 동물과 관련된 다양한 분야의 책을 읽고 '미래 사회의 환경 문제'를 해결하기 위한 '독서 팀 프로젝트'를 기획하여 자신이 읽은 책에 대한 다양한 아이디어를 공유해 보자. 특히 '학생 차원에서 할 수 있는 노력'에 대해 과학적인 이론, 실제적 측면을 탐색하여 동아리, 진로 활동 등과 연계해서 문제를 해결하는 과정을 밟아 보자.

관련 학과 대기과학과, 분자생물학과, 산림학과, 생명과학과, 생물학과, 수산생명의학과, 식물자원학과, 지구환경과학과, 천문우주학과, 축산학과, 해양학과, 환경학과

《지금 시작하는 나의 환경수업》, 홍세영, 테크빌교육(2022)

[12독토01-02] ●●●

대화, 토의, 토론 등 적절한 방법을 활용하여, 서로 다른 생각과 관점을 존중하며 독서 토론을 한다.

➡️ 양자역학과 관련하여 토마스 영의 '이중 슬릿 실험'과, 슈뢰딩거의 '고양이 사고 실험'은 서로 다른 견해를 지니고 있다. 이러한 양자역학과 관련된 책을 읽고, 두 실험에서 여러 쟁점을 도출한 뒤, 허점을 찌르는 질문을 하거나 타당성 있는 근거를 들어 상대방의 논리에 반박하는 'CEDA 토론'의 형식으로 자신의 견해를 밝혀 보자.

관련 학과 물리학과, 분자생물학과, 수학과, 천문우주학과, 통계학과, 화학과

《양자역학 이야기》, 팀 제임스, 김주희 역, 한빛비즈(2022)

[12독토01-03] ●●●

독서 토론의 내용을 바탕으로 쓰기 목적, 독자, 매체를 고려하여 글을 쓰고 공유한다.

➡️ 대체 단백질, 비건, HMR 등 최근 푸드 트렌드가 지니는 영양학적인 허와 실, 전망 등의 내용을 여러 책을 통해 읽어 보고, '30년 후 학교 급식의 변화'라는 주제의 일환으로 '미래 급식표'를 짠 후 학급 게시판에 게재해 보자. 이 과정에서 식품들의 영양 정보가 학생 건강에 어떠한 영향을 미칠지를 생명과학, 화학적으로 분석한 정보도 수록해 보자.

관련 학과 동물자원과학과, 생명과학과, 생물학과, 수산생명의학과, 식물자원학과, 식품영양학과, 외식산업학과, 화학과

《2023 푸드 트렌드》, 문정훈 외, 식품저널(2022)

인간의 삶에 대한 다양한 시각과 해석이 담긴 책을 읽고 독서 토론하고 글을 쓰며 자아를 탐색하고 타자와 세계를 이해한다.

➡ '바이오매스 에너지'가 화석 연료의 대안이 된 사례들은 이미 우리들에게 잘 알려져 있다. 이러한 사례가 정리되어 있는 책을 찾아서 정보를 교환하는 식의 토의를 진행해 보고, 이후 환경, 자연, 인간을 통합한 원헬스 시스템에서의 자신의 역할, 태도 등에 대해 성찰하는 글을 작성한 뒤 이를 공유해 보자.

관련 학과 동물자원과학과, 미생물학과, 분자생물학과, 산림학과, 생명과학과, 생물학과, 수산생명의학과, 식물자원학과, 원예학과, 조경학과, 지구환경과학과, 해양학과, 화학과, 환경학과

《**바이오매스와 저탄소녹색마을**》, 배재근, 아진(2012)

다양한 분야의 정보가 담긴 책을 읽고 독서 토론하고 글을 쓰며 학습이나 삶에 필요한 지식을 확장하고 교양을 함양한다.

➡ 암호, 야구, 달력, 음악에 깃들어 있는 수학과 관련된 법칙은, 수학을 어려워하거나 힘들어하는 이들에게도 흥미를 줄 수 있는 소재이다. 《박경미의 수학콘서트 플러스》를 읽으면서 자신이 흥미를 느낀 부분을 찾아 이야기하고, 이를 토대로 일상적인 삶에도 수학의 신비로움이 깃들어 있음을 보여 주는 사례를 여러 개 더 찾아 정리해 보자.

관련 학과 물리학과, 생명과학과, 생물학과, 수학과, 식물자원학과, 식품영양학과, 외식산업학과, 통계학과

《**박경미의 수학콘서트 플러스**》, 박경미, 동아시아(2013)

사회적인 현안이나 쟁점이 담긴 책을 읽고 독서 토론하고 글을 쓰며 공동체 문제를 해결하고 사회적 담론에 참여한다.

➡ '밈'은 인간이 만드는 것일까? 아니면 그조차도 DNA의 명령에 따르는 것일까? 아니면 인간을 초월한 존재에 의한 것일까? 《이기적 유전자》를 읽고 인간 행동의 근원, 문화의 생성 등에 대한 자신만의 견해를 마련해 보자. 이후 모둠별로 독서 토론을 진행하여 이를 논의해 보고, 타당하면서도 공정한 근거를 토대로 위의 내용을 정리해 보자.

관련 학과 농생물학과, 동물자원과학과, 미생물학과, 분자생물학과, 생명과학과, 생물학과, 수산생명의학과, 식물자원학과, 원예학과, 조경학과, 해양학과, 화학과, 환경학과

《**이기적 유전자**》, 리처드 도킨스, 홍영남·이상임 역, 을유문화사(2018)

독서 토론과 글쓰기의 특성을 이해하고 독서, 독서 토론, 글쓰기에 능동적으로 참여한다.

➡ 과학을 어려워하는 사람, 특히 교과서의 내용을 어려워하는 사람에게는 기본적인 내용을 담은 책이 필요할 수 있다. 교과서의 개념들을 쉽게 풀어 놓은 책을 찾아 자신이 알게 된 내용을 정리해 보고, 이를 토대로 어려운 과학 관련 개념에 적극적이고 능동적으로 도전하는 독서 습관을 가지기 위해 노력하겠다는 다짐을 정리, 발표해 보자.

관련 학과 물리학과, 미생물학과, 분자생물학과, 생명과학과, 생물학과, 수학과, 지구환경과학과, 천문우주학과, 통계학과, 화학과

《**한 번 읽으면 절대 잊을 수 없는 화학 교과서**》, 사마키 다케오, 곽범신 역, 시그마북스(2023)

선택 과목	수능	매체 의사소통	절대평가	상대평가
융합 선택	X		5단계	5등급

| 🔍 | 현실에 대한 재현물, 사회·문화적 맥락, 생산자의 의도 및 관점, 디지털 기술의 발전, 매체 자료의 표현 방식, 의미 구성, 의사소통 맥락, 소통 방식, 비판적 이해, 적극적인 참여와 공유, 디지털 시대의 시민, 매체 환경 조성 |

[12매의01-01] ● ● ●

매체의 기능과 역할에 대한 이해를 바탕으로 시대별 매체 환경과 소통 문화의 변화 과정을 탐색한다.

➡ '패스트 패션'은 최신 트렌드를 반영하여 빠르게 유통하고자 하는 목적을 지니지만, 환경에 대한 고려가 없거나 비윤리적인 노동 체계가 갖추어져 있는 경우가 있다. 시대별 매체의 특징을 토대로, 이러한 패스트 패션의 허와 실을 잘 알릴 수 있는 매체가 무엇인지를 탐구해 보고, 실제로 이 매체에 자신의 생각을 담아 소통해 보자.

관련 학과 농생물학과, 동물자원과학과, 미생물학과, 분자생물학과, 산림학과, 생명과학과, 생물학과, 수산생명의학과, 수학과, 외식산업학과, 원예학과, 의류학과, 조경학과, 화학과, 환경학과

《어제는 패션, 오늘은 쓰레기! 패스트 패션》, 이명희, 지학사 아르볼(2023)

[12매의01-02] ● ● ●

소셜 미디어나 온라인 동영상 플랫폼 등의 디지털 매체 환경에서 청소년 문화가 지닌 문제와 가능성을 탐구한다.

➡ 학업에 열중하다 보니 잠을 줄이기 위해 카페인을 자주 섭취하는 청소년들이 많다. 자신이 평소 얼마나 많은 카페인을 섭취하는지에 대해 스스로 성찰 일지를 작성하여 조사해 보고, SNS 등에서 보이는 청소년들의 카페인 섭취(커피, 에너지 드링크 등)의 양상과 그 매체의 파급력 등에 대해 반 친구들과 함께 토의해 보고, 매체에서 나타나는 청소년의 건강 위험 요소를 찾아 분류해 보자.

관련 학과 동물자원과학과, 미생물학과, 분자생물학과, 생명과학과, 생물학과, 수산생명의학과, 식물자원학과, 식품영양학과, 외식산업학과

《불안이라는 중독》, 저드슨 브루어, 김태훈 역, 김영사(2021)

[12매의01-03] ● ● ●

영화, 게임, 웹툰 등의 매체 자료가 현실을 재현하는 방식을 분석하며 생산자의 의도나 관점을 파악한다.

➡ 영화 〈얼라이브〉는 비행기 추락사고 생존자들의 이야기를 다룬 작품이다. 생존을 위해 인육을 먹는 등의 장면이 나오는데, 이러한 생존 과정을 통해 작가가 드러내려고 하는 가치를 생각해 보고, 극한의 추위에서 제한된 섭취가 인간의 생존에 미치는 영향을 생명과학적으로 분석한 결과를 '미니 세미나'를 통해 공유해 보자.

관련 학과 동물자원과학과, 미생물학과, 분자생물학과, 생명과학과, 생물학과, 수산생명의학과, 식물자원학과, 식품영양학과, 외식산업학과

《우리 가족 재난 생존법》, 오가와 고이치, 전종훈 역, 21세기북스(2017)

디지털 매체 환경에서 매체 생산자의 관점을 파악하고 매체 자료의 신뢰성을 판단한다.

➡️ 최근 식품의 '유통기한'이 '소비기한'으로 바뀌면서 이에 대해 혼동을 느끼는 소비자들이 늘어나고 있다. 건강과 직결되는 문제이기 때문에, 이를 소개하는 다양한 언론 매체의 기사나 영상에 대한 '신뢰성' 검증이 필요할 것이다. 유통기한과 소비기한에 대해 설명하는 다양한 자료들을 찾아 서로 비교해 보고, 자료가 지니는 신뢰성을 '리커트 척도' 방식으로 점수화해 보자.

관련 학과 미생물학과, 분자생물학과, 생명과학과, 생물학과, 수산생명의학과, 식물자원학과, 식품영양학과, 외식산업학과, 원예학과, 축산학과, 화학과, 환경학과

《**식품, 축산물 및 건강기능식품의 유통기간 설정실험 가이드라인**》, 식품의약품안전처, 진한엠앤비(2018)

사회적 규범과 규제가 매체 자료의 생산과 소통에 미치는 영향을 조사하고 그 의미를 탐구한다.

➡️ 탄소 배출권이 국가 정책으로 자리 잡고 탄소 배출권 거래소나 거래 제도에 대한 인식이 확장됨에 따라, 점점 탄소 배출권에 부정적이었던 산업 현장에서의 논리는 약해지고 있다. 국가 주도 사업이나 사회·문화적 의식 변화가 탄소 배출권에 대한 의견 형성에 어떠한 영향을 미치는지, 다양한 텍스트를 분석하여 '리커트 척도'로 도식화해 보자.

관련 학과 대기과학과, 산림학과, 식물자원학과, 식품영양학과, 외식산업학과, 원예학과, 조경학과, 지구환경과학과, 환경학과

《**지구가 힘들다고 말해요**》, 김영식, 휴앤스토리(2022)

개인적·사회적 관심사에 대한 자신의 관점이 드러나는 주제를 선정하여 설득력 있는 매체 자료를 제작하고 공유한다.

➡️ 설득력 있는 매체 자료를 제작하기 위해서는 자료의 '신뢰성'을 확보해야 하고, 이를 위해서는 구체적인 통계 수치가 제시되는 것이 좋다. 특히 자연과학적 현상은 데이터 처리가 중요한데, 이러한 통계 방법을 이용하여 자신이 관심 있는 자연과학 현상, 실험, 이론 등을 소재로 자신의 생각을 담은 영상 매체를 만들어 보자.

관련 학과 자연계열 전체

책 소개

인사이트는 당연히 데이터에 기반하여 이루어져야 하고, 이 데이터는 당연히 신뢰할 만한 것이라야 한다. 이 책에는 신뢰성 있는 데이터 생성, 해석에 대한 거의 모든 것이 담겨 있다. 이 책은 가설검정, 상관 분석, 회귀 분석, 인과관계 분석, 베이즈 통계 이론 등 다양한 이론을 여러 사례를 통해 쉽고 자세하게 제시하고 있어 통계를 잘 모르는 사람도 통계 처리에 도전할 수 있도록 용기를 준다.

세특 예시

설득력 있는 매체 자료를 제작하는 데 있어 '신뢰성'이 중요하다는 사실

국어 교과군

영어 교과군

수학 교과군

도덕 교과군

사회 교과군

과학 교과군

빅데이터 시대, 올바른 인사이트를 위한 통계 101×데이터 분석

아베 마사토, 안동현 역, 프리렉(2022)

을 학습한 후, '제설제 생산 활동 계획서'를 모둠별로 작성하는 과정에서 '빅데이터 시대, 올바른 인사이트를 위한 통계 101×데이터 분석(아베 마사토)'을 함께 읽음. '귀무가설'이 틀릴 때 '대립가설'을 지지하는 원리를 파악하여 이를 적용하는 가설검정 과정을 거침. 이 과정에서 섬세하면서도 치밀한 수학적 사고 능력이 돋보임.

[12매의01-07]

매체 자료의 생산자이자 수용자로서 권리와 책임을 인식하고 사회적 가치와 문제에 대해 소통한다.

➡ '베이스 편집' 기술은 '크리스퍼 유전자가위' 기술에서 한 단계 더 나아가 'DNA 변환'을 통해 백혈병 치료를 행하는 기술이다. 이러한 정밀 교정 기술은 희귀병 치료에는 큰 도움이 되지만, 윤리적 합의가 필요한 사안이다. 그렇지 않으면 유전자 조작을 통해 우월 유전자만을 골라내 '슈퍼 인간'을 만들어 낼 수도 있기 때문이다. 유전자 편집 기술을 다룬 기사들을 찾아본 후, 이러한 기사를 접할 때 우리가 취하는 자세를 해당 기사에 대한 토론 활동을 통해 탐색해 보자.

관련 학과 물리학과, 미생물학과, 분자생물학과, 생명과학과, 생물학과, 지구환경과학과, 통계학과, 화학과

《유전자 임팩트》, 케빈 데이비스, 제효영 역, 브론스테인(2021)

선택 과목	수능	 언어생활 탐구	절대평가	상대평가
융합 선택	X		5단계	5등급

| 🔍 | 언어 자료의 수집 및 분석, 주체적·능동적 언어문화, 언어생활에 대한 민감성 및 책임감, 언어를 통한 정체성 실현과 관계 형성 양상, 사회적 담론 형성의 맥락과 과정, 공공 언어 사용 |

[12언탐01-01] ● ● ●

자신의 언어생활에서 의미 있는 탐구 주제를 발견하여 탐구 절차에 따라 언어 자료를 수집하고 비판적으로 분석한다.

➡ 영국의 진화생물학자 리처드 도킨스가 1976년에 발표한 《이기적 유전자》는 과학 분야의 고전으로 평가받으며 세계적으로 베스트셀러의 자리를 지키고 있다. 유전자에 '이기적'이라는 표현을 붙여 의인화를 시도한 제목에서 알 수 있듯, 작가는 진화의 주체가 인간 개체나 종이 아니라 유전자이며 인간은 단지 유전자의 복제 욕구를 수행하는 생존 기계일 뿐이라고 주장해 사회생물학 분야에서 많은 논란을 일으켰다. 작가가 유전자의 이기성이나 모든 생명 현상에 유전자가 우선한다는 논리를 입증하기 위해 책에서 제시한 사례를 찾아 비판적으로 분석하며 작가의 주장 및 제목의 타당성 여부를 판단해 보자. 또한 최근 우리 주변에서 발생하는 사회 현상을 《이기적 유전자》의 관점에서 분석해 보고, 이를 바탕으로 작품에 대한 서평을 작성해 보자.

관련 학과 농생물학과, 동물자원학과, 미생물학과, 분자생물학과, 산림학과, 생명과학과, 생물학과, 수산생명의학과, 식물자원학과, 원예학과, 지구환경과학과, 축산학과, 해양학과, 환경학과

《이기적 유전자》, 리처드 도킨스, 홍영남·이상임 역, 을유문화사(2018)

[12언탐01-02] ● ● ●

언어 자료를 평가·해석하고 그 결과를 공유하며 자신과 공동체의 언어생활에 대한 민감성과 책임감을 지닌다.

➡ 최근 MZ세대를 중심으로 전통 간식인 약과가 인기를 얻으며, 일명 '약켓팅(약과+티켓팅)'을 해야 할 정도로 치열한 구매 열풍이 일었다. 이러한 약과의 인기에는 최근 음식 및 패션의 트렌드를 이끄는 '할매니얼' 유행의 영향도 적지 않다. 주로 어르신들이 선호하는 상품들을 소비하는 밀레니얼 세대를 의미하는 '할매니얼'은 흑임자, 쑥, 인절미 등을 활용한 간식부터 긴 기장의 카디건, 꽃무늬 패턴의 롱스커트나 고무줄 바지, 니트 조끼 등의 패션 아이템에 이르기까지 젊은 세대의 새로운 소비 경향을 보여 준다. '할매니얼' 열풍을 주도하는 음식 및 패션 트렌드의 사례를 분석하여 그 배경 및 원인을 탐구해 보자. 또한 '할매니얼'이라는 신조어의 조합 방식을 비판적으로 고찰해 보고, 이러한 신조어의 탄생이 언어생활에 미치는 영향을 탐구해 보자.

관련 학과 식량자원학과, 식품영양학과, 외식산업학과, 의류학과, 패션산업학과

《콘텐츠 머니타이제이션》, 김용태 외 2명, 작가출판(2021)

[12언탐01-03] ● ● ●

글과 담화의 소통 맥락을 고려하여 다양한 분야 및 교과의 언어 자료에 나타난 표현 특성과 효과를 탐구한다.

국제지질과학총회(IUGS)의 '인류세' 선포 시기가 언제가 될지에 대해 전 세계가 주목하고 있다. 인류세는 2000년에 파울 크뤼첸이 제안한 새로운 지질 시대의 개념으로, 인류에 의해 지구 기후와 생태계에 큰 변화를 겪은 지질 시대를 의미한다. 현재 지구는 '신생대-제4기-홀로세-메갈라야절'에 해당하는데, 지질학계에서 홀로세 이후 인류세를 새로운 공식 지질 시대로 등재할 것인지 여부를 논의하고 있는 것이다. 인류세 시작점의 기준에 대한 쟁점을 분석해 지질 시대의 명칭으로 '인류'라는 용어를 사용할 만큼 확실한 근거가 되는 인류세의 특징이 무엇인지 탐구해 보자. 그리고 본인이 타당하다고 생각하는 인류세 시작점의 기준과 그 근거를 정리해 보자. 또한 '인류세' 용어를 사용하는 지질 시대가 다가왔다는 점에 대한 위기의식을 바탕으로, 인류가 지구에 올바른 흔적을 남기기 위해 해야 할 노력에 대해 탐구해 보자.

관련 학과 자연계열 전체

인류세 쫌 아는 10대
허정림, 풀빛(2022)

책 소개

이 책은 청소년들이 반드시 알고 있어야 할 개념인 '인류세'에 대한 내용들을 과학적 근거를 바탕으로 다루고 있다. 인류세의 개념 및 판단 근거, 인류세의 시작점 기준에 대한 쟁점뿐 아니라, 인류가 지구의 환경 및 생태계에 미치는 영향, 지구 환경을 위한 인류의 실천 방안 등을 담고 있다.

세특 예시

'맥락을 고려하여 언어 자료의 표현 특성 탐구하기' 수업에서 지질 시대의 명칭으로 '인류세'를 사용하는 것에 대한 호기심을 바탕으로, 인류세 개념을 사용하게 된 맥락에 대해 탐구함. 지질 시대의 구분은 지구 역사에서 일어난 대규모 변화나 사건이 기준이 되므로, 인류세가 명칭으로 논의될 만큼 지구에 대한 인간의 영향력이 크다는 사실을 깨닫고, 인류세 개념의 사용 근거에 대해 조사함. 이 과정에서 '인류세 쫌 아는 10대(허정림)'를 읽으며 인류세 도입과 인류세의 시작점 기준을 둘러싼 여러 쟁점을 분석하고, 이를 바탕으로 인류가 지구의 환경 및 생태계에 미친 영향에 대해 비판적으로 성찰해 봄. 이후 인류가 지구에 올바른 흔적을 남기기 위한 실천 방안에 대해 고민해 보고, 탄소중립, 핵폐기물 처리 관련 기술에 대해 탐구해 '인류세 흔적 줄이기 프로젝트'를 진행한 후 탐구 보고서를 제출함.

[12언탐01-04] • • •

가정, 학교, 사회의 언어 사용에 나타난 정체성의 실현 양상과 관계 형성의 양상을 탐구한다.

주로 중장년층의 취미 생활이었던 식물 키우기가 최근 MZ세대를 중심으로 급속도로 인기를 끌면서 식물에 관한 신조어들이 속속 등장하고 있다. 애정을 쏟아 키우는 식물을 '반려식물'이라 하는가 하면, 가족처럼 식물을 돌보는 사람들을 가리켜 '식집사(식물+집사)'라 부르기도 한다. 또한 식물(Plant)을 활용한 인테리어(Interior)를 의미하는 '플랜테리어'는 집뿐만 아니라 카페나 식당 등의 상업 공간, 사무실과 같은 업무 공간에서도 큰 인기를 얻고 있다. 방송 뉴스 및 신문 기사 등의 매체를 통해 식물과 관련하여 새롭게 생겨난 용어와 그 등장 배경을 조사해 보고, 이러한 용어에 반영된 사회적 정체성에 대해 탐구해 보자. 또한 이를 바탕으로 최근 MZ세대 사이에서 식물에 대한 관심이 증가하게 된 개인적, 사회적 이유를 분석하여 칼럼을 작성해 보자.

관련 학과 농생물학과, 농수산과, 산림학과, 식물자원학과, 원예학과, 조경학과

《식물의 위로》, 박원순, 행성B(2019)

다양한 매체 환경에서 사회적 담론이 형성되는 맥락과 과정을 탐구한다.

➡️ 전 세계적으로 환경 위기에 대한 공감대가 형성되는 가운데 '에코투어리즘(Eco-Tourism)'이 인기를 끌고 있다. 생태 관광이라고도 불리는 에코투어리즘은 환경 훼손을 최소화하고 관광 수익의 일부를 환경을 보호하는 데 사용함으로써 환경에 대한 책임 의식과 이해도를 높이는 데 기여하고 있다. 그러나 최근 멕시코에서 유행 중인 상어 생태 관광이 고래상어의 불안정한 행동 패턴을 유발해 상어들의 먹이 사냥과 번식에 악영향을 줄 수 있다는 연구 결과가 나오면서, 이러한 관광이 오히려 생태계에 해가 될 수도 있다는 경고가 나오기도 했다. 에코투어리즘에 관한 글을 다양한 매체에서 찾아 읽고, 그에 대한 상반된 관점을 분석하여 사회적 담론이 형성되는 맥락을 탐구해 보자. 또한 이를 바탕으로 에코투어리즘에 대한 비판적, 균형적 시각을 담아 기사문을 작성해 보자.

관련 학과 농생물학과, 동물자원학과, 산림학과, 수산생명의학과, 식물자원학과, 지구환경과학과, 환경학과

《**지구를 살리는 기발한 생각 10**》, 박경화, 한겨레출판(2023)

품격 있는 언어생활의 특성을 이해하고 공공 언어 사용의 실제를 탐구한다.

➡️ 최근 초등학생들 중에도 '수포자(수학 포기자)'를 자처하는 경우가 많다는 설문 결과에 우려의 목소리가 큰 가운데, 생소하고 어려운 한자로 되어 있는 수학 용어가 수학에 대한 장벽을 만든다는 의견이 힘을 얻고 있다. 한 연구에 따르면 한자어로 된 수학 용어의 80%가량이 용어의 이해를 방해하거나 잘못된 개념을 심어 줄 수 있으므로 이들을 쉬운 일상적 용어로 바꾸기를 권한다. 반면 기존의 용어를 바꾸기보다는 그 용어가 탄생한 어원과 역사적 배경을 이해시켜 수학에 보다 쉽게 접근할 수 있게 하는 것이 필요하다는 의견도 있다. 수학 용어의 공공 언어적 특성을 고려하여 현재 교육 과정에서 다루는 수학 용어들의 특징을 분석해 보고, '한자식 수학 용어의 순화'에 대한 자신의 의견을 바탕으로 수학에 대한 접근성을 높일 수 있는 방법을 탐구해 보자.

관련 학과 자연계열 전체

《**누구나 수학 용어 사전**》, 박구연, 지브레인(2021)

언어가 우리 삶에서 담당하는 역할을 이해하고, 주체적·능동적으로 바람직한 언어문화를 실천한다.

➡️ '유통기한'은 유통 및 판매가 허용되는 기간을 뜻한다. 사실 유통기한이 지난 음식은 일정 기간 더 먹을 수 있음에도 폐기되는 경우가 많았다. 그러나 '소비기한 표시제'가 시행되면서 식품의 안전을 보장하는 '소비기한'이 유통기한을 대체하고 있다. 영업자 중심의 표기에서 소비자 중심의 표기로 바뀐 덕에 소비자가 식품에 대한 정보를 더 잘 이해하고 소비할 수 있으며, 음식물 쓰레기도 현저히 감소될 것으로 기대하고 있다. 다만 아직 두 용어가 혼재된 경우가 많은 데다 소비기한 설정에 불안감을 갖는 소비자들도 적지 않아 당분간은 혼란이 예상된다. 유통기한에서 소비기한으로 표기를 바꾸었을 때 예상되는 우리 삶의 변화를 바탕으로 언어의 역할을 탐구해 보자. 또한 주요 제품별 소비기한 설정의 과학적 근거를 탐구하여, 소비기한 표시제를 알리는 홍보물을 제작해 보자.

관련 학과 바이오식품과학과, 식량자원학과, 식품가공과, 식품영양학과, 외식산업학과, 화학과

《**달력으로 배우는 지구환경 수업**》, 최원형, 블랙피쉬(2021)

영어 교과군

※관련 기사 목록 확인하기

구분	교과(군)	공통 과목	선택 과목		
			일반 선택	진로 선택	융합 선택
보통 교과	영어	공통영어1 공통영어2 기본영어1 기본영어2	영어I 영어II 영어 독해와 작문	직무 영어 영어 발표와 토론 심화 영어 영미 문학 읽기 심화 영어 독해와 작문	실생활 영어 회화 미디어 영어 세계 문화와 영어

공통 과목	수능	공통영어1	절대평가	상대평가
	X		5단계	5등급

단원명 | 이해

> 기후변화, 과학적 근거, 생명공학, 인공지능, 유전체 데이터, 탄소 거래, 배출권 가격, 식이섬유, 뇌 발달, 반려동물, 지속가능한 사료, 에너지 안보, 경제 발전, 재생 가능 에너지, 전기차 충전소, 삼중수소, 해양생태계, 오염수 방류 문제

[10공영1-01-01]   ● ● ●

말이나 글에 포함된 세부 정보를 파악한다.

➡ 기후변화에 관한 정부 간 협의체(Intergovernmental Panel on Climate Change, IPCC)는 기후변화, 그 영향 및 미래 위험, 그리고 잠재적인 해결책과 관련된 과학을 평가하는 국제기구이다. IPCC가 발행하는 2023년도 보고서를 찾아 읽어 보고 정책 결정권자들이 기후 관련 정책을 개발하는 데 도움이 될 만한 과학적 근거 3가지를 선택하여 영어로 정리해 보자.

관련 학과 농생물학과, 대기과학과, 산림학과, 수산생명의학과, 지구환경과학과, 통계학과, 해양학과, 화학과, 환경학과

《**기후 책**》, 그레타 툰베리, 이순희 역, 김영사(2023)

[10공영1-01-02]   ● ● ●

말이나 글의 주제나 요지를 파악한다.

➡ 생명공학 연구에서 인공지능은 유전체 데이터와 같은 크고 복잡한 데이터 세트를 분석하여 개인 맞춤 의료, 약물 개발 및 질병 진단 같은 분야에서 새로운 발견과 진보를 이끌어 낼 수 있다. 하지만 인공지능 시스템이 오류를 범하거나 부정확한 결과를 생성할 경우 의료 진단 및 치료에 있어 심각한 결과를 초래할 수도 있다. 생명공학 분야에서 인공지능 활용 시 나타날 수 있는 이점과 문제점에 대해 'AI's Impact On Biotechnology', 'Arguing the Pros and Cons of Artificial Intelligence in Healthcare' 등과 같은 관련 기사를 읽고 요약해 보자.

관련 학과 자연계열 전체

《**의료 인공지능**》, 최윤섭, 클라우드나인(2018)

[10공영1-01-03]   ● ● ●

말이나 글의 분위기나 화자나 인물의 심정 및 의도 등을 추론한다.

➡ 탄소 거래 시장은 기업들이 탄소 배출을 줄이기 위한 중요한 경제적 도구이다. 이 시장에서 '탄소 배출권'의 가격 결정 메커니즘은 복잡하며 여러 요인에 의해 영향을 받는다. 탄소 배출권 가격이 사상 처음으로 톤당 100유로를 돌파한 사건을 다룬 기사 'EU carbon hits 100 euros taking cost of polluting to record high'를

찾아 읽고, 탄소 거래 시장에서 가격 결정 메커니즘이 어떻게 작동하는지 조사한 뒤 여러 국가가 높은 탄소 가격에 대해 어떤 반응을 보였는지를 요약해 보자.

관련 학과 대기과학과, 동물자원학과, 물리학과, 산림학과, 생명과학과, 생물학과, 수산생명의학과, 수학과, 지구환경과학과, 통계학과, 해양학과, 화학과, 환경학과

《넷제로 카운트다운》, 이진원·오현진, 초록비책공방(2023)

[10공영1-01-04]

말이나 글에 나타난 일이나 사건의 논리적 관계를 파악한다.

연구자들은 어린이의 뇌 발달과 모체 섬유 소비 사이의 연관성을 발견했다. 신경 발달 지연과 임산부가 임신 중 섭취했거나 섭취하지 않은 식이섬유의 양 사이에 상관관계가 있음을 발견했는데, 특히 산모의 식이섬유 부족은 의사소통 및 개인·사회적 기술을 포함하여 아동의 뇌 기능과 관련된 여러 영역에 영향을 미쳤다. 관련 기사인, 'Low fiber intake during pregnancy may delay development in infants' brains'를 읽고서 식이섬유의 양과 신경 발달의 연관성을 발견하기 위한 실험 내용과 그 결과를 정리해 보고, 다른 영양소가 임신 중 신경 발달에 미치는 영향에 대해서도 알아보자.

관련 학과 농생물학과, 동물자원과학과, 미생물학과, 생명과학과, 생물학과, 수산생명의학과, 수학과, 식물자원학과, 식품영양학과, 통계학과

《태아성장보고서》, KBS 특집3부작 다큐멘터리 첨단보고 뇌과학 제작팀, 마더북스(2012)

[10공영1-01-05]

말이나 글에 포함된 표현의 함축적 의미를 추론한다.

반려동물 대부분은 육식동물이라 고기를 먹어야 필요한 영양소를 섭취할 수 있다. 따라서 반려동물의 음식에는 대부분 고기가 포함되어 있고, 이러한 반려동물의 음식을 만드는 과정에서 많은 동물이 도살되고 탄소가 배출될 수밖에 없다. 대체육이나 곤충 기반 사료와 같은 지속가능한 반려동물 사료에 대해 알아보고 지구 친화적인 방식으로 반려동물을 돌보는 방법과 그 중요성에 관해 의견을 공유해 보자.

관련 학과 농생물학과, 동물자원과학과, 미생물학과, 분자생물학과, 생명과학과, 생물학과, 수산생명의학과, 식물자원학과, 식품영양학과, 외식산업학과, 지구환경과학과, 축산학과, 통계학과, 해양학과, 환경학과

《탄소 농업》, 허북구, 중앙생활사(2022)

[10공영1-01-06]

말이나 글의 전개 방식이나 구조를 파악한다.

CCUS(탄소 포집·활용·저장 기술)의 광범위한 사용은 중국의 탄소중립 목표인 순 배출 제로 달성과 에너지 안보, 고품질 경제발전 보장을 위한 불가피한 기술적 선택이다. CCUS는 2006년부터 중국의 중장기 기술개발 계획에서 첨단 기술로 인정받고 있으며, 국가과학연구기금으로부터 자금을 조달받기 시작했다. CCUS와 관련 에너지 시스템의 결합에 대해 조사해 보고 에너지 공급 시스템의 장기적인 안정성과 지속가능성을 보장하기 위한 궁극적인 방안에 대해서 생각해 보자.

관련 학과 대기과학과, 미생물학과, 분자생물학과, 생명과학과, 생물학과, 수산생명의학과, 식물자원학과, 지구환경과학과, 통계학과, 해양학과, 화학과, 환경학과

《전의찬의 탄소중립 특강》, 전의찬, 지오북(2023)

말이나 글의 이해를 위한 적절한 전략을 적용한다.

➡ 최근 에너지 사용량을 최적화하고 이산화탄소 배출량 감소에 기여하는 전기차 수요가 급격히 증가하고 있다. 재생 가능 에너지를 활용하여 전기차 충전 네트워크를 구축하는 것에 어떤 장점이 있는 파악해 보고, 태양광, 풍력, 수력, 조력 등 다양한 재생 가능 에너지원을 어떻게 전기차 충전소에 통합시킬 수 있을지에 대해 탐구해 보자.

　`관련 학과` 대기과학과, 물리학과, 산림학과, 수학과, 식물자원학과, 지구환경과학과, 천문우주학과, 통계학과, 해양학과, 환경학과

　　　《**전기차 첨단기술 교과서**》, 톰 덴튼, 김종명 역, 보누스(2021)

말이나 글에 나타난 다양한 관점이나 의견을 포용적인 태도로 분석한다.

➡ 삼중수소는 지구 대기에서 자연적으로 발생하는 수소의 한 형태이다. 환경단체 그린피스는 일본 정부와 도쿄 전력이 삼중수소에 초점을 맞춤으로써 물속의 방사능 수준으로부터 주의를 분산시키고 있다고 비난했으며, 다른 방사성 핵종은 그것이 여과된 후에도 물속에 남아 있을 것이라고 했다. 후쿠시마 오염수에 포함된 삼중수소와 방사성 탄소-14가 해양생태계에 미치는 영향을 조사해 보고, 오염수 방류 문제에 대한 자신의 의견을 정리해 보자.

　`관련 학과` 농생물학과, 대기과학과, 동물자원학과, 미생물학과, 분자생물학과, 수산생명의학과, 지구환경과학과, 통계학과, 해양학과, 화학과, 환경학과

　　　《**방사선 방사능 이야기**》, 타다 준이치로, 김기복 역, 성안당(2022)

단원명 | 표현

| 🔍 | 인포그래픽, 도시 초지화, 해저 케이블, 해양 생물, 호르몬과 일주기 리듬, 남극 해빙, 생물다양성, 디지털 건강, 의료 데이터, 프레이밍 효과, 의사 결정, 한국형 지속가능발전목표, 인공지능의 환경, 기후변화, 탄소 발자국 |

실물, 그림, 사진, 도표 등을 활용하여 내용을 설명한다.

➡ 인포그래픽 기사 'The Rapid Decline of Global Birth Rates'를 읽고 전 세계적인 출산율 감소와 고령화에 대해서 파악해 보자. 특히 출산율 감소와 인구 감소가 집중되고 있는 도시 지역에서 빈집이나 빈 땅이 증가하면서 그 공간이 자연에 반환되는 현상인 '도시 초지화'에 대해서 알아보고 도시 내 새로운 생태계 형성에 관하여 탐구해 보자.

　`관련 학과` 농생물학과, 대기과학과, 동물자원과학과, 미생물학과, 산림학과, 생명과학과, 생물학과, 수산생명의학과, 원예학과, 조경학과, 지구환경과학과, 축산학과, 해양학과

　　　《**지방 소멸**》, 마스다 히로야, 김정환 역, 와이즈베리(2015)

국어 교과군

영어 교과군

수학 교과군

도덕 교과군

사회 교과군

과학 교과군

[10공영1-02-02] • • •

사실적 정보나 지식을 말이나 글로 전달한다.

➡ 해저 케이블은 오늘날 인터넷 데이터 트래픽의 97% 이상을 담당하고 있다. 해양 과학자들은 해저 케이블에서 생성된 전자기장(EMF)이 해양 생물에 어떤 영향을 줄 수 있는지 더 면밀히 살펴볼 필요가 있다고 말한다. 관련 기사 'How undersea cables may affect marine life'를 읽고 해저 케이블의 발전, 케이블 설치 및 유지보수 작업 등이 해양 동식물과 생태계에 미칠 영향에 대해 조사하여 발표해 보자.

관련 학과 농생물학과, 동물자원과학과, 미생물학과, 분자생물학과, 산림학과, 생명과학과, 생물학과, 수산생명의학과, 지구환경과학과, 해양학과, 화학과

《**해양·해저플랜트 공학**》, 신동훈 외, 에이퍼브프레스(2022)

[10공영1-02-03] • • •

경험이나 계획 등을 말하거나 기술한다.

➡ 테드에듀(Ted-Ed) 영상 'Can you change your sleep schedule?'을 시청하고, 호르몬이 우리 몸에서 어떻게 생성되고 분배되며, 이 과정이 우리 몸 안에서 어떻게 일주기 리듬을 유지하는 역할을 하는지 조사해 보자. 자신의 일주기 리듬 변화를 추적하고 이것이 활력, 피로도 등에 어떻게 영향을 미치는지 관찰하고 기록해 보자.

관련 학과 미생물학과, 분자생물학과, 생명과학과, 생물학과, 수산생명의학과, 축산학과

《**라이프 타임, 생체시계의 비밀**》, 러셀 포스터, 김성훈 역, 김영사(2023)

[10공영1-02-04] • • •

자신의 생각이나 의견, 감정, 감상 등을 표현한다.

➡ 호주 과학자들이 수행한 연구에 따르면, 최근 몇 년 동안 기록적으로 낮은 남극 해빙은 이 지역이 온난화로 인해 해빙 면적이 낮아지는 '새로운 체제'에 진입했다는 신호일 수 있다고 한다. 관련 기사 'Antarctica may have entered 'new regime' of low sea ice as global warming ramps up'을 읽고 남극의 해빙 감소가 남극해의 생물다양성에 어떤 영향을 미치는지를 알아본 뒤, 앞으로 발생할 수 있는 문제점과 이에 대비할 방안을 찾아 발표해 보자.

관련 학과 농생물학과, 대기과학과, 동물자원학과, 산림학과, 생명과학과, 생물학과, 수산생명의학과, 식물자원학과, 지구환경과학과, 해양학과, 환경학과

《**남극이 파괴되고 있다**》, 후지와라 고이치, 고향옥 역, 도토리나무(2020)

[10공영1-02-05] • • •

듣거나 읽은 내용을 요약하여 말하거나 기술한다.

➡ 디지털 건강 기술이 도입되면서, 의료 분야에서 AI가 복잡한 의료 데이터를 분석해 정확한 진단을 돕거나 그 사람에 맞는 치료 계획을 개발하는 데 어떻게 활용되고, 질병 검출 및 치료 지침 제공에 어떻게 기여하는지에 대해 관심이 집중되고 있다. 관련 기사 'This is what healthcare leaders see as the future for digital health'를 읽고 디지털 헬스케어의 핵심 내용을 정리하여 발표해 보자.

관련 학과 자연계열 전체

《**디지털 헬스케어 전쟁**》, 노동훈, 청춘미디어(2021)

[10공영1-02-06]

어휘나 표현을 점검하여 내용을 명확하게 전달한다.

➡️ 프레이밍 효과는 인간의 인지 과정에서 중요한 역할을 하며, 정보가 제시되는 방식에 따라 의사 결정을 하는 경향을 나타낸다. 기사 'How Language 'Framing' Influences Decision-Making'을 읽고 동일한 프레이밍 효과를 목표로, 같은 정보가 각각 모국어와 외국어로 제시된 상황에서 사람들이 어떤 영향을 받는지를 분석하여 요약한 뒤 발표해 보자.

`관련 학과` 수학과, 생명과학과, 생물학과, 통계학과

《**집단 착각**》, 토드 로즈, 노정태 역, 21세기북스(2023)

[10공영1-02-07]

적절한 전략과 다양한 매체를 활용하여 상황과 목적에 맞게 말하거나 쓴다.

➡️ 우리나라는 국제 사회의 책임 있는 일원으로서 국제 사회의 공동의 목표 달성에 기여하고 한국 사회가 처한 여러 문제를 해결하기 위해 한국형 지속가능발전목표, 즉 K-SDGs를 수립하였다. 환경 전략 중 '에너지의 친환경적 생산과 소비'라는 목표를 위한 정책 과제와 세부 지표에 대해 조사하고 구체적인 실천 사례를 발표해 보자.

`관련 학과` 농생물학과, 대기과학과, 동물자원학과, 미생물학과, 산림학과, 생명과학과, 생물학과, 식물자원학과, 지구환경학과, 통계학과, 해양학과, 환경학과

《**지속가능한 지역 만들기**》, 카케이 유스케, 조지영 역, 차밍시티(2023)

[10공영1-02-08]

상대방의 생각이나 관점을 존중하고 언어 예절을 갖추어 표현한다.

➡️ 기후변화 모니터링, 자원 관리, 생물다양성 보존 등의 분야에서 AI의 활용 가능성이 높다고 한다. 한편으로 AI 활용에는 많은 양의 데이터와 데이터 처리가 필요하기 때문에, 그로 인한 탄소 발자국 증가가 환경 문제를 악화시킬 수 있으며, 정보 불균형 문제로 일부 지역이나 종에 대한 정보 부족 현상을 초래할 수 있다는 주장도 제기되고 있다. 이에 대해 자신의 의견을 정리하여 발표해 보자.

`관련 학과` 자연계열 전체

《**AI 전쟁**》, 하정우·한상기 외, 한빛비즈(2023)

국어 교과군

영어 교과군

수학 교과군

도덕 교과군

사회 교과군

과학 교과군

공통 과목	수능	공통영어2	절대평가	상대평가
	X		5단계	5등급

단원명 | 이해

> 🔍 | 시각적 정보, 영어신문, 배경지식, 맥락, 의미 파악, 지식, 정보 습득, 듣기 전략, 읽기 전략, 자료 탐색, 세부 정보, 배경지식, 주제, 요지, 분위기, 심정, 의도, 논리적 관계, 함축적 의미, 전개 방식, 구조, 적절한 전략, 관점, 의견, 포용적 태도, 이해, 비언어적 자료, 요약, 어휘, 표현, 소통

[10공영2-01-01] ●●●

말이나 글에 포함된 세부 정보를 파악한다.

→ 그린워싱(Greenwashing)은 과학적으로 환경에 긍정적인 영향을 미치지 않음에도 불구하고, 기업이 그들의 제품, 서비스 또는 운영이 환경에 유익하거나 지속 가능하다는 인상을 주기 위해 사용하는 홍보 전략이다. 일례로 어떤 기업은 재활용 플라스틱을 사용한다고 주장하지만, 실제로는 전체 생산량에서 재활용 자재의 비율이 매우 낮다. 이러한 그린워싱 사례와 관련된 영어 뉴스를 읽고, 해당 기업이 주장하는 환경 보호가 실제로 얼마나 효과적인지 요약해 보자. 또한 이러한 허위 광고가 관심 있는 분야의 정책에 미치는 영향을 분석하여 발표해 보자.

관련 학과 자연계열 전체

《**그린워싱 주의보**》, 이옥수, 스리체어스(2022)

[10공영2-01-02] ●●●

말이나 글의 주제나 요지를 파악한다.

→ 바이오가스 플랜트는 유기물을 발효하여 바이오가스를 생산하는 시설로 환경오염을 줄이고 에너지 자원을 확보하는 데 기여할 수 있는 친환경적 에너지 생산 방식이다. 바이오가스는 메탄과 이산화탄소로 이루어진 가스이며, 천연가스와 유사한 성질을 가지고 있다. 바이오가스 플랜트는 가축 분뇨, 음식물 쓰레기, 농업 폐기물 등 다양한 유기물을 원료로 사용할 수 있으며, 생산된 바이오가스는 발전, 난방, 자동차 연료 등으로 활용된다. 바이오가스 플랜트와 관련된 영어 자료를 조사하고 핵심 내용을 파악하여 영어로 발표하자.

관련 학과 대기과학과, 동물자원학과, 지구환경과학과, 환경학과

《**기후변화와 에너지산업의 미래**》, 에너지고위경영자과정 변화와 미래 포럼, 아모르문디(2021)

[10공영2-01-03] ●●●

말이나 글의 분위기나 등장인물의 심정 및 의도 등을 추론한다.

→ 연설문은 과학자들에게도 중요한 도구이다. 과학적 발견이나 연구 결과를 효과적으로 전달하기 위해서는 청중을 설득하고 공감을 이끌어 낼 수 있는 연설이 필요하다. 명확하고 논리적인 구조로 복잡한 내용을 쉽게 풀

어서 설명하면서도, 과학이 주는 감동과 중요성을 전하는 것이 과학 연설문의 핵심이다. 과학자의 명연설문으로는 이론물리학자 스티븐 호킹이 2017년 케임브리지 대학에서 했던 연설 〈Can you hear me?〉가 있다. 자신이 관심 있는 인물의 연설문을 찾아 말의 분위기와 의도를 추론하여 분석하고 발표해 보자.

관련 학과 자연계열 전체

스티브 잡스의 세상을 바꾼 명연설

레오짱·베스트트랜스,
미르에듀(2011)

책 소개

스티브 잡스는 기업가일 뿐만 아니라 연설자로도 유명하다. 그의 연설은 감동적이며, 독창적인 생각과 경험을 바탕으로 깊은 통찰력을 제공한다는 평가를 받고 있다. 이 책에는 1983년 애플 스페셜 기조연설부터 2010년 애플 태블릿 PC 아이패드의 프레젠테이션까지 화제가 되었던 그의 명연설이 모두 담겨 있다. 특히 스티브 잡스의 스탠퍼드 대학교 졸업식 연설은 많은 사람에게 영감을 주었다. 그는 연설에서 인생 경험과 성취, 실패에 대한 교훈을 공유하면서 좌절 속에서도 끝없이 도전하라는 메시지를 전했다.

세특 예시

'말이나 글의 분위기나 등장인물의 심정 및 의도'를 추론하는 능력을 기르기 위해, 연설의 분위기와 잡스의 의도를 분석하고자 '스티브 잡스의 세상을 바꾼 명연설(레오짱 외)'을 읽고, "연설의 각 부분에서 잡스가 전달하려는 메시지는 무엇인가?"라는 질문을 중심으로 연설의 구성을 분석함. 이를 통해 연설의 감정과 분위기를 이해하고, 자신의 발표나 글쓰기에서 이를 활용하는 방법을 학습함.

[10공영2-01-04]

말이나 글에 나타난 일이나 사건의 논리적 관계를 파악한다.

➡ 환경에 대한 관심이 높아지면서 펄프 또는 사탕수수나 옥수수 전분을 원료로 제작된 종이 빨대의 사용이 점차 대중화되고 있다. 플라스틱 빨대와 비교하여 종이 빨대가 환경에 미치는 영향이 적고, 화학 성분이 포함되어 있지 않다고 하지만, 과불화화합물로 불리는 PFAS 등 독성 화학 성분이 더 많이 검출된다는 반론도 있다. 종이 빨대의 제작 과정 및 원리, 환경과 인체에 미치는 영향 등을 영어로 조사하고 정리하여 발표해 보자.

관련 학과 자연계열 전체

《세상을 바꾼 과학이야기》, 권기균, 종이책(2021)

[10공영2-01-05]

말이나 글에 포함된 표현의 함축적 의미를 추론한다.

➡ 유발 하라리의 《호모 데우스》는 미래에 빠르게 진화하는 기술과 인간이 자신의 운명을 더 많이 조작할 수 있는 능력과 관련하여 인류의 미래를 탐구하는 책이다. 이 책의 제목은 함축적 의미로 이루어져 있다. 호모 데우스(Homo Deus)는 '신과 같은 사람'을 의미하며 부제인 '내일의 역사(A Brief History of Tomorrow)' 또한 이 책이 과거의 역사를 다루는 것이 아니라 미래에 어떤 일이 일어날지를 예측하고 탐구하는 것임을 나타내고 있다. 이 책을 읽고서 책의 함축적인 의미와 영어 어원에 대해 조사하여 발표해 보자.

관련 학과 자연계열 전체

호모 데우스
유발 하라리, 김명주 역,
김영사(2017)

책 소개

유발 하라리는 이 책에서 인류의 미래에 대한 예측과 고찰을 제공한다. 이전 작품《사피엔스》에서 인류의 과거를 다루었던 것과 대조적으로, 이 책에서는 21세기의 기술 발전과 과학의 진보가 인간의 존재와 사회에 어떤 변화를 가져올지 탐구한다. 이 책은 인공지능, 생명공학, 뇌과학의 발전이 인간의 생명, 정치, 종교 등 여러 분야에 미칠 영향을 중심으로 논의한다. 특히 기술의 발전이 인간의 삶과 가치관에 어떠한 도전과 기회를 가져올지에 대한 깊은 통찰을 제공하며, 인류가 지향하는 미래의 모습에 대해 중요한 질문을 던진다.

세특 예시

'호모 데우스(유발 하라리)'를 읽고 인류가 '데이터교'와 같은 새로운 종교를 숭배하게 될 가능성에 대한 작가의 주장에 주목하여, 이를 과학적 관점에서 비판적으로 분석하는 활동을 수행함. 특히 인간의 뇌와 의식에 대한 최신 연구 결과를 바탕으로, 인간의 의식이 단순한 알고리즘으로 환원될 수 있는지 의문을 제기하고, 이에 대한 자신의 견해를 영어로 논리적으로 서술함. 또한 급우들과 함께 인공지능과 인간 의식의 관계에 대한 토론을 진행해, 과학기술 발전에 대한 윤리적 고려의 중요성을 강조함. 이러한 과정을 통해 과학적 지식을 바탕으로 사회 현상을 분석하고 비판하는 사고 능력을 함양함.

[10공영2-01-06] • • •

말이나 글의 전개 방식이나 구조를 파악한다.

➡ 뉴스 채널 CNN은 '오피니언'란에 과학 관련 다양한 의견을 싣고 있다. 예를 들어 케이티 헌트(Katie Hunt)의 〈The problem with Nobel's 'rule of three'〉라는 글은 노벨상이 현재 직면한 문제로 협력적 연구가 증가하고 있는 상황에서 다양성을 포용하기 힘들다는 점 등을 지적하고 있다. 이 글 또는 자신이 관심 있는 분야의 글을 읽고 필자가 사용한 서론, 본론, 결론 등의 구성 체계나 내용의 전개 방식을 파악한 뒤 자신이 이해한 내용을 발표해 보자.

관련 학과 자연계열 전체

《뉴스 영어의 결정적 표현들》, 박종홍, 사람in(2021)

[10공영2-01-07] • • •

다양한 매체의 말이나 글을 비판적으로 이해한다.

➡ 최근 들어 유사과학은 인터넷과 같은 새로운 매체를 통해 접근이 용이해지며 더욱 영향력을 행사하고 있다. 지구가 평평하다는 '지구평면설'은 지구가 구형이 아니라 평평한 원반 모양이라는 믿음으로부터 시작되었고, 2018년 약 8%의 미국인이 이 이론을 믿고 있으며 그 수치는 증가하고 있다고 한다. 지구평면설을 주장하는 미디어와 이 주장을 과학적으로 반박하는 미디어를 찾아 영어로 비교하고 정리하는 활동을 해 보자.

관련 학과 물리학과, 지구환경과학과, 환경학과

《나쁜 과학 대처법》, 스티븐 노벨라 외 5명, 이한음 역, 문학수첩(2022)

[10공영2-01-08]

말이나 글의 이해를 위한 적절한 전략을 적용한다.

➡️ 수산 생물은 해양 환경에서 다양한 질병에 노출되기 쉽다. 특히 양식업에서 대규모로 기르는 물고기와 같은 수산 자원은 병원체에 민감하기 때문에 질병 관리가 중요하다. 해양 생물의 면역 체계는 포유류와 다르지만, 그들만의 독특한 면역 반응을 통해 질병을 예방하고 있다. 최근 연구에서는 수산 생물의 면역 체계를 강화하기 위해, 백신 개발, 프로바이오틱스 사용, 면역 유도제 적용 등 다양한 기술적 접근이 이루어지고 있다. 수산 생물의 면역 체계를 연구하고, 이를 이용한 효과적인 질병 관리 방법을 요약하기, 스키밍(Skimming), 스캐닝(Scanning) 등의 읽기 전략을 활용하여 영어 자료를 정리한 뒤 발표해 보자.

관련 학과 미생물학과, 분자생물학과, 생명과학과, 생물학과, 수산생명의학과, 축산학과, 해양학과, 환경학과

《새로워진 세계의 바다와 해양생물》, 김기태, 채륜(2018)

단원명 | 표현

🔍 목적, 맥락, 생각, 감정, 정보, 지식, 전달, 소통, 단어, 어구, 문장, 의사소통 기능, 어휘, 언어 형식, 이야기, 서사, 운문, 친교, 사회적 목적, 정보 전달, 의견 교환, 주장, 묘사, 설명, 요약

[10공영2-02-01]

실물, 그림, 사진, 도표 등을 활용하여 내용을 설명한다.

➡️ 학교 환경의 실내 공기질은 중요한 문제 중 하나이다. 학교 내에서 환기 부족이나 공기 오염 문제는 학생들의 건강에 악영향을 미치고, 학습 효율성을 떨어뜨릴 수 있다. 예를 들어, CO_2 농도가 높은 교실에서 학생들은 쉽게 피로를 느끼고 집중력이 저하될 수 있다. 학교 공간에서 실내 공기질을 개선하기 위한 방법을 조사하고, 공기 측정 장치나 환기 시스템 개선을 통해 해결책을 제시하자. 이러한 문제해결 과정에서 사진, 도표, 그림 등을 활용하여 데이터를 시각적으로 표현하고, 영어로 발표해 보자.

관련 학과 물리학과, 지구환경과학과, 생명과학과, 통계학과, 화학과, 환경학과

《학교의 재발견》, 더글러스 다우니, 최성수·임영신 역, 동아시아(2023)

[10공영2-02-02]

사실적 정보나 지식을 말이나 글로 전달한다.

➡️ 빅데이터(Big Data)는 방대한 양의 데이터로, 이를 분석하여 유의미한 정보를 도출하는 기술이다. 기업 경영, 마케팅, 헬스케어 등 다양한 산업에서 빅데이터는 중요한 의사 결정 도구로 활용되고 있다. 빅데이터 분석을 통해 기업들은 소비자 행동을 예측하고 맞춤형 서비스를 제공하며, 공공 부문에서는 교통 흐름 최적화나 질병 확산 예측에 활용한다. 빅데이터 분석의 기술적 원리와 실제 응용 사례를 조사한 뒤 영어로 보고서를 작성하여 발표해 보자.

관련 학과 자연계열 전체

《빅데이터 시대, 올바른 인사이트를 위한 통계 101×데이터 분석》, 아베 마사토, 안동현 역, 프리렉(2022)

[10공영2-02-03] • • •

경험이나 계획 등을 말하거나 기술한다.

➡ 희망하는 전공을 공부하기 위한 계획을 세우고, 구체적 목표와 더불어 학업 계획, 및 일정, 학습 방법 등을 담아 영어로 발표해 보자. 작성 시에는 최대한 구체적으로 내용을 정리하고 계획의 실행 가능성에 대한 질문에 대비하며 자신의 열정과 의지를 보여 줄 수 있도록 작성한다. 예를 들면 원예학과에 진학해 환경원예학, 식물생장조절론, 원예작물 생리학 및 실험 등을 수강하면서 기초 학업능력을 키우고 도시농업 기반 구축과 해외농업 분야의 전문가가 되고 싶다고 작성해 보는 것이다.

관련 학과 자연계열 전체

《청소년이 꼭 알아야 할 다가온 미래 새로운 직업》, 한국고용정보원 미래직업연구팀, 드림리치(2022)

[10공영2-02-04] • • •

자신의 생각이나 의견, 감정, 감상 등을 표현한다.

➡ 원자력 발전은 원자핵의 분열을 통해 발생하는 에너지를 이용하여 전기를 생산하는 방식이다. 원자력 발전소는 핵연료로 우라늄을 사용하며, 우라늄 원자는 중성자를 흡수하여 핵분열을 일으켜 이때 발생하는 열에너지로 증기 터빈을 돌려 전기를 생산한다. 2022년 11월 기준, 전 세계 33개 국가에서 439기의 원자로를 운영 중이다. 원자력 발전은 탄소 배출이 적고, 안정적 전력 공급이 가능하지만 방사능 오염의 위험, 핵폐기물 처리의 어려움 등이 단점으로 지적된다. 원자력 발전에 대해서 조사하여 자신의 의견을 발표하자.

관련 학과 자연계열 전체

《최신 발전공학》, 송길영, 동일출판사(2022)

[10공영2-02-05] • • •

듣거나 읽은 내용을 요약하여 말하거나 기술한다.

➡ 과학에서 측정은 과학적 지식을 얻기 위한 가장 기본적인 과정이며 측정을 통해 우리는 자연현상의 특성이나 변화를 정량적으로 파악할 수 있다. 무게 단위 중 세계적으로 가장 널리 사용되는 것은 미터법의 킬로그램(㎏)이다. 킬로그램은 국제단위계(SI)의 기본 단위 중 하나로, 물 1리터의 질량과 같다. 그러나 영국과 미국을 비롯한 몇몇 국가에서는 여전히 야드파운드법의 단위를 사용하고 있다. 1파운드(lb)는 0.453.59237kg이다. 이와 같이 측정 단위가 다른 경우를 조사하고 이를 요약하여 발표해 보자.

관련 학과 자연계열 전체

《단위의 탄생》, 피에르 마틴, 곽영직 역, 북스힐(2024)

[10공영2-02-06] • • •

다양한 소통의 목적에 맞게 말하거나 글로 표현한다.

➡ 지속가능한 농업은 환경 보호와 식량 생산의 균형을 추구하는 혁신적인 접근 방식이다. 이는 자연 자원을 효율적으로 활용하면서 농작물 생산성을 유지하는 것을 목표로 하며, 토양 건강 증진, 물 자원의 현명한 사용, 생물 다양성 보존 등이 핵심 원칙이다. 농업에 관심은 있지만 전문 지식이 없는 청중에게 이러한 개념을 설명하기 위해, 일상생활과 연관 지어 쉽게 이해할 수 있는 예시를 활용해 보자. 또한 지속가능한 농업이 우리의 식탁과

환경에 미치는 긍정적인 영향을 강조하며, 이를 실현할 실용적인 방법을 영어로 발표해 보자.

`관련 학과` 농생물학과, 산림학과, 식물자원학과, 식품영양학과, 원예학과, 조경학과, 환경학과

《지속 가능한 농업》, 최규홍, 백산출판사(2023)

[10공영2-02-07] •••

어휘나 표현을 점검하여 내용을 명확하게 전달한다.

→ 대체육(Alternative Meat)은 동물성 고기를 대체하는 식물성 고기 또는 배양 고기로, 환경 보호와 동물 복지를 위해 개발되고 있다. 대체육은 전통적인 축산업에서 발생하는 온실가스 배출을 줄이는 데 기여할 수 있다. 현재 식물성 재료로 만든 대체육의 맛과 질감을 개선하는 기술이 발전하고 있다. 대체육의 개발 원리와 과학적 접근 방법을 조사하여 영어로 발표해 보자.

`관련 학과` 미생물학과, 분자생물학과, 생명과학과, 식품영양학과, 축산학과, 화학과, 환경학과

《그래도 아직, 우리가 굶주리지 않는 이유》, 조나단 킹스맨, 최서정 역, 산인(2022)

[10공영2-02-08] •••

적절한 전략과 다양한 매체를 활용하여 상황과 목적에 맞게 말하거나 쓴다.

→ 미래 교통수단은 일상의 이동 방식을 혁신적으로 바꿀 잠재력을 지니고 있다. 전기차, 자율주행차, 하이퍼루프 같은 첨단 기술들이 교통 체증과 환경오염 문제에 대한 해답을 제시한다. 이러한 새로운 교통 기술은 에너지 사용을 최적화하고, 온실가스 배출을 줄이며, 이동 시간을 대폭 단축할 것으로 예상된다. 이 주제에 대해 발표할 때는 청중이 쉽게 이해할 수 있도록 실생활과 연관된 예시를 활용하고, 시각적 자료를 풍부하게 사용해 보자. 또한 다양한 영어 자료를 참고하여 미래 교통수단의 발전 과정과 그 잠재적 영향을 생생하게 전달해 보자.

`관련 학과` 물리학과, 수학과, 지구환경과학과, 통계학과, 화학과, 환경학과

《모빌리티 쫌 아는 10대》, 서성현, 풀빛(2023)

[10공영2-02-09] •••

다른 사람과 의견을 조율하며 문제 해결을 위해 협력한다.

→ 장기 복제를 위한 LMO(유전자조작동물) 생산은 장기이식 대기의 해소, 장기이식의 성공률 상승 및 환자의 삶의 질 향상 등 여러 장점이 있지만, 인체에 해를 끼칠 수 있다는 위험성과 더불어 자연 생태계를 교란할 수 있다는 우려도 제기되고 있다. '장기복제를 위한 LMO 생산은 정당한가?'라는 주제로 자신의 의견을 제시하는 글을 영어로 작성하자. 이후 다른 친구의 의견을 경청하고 자신의 의견을 논리적으로 제시하며 합의하고 문제를 해결하는 과정을 거쳐 모둠원들과 합의하여 최종 결정문을 영어로 작성해 보자.

`관련 학과` 자연계열 전체

《창조적 유전자》, 에드윈 게일, 노승영 역, 문학동네(2020)

선택 과목	수능	**영어 I**	절대평가	상대평가
일반 선택	O		5단계	5등급

단원명 | 이해

🔍	기후변화, 기후변화 영향 분석, 환경오염, 요지 정리, 해수면 상승, 필자의 견해, 의도 분석, 임산부 스트레스, 논리적 관계, 지속가능한 식단, 함축적 의미, 블랙홀, 환경 보호, 토양 건강, 지속가능한 농업, 문화적 관점, 포용적 태도

[12영I-01-01] ● ● ●

말이나 글의 세부 정보를 파악한다.

➡ 기후변화는 전 세계적인 이슈로 대두되고 있다. BBC News에서 'What is climate change? A really simple guide'라는 기사를 찾아 읽고, 기후변화가 우리 생활에 미치는 영향과 이를 해결하기 위한 글로벌 대응 방안에 대해 조사하고 정리하여 영어로 정리해 보자.

관련 학과 농생물학과, 대기과학과, 동물자원학과, 미생물학과, 분자생물학과, 산림학과, 생명과학과, 생물학과, 식물자원학과, 원예학과, 조경학과, 지구환경과학과, 축산학과, 해양학과, 환경학과

《**기후 책**》, 그레타 툰베리, 이순희 역, 김영사(2023)

[12영I-01-02] ● ● ●

말이나 글의 주제나 요지를 파악한다.

➡ 환경오염은 지구생태계 및 인류 생활에 큰 위협으로 작용하고 있다. 관련 글 'How Does Pollution Affect Humans?'를 찾아 읽고, 환경오염이 우리 환경과 건강에 어떤 영향을 미치는지 주제와 요지를 파악하여 영어로 정리해 보자.

관련 학과 자연계열 전체

《**환경은 걱정되지만 뭘 해야 할지 모르는 사람들을 위한 과학과 기술**》, 한치환, 플루토(2022)

[12영I-01-03] ● ● ●

화자나 필자의 심정이나 의도를 추론한다.

➡ 최근 지구온난화로 인해 해수면 상승이 급속도로 진행되면서 저지대 도시들이 위협받고 있다. 'Sea Level Rise and Coastal Flooding'이라는 기사를 찾아 읽고, 작성자가 이 문제에 대해 어떤 견해를 가지고 있는지 파악한 뒤 그것이 어떻게 반영되었는지 분석하여 발표해 보자.

관련 학과 자연계열 전체

《**바다의 습격**》, 브라이언 페이건, 최파일 역, 미지북스(2017)

[12영I-01-04]

말이나 글에서 일이나 사건의 논리적 관계를 파악한다.

➡ 임산부의 스트레스 수준이 아기의 건강 상태와 성장에 어떻게 영향을 미치는지에 대한 새로운 연구 결과가 발표되었다. 이 연구에 따르면 임신 중 스트레스 수준이 아기의 체중 증가 속도와 면역체계 형성 등 여러 요소에 영향을 미치는 것으로 나타났다. 관련 글 'Maternal Stress During Pregnancy Linked to Infant Illness'를 읽어 보고 임산부의 스트레스 수준과 아기의 건강 상태 사이의 연관성을 분석해 보자.

관련 학과 생명과학과, 생물학과, 통계학과

《**태아성장보고서**》, KBS 특집3부작 다큐멘터리 첨단보고 뇌과학 제작팀, 마더북스(2012)

[12영I-01-05]

말이나 글의 맥락을 바탕으로 어구나 문장의 함축적 의미를 추론한다.

➡ 지구온난화와 환경오염 등 현재 지구환경과 인류 전체를 위협하는 여러 가지 문제에 대응하기 위해서는 각 개인부터 먼저 생활 습관을 바꿔야 한다는 주장이 제기되고 있다. 친환경적인 생활 습관 중 하나로 '지속가능한 식단'이 있다. 관련 기사 'What Does a Sustainable Diet Look Like? Here's What the Science Says'를 찾아 읽고, 지속가능한 식단이 환경에 어떤 영향을 미치는지, 그리고 이를 실천하기 위한 방법은 무엇인지 알아보자.

관련 학과 자연계열 전체

《**저녁 식탁에서 지구를 생각하다**》, 제시카 판조, 김희주 역, 사람in(2021)

[12영I-01-06]

말이나 글의 전개 방식이나 구조를 파악한다.

➡ 최근 과학자들은 우주의 심오한 비밀을 밝혀내기 위해 블랙홀 연구에 많은 관심을 쏟고 있다. 'Some black holes may actually be tangles in the fabric of space-time, new research suggests'라는 기사를 찾아 읽고서, 블랙홀처럼 보이는 시공간 구조의 꼬임인 '위상학적 솔리톤'이라고 불리는 이론적인 물체와 빛이 어떻게 상호작용하는지에 대해 알아보고, 이러한 연구가 우리의 우주 이해에 어떻게 도움이 되는지 탐구해 보자.

관련 학과 물리학과, 수학과, 천문우주학과

《**이것이 최초의 블랙홀 사진입니다**》, 하이노 팔케·외르크 뢰머, 김용기·정경숙 역, 에코리브로(2022)

[12영I-01-07]

적절한 전략을 활용하여 다양한 매체로 된 말이나 글의 의미를 파악한다.

➡ 최근 AI를 활용한 환경 보호 노력이 주목받고 있다. 예를 들어, AI는 생물다양성 보호, 기후변화 모델링, 환경오염 감시 및 제어 등에서 중요한 도구로 사용되고 있다. 관련 글 'The Promise and Peril of AI for Nature'를 찾아 읽어 보며, AI가 환경보호에 어떻게 도움이 될 수 있는지, 그리고 그 한계와 위험성은 무엇인지 탐구해 보자.

관련 학과 자연계열 전체

《**AI시대 ESG 경영전략**》, 김영기 외 12명, 브레인플랫폼(2023)

국어 교과군

영어 교과군

수학 교과군

도덕 교과군

사회 교과군

과학 교과군

[12영I-01-08]

●●●●

우리 문화 및 타 문화의 다양한 관점에 대해 포용하고 공감하는 태도를 가진다.

➡️ 최근 과도한 화학 비료와 살충제의 사용, 비영리적인 농업 방법, 토양 오염 등으로 인해 토양 건강 역시 주목받
는 이슈로 부상하였다. 관련 자료 'Soil health and well-being: Redefining soil health based upon a plurality
of values'를 읽고, 지속가능한 농업과 식량 안보, 그리고 인류의 생존과 직결되는 토양 건강을 유지하고 개선
하는 방법에 대해 탐구해 보자.

관련 학과 농생물학과, 동물자원과학과, 미생물학과, 분자생물학과, 산림학과, 생명과학과, 생물학과, 식물자원학과, 식품영양
학과, 원예학과, 조경학과, 지구환경과학과, 환경학과

《흙, 생명을 담다》, 게이브 브라운, 김숲 역, 리리(2022)

단원명 | 표현

| 🔍 | 대체 단백질, 잠재력, 도전과제 발표, 꿀벌 생태계, 보호의 중요성, 인공광원, 조명 사용 개선, 기후변화,
지속가능한 미래, 마이크로 플라스틱, 요청서 작성, 도시 재생, 윤리적 고려, 해양 오염, 3D 인터랙티브
모델, 데이터 분석, 녹색 부동산, 재생 가능 에너지

[12영I-02-01]

●●●●

사실적 정보를 말이나 글로 설명한다.

➡️ 최근 곤충을 대체적인 단백질 원천으로 활용하는 연구가 활발하게 진행되고 있다. 관련 글 'Alternative
protein: what about insects?'를 읽고, 곤충 기반의 식량 생산이 지닌 잠재력과 도전과제에 대해 알아보고 발
표해 보자.

관련 학과 농생물학과, 동물자원과학과, 생명과학과, 생물학과, 환경학과

《딜리셔스 벅스》, 서은정·류시두, 리잼(2019)

[12영I-02-02]

●●●●

경험이나 계획 또는 일이나 사건을 말이나 글로 설명한다.

➡️ 꿀벌은 우리의 생태계와 경제에 중요한 역할을 하는데, 특히 식물의 생물다양성 보존과 농작물 생산에 크게 기
여한다. 관련 자료 'Role of Honeybees in Biodiversity Conservation'를 참고하여 꿀벌들이 생태계에서 수행
하는 다양한 역할과 그들의 보호가 중요한 이유를 조사하고 발표해 보자.

관련 학과 농생물학과, 동물자원과학과, 생명과학과, 생물학과, 식물자원학과, 원예학과, 지구환경과학과

《생물다양성 경영》, 최남수, 새빛(2023)

[12영I-02-03]

●●●●

상대방을 배려하고 존중하는 태도로 자신의 의견이나 감정을 표현한다.

➡️ 야간 인공조명은 도시화와 산업화가 진행됨에 따라 전 세계적으로 급속히 증가하고 있다. 관련 자료 '11

Pressing Research Questions on How Light Pollution Affects Biodiversity'를 참고하여 인공광원이 야간 환경에서 생물들의 행동과 생리에 어떤 영향을 미치는지 탐구해 보자. 또한 인간 중심적으로만 고려되던 조명 설치와 사용 방식을 개선하여 다른 생물체를 존중하는 것에 대한 자신의 의견을 발표해 보자.

관련 학과 농생물학과, 동물자원과학과, 생명과학과, 생물학과, 수산생명의학과, 식물자원학과, 지구환경과학과, 환경학과

《**라이프 타임, 생체시계의 비밀**》, 러셀 포스터, 김성훈 역, 김영사(2023)

[12영I-02-04] • • •

듣거나 읽은 내용을 말이나 글로 요약한다.

➜ 알 로커(Al Roker)의 TED 영상 'An extreme weather report from America's weatherman'을 시청하고 기후변화에 대처하기 위해 개인이 할 수 있는 노력과 지속가능한 미래를 위해 할 수 있는 일을 요약하여 정리해 보자.

관련 학과 자연계열 전체

《**십대를 위한 기후변화 이야기**》, 반기성, 메이트북스(2021)

[12영I-02-05] • • •

서신, 신청서, 지원서 등의 서식을 목적에 맞게 작성한다.

➜ 미세 플라스틱은 우리 환경, 특히 바다에서 큰 문제가 되고 있다. 이는 해양생태계에 심각한 영향을 미치며, 결국은 인간의 건강까지 위협할 수 있다. 환경 보호 단체에 참여해 '미세 플라스틱 문제 해결' 프로젝트를 제안하고자 한다면, 이 프로젝트의 세부 사항과 그중에서 본인이 어떤 역할을 수행할 것인지를 담은 참여 요청서를 다음 항목을 모두 포함하여 영어로 작성해 보자.

(Introduction/ Project Overview / Your Role and Contributions / Skills and Experience / Plan for Implementation and Timeline / Closing Remarks)

관련 학과 농생물학과, 동물자원과학과, 미생물과학과, 생명과학과, 해양학과, 화학과, 환경학과

《**플라스틱 수프**》, 미힐 로스캄 아빙, 김연옥 역, 양철북(2020)

[12영I-02-06] • • •

글의 구조나 내용 및 표현을 점검하고 쓰기 윤리를 준수하여 고쳐 쓴다.

➜ 도시 재생 프로젝트를 통해 자연환경을 보호하고 도시 생활의 질을 높이기 위해서는 많은 윤리적 고려가 필요하다. 관련 자료 'Nature-based solutions for sustainable urban development'를 읽고 이러한 문제들을 자연과학적 방법으로 분석한 뒤, 환경 보호와 생활 품질 강화 간 균형 잡힌 접근법을 모색하는 글을 작성해 보자.

관련 학과 자연계열 전체

《**한국의 도시재생**》, 한국도시설계학회, 대가(2022)

[12영I-02-07] • • •

다양한 매체와 적절한 전략을 활용하여 정보를 창의적으로 전달한다.

➜ 복잡한 해양 오염 데이터를 3D 인터랙티브 모델로 재구성하여, 해양 생태계에 미치는 오염의 영향과 그 원인을 보다 명확하게 알리는 방안에 대하여 탐구해 보자. 관련 글 'The science and technology that can help save the ocean'을 읽고, 다양한 해양 오염 데이터(플라스틱 쓰레기 분포, 기름 유출 사고 위치 등)를 시각적으로 표현하는 3D 인터랙티브 모델을 개발한 뒤, 사용자가 이 모델을 직접 조작하면서 해양 오염 문제에 대한 깊은 이해를 얻는 것을 목표로 그 과정을 영어로 기획해 보고, 또 이를 발표해 보자.

관련 학과 농생물학과, 대기과학과, 동물자원과학과, 미생물학과, 산림학과, 생명과학과, 생물학과, 수산생명의학과, 식물자원학과, 지구환경과학과, 해양학과, 화학과, 환경학과

《해양오염방제론》, 이영호, 좋은땅(2020)

[12영I-02-08] • • •

협력적이고 능동적으로 말하기나 쓰기 과업을 수행한다.

'녹색 부동산'은 에너지 효율성, 재생 가능한 에너지 사용, 지속가능한 건축 재료 사용 등 환경 친화적인 요소를 갖춘 부동산을 의미한다. 관련 기사 'Green real estate moves up the corporate priority list'를 읽고, 기후변화로 인한 환경적 위험성이 고려되는 '녹색 부동산'의 가치가 어떻게 변화하고 있는가에 대해 탐구해 보자. 특히 기후변화에 따른 환경적 위험성이 '녹색 부동산'의 가치 평가에 어떤 영향을 미치는가에 대해 팀원들과 토의해 보고, 피드백을 바탕으로 보고서를 작성해 보자.

관련 학과 자연계열 전체

《지속가능한 건축과 도시 디자인 원리 101》, Huw Heywood, 상지건축 부설 지속가능연구소 역, 기문당(2022)

국어 교과군

영어 교과군

수학 교과군

도덕 교과군

사회 교과군

과학 교과군

선택 과목	수능		절대평가	상대평가
일반 선택	O	**영어 II**	5단계	5등급

단원명 | 이해

> |🔍| 글의 목적, 맥락, 의미 파악, 지식 습득, 정보 습득, 비판적 수용, 이해 전략, 지식 정보 활용, 문화의 다양성, 포용적 태도, 공감적 이해, 문화적 감수성

[12영II-01-01]　　　　　　　　● ● ●

다양한 주제에 대한 말이나 글의 세부 정보를 파악한다.

➡ 이그노벨상(Ig Nobel Prize)은 1991년 미국의 유머 과학 잡지 〈기발한 연구 연감(Annals of Improbable Research)〉의 편집장 마크 에이브러햄스가 제정한 상이다. 노벨상을 패러디한 이 상은 매년 9월 하순에 하버드 대학교에서 시상되며, '사람들을 웃기고 생각하게 만드는' 과학 연구에 주어진다. 이그노벨상은 과학 연구의 진지함을 강조하는 동시에, 과학의 재미있는 측면을 조명하는 데 목적이 있다. 자신이 관심 있는 주제를 정한 뒤 이그노벨상에서 수상한 사례를 조사하여 세부 사항을 발표해 보자.

　관련 학과 자연계열 전체

《**이그노벨상 읽어드립니다**》, 김경일 외 2명, 한빛비즈(2022)

[12영II-01-02]　　　　　　　　● ● ●

말이나 글의 주제나 요지를 파악한다.

➡ 스마트 농업(Smart Agriculture)은 정보통신기술을 활용해 농업 효율성을 높이고 환경에 미치는 영향을 줄이는 기술이다. 드론, 센서, 인공지능 등을 사용해 작물 상태를 모니터링하고 자원을 효율적으로 관리할 수 있다. 이를 통해 물, 비료, 농약 사용을 최소화하고 기후변화로 인한 생산성 저하를 예방할 수 있다. 스마트 농업의 구체적 사례를 소개하는 영어 자료를 조사하고 지속가능한 농업을 실현하는 방법을 발표해 보자.

　관련 학과 농생물학과, 생명과학과, 식물자원학과, 원예학과, 조경학과, 통계학과, 환경학과

《**TED 프레젠테이션**》, 제레미 도노반, 김지향 역, 인사이트앤뷰(2020)

[12영II-01-03]　　　　　　　　● ● ●

말이나 글에 나타난 화자, 필자, 인물 등의 심정이나 의도를 추론한다.

➡ 인터뷰는 두 명 이상의 사람들이 질문과 답변을 주고받는 대화 형식으로, 특정 목적을 가지고 진행되며 체계적인 특징을 갖는다. 자연과학 분야의 인터뷰 예로는 환경운동가이자 생물학자인 제인 구달(Jane Goodall)이 BBC와 했던 기후변화와 생태계 보전에 대한 인터뷰가 있다. 구달은 기후변화로 인한 야생동물 서식지 파괴 실태를 전하며 인간의 활동이 생태계에 미치는 영향에 대해 경고한 바 있다. 이 인터뷰나 자신이 관심 있는 자연과학

국어 교과군

영어 교과군

수학 교과군

도덕 교과군

사회 교과군

과학 교과군

관련 인터뷰를 선택해 전반적인 맥락을 이해하고, 화자의 의도나 목적을 추론하여 발표해 보자.

관련 학과 자연계열 전체

《지승호, 더 인터뷰》, 지승호, 비아북(2015)

[12영II-01-04] • • •

말이나 글에서 일이나 사건의 논리적 관계를 추론한다.

➡ 모래, 소금, 철, 구리, 석유, 리튬 등은 현대 사회의 근간을 이루고 있으며, 우리의 일상생활과도 밀접하게 연결되어 있다. 예를 들어, 반도체의 핵심 재료인 모래나 전기 전달에 필수적인 구리와 같은 자원들은 현대 문명의 지속을 위해 필수적이다. 이러한 인식은 천연자원 관리의 중요성을 더욱 부각시킨다. 우리가 당연하게 여기는 일상용품들이 실은 제한된 자원으로부터 만들어진다는 사실을 이해할 때, 자원의 지속가능한 사용과 관리의 필요성이 분명해진다. 천연자원의 지속가능한 관리를 위한 과학적 기술과 정책을 탐구해 보자.

관련 학과 자연계열 전체

《물질의 세계》, 에드 콘웨이, 이종인 역, 인플루엔셜(2024)

[12영II-01-05] • • •

말이나 글의 맥락을 바탕으로 함축된 의미를 추론한다.

➡ 글의 제목에 비유적 언어를 사용하면 독자의 흥미를 끌면서 글의 내용을 함축적으로 표현하고, 말하고자 하는 바의 핵심을 강조하는 효과가 있다. "The climate crisis is a 'code red' for humanity"(The United Nations, 2018-10-08)라는 문장을 보자. '코드 레드(code red)'는 원래 군사 용어로 긴급 상황을 알리는 신호를 의미했으나, 현재는 비상 상황을 의미하는 일반용어로 사태의 심각성과 긴급함을 비유적으로 표현하기 위해 쓰인다. 자신이 관심 있는 분야의 영어 기사에서 함축적인 의미가 표현되는 경우를 찾아보고 그 의미와 효과를 발표해 보자.

관련 학과 자연계열 전체

《문예 비창작: 디지털 환경에서 언어 다루기》, 케네스 골드스미스, 길예경·정주영 역, 워크룸프레스(2023)

[12영II-01-06] • • •

다양한 유형의 말이나 글의 전개 방식이나 구조를 파악한다.

➡ 전 세계적인 기후변화, 크고 작은 국제 분쟁과 갈등, 인구 증가 등으로 인해 농업의 중요성은 날이 갈수록 더 커지고 있다. 식량의 안정적 확보는 모든 국가의 기본적 의무가 되었고, 선진국은 식량 수입에 의존하지 않고, 자국의 식량을 안정적으로 생산할 수 있는 능력을 갖추고 있다. 또한 농산물을 가공·유통·판매하는 과정을 통해 고부가가치를 창출해 낸다. 농업의 고부가가치화를 통해 농업의 경쟁력을 강화하고 있는 것이다. 관심 있는 국가의 농업 형태를 조사한 뒤 그 원인이 무엇인지를 파악하여 영어로 제시하자.

관련 학과 자연계열 전체

《농업의 미래》, 성형주, 동아일보사(2023)

[12영II-01-07] • • •

적절한 전략을 적용하여 다양한 매체 자료의 말이나 글을 이해한다.

➡ 지구 외 생명 탐사(Exoplanet Life Exploration)는 다른 행성에 생명체가 존재할 가능성을 탐구하는 과학적 연구이

다. NASA의 케플러 우주망원경과 같은 장비를 통해 지구와 유사한 조건을 가진 외계 행성을 찾고, 그곳에서 생명체가 존재할 수 있는 환경을 연구하고 있다. 외계 행성 탐사의 최근 성과와 이를 뒷받침하는 기술적 도전에 대한 영어 자료를 읽고 발표해 보자.

> 관련 학과 물리학과, 생명과학과, 지구환경과학과, 천문우주학과, 통계학과, 화학과

《**90일 밤의 우주**》, 김명진 외 7명, 동양북스(2023)

[12영II-01-08] ● ● ●

다양한 문화와 관점에 대해 포용하고 공감하는 태도를 가진다.

➡ 아포칼립스는 종말 또는 종말을 의미하는 그리스어 단어로 종말론적 종교 문서뿐 아니라 소설, 영화, 게임 등 다양한 장르의 문화 콘텐츠에도 자주 등장해 왔다. 아포칼립스나 좀비 등을 다루는 콘텐츠는 최근 몇 년간 큰 인기를 끌고 있는데, 이는 문화, 사회, 심리적 요인이 복합적으로 작용한 결과로 보인다. 대표적인 요인으로는 사회적 불안감, 인간 본성에 대한 탐색, 고립과 자아실현의 테마, 스릴과 긴장감을 주는 장치라는 점이 지적되고 있다. 관심 있는 자연과학 분야에서 아포칼립스와 관련된 콘텐츠를 찾아 문화적 차이를 알아보자.

> 관련 학과 자연계열 전체

《**아포칼립스 영화**》, 오세섭, 커뮤니케이션북스(2023)

단원명 | 표현

🔍 의사소통, 목적, 맥락, 적절한 언어 사용, 표현, 효과적 정보 전달, 의견 교환, 표현 전략, 종합적 사고, 지식과 경험 융합, 상호 협력, 소통, 문제 해결 능력, 적극적 태도

[12영II-02-01] ● ● ●

다양한 주제에 대한 사실적 정보를 말이나 글로 설명한다.

➡ '던바의 수'는 영국의 진화심리학자 로빈 던바가 제안한 인간의 사회적 네트워크 규모에 대한 가설이다. 던바는 인간의 뇌 크기가 사회적 정보 처리 능력에 비례한다는 가정 하에, 인간이 유지할 수 있는 사회적 관계의 수는 약 150명이라고 주장했다. 던바의 수는 인간의 사회적 관계에 대한 통찰을 제공했다는 점에서 주목을 받았지만, 가설의 근거가 불충분하고 인간관계의 다양성을 고려하지 못했으며 문화적 차이를 고려하지 않았다는 비판도 받고 있다. 동물에도 던바의 수가 적용되는지 조사하여 정보를 글로 설명해 보자.

> 관련 학과 자연계열 전체

《**침팬지 폴리틱스**》, 프란스 드 발, 장대익·황상익 역, 바다출판사(2018)

[12영II-02-02] ● ● ●

지식과 경험을 활용하여 자신의 감상이나 느낌을 표현한다.

➡ 식물 교배(Plant Breeding)는 유전학적 방법을 통해 더 나은 품질과 생산성을 가진 식물을 개발하는 기술이다. 현대 농업에서 식물 교배는 병충해 저항성과 수확량 증가, 영양성분 향상 등을 목표로 한다. 전통적 교배법과 현대 유전자 변형 기술의 차이점과 장단점을 비교하고, 식물 교배가 농업에 미치는 영향을 조사한 후 자신의 의견을 영어로 표현해 보자.

국어 교과군

영어 교과군

수학 교과군

도덕 교과군

사회 교과군

과학 교과군

관련 학과 농생물학과, 분자생물학과, 생명과학과, 식물자원학과, 원예학과, 환경학과

《**아주 특별한 생물학 수업**》, 장수철·이재성, 휴머니스트(2015)

[12영II-02-03]   ● ● ●

상대방을 배려하고 존중하는 태도로 자신의 의견이나 주장을 제시한다.

➡ 적정기술과 재생에너지(Renewable Energy) 분야는 현지의 자연자원을 최대한 활용해 에너지를 공급하는 것을 목표로 한다. 태양광 발전, 소형 풍력 터빈, 바이오매스 발전 등의 기술은 현지의 환경을 고려한 적정기술의 대표적인 예이다. 재생 에너지를 활용한 적정기술의 원리와 응용 사례를 조사하여 이를 영어로 설명해 보자.

관련 학과 자연계열 전체

《**빌 게이츠의 화장실**》, 이순희, 빈빈책방(2018)

[12영II-02-04]   ● ● ●

다양한 주제에 대해 듣거나 읽은 내용을 재구성하여 요약한다.

➡ 동물 행동 연구(Animal Behavior Studies)는 동물의 행동을 과학적으로 분석하여 그들의 생리적, 생태적 특성을 이해하는 학문이다. 이를 통해 동물의 복지를 개선하고, 야생동물 보호와 보전 정책을 수립하는 데 중요한 데이터를 제공한다. 동물 행동 연구의 원리와 실제 응용 사례를 조사하고, 이 연구가 생물양성 보전과 어떻게 연결될 수 있는지 분석하여 영어로 보고서를 작성해 보자.

관련 학과 동물자원과학과, 산림학과, 생명과학과, 생물학과, 축산학과, 환경학과

《**동물의 감정은 왜 중요한가**》, 마크 베코프, 김민경 역, 두시의나무(2024)

[12영II-02-05]   ● ● ●

적절한 전략을 활용하여 논리적으로 대상을 설득한다.

➡ 대기 오염 분석(Air Pollution Analysis)은 오염물질이 환경과 인체에 미치는 영향을 분석하는 중요한 과학 분야이다. 대기 중의 미세먼지, 이산화탄소, 산화질소 등의 오염물질은 건강에 심각한 영향을 미칠 수 있다. 대기 오염이 인간의 건강과 환경에 미치는 영향을 종합적으로 이해하기 위해 메타분석법을 사용하여 주제를 선정하고, 이를 영어로 발표해 보자.

관련 학과 자연계열 전체

《**쉽고 편하게 메타분석**》, 김지형, 북앤에듀(2019)

[12영II-02-06]   ● ● ●

자기소개서, 이력서, 보고서 등의 서식을 목적에 맞게 작성한다.

➡ 유전자 데이터베이스(Gene Database)는 개인의 유전자 정보를 저장하고 분석하여 맞춤형 의료 서비스를 제공하는 데 중요한 역할을 한다. 유전자 정보는 질병의 예방 및 치료에 매우 유용하며, 개인 맞춤형 의료를 가능하게 한다. 유전자 데이터베이스의 구조와 활용 방안, 그리고 그와 관련된 개인정보 보호 문제를 조사한 뒤 영문 보고서를 작성해 보자. 일반적인 영문 보고서 서식은 제목 페이지(Title Page), 초록(Abstract), 목차(Table of Contents) 및 본문(Body)과 결론(Conclusion), 참고문헌(References)으로 구성된다.

관련 학과 미생물학과, 분자생물학과, 생명과학과, 통계학과, 화학과, 환경학과
《에이징 혁명》, 하야노 모토시, 박유미 역, 시그마북스(2024)

[12영II-02-07] ● ● ●

글을 쓰는 과정에서 글의 내용과 형식을 점검하고 쓰기 윤리를 준수하여 고쳐 쓴다.

➡ 채식주의는 개인의 식습관을 넘어 환경과 사회 전반에 큰 영향을 미칠 수 있는 중요한 주제다. 이러한 맥락에서 채식주의 확산이 가져올 다양한 변화와 그 영향을 종합적으로 분석할 수 있다. 채식으로 인한 축산업의 온실가스 배출 감소가 가져올 지구온난화 완화 효과를 분석하고, 식물 기반 식품 생산 확대가 지속가능한 농업 발전과 산림 자원 보호에 어떻게 기여하는지 조사해 보자. 또한 기후변화와 농업 생산 간의 상관관계를 연구하고, 채식 기반 식품의 영양학적 가치를 평가할 수 있다. 자신이 관심있는 분야와 채식주의를 연관시켜 영어로 글을 작성해 보자.

관련 학과 자연계열 전체
《우리는 왜 개는 사랑하고 돼지는 먹고 소는 신을까》, 멜라니 조이, 노순옥 역, 모멘토(2021)

[12영II-02-08] ● ● ●

다양한 매체를 활용하여 정보를 창의적이고 효과적으로 전달한다.

➡ 피부미용 산업은 인체의 피부를 아름답게 관리하고 건강을 유지하기 위해 다양한 서비스와 제품을 제공하는 산업이다. 자연과학적 관점에서 피부미용 산업은 화학, 생물학, 물리학과 밀접한 관련이 있다. 예를 들어, 화장품 제조 과정에서는 화학적 성분 분석과 피부에 대한 생물학적 반응을 이해해야 하며, 미용기기 개발에는 물리학적 원리가 적용된다. 또한, 피부미용 제품의 효과를 과학적으로 평가하기 위해 분자생물학이나 미생물학 등의 학문적 접근이 필요하다. 이러한 자연과학적 배경을 바탕으로, 피부미용 산업과 관련해 관심이 있는 주제를 다루고 이를 영어로 설명해 보자.

관련 학과 자연계열 전체
《피부 나이를 거꾸로 돌리는 바이오 화장품》, 김은기, 전파과학사(2020)

[12영II-02-09] ● ● ●

원활한 의견 교환을 위해 협력적이고 능동적으로 의사소통 활동에 참여한다.

➡ SNS는 일상생활의 중심에 자리 잡고 있다. SNS는 멀리 떨어진 사람과도 쉽게 관계를 맺을 수 있게 해 주고, 다양한 사람들과 교류하며 정보를 나눌 수 있는 공간을 제공한다. 하지만 얕은 관계 형성, 중독, 사이버 폭력 등의 문제도 발생시킨다. 'SNS를 활용한 과학 커뮤니케이션의 효과성 평가', 'SNS 사용과 수면 패턴의 상관관계 분석' 등 자신이 관심 있는 자연과학 분야와 연관된 SNS 관련 주제를 찾아, 영어 기사, 서적 등을 참조하여 조사한 뒤 발표해 보자.

관련 학과 자연계열 전체
《도둑맞은 집중력》, 요한 하리, 김하현 역, 어크로스(2023)

국어 교과군

영어 교과군

수학 교과군

도덕 교과군

사회 교과군

과학 교과군

선택 과목	수능	영어 독해와 작문	절대평가	상대평가
일반 선택	X		5단계	5등급

단원명 | 독해

> | 🔍 | 배경지식, 목적, 맥락, 글의 의미 파악, 다양한 지식 습득, 다양한 정보 습득, 내용 파악, 추론, 비판적 수용, 읽기 전략, 지식 정보 활용, 문화의 다양성, 포용적 태도, 공감적 이해, 문화적 감수성

[12영독01-01] • • •

글의 세부 정보를 파악한다.

➡ 피보나치 수열(Fibonacci Sequence)은 수학에서 자연적으로 나타나는 패턴으로, 특히 자연계의 다양한 현상에서 그 흔적을 찾을 수 있다. 소라 껍질의 나선형 구조, 해바라기 씨앗 배열, 나무 가지의 성장 패턴 등 많은 자연현상이 피보나치 수열에 따라 형성된다. 이 수열의 수학적 원리와 그와 관련된 황금비(Golden Ratio)를 이해하고, 자연계에서 피보나치 수열이 어떻게 나타나는지 영어 자료를 찾아서 구체적인 예시를 통해 설명해 보자.

관련 학과) 자연계열 전체

《평생 써먹는 수학 용어집》, 사사키 준, 이정현 역, 시그마북스(2024)

[12영독01-02] • • •

글의 주제나 요지를 파악한다.

➡ 지리와 과학은 서로 밀접하게 관련되어 있는 학문이다. 지리학은 지구의 자연환경과 그 위에서 일어나는 다양한 현상을 연구하는 학문으로, 자연과학과 사회과학의 두 측면을 모두 포함하고 있다. 지형학과 지질학은 지리학의 중요한 기반이 되며, 기상학과 기후학은 지리학의 주요 연구 분야이다. 또한 지구의 생태계를 연구하는 생태학은 지리학과 밀접하게 연관되어 있다. 이러한 사례를 조사하고 주제를 파악하여 발표하자.

관련 학과) 자연계열 전체

책 소개

이 책은 《Prisoners of Geography》를 한국어로 번역한 책으로 지리가 어떻게 개인의 운명, 세계사, 그리고 세계 경제에 큰 영향을 미치는지를 상세하게 조명한다. 다양한 국가와 지역의 지리적 특성을 통해 그들의 역사적·정치적·경제적 발전과 변화를 설명하며, 지리가 국가들의 정치적 전략과 결정에 어떠한 역할을 하는지를 깊이 있게 분석한다.

세특 예시

'지리의 힘(팀 마샬)'을 통해 지리적 요인이 기술 발전과 사회 구조에 미치

<table>
<tr><td>

지리의 힘

팀 마샬, 김미선 역, 사이(2016)

</td><td>

는 영향을 깊이 이해함. 지리적 특성이 과학의 발전에 어떻게 작용하는지를 날카롭게 분석하는 능력을 보여 줌. 각 장의 내용을 정확히 파악하고 논리적으로 요약하여 발표하고, 독창적인 시각으로 에세이를 작성함. 특히 지리와 과학 발전의 상관관계를 탐구하는 과정에서 비판적 사고와 문제해결 능력을 발휘함.

</td></tr>
</table>

[12영독01-04] ● ● ●

글의 구조를 고려하여 내용의 논리적 관계를 파악한다.

➡ 《평균의 종말》의 저자 토드 로즈는 평균이 모든 사람에게 적용되지 않으며, 사람은 저마다 고유한 재능과 능력을 가지고 있다고 주장한다. 평균은 한 집단의 사람들의 평균적 성능을 나타내는 지표일 뿐이며, 개인의 능력을 평가하는 데는 적합하지 않다는 것이다. 평균에 맞춰 교육을 받으면 개인의 잠재력을 발휘할 수 없고, 평균에 맞춰 비즈니스를 운영하면 경쟁에서 뒤처질 수 있고, 평균에 맞춰 사회를 운영하면 불평등이 심화될 수 있다고 주장하며, 평균의 종말이 교육, 비즈니스, 사회 등 다양한 분야에 영향을 미칠 것이라고 말하고 있다. 《평균의 종말》중 한 챕터를 읽고 글의 논리적 관계를 파악하여 발표해 보자.

관련 학과 자연계열 전체

평균의 종말

토드 로즈, 정미나 역,
21세기북스(2021)

책 소개

원제가 'The End Of Average'인 이 책은 '평균'이라는 개념이 우리 사회, 특히 교육 분야에서 어떻게 잘못된 기준으로 사용되어 왔는지를 중점적으로 지적하며, 평균을 기반으로 한 표준화된 교육 시스템이 개개인의 독특한 능력과 잠재력을 억제하고 있다고 주장한다. 교육과 경력, 일상생활에서의 '평균'에 대한 잘못된 인식을 바로잡고, 각 개인의 독특한 가치와 잠재력을 인정하고 발휘할 수 있는 새로운 접근 방식을 제시한다.

세특 예시

'평균의 종말(토드 로즈)'을 읽고, 과학 분야에서 '평균'이라는 개념이 어떻게 사용되고 있는지 탐구함. 특히 화학 실험에서 얻은 데이터를 분석하고 해석하는 과정에서 평균값이 어떤 의미를 가지는지, 그리고 개별 데이터의 분포와 변동성을 이해하는 것이 왜 중요한지에 대해 탐구를 심화함. 이를 통해 과학적 연구에서 평균값뿐만 아니라 데이터의 다양성을 고려해야 함을 깨닫고, 통계적 분석 방법을 활용하여 실험 결과를 더욱 정확하게 해석하는 능력을 함양함. 또한 '평균' 개념의 한계를 극복하기 위한 새로운 접근 방식을 모색하며 과학적 사고력과 문제해결 능력을 키움.

[12영독01-05] ● ● ●

글의 맥락과 배경지식을 활용하여 함축적 의미를 추론한다.

➡ 명언은 짧은 문장에 깊은 의미를 담고 있으며, 비유적인 표현으로 삶의 지혜를 제공한다. 일례로 "과학에서 중

요한 것은 새로운 사실을 얻는 것보다 그것들을 생각하는 새로운 방법을 발견하는 것이다(The important thing in science is not so much to obtain new facts as to discover new ways of thinking about them)."라는 영국의 물리학자 윌리엄 브래그(William Bragg)의 명언은 과학의 본질을 강조하고 있다. 과학 하는 사람은 새로운 사실을 통해 자연 세계에 대한 새로운 통찰력을 얻어야 한다는 것이다. 이러한 명언을 찾아서 맥락과 배경지식을 활용하여 설명해 보자.

관련 학과 자연계열 전체

《나를 살리는 인생 영어 명언 100》, 필미필미TV, 넥서스(2022)

[12영독01-06] ● ● ●

글의 전개 방식이나 구조를 파악한다.

➡ 대기 오염과 온실가스 배출을 줄이는 데 기여할 수 있는 친환경 발전은 화석 연료를 사용하지 않고, 자연에서 발생하는 에너지를 이용하여 전기를 생산하는 발전 방식을 말한다. 친환경 발전은 크게 재생에너지와 신에너지로 분류할 수 있다. 재생에너지는 자연에서 무한히 공급되는 에너지를 말하며, 태양광, 풍력, 수력, 지열, 바이오매스 등이 있다. 신에너지는 기존의 에너지원과는 다른 새로운 에너지원으로, 수소 에너지, 핵융합 에너지, 석탄 액화 및 가스화 등이 이에 해당된다. 친환경 발전에 대한 찬성 또는 반대의 영어 글을 읽고 글의 전개 방식을 파악하자.

관련 학과 자연계열 전체

《빌 게이츠, 기후재앙을 피하는 법》, 빌 게이츠, 김민주·이엽 역, 김영사(2021)

[12영독01-07] ● ● ●

다양한 매체로 표현된 정보를 파악한다.

➡ 희귀금속은 컴퓨터, 스마트폰, 태양광 패널, 전기차 등 다양한 첨단 기술에 필수적으로 사용되는 원자재이다. 그러나 희귀금속 채굴이 환경에 심각한 영향을 미친다는 우려가 제기되고 있다. 희귀금속 채굴 과정에서 사용되는 화학물질은 강과 호수 등 수자원을 오염시킬 수 있으며 채굴 과정에서 발생하는 분진과 매연은 대기를 오염시켜 호흡기 질환을 유발할 수 있다. 이 밖에 토양 오염과 생태계 파괴의 우려도 있다. 희귀금속이 환경에 미치는 영향과 관련된 자료를 찾아 이를 요약하여 발표해 보자.

관련 학과 자연계열 전체

《프로메테우스의 금속》, 기욤 피트롱, 양영란 역, 갈라파고스(2021)

[12영독01-08] ● ● ●

다양한 의견과 문화에 대한 공감적 이해와 포용적 태도를 가진다.

➡ 급속한 고령화로 인해 자연과학 분야에서는 노인 돌봄 문제 해결을 위한 로봇 기술이 주목받고 있다. 로봇 교사가 인지훈련을 돕고, 간병 보조 로봇이 병원에서 활용되는데, 생명과학, 로봇공학, 인지심리학 등이 이와 관련되어 있다. 이 기술은 각국의 돌봄 문화에 맞게 설계되고 있으며, 노인의 삶의 질을 향상시키고 돌봄 인력 부족 문제를 해결하는 데 기여한다. 공감적 이해와 포용적 태도를 바탕으로 효도 로봇 기술을 분석하고, 해외 사례를 통해 자연과학 발전이 노인 돌봄에 미치는 영향을 탐구한 뒤 발표해 보자.

관련 학과 자연계열 전체

《미래출현》, 황준원, 파지트(2022)

적절한 읽기 전략을 적용하여 자기주도적으로 읽기 활동에 참여한다.

➡ 생물다양성(Biodiversity)은 생태계의 건강성을 나타내는 중요한 지표로, 종 다양성이 높을수록 생태계가 안정적으로 유지된다. 그러나 인간의 활동, 특히 도시화와 농업 확장으로 인해 생물다양성은 심각하게 위협받고 있다. 생물다양성이 감소하면 생태계가 불안정해지고, 이는 결국 인간에게도 막대한 영향을 미친다. 생물다양성 보존을 위한 국제 협약과 프로젝트, 그리고 그 중요성을 강조하는 다양한 사례가 담긴 영어로 된 자료를 읽고 보고서를 작성해 보자.

관련 학과 자연계열 전체

《진화인류학 강의》, 박한선, 해냄(2024)

단원명 | 작문

|🔎| 다양한 정보, 효과적 표현, 글의 목적, 맥락, 글의 의미 구성, 효과적 정보 전달, 의견 교환, 쓰기 전략, 자기주도적 태도, 작문, 문화의 다양성, 이해, 포용적 태도, 협력적 문제 해결

다양한 주제에 대한 사실적 정보를 글로 설명한다.

➡ 신경망(Neural Networks)은 인공지능의 중요한 기술로, 인간의 뇌에서 영감을 받아 만들어졌다. 이미지 인식, 음성 인식, 자연어 처리 등 다양한 분야에서 활용되고 있으며, 최근에는 자율주행차, 의료 진단, 게임, AI에도 사용된다. 신경망은 입력 데이터를 기반으로 학습하고, 그 데이터를 처리하여 결과를 도출하는 과정을 반복한다. 신경망의 작동 원리와 AI 발전에 기여한 최근 사례, 그리고 사회적, 윤리적 쟁점에 대해 분석한 뒤 이를 영어로 발표해 보자.

관련 학과 자연계열 전체

《김범준의 이것저것의 물리학》, 김범준, 김영사(2023)

자신의 경험이나 계획, 사건을 글로 설명한다.

➡ 기후변화와 수자원 관리는 환경학에서 가장 중요한 주제 중 하나이다. 기후변화로 인한 강우 패턴의 변화, 가뭄, 홍수는 전 세계적으로 수자원 관리에 큰 영향을 미친다. 효율적인 물 관리 시스템, 즉 스마트 관개 시스템, 빗물 재활용, 해수 담수화 기술 등의 발전이 요구된다. 기후변화가 수자원에 미치는 영향과 이를 해결하기 위한 다양한 기술 및 정책을 조사하고 이를 정리하는 글을 영어로 작성해 보자.

관련 학과 자연계열 전체

《첫 번째 기후과학 수업》, 집현네트워크, 위즈덤하우스(2024)

포용적 태도로 자신의 의견이나 감정을 제시한다.

➡ 저탄고지 식단은 탄수화물 섭취를 줄이고 지방 섭취를 늘리는 식단이다. 탄수화물은 우리 몸의 에너지원으로 사용되는 영양소로, 곡류, 과일, 채소, 콩류 등에 많이 들어 있다. 또한 지방은 우리 몸의 필수 영양소로, 세포막을 구성하고 호르몬을 생성하고 체온을 유지하는 데 중요한 역할을 한다. 저탄고지 식단은 체중 감량, 당뇨병, 고혈압, 심장병, 뇌졸중, 암 등의 질환을 예방하는 효과가 있다고 알려져 있어 많은 사람이 실행하고 있다. 이러한 식단법에 대해서 다양한 미디어를 이용하여 원리와 장단점 등을 조사하여 발표해 보자.

관련 학과 자연계열 전체

《최강의 식물식》, 윌 벌서위츠, 정미화 역, 청림Life(2021)

[12영독02-04] • • •

읽은 내용을 재구성하여 요약한다.

➡ 인간은 혀에 있는 미뢰를 통해 맛을 느낀다. 미뢰는 혀 표면에 약 1만 개가 있으며, 각각의 미뢰에는 50~150개의 미각세포가 있고 미각세포는 음식물에 들어 있는 맛을 감지하는 수용체를 가지고 있다. 미각세포는 단맛, 짠맛, 신맛, 쓴맛, 감칠맛의 다섯 가지 맛을 느낄 수 있는데, 음식물이 입 안에 들어오면 미각세포가 음식물에 들어 있는 맛을 감지한 후 감지한 맛을 신경 신호로 변환하여 뇌로 전달하고 뇌는 신경 신호를 해석하여 맛을 인식한다. 맛에 대한 글을 읽고 이를 재구성하여 발표해 보자.

관련 학과 자연계열 전체

미각의 비밀

존 매쿼이드, 이충호 역,
문학동네(2017)

책 소개

이 책의 원제는 'Tasty'로 인간의 미각이 어떻게 진화하면서 우리의 생존과 문화, 그리고 사회에 영향을 미쳤는지에 대해 탐구하고 있다. 저자는 미각의 본질과 그 기능, 그리고 그것이 인간의 생활과 역사에 어떻게 기여하였는지에 대한 깊은 통찰을 제공하며 미각이 어떻게 발달하였고, 그것이 우리의 식습관, 건강, 문화에 어떻게 영향을 미쳤는지를 여러 연구와 사례를 통해 설명한다.

세특 예시

주제 탐구 프로젝트에서 맛을 느끼는 감각 수용체가 입 안의 어떤 부위에 분포되어 단맛, 신맛, 쓴맛, 짠맛, 감칠맛을 느끼는지, 그리고 어떤 성분이 해당 부위를 자극하는지를 영어로 설명함. 또한 '미각의 비밀(존 매쿼이드)'를 읽고 미각의 본질과 그 기능, 그리고 그것이 인간의 생활과 역사에 어떻게 기여하였는지에 대한 서평을 영어로 작성함.

[12영독02-06] • • •

내용이나 형식에 맞게 점검하고 쓰기 윤리를 준수하여 고쳐 쓴다.

➡ 롱테일 법칙은 소수의 인기 있는 상품이나 서비스에 집중하는 대신, 다수의 틈새시장을 공략하는 것이 더 많은 수익을 창출할 수 있다는 법칙이다. 생명과학 분야에서 롱테일 법칙이 적용되는 대표적인 예는 희귀종 보호이다. 희귀종은 개체 수가 적어 보호가 필요한 종인데, 그간 생태계 보전 정책은 소수의 인기 있는 종에 집중하는 경우가 많았다. 롱테일 법칙을 적용하여 희귀종 보호에 집중한다면, 생태계의 다양성과 안정성을 높이는 데 도움이 될 수 있다. 생명과학 분야에서 롱테일 법칙과 관련된 사례를 조사하여 출처를 명시하면서 글을 작성해 보자.

자연계열 전체
《**비즈니스 모델의 탄생**》, 알렉산더 오스터왈더·예스 피그누어, 유효상 역, 비즈니스북스(2021)

[12영독02-07] • • •

다양한 매체를 활용하여 형식 및 목적에 맞게 정보를 전달한다.

➡ 해양생태계 보호는 해양오염과 남획 등으로 위협받고 있는 해양생태계를 보전하고, 지속가능한 해양 자원 관리를 추구하는 활동이다. 플라스틱 오염, 산호초 파괴, 어업 자원의 감소 등 다양한 문제가 해양생태계를 위협하고 있으며, 이를 해결하기 위한 국제적 노력이 진행 중이다. 해양생태계 보호를 위한 주요 정책과 기술적 접근 방안을 공공데이터 사이트 등을 활용하여 조사한 뒤 발표해 보자.

자연계열 전체
《**빅 데이터 시대, 올바른 인사이트를 위한 통계 101×데이터 분석**》, 아베 마사토, 안동현 역, 프리렉(2022)

[12영독02-08] • • •

적절한 쓰기 전략을 적용하여 자기주도적으로 쓰기 활동에 참여한다.

➡ 학교에는 다양한 건축물이 있고 교육에 중요한 역할을 담당하고 있기에, 학교 건축물을 설계할 때는 안전하고 쾌적한 환경을 제공하는 것이 매우 중요하다. 건축학적 관점에서, 학교 건물은 단순한 학습 공간을 넘어 기능성과 환경적 요소까지 고려한 설계가 필요하다. 학생들의 다양한 요구를 반영하고, 지속가능한 미래 사회에 적합한 교육 환경을 조성하는 것이 학교 건축물 설계의 핵심이다. 또한 에너지 효율, 자연 채광, 친환경 소재 사용 등 환경적 요소를 고려하여, 현대적이고 지속가능한 공간을 제공할 수 있어야 한다. 학교 건물을 안전성, 쾌적성, 기능성, 환경성이라는 기준으로 평가하고, 그 결과를 바탕으로 개선 방안을 제시하는 글을 작성해 보자.

건축학과, 생명과학과, 원예학과, 조경학과, 지구환경과학과, 환경학과
《**미래학교**》, EBS 미래학교 제작진, 그린하우스(2019)

선택 과목	수능		절대평가	상대평가
진로 선택	X	직무 영어	5단계	5등급

국어 교과군

영어 교과군

수학 교과군

도덕 교과군

수학 교과군

과학 교과군

| 🔍 | 직무 의사소통, 목적, 맥락, 의미 구성, 의미 전달, 의사소통 전략, 배경지식, 직무 의사소통, 진로, 문화의 다양성, 포용적 태도, 협력적 의사소통, 리튬 채굴 과정, 환경적 영향, 지속가능성 |

[12직영01-01]

진로 및 직무 관련 주제에 관하여 주요 내용을 파악한다.

➡️ 로봇은 물리학, 화학, 생명과학 등 다양한 자연과학 분야와 밀접하게 연관되어 있다. 우선 물리학은 로봇의 설계와 제어에서 중추적 역할을 한다. 로봇의 구조적 설계와 운동역학에 물리학적 원리가 적용되어, 로봇이 복잡한 환경에서도 안정적으로 동작할 수 있게 한다. 화학은 로봇의 에너지 저장 기술과 재료과학에서 중요한 역할을 하며, 생명과학은 의료용 로봇 분야에서 인체와의 상호 작용과 재활 치료에 응용되고 있다. 자신의 관심 분야와 로봇의 연관성을 찾아 조사하고 영어로 발표해 보자.

`관련 학과` 자연계열 전체

《생성형 AI야, 내 미래 직업은 뭘까?》, 김원배·한세희, 동아엠앤비(2024)

[12직영01-02]

직무 수행과 관련된 말이나 대화를 듣고 상황 및 화자 간의 관계를 파악한다.

➡️ 기후변화(Climate Change)는 인간의 활동에 의해 지구의 기후가 장기적으로 변하는 현상으로, 지구온난화, 극단적 기상 현상, 해수면 상승 등 다양한 문제를 초래하고 있다. 기후변화는 전 세계적으로 심각한 문제로 대두되고 있으며, 이를 해결하기 위한 국제적 노력과 기술적 접근이 필요하다. 평등한 교육 기회를 제공하기 위한 취지로 미국에서 설립된 온라인 교육 플랫폼 코세라(www.coursera.org) 등에서 기후변화에 대한 온라인 강좌를 수강하고 배운 내용을 발표해 보자.

`관련 학과` 물리학과, 생명과학과, 지구환경과학과, 통계학과, 화학과, 환경학과

《코세라》, 박병기, 거꾸로미디어(2021)

[12직영01-03]

진로 탐색 및 직무 수행과 관련된 일이나 사건의 절차나 순서를 파악한다.

➡️ 유전자 편집 기술(Genetic Editing)은 DNA를 수정해 생물체의 특정 특성을 조절하는 기술로, 크리스퍼와 같은 혁신적 기술이 등장하며 크게 발전했다. 이 기술은 자연과학 분야와 깊은 연관이 있다. 유전학, 분자생물학, 생화학 등 자연과학의 기초 연구가 유전자 편집 기술을 뒷받침하며, 이를 통해 생명체의 유전자 구조와 기능을 보다 정밀하게 이해하고 조작할 수 있게 되었다. 자연과학적 지식은 질병 치료, 품종 개량, 생명공학 연구 등 다양한 분야에서 유전자 편집 기술이 실질적으로 응용될 수 있는 바탕이 되었다. 커리어원스톱(www.careeronestop.

org) 등을 통해 유전자 편집 기술 분야에서의 직업을 조사하고, 미국에서 해당 직업을 얻기 위해 필요한 조건들을 파악하여 발표해 보자.

(관련 학과) 자연계열 전체

《일자리 혁명 2030》, 박영숙·제롬 글렌, 비즈니스북스(2017)

[12직영01-04] • • •

직무 수행과 관련된 정보에 대해 적절한 의사소통 전략을 적용하여 묻고 답한다.

➡ 두문자어(acronym)는 의사소통을 더 효율적으로 만들고, 정보를 간결하게 전달하며, 전문성을 드러내는 데 기여함으로써 사용이 점점 늘어나고 있다. 해당 분야를 공부하거나 관심이 있는 사람들은 복잡한 개념이나 정보를 간단하게 표현하는 데 두문자어를 효과적으로 활용할 수 있으며, 이를 통해 의사소통의 효율성을 높일 수 있다. 물리학에서의 대표적인 두문자어는 QM: 양자역학(Quantum Mechanics), EM: 전자기학(Electromagnetism), GR: 일반 상대성 이론(General Relativity), SR: 특수 상대성 이론(Special Relativity), PL: 입자물리학(Particle Physics), NR: 비상대성 이론(Non-Relativistic) 등이 있다. 자신이 관심 갖고 있는 분야에서의 두문자어를 조사하고 이를 발표해 보자.

(관련 학과) 자연계열 전체

《그림과 함께 걸어 다니는 어원 사전》, 마크 포사이스, 홍한결 역, 월북(2023)

[12직영01-05] • • •

직무 수행과 관련된 사실적 정보를 다양한 매체를 활용하여 재구성하여 전달한다.

➡ 리튬 공급 과정에서 발생할 수 있는 환경적 영향을 깊이 있게 분석하고, 이를 최소화하는 대응 전략에 관해서 탐구해 보자. 관련 글 'The Environmental Impact of Lithium Batteries'를 읽고, 기업과 정부의 사회적 책임 및 기술적·정책적·사회적 대응 방안을 종합적으로 탐색해 보자. 이를 통해 리튬 공급 체인의 지속가능성을 향상시킬 수 있는지에 대해 토의한 뒤, 탐구한 내용을 토대로 짧은 영상, 인포그래픽, 발표 자료 등을 제작하여 발표해 보자.

(관련 학과) 자연계열 전체

《전고체 전지 입문》, 카나무라 키요시, 정순기·한원철 역, 성인당(2021)

[12직영01-06] • • •

진로 탐색 및 직무 수행 상황이나 목적에 맞는 서식의 글을 작성한다.

➡ 디자이너 에이미 포니(Amy Powney)의 TED 영상 강의 'How to fix fashion and protect the planet'을 시청하고, 지속가능한 패션 제품의 생산 과정에서 발생하는 탄소 발자국을 분석하여 특정 소재나 제조 방식이 환경에 더 적은 부담을 주는지, 아니면 예상과 달리 더 높은 환경적 비용을 발생시키는지를 심도 있게 조사해 보자. 다양한 소재와 제조 방식에 따른 차이점을 비교·분석한 뒤 더 효과적인 지속가능한 패션 전략을 제안하는 발표 자료를 작성해 보자.

(관련 학과) 농생물학과, 대기과학과, 동물자원과학과, 미생물학과, 신림학과, 생명과학과, 생물학과, 수산생명의학과, 의류학과, 지구환경과학과, 축산학과, 환경학과

국어 교과군

영어 교과군

수학 교과군

도덕 교과군

사회 교과군

과학 교과군

지구를 살리는 옷장
박진영·신하나, 창비(2022)

책 소개

이 책은 패션 산업이 환경에 미치는 영향과 그로 인해 발생하는 문제들에 대해 심도 있게 다루고 있다. 패션 산업으로 인해 발생하는 환경오염, 노동 착취, 동물 학대 등의 문제를 인식한 저자들은 이를 최소화하는 비건 패션 브랜드를 론칭했다. 이 책에는 이러한 그들의 여정과 함께 패션 산업의 문제점, 동물성 소재 사용에 대한 고민, 지속가능한 패션을 위한 실천 방법 등이 담겨 있다. 또한 비거니즘이 단순히 음식에 국한되는 것이 아니라 생활 전반에 걸쳐 실천하는 철학임을 강조하며, 독자들이 쉽게 따라 할 수 있는 지속가능한 패션 가이드를 제공한다.

세특 예시

디자이너 에이미 포니의 온라인 강연 '패션을 바꾸고, 지구를 구하는 방법'을 듣고, 지속가능한 패션 산업에 대한 새로운 시각에 궁금증이 생겨 탐구활동을 시작함. 패션 제품의 생산 과정에서 발생하는 탄소 발자국을 분석해 본 결과, 특정 소재와 제조 방식이 환경에 더 적은 부담을 준다는 것을 확인함. 천연 섬유를 사용하고 수공예로 제작된 제품은 제작 과정에서 더 적은 탄소를 배출하므로 탄소 발자국을 줄일 수 있지만, 천연 섬유 재배 과정에서 농약과 비료를 사용하게 되면 환경에 부정적인 영향을 미칠 수 있고 수공예품의 경우 제조 과정이 비효율적일 수 있어 전체 에너지 사용량이 증가할 수 있다는 측면에서 항상 더 낮은 환경적 비용을 발생시키는 것은 아님을 분석하여 보고서로 작성함. 연계 독서로 '지구를 살리는 옷장(박진영·신하나)'을 읽고 지속가능한 패션은 소재 선택과 제조 방식뿐만 아니라 그 과정에서의 에너지 사용량과 배출량 등을 모두 고려해야 한다는 사실을 재확인함. 책에서 제시한 지속가능한 패션 실천 방안 중 당장 해 볼 수 있는 내용을 구체적으로 계획하여 함께 발표하는 적극적인 모습을 보임.

[12직영01-07] •••

직무와 관련된 문화의 다양성에 대해 공감하며 협력적으로 소통하는 태도를 가진다.

인공지능 기술의 발전은 많은 직업을 자동화하면서 노동 시장에 큰 변화를 가져오고 있다. 관련 글 'Part-Time Employees Want More Hours. Can Companies Tap This 'Hidden' Talent Pool?'을 읽고, 인공지능이 여성 고용에 어떤 영향을 미치는지에 대해 탐구해 보자. 특히 여성의 역량, 다양성이 조직에 미치는 영향, 그리고 사회적 가치 등을 고려하여 '여성 인력 활성화의 필요성'에 대해 의견을 발표해 보자.

관련 학과 자연계열 전체

《미래 유망 일자리 전망》, 김영기 외 19명, 브레인플랫폼(2023)

[12직영01-08] •••

직무 의사소통과 관련하여 개인의 권리와 정보 보안에 대한 책무성을 인식한다.

➡ 디지털 기술은 개인 데이터 보호에 중요한 역할을 한다. 특히 암호화, 해킹 방어 등의 기술적 방법은 개인 데이터의 보호를 위한 중요한 도구이다. 하지만 이러한 기술도 빠르게 발전하는 디지털 환경에서는 새로운 도전을 마주하고 있다. 관련 글 'The New Rules of Data Privacy'를 읽고, 암호화, 해킹 방어 등의 기술적 방법이 어떤 어려움에 직면하고 있는지, 그리고 이를 어떻게 개선할 수 있는지에 대해 탐구해 보자. 특히 신뢰할 수 있는 암호화, 해킹 방어 기술의 발전이 개인 데이터 보호에 어떻게 이바지하는지를 탐구해 보고, 개인 데이터 보호를 위한 새로운 기술적 대응 방안도 찾아 발표해 보자.

관련 학과 자연계열 전체

《데이터 프라이버시》, 니혼게이자이신문 데이터경제취재반, 전선영 역, 머스트리드북(2020)

국어 교과군

영어 교과군

수학 교과군

도덕 교과군

사회 교과군

과학 교과군

선택 과목	수능	영어 발표와 토론	절대평가	상대평가
진로 선택	X		5단계	5등급

단원명 | 발표

> 🔍 발표 목적, 적절한 표현의 사용, 다양한 매체 활용, 명확한 전달, 의사소통 능력, 발표 전략, 배경지식, 논리적 구성, 비판적 사고력, 청중의 언어, 문화적 다양성, 상호 협력적 소통

[12영발01-01] ● ● ●

발표의 목적과 맥락에 맞게 정보를 수집하고 발표 개요를 준비한다.

➡ 감칠맛은 단맛, 신맛, 짠맛, 쓴맛과 더불어 다섯 가지 기본 맛 중의 하나이다. 음식에 감칠맛을 내는 글루탐산나트륨, 이노신산염 등의 아미노산염이나 핵산염이 혀의 미각 수용체와 결합하여 느끼는 맛인데, 음식을 더 맛있다고 느끼게 하고, 식욕을 돋우는 역할을 하며 음식의 풍미를 더할 뿐 아니라 음식 맛을 조화롭게 하는 역할을 수행한다. MSG는 글루탐산나트륨의 일종으로, 감칠맛을 내는 대표적인 첨가물이다. MSG의 개념, 장점과 단점 등을 발표해 보자.

관련 학과 자연계열 전체

《재미있는 식품공학의 세계》, 박양균 외 13명, 수학사(2023)

[12영발01-02] ● ● ●

자신이 경험한 일화나 듣거나 읽은 이야기를 이야기 구조에 맞게 소개한다.

➡ 로버트 오펜하이머(Robert Oppenheimer)는 20세기 미국의 이론물리학자로, 원자 폭탄 개발에 중요한 역할을 한 사람으로 잘 알려져 있다. 오펜하이머는 맨해튼 계획을 통해 세계 최초의 원자 폭탄을 개발하는 데 성공했다. 그러나 그는 원자폭탄의 사용에 대해 깊은 회의감을 느꼈으며, 전쟁이 끝난 후에는 핵무기의 확산을 막기 위해 노력하였고 1950년에는 수소 폭탄 개발에 반대하는 발언을 하여 공직에서 물러났다. 오펜하이머의 생애 또는 관련된 일화를 조사하여 이야기 구조에 맞게 영어로 소개해 보자.

관련 학과 자연계열 전체

《아메리칸 프로메테우스》, 카이 버드·마틴 셔윈, 최형섭 역, 사이언스북스(2023)

[12영발01-03] ● ● ●

사물, 개념, 방법, 절차, 통계 자료 등에 대한 사실적 정보를 설명한다.

➡ 화학 분야에서 인공지능(AI)은 신약 개발, 재료 과학 등의 영역에서 연구 효율성을 크게 향상시키고 있다. AI는 수백만 개의 화합물을 분석하여 최적의 분자를 빠르게 찾아내는 능력이 있으며, 이를 통해 연구 시간 단축과 비용 절감을 이끌어 내고 있다. 하지만 AI의 발전은 화학 연구자들의 역할을 축소시키고, 인공지능 자동화로 화학

산업에서 일자리가 줄어드는 결과를 낳을 수 있다. AI의 발전이 화학 연구와 산업에 미치는 영향을 영어 자료를 통해 분석하고 발표해 보자.

관련 학과) 자연계열 전체

《80억 인류, 가보지 않은 미래》, 제니퍼 D. 스쿠바, 김병순 역, 흐름출판(2023)

[12영발01-04]

사실, 가치, 정책 등에 대한 자신의 관점을 설득력 있게 전달한다.

●●●

→ 생명과학의 관점에서 우생학은 인류의 유전적 특성을 개선한다는 명목으로 유전학과 의학을 왜곡시킨 학문이다. 유전자 연구 초기 단계에 등장한 우생학은 유전병의 원인을 밝히는 데 기여했으나, 과학적 근거를 오용하여 인간의 유전적 다양성과 인권을 심각하게 침해했다. 특히 유전적 결함이라는 이유로 소수자의 인권을 침해한 사례는 윤리적 문제를 야기했다. 생명과학적 데이터와 연구를 통해 우생학의 비과학적 요소를 분석하고, 이를 바탕으로 우생학의 부당성을 설득하는 글을 영어로 작성해 보자.

관련 학과) 자연계열 전체

《장애와 유전자 정치》, 앤 커·톰 셰익스피어, 김도현, 역, 그린비(2021)

[12영발01-05]

다양한 매체를 활용하여 정보 윤리를 준수하며 발표한다.

●●●

→ 집은 거주자에게 생활을 위한 공간을 제공함과 동시에 외부 환경으로부터 보호하는 역할을 하는 건축물이다. 또한 소속감과 정체성을 주는 공간으로, 거주자는 집을 자신의 공간으로 인식하고 삶의 일부로 받아들인다. 과거에 집이 단순히 거주와 보호의 기능만을 했다면, 현대에는 개인의 취향과 개성을 표현하는 공간으로 변화하고 있다. 건축물인 집의 기능과 의미에 대해 다양한 매체를 활용하여 출처를 명시하며 발표해 보자.

관련 학과) 자연계열 전체

《건축탐구 집》, 노은주·임형남, EBS BOOKS(2021)

[12영발01-06]

문화 간 다양한 언어적·비언어적 의사소통 방식을 이해하고 적용한다.

●●●

→ 일본 정부는 후쿠시마 제1원자력 발전소에서 발생한 오염수를 해양 방류하기 시작했다. 이는 2011년 후쿠시마 원전 사고 이후 일본 정부가 오염수 처리에 대한 장기적 해결책을 찾지 못해 결정한 조치다. 오염수는 방사능 물질을 포함하고 있어 해양생태계에 영향을 미칠 수 있다는 우려가 있다. 일본 정부는 오염수를 희석하고 방사능 농도를 낮추기 위해 다양한 조치를 취하고 있다고 주장하지만, 국제 사회는 이러한 조치가 충분하지 않다며 우려를 표하고 있다. 자신의 전공과 연결하여 영어 기사를 찾아 그 타당성을 조사하고 발표하자.

관련 학과) 자연계열 전체

《2050 거주불능 지구》, 데이비드 월러스 웰즈, 김재경 역, 추수밭(2020)

[12영발01-07]

적절한 발표 기법 및 의사소통 전략을 적용한다.

●●●

→ 생성형 인공지능(Generative AI)은 자연과학에서 혁신적인 역할을 할 가능성이 높다. 생명과학에서는 유전자 변

이 예측이나 신약 개발에 활용되어 연구 속도를 높이고, 지구과학에서는 기후변화 예측과 자연재해 방지에 기여할 수 있다. 관심 있는 자연과학 분야에서 생성형 AI가 어떻게 발전하고, 미래에 어떤 영향을 미칠지 조사하여 영어로 발표해 보자.

관련 학과 자연계열 전체

《**AI 지도책**》, 케이트 크로퍼드, 노승영 역, 소소의책(2022)

[12영발01-08] ● ● ●

발표 과정 및 결과에 대해서 평가하고 비판적으로 성찰한다.

➡ 미니멀리즘 건축은 단순함과 기능성을 강조하는 설계 철학으로, 불필요한 장식 없이 공간의 효율성과 조화를 이루는 방식으로 발전해 왔다. 건축학적 관점에서 미니멀리즘은 자연광 활용, 공간의 흐름을 중시하며, 간결한 형태로 심리적 안정감과 편안함을 제공하는 데 중점을 둔다. 현대 사회의 복잡한 환경에 대응해 단순한 삶을 반영하는 미니멀리즘이 현대 건축에 어떻게 적용되는지 분석하고, 영어로 글을 작성해 보자.

관련 학과 건축학과, 원예학과, 조경학과, 지구환경과학과, 환경학과

《**단순한 열망**》, 카일 차이카, 박성혜 역, 필로우(2023)

단원명 | 토론

> |🔍| 식물 기반 고기 대체 식품, 도전 과제, 슈링크플레이션, 자원 소비 전략, 지속가능한 도시, 생물다양성, 환경 파괴, 지속가능한 발전, 데이터 센터, 정보 윤리, 언어적 신호, 비언어적 신호, 의사소통 방식, 빅데이터, 프라이버시 보호 전략, 럭셔리 브랜드, 환경 보호

[12영발02-01] ● ● ●

토론의 목적과 맥락에 맞게 정보를 수집하고 토론 개요를 준비한다.

➡ 기후변화 대응과 환경 보호의 필요성이 커지면서 식물 기반 고기 대체 식품이 주목받고 있다. 식물 기반 고기 대체 식품의 잠재력과 현재 기술, 그리고 이러한 대체 식품이 환경과 건강에 미치는 영향을 분석해 보자. 또한 이러한 식품의 대중화와 확산을 방해하는 주요 도전 과제를 탐구하고, 이를 극복하기 위한 전략을 제안해 보자.

관련 학과 자연계열 전체

《**미래식품을 경영하다**》, 조은희, 두드림미디어(2024)

[12영발02-02] ● ● ●

학술 자료, 통계, 사례 등 주장에 대한 근거를 설명한다.

➡ 슈링크플레이션은 제품의 가격은 유지되거나 상승하는 반면, 제품의 크기나 양은 점차 줄어드는 현상을 말한다. 이는 생산과 소비 과정의 자원 사용에도 영향을 미친다. 슈링크플레이션 현상이 지구 환경에 어떤 영향을 미치는지 과학적으로 분석하고, 이를 바탕으로 슈링크플레이션의 환경적 영향을 최소화하는 전략을 제시해 보자. 실제 사례를 들어 이 현상이 환경에 미친 변화를 설명하고, 이를 근거로 자원 소비를 줄이는 전략을 제안해 보자. 관련 기사 'The Impact of Packaging on the Environment: Is Plastic the Only Demon?'을 찾아 읽

고 슈링크플레이션의 문제를 인식한 뒤, 이를 해결하기 위한 실질적 방안을 제시하는 보고서를 작성해 보자.

관련 학과 농생물학과, 대기과학과, 동물자원과학과, 산림학과, 생물학과, 지구환경과학과, 통계학과, 해양학과, 환경학과

ESG를 생각하는 소비와 소비자

서여주, 백산출판사(2024)

책 소개

최근 크게 주목받고 있는 ESG에 대해 깊이 있게 다루고 있는 책이다. 저자는 기업의 ESG 활동이 소비자의 소비 의사 결정에 어떻게 영향을 미치는지를 중점적으로 살펴본다. 코로나로 변화된 '삶의 문법'에 맞춰 '기업의 삶의 문법' 또한 달라져야 함을 강조하며, 기업이 ESG를 통해 어떻게 소비자와의 신뢰를 구축하고, 사회적 책임을 다할지에 대해 설명한다. 또한 소비자의 시선에서 어떻게 ESG를 바라봐야 할지를 알려 준다.

세특 예시

영문 기사 '환경에 영향을 미치는 포장: 플라스틱만이 유일한 악마인가?'를 읽고 슈링크플레이션에 관심이 생겨 탐구활동을 진행함. 슈링크플레이션 현상은 생산과 소비 과정에서의 자원 사용에 영향을 주는데, 이는 지구환경에 대한 영향으로도 이어진다는 것을 강조함. 제품의 크기가 줄어들어 포장 소재를 적게 쓰는 효과를 가져올 수 있지만, 제품의 생산량이 증가할 경우 더 많은 소비재를 생산하고 포장해야 하므로, 전체적으로 자원 소비와 환경오염이 실제로 줄어드는지에 대한 분석이 필요하다고 판단하고 실제 사례를 조사함. 그 결과 슈링크플레이션 현상이 발생한 제품 중에는 포장 소재를 덜 사용했지만 판매량이 늘어남에 따라 총 포장 소재 사용량은 오히려 증가한 경우도 있었기 때문에, 슈링크플레이션이 실제로는 더 많은 자원을 소비하고 환경오염을 가중시킬 수 있다는 결론을 도출함. 연계 독서로 'ESG를 생각하는 소비와 소비자(서여주)'를 읽고 기업은 제품 생산과 포장 과정에서 자원의 소비를 줄이는 방법뿐 아니라 재활용 가능한 소재의 사용, 에너지 효율성 향상, 폐기물 관리에 대한 전반적인 전략을 세워 환경에 미치는 영향을 최소화해야 한다는 의견에 적극적으로 공감함. 슈링크플레이션과 지속가능한 경영 원칙을 잘 결합하여 실천 방안을 카드뉴스로 제작하고 공유하여 학급 친구들의 호평을 받음.

[12영발02-03]   ● ● ●

토론 논제에 대한 자신의 관점을 설득력 있게 전달한다.

➡ 도시 공간에 녹색 공간, 도시 정원, 수직 숲 등을 통합하는 지속가능한 도시 계획이 도시 생태계의 생물다양성에 얼마나 큰 영향을 미치는지 알아보자. 관련 기사 'Building a Sustainable Future: Innovations in Green Architecture'를 찾아 읽고, 특히 여러 도시에서 구현된 지속가능한 도시 계획의 사례들을 분석하여, 그것이 생물다양성에 어떤 긍정적인 변화를 가져올 수 있는지를 분석하고 탐구해 보자.

관련 학과 건축학과, 농생물학과, 동물자원학과, 미생물학과, 산림학과, 생명과학과, 수산생명의학과, 식물자원학과, 조경학과, 지구환경과학과, 해양학과

《바이오필릭 시티》, 티모시 비틀리, 최용호·조철민 역, 차밍시티(2020)

[12영발02-04]

상대방 주장의 논리를 분석하여 반대 심문하며 토론한다.

➡ 2022년 카타르에서 개최된 FIFA 월드컵은 대회의 준비 과정에서 환경 문제가 제기되었다. 새로운 도로와 교통 시스템 구축, 수많은 스타디움 건설로 인해 일어난 환경 파괴와 생태계 변화는 카타르의 지속가능한 발전과 상충하는 문제로 지적되어 왔다. 관련 글 'Qatar 2022: The Environmental Cost of the FIFA World Cup'을 찾아 읽고, '월드컵 준비 과정에서의 환경 파괴는 필요한 희생이다'라는 주장의 논리를 분석하고, 이를 반박하는 논리를 세우는 입론서를 작성해 보자.

　관련 학과　농생물학과, 대기과학과, 동물자원학과, 미생물학과, 분자생물학과, 산림학과, 생명과학과, 생물학과, 수산생명의학과, 식물자원학과, 지구환경과학과, 축산학과, 해양학과, 환경학과

《'좋아요'는 어떻게 지구를 파괴하는가》, 기욤 피트롱, 양영란 역, 갈라파고스(2023)

[12영발02-05]

다양한 매체를 활용하여 정보 윤리를 준수하며 토론한다.

➡ 디지털 광고 시장이 폭발적으로 성장하면서, 이를 지원하기 위한 데이터 센터의 에너지 소비량도 끊임없이 증가하고 있다. 이러한 상황은 환경에 큰 부담을 주기에, 지속가능한 미래를 위한 대책이 절실하게 요구되고 있다. 메타와 구글의 데이터 센터의 에너지 소비를 분석하고, 그로 인해 발생하는 환경적 부담에 대해 탐구해 보자. 또한 이들 기업이 어떤 방법으로 환경적 영향을 줄이려고 노력하는지를 분석하여 발표해 보자. 또한 데이터 센터의 운영과 관련된 정보를 수집·분석하고 토론하는 과정에서 정보 윤리를 어떻게 준수할 수 있는지에 대해서도 의견을 나눠 보자.

　관련 학과　농생물학과, 동물자원과학과, 미생물학과, 생명과학과, 생물학과, 원예학과, 조경학과, 환경학과

《데이터 센터 인사이드+아웃》, 조진균·임승범, 문운당(2023)

[12영발02-06]

문화 간 다양한 언어적·비언어적 의사소통 방식을 이해하고 적용한다.

➡ 글로벌 사회에서는 서로 다른 문화나 언어를 가진 사람들 간에 효과적인 의사소통이 중요한 이슈가 되고 있다. 의사소통은 언어적 신호, 즉 말로 된 단어를 이용하거나 비언어적 신호, 즉 몸짓이나 표정 등을 통해 이루어진다. 관련 기사 'The Accents of Our Bodies: Proxemics as Communication'을 찾아 읽고, 언어적 신호와 비언어적 신호의 특징과 그 차이를 이해한 뒤, 이러한 신호가 인간의 뇌 활동과 인지 과정에 어떤 영향을 미치는지에 대해 탐구해 보자.

　관련 학과　생명과학과, 생물학과

《비언어 커뮤니케이션》, 마크 냅 외 2명, 최양호·김영기 역, 커뮤니케이션북스(2017)

[12영발02-07]

적절한 토론 기법 및 의사소통 전략을 적용한다.

➡ 디지털화 시대에는 빅데이터, 인공지능, 머신러닝 등 다양한 디지털 기술이 개인정보를 수집하고 처리하는 데 활용되고 있다. 이러한 기술의 발전은 우리의 생활을 편리하게 만들지만, 동시에 개인의 프라이버시 침해 문

제를 야기할 수 있다. 관련 자료 'Privacy and data protection: Increasingly precious asset in digital era says UN expert'를 참고하여, 디지털 기술의 작동 원리와 이들 기술이 개인정보를 어떻게 수집하고 처리하는지 분석해 보자. 이러한 기술이 어떻게 개인의 프라이버시를 침해할 수 있는지, 그리고 이를 어떻게 방지할 수 있는지도 탐구하여 보고서를 작성해 보자.

관련 학과 수학과, 통계학과

《한 권으로 끝내는 국제표준 정보보안+사이버보안+개인정보보호》, 박억남·권재욱, 위즈플래닛(2023)

[12영발02-08]　　　　　● ● ●

토론 과정 및 결과에 대해서 평가하고 비판적으로 성찰한다.

➡️ 최근에는 기후변화 및 환경 보호에 대한 공감대가 높아지면서, 브랜드들도 이에 맞춰 환경 친화적인 이미지를 강화하고 있다. 이는 럭셔리 브랜드도 마찬가지로, 제품 제조 과정이나 패키징에 환경 친화적인 요소를 도입하고 있다. 환경 친화적인 럭셔리 브랜드의 브랜드 가치가 소비자의 구매 의사결정 과정에 어떻게 작용하는지를 분석해 보자. 관련 글 'How Luxury Fashion Brands Are Changing The Reputation Of The Industry Through Eco-Friendly Practices'를 읽고, 환경 친화적인 럭셔리 브랜드가 환경 보호에 어떤 기여를 할 수 있는지 자신의 의견을 공유해 보자.

관련 학과 농생물학과, 대기과학과, 동물자원과학과, 산림학과, 생명과학과, 생물학과, 수산생명의학과, 수학과, 식물자원학과, 지구환경과학과, 해양학과, 환경학과

《럭셔리 브랜드 인사이트》, 박소현, 다반(2023)

선택 과목	수능		절대평가	상대평가
진로 선택	X		5단계	5등급

심화 영어

단원명 | 이해

> 🔍 인공배아, 생명과학, 생태학적 특성, 심정 및 의도 분석, 미래 전망, 제품 패키지, 소비자 결정, 인류세, 지구환경 상황 분석, 횡재세, 비판적 평가, 문화 다양성, 지속가능성, 기후변화 대응, 목록의 함정, 온실가스

[12심영01-01] •••

다양한 주제나 기초 학문 분야 주제의 말이나 글의 주요 내용을 파악한다.

➜ 최근 이스라엘과 영국에서 공개된 '인공배아' 연구는 생명과학의 새로운 경지를 열었다. 인간의 배아를 난자, 정자, 자궁 없이 줄기세포를 이용해 만들어 낸 것으로, 이는 생명의 시작과 발달에 대한 우리의 이해를 근본적으로 바꿀 수 있는 연구 결과다. 영문 자료 'Structure Matters: Dynamic Models of Complete, Day 14 Human Embryos Grown from Stem Cells in a Weizmann Lab'을 참고하여 이러한 인공배아 연구가 인공배아를 활용한 유전병 발현 과정 연구, 생명체의 발달 과정 이해 등 어떤 분야에 활용될 수 있을지 구체적으로 설계해 보자.

관련 학과 농생물학과, 동물자원학과, 미생물학과, 분자생물학과, 생명과학과, 생물학과

《인간 배아는 누구인가》, 후안 데 디오스 비알 코레아 외, 가톨릭생명윤리연구소 역, 가톨릭대학교출판부(2018)

[12심영01-02] •••

다양한 장르의 말이나 글에서 화자, 필자, 등장인물 등의 심정이나 의도를 추론한다.

➜ 미나리는 한국의 식물로서 물이 많은 환경에서 잘 자라는 생태학적 특성을 가지고 있는데, 이는 농업에 있어 중요한 요소가 될 수 있다. 영화 〈미나리〉는 주인공 가족이 미국 아칸소주의 농지에서 미나리를 재배하는 과정을 보여 준다. 관련 기사 'Minari Depicts Asian Culture and the American Dream'을 읽고, 영화 〈미나리〉에 나타난 미나리 재배에 대한 묘사를 바탕으로 주인공들이 이 식물을 통해 어떤 의도나 심정을 표현하려고 했는지 분석해 보자. 또한 이 식물이 새로운 환경에서 어떻게 성장하는지를 과학적으로 탐구하고, 이를 바탕으로 미국 아칸소주의 농업 환경에 어떻게 적응할 수 있는지를 탐구해 보자.

관련 학과 농생물학과, 동물자원과학과, 미생물학과, 생명과학과, 식물자원학과, 원예학과, 조경학과, 환경학과

《아메리칸 팜스 아메리칸 푸드》, 존 허드슨·크리스토퍼 레인전, 장영진 역, 살림출판사(2020)

[12심영01-03] •••

다양한 장르의 말이나 글을 듣거나 읽고 이어질 내용을 예측한다.

➔ AI 기술이 기업과 경제에 미치는 영향과 인공지능과 인간 간의 상호 작용에 대한 연구를 다루고 있는 영문 기사 'Is Your Job AI Resilient?'에 따르면 AI가 글로벌 경제의 인구 문제에 대한 해결책을 제공하고, 화이트칼라 업무의 진화를 이끌며, 높은 가치의 지적 업무를 강화하는 데 기여할 수 있다고 한다. 대부분의 직업이 일정 정도 AI의 영향을 받을 것이라 예상하는 기사의 내용을 토대로, 자연계열 직업의 미래 전망에 대해 예측해 보고 이에 대한 보고서를 작성해 보자.

관련 학과 자연계열 전체

《세계미래보고서 2023》, 박영숙·제롬 글렌, 비즈니스북스(2022)

[12심영01-04]   •••

말이나 글의 구성 방식을 파악하여 내용의 논리적 관계를 추론한다.

➔ 제품 패키지의 환경정보 표시가 소비자의 구매 결정에 어떤 영향을 미치는지 실험적으로 분석한 뒤, 환경정보 표시의 중요성과 그 효과에 대한 관계를 도출해 보자. 관련 글 'The Rise of Values-driven Consumption Behaviour in Retail'을 참고하여, 환경정보가 표시된 특정 제품군의 판매량이 어떻게 변화하는지를 분석한 뒤 그 원인과 결과에 대해 논리적으로 설명해 보자.

관련 학과 수학과, 지구환경과학과, 통계학과

《ESG를 생각하는 소비와 소비자》, 서여주, 백산출판사(2024)

[12심영01-05]   •••

말이나 글로 표현된 어휘, 어구, 문장의 함축적 의미를 맥락에 맞게 추론한다.

➔ 인류세는 인간의 활동이 지구환경에 미치는 영향을 나타내는 개념이다. 인류세 작업 그룹은 현재 35명의 지질학자로 구성되어 있으며, 2009년부터 인류세를 지구의 공식적인 타임라인으로 만들기 위해 노력해 왔다. 그들은 2023년 인류세의 지질적 영향을 가장 잘 보여 주는 표본지, 즉 국제표준층서구역(GSSP)으로 캐나다 온타리오의 크로퍼드 호수를 선정했다고 발표했다. 관련 기사 'The Anthropocene epoch: have we entered a new phase of planetary history?'를 참고하여 인류세의 개념과 현재의 지구환경 상황, 그리고 앞으로 해결해야 할 문제점에 대해 탐구해 보자.

관련 학과 생물학과, 지구환경과학과, 환경학과

《인류세, 엑소더스》, 가이아 빈스, 김명주 역, 곰출판(2023)

[12심영01-06]   •••

다양한 매체의 말이나 글에 표현된 의견이나 주장을 비판적으로 평가한다.

➔ 에너지 시장에서 큰 이슈로 부상하고 있는 횡재세가 에너지 공급과 수요에 미치는 영향, 그리고 그에 따른 환경적 영향에 대해 탐구해 보자. 관련 글 'Windfall Profit Taxes in Europe, 2023'를 찾아 읽고, 에너지 가격 변동이 횡재세를 촉발하는 과정과 더불어 이것이 에너지 시장 및 환경에 미치는 영향에 대해 탐구해 보자. 여러 매체에서 횡재세와 에너지 가격 변동에 대한 정보를 수집한 뒤 그 결과를 토대로 횡재세가 각국의 에너지 시장 및 환경에 미치는 영향에 대한 자신의 평가를 공유해 보자.

관련 학과 수학과, 지구환경과학과, 통계학과, 환경학과

《환경은 걱정되지만 뭘 해야 할지 모르는 사람들을 위한 과학과 기술》, 한치환, 플루토(2022)

국어 교과군

영어 교과군

수학 교과군

도덕 교과군

사회 교과군

과학 교과군

[12심영01-07]   •••

우리 문화 및 타 문화의 생활양식, 사고방식, 의사소통 방식에 관한 말이나 글을 듣거나 읽고 문화의 다양성에 대한 포용적인 태도를 기른다.

➡ 문화마다 다른 사고방식, 의사소통 방식이 환경 보호와 기후변화 대응에 어떻게 기여할 수 있는지에 대해 탐구해 보자. 관련 기사 'What is Mondiacult? 6 take-aways from the world's biggest cultural policy gathering'을 읽고, 다양한 문화 배경에서 비롯된 지속가능한 생활방식이나 전통 지식이 환경 보호에 어떤 역할을 하는지, 그리고 이것이 기후변화 대응에 어떻게 활용될 수 있는지에 대해 분석해 보자. 이를 통해 문화의 다양성에 대한 포용적인 태도를 기르고, 타 문화를 존중하고 이해하는 사회를 만드는 방안에 대한 보고서를 작성해 보자.

관련 학과 자연계열 전체

《**다문화 현상의 인문학적 탐구**》, 김영순 외 5명, 연두(2022)

[12심영01-08]   •••

적절한 전략을 적용하여 다양한 매체로 표현된 말이나 글을 이해한다.

➡ TED의 영상 강의 'The dark side of competition in AI'에서 과학 커뮤니케이터인 리브 뵈리(Liv Boeree)는 경쟁 때문에 점점 더 빨리 가야 한다는 압박이 커질수록, 안전 테스트와 같은 중요한 것들을 놓치게 된다고 말한다. 플라스틱 오염, 삼림 벌채, 온실가스 배출 등 환경 문제가 어떻게 '몰록의 함정'에 빠진 결과인지를 분석해 보자. 이를 바탕으로 어떻게 이러한 함정을 피하고 지속가능한 환경 보호를 할 수 있을지 전략을 제시하는 보고서를 작성해 보자.

관련 학과 자연계열 전체

《**환경은 걱정되지만 뭘 해야 할지 모르는 사람들을 위한 과학과 기술**》, 한치환, 플루토(2022)

단원명 | 표현

🔍 토론, 적절한 어휘와 표현, 의견 전달, 의사소통 능력, 토론 전략, 논리적 사고, 비판적 사고력, 언어와 문화적 다양성, 존중, 상호 협력적 소통

[12심영02-01]   •••

사실적 정보를 기술하거나 설명한다.

➡ 식물 호르몬은 작물의 성장과 발달을 조절하는 핵심 물질로, 옥신, 지베렐린, 시토키닌, 에틸렌, 앱시스산 등이 있다. 이들은 세포 분열, 신장, 발아와 같은 생리적 과정을 조절하며, 옥신은 뿌리 생장, 지베렐린은 줄기 신장과 씨앗 발아를 촉진한다. 이러한 호르몬은 농업 생산성을 높이는 데 중요한 역할을 하며, 인공적으로 조절된 호르몬을 사용해 작물의 성장과 수확 시기를 제어한다. 최근에는 유전자 편집 기술을 활용해 호르몬 작용을 정밀하게 조절하는 연구가 진행 중이다. 식물 호르몬의 종류와 이를 응용한 농업 기술을 조사하여 영어로 발표해 보자.

관련 학과 농생물학과, 분자생물학과, 생명과학과, 식물자원학과, 원예학과, 화학과, 환경학과

《**수목생리학**》, 이경준, 서울대학교출판문화원(2021)

다양한 장르의 글을 읽고 자신의 감상이나 느낌을 표현한다.

➡️ 다중 우주 이론은 현재 우리가 살고 있는 우주 외에도 무수히 많은 다른 우주들이 존재할 수 있다는 것이다. 이 이론은 양자역학과 상대성 이론을 바탕으로 발전하고 있으며, 각각의 우주는 다른 물리적 법칙이나 초기 조건을 가질 수 있다고 가정한다. 다중 우주 이론은 과학적으로 증명하기 어렵지만, 우주론과 철학에서 중요한 논쟁을 불러일으키고 있다. 양자역학의 여러 해석 중 하나인 다중 세계 해석과 함께 다중 우주 이론의 주요 개념을 조사한 뒤 자신의 느낌을 영어로 발표해 보자.

관련 학과 물리학과, 지구환경과학과, 천문우주학과, 통계학과, 화학과

《무한한 가능성의 우주들》, 로라 머시니-호턴, 박초월 역, 동녘사이언스(2024)

상대방의 의사소통 방식을 고려하여 의견을 조정하며 토의한다.

➡️ 백신과 면역에 대한 논란은 광범위하며 시간에 따라 변화하고 있다. 일부 사람들은 부작용을 우려해 백신 접종을 반대하는데, 특히 새로운 백신이 개발되었을 때 빠른 승인 과정이나 임상 시험의 단계가 논란거리가 된다. 또한 백신 접종 의무화와 관련해 개인의 자유와 공공의 건강 사이의 균형에 대해 논란이 발생하기도 한다. 그리고 자연 면역이 백신 면역보다 우월하다고 주장하는 단체도 있다. 백신, 면역과 관련해 논란이 되는 사례를 조사한 뒤 반대하는 입장의 사람들을 설득하는 글을 영어로 작성해 보자.

관련 학과 자연계열 전체

《분자 조각가들》, 백승만, 해나무(2023)

듣거나 읽은 내용을 자신의 말이나 글로 요약한다.

➡️ 패스트 패션은 저렴한 가격과 빠른 생산 주기로 전 세계적으로 인기를 끌고 있다. 하지만 그 이면에는 심각한 환경 문제가 존재한다. 패스트 패션 브랜드들은 대량 생산과 빠른 소비를 촉진하는 구조 속에서 값싼 재료를 사용하고, 그로 인해 대량의 폐의류가 발생한다. 또한 생산 과정에서 사용되는 화학물질은 수질과 대기를 오염시키며, 노동력 착취 문제도 야기한다. 패스트 패션이 환경에 미치는 영향을 조사하고, 이를 해결하기 위한 지속가능한 패션 모델과 소비자의 역할을 자신의 말로 정리하여 발표해 보자.

관련 학과 생명과학과, 의류학과, 통계학과, 화학과, 환경학과

《옷을 사지 않기로 했습니다》, 이소연, 돌고래(2023)

말이나 글의 내용을 비교·대조한다.

➡️ 생명의 기원은 과학, 철학, 종교 등 다양한 분야에서 오랜 시간 동안 논의되어 왔다. 대표적인 이론으로 초기 지구의 화학적 환경에서 무기 화합물이 유기 화합물로 전환되었고, 이것이 복잡한 생명체로 발전했다는 원시 스프(primordial soup) 이론, 생명의 기원이 바다 밑의 열수 분출구에서 시작되었다는 심해 열수구(hydrothermal vent) 이론, 생명의 기본 성분이 지구 밖에서 왔을 수 있다는 범종설(panspermia) 등이 있다. 이와 같이 과학에서 대립

되는 주장에 대한 글을 읽고 비교하여 발표해 보자.

관련 학과 자연계열 전체

《생명이란 무엇인가》, 린 마굴리스·도리언 세이건, 김영 역, 리수(2016)

[12심영02-06]   • • •

다양한 매체의 정보를 재구성하여 발표한다.

➡ 백신 음모론은 백신이 해롭거나 정부가 백신을 통해 사람들을 통제한다는 주장을 포함한다. 다양한 뉴스, 소셜 미디어, 과학 논문 등을 바탕으로 생명과학적 관점에서 백신의 실제 효과와 안전성에 대해 재구성하여 발표하자. 또한 음모론이 공중보건에 미치는 영향을 분석하고, 백신이 어떻게 인체의 면역 체계를 활성화시키는지에 대한 과학적 설명을 추가하여 영어로 발표해 보자.

관련 학과 자연계열 전체

《음모론》, 얀-빌헬름 반 프로이엔, 신영경 역, 돌배나무(2020)

[12심영02-07]   • • •

글의 내용과 형식을 점검하여 정보 윤리에 맞게 고쳐 쓴다.

➡ 2023년 기준, 세계 에너지 소비량은 약 150억 TOE(석유환산톤)이고, 가장 많은 에너지를 소비한 나라는 중국(28%)이다. 그 뒤를 이어 미국(17%), 인도(7%), 일본(4%), 러시아(2%) 순으로 집계되었다. 각국의 에너지 사용 현황을 살펴보면, 중국은 석탄과 석유를 주로 사용하는 반면 미국은 석유와 천연가스를 주로 사용하고 있다. 관심 있는 국가와 한국의 에너지 사용 현황을 조사하여 이를 비교하고 그 차이가 어디서 오는지를 영어로 설명해 보자.

관련 학과 자연계열 전체

《에너지 위기, 어떻게 해결할까?》, 이은철, 동아엠앤비(2023)

[12심영02-08]   • • •

적절한 전략을 적용하여 다양한 언어·문화적 배경을 가진 영어 사용자와 공감하며 소통하는 태도를 가진다.

➡ 해양 생물은 항생제, 항암제, 항염증제 등 다양한 의약품 개발에 중요한 자원으로 사용되고 있다. 예를 들어, 바다 해면에서 추출한 물질인 스폰지아딘은 강력한 항암 효과를 나타냈으며, 해조류에서 발견된 설탕 복합체는 항바이러스제로 연구되고 있다. 해양 생물 자원은 지상 생물보다 훨씬 다양한 생화학적 특성을 가지고 있는데, 이는 특히 난치병 치료제 개발에 새로운 가능성을 제공한다. 최근에는 해양 생물의 유전 정보를 바탕으로 한 신약 개발도 활발히 이루어지고 있다. 해양 생물 자원의 의약적 활용 사례와 그 가능성을 분석하고, 이 분야가 향후 제약 산업에 미칠 영향을 탐구하여 발표해 보자.

관련 학과 자연계열 전체

《심해》, 클레르 누비앙, 김옥진 역, 궁리(2022)

선택 과목	수능	영미 문학 읽기	절대평가	상대평가
진로 선택	X		5단계	5등급

| 🔍 | 다양한 장르, 다양한 주제, 문학 작품, 이해, 표현, 감상, 비평, 비판적 사고력, 창의적 사고력, 예술성, 심미적 가치; 독자와 소통

[12영문01-01] • • •

다양한 장르와 주제의 문학 작품을 읽고 주요 내용을 요약한다.

➡ 해양과 관련된 문학 작품을 감상하는 것은 바다에 대한 이해를 넓히고, 바다에 대한 새로운 시각을 얻을 수 있는 좋은 기회이다. 특히 작품이 해양 관련 문제를 얼마나 잘 이해하고 묘사하고 있으며 해당 문제에 대해서 어떤 메시지를 전달하고 있는지 생각하며 감상하도록 한다. 허먼 멜빌의 《모비딕(Moby-Dick)》은 해양 문학의 고전으로, 해양의 아름다움과 위대함을 보여 주는 동시에 인간의 욕망과 광기를 탐구하는 작품이다. 자신이 관심 있는 작품을 읽고 주요 내용을 요약해 보자.

관련 학과 생물학과, 조경학과, 지구환경과학과, 해양학과, 환경학과

《모비딕》, 허먼 멜빌, 이종인 역, 현대지성(2022)

[12영문01-02] • • •

문학 작품을 읽고 필자나 인물의 의도나 목적을 파악한다.

➡ 필립 K. 딕의 《안드로이드는 전기양의 꿈을 꾸는가?》는 인간과 인공지능, 우주 이주를 다룬 작품이다. 작품 속 인물들이 우주로 이주한 세계에서 인간 본성과 기술 발전 사이의 충돌을 어떻게 다루고 있는지 분석해 보자. 우주라는 배경 속에서 작가는 기술로 인해 인간이 겪는 겪는 정체성의 변화에 대해 어떤 메시지를 전달하려 했는지 파악하고 발표해 보자.

관련 학과 자연계열 전체

《스토리의 유혹》, 피터 브룩스, 백준걸 역, 앨피(2022)

[12영문01-03] • • •

문학 작품을 읽고 자신의 느낌이나 감상을 공유하고 표현한다.

➡ 메리 셸리의 《프랑켄슈타인》은 과학적 탐구와 생명 창조에 대한 윤리 문제를 다룬 고전이다. 이 작품을 읽고, 생명과학과 윤리의 경계에서 느낀 감정을 표현해 보자. 또한 과학적 호기심과 책임이 인간에게 어떤 딜레마를 안겨 주는지, 현대 생명공학 기술과 관련된 개인적인 느낌을 영어로 표현해 보자.

관련 학과 자연계열 전체

《데이비드 댐로쉬의 세계문학 읽기》, 데이비드 댐로쉬, 김재욱 역, 앨피(2022)

국어 교과군

영어 교과군

수학 교과군

도덕 교과군

사회 교과군

과학 교과군

[12영문01-06]   • • •

다양한 매체를 활용하여 문학 작품의 내용을 다양한 관점으로 분석·비평한다.

➡ 룰루 밀러의 《물고기는 존재하지 않는다》는 자연과학과 개인적인 탐구를 결합한 에세이로, 과학적 발견이 우
리의 세계관에 미치는 영향을 전하고 있다. 이 책에서 물고기의 분류와 진화를 다루는 과정은 단순한 과학적
사실의 나열을 넘어, 저자의 개인적 서사와 맞물려 독자에게 강렬한 통찰을 제공하고 있다. 이 작품을 읽은 뒤
자신만의 이해와 감상을 바탕으로, 매체를 활용하고 다양한 자료를 분석·종합하여 독창적인 비평문을 작성하
거나 발표해 보자.

관련 학과 자연계열 전체

《물고기는 존재하지 않는다》, 룰루 밀러, 정지인 역, 곰출판(2021)

선택 과목	수능	심화 영어 독해와 작문	절대평가	상대평가
진로 선택	X		5단계	5등급

단원명 | 독해

> 🔍 스마트폰 센서, 음주 측정, 유전적 배경, 등장인물 분석, 팸테크, 장기적 건강 예측, 기후변화, 지구 친화적 식생활 제안, 동물농장, 행동 패턴, 신경과학, 정보 제공, 마이데이터, 개인화된 건강관리, 기후 변화, 환경 보호, 영향 분석, 공중택시

[12심독01-01] •••

다양한 분야의 기초 학문 주제에 관한 글을 읽고 주요 내용을 파악한다.

➡ 음주는 목소리의 주파수 등을 변화시킨다. 이러한 변화의 원인이 무엇인지, 알코올이 인체, 특히 목과 성대에 어떤 영향을 미치는지 알아보자. 관련 영문 기사 'Smartphone sensors able to detect alcohol intoxication with high accuracy'를 읽고, 알코올이 인체, 특히 목과 성대에 어떤 영향을 미치는지, 이러한 목소리의 변화가 어떻게 스마트폰 센서를 통해 측정되는지에 대해 탐구하여 발표해 보자.

관련 학과 물리학과, 생명과학과, 생물학과, 화학과

《**디지털 전환 시대 리더가 꼭 알아야 할 의료데이터**》, 김재선 외 4명, 지식플랫폼(2023)

[12심독01-02] •••

이야기나 서사 및 운문을 읽고 필자나 등장인물의 심정이나 의도를 추론한다.

➡ R. J. 팔라시오가 쓴《아름다운 아이(Wonder)》의 주인공 어거스트는 얼굴에 심각한 기형을 가지고 태어났다. 여러 차례 수술을 받았고, 이는 그의 일상생활에 큰 영향을 미쳤다. 어거스트가 가진 얼굴 기형의 유전적 배경에 대해 어떤 가설을 세울 수 있을까? 그리고 이러한 기형이 그의 심리적 반응에 어떤 영향을 미치는지 탐구해 보자.

관련 학과 자연계열 전체

《**돌연변이**》, 아먼드 마리 르로이, 조성숙 역, 해나무(2006)

[12심독01-03] •••

글의 구성 방식을 고려하여 논리적 관계를 추론한다.

➡ 월경주기, 임신과 난임, 갱년기, 건강과 미용 등과 관련된 팸테크(FemTech) 제품들이 실제 여성들의 건강 상태에 어떤 변화를 가져오는지 조사하고 분석해 보자. 관련 영문 기사 'The dawn of the FemTech revolution'을 찾아 읽고, 더불어 팸테크 제품이나 서비스가 장기적으로 여성의 건강에 미칠 영향에 대해서도 예측해 보자.

관련 학과 생명과학과, 생물학과, 통계학과

《**국내외 펨테크 산업분석보고서**》, 비피기술거래·비피제이기술거래, 비티타임즈(2022)

[12심독01-04]　　　• • •

글의 맥락과 배경지식을 활용하여 함축적 의미를 추론한다.

➔ 현재 지구의 기후변화는 인간의 다양한 활동의 결과로 일어난 것이며, 그중에서도 식품 생산과 소비는 큰 비중을 차지한다. 특히 대량의 온실가스를 배출하는 축산업과 산림을 파괴하면서 탄소 흡수원을 감소시키는 농업은 지구온난화를 가속화시키는 요인으로 지적된다. 이러한 문제를 해결하기 위해 지구 친화적인 식생활 방식의 필요성이 제기되고 있다. 관련 영문 자료 'Can you eat to save the climate?'을 참고하여, 우리의 식품 생산과 소비가 환경에 미치는 영향을 분석하고 지구 친화적인 식생활 방식을 제안해 보자. 식품의 생산부터 소비에 이르는 전 과정이 환경에 미치는 영향을 이해하고, 이를 개선하기 위한 다양한 대안을 찾아보자.

`관련 학과` 자연계열 전체
《저녁 식탁에서 지구를 생각하다》, 제시카 판조, 김희주 역, 사람in(2021)

[12심독01-05]　　　• • •

다양한 문학 작품을 읽고 문학적 표현과 의미를 파악한다.

➔ 조지 오웰의 《동물농장》에서는 동물들이 인간의 행동과 사회 구조를 반영한다. 이는 동물행동학의 중요한 원리로, 이를 인간 사회에 어떻게 적용할 수 있는지를 고민해 볼 수 있다. 관련 영문 자료 'Animal Farm by George Orwell-Book Analysis'를 참고하여 《동물농장》 속 동물들의 행동 패턴을 분석하고 이를 실제 동물들의 행동과 비교해 보자.

`관련 학과` 농생물학과, 동물자연과학과, 생물학과, 축산학과
《동물행동학》, 장이권 외 6명, 월드사이언스(2021)

[12심독01-06]　　　• • •

다양한 유형의 글의 구조와 형식을 비교·분석한다.

➔ 최근 신경과학과 행동과학 분야에서는 사람들이 어떻게 정보를 처리하고, 그 정보가 개인의 판단과 행동에 어떻게 영향을 미치는지에 대한 이해가 깊어지고 있다. 이러한 연구는 우리가 보고 듣고 느끼는 것이 어떻게 뇌에 영향을 미치는지, 그리고 그것이 어떻게 우리의 생각과 행동을 결정하는지에 대한 답을 제공한다. 영문 자료 'Persuasive vs Informative: Meaning And Differences'를 참고하여 설득과 정보 제공이 우리의 정보 처리 방식과 판단, 행동에 어떻게 영향을 미치는지 분석해 보자.

`관련 학과` 생명과학과, 생물학과, 수산생명의학과, 화학과
《설득의 심리학》, 로버트 치알디니, 황혜숙·임상훈 역, 21세기북스(2023)

[12심독01-07]　　　• • •

다양한 매체의 글의 내용 타당성을 평가하며 비판적으로 읽는다.

➔ 마이데이터는 개인이 자신의 데이터를 적극적으로 관리하고 활용하는 것을 의미한다. 관련 글 'South Korea's My HealthWay: A "digital highway" of personal health records, but to where?'를 읽고, 의료 분야 마이데이터가 개인의 건강정보 관리에 어떤 영향을 미치는지, 데이터 기반 건강 관리의 장단점은 무엇인지 탐구해 보자. 또한 이를 바탕으로 마이데이터의 도입이 가져올 이익과 개인정보 노출 위험에 대해 고민하고, '개인화된

건강 관리의 효율성 향상 vs 개인정보의 노출 위험'을 주제로 찬반 논쟁을 준비해 보자.

`관련 학과` 수학과, 통계학과

《**마이데이터 레볼루션**》, 이재원, 클라우드나인(2022)

[12심독01-08] • • •

우리 문화 및 타 문화의 생활양식, 사고방식, 의사소통 방식에 관한 글을 읽고 문화 간 차이에 대해 포용적인 태도를 갖춘다.

➡ 전 세계적으로 기후변화가 농업에 미치는 영향이 커지면서, 전통 농업기술과 현대 농업기술의 융합이 중요해지고 있다. 다양한 문화권에서 전통 농업기술과 현대 농업기술을 어떻게 융합해 기후변화에 대응하고 있는지, 그들의 생활양식, 사고방식, 의사소통 방식이 농업과 환경 보호에 미치는 영향은 무엇인지 탐구해 보자.

`관련 학과` 자연계열 전체

《**편견**》, 고든 올포트, 석기용 역, 교양인(2020)

[12심독01-09] • • •

적절한 읽기 전략을 적용하여 스스로 읽기 과정을 점검하며 읽는다.

➡ 드론과 공중택시는 화석 연료에 의존하는 현재의 교통수단을 대체함으로써 탄소 배출을 줄일 수 있는 기술이다. 따라서 이들 기술의 환경적 영향을 분석하고, 어떻게 환경 친화적인 운영 전략을 수립할 수 있을지에 대해 탐구해 보자. 관련 영문 기사 'Drones and air taxis: The key to the air traffic revolution'을 참고하여 드론과 공중택시 관련 기술 개발, 법제 개선, 사회적 합의 등과 같은 친환경적인 운영 전략을 수립해 보자.

`관련 학과` 대기과학과, 지구환경과학과, 환경학과

《**모빌리티의 미래**》, 서성현, 반니(2021)

단원명 | 작문

> 🔍 건설 로봇, 오염물질 배출 감소, 자원 재활용, 심리 치료, 자율주행 차량, 반응 예측, 우주 식물 재배, 마이크로 중력, 성장 패턴 비교, 문화적 차이, 심리학적 실험, 플라스틱 오염, 국제기구, 해결 방안, 스트레스, 뇌와 신체 영향, 아스파탐, 화학적 구조

[12심독02-01] • • •

다양한 분야의 기초 학문 주제에 관하여 사실적 정보를 기술하거나 설명하는 글을 쓴다.

➡ 청정에너지 사용, 오염물질 배출 감소, 자원 재활용 증가 등 건설업의 로봇 기술 도입이 환경에 미칠 긍정적 영향을 심도 있게 탐구해 보자. 이를 위해 로봇 기술의 환경적 영향에 관한 사례 연구를 수행하거나 에너지 소비 패턴, 재료 사용 효율 등에 대한 데이터를 분석할 수 있다. 이를 바탕으로 건설업의 로봇 기술 도입이 환경 보호에 어떻게 도움을 주고, 지속가능한 건설업을 구현할 수 있을지에 대한 제안을 도출해 보자.

`관련 학과` 생물학과, 식물자원학과, 지구환경과학과, 화학과, 환경학과

《**로봇의 부상**》, 마틴 포드, 이창희 역, 세종서적(2016)

[12심독02-02]　• • • •

이야기나 서사 및 운문에 대해 자신의 감상이나 느낌을 표현하는 글을 쓴다.

➥ 마야 안젤루의 시 〈Still I Rise〉는 심리적인 회복력과 건강에 대한 중요한 메시지를 전달한다. 이 시는 마야 안젤루가 억압과 차별, 개인적인 실패를 겪으면서도 다시 일어서는 능력, 즉 '회복탄력성'을 매우 강력하게 묘사하고 있다. 〈Still I Rise〉의 메시지를 심리 치료와 상담의 맥락에서 분석하고, 이를 심리 치료와 상담에 어떻게 적용할 수 있을지에 대해 탐구해 보자. 또한 관련 영문 자료 'Still I Rise Summary & Analysis'를 참고하여, 이 시를 의학적 관점에서 분석하는 것을 넘어, 개인적 감상과 느낌을 바탕으로 이 시의 의미를 더 깊이 이해한 뒤 그것이 자신의 생각과 감정에 미친 영향을 글로 써 보자.

　관련 학과　**자연계열 전체**

《**회복하는 마음**》, 박상희, 상상출판(2023)

[12심독02-03]　• • • •

다양한 주제에 관하여 상대방을 설득하는 글을 쓴다.

➥ 최근 웨이모(Waymo)의 자율주행 택시 서비스가 시작되면서, 자율주행 차량의 기술적 원리와 그 안전성이 주목받고 있다. 자율주행 차량이 어떻게 주변 환경을 인식하고 스스로 결정을 내려 운행하는지 그 기술적 원리를 탐구해 보자. 관련 영문 기사 'Waymo's driverless taxi launch in Santa Monica is met with excitement and tension'을 찾아 읽고, 이러한 기술이 어떻게 교통사고를 예방하고, 안전한 주행을 보장하는지에 대해 분석해 보자. 또한 다양한 상황을 가정한 뒤 자율주행 차량이 어떻게 대응할지 예측하고, 이를 바탕으로 자율주행 차량의 안전성에 대한 자신의 견해를 논증하는 글을 작성해 보자.

　관련 학과　**물리학과, 수학과, 통계학과**

《**AI로 일하는 기술**》, 장동인, 한빛미디어(2022)

[12심독02-04]　• • • •

다양한 기초 학문 분야의 주제에 관하여 듣거나 읽고 주요 정보를 요약한다.

➥ 우주에서 식물을 재배하는 것은 지구에서 식물을 재배하는 것과 많은 차이가 있다. 관련 영문 자료 'Growing Plants in Space'를 참고하여, 우주와 지구의 식물 재배 환경을 비교해 보자. 특히 마이크로 중력 환경에서 식물의 성장과 생물학적 변화를 관찰하고, 이를 지구의 환경과 비교하여 분석해 보자. 실제로 우주에서 재배된 식물들의 성장 패턴, 즉 잎의 크기, 줄기의 길이, 꽃의 개화 시기 등을 조사하고, 지구에서 같은 종 식물을 재배했을 때의 결과와 비교 분석해 보자.

　관련 학과　**농생물학과, 산림학과, 생명과학과, 생물학과, 식물자원학과, 원예학과, 조경학과, 지구환경과학과, 환경학과**

《**광합성의 세계**》, 이와나미 요조, 심상철 역, 전파과학사(2019)

[12심독02-05]　• • • •

우리 문화 및 타 문화의 생활양식, 사고방식, 의사소통 방식에 관한 글을 읽고 문화 간 차이에 대해 비교·대조하는 글을 쓴다.

➥ 영문 자료 'The Effect of Culture in Communication'을 참고하여, 문화적 차이와 커뮤니케이션 방식이 인간의 뇌 활동에 미치는 영향에 대한 기존의 연구를 분석해 보자. 여기에 다양한 정보 원천으로부터 얻은 지식을

종합하여 새로운 관점을 제시하는 탐구활동을 해 보자. 예를 들면, 뇌 영상 기술, 신경생리학적 데이터, 심리학적 실험 결과 등 다양한 분야에서 얻은 정보를 종합하여, 문화적 차이와 커뮤니케이션 방식이 뇌에 어떤 변화를 일으키는지에 대한 새로운 해석을 제시해 보자.

관련 학과 생물학과, 통계학과

《뇌과학과 커뮤니케이션》, 이재신, 커뮤니케이션북스(2015)

[12심독02-06]   • • •

다양한 매체 정보를 분석·종합·비평하여 재구성한다.

➡ 플라스틱 오염은 전 세계를 관통하는 중요한 문제로, 개별 국가의 문제를 넘어 국제적인 협력을 요구하는 사안이다. 관련 영문 자료 'International Cooperation on Plastic Pollution | Plastics and the Environment Series'를 찾아 읽고, 다양한 국제기구의 보고서, 뉴스 기사, 학술 논문 등을 분석하여 플라스틱 오염의 원인과 그에 대한 국제적인 해결 방안을 살펴보자. 또한 특정 국가나 지역의 플라스틱 오염 상황과 그에 대한 대응 방안을 분석하고, 이를 통해 그 지역의 플라스틱 오염 문제의 특징과 해결 방안을 제시해 보자. 더불어 플라스틱 오염 문제를 해결하기 위한 국제적인 협력 방안에 대한 아이디어를 함께 발표해 보자.

관련 학과 자연계열 전체

《오늘도 플라스틱을 먹었습니다》, 롤프 할든, 조용빈 역, 한문화(2022)

[12심독02-07]   • • •

사회적으로 이슈가 되는 주제에 관하여 정보 윤리를 준수하며 비판적이고 독창적인 글을 쓴다.

➡ 일본의 강제 징용 피해자들이 겪은 스트레스와 트라우마가 그들의 신체와 정신 건강에 미친 영향에 대해 탐구해 보자. 신경학, 심리학, 생물학 등 다양한 학문 분야에서 얻은 지식을 활용해 스트레스와 트라우마가 인간의 뇌와 신체에 미치는 구체적 영향을 분석한 뒤, 이를 완화하거나 치료할 수 있는 현대적인 방법에 대해 연구해 보자. 그리고 그러한 치료법들의 효과성과 한계에 대해 비판적으로 분석하는 글을 써 보자.

관련 학과 생명과학과, 생물학과, 통계학과

《전쟁범죄·일본군 '위안부' 피해실태 자료집》, 동북아역사재단, 동북아역사재단(2020)

[12심독01-08]   • • •

다양한 분야의 주제에 관하여 적절한 쓰기 전략을 적용하여 글을 점검하고 고쳐 쓴다.

➡ 아스파탐은 식품공학의 한 부분으로 개발된 인공 감미료이다. 관련 영문 기사 'Yes, the WHO put aspartame in the same category as pickled vegetables for cancer-causing substances'를 읽고, 아스파탐이 인체에 미치는 생화학적 영향과 그것이 암에 어떤 방식으로 연결되는지에 대해 탐구해 보자. 먼저 아스파탐의 화학적 구조와 인체 내에서의 분해 과정, 그리고 거기서 발생할 수 있는 부작용에 대해 살펴보고, 아스파탐이 암을 유발할 수 있는 가능성에 대한 과학적 근거를 찾기 위해 아스파탐과 암 발생 사이의 관계를 연구한 기존의 과학적 연구들을 비평적으로 분석해 보자. 이러한 탐구 결과를 바탕으로 아스파탐의 안전성에 대한 자신의 입장을 명확히 하고, 이에 대한 근거를 제시한 글을 작성해 보자.

관련 학과 분자생물학과, 생명과학과, 생물학과, 식품영양학과, 외식산업학과, 화학과

《우리 주변의 화학물질》, 우에노 게이헤이, 이용근 역, 전파과학사(2019)

선택 과목	수능	실생활 영어 회화	절대평가	상대평가
융합 선택	X		5단계	5등급

🔍	기후변화, 기후 데이터 분석, 생태학적 연구, 우주 쓰레기, 국제적 협력, 간헐적 단식, 생물다양성, 생태계 균형, 지역 커뮤니티 프로젝트, 수직농장, 건강 관리 방법, 소통 변화 탐구, 큐브위성의 원리, 항공우주산업, 정책 방향

[12실영01-01]

실생활에 관한 말이나 대화를 듣고 핵심 정보를 파악한다.

➡ 기후변화로 인해 동식물의 분포가 어떻게 변화하고 있는지에 대해 탐구해 보자. 특정 지역의 기후 데이터와 동식물 분포의 변화를 분석하되, 다양한 정보 소스(기상청 데이터, 생태학적 연구 결과, 지역 주민 인터뷰 등)를 활용하여 정보를 수집하고 분석해 보자. 그 결과를 바탕으로 기후변화가 생태계에 미치는 영향에 대한 자신만의 결론을 도출해 보자.

관련 학과) 농생물학과, 대기과학과, 동물자원과학과, 산림학과, 생물학과, 식물자원학과, 지구환경과학과, 해양학과, 환경학과
《십대를 위한 기후변화 이야기》, 반기성, 메이트북스(2021)

[12실영01-02]

실생활에 관한 말이나 대화를 듣고 화자의 의도나 목적을 추론한다.

➡ 우주 쓰레기는 우주 활동의 안전을 위협하는 중요한 문제다. 국제적 협력 없이는 이 문제를 해결할 수 없으며, 이는 국제법과 우주법에 새로운 도전이 되고 있다. 우주 쓰레기 문제가 국제 사회에 어떤 변화를 가져올지 탐구해 보고, '우주 쓰레기 문제를 해결하기 위한 국제적 협력의 필요성과 그 방안은 무엇인가?'에 대해 의견을 나눠 보자.

관련 학과) 대기과학과, 분자생물학과, 지구환경과학과, 환경학과
《우주 쓰레기가 온다》, 최은정, 갈매나무(2021)

[12실영01-03]

자신이나 주변 사람 또는 사물을 자신감 있게 소개한다.

➡ 전략적으로 공복 시간을 길게 유지하는 간헐적 단식은 최근 건강과 다이어트 트렌드 중 하나다. 이 다이어트 방법이 건강에 어떤 영향을 미치는지 탐구하고, 이에 대한 연구 결과나 개인의 경험을 소개하는 활동을 해 보자. '간헐적 단식이 실제로 건강에 도움이 되는가? 아니면 단지 트렌드일 뿐인가?'에 대해 탐구한 내용을 바탕으로 의견을 발표해 보자.

관련 학과) 생명과학과, 생물학과, 식품영양학과, 통계학과
《다이어트 사이언스 2022》, 최겸, 린체인저스(2022)

● ● ●

존중과 배려의 자세로 상대방의 말을 경청하고 자신의 의견이나 감정을 표현한다.

➡ 지구에는 수많은 생물종이 존재하며, 이러한 생물다양성은 생태계의 균형을 유지하는 데 중요한 역할을 한다. 그러나 인간의 활동으로 인해 생물다양성이 위협받고 있으며, 그 어느 때보다 생물다양성을 보호하고 보존하는 것이 중요해졌다. 지구의 생물다양성에 대해 알아보고, 그 중요성과 더불어 우리가 생물다양성 보존을 위해 취해야 할 행동에 대해 고민해 보자. 또한 '생물다양성의 보존을 위한 지역 커뮤니티 활동'을 주제로 프로젝트를 진행해 보자.

관련 학과 농생물학과, 동물자원학과, 미생물학과, 분자생물학과, 생명과학과, 생물학과, 수산생명의학과, 식물자원학과, 지구환경과학과, 해양학과, 환경학과

《생물다양성 경영》, 최남수, 새빛(2023)

● ● ●

실생활에 관한 경험이나 사건 또는 간단한 시각 자료를 묘사한다.

➡ 도시화가 진행되면서 수직농장이라는 새로운 농업 방식이 주목받고 있다. 수직농장은 실내에서 작물을 수직으로 쌓아 재배하는 혁신적인 농업 방식으로, 도시 공간의 효율적 활용과 환경 보호라는 측면에서 큰 가치를 지닌다. 수직농장의 환경적 가치와 그에 따른 사회적 변화를 조사하고, 특정 수직농장의 사례를 중심으로 이를 묘사하는 보고서를 작성해 보자.

관련 학과 농생물학과, 생명과학과, 생물학과, 식물자원학과, 조경학과, 지구환경과학과, 환경학과

《수직농장학》, 손정익, 향문사(2022)

● ● ●

실생활에 필요한 일의 방법이나 절차를 설명한다.

➡ 홍삼의 아미노당은 건강에 도움이 되는 성분으로 알려져 있다. 아미노당은 당류와 단백질의 기본 구성요소인 아미노산이 결합된 형태를 말한다. 이 성분에 대해 영어로 조사해 보고, 홍삼의 아미노당이 인체에 미치는 효과와 이를 활용한 건강 관리 방법을 상세히 설명하는 발표를 준비해 보자. 또한 '홍삼의 아미노당이 특정 건강 문제에 어떤 영향을 미치는가?'를 주제로 심화 탐구활동을 해 보자.

관련 학과 생물학과, 식물자원학과, 식품영양학과, 화학과

《홍삼의 화학성분과 약식동원》, 곽이성, 한림원(2022)

● ● ●

실생활에서 상황이나 목적에 맞게 대화를 이어 간다.

➡ 첨단기술이 발전함에 따라, 형태 변형 대화형 에이전트가 관심을 받고 있다. 이는 사용자의 요구와 상황에 따라 형태와 기능이 변형되는 인공지능 에이전트를 말한다. 형태 변형 대화형 에이전트의 작동 원리와 이를 활용한 효과적인 인터랙션 방법을 상세히 설명하는 보고서를 작성해 보자. 또한 '형태 변형 대화형 에이전트가 인간과 기계의 소통에 어떤 변화를 가져왔는가?'를 주제로 심화 탐구활동을 해 보자.

관련 학과 수학과, 통계학과

《로봇 UX》, 칼라 다이애나, 이재환 역, 유엑스리뷰(2023)

국어 교과군

영어 교과군

수학 교과군

도덕 교과군

사회 교과군

부록 교과군

[12실영01-08]

의사소통 상황이나 목적에 맞게 언어적·비언어적 표현을 사용하여 반응한다.

➡ 우주탐사에 대한 관심이 높아지면서 큐브위성이 주목받고 있다. 큐브위성은 소형 위성의 일종으로, 고비용의 우주탐사 장비에 비해 저렴하면서도 효과적인 우주탐사가 가능하다. 큐브위성의 원리와 이를 활용한 우주탐사의 가능성에 대한 논의를 통해, 우주과학에 대한 이해를 심화해 보자. 또한, '큐브위성이 우주탐사에 어떤 기여를 할 수 있을까? 그리고 큐브위성의 한계와 이를 극복하기 위한 방안은 무엇일까?'를 주제로 논의하고, 이에 대한 본인의 견해를 표현하는 활동을 진행해 보자.

`관련 학과` 대기과학과, 지구환경과학과, 천문우주학과, 환경학과
《**우주 모멘트**》, 일본과학정보, 류두진 역, 로북(2023)

[12실영01-09]

의사소통 상황이나 목적에 맞게 적절한 전략을 적용하여 대화에 참여한다.

➡ 우리나라는 최근 몇 년 동안 항공우주산업에 대한 투자를 늘리며 이 분야의 발전을 추진하고 있다. 항공우주산업 발전은 우리 생활과 깊숙이 관련되어 있을 뿐 아니라, 국가의 과학기술 발전 수준을 보여 주는 중요한 지표로 작용한다. 먼저 국내 항공우주산업의 현황과 기술 수준에 대해 파악하고, 앞으로의 발전 방향을 예측해 보자. 이를 위해 최근의 항공우주산업 관련 이슈, 기술 트렌드, 미래 예측 등을 분석해 볼 수 있다. 또한 '국내 항공우주산업의 발전을 위해 가장 중요하게 고려해야 하는 요소는 무엇인가? 그리고 이를 위한 정책과 기술의 방향은 어떻게 되어야 하는가?'를 주제로 심화 탐구를 진행해 보자.

`관련 학과` 대기과학과, 지구환경과학과, 천문우주학과, 환경학과
《**미래전의 도전과 항공우주산업**》, 신범식 외 10명, 사회평론아카데미(2023)

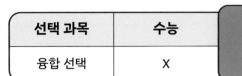

선택 과목	수능	미디어 영어	절대평가	상대평가
융합 선택	X		5단계	5등급

🔍	미디어 콘텐츠, 감상, 활용, 미디어의 특성, 비판적 사고력, 융합적 활용, 창의적 전달, 효과적 전달, 디지털 상호 작용, 디지털 리터러시

[12미영01-01] ● ● ●

영어 검색 엔진을 활용하여 필요한 정보를 찾아낸다.

➡ 동물 실험은 새로운 의약품이나 의료기기, 치료법 등을 개발하기 전에 동물을 대상으로 안전성과 유효성을 확인하는 과정이다. 동물 실험은 의학 발전에 크게 기여하고, 많은 환자의 생명을 구하는 데 도움을 주었지만 윤리적 논란의 대상이기도 하다. 동물에게 고통을 주거나 생명을 앗아 갈 수 있으며, 동물의 복지를 침해한다는 비판을 받고 있는 것이다. 영어 기반 검색 엔진을 활용하여 동물 실험을 비롯해 자신이 관심 있는 분야의 정보를 검색하자. 그리고 검색어에 따른 검색 결과를 조사하여 원하는 결과를 찾는 데 가장 효율적인 검색어를 정리하여 발표하자.

관련 학과 자연계열 전체

《검색의 즐거움》, 대니얼 M. 러셀, 황덕창 역, 세종서적(2020)

[12미영01-02] ● ● ●

다양한 주제에 대한 창의적 문제 해결을 위해 미디어를 활용하여 협업한다.

➡ 기후변화로 인한 자연재해의 빈도와 강도가 점차 높아지고 있다. 세계기상기구(WMO)에 따르면, 전 세계적으로 극심한 기후 현상이 발생하는 빈도가 급격히 증가하고 있으며, 이러한 추세는 앞으로도 계속될 것이라고 한다. 이렇듯 지구생태계에 큰 영향을 미치고 있는 기후변화는 자연과학 분야에서도 중요한 연구 과제다. 일례로 재생에너지 기술, 기후 예측 시스템, 재난 대응 기술 등은 기후변화로 인한 문제를 해결하는 데 기여할 수 있다. 이와 관련해 컴퓨터나 스마트폰을 통해 다양한 미디어를 활용하여 기후변화가 자연과학 분야에 미칠 영향을 조사하고, 그 결과를 분석하여 발표해 보자.

관련 학과 자연계열 전체

《챗GPT에게 묻는 인류의 미래》, 김대식·챗GPT, 동아시아(2023)

[12미영01-03] ● ● ●

미디어 정보에서 핵심어를 추출하여 내용을 요약하거나 재구성한다.

➡ 패션 산업은 환경에 큰 영향을 미치는 산업 중 하나로, 특히 섬유 생산과 의류 제작 과정에서 많은 에너지와 자원이 소모된다. 이에 대응하기 위해 최근에는 지속가능한 패션을 위해 친환경 섬유와 의류를 제작하는 기술이 발전하고 있다. 대나무 섬유, 재활용 폴리에스터, 유기농 면 등은 대표적인 친환경 섬유로, 이들은 생산 과정에

서의 환경오염을 줄이고, 지속가능한 의류 제작에 기여하고 있다. 해당 주제를 다룬 흥미로운 영어 미디어를 선택한 뒤, 이를 요약·재구성해 보자.

관련 학과 생명과학과, 의류학과, 조경학과, 통계학과, 화학과, 환경학과

《작문 문단쓰기로 익히기》, 캐슬린 E. 설리번, 최현섭 역, 삼영사(2000)

[12미영01-04] ● ● ●

미디어 정보를 비판적 태도로 검색, 선정, 비교 및 분석한다.

➡ 패시브 하우스는 최소한의 에너지로 쾌적한 실내 환경을 유지할 수 있도록 설계된 건축물로 벽, 지붕, 창호 등에 단열재를 사용하여 열 손실을 최소화하고, 태양열, 지열, 재생에너지 등의 자연 에너지를 적극 활용하여 냉난방에 필요한 에너지를 절감한다. 패시브 하우스에 관해 영어로 된 다양한 미디어 속 정보를 검색하고 핵심 정보를 선정한 뒤, 패시브 하우스의 특징, 단점과 단점, 향후 전망 등에 대한 내용을 비교하거나 비판적으로 분석하여 발표해 보자.

관련 학과 건축학과, 생명과학과, 조경학과, 지구환경과학과, 화학과, 환경학과

《건축 개념의 네 가지 기둥》, 제임스 테이트, 김훈 역, 스페이스타임(2018)

[12미영01-05] ● ● ●

목적이나 대상에 적합한 미디어를 활용하여 의견이나 정보를 공유한다.

➡ 스마트 그리드(Smart Grid)는 전력망에 정보통신기술을 적용해 전력의 생산, 배분, 소비를 효율적으로 관리하는 시스템이다. 이를 통해 에너지 절약, 비용 절감, 신재생 에너지 사용 증가 등의 효과를 기대할 수 있다. 또한 스마트 그리드는 전력 수요를 실시간으로 모니터링해 공급을 자동으로 조정함으로써 안정적인 전력 공급을 가능하게 한다. 스마트 그리드의 원리와 실제 적용 사례를 조사하여 영어로 발표해 보자.

관련 학과 자연계열 전체

《플랜 드로다운》, 풀 호컨, 이현수 역, 글항아리사이언스(2019)

[12미영01-06] ● ● ●

미디어 정보를 융합하고 적절한 도구를 활용하여 콘텐츠를 제작한다.

➡ 바이오가스 플랜트는 유기물을 발효하여 바이오가스를 생산하는 시설이다. 바이오가스는 메탄과 이산화탄소로 이루어진 가스이며, 천연가스와 유사한 성질을 가지고 있다. 바이오가스 플랜트는 가축 분뇨, 음식물 쓰레기, 농업 폐기물 등 다양한 유기물을 원료로 사용할 수 있으며, 생산된 바이오가스는 발전, 난방, 자동차 연료 등으로 사용할 수 있다. 바이오 플랜트에 대해 조사한 뒤, 다양한 데이터를 간결하고 직관적으로 전달하는 데 쓰이는 시각 도구인 인포그래픽을 영어로 제작하여 발표해 보자.

관련 학과 자연계열 전체

《기후변화와 에너지산업의 미래》, 에너지고위경영자과정 변화와 미래 포럼, 아모르문디 (2021)

[12미영01-07] ● ● ●

미디어에서 접하는 다양한 시청각 단서를 이해하거나 적절하게 표현한다.

➡ 저탄고지 식단은 탄수화물 섭취를 줄이고 지방 섭취를 늘리는 식단이다. 탄수화물은 우리 몸의 에너지원으로

사용되는 영양소로 곡류, 과일, 채소, 콩류 등에 많이 들어 있고, 지방은 우리 몸의 필수 영양소로 세포막을 구성하고 호르몬을 생성하고 체온을 유지하는 데 중요한 역할을 한다. 저탄고지 식단과 관련이 있는 영어 동영상을 찾아서 해당 매체가 텍스트 이외에 어떤 시청각 요소(이미지, 색, 소리, 디자인, 하이퍼텍스트, 애니메이션, 이모티콘, 움직임 등)를 활용해 시청자들의 이해를 돕는지 그 요인을 찾아 분석·발표해 보자.

관련 학과 자연계열 전체

《**최강의 식물식**》, 윌 벌서위츠, 정미화 역, 청림Life(2021)

[12미영01-10] ● ● ●

오류 수정을 위해 디지털 도구를 적절히 활용한다.

→ 길고양이는 흔히 볼 수 있는데 길강아지는 찾아보기 힘들다. 독립적인 성격과 작은 몸무게로 인해 도심이나 주택가에서 더 쉽게 살아남을 수 있는 고양이와 달리, 개는 대형이나 중형견이 많고 높은 운동량과 보호자의 관심을 필요로 하는 경우가 많아서 길에서 살아남기가 어렵기 때문이다. 또한 고양이는 번식이 빠르고 산란 성향이 높지만, 그에 비해 개는 상대적으로 번식이 느리고, 번식 통제가 잘 이루어진다는 점도 그 원인으로 작용한다. 보호자 없이 집 밖에서 살아가는 반려동물을 조사하여 영어로 보고서를 작성하고 주장의 근거로 활용된 자료를 인터넷 등 디지털 도구를 활용하여 다시 한번 검증해 보자.

관련 학과 자연계열 전체

《**버려진 개들의 언덕**》, 류커샹, 남혜선 역, 책공장더불어(2016)

선택 과목	수능	세계 문화와 영어	절대평가	상대평가
융합 선택	X		5단계	5등급

🔍	음식 기억, 문화적 산물, 기후변화, 해수면 상승, 지속가능한 관광, 문화유산, 기후변화, 지속가능한 미래, 반도체 추적기, 멸종 위기종, 엔지니어링 가치, 문화적 반영, 에코 패션, 미니멀리즘, 패키지 디자인, 디지털 트윈, 환경 보호 기여 방안, 자연보호구역, 글로벌 인식

[12세영01-01] ● ● ●

적절한 전략을 사용하여 다양한 장르와 매체의 문화 정보나 문화적 산물의 핵심 내용을 파악한다.

➡ 음식과 관련된 '음식 기억'은 잘 알려진 현상이며, 사람들에게 좋은 추억을 되살려 주거나, 삶에 편안한 리듬을 가져다준다고 한다. 관련 기사 'Sharing food and recipes has the power to bring people together'를 읽고, 음식의 특정 향이나 맛이 어떻게 개인의 기억을 자극하는지, 그리고 이것이 감정 상태에 어떤 영향을 미치는지를 탐구해 보자.

관련 학과 농생물학과, 미생물학과, 분자생물학과, 생명과학과, 생물학과, 수산생명의학과, 식물자원학과, 식품영양학과, 외식산업학과, 화학과

《**당신을 기억하는 밥**》, 윤혜선, 에쎄(2019)

[12세영01-02] ● ● ●

문화 관련 주요 개념을 적용하여 문화 현상을 분석하고 새로운 관점으로 설명한다.

➡ 기후변화가 남태평양 섬나라들의 식습관 및 음식문화에 미치는 영향에 대해 알아보자. 관련 자료 'Lessons From the Pacific Islands - Adapting to Climate Change by Supporting Social and Ecological Resilience'를 읽고 해수면이 높아지는 등 직접적 영향을 받고 있는 지역에서 기후변화가 음식문화 변화에 얼마나 큰 영향을 미치고 있는지를 조사해 보자.

관련 학과 농생물학과, 미생물학과, 분자생물학과, 생물학과, 수산생명의학과, 식물자원학과, 식품영양학과, 지구환경과학과, 해양학과, 환경학과

《**기후 책**》, 그레타 툰베리, 이순희 역, 김영사(2023)

[12세영01-03] ● ● ●

타 문화 및 언어에 대한 존중을 바탕으로 문화 정보를 수용하고 자신의 의견을 표현한다.

➡ 기후변화에 따른 환경 위협이 증가함에 따라, 지역사회의 문화적 유산을 보호하고 이를 통해 관광객들에게 독특하고 풍부한 경험을 제공함으로써 지속가능한 관광산업을 촉진할 수 있는 '문화보전 활동'의 중요성이 부각되고 있다. 관련 글 'UNESCO World Heritage and Sustainable Tourism Programme'을 읽고 지속가능한 관광산업 발전 전략 수립에 있어서 문화보전 활동의 중요성에 대한 의견을 공유해 보자.

관련 학과 농생물학과, 대기과학과, 동물자원학과, 산림학과, 생명과학과, 생물학과, 수산생명의학과, 식물자원학과, 외식산업학과, 원예학과, 조경학과, 지구환경과학과, 축산학과, 해양학과, 환경학과

《전환기 한국, 지속가능발전 종합전략》, 이영한 외, 한울아카데미(2015)

[12세영01-04]　●●●

문화 현상이나 문화적 산물을 비교·대조하여 문화의 보편성과 특수성을 파악한다.

➡ 기후변화는 식물의 생육 조건을 변화시키며 식물의 분포와 다양성에도 영향을 미치고 있다. 이에 사람들은 기후변화에 적응하면서 새로운 생존 전략을 개발하고 있으며, 식물을 활용하는 방법도 달라지고 있다. 관련 자료 'Tackling Biodiversity & Climate Crises Together and Their Combined Social Impacts'를 읽고 기후변화에 대처하는 인류의 창의적인 해결책과 그것이 어떻게 문화적 맥락에 반영되어 있는지 탐구해 보자. 더불어 지속가능한 미래를 위한 방안도 모색해 보자.

관련 학과 자연계열 전체

《빌 게이츠, 기후재앙을 피하는 법》, 빌 게이츠, 김민주·이엽 역, 김영사(2021)

[12세영01-05]　●●●

문화적 산물이나 문화 현상에 내재된 문화적 전제, 관점 또는 가치관을 추론한다.

➡ 반도체 추적기는 동물의 위치, 행동, 환경 조건을 기록하는데, 이러한 데이터는 동물 보호 노력에 큰 도움이 된다. 특히 멸종 위기에 처한 종을 보호하는 데 중요한 역할을 한다. 그러나 이에 대한 인식은 문화적 가치관과 전제에 따라 달라질 수 있다. 동물 복지에 대한 인식은 문화적으로 민감하고 전 세계적으로 다양하기 때문이다. 세계 여러 국가에서 반도체 추적기에 대한 인식이 동물 보호 의식과 어떻게 연결되어 있는지 조사하고, 어떤 문화 및 가치관을 전제하고 있는지 분석해 보자.

관련 학과 자연계열 전체

《우리가 꼭 알아야 할 멸종위기 야생생물 I》, 국립생태원, 국립생태원(2020)

[12세영01-06]　●●●

다른 문화권의 관습, 규범, 가치, 사고방식, 행동양식 또는 의사소통 방식을 이해하고 자신의 문화 인식 및 관점을 비판적으로 성찰한다.

➡ 기술 기반 봉사 프로그램은 전 세계적으로 다양한 방식으로 진행되고 있다. 기술 기반 기관들의 봉사활동은 각 지역의 엔지니어링 가치와 전략을 반영하는 동시에, 글로벌 엔지니어링 커뮤니티 형성에 기여하고 있다. 관련 글 'How is technology changing volunteering?'을 참고하여 다양한 국가의 기술 기반 봉사 프로그램을 분석해 보고, 각각 얼마나 해당 지역의 엔지니어링 가치와 전략을 반영하고 있는지 분석해 보자.

관련 학과 자연계열 전체

《10대를 위한 적정기술 콘서트》, 장수영 외 8명, 7분의언덕(2021)

[12세영01-07]　●●●

자발적·지속적 관심과 흥미를 가지고 다양한 문화적 산물을 감상하고 표현한다.

➡ 기후변화에 대한 인식은 다양한 문화 산물에서 찾아볼 수 있다. 특히 에코 패션은 환경 보호에 대한 책임

감과 지속가능성에 대한 고민을 담고 있는 문화 산물이다. 관련 기사 'Why Fashion Needs to Be More Sustainable'을 참고하여 에코 패션이 담고 있는 문화적 가치와 전제, 그리고 기후변화 인식이 에코 패션에 미치는 영향에 대해 탐구해 보자. 또한 에코 패션 산업의 발전 가능성과 그것이 지구환경에 미칠 긍정적인 영향에 대해 탐구해 보자.

관련 학과 자연계열 전체

《**지구를 살리는 옷장**》, 박진영·신하나, 창비(2022)

[12세영01-08]

세계 영어에 대한 이해를 바탕으로 적절한 전략과 태도를 갖추어 의사소통에 참여한다.

➡ 미니멀리즘 패키지 디자인은 다양한 디자인 기술과 방법을 활용하여 제작된다. 관련 기사 'Why more food, toiletry and beauty companies are switching to minimalist package designs'를 읽고 이러한 미니멀리즘 패키지 디자인을 제작하는 데 사용되는 기술과 방법에 대해 탐구해 보자. 또한 이러한 디자인 기술이 최종 제품의 품질과 가치에 어떤 영향을 미치는지를 분석해 보고, 미니멀리즘 기술의 발전과 변화에 대해서도 예측하여 발표해 보자.

관련 학과 자연계열 전체

《**미니멀리즘 디자인의 새로운 트랜드**》, 편집부, 이일(2021)

[12세영01-09]

다양한 장르와 매체에서 검색·수집한 문화 정보를 요약하거나 목적에 맞게 재구성한다.

➡ 디지털 트윈 기술은 가상 환경을 활용하여 물리적 세계를 모방하고 예측하는 데 사용된다. 이는 에너지 소비, 오염, 자원 사용 등에 대한 데이터를 수집하고 분석하여 환경 보호 전략을 개발하는 데 활용될 수 있다. 영문 자료 'Digital twins: The art of the possible in product development and beyond'를 참고하고, 디지털 트윈 기술을 활용한 환경 보호 사례를 조사해서 분석해 보자. 이러한 사례를 토대로 디지털 트윈 기술이 환경 보호와 지속가능한 발전에 어떻게 기여할 수 있는지에 대해 발표해 보자.

관련 학과 자연계열 전체

《**디지털 트윈 PART 1**》, 김진광, 광문각(2022)

[12세영01-10]

정보 윤리를 준수하여 다양한 목적의 문화 콘텐츠를 제작하여 공유한다.

➡ 세계 각국의 자연보호구역은 각기 서로 다른 특성과 가치를 담고 있어, 이를 알리는 콘텐츠는 환경 보호에 큰 영향을 미칠 수 있다. 세계의 주요 자연보호구역을 선택하고, 그 특성과 가치를 알릴 수 있는 콘텐츠를 제작해 보자. 이를 위해 자연보호구역에 대한 정보를 탐구하고, 이를 효과적으로 전달할 수 있는 콘텐츠를 영어로 작성하여 공유해 보자. 또한 이런 콘텐츠가 환경 보호에 어떤 영향을 미치는지도 분석하여 함께 발표해 보자.

관련 학과 농생물학과, 대기과학과, 동물자원학과, 미생물학과, 생명과학과, 생물학과, 수산생명의학과, 원예학과, 지구환경과학과, 해양학과, 환경학과

《**고통받은 동물들의 평생 안식처 동물보호구역**》, 로브 레이들로, 곽성혜 역, 책공장더불어(2018)

수학 교과군

구분	교과(군)	공통 과목	선택 과목		
			일반 선택	진로 선택	융합 선택
보통 교과	수학	공통수학1 공통수학2 기본수학1 기본수학2	대수 미적분I 확률과 통계	미적분II 기하 경제 수학 인공지능 수학 직무 수학	수학과 문화 실용 통계 수학과제 탐구

공통 과목	수능	공통수학1	절대평가	상대평가
	X		5단계	5등급

단원명 | **다항식**

> | 🔍 | 오름차순, 내림차순, 다항식의 덧셈, 다항식의 뺄셈, 다항식의 곱셈, 다항식의 나눗셈, 조립제법, 교환법칙, 결합법칙, 분배법칙, 항등식, 미정계수법, 계수비교법, 수치대입법, 나머지정리, 인수정리, 다항식의 전개, 다항식의 인수분해

[10공수1-01-01] ● ● ●

다항식의 사칙연산 원리를 설명하고, 그 계산을 할 수 있다.

➡️ 미국 프린스턴대 경영과학·금융공학과 교수 연구팀은 힐베르트 문제 17번을 자율주행차와 로봇, 드론 등 첨단 기계의 최적 경로를 찾는 데 활용할 수 있다는 연구 결과를 발표했다. 힐베르트 문제 17번 문제는 음이 아닌 유리함수를 언제나 제곱의 합 형태로 나타낼 수 있다는 문제로 오스트리아 수학자 에밀 아르틴이 1927년 증명하였다. 예를 들어 $5x^2 + 16x + 13 = (x+2)^2 + (2x+3)^2$으로 바꿀 수 있다는 의미이다. 다항식과 관련한 힐베르트 문제 17번을 함수의 최솟값과 관련하여 탐구해 보자.

관련 학과 물리학과, 수학과, 통계학과, 해양학과

《**현대수학입문**》, 김명환 외 2명, 경문사(2021)

[10공수1-01-02] ● ● ●

항등식의 성질과 나머지정리를 이해하고, 이를 활용하여 문제를 해결할 수 있다.

➡️ 인터넷상에서 정보를 안전하게 전송하기 위해 사용되는 RSA 암호는 항등식과 나머지정리에 기반을 두고 있다. 현대의 전자기 기반 컴퓨터상에서 소인수분해에 대한 다항식 시간 알고리즘은 알려져 있지 않다. 양자컴퓨터에서 다항식을 소인수분해하는 알고리즘(쇼어의 알고리즘)은 존재하지만 193자리 수(RSA-640)를 인수분해하는 데 80개의 연산처리장치(CPU)를 사용해 5개월이나 걸렸을 만큼 간단한 문제가 아니다. 소인수분해의 난해함은 현대 암호의 핵심적 부분으로, 암호화와 보안 시스템에서 활용되는 RSA 암호에 대해 탐구해 보자.

관련 학과 물리학과, 수학과

《**코딩수학7, RSA 알고리즘**》, 김준석·김상권, 이모션미디어(2018)

[10공수1-01-03] ● ● ●

다항식의 인수분해를 할 수 있다.

➡️ 자기 자신 이외의 약수의 합이 자기 자신과 같아지는 수를 완전수라 한다. 대표적인 완전수인 6과 28은 자신을 제외한 약수의 합이 1+2+3=6, 1+2+4+7+14=28이 되므로 완전수이다. 반면 자기 자신 이외의 약수

의 합이 자기 자신보다 작은 수를 부족수, 큰 수를 과잉수라 한다. 또한 자기 자신을 제외한 약수의 합이 각각 다른 수가 되는 두 수를 친화수라 한다. 예를 들어 220의 경우 자기 자신을 제외한 모든 약수를 더했더니 1+2+4+5+10+11+20+22+44+55+110=284이고, 284의 경우 자기 자신을 제외한 모든 약수를 더했더니 1+2+4+71+142=220이므로 220과 284는 친화수이다. 인수분해와 관련한 완전수와 친화수를 탐구해 보자.

`관련 학과` 물리학과, 수학과, 통계학과

《어서 오세요, 이야기 수학 클럽에》, 김민형, 인플루엔셜(2022)

단원명 | 방정식과 부등식

> | 🔎 | 복소수, 허수, 실수 부분, 허수 부분, 복소수의 사칙연산, 판별식, 이차방정식의 근과 수의 관계, 두 근의 합, 두 수의 곱, 두 수를 근으로 하는 이차방정식, 이차방정식과 이차함수, 이차방정식의 해, 이차함수의 그래프, 직선의 위치 관계, 이차함수의 최대와 최소, 최댓값과 최솟값, 삼차방정식, 사차방정식, 연립이차방정식, 연립일차부등식, 이차부등식, 연립이차부등식

[10공수1-02-01] ●●●

복소수의 뜻과 성질을 설명하고, 사칙연산을 수행할 수 있다.

➡ 대수함수(algebraic function)는 다항식의 덧셈, 뺄셈, 곱셈, 나눗셈, 제곱근 연산과 같은 대수적 연산을 이용하여 만들어지는 함수이다. 반면 대수함수가 아닌 해석함수를 초월함수라고 하며, 삼각함수, 지수함수, 로그함수 등이 대표적이다. 유리수를 계수로 가지는 다항식의 근을 대수적 수(algebraic number)라 하고 대수적 수가 아닌 복소수를 초월수(transcendental number)라고 한다. 초월함수와 관련된 초월수의 예를 찾아 그 특징을 탐구해 보자.

`관련 학과` 물리학과, 수학과

《삼각함수의 세계》, 뉴턴프레스, 뉴턴코리아(2014)

[10공수1-02-02] ●●●

이차방정식의 실근과 허근을 이해하고, 판별식을 이용하여 이차방정식의 근을 판별할 수 있다.

➡ 통신을 위해 사용되는 위성 안테나는 대표적인 이차곡선인 포물선 형태를 사용한다. 포물선 형태의 안테나는 빛이나 라디오파, 전자파, 신호 등을 초점에 모으거나 반대로 초점에서 발생한 신호를 넓은 영역으로 방출하게 된다. 이차함수로 표현된 포물선에서의 빛의 성질을 조사하고 이를 위성 안테나와 연결하여 탐구해 보자.

`관련 학과` 물리학과, 수학과, 지구환경과학과, 천문우주학과

《잡아라 식과 그래프》, 유키 히로시, 박은희 역, 영림카디널(2021)

[10공수1-02-03] ●●●

이차방정식의 근과 계수의 관계를 설명할 수 있다.

➡ 뉴턴의 방법은 방정식의 근사해로부터 출발하여 더 가까운 근사해를 찾아내는 것으로 뉴턴이 발견하였다. 원래는 미분을 사용하지 않는 방법이었는데, 랩슨이 미분을 이용해 일반화하여 '뉴턴-랩슨법(Newton-Raphson method)'이라고도 한다. 이차방정식의 해는 근의 공식을 이용해 쉽게 구할 수 있지만 삼차 이상의 방정식은 해

를 정확하게 찾기 어렵다. 삼차 이상의 방정식에서 뉴턴의 방법을 이용해 근사해를 구하는 방법을 탐구해 보자.

관련 학과 물리학과, 수학과

《**매스매틱스 4: 페르마, 뉴턴 편**》, 이상엽, 길벗(2023)

[10공수1-02-04] • • •

이차방정식과 이차함수를 연결하여 그 관계를 설명할 수 있다.

➡ 혜성은 태양 주위를 돌며, 타원이나 포물선 궤도를 가지고 도는 태양계의 작은 천체이다. 혜성은 얼음과 먼지로 이루어진 핵 부분, 기체와 먼지로 이루어진 핵 주변 대기, 태양 가까이 왔을 때 나타나는 꼬리 부분으로 이루어진다. 직선 운동을 하는 200년 이상의 주기를 가진 혜성은 무거운 천체의 당기는 힘에 의해 대부분 포물선 운동을 하게 된다. 지구 근처에서 혜성의 운동을 이차곡선과 관련지어 탐구해 보자.

관련 학과 대기과학과, 물리학과, 수학과, 지구환경과학과, 천문우주학과

천문학 아는 척하기

제프 베컨, 김다정 역,
팬덤북스(2020)

책 소개

이 책은 천문학을 쉽고 재미있게 풀어내 우리 삶과 연결된 실용적인 학문으로 접근한다는 점이 다른 교양 천문학 책과 차별화된다. 총 6장으로 빅뱅 이론부터 태양계와 행성들의 움직임, 밤하늘의 별자리와 태양의 궤도 등을 다룬다. 또한 천문학적 주기, 지동설과 천동설, 천문학뿐만 아니라 물리학, 수학, 화학, 생물학, 지질학 등에서 알 수 있는 우주의 최신 지식까지 함께 알려 준다.

세특 예시

교과 융합 활동으로 평소 관심을 가지고 있던 천문학을 수업 시간에 배운 이차곡선과 연결 지어 학술조사를 진행함. '천문학 아는 척하기(제프 베컨)'에서 알게 된 과학 지식을 바탕으로 혜성의 의미와 특징을 소개함. 또한 대표적인 혜성과 관련 영상을 통해 포물선 운동하는 과정과 그 이유를 차근차근 설명함. 혜성의 운동 상태를 그래프로 표현한 뒤 이차함수식으로 나타내고 이심률의 의미와 포물선의 이심률에 대한 개념을 확장하여 탐구함. 또한 조사한 내용을 카드뉴스 형식으로 정리하여 학급 게시판에 부착하고 학급원들에게 지식나눔 활동을 진행함.

[10공수1-02-05] • • •

이차함수의 그래프와 직선의 위치 관계를 판단할 수 있다.

➡ 빛은 직진하다 거울이나 수면 등에 닿게 되면 반사하게 되는데 입사각과 반사각이 같은 성질을 '반사의 법칙'이라고 한다. 이때 입사각은 입사 광선이 바닥면과 이루는 각을 의미하며 반사각은 반사 광선이 바닥면과 이루는 각을 의미한다. 임의의 위치에서 포물면 안쪽(내부)에 광선을 비추면 그 광선은 포물면에 반사되어 포물선의 초점을 반드시 지난다. 포물선에 빛을 비추었을 때 나타나는 광학적 성질이 성립하는 이유를 증명하고 포물선에서 나타나는 빛의 성질이 활용된 사례를 탐구해 보자.

관련 학과 물리학과, 수학과

《**수학의 계절 기하 이차곡선**》, 최남수, 사계절출판사(2019)

[10공수1-02-06]

이차함수의 최대, 최소를 탐구하고, 이를 실생활과 연결하여 유용성을 인식할 수 있다.

실험용 물 로켓은 용기에 든 물을 뿜으며 생기는 추진력으로 포물선 형태로 날아가게 된다. 비슷한 원리로 공을 던질 때나 분수대의 물줄기 등도 이차함수를 이용하여 설명할 수 있다. 또한 군사학에서 사용되는 탄도미사일 역시 포물선 형태로 날아가 적을 타격하게 된다. 로켓의 추진력으로 가속되어 포물선 궤도를 그리며 날아가는 탄도미사일의 구성과 운동 원리 등을 탐구해 보자.

관련 학과   대기과학과, 물리학과, 수학과, 지구환경과학과, 천문우주학과

로켓의 과학적 원리와 구조
데이비드 베이커, 엄성수 역, 하이폰(2021)

책 소개

이 책은 대한민국이 최초로 독자 개발한 발사체 누리호와 관련하여 로켓을 작동시키는 기본적 기술 원리와 구조를 설명하고 있다. 또한 초기 로켓들의 개발과 발전의 역사와 더불어 지금까지의 로켓 발전 현황을 소개하고 있다. 풍부한 삽화와 사진, 그림 자료를 통해 내용을 쉽게 풀어내고 있으며 인류의 우주탐사, 로켓의 역사와 성능, 각 로켓에 적용된 기술과 디자인을 한눈에 보여 준다.

세특 예시

이차함수의 최대와 최소를 학습한 뒤 실생활 연계 활동으로 평소 관심을 가지고 있던 로켓과 탄도미사일을 주제로 선택함. '로켓의 과학적 원리와 구조(데이비드 베이커)'를 읽고 로켓의 원리와 구조를 정리하고 누리호 발사가 우리나라 항공 분야에 미친 영향을 설명함. 로켓의 포물선 운동에서 최대의 의미를 차근차근 설명하고 로켓을 이용한 탄도미사일의 원리를 단계별로 인포그래픽으로 표현함. 로켓의 개발은 그 국가의 과학기술을 대표하며, 이를 위해서는 기초과학에 대한 연구와 지원이 전제되어야 한다고 설명함.

[10공수1-02-07]

간단한 삼차방정식과 사차방정식을 풀 수 있다.

방정식 $x^n = 1$의 모든 해를 구하기 위해서는 복소수 범위까지 확장해야 한다. $x^n = 1$ 형태의 방정식에서 $x^2 = 1$이나 $x^4 = 1$처럼 짝수 차수 방정식의 해를 구하는 것은 상대적으로 어렵지 않다. 그러나 $x^3 = 1$이나 $x^5 = 1$, $x^7 = 1$과 같이 홀수 차수의 방정식의 해를 구하는 것은 쉽지 않다. 방정식 $x^n = 1$의 해를 구하려면 복소수와 관련한 복소평면, 극좌표에 대한 이해가 필요하다. 방정식 $x^n = 1$의 해를 구할 수 있는 방법에 대해 탐구해 보자.

관련 학과   물리학과, 수학과

《핵심 벡터와 복소수 분석》, 선우 준, 퍼플(2015)

[10공수1-02-08]

미지수가 2개인 연립이차방정식을 풀 수 있다.

보간법이란 알고 있는 데이터 값들을 이용하여 모르는 값을 추정하는 방법의 한 종류이다. 그중 다항식 보간법

은 다항식의 차수에 따라 1차, 2차, 3차 등으로 나뉜다. n+1개의 데이터 값을 만족하는 n 이하의 차수를 갖는 함수 $f(x) = a_0 + a_1 x + a_2 x^2 + \cdots + a_n x^n$은 유일하게 존재한다는 점을 활용한다. 서로 다른 세 점이 주어졌을 때, 이차함수의 식을 찾고 함수 위의 다른 점을 찾을 수 있는 2차 보간법의 방법을 탐구해 보자.

관련 학과 물리학과, 수학과, 통계학과

《**수학은 어떻게 세상을 디자인하는가**》, 마이클 슈나이더, 이충호 역, 경문사(2023)

[10공수1-02-09] • • •

미지수가 1개인 연립일차부등식을 풀 수 있다.

➡️ 미지수가 2개인 연립일차방정식은 가감법, 소거법 등을 통해 어렵지 않게 해결할 수 있다. 그런데 미지수가 3개 이상이고 방정식이 3개 이상이면 이를 해결하는 것이 간단하지 않다. 이를 해결하는 일반적인 방법으로 행렬을 이용해 연립일차방정식의 해를 구하는 가우스 소거법이 활용된다. 행렬과 가우스 소거법을 이용해 미지수가 3개 이상인 연립일차방정식을 해결해 보자.

관련 학과 물리학과, 수학과, 통계학과

《**이야기 수학 교과서 3: 수와 식 행렬 지수 로그**》, 방승희, 교우사(2013)

[10공수1-02-10] • • •

절댓값을 포함한 일차부등식을 풀 수 있다.

➡️ 전자기파는 전기장과 자기장의 진동 양상이 공간에서 진행하는 파동을 의미한다. 전자기파는 파장의 길이에 따라 다른 성질을 가지므로, 비슷한 성질을 가진 구간을 정해 이를 분류하고 있다. 파장이 긴 영역부터 라디오파, 마이크로파, 적외선, 가시광선, 자외선, X선, 감마선이라고 한다. 전자기파의 파장을 부등식으로 표현하고 각각의 특징을 정리해 보자

관련 학과 대기과학과, 물리학과, 수학과, 지구환경과학과, 천문우주학과, 화학과

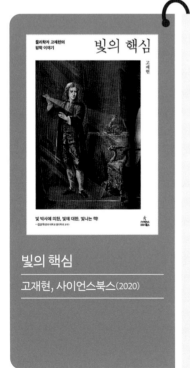

빛의 핵심

고재현, 사이언스북스(2020)

책 소개

이 책은 빛의 의미와 빛에 기초한 광학 기술의 현재 모습을 알기 쉽게 안내해 준다. 우주의 초기부터 존재해 왔던 빛은 우리의 삶과 직접적인 관련을 가지고 있다. 이런 빛에 대한 과학적 이론과 성질을 소개하고 있으며, 지구의 궤도, 먼 별이나 은하가 보내는 빛, 빅뱅의 잔해인 마이크로파 배경 복사 등 지구로 쏟아지는 온갖 종류의 전자기파를 측정하는 다양한 우주 망원경에 대해서도 알려 준다.

세특 예시

부등식에 대한 이론을 학습한 뒤 부등식을 실생활에 연계한 사례를 찾는 활동을 진행함. 부등식을 이용해 전자기파를 파장의 길이에 따라 나누고 파장이 긴 영역부터 그 성질을 표로 정리함. '빛의 핵심(고재현)'을 활용해 우리 주변에서 볼 수 있는 다양한 전자기파를 제시하고 각각의 고유한 성질과 활용 사례를 발표함. 또한 다양한 전자기파를 측정하는 다양한 광학 망원경을 소개하면서 자신의 관심사를 드러냄.

[10공수1-02-11] ● ● ●

이차부등식과 이차함수를 연결하여 그 관계를 설명하고, 이차부등식과 연립이차부등식을 풀 수 있다.

➡ 포물면은 이차원의 포물선을 삼차원으로 확장한 개념으로 타원포물면, 쌍곡포물면, 회전포물면 등이 있다. 포물선은 x, y 두 미지수로 구성된 평면도형이라면, 포물면은 x, y, z 세 미지수로 구성된 입체도형으로 다양한 형태가 있다. 예를 들어 타원포물면의 경우 X축이나 Y축에 수직인 평면의 단면은 항상 포물선이지만 Z축에 수직인 평면의 단면은 타원이 된다. 포물선을 삼차원으로 확장한 포물면에 대하여 탐구해 보자.

`관련 학과` 물리학과, 수학과, 천문우주학과

《틀을 깨는 기발한 수학: 이차곡선/평면벡터/공간도형/공간좌표》, 오종국, 안투지배(2021)

단원명 | 경우의 수

| 🔍 | 합의 법칙, 곱의 법칙, 경우의 수, 순열, 순열의 수, 조합, 조합의 수

[10공수1-03-01] ● ● ●

합의 법칙과 곱의 법칙을 이해하고, 적절한 전략을 사용하여 경우의 수와 관련된 문제를 해결할 수 있다.

➡ 스마트폰에는 전화번호, 사진 등의 개인정보가 담겨 있어 보안이 매우 중요하다. 스마트폰 보안으로 주로 사용되는 방식은 '4자리 숫자' 암호와 '패턴 암호'가 있다. 4자리 숫자 암호 방식은 0000부터 9999까지의 4자리 숫자를 입력하는 방식이며, 패턴 암호 방식은 3개씩 3줄로 나열된 9개의 점에서 4개 이상의 점을 임의로 연결하는 방식이다. 4자리 숫자 암호 방식의 경우의 수와 비교하여 패턴 암호 방식의 경우의 수를 탐구해 보자.

`관련 학과` 수학과, 통계학과

《틀을 깨는 기발한 수학: 경우의수/순열조합/이항정리/확률/통계》, 오종국, 안투지배(2022)

[10공수1-03-02] ● ● ●

순열의 개념을 이해하고, 순열의 수를 구하는 방법을 설명할 수 있다.

➡ 뉴클레오타이드는 DNA와 RNA의 기본적인 구조 역할을 하는 유기 분자로 지구상의 모든 생명체를 책임지는 구성요소이다. 그중 DNA는 네 가지 종류의 염기를 갖는 이중 나선 구조의 물질로 A(아데닌), C(사이토신), G(구아닌), T(타이민)으로 구성된다. 이때 염기 3개가 모여 하나의 아미노산을 만들게 되는데, UUC, CUA, AUG CGU 등 다양한 형태로 나타나게 된다. 이런 3개의 염기 조합은 특정 아미노산을 결정하고, 이를 통해 만들어지는 단백질의 종류로 유전 정보가 결정된다. 3개의 염기 조합으로 만들 수 있는 경우의 수를 구하고 염기 배열 정보를 파악하는 인간 게놈 프로젝트에 대해 탐구해 보자.

`관련 학과` 농생물학과, 동물자원과학과, 미생물학과, 분자생물학과, 생명과학과, 생물학과, 수산생명의학과, 식물자원학과

《장애와 유전자 정치》, 앤 커·톰 셰익스피어, 김도현 역, 그린비(2021)

[10공수1-03-03] ● ● ●

조합의 개념을 이해하고, 조합의 수를 구하는 방법을 설명할 수 있다.

➡️ 커스터마이징은 생산자가 손님의 요청에 따라 제품을 만들어 주는 일종의 맞춤 제작 서비스를 의미한다. 햄버거나 샌드위치의 경우 빵 종류와 크기, 각종 채소, 치즈, 소스 등을 직접 선택하여 주문하면 나만의 맞춤 메뉴로 만들어 준다. 햄버거나 샌드위치뿐 아니라 음료나 케이크 등 다양한 음식 주문에 커스터마이징이 활용된다. 커스터마이징 시스템을 도입한 브랜드를 찾아 해당 매장의 주문 가능한 경우의 수를 찾아보고 커스터마이징의 특징을 탐구해 보자.

관련 학과 수학과, 식품영양학과, 외식산업학과, 통계학과

《인사이드 안드로이드 OS》, 블레이크 마이크·래리 쉬퍼, 류진훈 역, 위키북스(2022)

단원명 | 행렬

| 🔍| 행렬, 행, 열, 성분, $m \times n$ 행렬, 정사각행렬, 영행렬, 단위행렬, 행렬의 연산, 행렬의 덧셈, 행렬의 뺄셈, 행렬의 곱셈, 행렬의 실수배

[10공수1-04-01] • • •

행렬의 뜻을 알고, 실생활 상황을 행렬로 표현할 수 있다.

➡️ 문서 단어 행렬(Document-Term Maxtrix, DTM)은 서로 다른 문서의 모든 단어의 출현 빈도수를 행렬로 표현한 것이다. 문서 단어 행렬은 다수의 문서 데이터에 대한 BoW(Bag of Words)를 행렬로 표현하여 문서에 나타나는 특정 단어의 빈도수를 확인할 수 있게 해 준다. 이를 통해 특정 단어가 나타나는 정도를 파악하거나 문서 간의 유사도를 설명할 수 있다. 단어의 빈도를 확인하는 용도로 활용되는 단어 행렬을 탐구해 보자.

관련 학과 수학과, 통계학과

《모두의 인공지능 기초 수학》, 서지영, 길벗(2020)

[10공수1-04-02] • • •

행렬의 연산을 수행하고, 관련된 문제를 해결할 수 있다.

➡️ 마르코프 체인은 미래의 상태가 현재 상태에 의존한다는 특성을 활용한 개념으로 과학 분야부터 의료 진단, 마케팅에 이르기까지 다양한 분야에 활용된다. 또한 미래의 날씨를 분석할 수 있는데 이때 사용하는 개념이 행렬이다. 맑은 날의 다음 날 맑을 확률은 80%이고 흐린 날의 다음 날 흐릴 확률은 20%라고 할 때, 오늘 날씨와 내일 날씨의 관계를 행렬로 표현해 보자. 또한 마르코프 체인을 이용하여 다음 주의 날씨를 예측할 수 있는 방법을 탐구해 보자.

관련 학과 대기과학과, 수학과, 지구환경과학과, 천문우주학과, 통계학과

《코딩수학으로 배우는 파이썬 3》, 강승윤 외 3명, 지오북스(2023)

국어 교과군

영어 교과군

수학 교과군

도덕 교과군

사회 교과군

과학 교과군

공통 과목	수능	공통수학2	절대평가	상대평가
	X		5단계	5등급

단원명 | 도형의 방정식

| 🔍 | 두 점 사이의 거리, 내분점, 외분점, 중점, 직선의 방정식, 두 직선의 평행 조건과 수직 조건, 점과 직선 사이의 거리, 원의 방정식, 반지름, 원의 중심, 원과 직선의 위치 관계, 접선, 접점, 접한다, 두 점에서 만난다, 만나지 않는다, 접선의 방정식, 평행이동, 원점, x축, y축, 직선 $y = x$에 대한 대칭이동

[10공수2-01-01] ●●●

선분의 내분을 이해하고, 내분점의 좌표를 계산할 수 있다.

➡ 지레는 막대의 한 점을 받치고 받침점을 중심으로 물체를 움직이는 장치로 적은 힘을 들여 큰 힘을 낼 수 있다. 이때 활용되는 지렛대의 원리는 내분점, 외분점과 관련되며 거리와 무게(힘의 크기)를 이용해 등식을 세울 수 있다. 지렛대의 한쪽 끝에 힘이 가해지면 다른 쪽 끝에 하중이 가해져 큰 힘을 낼 수 있게 된다. 받침점과 힘점, 작용점의 위치에 따라 1종 지레, 2종 지레, 3종 지레로 나뉘며 그 용도가 조금씩 다르다. 1종 지레, 2종 지레, 3종 지레의 특징과 차이를 비교하고 대표적인 사례를 탐구해 보자.

관련 학과 동물자원과학과, 물리학과, 생명과학과, 생물학과, 수학과, 천문우주학과, 화학과

《구름의 무게를 재는 과학자》, 다비드 카예, 유아가다 역, 북스힐(2022)

[10공수2-01-02] ●●●

두 직선의 평행 조건과 수직 조건을 탐구하고 이해한다.

➡ 보로노이 다이어그램은 평면 위에 주어진 시드점 $p_1, p_2, \cdots, p_n$에 대하여 가장 가까운 p_i를 중심으로 평면을 분할한 다이어그램을 말한다. 보로노이 다이어그램은 주어진 시드점에 대한 수직이등분선을 이용해 작도하며 그 결과 보로노이 다각형이 생긴다. 한편 들로네 삼각분할은 평면 위의 점들을 삼각형으로 연결하여 분할할 때, 삼각형들의 내각의 최솟값이 최대가 되도록 하는 분할 방법이다. 들로네 삼각분할과 보로노이 다이어그램은 서로 쌍대 관계로 어느 하나를 알면 다른 하나도 곧바로 구할 수 있다. 보로노이 다이어그램과 들로네 삼각분할의 작도 방법과 특징을 정리하고 둘의 관계를 탐구해 보자.

관련 학과 물리학과, 수학과, 통계학과, 화학과

《알고리즘 세계에 뛰어들기》, 브래드포드 턱필드, 이재익 역, 에이콘출판(2023)

[10공수2-01-03] ●●●

점과 직선 사이의 거리를 구하고, 관련된 문제를 해결할 수 있다.

➡ 페르마 포인트는 삼각형의 세 꼭짓점과 해당 점 사이의 거리의 총합이 최소가 되는 점을 의미한다. 페르마가

토리첼리에게 보낸 편지에서 처음으로 제기되었고, 이를 토리첼리가 해결하면서 토리첼리 점이라고도 불린다. 표면 장력은 액체 표면이 최소 면적을 가지기 위한 힘의 성질로 비눗방울 실험을 통해 확인할 수 있는데, 이는 페르마 포인트와 관련된다. 삼각형에서 페르마 포인트의 성질을 조사하고 이를 표면 장력과 관련지어 탐구해 보자.

관련 학과 물리학과, 수학과, 지구환경과학과, 천문우주학과, 화학과

《매스매틱스 4: 페르마, 뉴턴 편》, 이상엽, 길벗(2023)

[10공수2-01-04] •••

원의 방정식을 구하고, 그래프를 그릴 수 있다.

➡ 진원은 지진이 발생하면서 처음으로 에너지가 방출되는 지점이고, 진앙은 진원에서 연직으로 지표면과 만나는 지점이다. 3개의 지진관측소에서 진앙까지의 거리를 알고 나면 진앙의 정확한 위치를 추정할 수 있다. 각각의 지진관측소에서 진앙까지의 거리를 반지름으로 하는 동심원을 그려 세 개의 원이 교차하는 지점을 진앙의 위치로 추정하게 된다. 원의 방정식을 활용하여 지진이 일어난 진원과 진앙의 위치를 찾는 방법을 상세하게 탐구해 보자.

관련 학과 대기과학과, 물리학과, 수학과, 지구환경과학과, 천문우주학과, 해양학과

지진과 화산 쫌 아는 10대

이지유, 풀빛(2021)

책 소개

이 책은 지진의 규모와 지진계의 원리, 지진파를 해석하는 방법 등 지진에 대한 과학적 지식을 제공하고 있다. 지구가 태어난 시기부터 시작해 지구의 내부 구조를 차례로 설명하고 대륙이동설과 판구조론을 소개한다. 또한 지각의 움직임으로 지진과 화산 활동이 일어나는 과정, 그로 인한 암석과 광물, 지진과 화산 활동을 통해 땅속과 땅 위를 끊임없이 순환하는 이치도 설명하고 있다.

세특 예시

진로 연계 독서활동으로 '지진과 화산 쫌 아는 10대(이지유)'를 선정하여 지진과 화산에 대한 기본적인 배경지식과 지구의 내부 구조, 대륙이동설과 판구조론을 소개함. 지진파의 종류와 진원, 진앙의 의미를 제시하고, 지진파를 통해 지진이 발생한 위치를 추정하는 방법을 원의 방정식을 활용하여 설명함. 원이 거리가 같은 점들의 집합이라는 사실을 근거로 진앙의 위치를 찾는 방법을 그림으로 제시하여 학급원들이 쉽게 이해할 수 있도록 발표함. 또한 좌표와 방정식을 이용하면 위치 계산과 추정이 간결해진다는 사실을 덧붙임.

[10공수2-01-05] •••

좌표평면에서 원과 직선의 위치 관계를 판단하고, 이를 활용하여 문제를 해결할 수 있다.

➡ 일본의 기상학자 후지와라 사쿠헤이의 이름을 딴 '후지와라 효과'는 두 개의 태풍이 인접한 곳에 위치할 경우 서로의 이동 경로나 세력에 영향을 미치는 현상을 말한다. 후지와라 효과에 의해 두 태풍은 서로 끌어당기며

반시계 방향으로 회전하거나 함께 이동하는 등 여러 가지의 운동 형태를 나타낸다. 또한 태풍 진로가 바뀌거나 작은 규모의 태풍이 큰 태풍에 흡수되기도 하는데, 최악의 경우 두 태풍이 합쳐져 더 거대한 태풍이 되기도 한다. 태풍의 형태를 원의 방정식으로 나타내고 후지와라 효과와 관련한 과거 태풍의 경로 사례를 탐구해 보자.

관련 학과 대기과학과, 물리학과, 수학과, 지구환경과학과, 천문우주학과, 해양학과

《**기상 예측 교과서**》, 후쿠카와 다케히코·오키 하야토, 신찬 역, 보누스(2020)

[10공수2-01-06] •••

평행이동을 탐구하고, 실생활과 연결하여 문제를 해결할 수 있다.

➡️ 방사대칭은 생물체가 몸의 중심을 지나는 3개 이상의 면(대칭면)에 의해 똑같은 2개의 부분으로 나눌 수 있는 구조이다. 좁은 의미로는 몸이 구형이어서 몸의 중심점을 지나는 어떤 면으로 잘라도 서로 같은 반으로 나눌 수 있는 경우를 가리킨다. 방사대칭 형태를 가진 해면동물(예: 해면), 강장동물(예: 해파리), 극피동물(예: 불가사리)을 묶어 방사대칭 동물로 분류하기도 한다. 방사대칭 형태인 생물체를 조사하고 방사대칭 형태가 가진 특징을 탐구해 보자.

관련 학과 농생물학과, 동물자원과학과, 미생물학과, 분자생물학과, 생명과학과, 생물학과, 수산생명의학과, 식물자원학과, 원예학과, 조경학과, 지구환경과학과, 해양학과

《**바다 생물 콘서트**》, 프라우케 바구쉐, 배진아 역, 흐름출판(2021)

[10공수2-01-07] •••

원점, x축, y축, 직선 $y = x$에 대한 대칭이동을 탐구하고, 실생활과 연결하여 문제를 해결할 수 있다.

➡️ 카이랄성(chirality)은 거울상 대칭으로 서로 겹쳐질 수 없는 분자 구조로 분자 비대칭성, 키랄성, 손대칭성이라고도 불린다. 카이랄성을 설명하는 쉬운 예로 거울상 대칭인 양손은 두 손을 아무리 돌리거나 방향을 바꾸어도 서로 겹쳐지지 않는다. 아미노산이나 당류를 비롯한 생물의 많은 분자가 카이랄성을 지니고 있어 카이랄성은 분자 구조의 중요한 특성이다. 카이랄성의 의미와 특징을 조사하고 카이랄성을 가지는 분자 구조의 예를 탐색해 보자.

관련 학과 농생물학과, 동물자원과학과, 분자생물학과, 생명과학과, 생물학과, 화학과, 환경학과

《**화학으로의 초대**》, 사키카와 노리유키, 박면용 역, 전파과학사(2023)

단원명 | 집합과 명제

> 🔍 집합, 원소, 공집합, 집합의 포함관계, 부분집합, 진부분집합, 서로 같은 집합, 교집합, 합집합, 차집합, 여집합, 명제, 조건, 진리집합, 조건, 결론, 부정, 모든, 어떤, 역, 대우, 참과 거짓, 충분조건, 필요조건, 포함관계, 정의, 증명, 정리, 반례, 절대부등식

[10공수2-02-01] •••

집합의 개념을 이해하고, 집합을 표현할 수 있다.

➡️ 생물 분류(생물학 과학 분류)는 생물을 비슷한 종류별로 묶고, 생물학적 성격에 따라 유기체들을 계통화하는 방법

이다. 생물의 진화 과정과 생물 간의 멀고 가까운 관계를 밝히는 것이 주된 목적이며, 같은 분류 내에서는 비슷한 생물학적 특징이 나타난다. 생물 분류는 종⊂속⊂과⊂목⊂강⊂문⊂계 순으로 묶을 수 있으며 예시로 호랑이(종)⊂표범속⊂고양이과⊂식육목⊂포유강⊂척삭동물문⊂동물계를 들 수 있다. 집합의 개념을 이용하여 생물 분류를 자세하게 탐구해 보자.

관련 학과 농생물학과, 동물자원과학과, 미생물학과, 분자생물학과, 생명과학과, 생물학과, 수산생명의학과, 식물자원학과, 원예학과, 조경학과, 축산학과, 해양학과

《**TB 편입생물3: 식물/생태/분류/진화**》, 최성윤, 위스토리(2020)

[10공수2-02-02]   • • •

두 집합 사이의 포함관계를 판단할 수 있다.

➡ 건강기능식품은 일상 식사에서 결핍되기 쉬운 영양소 또는 인체에 유용한 기능을 가진 원료나 성분을 사용하여 제조한 것으로 건강 유지에 도움을 주는 식품이다. 식품의약품안전처는 동물 시험, 인체 적용 시험 등 과학적 근거를 평가하여 기능성 원료를 인정하고 있으며 이러한 기능성 원료로 만든 제품이 바로 건강기능식품이다. 주변에서 볼 수 있는 건강기능식품의 예를 찾아보고 건강기능식품을 건강식품 및 의약품과 비교하여 특징을 탐구해 보자.

관련 학과 농생물학과, 동물자원과학과, 미생물학과, 분자생물학과, 산림학과, 생명과학과, 생물학과, 수산생명의학과, 식물자원학과, 식품영양학과, 외식산업학과, 원예학과, 축산학과, 해양학과, 화학과

《**이해하기 쉬운 건강기능식품**》, 박희정 외 5명, 파워북(2019)

[10공수2-02-03]   • • •

집합의 연산을 수행하고, 벤다이어그램을 이용하여 나타낼 수 있다.

➡ 벤다이어그램은 집합을 원, 타원, 직사각형 등의 그림으로 나타낸 것으로 이를 통해 집합 사이의 관계를 쉽게 설명할 수 있다. 고등학교 수학 과정에서는 세 집합에 대한 관계를 원 3개를 겹쳐 벤다이어그램으로 표현하며 총 8개의 영역으로 나뉜다. 집합의 개수를 4개로 늘리게 되면 총 16개의 영역으로 나뉘는데 4개의 집합에 대한 벤다이어그램의 모양을 고안해 보자. 또한 $n(A \cup B \cup C)$에 대한 공식을 $n(A \cup B \cup C \cup D)$로 확장하는 방법을 탐구해 보자.

관련 학과 물리학과, 수학과, 통계학과

《**천재들이 만든 수학퍼즐 17-존 벤이 들려주는 벤다이어그램**》, 임청묵, 자음과모음(2008)

[10공수2-02-04]   • • •

명제와 조건의 뜻을 알고, '모든', '어떤'을 포함한 명제를 이해하고 설명할 수 있다.

➡ 원산지 표시란 공정한 거래 질서의 확립과 생산자 및 소비자 보호를 위해 해당 물품이 어떤 나라에서 재배, 사육, 제조, 가공된 것인지에 대해 표기하는 것을 말한다. 2017년부터 법적으로 농수산물 원료의 원산지가 대한민국인 경우 국산 또는 국내산으로 표기할 수 있다. 국내산의 의미는 농산물, 수산물, 축산물 등에 따라 기준이 조금씩 다르며, 소고기, 돼지고기, 닭고기에 대해서도 기준이 다르다. '국내산 축산물은 국내에서 태어난 축산물이다'라는 명제에 대한 진위 여부를 판정해 보자.

관련 학과 농생물학과, 동물자원과학과, 분자생물학과, 산림학과, 생명과학과, 생물학과, 수산생명의학과, 식물자원학과, 식품영양학과, 외식산업학과, 원예학과, 축산학과, 해양학과

책 소개

이 책은 역내포괄적경제동반자협정(RCEP)에 가입함에 따라 2022년 체결·발효된 FTA에 대해 소개하고 있다. 우리나라 기업이 수출입하는 물품과 관련해 FTA 원산지 규정의 적용 범위에 대해 설명하고 있다. 저자는 관세행정 실무자로 FTA 원산지 규정의 집행 업무를 직접 수행한 경험과 대학의 무역학과에 출강한 경험을 토대로 FTA 원산지 규정과 FTA 원산지 상품의 수출입 통관, 관세 법령 등을 제시하고 있다.

세특 예시

명제의 조건과 결론의 의미를 이해하고 명제를 직접 만드는 활동을 진행함. 평소 관심을 가지고 있던 농산물, 수산물, 축산물의 원산지 표기에 대한 자료를 수집하고 'FTA원산지 이야기(김용태)'를 활용해 FTA 원산지 규정에 대해 정리함. 이를 활용하여 '모든 국내산 축산물은 국내에서 태어난 축산물이다'라는 명제를 만들고 원산지 표기에 대한 규정을 바탕으로 명제의 반례를 제시함. 또한 농산물과 수산물에서는 규정이 어떻게 달라지는지 정리하면서 원산지와 관련된 자신의 관심을 드러냄.

FTA원산지 이야기

김용태, 두남(2022)

[10공수2-02-05] • • •

명제의 역과 대우를 이해하고 설명할 수 있다.

➡ 베르그만의 법칙은 체온을 일정하게 유지하는 항온동물에서 같은 종일 경우 추운 곳에 살면 일반적으로 몸의 크기가 크다는 법칙이다. 추운 곳에 사는 항온동물은 체온을 유지하기 위해 주변에 발산되는 몸의 열을 최소화한다. 반대로 더운 곳에 사는 항온동물은 물질대사 활동에 의해 발생하는 열을 주변으로 발산해야 한다. 한편 알렌의 법칙은 추운 곳에 사는 항온동물이 따뜻한 곳에 사는 항온동물보다 귀, 코, 팔, 다리와 같은 몸의 말단 부위가 작다는 법칙이다. 베르그만의 법칙과 알렌의 법칙을 활용한 명제를 만들고 베르그만의 법칙과 알렌의 법칙에 대해 탐구해 보자.

관련 학과 동물자원과학과, 분자생물학과, 생명과학과, 생물학과, 지구환경과학과, 축산학과, 해양학과, 환경학과

《나의 첫 생태도감: 동물 편》, 최순규·박지환, 지성사(2016)

[10공수2-02-06] • • •

충분조건과 필요조건을 이해하고 판단할 수 있다.

➡ 혈액형을 구분하는 대표적인 방법으로 ABO식 분류법이 있다. A와 B는 우성이고 O는 열성이기 때문에 BO조합은 B형으로, AO조합은 A형으로 분류된다. 이런 원리에 따르면 AB형과 B형 사이에서 태어난 아기는 O형이 될 수 없다. 그런데 AB형과 B형 사이에서 O형 아기가 태어나기도 한다. 그 이유는 시스-AB형(Cis-AB)이 존재하기 때문이다. 시스-AB형은 부모 중 한쪽에서 AB형에 가까운 독특한 유전 형질을 물려받아 형성되는 혈액형이다. AB형과 B형 사이에서 나올 수 있는 혈액형을 명제를 이용해 설명하고, 예외 경우에 해당하는 시스-AB형에 대해 탐구해 보자.

관련 학과 분자생물학과, 생명과학과, 생물학과, 수산생명의학과

《혈액형 의학의 체질이야기 4》, 조대일, 다사랑(2008)

대우를 이용한 증명법과 귀류법을 이해하고 관련된 명제를 증명할 수 있다.

➡️ 콜라츠 추측(Collatz conjecture)은 수학에서 아직 해결되지 않은 문제 중 하나이다. 1937년 처음으로 추측을 제기한 로타르 콜라츠의 이름을 딴 것으로, 3n+1 추측, 울람 추측, 우박 수열 등 여러 이름으로 불린다. 콜라츠 추측은 임의의 자연수에서 시작하여 짝수라면 2로 나누고, 홀수라면 3을 곱하고 1을 더한다. 이런 조작을 거치면 항상 1이 된다는 추측으로, 예를 들어 6에서 시작하면 6, 3, 10, 5, 16, 8, 4, 2, 1이 된다. 오랜 시간 수학자들이 많은 숫자들에 대해 콜라츠 과정을 실험했고, 수많은 시뮬레이션과 컴퓨터 계산을 통해 성립함을 확인하였지만 아직도 모든 자연수에 대한 증명은 발견되지 않고 있다. 이런 상황에서 콜라츠 추측을 옳은 증명으로 인정해야 할지 자신의 의견을 제시해 보자.

관련 학과 물리학과, 수학과, 통계학과

《위대한 수학문제들》, 이언 스튜어트, 안재권 역, 반니(2013)

절대부등식의 뜻을 알고, 간단한 절대부등식을 증명할 수 있다.

➡️ 절대부등식은 미지수의 값에 상관없이 항상 성립하는 부등식인 반면 조건부등식은 어떤 특정한 값일 때만 성립하는 부등식이다. 산술평균과 기하평균, 조화평균 사이에는 절대부등식이 성립하는데 이를 증명하는 방법에는 여러 가지가 있다. 대표적으로 수식을 이용하여 직접 증명하는 방법과 반원 위의 선분 길이를 비교하는 방법, 사각형의 넓이를 이용하는 방법 등이 있다. 다양한 증명 방법을 활용하여 산술평균과 기하평균, 조화평균 사이의 관계를 설명해 보자.

관련 학과 물리학과, 수학과, 천문우주학과, 통계학과

《코시가 들려주는 부등식 이야기》, 정완상, 자음과모음(2010)

단원명 | 함수와 그래프

🔍 함수, 함수의 뜻, 그래프, 정의역, 공역, 치역, 일대일함수, 일대일대응, 합성함수, 합성함수의 성질, 역함수, 역함수의 성질, 유리식의 덧셈과 뺄셈, 유리함수, 무리식의 덧셈과 뺄셈, 무리함수

함수의 개념을 설명하고, 그 그래프를 이해한다.

➡️ 반감기란 어떤 계에 들어 있는 특정 방사성 물질의 양이 처음의 반으로 줄어드는 데 걸리는 시간을 의미한다. 반감기는 주로 핵물리학에서 원자의 핵분열 속도를 측정하는 용도로 사용하였으나, 지질학이나 고고학에서 지질 연대를 측정하는 데도 많이 이용된다. 비교적 반감기가 짧은 우주 기원 핵종으로 탄소(C), 베릴륨(Be), 요오드(I), 염소(Cl)가 있는데, 그중 탄소(C)가 고고학이나 지질학에 많이 이용되고 있다. 반감기와 관련된 그래프를 해석하고 탄소가 지질 연대 측정에 활용되는 원리를 탐구해 보자.

관련 학과 대기과학과, 물리학과, 수학과, 지구환경과학과, 천문우주학과, 통계학과, 화학과

제4기 지질시대 연대측정방법

마이크 워커, 이관홍 외 2명 역,
문우사(2016)

책 소개

이 책은 지질의 연대를 측정하는 방법과 관련한 정보를 제공하고 있으며 이와 관련해 방사성 연대 측정법을 소개하고 있다. 원자 구조, 방사성과 방사성 연대 측정, 층서학적 프레임과 전문 용어를 서두에 제시하고 방사성 탄소 연대 측정법의 원리와 적용 사례, 오차 발생 원인, 보정 방법 등을 설명하고 있다. 또한 아르곤, 우라늄 계열 연대 측정 방법, 우주선 핵종 연대 측정 방법을 싣고 있다.

세특 예시

함수의 개념과 그래프를 학습한 뒤 진로 분야의 함수 그래프 탐색 활동을 진행함. 평소 관심을 가지고 있는 지질 분야와 관련해 반감기 그래프를 주제로 정하고 반감기 그래프에 대한 내용으로 보고서를 작성함. '제4기 지질시대 연대 측정방법(마이크 워커)'을 참고하여 방사성 연대 측정법의 의미와 과정을 정리하고 연대 측정에 사용되는 방사성 동위 원소인 탄소(C), 베릴륨(Be), 요오드(I), 염소(Cl)의 특징과 성질을 설명함. 또한 탄소를 이용한 반감기 그래프를 함수와 관련짓고 책에 소개된 보정 방법을 소개함. 마지막으로 반감기 그래프를 수식으로 제시하여 각각의 값이 의미하는 바를 논리적으로 설명함.

[10공수2-03-02] • • •

함수의 합성을 설명하고, 합성함수를 구할 수 있다.

➡ 인공강우는 대기 중의 구름에 인공적인 작용을 가해 비가 내리게 하거나 강수량을 증가시키는 방법을 의미한다. 구름은 있으나 강수가 없을 경우 인공적으로 강수 입자의 형성을 촉진시켜 원하는 특정 지역에 비가 내리도록 유도하는 방법이다. 전 세계적으로 엘니뇨와 라니냐 현상이나 지구온난화에 따른 기후변화로 이상 가뭄 현상이 지속되고 있어 인공강우가 가뭄 해소 및 대체 수자원 확보의 방안으로 주목받고 있다. 인위적인 작용을 통해 비를 내리게 하는 인공강우에 대해 탐구해 보자.

관련 학과 자연계열 전체

《**미세먼지와 인공강우**》, 김철희, 부산대학교출판문화원(2022)

[10공수2-03-03] • • •

역함수의 개념을 설명하고, 역함수를 구할 수 있다.

➡ 망원경은 두 개의 렌즈를 이용하여 먼 곳에 있는 물체를 가까이 있는 것처럼 보게 해 주는 장치이다. 볼록렌즈 또는 오목거울의 일종인 포물면 반사경으로 생긴 물체의 상을 볼록렌즈인 접안경으로 확대하여 먼 곳에 있는 물체를 크게 보이도록 한다. 사용 용도에 따라 쌍안경, 천체 망원경, 현미경 등이 있으며 대물렌즈와 접안렌즈에 사용하는 렌즈, 거울에 따라 굴절 망원경과 반사 망원경으로 나뉜다. 망원경을 합성함수, 역함수와 관련하여 설명하고 망원경의 원리를 탐구해 보자.

관련 학과 자연계열 전체

《**천체망원경은 처음인데요**》, 박성래, 들메나무(2019)

유리함수 $y = \dfrac{ax+b}{cx+d}$ 의 그래프를 그릴 수 있고, 그 그래프의 성질을 탐구한다.

➡️ 수질 오염 지표는 물속의 오염 정도를 쉽게 판단하기 위해 정해 놓은 오염물질 항목으로 pH, BOD, SS, DO, TN, TP, 플랑크톤, 저생생물, 대장균군 수 등을 중요 지표로 사용하고 있다. 수질 오염의 정도를 수치로 나타내는 방법으로 생물학적 오염 지표(BIP, Biological Index of Pollution)가 있다. 생물학적 오염 지표는 유색생물의 수가 X, 무색생물의 수가 Y일 때, $\dfrac{Y}{X+Y} \times 100\%$로 정의된다. 유리함수와 관련하여 생물학적 오염 지표에 대해 탐구해 보자.

관련 학과 농생물학과, 대기과학과, 동물자원과학과, 미생물학과, 분자생물학과, 산림학과, 생명과학과, 생물학과, 수산생명의학과, 수학과, 식물자원학과, 원예학과, 조경학과, 지구환경과학과, 축산학과, 통계학과, 해양학과, 화학과, 환경학과

《수환경 오염지표인 깔따구과 개론》, 곽인실, 전남대학교출판문화원(2015)

무리함수 $y = \sqrt{ax+b} + c$의 그래프를 그릴 수 있고, 그 그래프의 성질을 탐구할 수 있다.

➡️ 지진해일은 해저에서의 지진, 해저화산 폭발, 단층 운동 같은 급격한 지각 변동 등으로 발생하는 파장이 긴 천해파를 말한다. 지진해일의 도달 시간을 지진파와 비교하면 다소 차이가 있으며 지진해일이 발생하면 정확한 지진해일의 규모를 파악하게 된다. 지진해일의 전파 속도 vm/s와 수심 h 사이에는 $h = \dfrac{v^2}{9.8}$이 성립하고 이를 정리하면 $v = \sqrt{9.8h}$가 성립한다. 지질해일의 전파 속도식을 무리함수와 관련하여 해석하고 지진해일에 대해 탐구해 보자.

관련 학과 대기과학과, 물리학과, 수학과, 지구환경과학과, 천문우주학과, 통계학과, 해양학과

《위험한 백과사전》, 로라 불러 외 3명, 이한음 역, 비룡소(2011)

선택 과목	수능	대수	절대평가	상대평가
일반 선택	O		5단계	5등급

단원명 | 지수함수와 로그함수

| 🔍 | 거듭제곱근, 지수, 로그, (로그의) 밑, 진수, 상용로그, 지수함수, 로그함수, $\sqrt[n]{a}$, $\log_a N$, $\log N$

[12대수01-01] ●●●

거듭제곱과 거듭제곱근의 뜻을 알고, 그 성질을 이용하여 계산할 수 있다.

➡ 수를 나타내는 여러 표현 중 거듭제곱을 활용하는 방법이 있다. 거듭제곱을 활용하여 아주 큰 수나 아주 작은 수를 간단하게 표현할 수 있게 된다. 이와 같이 수를 다루는 다양한 학문에서 거듭제곱의 표현을 사용하여 식을 간단하게 나타낸 사례를 찾아보자. 또한 우리 일상생활 속에서 복잡하게 나타나는 표현을 간단하게 표현할 수 있도록 사용하는 기호도 조사하여 발표해 보자.

관련 학과 자연계열 전체

《수와 문자에 관한 최소한의 수학지식》, 염지현, 가나출판사(2017)

[12대수01-02] ●●●

지수가 유리수, 실수까지 확장될 수 있음을 이해하고, 이를 설명할 수 있다.

➡ 반감기는 방사성 물질의 양이 반으로 줄어드는 데 걸리는 시간을 의미하며, 지수함수는 이러한 변화를 수학적으로 표현하는 데 사용된다. 반감기는 물질에 따라 다르게 나타나는데, 몇 초에서 수백 년까지 다양하다. 예를 들어 탄소의 방사성 동위 원소 중 C-14의 경우 5,700년 정도의 반감기를 가진다. 반면 요오드-131의 반감기는 약 8일이다. 이처럼 물질의 반감기를 계산하는 과정에 관해 조사하여 보자. 또한 여러 분야에서 반감기를 활용하는 사례를 찾아 그 내용을 탐구하여 보고 그래프를 이용하여 발표해 보자.

관련 학과 대기과학과, 물리학과, 산림학과, 식품영양학과, 지구환경과학과, 해양학과, 화학과, 환경학과

《우리를 둘러싼 바다》, 레이첼 카슨, 김홍옥 역, 에코리브르(2018)

[12대수01-03] ●●●

지수법칙을 이해하고, 이를 이용하여 식을 간단히 나타낼 수 있다.

➡ 자연의 다양한 생명체들은 각자의 환경에 맞게 여러 형태로 증식 활동을 하고 있다. 각 생명체들이 놓인 환경과 증식 활동의 형태에 따라 개체 수의 변화를 예측해 볼 수 있을 것이다. 다양한 동식물의 증식 활동을 찾아보고, 그 개체 수의 변화와 관련된 여러 내용을 탐구하여 관련된 보고서를 작성해 보자.

관련 학과 농생물학과, 동물자원과학과, 미생물학과, 분자생물학과, 생명과학과, 생물학과, 수산생명의학과, 축산학과

《이기적 유전자》, 리처드 도킨스, 홍영남·이상임 역, 을유문화사(2018)

[12대수01-04] • • •

로그의 뜻을 알고, 그 성질을 이용하여 계산할 수 있다.

➜ 우리나라에서도 지진이 빈번하게 일어나면서 지진에 대한 관심이 높아지고 있다. 지진의 강도는 '리히터 규모'를 대표적으로 사용하고 있는데 지진의 크기를 0에서 10까지의 척도로 나타낸다. 또 다른 개념으로 '진도'를 사용하는데 이는 특정 지점에서의 지진의 세기를 나타내게 된다. 이와 같이 지진의 규모, 진도를 나타내는 방법과 그 의미를 탐구하여 보고, 에너지의 크기를 나타내는 다양한 지표들을 조사하여 발표해 보자.

관련 학과 대기과학과, 물리학과, 수학과, 지구환경과학과, 천문우주학과, 해양학과, 환경학과

《내가 사랑한 지구》, 최덕근, 휴먼사이언스(2015)

[12대수01-05] • • •

상용로그를 이해하고, 이를 실생활과 연결하여 문제를 해결할 수 있다.

➜ 어떤 용액의 산성 또는 염기성 정도를 나타내는 척도로 수소 이온 농도 pH를 활용한다. 중성인 물의 pH는 7로 그 지수가 7보다 작으면 산성, 7보다 크면 염기성을 나타낸다. pH는 식품, 화학, 환경, 의약품 등 다양한 분야에서 활용되고 있다. 각 분야에서 pH가 어떻게 활용되며, 여러 상황에서 pH 값이 갖는 의미는 무엇인지 등에 관해 탐구해 보자.

관련 학과 자연계열 전체

《이해하기 쉬운 생화학》, 변기원 외 5명, 파워북(2019)

[12대수01-06] • • •

지수함수와 로그함수의 뜻을 알고, 이를 설명할 수 있다.

➜ 전 세계가 짧지 않은 기간 동안 전염병으로 인한 팬데믹 상황에 놓여 있었다. 국내에서도 이 기간에 전염병 감염자를 관리하기 위해 많은 곳에서 노력하였으며, 이때 많이 활용된 자료 중 하나가 감염자 수 예측 자료이다. 바이러스의 확산 속도와 감염자 수 예측에 활용되는 수학적 원리를 살펴보고, 감염자 수 예측이 중요한 이유 등을 탐구하여 보자.

관련 학과 분자생물학과, 생명과학과, 생물학과

책 소개

COVID-19가 한창이던 2020년, 팬데믹 상황에서 우리나라의 과학자들이 COVID-19에 관한 다양한 연구를 하며 그 실체를 밝히기 위해 노력한 내용을 전달하고 있다. 바이러스의 침투 경로와 전파 능력, 우리의 방어 전략, 그리고 K-진단, K-방역이란 이름으로 불리며 팬데믹을 이겨 나가고자 노력한 우리의 모습을 이야기한다. 또한 사회의 위기에서 기초과학의 역할이 무엇인지 제시하고 있다.

세특 예시

팬데믹을 지나오며 억측과 소문으로 혼란스럽던 시기에 과학이 수행했던 역할에 관해 생각해 보며 '코로나 사이언스(기초과학연구원)'을 읽고 과학적

국어 교과군

영어 교과군

수학 교과군

도덕 교과군

사회 교과군

과학 교과군

코로나 사이언스

기초과학연구원(IBS),
동아시아(2021)

사실에 근거한 정확한 사실의 전달이 중요함을 다시금 알게 되었음을 이야기하며, 생명과학자를 꿈꾸는 자신이 공공의 이익과 사회의 안정적 유지를 위해 사회에서 필요로 하는 연구·개발 활동을 하겠다고 다짐하는 보고서를 작성함.

[12대수01-07] ● ● ●

지수함수와 로그함수의 그래프를 그릴 수 있고, 그 성질을 설명할 수 있다.

➡ 지수적 성장은 어떤 양이 일정한 비율로 증가하는 현상으로 박테리아의 번식, 방사성 물질의 붕괴, 전염병의 확산 등을 통해 확인할 수 있다. 자연현상에서 발견할 수 있는 지수적 성장의 내용을 찾아 지수함수 그래프로 나타내 보고 각 현상에 관해 탐구하는 보고서를 작성하여 보자.

[관련 학과] 자연계열 전체

《**수학은 어떻게 문명을 만들었는가**》, 마이클 브룩스, 고유경 역, 브론스테인(2022)

[12대수01-08] ● ● ●

지수함수, 로그함수를 활용하여 문제를 해결할 수 있다.

➡ 섬생물지리학은 생물지리학의 한 분야로, 고립된 자연 군집의 종 다양성에 영향을 미치는 영향을 조사하며, 생물종의 수를 생태계의 넓이와 서식 환경 등을 고려한 식으로 나타내고 있다. 무수히 많은 생물종이 살고 있는 우리 생태계에서 생물종의 수에 영향을 주는 여러 요소를 찾아보고, 생물종의 수 보존, 즉 생태계 보전을 위해 우리가 노력해야 하는 것에 관해 탐구하여 보자.

[관련 학과] 농생물학과, 생명과학과, 생물학과, 해양학과, 환경학과

《**우리 물고기의 생물다양성 탐구**》, 김익수, 자유아카데미(2021)

단원명 | **삼각함수**

| 🔍 | 시초선, 동경, 일반각, 호도법, 라디안, 주기, 주기함수, 삼각함수, 사인함수, 코사인함수, 탄젠트함수, 사인법칙, 코사인법칙, $\sin x, \cos x, \tan x$

[12대수02-01] ● ● ●

일반각과 호도법의 뜻을 알고, 그 관계를 설명할 수 있다.

➡ 각의 크기를 측정하는 방법에는 우리 일상생활에서 많이 사용하는 원의 한 바퀴를 360도로 나타낸 육십분법과 호의 길이를 활용하여 각도를 나타내는 호도법이 있다. 각을 나타내는 두 방법의 유래와 관계를 조사하고 두 방법의 특징과 활용되는 예를 찾아 두 측정 방법을 비교하여 발표해 보자.

[관련 학과] 자연계열 전체

《**수와 수식**》, 고미야마 히로히토, 김지애 외 2명 역, 성안당(2020)

[12대수02-03]

삼각함수의 개념을 이해하여 사인함수, 코사인함수, 탄젠트함수의 그래프를 그리고, 그 성질을 설명할 수 있다.

➡ 전자기학에서 주파수, 진동, 파동 등을 다루는 데 있어 삼각함수는 매우 중요하게 활용된다. 삼각함수의 그래프를 활용하여 파동의 진폭, 주기, 위상을 나타내고 주파수를 분석하거나 신호를 처리하는 등 전자기학의 주요 내용에서 삼각함수를 확인할 수 있다. 전자기학에서 삼각함수의 그래프가 활용되는 사례를 살펴보고, 예시를 통해 그 내용을 확인하는 탐구활동 보고서를 작성하여 보자.

관련 학과 물리학과, 수학과

《문과생도 이해하는 전기전자수학》, 야마시타 아키라, 박윤경·이현숙 역, 한빛아카데미(2017)

[12대수02-03]

사인법칙과 코사인법칙을 이해하고, 실생활 문제를 해결할 수 있다.

➡ 휴대전화나 자동차의 내비게이션 등을 활용하여 현재 사물의 위치를 파악하는 데 도움을 주는 장치가 GPS이다. GPS는 인공위성과 수신기 사이의 신호를 활용하여 물체의 위치를 계산하게 된다. GPS를 활용해 물체의 위치를 파악하는 방법을 탐구한 뒤, 이를 실생활에 활용하고 있는 예를 찾아 발표해 보자.

관련 학과 물리학과, 수학과, 천문우주학과

《수학이 일상에서 이렇게 쓸모 있을 줄이야》, 클라라 그리마, 배유선 역, 하이픈(2024)

단원명 | 수열

🔍 수열, 항, 일반항, 공차, 등차수열, 등차중항, 공비, 등비수열, 등비중항, 귀납적 정의, 수학적 귀납법, $a_n, \{a_n\}, S_n, \sum_{k=1}^{n} a_k$

[12대수03-01]

수열의 뜻을 설명할 수 있다.

➡ 황금비는 자연과 예술에서 자주 나타나는 비율로, 완벽한 조화와 아름다움을 상징하고 있다. 특히 자연에서는 해바라기, 달팽이 껍질, 나선 은하 등을 통해 황금 나선의 모습이 관찰된다. 자연 속에서 황금 나선이 자주 발견되는 이유를 조사하여 보고, 자연 속 황금 나선의 의미를 탐구하여 발표해 보자.

관련 학과 농생물학과, 미생물학과, 분자생물학과, 산림학과, 생명과학과, 생물학과, 수학과, 지구환경과학과, 천문우주학과

《자연이 만든 가장 완벽한 도형, 나선》, 외위빈 함메르, 박유진 역, 컬처룩(2018)

[12대수03-02]

등차수열의 뜻을 알고, 일반항, 첫째항부터 제n항까지의 합을 구할 수 있다.

➡ 특정 지역에서 생장한 나무들 사이에 유사한 나이테의 모습이 나타난다는 성질을 활용하여 과거의 기후나 자연현상을 연구하는 학문을 '연륜연대학'이라고 한다. 나이테를 활용하여 과거의 기후나 자연현상을 어떻게 탐

구하는지 조사하여 보고, 나이테를 활용하는 여러 분야를 조사하여 발표해 보자.

관련 학과 농생물학과, 산림학과, 생명과학과, 생물학과, 식물자원학과, 지구환경과학과

《나무는 거짓말을 하지 않는다》, 발레리 트루에, 조은영 역, 부키(2021)

[12대수03-05] ● ● ●

여러 가지 수열의 첫째항부터 제 n항까지의 합을 구하는 방법을 설명할 수 있다.

➡ 오늘날 일어나는 자연현상은 현 시대에만 일어나는 것이 아니라 과거에도 반복해서 일어났던 현상인 경우가 많다. 과거의 자연현상은 역사 기록에서 살펴볼 수 있는데, 각 나라 왕의 재위 기간을 통해 현대의 그레고리력에 근거한 날짜를 헤아리게 된다. 각 나라 왕의 재위 기간을 수열로 만들어 보고, 이를 활용하여 역사서에 기록된 여러 가지 자연현상을 찾아보는 탐구활동을 하여 보자.

관련 학과 자연계열 전체

《우리가 잘 몰랐던 천문학 이야기》, 임진용, 연암서가(2015)

[12대수03-07] ● ● ●

수학적 귀납법의 원리를 이해하고, 이를 이용하여 명제를 증명할 수 있다.

➡ 수학적 귀납법은 첫 번째 조건이 성립한다고 가정하고, 다음 조건에서도 성립함을 증명해 가는 귀납적인 증명 과정이다. 자연현상에서 나타나는 규칙적인 현상에 대해 귀납적 추론을 통해 증명하는 과정을 조사하여 보고, 수학에서 활용하는 수학적 귀납법과 비교하는 탐구활동을 진행한 뒤 보고서를 작성하여 보자.

관련 학과 자연계열 전체

《수학으로 생각하기》, 스즈키 간타로, 최지영 역, 포레스트북스(2022)

선택 과목	수능	미적분 I	절대평가	상대평가
일반 선택	O		5단계	5등급

단원명 | 함수의 극한과 연속

> | 🔍 | 함수의 극한, 수렴, 발산, 극한값, 좌극한, 우극한, 함수의 극한 성질, 함수의 극한 대소 비교, 함수의 연속, 구간, 연속함수의 성질, 최대와 최소 정리, 사잇값 정리

[12미적I-01-01] • • •

함수의 극한의 뜻을 알고, 이를 설명할 수 있다.

➡ 빗방울이 낙하할 때 처음에는 중력 때문에 빗방울의 낙하 속도가 점점 증가하게 된다. 하지만 저항력 또한 속도에 비례해 커지게 되면서 어느 순간부터 저항력과 부력의 합이 중력과 같아지게 된다. 이후 속도가 일정하게 유지되는데 이 속도를 종단속도라 한다. 공기의 저항이 없는 진공 상태라면 빗방울이 지표면에 도달하는 속도가 200~300㎧에 이르게 되겠지만, 실제로는 2~20㎧가 된다. 빗방울의 속도에 대한 그래프를 바탕으로 종단속도를 함수의 극한과 관련하여 탐구해 보자.

관련 학과 대기과학과, 물리학과, 수학과, 지구환경과학과, 천문우주학과, 화학과

《**물리·화학대백과사전**》, 사와 노부유키, 장희건 역, 동양북스(2023)

[12미적I-01-02] • • •

함수의 극한에 대한 성질을 이해하고, 함수의 극한값을 구할 수 있다.

➡ 뉴턴의 냉각법칙에 따르면 물체가 냉각되는 속도는 물체와 주변부의 온도차에 비례하며 온도 차이가 작을 때 근사적으로 활용할 수 있다. 대류에 의한 냉각 과정에서 현재 온도가 T_0인 물체는 온도가 T_1인 환경에서 온도가 T_1으로 수렴하게 된다. 실제로 방 안의 뜨거운 커피의 온도 변화를 그래프로 표현하면 지수함수 형태로 변화함을 알 수 있다. 뉴턴의 냉각법칙에 따른 커피의 온도 변화 그래프를 나타내고 함수의 극한을 이용해 그래프를 해석해 보자.

관련 학과 농생물학과, 대기과학과, 동물자원과학과, 물리학과, 미생물학과, 분자생물학과, 산림학과, 생명과학과, 생물학과, 수학과, 식물자원학과, 원예학과, 지구환경과학과, 천문우주학과, 해양학과

《**부엌에서 물리 찾기**》, 박병윤 외 3명, 북스힐(2023)

[12미적I-01-03] • • •

함수의 연속을 극한으로 탐구하고 이해한다.

➡ 생물의 생장을 시간에 따라 측정하여 그래프로 표시하면 S자 모양의 시그모이드 곡선이 된다. 시그모이드 곡선을 통해 생물의 생장에 영향을 주는 요인을 분석하거나 여러 생물 사이의 생장을 비교할 수 있다. 생물의 생장은 처음에는 완만하게 증가하다 급속하게 생장하는 부분을 거쳐 마지막에는 서서히 생장한 후 정지하게 된

다. 생물의 생장 곡선을 대표하는 시그모이드 곡선을 곰페르츠 곡선, 모노몰레큘러 곡선과 비교하여 탐구하고 시그모이드 곡선의 특징을 극한과 관련하여 설명해 보자.

관련 학과 농생물학과, 동물자원과학과, 미생물학과, 분자생물학과, 산림학과, 생명과학과, 생물학과, 수산생명의학과, 수학과, 식물자원학과, 원예학과, 지구환경과학과, 축산학과, 통계학과, 해양학과

《**식물생리학 원리의 이해**》, 조운행, 북랩(2022)

[12미적I-01-04] ● ● ●

연속함수의 성질을 이해하고, 이를 활용하여 문제를 해결할 수 있다.

○ 지구에는 동 시간을 기준으로 기온이 40℃ 이상 높은 지역이 있는 반면 기온이 영하인 추운 지역이 있다. 사잇값 정리를 활용하면 기온이 0℃인 지점인 지점이 존재하며 폐곡선 형태가 된다는 사실을 설명할 수 있다. 또한 지구상에는 매 시각 대척점(지구 정반대 지점)과 기온이 일치하는 점이 반드시 존재한다는 사실을 설명할 수 있다. 이를 확장한 개념이 보르수크-울람 정리(Borsuk-Ulam theorem)이다. 사잇값 정리를 활용하여 두 가지 사실이 성립함을 설명해 보자.

관련 학과 대기과학과, 물리학과, 수학과, 지구환경과학과, 천문우주학과, 통계학과, 해양학과

《**미적분으로 바라본 하루**》, 오스카 E. 페르난데스, 김수환 역, 프리렉(2015)

단원명 | 미분

> | 🔍 | 평균변화율, 순간변화율, 미분계수, 접선의 방정식, 함수의 미분가능성과 연속성의 관계, 도함수, 함수의 실수배·합·차·곱의 미분법, 다항함수의 도함수, 상수함수의 도함수, 접선의 기울기, 접선의 방정식, 평균값 정리, 롤의 정리, 함수의 증가와 감소, 함수의 극대와 극소, 함수의 그래프, 그래프의 개형, 증감표, 최댓값과 최솟값, 방정식과 부등식, 실근의 개수, 속도와 가속도, 거리

[12미적I-02-01] ● ● ●

미분계수를 이해하고, 이를 구할 수 있다.

○ 전류 $I(t)$는 시간당 흐르는 전하량으로 전하량을 시간으로 미분하여 그 값을 알 수 있다. t초 동안 흐르는 전하량을 $Q(t)$라 하면 $I(t) = \dfrac{dQ(t)}{dt}$가 되며 이때 사용되는 전류의 단위는 A(암페어), 전하량의 단위는 C(쿨롱)이다. 전력(일률)은 일을 시간으로 나누는 값으로 $P(t) = \dfrac{dW}{dt}$을 의미하며 미분을 통해 변화량을 확인할 수 있다. 전류와 전하량, 전력과 일의 관계 등 변화량을 나타내는 개념을 찾아 탐구해 보자.

관련 학과 물리학과, 수학과, 화학과

《**청소년을 위한 처음 물리학**》, 권영균, 청아출판사(2023)

[12미적I-02-02] ● ● ●

함수의 미분가능성과 연속성의 관계를 설명하고, 이를 활용할 수 있다.

○ 곤충류나 갑각류와 같이 생장 중 변태나 탈피하는 동물은 몸이 딱딱한 외골격으로 싸여 있어 탈피하는 시기에 한꺼번에 자란다. 또한 뱀이나 도마뱀도 주기적으로 탈피를 통해 몸집을 키우고 외피에 남아 있는 이물질을 제거한다. 이러한 생장 과정을 그래프로 나타내면 계단형이 된다. 변태나 탈피를 하는 동물의 특징을 조사하고 이들의 생장곡선을 사람의 생장곡선과 비교해 보자. 또한 생장곡선을 함수의 연속성 및 미분과 관련지어 탐구해 보자.

관련 학과 농생물학과, 동물자원과학과, 미생물학과, 분자생물학과, 생명과학과, 생물학과, 수산생명의학과, 해양학과

《동물 도감》, 박인주 외, 보리(2014)

[12미적I-02-03] • • •

함수 $y = x^n$(n은 양의 정수)의 도함수를 구할 수 있다.

➡️ 로트카–볼테라 방정식은 미국의 수학자인 앨프리드 제임스 로트카와 이탈리아의 생물학자인 비토 볼테라가 발표한 연립미분방정식으로 포식자와 피식자 간의 포식 관계를 수량화한 식이다. 이때 사용된 포식자-피식자 모델은 시간에 따른 서식지의 생물종 개체 수 변화를 연구하는 개체군생태학의 시초로 여겨진다. 미분을 통해 동물군의 개체 수 변화를 수학적으로 분석하는 로트카–볼테라 방정식에 대해 탐구해 보자.

관련 학과 농생물학과, 동물자원과학과, 미생물학과, 분자생물학과, 산림학과, 생명과학과, 생물학과, 수산생명의학과, 식물자원학과, 원예학과, 지구환경과학과, 축산학과, 통계학과, 해양학과

《왜 크고 사나운 동물은 희귀한가》, 폴 콜린보, 김홍옥 역, 에코리브르(2018)

[12미적I-02-04] • • •

함수의 실수배·합·차·곱의 미분법을 알고, 다항함수의 도함수를 구할 수 있다.

➡️ 뉴턴의 냉각법칙은 물체가 주변 온도에 따라 어떻게 상호 작용하며 냉각되는지 설명하는 법칙이다. 뉴턴의 냉각법칙에 따르면, 물체의 냉각 속도는 주변 온도와 물체 간의 온도 차에 비례하며, 이를 수식으로 나타낼 수 있다. 물체의 온도를 $T(t)$, 물체 온도의 변화율을 $T'(t)$, 주변 온도를 A(단 A는 상수)라 하면 $T'(t) = -k\{T(t) - A\}$가 성립한다. 뉴턴의 냉각법칙을 그래프로 표현하고 식의 의미를 분석해 보자.

관련 학과 농생물학과, 대기과학과, 물리학과, 산림학과, 생명과학과, 생물학과, 수산생명의학과, 수학과, 식물자원학과, 원예학과, 지구환경과학과, 천문우주학과, 축산학과, 해양학과, 화학과, 환경학과

물리·화학대백과사전

사와 노부유키, 장희건 역, 동양북스(2023)

책 소개

이 책은 물리와 화학의 120가지 개념을 담고 있으며, 그러한 개념이 상황에 따라 일상생활에서 어떻게 활용되는지 사례를 중심으로 제시하고 있다. 물리 분야에서는 열역학, 파동과 전자기, 양자역학, 화학 분야에서는 혼합물, 무기 화학, 유기화학 등으로 나누어 다양한 소재를 다루고 있다. 고등학교 수준의 개념부터 심화된 내용까지 다루면서 우리의 실생활과 연계하여 과학적 이해를 돕는 책이다.

세특 예시

교과 융합 활동으로 미분에 대한 기본 개념과 다항함수의 미분법을 이해한 뒤 미분 개념을 실생활에 적용한 사례를 정리하여 발표함. '물리·화학대백과사전(사와 노부유키)'을 읽고 실생활 속의 과학 개념으로 열의 이동을 커피 잔의 온도 변화에 적용함. 뉴턴의 냉각법칙의 개념 정의를 커피 잔의 냉각 속도에 적용해 그래프로 시간에 따른 온도 변화를 표현함. 주변 온도와 물체 간의 온도 차에 비례한다는 사실과 함께 그래프의 변화를 분석하고 수식에 담긴 의미를 미분과 관련지어 논리적으로 설명함.

[12미적I-02-05]

미분계수와 접선의 기울기의 관계를 이해하고, 접선의 방정식을 구할 수 있다.

➡️ 반응 속도는 서로 다른 물질이 만나 새로운 물질을 생성할 때, 일정 시간 동안 일어나는 생성 물질 농도의 변화를 의미한다. 화학 반응이 일어나기 전과 후의 물질 농도 변화량을 반응 시간으로 나누면 평균 반응 속도를 얻을 수 있는데, 시간을 매우 짧게 설정하면 순간 반응 속도를 얻을 수 있다. 탄산칼슘과 염산의 반응에 대한 반응 속도 그래프를 통해 반응 속도와 접선의 기울기 관계를 설명하고 반응 속도에 영향을 주는 요인에 대해 탐구해 보자.

`관련 학과` 자연계열 전체

《**아레니우스가 들려주는 반응 속도 이야기**》, 임수현, 자음과모음(2010)

[12미적I-02-06]

함수에 대한 평균값 정리를 설명하고, 이를 활용할 수 있다.

➡️ 자동차 전용도로나 고속도로를 주행하다 보면 구간 단속 카메라를 보게 된다. 일정 구간을 주행하는 동안 평균 속도를 계속 유지해야 하기 때문에 구간의 시작 지점과 끝 지점에서 순간적으로 속도를 낮춘다고 구간 단속 카메라를 피할 수 없다. 단속 구간을 통과한 뒤 전체 평균 속도가 규정 속도를 넘었다면 적어도 한 번은 규정 속도를 넘었다고 판단할 수 있다. 지금의 상황을 평균값 정리와 연결하여 설명해 보자.

`관련 학과` 물리학과, 수학과, 통계학과

《**미적분의 쓸모**》, 한화택, 더퀘스트(2022)

[12미적I-02-07]

함수의 증가와 감소, 극대와 극소를 판정하고 설명할 수 있다.

➡️ 외래종은 외국으로부터 인위적 또는 자연적으로 유입되어 본래의 서식지를 벗어나 생존하게 된 생물을 의미한다. 유엔환경계획(UNEP)은 외부로부터 도입되어 기존 고유 서식지의 생물다양성 및 생태계는 물론 인간의 복지까지 위협하는 생물을 침입 외래종으로 정의하고 있다. 침입 외래종은 서식지 공간 및 섭식 경쟁을 통해 기존의 토착 생물을 밀어내고 토착 생태계의 구조와 기능을 마비시키기도 한다. 최근 침입 외래종의 개체 수 변화에 대한 그래프를 찾아 그래프를 분석해 보자.

`관련 학과` 농생물학과, 동물자원과학과, 미생물학과, 분자생물학과, 산림학과, 생명과학과, 생물학과, 수산생명의학과, 식물자원학과, 원예학과, 지구환경과학과, 축산학과, 통계학과, 해양학과, 환경학과

《**회색큰다람쥐를 현상 수배합니다**》, 파픽 제노베시, 음경훈 역, 푸른숲주니어(2019)

[12미적I-02-08]

함수의 그래프의 개형을 그릴 수 있다.

➡️ 지구온난화의 원인은 아직 명확하게 규명되지 않았으나 온실효과를 일으키는 온실가스가 유력한 원인으로 꼽힌다. 이산화탄소가 가장 대표적인 온실가스이며 인류의 산업화와 함께 그 양은 계속 증가하고 있다. 최근 연구에 따르면 대기 중 온실가스의 증가로 지구 온도가 산업화 전보다 1.5도 상승했다고 한다. 이산화탄소 증가량과 지구의 기온 상승을 그래프로 표현하고, 그래프의 변화를 통해 둘의 관련성을 분석해 보자.

`관련 학과` 자연계열 전체

《**지구온난화의 미래**》, 박선호, 북랩(2023)

방정식과 부등식에 대한 문제를 해결할 수 있다.

➡ 뉴턴의 방법은 방정식의 근사해로부터 출발하여 더 가까운 근사해를 찾아내는 방법으로 뉴턴이 발견했다. 원래 뉴턴의 방법은 미분을 사용하지 않는 방법이었는데, 랩슨이 미분을 이용하여 일반화면서 뉴턴-랩슨법이라고도 한다. 곡선 $y = f(x)$ 위의 점 $(x_0, f(x_0))$에서의 접선의 방정식은 $y - f(x_0) = f'(x_0)(x - x_0)$이고, 이 접선의 x절편을 x_1이라고 하면 $x_1 = x_0 - \dfrac{f(x_0)}{f'(x_0)}$이 성립한다. 이런 과정을 반복하여 x_2, x_3, x_4, x_5를 구하면 방정식 $f(x) = 0$의 실근의 어림값을 구할 수 있다. 미분을 활용해 실근의 위치를 찾는 뉴턴의 방법에 대해 탐구해 보자.

관련 학과 물리학과, 수학과, 통계학과

친절한 미분적분학
캐럴 애시·로버트 B. 애시,
김광수·한빛수학교재연구소 역,
한빛아카데미(2021)

책 소개

이 책은 미분적분학의 기초를 다져 주는 책으로, 미적분과 관련한 다양한 이론을 바탕으로 함수의 극한, 미분의 의미와 방법, 적분의 의미와 심화이론, 활용 사례를 제시하고 있다. 다항함수뿐만 아니라 초월함수의 미분법과 로피탈 법칙, 뉴턴의 방법, 미분방정식 등 심화이론도 소개하고 있다. 또한 미적분학의 기본정리와 적분을 이용한 넓이, 부피 계산 방법을 제시하고 있어 미적분 이해에 큰 도움이 된다.

세특 예시

인수분해되지 않는 3차 함수의 해를 구할 수 있는 방법을 고민하던 중 미분을 이용해 방정식의 해의 위치를 찾는 뉴턴의 방법을 알게 됨. '친절한 미분적분학(캐럴 애시 외)'에 소개된 뉴턴의 방법을 찾아 중간중간 궁금한 사실을 교사에게 문의하여 전체적인 아이디어를 이해하게 됨. 뉴턴의 방법의 의미를 정리하고 그에 담긴 아이디어를 명확하게 이해하였으며 여러 차례 적용하여 함수의 해를 근사적으로 찾음. 교과서에는 해를 찾을 수 있는 문제가 많은 반면 실제로는 해를 구하기 힘든 함수가 많다는 것을 느꼈다고 함.

미분을 속도와 가속도에 대한 문제에 활용하고, 그 유용성을 인식할 수 있다.

➡ 시선속도는 관측 대상에 대한 공간운동 속도의 시선방향 성분이다. 시선은 관측자에게서 관측 대상을 향하는 직선이며, 시선속도는 관측자와 관측 대상의 거리에 대한 시간적 변화율을 나타낸다. 관측자가 관측자 방향에서 멀어지면 시선속도는 양의 값을 갖게 되고, 시선속도 크기는 도플러 효과를 이용해 결정할 수 있다. 한편 공간속도는 태양의 운동을 기준으로 할 때 항성의 상대적인 운동 속도로, 이를 이용하면 과거와 미래의 별의 위치를 계산할 수 있다. 그리고 접선 속도는 별이 천구상을 1년 동안 움직일 때 시선 방향에 대해 직각 방향으로 운동한 속도를 말한다. 행성 운동과 관련해 공간속도와 시선속도, 접선속도의 관계를 탐구해 보자.

관련 학과 대기과학과, 물리학과, 지구환경과학과, 천문우주학과

《**끝없는 우주 이야기**》, 에드비제 페출리 외 5명, 신동경 역, 아울북(2023)

단원명 | 적분

[12미적I-03-01] ●●●

부정적분의 뜻을 알고, 이를 설명할 수 있다.

➡ 용수철에서 복원력이란 평형 상태를 벗어난 상태에서 평형 상태로 돌아오려는 힘을 의미하며, 늘어나거나 줄어든 길이에 비례한다. 훅의 법칙(Hooke's Law)에 의하면 용수철에 의한 힘은 $f(x) = -kx$(k는 용수철 상수)로 복원력의 방향은 힘의 방향과 반대이다. 용수철을 원래 길이에서 x미터만큼 늘리는 데 필요한 힘의 크기를 $F(x)$N이라 하면 필요한 일의 양은 $W = \int_0^x F(t)\,dt = \int_0^x -kt\,dt = -\frac{1}{2}kx^2$이 된다. 용수철의 복원력을 적분과 관련하여 탐구해 보자.

`관련 학과` 물리학과, 수학과, 지구환경과학과

《**5분 뚝딱 물리학 수업**》, 사마키 다케오, 홍성민 역, 북스토리(2023)

[12미적I-03-02] ●●●

함수의 실수배·합·차의 부정적분을 알고, 다항함수의 부정적분을 구할 수 있다.

➡ 질량 중심은 물체 전체의 질량의 중심이 되는 점으로 전체 질량이 질량 중심에 있는 것처럼 외부계에 작용한다. 이를 수식으로 표현하면 $\overline{x} = \frac{m_1 x_1 + m_2 x_2 + \cdots + m_n x_n}{m_1 + m_2 + \cdots + m_n} = \frac{1}{M}\sum_{i=1}^{n} m_i x_i$이 된다. 하지만 질량이 균일하지 않으면 밀도와 적분을 이용해 $\overline{x} = \frac{m_1 x_1 + m_2 x_2 + \cdots + m_n x_n}{m_1 + m_2 + \cdots + m_n} = \frac{\sum x_k \delta(x)\Delta x_k}{\sum \delta(x)\Delta x_k} = \frac{\int_a^b x\,\delta(x)\,dx}{\int_a^b \delta(x)\,dx}$로 나타낼 수 있다. 적분과 관련하여 질량 중심에 대해 탐구해 보자.

`관련 학과` 물리학과, 수학과, 천문우주학과

《**물리의 정석:고전 역학 편**》, 레너드 서스킨드·조지 라보프스키, 이종필 역, 사이언스북스(2017)

[12미적I-03-03] ●●●

정적분의 개념을 탐구하고, 그 성질을 이해한다.

➡ 몬테카를로 방법은 무작위 추출된 난수를 이용하여 함수의 값을 계산하는 통계학적 방법으로 수치적분이나 최적화 등에 사용된다. 구글의 알파고는 이세돌 9단과의 바둑 대결에서 각각의 경우에 대한 예상 승률을 미리 계산하고 가장 적합한 한 가지 예측치를 제시하는 몬테카를로 방법을 적용하였다. 한편 몬테카를로 적분법은 부정적분을 구하기 어려운 함수의 정적분 값을 구하기 위해 많은 난수를 이용한 확률 이론에 근거한다. 공학이나 통계, 천문학, 재정학, 유전학, 생명과학 등의 최적해를 구할 때 활용되는 몬테카를로 적분법을 탐구하고 이를 이용해 원의 넓이와 원주율을 구해 보자.

`관련 학과` 자연계열 전체

《**몬테카를로 시뮬레이션으로 배우는 확률통계 with 파이썬**》, 장철원, 비제이퍼블릭(2023)

● ● ●

부정적분과 정적분의 관계를 이해하고, 다항함수의 정적분을 구할 수 있다.

➜ 정적분은 고대 그리스 시대부터 사용되었던 구분구적법을 발전시킨 개념으로 도형의 넓이, 부피와 이동 거리를 구하는 등 다양한 분야에서 활용된다. 반면 부정적분은 17세기 이후 발달하게 된 미분의 역연산으로, 함수 f(x)의 부정적분은 미분하여 f(x)가 되는 함수이다. 별개의 개념으로 보이던 두 개념은 미분과 적분이 서로 역연산 관계에 있다는 미적분학의 기본정리에 의해 관련성을 가지게 되었고 정적분의 정의를 통해 구하기 어려운 정적분의 값을 부정적분을 이용해 쉽게 해결하게 되었다. 부정적분과 정적분의 관계 및 역사를 미적분학의 기본정리를 통해 탐구해 보자.

관련 학과 물리학과, 수학과, 통계학과

미분과 적분
뉴턴프레스, 아이뉴턴(2023)

책 소개

이 책은 미분과 적분을 알기 쉽게 해설한 책으로 무한소와 무한대의 개념을 이용해 미분과 적분의 개념에 대해 설명하고 있다. 또한 미분과 적분이 탄생해 '미적분학'이라는 하나의 학문으로 통합되기까지의 역사를 정리하고 미적분학의 기본정리가 지닌 수학적 의미를 설명하고 있다. 응용 편에서는 미분과 적분의 계산 문제를 실제로 다루고 물리학, 금융공학 등 폭넓은 분야에서 미분과 적분이 어떻게 활용되는지 소개한다.

세특 예시

미적분을 학습한 뒤 교과 융합 수업활동으로 미분과 적분의 역사, 미분과 적분의 관계를 정리하여 보고서로 작성함. '미분과 적분(뉴턴프레스)'을 참고하여 미분과 적분의 역사를 정리하면서 적분의 역사가 오래되었다는 사실에 놀랐다고 이야기함. 또한 정적분과 부정적분의 개념 차이를 비교하고 미적분학의 기본정리가 지닌 의미와 정리가 18세기 수학에 미친 영향을 설명함. 정적분의 정의로 구하기 어려운 함수의 예를 제시하고 구분구적법이 복잡하다는 단점을 통해 부정적분의 활용이 가져온 업적을 정리하여 보고서를 제출함.

● ● ●

곡선으로 둘러싸인 도형의 넓이에 대한 문제를 해결할 수 있다.

➜ 복사 평형은 지구가 흡수하는 태양 복사 에너지와 지구가 방출하는 지구 복사 에너지의 양이 같다는 의미로 지구의 평균 기온이 거의 일정하게 유지되는 이유이다. 저위도에서는 태양 복사 에너지를 많이 흡수하므로 에너지 과잉이 일어나고, 고위도에서는 태양 복사 에너지를 적게 흡수하므로 에너지 부족이 나타난다. 위도에 따른 태양 복사 에너지와 지구 복사 에너지의 양을 그래프로 표현하고 곡선 하단의 넓이를 이용해 지구의 복사 평형을 설명해 보자.

관련 학과 대기과학과, 지구환경과학과, 천문우주학과, 해양학과, 환경학과

《미래 세대를 위한 기후위기를 이겨 내는 상상력》, 안치용, 철수와영희(2023)

[12미적I-03-06] ● ● ●

적분을 속도와 거리에 대한 문제에 활용하고, 그 유용성을 인식할 수 있다.

➜ 고층 건물에 설치된 엘리베이터는 하루 종일 등속 운동과 가속 운동, 감속 운동, 정지 상태를 수행하는 기계이다. 1층에서 출발한 엘리베이터는 가속 운동과 등속 운동, 다시 감속 운동을 거쳐 15층에 멈추게 된다. 스마트폰의 앱을 이용하면 엘리베이터의 운동에 대한 속도와 가속도를 측정할 수 있는데 이를 이용해 시간에 따른 속도와 가속도 그래프를 그려 보자. 이렇게 측정해 만든 그래프를 통해 엘리베이터의 운동 변화와 움직인 거리 등을 탐구해 보자.

관련 학과 물리학과, 수학과, 통계학과

《청소년을 위한 최소한의 수학》, 장영민, 궁리(2016)

선택 과목	수능		절대평가	상대평가
일반 선택	O		5단계	5등급

단원명 | 경우의 수

| 🔍 | 중복순열, 중복조합, 이항정리, 이항계수, 파스칼의 삼각형, $_n\Pi_r$, $_nH_r$

[12확통01-01]　● ● ●

중복순열, 같은 것이 있는 순열을 이해하고, 그 순열의 수를 구하는 방법을 설명할 수 있다.

➡ 바코드와 QR코드는 우리 주변에서 다양한 상품, 문서 등의 정보를 기호화하여 알려 주는 코드이다. 또한 다양한 안전장치를 통해 개인정보가 담긴 코드를 만들기도 한다. 바코드와 QR코드가 수많은 상품이나 문서를 구분할 수 있는 수학적 원리를 알아보고, 실생활에서 활용되기 위해 바코드와 QR코드에 적용된 여러 기술을 탐구하여 보자.

〔관련 학과〕 수학과, 통계학과

《**QR코드 마케팅**》, 김형택, e비즈북스(2011)

단원명 | 확률

| 🔍 | 시행, 통계적 확률, 수학적 확률, 여사건, 배반사건, 조건부확률, 종속, 독립, 독립시행, $P(A)$, $P(B\,|\,A)$

[12확통02-02]　● ● ●

확률의 덧셈정리를 이해하고, 이를 활용하여 문제를 해결할 수 있다.

➡ 매일 아침 기상 정보를 보며 옷차림을 결정하고 우산을 챙기기도 한다. 기상 예보 중 강수 확률은 비가 내릴 확률을 의미하는 것으로 우리의 일상생활뿐 아니라 사회 시스템에 많은 영향을 주고 있다. 강수 확률의 의미와 강수 확률을 구하는 과정을 조사하고, 정확한 기상 예보를 위해 필요한 지원 방안에 관해 탐구하여 보자.

〔관련 학과〕 대기과학과, 물리학과, 수학과, 지구환경과학과, 통계학과

《**수학은 어떻게 무기가 되는가**》, 다카하시 요이치, 김정환 역, 센시오(2020)

[12확통02-03]　● ● ●

여사건의 확률을 이해하고, 이를 활용하여 문제를 해결할 수 있다.

➡ 유전자나 염색체의 구조에 변화가 생겨 새로운 형질이 나타나는 유전 현상을 돌연변이라고 한다. 생태계에서 발견할 수 있는 여러 가지 돌연변이를 찾아, 돌연변이가 발생하는 이유와 그 비율을 조사하여 보자. 또한 돌연

변이의 발생이 각 개체군에 미치는 영향 등에 관해 탐구하여 보자.

관련 학과 농생물학과, 동물자원과학과, 생명과학과, 생물학과, 수산생명의학과, 식물자원학과, 축산학과

《종의 기원》, 찰스 로버트 다윈, 장대익 역, 사이언스북스(2019)

[12확통02-05] ● ● ●

사건의 독립과 종속을 이해하고, 이를 판단할 수 있다.

➡ 같은 내용의 여론조사임에도 결과의 차이가 큰 경우를 어렵지 않게 찾아볼 수 있다. 여론조사를 시행할 때 사용하는 설문지의 구성에 따라 그 결과가 달라지기도 한다. 여론조사 설문지를 활용하여 여론조사 시 다음 문항의 결과에 영향을 주는 설문 문항과 그렇지 않은 설문 문항에 관해 탐구하여 보자.

관련 학과 통계학과

《세상을 바로 보는 힘 통계 안목》, 송인창·최성호, 바틀비(2023)

[12확통02-06] ● ● ●

확률의 곱셈정리를 이해하고, 이를 활용하여 문제를 해결할 수 있다.

➡ 문이나 사물함 등을 잠그기 위해 사용하는 자물쇠는 열쇠 이외에 비밀번호를 활용하여 잠금장치를 만들기도 한다. 잠금장치에 활용되는 비밀번호에는 흔하게 숫자를 사용하지만 알파벳이나 특수문자, 방향 등을 활용하는 경우도 있다. 주변에서 찾아볼 수 있는 다양한 자물쇠에 대하여 임의의 비밀번호를 해결할 확률을 구하는 탐구활동을 하여 보자.

관련 학과 수학과, 통계학과

《신도 주사위 놀이를 한다》, 이언 스튜어트, 장영재 역, 북라이프(2020)

단원명 | 통계

> 🔍 확률변수, 이산확률변수, 확률분포, 연속확률변수, 기댓값, 이항분포, 큰 수의 법칙, 정규분포, 이항분포, 표준정규분포, 모집단, 표본, 전수 조사, 표본 조사, 임의추출, 모평균, 모분산, 모표준편차, 표본평균, 표본분산, 표본표준편차, 모비율, 표본비율, 추정, 신뢰도, 신뢰구간, $P(X=x)$, $E(X)$, $V(X)$, $\sigma(X)$, $B(n, p)$, $N(m, \sigma^2)$, $N(0, 1)$, $\overline{X}$, S^2, S, $\hat{p}$

[12확통03-01] ● ● ●

확률변수와 확률분포의 뜻을 설명할 수 있다.

➡ 농축수산업으로 대표되는 우리의 1차 산업은 그 중요성과는 달리 직업으로서 큰 호응을 얻지 못하고 있다. 그 원인 중에는 자연재해나 전염병, 병충해 등으로 한순간에 큰 피해를 입을 수 있다는 점도 있다. 자연재해, 전염병, 병충해 등으로 인한 1차 산업의 피해 현황을 살펴보고, 수학적 예측 모델을 활용하여 이러한 피해를 줄이고 지원하는 방안을 탐구하여 보자.

관련 학과 농생물학과, 동물자원과학과, 산림학과, 수산생명의학과, 수학과, 식물자원학과, 축산학과, 통계학과, 해양학과

《농업의 미래》, 성형주, 동아일보사(2023)

[12확통03-04]

정규분포의 뜻과 성질을 이해하고, 이항분포와의 관계를 설명할 수 있다.

➡ 많은 사람이 살아가면서 일어날 수도 있는 사고나 질병에 대비하기 위해 보험에 가입한다. 각 보험사는 개인의 나이, 취미, 병력, 운전 경력, 사고 이력 등의 정보를 활용하여 각 개인이 부담하게 될 보험료를 책정하게 된다. 개인별 정보에 따라 보험료가 책정되는 과정을 탐색하여 보고, 나에게 필요한 보험과 적절한 보험료에 관해 탐구하여 보자.

관련 학과 수학과, 통계학과

《제대로 알면 성공하는 보험 재테크 상식사전》, 김동범, 중앙경제평론사(2019)

[12확통03-05]

모집단과 표본의 뜻을 알고, 표본추출의 방법을 설명할 수 있다.

➡ 여러 매체를 통해 나오는 다양한 설문조사 결과를 접하다 보면 실제 경험과 거리가 있어 보이는 결과를 만나기도 한다. 여러 매체에서 발표되었던 설문조사 중 표본추출 방법에 따라 결과가 달라진 사례를 찾아보고, 설문조사의 표본추출 방법이 결과와 해석에 끼치는 영향에 관해 탐구하여 보자.

관련 학과 수학과, 통계학과

《사용자의 숨겨진 마음을 읽는 리서치 기술》, 오쿠이즈미 나오코, 최가인 역, 비제이퍼블릭(2023)

선택 과목	수능		절대평가	상대평가
일반 선택	X	**미적분 II**	5단계	5등급

단원명 | 수열의 극한

| 🔍 | 급수, 부분합, 급수의 합, 등비급수, $\lim\limits_{n \to \infty} a_n$, $\sum\limits_{n=1}^{\infty} a_n$

[12미적II-01-01] ● ● ●

수열의 수렴, 발산의 뜻을 알고, 이를 판정할 수 있다.

➡️ 코시 수열은 두 항 사이의 수의 차이가 점점 가까워지는 수열이다. 코시 수열을 활용하여 실수로 수렴하는 수열을 찾아볼 수 있으며, 이를 통해 실수의 완비성을 이야기할 수 있다. 여러 가지 수열을 찾아 이러한 수열이 왜 필요하고 어떤 과정을 통해 증명할 수 있는지 등을 탐구한 뒤 보고서를 작성하여 발표해 보자.

관련 학과 수학과

《**미적분의 힘**》, 스티븐 스트로가츠, 이충호 역, 해나무(2021)

[12미적II-01-03] ● ● ●

등비수열의 수렴, 발산을 판정하고, 수렴하는 경우 그 극한값을 구할 수 있다.

➡️ 밀봉되어 판매되는 식품은 식품의 종류에 따라 각기 다른 소비기한을 가지고 있다. 하지만 개봉된 이후에는 식품이 공기와 접촉하며 세균에 노출되어 부패가 빨라지게 된다. 공기에 노출된 식품에서 세균이 늘어나는 양을 조사하고, 식품의 종류별로 개봉 후 섭취가 가능한 기한에 관해 탐구하여 보자.

관련 학과 농생물학과, 미생물학과, 분자생물학과, 생명과학과, 생물학과, 수산생명의학과, 식물자원학과, 식품영양학과, 외식산업학과, 축산학과

《**식품 보존 방법**》, 도쿠에 지요코, 김선숙, 성인당(2016)

[12미적II-01-04] ● ● ●

급수의 수렴, 발산의 뜻을 알고, 이를 판정할 수 있다.

➡️ 진동과 파동은 물리학에서 중요한 역할을 하는 현상으로 진동은 주기적으로 반복되는 운동을 의미하고, 파동은 진동이 공간에 전파되는 현상을 의미한다. 진동과 파동은 모두 급수로 표현이 가능하다. 진동과 파동의 급수를 활용한 표현을 찾아보고, 각 식의 의미를 조사하여 보자. 또한 진동과 파동의 식을 주변의 예를 활용하여 설명하는 보고서를 작성하여 보자.

관련 학과 대기과학과, 물리학과, 수학과, 지구환경과학과, 천문우주학과

《**다시, 수학이 필요한 순간**》, 김민형, 인플루엔셜(2020)

> **[12미적II-01-05]** ● ● ●
>
> 등비급수의 합을 구하고, 이를 활용할 수 있다.

➡️ 작은 구조가 전체 구조와 닮은 형태로 끝없이 되풀이되는 구조를 프랙털이라고 한다. 프랙털 구조를 가진 도형을 프랙털 도형이라 하는데, 대표적으로 코흐 곡선, 시에르핀스키 삼각형, 시에르핀스키 카펫 등이 있다. 여러 가지 프랙털 도형을 조사하여 보고, 프랙털 도형의 넓이, 둘레의 길이 등 그 특징에 관해 탐구하여 보자.

관련 학과 수학과

《**박경미의 수학콘서트 플러스**》, 박경미, 동아시아(2013)

단원명 ┃ 미분법

> 🔍 자연로그, 덧셈정리, 매개변수, 음함수, 이계도함수, 변곡점, e, e^x, $\ln x$, $\sec x$, $\csc x$, $\cot x$, $f''(x)$, y'', $\dfrac{d^2 y}{dx^2}$, $\dfrac{d^2}{dx^2} f(x)$

> **[12미적II-02-01]** ● ● ●
>
> 지수함수와 로그함수의 극한을 구하고 미분할 수 있다.

➡️ 지수적 감소는 어떤 양이 일정한 비율로 감소하는 현상으로 광물의 반감기, 약물의 효능 감소, 냉각 곡선 등에서 관찰할 수 있다. 이러한 지수적 감소 상황에서는 여러 요소의 관계가 지수함수로 나타나게 된다. 여러 상황에서 나타나는 지수적 감소 현상을 찾아 지수함수 그래프로 나타내 보고 각 현상에 관해 탐구하는 보고서를 작성하여 보자.

관련 학과 자연계열 전체

《**뉴턴이 들려주는 지수함수와 로그함수 이야기**》, 이지현, 자음과모음(2008)

> **[12미적II-02-02]** ● ● ●
>
> 삼각함수의 덧셈정리를 설명하고, 이를 활용할 수 있다.

➡️ 블루투스 이어폰이 대중화되면서 많은 이어폰에 '노이즈 캔슬링', 즉 소음을 차단하는 기술이 적용되고 있다. 이 기술은 이어폰을 통해 들어오는 소음의 파동에 대한 위상을 분석하여 상쇄 간섭을 통해 소음을 제거하는 것이다. 노이즈 캔슬링 기술을 주제로 조사하여 보고, 이 기술이 생활 속에서 갖는 장단점을 탐구하여 보자.

관련 학과 물리학과, 수학과

《**세상에서 가장 쉬운 재미있는 물리**》, 미사와 신야, 장재희 역, 미디어숲(2023)

> **[12미적II-02-03]** ● ● ●
>
> 삼각함수의 극한을 구하고, 사인함수와 코사인함수를 미분할 수 있다.

➡️ 교과서는 삼각함수의 극한값을 이론적 계산에 의한 접근으로 설명하고 있다. 알지오매스(Algeomath), 지오지브라(geogebra) 등 여러 그래프 프로그램을 활용하여 극한값을 구하고자 하는 그래프를 작성하여 보고, 값이 변화

되는 과정을 살펴보자. 또한 계산에 의한 극한값과 비교하며 탐구하여 발표해 보자.

관련 학과 수학과

《지오지브라 수학교실을 말하다》, 김경용 외 7명, 지오북스(2018)

[12미적II-02-04] • • •

함수의 몫을 미분할 수 있다.

➔ 자연 생태계의 보호를 위해 생태계의 다양한 동식물의 개체군 변화를 살펴보려는 과학적 노력은 계속되고 있다. 로지스틱 성장 모델은 시간에 따른 개체군의 수와 변화를 살펴보고 각 개체군을 보호하는 활동과 정책 수립에 도움을 주고 있다. 로지스틱 성장 모델의 내용에 관해 탐구하고, 생태계 보전 활동에 활용하는 사례를 조사하여 보자.

관련 학과 농생물학과, 동물자원과학과, 산림학과, 생명과학과, 생물학과, 수산생명의학과, 식물자원학과, 지구환경과학과, 해양학과, 환경학과

《멸종위기 동식물 무엇이 문제일까?》, 이억주, 동아엠앤비(2021)

[12미적II-02-05] • • •

합성함수를 미분할 수 있다.

➔ 날씨 예측은 앞으로 일어날 수 있는 여러 상황을 미리 대비할 수 있도록 도와주기에 매우 중요하다. 날씨를 예측하는 과정에는 기온, 습도, 강수량, 바람, 기압 등 다양한 요소를 활용하게 된다. 또한 기온, 강수량, 바람 등의 요소도 각각 필요한 또 다른 측정값들을 활용하게 된다. 이처럼 날씨를 예측하는 과정에는 여러 요소에 관한 함수가 합성되어 활용된다. 날씨의 변화를 예측하는 과정에 나타나는 함수와 미분의 역할을 조사하고, 더 정확한 날씨 예측을 위해 필요한 부분이 무엇인지 탐구하여 보자.

관련 학과 대기과학과, 수학과, 지구환경과학과, 천문우주학과, 통계학과

《기상 예측 교과서》, 후루카와 다케히코·오키 하야토, 신찬 역, 보누스(2020)

[12미적 II-02-06] • • •

매개변수로 나타낸 함수를 미분할 수 있다.

➔ 물리학에서는 평면 운동이나 원운동을 하는 물체의 위치, 속도를 매개변수로 나타낸 함수로 표현한다. 이를 활용하여 원운동을 하는 물체의 각속도, 각가속도 등을 구할 수 있다. 물체의 위치를 매개변수로 나타낸 함수로 표현하는 방법과 그 이유를 탐구하고, 다양한 위치에서 물체의 속도를 구하여 보자.

관련 학과 물리학과, 수학과

《청소년을 위한 물리이야기》, 사마키 다케오, 오시연 역, 리듬문고(2023)

[12미적II-02-07] • • •

음함수와 역함수를 미분할 수 있다.

➔ 자동차로 지상에서 이동할 때 많은 경사로를 지나가게 된다. 경사로의 기울기는 높이 변화율을 나타나게 되는데, 특정 지점에서의 기울기를 구할 때 미분을 활용할 수 있다. 음함수를 이용하여 다양한 경사로를 나타내어 보고, 각 지점에서의 경사로의 기울기를 구해 보는 탐구활동 보고서를 작성하여 보자.

국어 교과군

영어 교과군

수학 교과군

도덕 교과군

사회 교과군

과학 교과군

《**김범준의 이것저것의 물리학**》, 김범준, 김영사(2023)

[12미적II-02-08] • • •

다양한 곡선의 접선의 방정식을 구할 수 있다.

➡ 우리나라는 지형의 굴곡이 많고 산도 많아 교외의 도로는 곡선으로 이루어진 곳이 많다. 특히 고속도로와 같이 고속으로 달리게 되는 넓은 주요 도로는 차량의 안전을 위해 곡선 구간에 강화된 안전시설이 설치된다. 차량의 진행 방향을 고려하여 주요 도로의 곡선 구간에 강화된 안전시설이 필요한 이유를 탐구하여 보자.

관련학과 물리학과
《**한 번 읽으면 절대 잊을 수 없는 물리 교과서**》, 이케스에 쇼타, 이선주 역, 시그마북스(2023)

[12미적II-02-09] • • •

함수의 그래프의 개형을 그릴 수 있다.

➡ 인공지능 분야에서 활용되는 최적화 알고리즘으로 경사 하강법이 있다. 경사 하강법은 함수의 기울기를 이용하여 함수의 최솟값이 되는 점을 구해 나가는 과정을 미분으로 해결하는 방법이다. 인공지능에서 활용되는 경사 하강법의 개념과 작동 원리를 조사하여 보고, 경사 하강법이 인공지능에 활용되는 이유와 장단점에 관해 탐구하여 보자.

관련학과 물리학과, 수학과, 통계학과
《**친절한 딥러닝 수학**》, 다테이시 겐고, 김형민 역, 한빛미디어(2021)

[12미적II-02-10] • • •

방정식과 부등식에 대한 문제를 해결할 수 있다.

➡ 특정 목적지로 이동하려면 지도 서비스 등을 활용하여 최적의 경로를 찾아보게 된다. 자동차, 대중교통, 도보 등 다양한 이동 수단에 따라 도로 교통 상황, 대중교통 이동 경로 등 여러 요인을 고려하여 최적의 경로를 찾을 수 있다. 특정 목적지로 이동하기 위해 최적의 경로를 찾는 방법을 탐구하여 보자.

관련학과 물리학과, 수학과, 통계학과
《**알고리즘이 당신에게 이것을 추천합니다**》, 크리스토프 드뢰서, 전대호 역, 해나무(2018)

[12미적II-02-11] • • •

미분을 속도와 가속도에 대한 문제에 활용하고, 그 유용성을 인식할 수 있다.

➡ 상용 자동차에 적용되고 있는 자율주행 기능은 교통안전을 지원하기 위한 것이 많다. 그중 자동차의 속도나 다른 자동차와의 거리와 관련된 기능도 살펴볼 수 있다. 자율주행 기술 중 속도, 거리와 관련된 기능에 들어간 수학적 원리를 살펴보고, 여러 가지 상황에서 각 기능이 어떻게 작동하는지 그의 작동 원리를 탐구하여 발표해 보자.

관련학과 물리학과, 수학과
《**자율주행 자동차공학**》, 정승환, 골든벨(2023)

단원명 | 적분법

국어 교과군

영어 교과군

수학 교과군

도덕 교과군

사회 교과군

과학 교과군

| ⌕ | 치환적분법, 부분적분법

[12미적 II-03-01] •••

$y = x^n$ (n은 실수), 지수함수, 삼각함수의 부정적분과 정적분을 구할 수 있다.

➡ 물체의 온도와 주위 환경의 온도 차이에 따른 물체의 온도 변화를 뉴턴의 냉각법칙으로 설명한다. 뉴턴의 냉각
법칙에 따르면 물체와 주위 환경의 온도 차이가 클수록 온도 변화가 빠르게 나타나게 된다. 뉴턴의 냉각 법칙
에 관해 탐구하여 보고, 뉴턴의 냉각법칙이 활용되는 다양한 사례를 조사하여 발표해 보자.

관련 학과 대기과학과, 물리학과, 지구환경과학과

《**내가 누구인지 뉴턴에게 물었다**》, 김범준, 21세기북스(2021)

[12미적II-03-02] •••

치환적분법을 이해하고, 이를 활용할 수 있다.

➡ 연속확률분포의 확률분포를 나타내는 함수를 확률밀도함수라고 한다. 확률밀도함수를 통해 구간에 대한 확률
을 구하게 되는데, 구간의 확률밀도함수의 넓이가 확률이 된다. 따라서 정규분포와 같은 확률밀도함수의 확률
을 구할 때 적분을 활용할 수 있다. 적분을 활용하여 확률밀도함수의 확률을 구하는 과정을 탐구하여 보자.

관련 학과 수학과, 통계학과

《**그림으로 설명하는 개념 쏙쏙 통계학**》, 와쿠이 요시유키·와쿠이 사다미, 김선숙 역, 성안당(2019)

[12미적II-03-03] •••

부분적분법을 이해하고, 이를 활용할 수 있다.

➡ 화학 반응에서 얼마나 반응이 빠르게 일어났는지 나타내는 지표로 화학 반응 속도를 사용한다. 화학 반응 속
도를 활용하여 물질의 변화를 살펴볼 수 있으며, 이는 적분을 활용하여 구할 수 있다. 화학 반응 속도를 구하는
과정을 조사하여 보고, 화학 반응 속도에 영향을 주는 다양한 촉매에 관해 탐구하여 보자.

관련 학과 수학과, 화학과

《**이런 화학이라면 포기하지 않을 텐데**》, 김소환, 보누스(2022)

[12미적II-03-04] •••

정적분과 급수의 합 사이의 관계를 탐구하고 이해한다.

➡ 세계 여러 나라는 우주산업에 눈길을 돌려 우주개발을 위해 많은 역량을 투입하고 있다. 그런데 우주개발의 기
본이 되는 로켓이나 인공위성 등의 궤도를 계산하거나 태양과 달의 중력의 영향, 우주탐사에 필요한 에너지 비
용이나 시간 등을 구하는 데 수학과 물리학의 많은 개념이 요구된다. 우주개발 과정의 여러 영역에서 활용되고
있는 수학 개념을 조사하여 발표해 보자.

관련 학과 물리학과, 수학과, 천문우주학과

Physical Understanding of Space Exploration 우주탐사 매뉴얼

다누리 달 탐사선 '광시야 편광 카메라'
NASA CLPS 프로그램 '양 포토 3차원 영상 카메라'의 과학 책임자
김성수 교수의 우주 물리 활용 가이드

위즈덤하우스

우주탐사 매뉴얼

김성수, 위즈덤하우스(2023)

책 소개

우주 공간의 이해부터 행성 간 궤도, 재사용 로켓의 경제학까지 우주과학에 필요한 물리학 지식을 담고 있다. 현재의 우주탐사에서 중요하게 여기는 대기와 배기가스의 유체역학부터 다양한 종류의 로켓 추진 방식, 행성 간 항행, 인류 최대의 난제인 중력을 이겨 내는 방법까지 차근차근 설명했다. 또한 최신 우주탐사 관련 이슈에 대한 이론적 기반과 실전 사례를 들려준다.

세특 예시

우주공학에 대한 깊은 관심으로 독서활동에서 '우주탐사 매뉴얼(김성수)'을 읽고 우주개발에 필요한 다양한 정보를 조사함. 우주탐사의 기본이 되는 발사체의 개발뿐 아니라 태양과 달의 중력의 영향, 우주탐사에 필요한 에너지 비용, 시간 등을 탐구하여 발표했으며, 우주개발에는 수학, 물리학뿐만 아니라 다양한 분야의 지식이 필요함을 깨닫고 관심 분야로의 진학을 위해 탐구 역량을 키워 나가겠다고 다짐함.

[12미적II-03-05] ● ● ●

곡선으로 둘러싸인 도형의 넓이에 대한 문제를 해결할 수 있다.

➡ 물리학에서 물체의 속도를 그래프로 표현하고 이를 적분하게 되면 그 값은 물체의 위치의 변화량을 뜻하게 된다. 여러 가지 실험이나 다양한 자연현상을 그래프로 나타낸 자료를 찾아보고, 그 그래프의 적분 값이 나타내는 의미가 무엇이 되는지 탐구하여 보자.

`관련 학과` 자연계열 전체

《**가장 쉬운 수학 적분**》, 박구연, 지브레인(2022)

[12미적II-03-06] ● ● ●

입체도형의 부피에 대한 문제를 해결할 수 있다.

➡ 백두산의 분화 가능성이 수년간 이슈가 되고 있다. 백두산과 같은 활화산 아래에 있는 마그마 방의 크기가 화산 분화의 크기에 영향을 준다. 마그마 방의 존재를 탐색하고 그 부피를 측정하는 방법에 관해 탐구하여 보자.

`관련 학과` 물리학과, 지구환경과학과

《**화산 속에는 무엇이 있을까?**》, 피에르 넬리그, 김성희 역, 민음인(2021)

[12미적II-03-07] ● ● ●

적분을 속도와 거리에 대한 문제에 활용하고, 그 유용성을 인식할 수 있다.

➡ 고속도로에는 앞차와의 거리를 유지하도록 한 안전거리 규정이 있다. 안전거리는 자동차 속도에 따른 정지거리, 즉 위험을 인지하고 멈추는 데까지 걸리는 거리를 고려하여 정해진다. 자동차의 속도에 따라 정해진 안전거리를 조사하여 보고, 실제 자동차 속도에 따른 정지거리와 안전거리 사이의 관계를 탐구하여 보자.

`관련 학과` 물리학과, 수학과

《**고마워 적분**》, 유키 히로시, 오정화 역, 영림카디널(2022)

선택 과목	수능	기하	절대평가	상대평가
진로 선택	X		5단계	5등급

단원명 | 이차곡선

| 🔍 | 이차곡선, 포물선(축, 꼭짓점, 초점, 준선), 타원(초점, 꼭짓점, 중심, 장축, 단축), 쌍곡선(초점, 꼭짓점, 중심, 주축, 점근선)

[12기하01-01] • • •

포물선의 뜻을 알고, 포물선을 방정식으로 표현할 수 있다.

➡ 갈릴레오 갈릴레이는 물체의 낙하운동과 대포에서 발사된 탄환의 운동을 연구하며 탄환의 운동이 포물선을 그리고 있음을 알아냈다. 갈릴레오 갈릴레이 등의 학자들이 포물선을 발견하게 된 과정과 그 원리를 조사하여 보고, 실제 우리 생활 주변에서 찾아볼 수 있는 포물선에 관해 탐구하는 보고서를 작성하여 보자.

관련 학과 대기과학과, 물리학과, 수학과, 식천문우주학과
《**누구나 물리**》, 게르트 브라우네, 정인회 역, 지브레인(2022)

[12기하01-02] • • •

타원의 뜻을 알고, 타원을 방정식으로 표현할 수 있다.

➡ 태양계에는 태양을 중심으로 8개의 행성이 자전과 공전을 하고 있다. 각 행성의 운동을 관찰해 보면 자전축과 자전 방향, 공전궤도의 모양이 각 행성별로 특징을 가지며 공통점과 차이점을 드러냄을 알 수 있다. 태양계의 각 행성의 운동을 조사하고, 특히 자전의 모습, 공전궤도의 모양 등이 갖는 특징을 수학적으로 탐구하여 발표하여 보자.

관련 학과 대기과학과, 물리학과, 수학과, 지구환경과학과, 천문우주학과
《**나는 어쩌다 명왕성을 죽였나**》, 마이크 브라운, 지웅배 역, 롤러코스터(2021)

[12기하01-03] • • •

쌍곡선의 뜻을 알고, 쌍곡선을 방정식으로 표현할 수 있다.

➡ 고대 그리스의 수학자 아폴로니우스는 원뿔곡선론에서 직원뿔 두 개가 서로 마주보도록 한 이중 원뿔 구조를 평면이 절단했을 때 나타나는 모양을 통해 타원, 포물선, 쌍곡선을 정의하였다. 교과서에서 다루는 이차곡선의 정의가 나타나기까지의 이차곡선 연구의 역사를 조사하여 보고 이차곡선이 응용된 분야를 찾아 발표해 보자.

관련 학과 수학과
《**아폴로니우스가 들려주는 이차곡선 1 이야기**》, 송정화, 자음과모음(2008)

[12기하01-04]

이차곡선의 접선의 방정식을 구할 수 있다.

➡ 우리는 살고 있는 위치에 따라 해가 뜨고 지는 시간이 달라진다. 지구의 모양은 원에 가까운 타원이며, 지구의 공전과 자전, 그리고 태양의 위치에 의해 해가 뜨고 지는 시간이 결정된다. 내가 살고 있는 지역을 기준으로 해가 뜨는 시간과 지는 시간을 계산하는 탐구활동을 해 보자.

관련 학과 수학과, 지구환경과학과, 천문우주학과

《세상을 바꾼 지구과학》, 원정현, 리베르스쿨(2022)

단원명 | 공간도형과 공간좌표

| 🔍 | 교선, 삼수선 정리, 이면각(변, 면, 크기), 정사영, 좌표공간, 공간좌표, $P(x, y, z)$

[12기하02-01]

직선과 직선, 직선과 평면, 평면과 평면의 위치 관계에 대한 간단한 증명을 할 수 있다.

➡ 인공위성은 우주나 지구 관측 등의 과학탐사 목적, GPS나 방송을 위한 상업 목적, 군사 목적 등 그 목적에 따라 지구와의 거리와 궤도가 다르다. 현재 지구 주위에는 각 나라에서 쏘아 올린 수많은 인공위성이 있어, 서로 충돌하지 않도록 하는 것도 궤도 설정에 고려해야 한다. 인공위성의 종류에 따른 궤도를 조사하여 보고, 인공위성 간의 충돌을 피하는 방안에 관해 탐구하여 보자.

관련 학과 대기과학과, 물리학과, 지구환경과학과, 천문우주학과

《항공우주학개론》, 한국항공우주학회, 경문사(2020)

[12기하02-02]

삼수선 정리를 이해하고, 이를 활용하여 문제를 해결할 수 있다.

➡ 우리 주변의 여러 물질에서 다양한 분자 구조를 발견할 수 있다. 분자가 가진 성질은 분자의 다양한 구조에서 나타나게 되는데 이러한 성질에 영향을 주는 요소 중 하나가 원자가 이루는 면 사이의 '이면각의 크기'이다. 이면각의 크기에 따라 분자가 가지는 성질을 탐구하는 보고서를 작성하여 보자.

관련 학과 화학과

《모든 것에 화학이 있다》, 케이트 비버도프, 김지원 역, 문학수첩(2023)

[12기하02-03]

도형의 정사영의 뜻을 알고, 도형과 정사영의 관계를 탐구할 수 있다.

➡ 태양과 지구, 달의 위치에 따라 일식과 월식이 발생한다. 하지만 지구의 모든 지역에서 일식이나 월식을 관찰할 수 있는 것은 아니고, 어떤 지역에서는 부분일식이나 부분월식으로 관측되기도 한다. 또한 지구의 각 지점에서 측정되는 태양과의 각도에 따라 그 지역의 기온도 달라진다. 이처럼 태양과 지구, 달의 위치와 측정 지점에 따라 다르게 나타나는 여러 현상을 조사하고 그 이유를 탐구하여 보자.

국어 교과군

영어 교과군

수학 교과군

도덕 교과군

사회 교과군

과학 교과군

관련 학과 대기과학과, 지구환경과학과, 천문우주학과
《**천문학 아는 척하기**》, 제프 베컨, 김다정 역, 팬덤북스(2020)

[12기하02-05]   ● ● ●

구를 방정식으로 표현할 수 있다.

➡ 무선통신에서 전파의 도달 범위는 무선통신 시스템의 출력 등을 고려하여 예측할 수 있다. 또한 전파 송신기의 전파 출력, 안테나 특성, 환경 등도 영향을 주는 요인이다. 다양한 조건하에서 전파의 도달 범위를 계산하여 보고, 전파를 더 먼 곳으로 전파하는 방안을 탐구하여 보자.

관련 학과 물리학과, 수학과, 지구환경과학과, 천문우주학과, 해양학과
《**원리로 이해하는 무선공학**》, 홍익표, 한빛아카데미(2022)

단원명 | 벡터

| 🔍 | 벡터, 시점, 종점, 벡터의 크기, 단위벡터, 영벡터, 실수배, 평면벡터, 공간벡터, 위치벡터, 벡터의 성분, 내적, 방향벡터, 법선벡터, $\overrightarrow{AB}$, $\vec{a}$, $|\vec{a}|$, $\vec{a} \cdot \vec{b}$

[12기하03-01]   ● ● ●

벡터의 뜻을 알고, 벡터의 덧셈, 뺄셈, 실수배를 할 수 있다.

➡ 물리학에서 벡터는 주요 내용에서 중요하게 다루어지는 개념이다. 전기학과 자기학에서는 전류의 강도와 방향을 벡터로 표현하고, 전자기장의 강도와 방향 역시 벡터로 표현된다. 이를 이용하여 전자기장 내 입자들의 움직임을 분석하게 된다. 물리학에서 이용되는 다양한 벡터의 개념을 탐구하여 보고서로 작성해 발표해 보자.

관련 학과 물리학과, 수학과
《**전자기 쫌 아는 10대**》, 고재현, 풀빛(2020)

[12기하03-02]   ● ● ●

위치벡터의 뜻을 알고, 벡터와 좌표를 대응시켜 표현할 수 있다.

➡ 기상도에는 각 지역의 기상 상황을 나타내는 구름의 양, 강수량, 바람의 방향, 바람의 세기 등의 정보가 기호로 표시되어 있다. 특히 바람의 방향과 세기는 벡터의 개념을 활용하여 기상도에 나타내기도 한다. 벡터의 개념을 살펴볼 수 있는 다양한 기호를 찾아보고, 그 의미를 정리하여 보고서로 작성하여 보자.

관련 학과 대기과학과, 물리학과, 수학과, 지구환경과학과, 천문우주학과, 해양학과
《**일하는 수학**》, 시노자키 나오코, 김정환 역, 타임북스(2016)

[12기하03-03]   ● ● ●

내적의 뜻을 알고, 두 벡터의 내적을 구할 수 있다.

➡ 많은 과학자는 광활한 우주에서 수많은 천체를 관측하며 우주를 이해하고자 노력하고 있다. 우주의 천체 위치

와 운동 속도를 벡터로 표현하여 그 천체의 궤도를 예측하게 된다. 또한 두 천체 사이에 작용하는 만유인력 또한 벡터로 표현한다. 우주의 천체 움직임을 나타내고 예측하는 과정에서 활용되는 벡터에 관해 탐구하여 보고서로 작성하여 보자.

관련 학과 물리학과, 지구환경과학과, 천문우주학과

천문학 콘서트

이광식, 더숲(2018)

책 소개

저자는 이 책을 통해 우리가 왜 우주를 사색해야 하는지에 대해 질문을 던지고 있다. 고대부터 지금까지 인간이 끊임없이 우주를 궁금해하고 탐구해 온 것은 우주 속에서 우리가 얼마나 티끌 같은 존재인가를 자각하고, 장대한 시간의 흐름과 공간 속에서 자아의 위치를 찾아내는 분별력과 깨달음을 얻기 위함이라 이야기한다. 그러한 분별력을 통해 더 넓은 시각으로 세상과 인생을 바라보고, 균형 잡힌 삶을 살 수 있게 될 것이라고 말한다.

세특 예시

우주의 많은 천체의 움직임을 관측하는 과학자들이 궤도를 어떻게 예측하는지 다양한 자료를 활용하여 탐구해 봄. 또한 천문학에 관한 관심으로 교과연계 독서활동에서 '천문학 콘서트(이광식)'를 읽고, 왜 우주를 탐구해야 하는지를 고민해 보는 시간을 가짐. 우리가 관찰하고 있는 우주는 긴 우주의 시간 속에서 한순간임을 깨닫고 늘 겸손한 마음으로 우주를 대해야 한다는 보고서를 작성함.

선택 과목	수능	경제 수학	절대평가	상대평가
진로 선택	X		5단계	5등급

단원명 | 수와 경제

> |🔍| 경제지표, 퍼센트포인트, 환율, 물가지수, 취업률, 실업률, 고용률, 경제 성장률, 금융지표, 무역수지 지표, 노동관계지표, 주식지표, 세금, 세금부과율, 소비세, 부가가치세, 누진세, 근로소득 연말정산, 종합소득세, 단리, 복리, 이자율, 연이율, 분기이율, 월이율, 할인율, 원리합계, 현재가치, 미래가치, 연속복리, 연금, 기말급 연금, 기시급 연금, 영구 연금, 미래 가격, 현재 가격

[12경수01-01] ● ● ●

통계 자료를 활용하여 경제지표의 의미를 이해하고, 경제지표의 변화를 설명할 수 있다.

➡ 환경 지표는 환경체계의 상태를 수치화, 척도화한 지표로 대기·수질·토양 오염의 정도, 생태계의 보전 정도, 자원의 소모와 재생 정도, 위험물질 사용 한계치 등을 포함한다. 1969년 제정된 미국의 국가환경보호법을 바탕으로 환경위원회(Council on Environmental Quality)가 환경 상태 측정을 위한 일련의 지표를 마련한 것이 시발점이라 할 수 있다. 최근 환경 보호에 대한 관심이 높아지는 분위기 속에서 환경 지표로 활용할 수 있는 물리 지표, 화학 지표, 생물 지표를 조사하고, 대표적인 활용 가능한 환경 지표를 근거와 함께 발표해 보자.

관련 학과) 자연계열 전체

사라져 가는 존재들
팀 플래치, 장정문 역,
소우주(2022)

책 소개

이 책은 사진작가 팀 플래치가 멸종 위기에 처한 생물종의 모습을 담은 사진과 간결한 설명을 통해 멸종 위기 동물들이 현재 어떤 위협에 처해 있는지 알려 준다. 심금을 울리는 초상과 사진 자료를 통해 환경 문제의 심각성을 알리고 환경에 대한 독자의 관심과 교감을 이끌어 내고 있다. 기후변화와 그로 인한 서식지 소실, 삼림 황폐화 등이 세계 생물종에 미치는 영향을 보여 주는 책이다.

세특 예시

'통계 지표에서 진로 읽기 활동'으로 경제지표에 대응한 환경 지표의 개념을 제시하고 물리 지표, 화학 지표, 생물 지표로 나누어 설명함. 대표적인 환경 지표로 '오크리지 공기 질 지수'와 '살충제에 관한 환경지수', '야생동물과 자연환경에 관한 지표'를 소개함. 또한 '사라져 가는 존재들(팀 플래치)'을 활용하여 북극곰, 눈표범, 산호초 등의 개체 수 변화를 소개하고 생물 지표에 대한 연구에 관심을 가져야 한다고 주장함. 지표생물의 개체 수 변화를 활용하면 다른 방법과 비교해 신속하고 경제적이라는 장점이 있으며, 특히 해양동물을 활용한 수질 오염 측정에 적합하다고 설명함.

[12경수01-02]

환율과 관련된 실생활 문제를 해결할 수 있다.

● 암호화폐는 암호화(crypto)와 통화(currency)의 합성어로 네트워크에서 안전한 거래를 위해 암호화 기술을 사용하는 전자화폐이다. 공개 키 암호화를 통해 안전하게 전송하고, 해시 함수를 이용해 쉽게 소유권을 증명할 수 있다는 특징이 있다. 또한 전자금융거래법에 정의된 전자화폐의 특성인 현금 교환성이 보장되지 않으며 정부가 가치나 지급을 보장하지 않는다는 점에서 일반적인 전자화폐와는 구별된다. 개발자가 발행에 관여하지 않고 가상공간이 아닌 현실에서도 통용된다는 점에서 가상화폐와도 차이가 있다. 최근 러시아, 이란 등의 국가에서 암호화폐를 이용한 무역이 이루어지고 있는데, 암호화폐의 사용이 앞으로 국제 무역과 환율에 미칠 영향을 탐구해 보자.

관련 학과 수학과, 금융수학과

《암호화폐 전쟁》, 에리카 스탠포드, 임영신 역, 북아지트(2022)

[12경수01-03]

세금과 관련된 실생활 문제를 해결할 수 있다.

● 2015년 파리협정에서 195개국은 지구온난화로 인한 기온 상승을 억제하고 이산화탄소의 실제 배출량을 줄이자는 탄소중립을 약속했다. 이에 각국 정부는 이산화탄소 배출량에 따라 기업에 세금을 부과하는 탄소세 도입을 고민하게 되었다. 하지만 탄소세 부과로 인해 기업은 큰 부담을 떠안게 되고, 이는 소비자에게도 영향을 미쳐 결국 경제 전반에 부담으로 작용한다. 세계 각국의 탄소세 도입 현황을 조사하고 탄소세를 비롯한 환경세에 대한 자신의 생각을 정리하여 발표해 보자.

관련 학과 대기과학과, 동물자원과학과, 미생물학과, 분자생물학과, 산림학과, 생명과학과, 생물학과, 식물자원학과, 원예학과, 조경학과, 지구환경과학과, 해양학과, 화학과, 환경학과

《밸런싱 그린》, 요시 셰피·에드가 블랑코, 김효석·류종기 역, 리스크인텔리전스경영연구원(2021)

[12경수01-04]

단리와 복리를 이용하여 이자와 원리합계를 구하고, 미래에 받을 금액의 현재가치를 구할 수 있다.

● 금융 상품에는 수시로 넣었다 뺄 수 있는 수시입출금 상품으로 보통예금, 저축예금, CMA, MMF, MMDA가 있다. 또한 목돈 마련을 위한 금융 상품으로 적금, 적립식 펀드가 있으며, 목돈을 운용하기 위한 금융 상품으로 정기예금과 펀드 외에 회사채, 발행어음, CP, RP, CD, 주가지수연동상품 등이 있다. 그 외에도 내 집을 마련하기 위한 금융 상품으로 장기주택마련저축, 청약종합저축, 청약저축, 청약부금, 청약예금이 있다. 대표적인 금융상품을 조사하여 특징을 비교하고 사회 초년생이 활용할 수 있는 금융 상품을 분석해 보자.

관련 학과 수학과, 금융수학과, 통계학과

《누구나 할 수 있는 재테크 첫걸음》, 김낙현 외 4명, 렛츠북(2021)

[12경수01-05]

연금의 뜻을 알고, 연금의 현재가치를 구할 수 있다.

● 연금은 노후자금을 위한 연금으로 건강하고 윤택한 노후를 영위할 수 있도록 도와주는 역할을 한다. 개인 상황

에 따라 연금이 아닌 일시금으로 한꺼번에 수령하는 것을 희망하는 경우가 있는데, 이를 일시금 수령이라고 한다. 일시금으로 수령할 경우 기시급 연금을 통해 받을 수 있는 금액의 합과 차이가 생기는데 그 이유를 현재가치(또는 미래가치)를 기준으로 설명하고 적절한 금액을 설정하는 방법을 제안해 보자.

관련 학과 수학과, 금융수학과, 통계학과

《**퇴직연금 구하기**》, 김창희, 중앙경제(2017)

단원명 | 함수와 경제

| 🔍 | 함수, 정의역, 공역, 치역, 비례함수, 반비례함수, 비용, 비용함수, 이윤, 생산함수, 수요, 공급, 수요량, 공급량, 수요함수, 공급함수, 수요곡선, 공급곡선, 효용함수, 한계효용, 총효용곡선, 한계효용곡선, 한계효용 체감의 법칙, 한계효용 균등의 법칙, 기대효용, 균형가격, 가격, 세금, 소득, 부등식의 영역, 제약조건, 최대와 최소, 이차함수, 효용

[12경수02-01] •••

여러 가지 경제 현상을 함수로 나타낼 수 있다.

➡️ 다양한 자연현상이나 실생활의 모습을 함수로 표현하면 현상의 변화를 파악하기 쉽고, 이를 바탕으로 미래의 변화를 예측할 수 있다. 외식산업의 수요 변화나 트렌드, 축산품의 가격 변화와 공급량 등을 정리할 수 있고 각종 동물과 식물의 개체 수 변화, 미생물의 확산 정도를 파악할 수 있다. 자신이 희망하는 진로 분야에서 관심 주제를 선정하여 최근의 변화를 함수(표나 그래프)로 표현하고 이를 분석하여 앞으로 예상되는 변화를 예측하여 보자.

관련 학과 자연계열 전체

《**우리 곁에서 사라져 가는 멸종위기 야생동물**》, 소소한소통, 국립생태원(2021)

[12경수02-02] •••

함수와 그래프를 활용하여 수요곡선과 공급곡선의 의미를 탐구하고 이해한다.

➡️ 계란은 단백질 및 기타 필수 영양소의 중요한 공급원으로 요리의 재료로 활용되고 있다. 폭염이나 한파와 같은 날씨, 조류독감과 같은 질병은 계란 공급에 지대한 영향을 미치게 된다. 근래 조류독감이 계란 공급에 미친 영향과 계란 가격이 변화한 사례에 대한 신문기사를 검색하고 수요곡선과 공급곡선의 의미를 탐구해 보자. 또한 계란 수급을 안정화할 수 있는 방안을 탐구해 보자.

관련 학과 농생물학과, 동물자원과학과, 분자생물학과, 생명과학과, 생물학과, 수산생명의학과, 식물자원학과, 식품영양학과, 외식산업학과, 원예학과, 축산학과, 통계학과

《**문답으로 이해하는 시장경제원리99**》, 정구현, 베가북스(2016)

[12경수02-03] •••

효용의 의미를 이해하고, 효용을 함수와 그래프로 나타낼 수 있다.

➡️ 어떤 상품을 소비할 때 소비자가 얻는 주관적인 만족이나 이익을 효용이라 하고, 추가되는 소비량 1단위에 대

한 효용을 한계효용이라 한다. 또한 한계효용 체감의 법칙은 어떤 상품의 소비량이 늘어갈 때 한계효용이 점점 작아지는 현상을 의미한다. 한 가지 음식만 먹다 보면 좋아하는 음식도 싫증이 날 수밖에 없는데, 다양한 음식을 먹을 수 있다는 점이 뷔페의 장점이다. 뷔페를 한계효용 및 한계효용 체감의 법칙과 관련하여 탐구하고 발표해 보자.

관련 학과 ▸ 농생물학과, 식품영양학과, 외식산업학과

《흥미롭고 다양한 세계의 음식문화》, 정정희 외 5명, 광문각(2018)

[12경수02-04] •••

수요와 공급의 상호 작용에 의해 균형가격이 결정되는 경제 현상을 설명할 수 있다.

➡ 해마다 쌀 생산량이 일정하지 않아 공급이 일정하지 않은 상황에서 쌀의 소비량이 생산량보다 더 가파르게 감소하면서 공급과잉 구조가 발생하게 되었다. 통계청의 '양곡소비량조사'에 따르면 1인당 연간 쌀 소비량은 2000년에 100kg이었으나 지금은 그 절반 수준이라고 한다. 통계청의 최근 양곡소비량조사 자료를 조사하여 연도별 소비량 변화를 분석해 보자. 또한 쌀 소비의 불균형이 발생한 배경과 함께 안정적인 수급을 위한 방안을 탐구해 보자.

관련 학과 ▸ 농생물학과, 동물자원과학과, 분자생물학과, 생명과학과, 생물학과, 수산생명의학과, 식물자원학과, 식품영양학과, 외식산업학과, 원예학과, 축산학과, 통계학과, 해양학과

《싱글라이프와 소비트렌드》, 비피기술거래, 비티타임즈(2022)

[12경수02-05] •••

세금과 소득의 변화가 균형가격에 미치는 영향을 탐구하고 이해한다.

➡ 최근 중국산 채소가 저가 신고를 통해 국내로 수입되면서 국내 업체들이 어려움을 겪고 있다. 일부 수입 업체들이 수입 가격을 실제 가격보다 낮게 신고해 관세 부담을 낮춘 뒤, 국내에 저가로 유통한 것이다. 양파의 경우 관세가 135%이기 때문에 절반 이하의 가격에 수입신고를 하게 되면 관세 부담도 절반 이하로 줄게 된다. 이런 중국산 저가 수입 농산물 문제를 해결하기 위한 정부의 농산물 정책 방향을 제시하고 이런 정책이 균형가격에 미칠 영향을 탐구해 보자.

관련 학과 ▸ 농생물학과, 동물자원과학과, 생명과학과, 생물학과, 수산생명의학과, 식물자원학과, 식품영양학과, 외식산업학과, 의류학과, 조경학과, 축산학과, 통계학과

《중국과 미국, 무역과 외교 전쟁의 역사》, 왕위안충, 이화승 역, 행성B(2022)

[12경수02-06] •••

부등식의 영역의 개념을 이해하고, 이를 활용하여 경제 현상의 문제를 해결할 수 있다.

➡ 등압선은 지도의 등고선과 비슷한 개념으로 일기도에서 기압이 같은 지점을 연결하여 이은 선이다. 이 등압선의 분포를 통해 기류의 흐름을 파악할 수 있기 때문에 일기 예보에서 매우 중요하다. 보통 고기압이나 저기압의 분포 상태를 나타내기 위해 보통 4밀리바(mb) 간격으로 그린다. 등압선의 간격이 좁으면 기압 차가 크고 간격이 넓으면 기압 차가 적으며, 기압이 높은 쪽에서 낮은 쪽으로 바람이 분다. 오늘 일기도의 등압선을 찾아 등압선을 부등식의 영역을 이용해 수학적으로 표현하고 일기도를 분석해 보자.

관련 학과 ▸ 대기과학과, 지구환경과학과, 천문우주학과

《날씨와 기상》, 뉴턴프레스, 아이뉴턴(2019)

단원명 | 행렬과 경제

[12경수03-01] ● ● ●

여러 가지 경제 현상을 행렬로 나타내고, 연산할 수 있다.

➡ 마르코프 성질은 n회의 상태가 n-1회의 상태에 의해 결정되는 것이고, 마르코프 체인은 마르코프 성질을 지닌 이산확률 과정으로 행렬로 나타낼 수 있다. 맑은 날의 다음 날 맑을 확률은 70%, 흐린 날의 다음 날 흐릴 확률은 30%라고 할 때, 마르코프 체인을 이용하여 오늘과 내일 날씨의 관계를 행렬로 표현하고 그 결과를 탐구해 보자.

관련 학과 대기과학과, 수학과, 지구환경과학과, 천문우주학과, 통계학과

《**매트랩 코드와 함께 하는 마르코프 체인 몬테카를로**》, 이효남, 자유아카데미(2023)

[12경수03-02] ● ● ●

역행렬의 뜻을 알고, 2×2행렬의 역행렬을 구할 수 있다.

➡ 행렬은 암호학과 밀접한 관련성을 가지고 있다. 치환형 암호는 평문의 문자 하나하나를 암호문의 문자로 바꾸는 방법인 반면, 전치형 암호는 문자 위치를 바꾸어 암호문을 생성하는 방법이다. 전치형 암호는 행렬, 역행렬을 이용해 암호를 만들거나 풀 수 있다. 전치형 암호에서 행렬을 이용해 암호화, 복호화하는 방법을 탐구해 보자.

관련 학과 수학과, 통계학과

《**리얼월드 암호학**》, 데이비드 웡, 임지순 역, 제이펍(2023)

[12경수03-03] ● ● ●

행렬의 연산과 역행렬을 활용하여 경제 현상의 문제를 해결할 수 있다.

➡ 마르코프 모델이란 마르코프 체인을 기반으로 만든 확률 모델로서 내일의 날씨 예측에 활용할 수 있다. 마르코프 모델을 만들기 위해서는 먼저 어떤 상태와 이후 상태의 관계를 확률로 설명하고 이를 행렬로 표현하는데 이를 전이행렬이라고 한다. 맑은 날의 다음 날 맑을 확률은 70%이고 흐린 날의 다음 날 흐릴 확률은 30%라고 할 때, 전이행렬 T를 구하고 역행렬의 개념을 이용해 오늘과 이틀 후의 날씨 관계를 탐구해 보자.

관련 학과 대기과학과, 수학과, 지구환경과학과, 천문우주학과, 통계학과

《**Maple과 R-project에 의한 마르코프 연쇄 몬테카를로**》, 이상호, 교우(2018)

단원명 | 미분과 경제

미분의 개념을 이해하고 경제 현상을 나타내는 함수를 미분할 수 있다.

➡ 한 방향으로 빙빙 돌면서 일정한 규칙에 따라 곡률이 바뀌는 곡선을 나선이라고 한다. 아르키메데스 나선은 회전하면서 반경이 선형적으로 증가하는 형태로 모기향에 이용되며, 로그 나선은 피보나치수열에 근거해 각도 변화에 따라 반경이 일정한 비율로 증가하는 나선으로 조개껍질 등에서 발견된다. 아르키메데스 나선과 로그 나선의 형태를 바탕으로 두 나선의 변화와 특징을 미분과 관련하여 탐구해 보자.

`관련 학과` 대기과학과, 물리학과, 수학과, 지구환경과학과, 천문우주학과

《이중나선》, 제임스 왓슨, 최돈찬 역, 궁리(2019)

미분을 이용하여 그래프의 개형을 탐구하고 해석할 수 있다.

➡ 물체가 같은 시간 동안 같은 각도만큼 원 궤도를 따라 회전하며 생기는 원운동을 등속 원운동이라고 한다. 등속 원운동을 하는 물체는 속력과 단위 시간당 변한 각도가 일정하지만 속도 방향은 원의 접선 방향으로 매 순간 변한다. 한편 속도 변화의 방향으로 등속 원운동하는 물체의 가속도 방향은 위치와 관계없이 항상 원의 중심을 향하는데 그 이유를 미분과 관련하여 설명해 보자.

`관련 학과` 대기과학과, 물리학과, 수학과, 지구환경과학과, 천문우주학과

《힘과 운동》, 알리사 트카체바, 이정모 역, 그린북(2023)

미분을 활용하여 탄력성의 의미를 탐구하고 이해한다.

➡ 기업의 입장에서는 제품의 가격과 판매량의 관계가 주요한 관심사다. 물품의 가격을 내렸을 때 판매량이 크게 증가한다면 가격 인하가 매출을 증대시킬 것이므로 가격을 내리게 된다. 하지만 생필품의 경우 가격을 내려도 판매가 늘지 않고, 오히려 가격을 올려도 판매가 크게 줄지 않아 기업은 가격을 올려 매출을 늘리게 된다. 가격과 판매의 관계를 나타내는 것을 탄력성이라고 하는데, 자신의 진로 분야와 관련하여 탄력성이 높은 품목과 그렇지 않은 품목을 분류하고 그 특징을 탐구해 보자.

`관련 학과` 자연계열 전체

《세계품목단위 수출수요의 가격탄력성 추정에 관한 연구》, 이진면, 산업연구원(2017)

미분을 활용하여 경제 현상의 최적화 문제를 해결할 수 있다.

➡ 풍년을 맞아 전년보다 훨씬 많은 배추를 수확한 농부는 수확량이 많아 판매 수입도 증가할 것으로 예상했다. 그런데 전년보다 배추 가격이 크게 떨어지고 판매량은 소폭 증가하는 수준에 머물러 기대와 달리 수입이 감소하였다. 농사가 풍년일 경우 생산 농가의 총수입은 감소하고 반대로 흉년일 경우 생산 농가의 총 수입은 증가하기도 하는데 이런 상황을 '농부의 역설'이라고 한다. 농부의 역설을 탄력성과 관련하여 설명하고 농산물 가격의 폭등이나 폭락에 대비해 정부에서 시행할 수 있는 정책을 탐구해 보자.

`관련 학과` 농생물학과, 동물자원과학과, 생명과학과, 생물학과, 수산생명의학과, 식물자원학과, 식품영양학과, 외식산업학과, 원예학과, 의류학과, 조경학과, 축산학과, 통계학과, 해양학과

농산물 가격론

김호탁 외 2명, 박영사(2019)

국어 교과군

영어 교과군

수학 교과군

도덕 교과군

사회 교과군

과학 교과군

책 소개

이 책은 농산물 가격이 결정되는 원리로 수요이론과 공급이론을 소개하고 시장구조와 균형가격이 결정되는 과정을 설명하고 있다. 특히 농산물 가격이 형성되는 과정에서 나타나는 특징과 함께 농산물 가격정책의 목표와 역할을 제시하고 있다. 또한 농산물 가격정책의 기능과 수단을 소개하고 WTO 체제하의 농업정책과 농산물 가격에 대해 소개하고 있다.

세특 예시

가격에 대한 수요함수와 수요에 대한 가격함수가 유기적인 관계임을 이해하고 이를 그래프와 관련하여 타당하게 설명함. 여러 가지 경제 용어를 활용하여 주어진 수요함수와 비용함수로부터 최적생산량을 정확하게 구함. 또한 농사가 풍년일 경우 생산 농가의 총 수입은 감소하고 반대로 흉년일 경우 생산 농가의 총 수입은 증가하기도 하는 농부의 역설을 소개함. 농부의 역설을 탄력성과 관련하여 설명하고 '농산물 가격론(김호탁 외)'을 인용하여 농산물 가격의 폭등이나 폭락에 대비해 정부에서 시행할 수 있는 정책을 탐구함.

선택 과목	수능	 	절대평가	상대평가
진로 선택	X		5단계	5등급

단원명 | 인공지능과 빅데이터

| 🔍 | 인공지능, 기계학습, 지도학습, 강화학습, 딥러닝, 사물인터넷, 빅데이터, 데이터베이스, 논리합(OR), 논리곱(AND), 배타적논리합(XOR), 논리 연산, 진리표, 알고리즘, 순서도, 다층 퍼셉트론, 전문가 시스템, 추론, 데이터 활용, 편향성, 공정성, 추론, 퍼셉트론, 가중치, 활성화함수

[12인수01-01]

인공지능의 개념을 이해하고 학습 방식을 수학적으로 해석할 수 있다.

➡️ 1958년 코넬 대학의 프랭크 로젠블랫에 의해 컴퓨터도 인간의 뇌 신경망처럼 학습시켜 결과를 출력할 수 있다는 퍼셉트론이 탄생하였다. 이후 사람 두뇌의 신경 세포와 이들의 연결 구조를 바탕으로 컴퓨터 신경망 기반 인공지능에 대한 연구가 본격적으로 발전하였다. 최근 인공지능 분야에서 주목받고 있는 딥러닝은 인공신경망을 바탕으로 하는 기계학습 방법 중 하나로 수많은 데이터 속에서 패턴을 발견하고 인간이 사물을 구분하듯 컴퓨터가 데이터를 분류하게 된다. 이때 활용되는 인공지능의 개념을 정리하고 인공지능이 학습하는 방식을 인간의 두뇌와 비교하여 탐구해 보자.

`관련 학과` 물리학과, 생명과학과, 생물학과, 수학과, 통계학과, 해양학과

《**딥러닝을 위한 인공 신경망**》, 오창석, 내하출판사(2018)

[12인수01-02]

인공지능에서 수학을 활용한 역사적 사례를 탐구하고 설명할 수 있다.

➡️ 자동차의 내비게이션이 지도 위에서 자신의 위치를 알아내는 방법은 GPS가 보내는 시각 정보에 의존한다. 위성은 내비게이션을 장착한 차의 위치 좌표(위도, 경도, 고도 등)를 파악하고 실시간으로 위치 정보를 제공한다. 서로 다른 위성은 두 가지 전파 신호를 내보내는데, 위성의 위치와 전파 신호를 내보내는 시간에 대한 정보를 확인할 수 있다. 각각의 위성은 정밀한 세슘(Cs) 원자시계가 있어 각 위성의 고유 시그널을 지상으로 계속하여 방사하는 동시에 시각을 디지털 신호로 알려 준다. 내비게이션에 활용되는 GPS의 원리를 수학과 관련하여 탐구해 보자.

`관련 학과` 관광학과, 군사학과, 지리학과

《**비전공자도 이해할 수 있는 AI 지식**》, 박상길, 반니(2023)

[12인수01-03]

빅데이터의 개념과 특성을 알고 인공지능에서 빅데이터를 활용한 사례를 찾을 수 있다.

⊙ 인공지능과 빅데이터는 불가분의 관계로 인공지능은 머신러닝과 딥러닝 알고리즘을 활용하여 빅데이터를 학습하게 된다. 일기 예보는 예측과학으로 100% 정확할 순 없다. 하지만 인공지능과 빅데이터를 활용하여 방대한 기상 데이터를 분석하고 기상과 날씨를 예측하면 예보의 정확성을 높이고 예측에 드는 시간을 줄일 수 있다. 빅데이터는 태풍, 홍수, 지진 등의 자연재해를 예측하고 멸종 위기 동물을 보호하며 기근을 예방하는 데도 활용된다. 빅데이터의 개념과 특성을 정리한 뒤 일기 예보에 인공지능과 빅데이터가 활용되는 원리를 탐구해 보자.

관련 학과 대기과학과, 지구환경과학과, 천문우주학과, 수학과, 통계학과, 해양학과, 환경학과

《**기상 예측 교과서**》, 후쿠카와 다케히코·오키 하야토, 신찬 역, 보누스(2020)

단원명 | 텍스트 데이터 처리

> |🔎| 텍스트 데이터, 텍스트마이닝, 불용어, 집합, 벡터, 빈도수, 단어가방(Bag of Words), 용어빈도(TF), 문서빈도(DF), 역문서빈도(IDF), 감성 정보 분석, 텍스트의 유사도 분석, 유클리드 유사도, 코사인 유사도, 자카드 유사도

[12인수02-01] ● ● ●

집합과 벡터를 이용하여 텍스트 데이터를 목적에 맞게 표현할 수 있다.

⊙ 기계학습은 컴퓨터 시스템이 데이터로부터 학습하고 패턴을 발견하여 작업을 수행하는 인공지능의 한 분야로, 주어진 데이터를 분류하거나 새로운 것을 예측하는 데 활용된다. 기계학습의 세계는 다양한 알고리즘으로 가득 차 있는데, 우선 분류란 일정한 기준에 따라 명백하게 구분 짓는 것으로 유사한 특성을 가진 데이터끼리 그룹을 지어 어느 클래스에 속하는지 결정하는 과정을 의미한다. 반면 회귀란 회귀식을 통해 값을 예측하고 새로운 데이터에 대한 출력값을 통계적 계산을 통해 예측하는 과정을 가리킨다. 이러한 분류와 회귀가 활용되는 사례를 비교하고 두 개념의 차이를 탐구해 보자.

관련 학과 자연계열 전체

《**수학보다 데이터 문해력**》, 정성규, EBS BOOKS(2022)

[12인수02-02] ● ● ●

빈도수 벡터를 이용하여 텍스트 데이터를 요약하고 유용한 정보를 추출할 수 있다.

⊙ 단어가 출현한 횟수를 산출할 때 같은 횟수라도 문장의 길이에 따라 해당 단어의 중요도가 달라질 수 있어 상대도수를 활용한다. 일반적으로 상대도수가 높은 단어를 통해 정확하게 주제어를 찾게 되는데 영어의 'the'와 같이 빈도가 높지만 중요하지 않은 경우도 있다. 이런 빈도 분석은 카이사르 암호, 비즈네르 암호, 폴리비오스 암호 등의 단일 환자식 암호를 해독하는 데 활용된다. 영어 문장의 경우 e, t, a, o, I의 출현 빈도가 높은 반면 j, x, q, z는 출현 빈도가 낮다는 특징을 활용하였다. 단어의 빈도를 활용한 암호 해독으로 카이사르 암호, 비즈네르 암호, 폴리비오스 암호 등에 대해 탐구해 보자.

관련 학과 물리학과, 수학과, 통계학과

《**리얼월드 암호학**》, 데이비드 웡, 임지순 역, 제이펍(2023)

[12인수02-03]

인공지능이 텍스트를 특성에 따라 분석하는 수학적 방법을 설명할 수 있다.

➡ 프로그래밍 언어란 사람이 원하는 작업을 컴퓨터가 수행할 수 있도록 설계되어 기계와 의사소통을 하게 해 주는 언어를 의미한다. 두 자료나 문서의 유사도를 판정하는 과정에서 자료를 수학적으로 변환하고 유사한 정도를 확인하는 데 유클리드 거리와 코사인 유사도 등이 활용되고 있다. 하나의 문서를 용어빈도(TF), 문서빈도(DF), 역문서빈도(IDF)로 나타낸 뒤 유클리드 거리와 코사인 유사도를 구하는 방법을 탐구해 보자.

관련 학과) 물리학과, 수학과, 통계학과

《프로그래밍 언어도감》, 마스이 토시카츠, 김형민 역, 영진닷컴(2018)

단원명 | 이미지 데이터 처리

| 🔍 | 이미지 데이터, 픽셀 위치, 색상 정보(RGB), 행렬, 전치행렬, 이미지 구도, 색상, 휘도, 밝기, 선명도, 행렬의 연산, 행렬의 덧셈과 뺄셈, 변환, 분류와 예측, 사진 구별, 손글씨 인식, 감정 분석, 행렬의 유사도, 해밍 거리

[12인수03-01]

행렬을 이용하여 이미지 데이터를 목적에 맞게 표현할 수 있다.

➡ CNN(Convolutional Nerual Network) 모델은 데이터의 특징을 추출하여 그 특징들이 가진 패턴을 파악하는 구조다. 주로 이미지나 영상 데이터를 처리할 때 쓰이며 전처리 작업이 들어가는 뉴런 네트워크 모델이다. 인간의 시신경 구조를 모방한 기술로 이미지를 인식하기 위해 패턴을 찾는 데 유용하며 이를 이용해 이미지를 분류하게 된다. 자율주행자동차, 얼굴 인식과 같은 객체 인식 등을 위한 인공지능에서의 이미지 분석에 많이 이용되는 CNN 모델에 대해 탐구해 보자.

관련 학과) 물리학과, 수학과, 지구환경과학과, 천문우주학과, 통계학과, 화학과

《딥러닝 텐서플로 교과서》, 서지영, 길벗(2021)

[12인수03-02]

행렬의 연산을 이용하여 이미지 데이터를 다양하게 변환할 수 있다.

➡ 딥페이크(Deepfake)는 인공지능 기술을 이용하여 실제 인물의 얼굴이나 특정 부위 등을 영화의 CG처럼 합성한 영상 편집물을 의미한다. 과거에는 인물의 사진과 영상을 합성하는 정도였으나 인공지능 기술의 발달로 실제 영상과 구별이 어려운 수준이 되었다. 딥페이크의 원리는 사람의 특정 부분에 좌표 값을 정해 주고 자막의 좌표가 이 좌표를 따라 바뀌도록 하는 것이다. 각도를 달리해서 찍은 많은 사진을 컴퓨터에 저장하면 인공지능이 얼굴을 분석하고 판단하여 적용할 수 있게 된다. 과거 이 기술을 이용해 오바마 전 미국 대통령의 영상을 가짜로 퍼트리거나 북한의 김정일을 광고에 출연시키기도 하였다. 인공지능을 이용해 이미지를 합성하는 딥페이크 기술의 원리와 특징을 탐구해 보자.

관련 학과) 물리학과, 생명과학과, 생물학과, 수산생명의학과, 수학과, 통계학과

딥페이크의 얼굴
이소은·최순욱,
스리체어스(2023)

기술이 만든 얼굴이 우리에게 묻는 것

딥페이크는 메시지가 아닌 메신저를 바꾼다. 허위정보가 폭발하는 시대에 딥페이크가 가진 영향력은 무엇보다 강하다. 힘은 다름 아닌 얼굴에서 나온다. 새로운 가면의 시대 앞에서, 우리는 무엇을 너에게 질문을 던져야 한다.

책 소개

최근 주목받고 있는 딥페이크에 대한 소개와 함께 딥페이크 기술의 특징과 활용 사례 등을 알려 주는 책이다. 딥페이크로 인한 폭력성과 허위 정보, 조작된 정서 등의 잘못된 사례도 같이 제시한다. 또한 과거의 인물을 살리는 복원 프로젝트와 창작의 이면에 있는 폭력, 거짓 정보 등 딥페이크 기술이 가지는 양면성을 다루면서 윤리성에 대해서도 같이 이야기하고 있다.

세특 예시

인공지능을 이용한 이미지 합성으로 딥페이크 기술에 대한 탐구활동을 진행함. 누구나 쉽게 제작이 가능하다는 장점이 있지만 범죄 의식이나 윤리성에 대한 인식이 낮아 위험성이 높다고 설명함. 딥페이크 기술과 관련한 TV 다큐멘터리와 신문 기사의 내용을 인용하고 '딥페이크의 얼굴(이소은·최순욱)'의 내용을 요약하여 정리함. 딥페이크 기술의 원리와 양면성을 중심으로 정리한 내용을 학급에 게시하고 앞으로의 활용 방안과 관련 법 제정에 대한 자신의 생각을 밝힘.

[12인수03-03] ● ● ●

인공지능이 이미지를 자동으로 분류하는 수학적 방법을 설명할 수 있다.

➡ 기계학습은 크게 지도 학습과 비지도 학습으로 나눌 수 있다. 지도 학습은 문제와 답이 함께 주어진 데이터를 학습하는 알고리즘인 반면 비지도 학습은 답 없이 문제만 주어진 데이터를 학습하는 알고리즘이다. 비지도 학습의 경우 강아지와 고양이 이미지만 주어진 데이터를 컴퓨터가 학습할 때, 이미지를 분류하는 모델(기준)을 스스로 만들고 새로운 이미지가 입력되면 스스로 만든 분류 모델(기준)을 통해 분류하게 된다. 지도 학습과 비교하여 비지도 학습의 특징과 장단점을 탐구해 보자.

관련 학과 물리학과, 수학과, 통계학과

《**인공지능학습**》, David Clark, 박인우 외 4명, 박영스토리(2022)

단원명 | 예측과 최적화

🔍 확률의 계산, 상대도수, 자료의 경향성, 추세선, 예측, 손실함수, 경사하강법, 함수의 극한, 이차함수의 미분계수, 손실함수, 최솟값

[12인수04-01] ● ● ●

데이터를 분석하여 사건이 일어날 확률을 구하고 이를 예측에 이용할 수 있다.

➡ 마르코프 체인은 확률과 행렬을 이용해 현재의 상태로부터 미래의 상태를 예측하는데, 이때 사용되는 행렬을 마르코프 행렬이라고 한다. 마르코프 체인은 주식 시장이나 마케팅, 인사 관리에 이르기까지 미래를 예측하고 분석하는 많은 분야에서 활용되고 있다. 또한 미래의 날씨 예측과 구조 과학에서부터 의료 진단까지 다양한 모

델로 활용되고 있다. 마르코프 체인의 개념과 특징을 바탕으로 자신의 분야에서 마르코프 행렬을 활용할 수 있는 사례를 찾아 탐구해 보자.

관련 학과 자연계열 전체

매트랩 코드와 함께 하는
마르코프 체인
몬테카를로

이효남 지음

자유아카데미

매트랩 코드와 함께 하는
마르코프 체인 몬테카를로
이효남, 자유아카데미(2023)

책 소개

이 책은 몬테카를로 방법에 대한 소개부터 마르코프 체인이 사용되는 이유와 개념을 상세하게 기록하고 있다. 또한 그에 필요한 배경지식으로 조건부 확률과 베이즈 법칙, 베이지안 추정을 바탕으로 몬테카를로 적분에 대한 내용을 담고 있다. 이어 마르코프 체인과 확률을 연관지어 균형 조건과 가역성 등을 설명하고 기각법과 중요도 추출법, 메트로폴리스 추출법 등을 다루고 있다.

세특 예시

인공지능이 데이터를 분석하여 확률을 구하고 예측하는 모형으로 마르코프 체인에 대해 조사함. '매트랩 코드와 함께 하는 마르코프 체인 몬테카를로(이효남)'를 인용하여 마르코프 체인과 몬테카를로 기법에 대해 개념을 설명함. 확률과 행렬을 이용해 현재 상태로부터 미래를 예측하는 사례로 한 달 후 날씨를 예측하는 상황에 적용함. 또한 확률과 행렬을 이용한 마르코프 체인이 주식 시장이나 마케팅, 인사 관리, 의료 진단에 이르기까지 미래의 예측과 분석에 유용한 이유를 제시함.

[12인수04-02] ● ● ●

공학 도구를 사용하여 데이터의 경향성을 추세선으로 나타내고 이를 예측에 이용할 수 있다.

⊙ 지구온난화란 여러 환경적인 요인으로 인해 지구의 평균 온도가 올라가는 현상을 의미한다. 지구온난화의 원인으로는 숲과 바다 생태계의 파괴, 이산화탄소와 같이 온실효과를 일으키는 온실가스의 증가, 미세먼지나 메탄가스의 발생 등을 꼽을 수 있다. 연도별 지구의 평균 온도에 대한 통계 자료를 찾아 데이터의 경향성을 바탕으로 추세선을 나타내고 2030년과 2040년 이후의 지구 온도를 예측해 보자. 또한 지구온난화의 원인에 대한 분석을 바탕으로 문제를 해결할 수 있는 현실적인 방안을 탐구해 보자.

관련 학과 자연계열 전체

《지구온난화 교과서》, 뉴턴프레스, 아이뉴턴(2023)

[12인수04-03] ● ● ●

손실함수를 이해하고 최적화된 추세선을 찾을 수 있다.

⊙ 최소제곱법은 많은 측정값으로부터 참값에 가까운 값을 구하기 위하여 각 측정값의 오차 제곱의 합이 최소가 되는 값을 구하는 방법이다. 1801년에 천문학자 피아치는 이탈리아 팔레르모 천문대에서 소행성 하나를 관측하여 세레스(Ceres)라고 명명하고 41일 동안 22개의 관찰 자료를 만들었다. 그러나 세레스가 시야에서 사라져서 더 이상 관찰할 수 없게 되었고 당시 과학자들은 세레스의 궤도를 계산하여 출현 위치를 찾기 위해 노력하였다. 그러던 중 가우스가 세레스의 궤도를 알아내었고 이후 최소제곱법을 사용하여 새로운 행성이 발견되는 대로 그 궤도를 계산하였다. 이때 활용된 최소제곱법에 대해 탐구해 보자.

국어 교과군

영어 교과군

수학 교과군

도덕 교과군

사회 교과군

과학 교과군

관련 학과 대기과학과, 물리학과, 수학과, 지구환경과학과, 천문우주학과, 통계학과

《**친절한 미분적분학**》, 캐럴 애시·로버트 B. 애시, 김광수·한빛수학교재연구소 역, 한빛아카데미(2021)

[12인수04-04] ● ● ●

경사하강법을 이해하고 최적화된 예측을 위한 인공지능의 학습 방법을 설명할 수 있다.

➡ 경사하강법은 기계학습에서 손실함수를 최소화하기 위해 사용하는 방법이다. 손실함수 $E(a)$의 미분계수 $E'(a)$의 절댓값이 작아지는 방향으로 a를 조금씩 수정하는 과정을 여러 번 반복하여 손실함수의 최솟값을 찾는 과정이다. 경사하강법은 볼록함수의 최솟값을 구하는 기법을 의미하는데 이와 대응되는 개념으로 경사상승법이 있다. 경사하강법과 경사상승법의 관계를 설명하고 두 개념이 활용되는 사례를 탐구해 보자.

관련 학과 물리학과, 수학과, 통계학과

딥러닝을 위한 수학

로널드 크노이젤, 류광 역,
제이펍(2022)

책 소개

이 책은 벡터와 행렬, 확률 분포 등의 주제와 개념을 설명한 뒤 행렬, 미분을 심화한 개념으로 확장하고 있다. 확률 법칙과 확률 분포, 베이즈 확률의 개념과 이 개념들이 활용되는 분야를 소개하고 다양한 데이터를 벡터와 행렬의 형태로 변환해 신경망에서 활용하는 과정을 다룬다. 또한 검증 가능한 예제를 중심으로 역전파와 경사하강법, 최적화 기법을 다루며 수학 개념의 활용도를 이해할 수 있다.

세특 예시

수업 시간에 학습한 경사하강법을 정확하게 이해하고 인공지능에 경사하강법이 활용되는 이유를 명확하게 설명함. 독서 연계 활동으로 '딥러닝을 위한 수학(로널드 크노이젤)'을 참고하여 경사하강법의 원리를 정리하고 경사상승법과의 차이를 비교하여 분석함. 이런 경사하강법은 인공지능이 최적화된 값을 찾고 판단을 내리는 과정에서 사용된다고 설명함. 또한 인공지능의 학습 방법 외에도 로켓 발사, 차량 속도 측정, 단층 촬영, 경제 전망, 기상 예보, 지구온난화 예측 등에 활용된다고 설명함.

단원명 | **인공지능과 수학 탐구**

| 🔍 | 데이터의 경향성, 최적화, 합리적 의사 결정, 비합리적 의사 결정, 의사 결정의 윤리성, 인공지능, 수학적 아이디어, 탐구 학습, 프로젝트 학습

[12인수05-01] ● ● ●

수학적 원리를 이용하여 인공지능이 실생활 문제를 합리적으로 해결하는 사례를 찾을 수 있다.

➡ 뇌과학(Brian Science)은 뇌의 신경생물학적 구조와 기능을 규명해 작동 원리와 의식 현상을 파악하고 인지, 언어, 행동 등 고등 정신활동에 대해 연구하는 분야이다. 최근 뇌과학, 뇌공학, 뇌의약학 등 뇌와 관련한 분야에서 인

공지능 기술이 활용되면서 신경질환과 정신질환의 발병 원인을 규명하고 예방법과 치료 기술을 개발하고 있다. 인공지능이 뇌 관련 분야에서 활용되는 구체적인 사례를 조사하고 그 안에 포함된 원리를 탐구해 보자.

관련 학과 농생물학과, 동물자원과학과, 미생물학과, 분자생물학과, 생명과학과, 생물학과, 수학과, 식물자원학과, 원예학과, 통계학과

브레인 3.0

임창환, MID(2020)

책 소개

이 책은 뇌의 3단계 국면(인간지능→인공지능→융합지능)을 바탕으로 뇌과학과 뇌공학에 관한 최신 담론을 쉽고 친절하게 풀어내고 있다. 뇌과학과 뇌공학 분야 최신의 연구 성과를 소개하고 뇌과학과 인공지능을 결합한 융합지능(브레인 3.0)을 설명한다. 뇌기능을 보조하는 보조 인공두뇌와 뇌의 일부를 전자두뇌로 대체하는 문제, 마이크로칩을 이식하는 부분 등을 다룬다.

세특 예시

진로 연계 독서활동에서 인공지능이 활용되는 사례로 의료, 법률, 음악, 미술 등의 분야와 함께 새롭게 관심 받는 분야인 뇌공학과 뇌과학을 소개함. '브레인 3.0(임창환)'의 전반적인 내용을 소개하면서 뇌와 컴퓨터를 연결해 서로 직접 상호 작용이 가능하도록 하는 인터페이스 장치를 설명함. BCI(뇌-컴퓨터 인터페이스) 기술과 관련한 보조 인공두뇌, 뇌의 일부를 전자두뇌로 대체하는 문제, 마이크로칩 이식을 사례로 제시함. 컴퓨터, 전자, 로봇공학을 신경과학 및 의학과 융합하여 각종 신경질환과 정신질환 등 자신의 관심 분야에 대한 해박한 지식을 드러냄.

[12인수05-02] ● ● ●

인공지능과 관련된 수학 주제를 선정하여 탐구할 수 있다.

➡️ 스마트팜은 인공지능과 로봇, 사물인터넷(IoT) 등을 농산물 생산 환경에 적용한 지능형 농업 시스템을 뜻한다. 스마트팜은 농산물 생산 시설 환경을 빅데이터 기반으로 관리해 생산성을 높이고 인구 고령화로 인한 젊은 인력의 부족 문제를 해결하고 있다. 또한 작물 재배에 필요한 토양, 병충해 유행 시기, 온·습도 등 각종 데이터를 AI로 분석하고 미리 수확량을 예측하며 상황에 따라 필요한 솔루션을 제공한다. 인공지능을 활용한 스마트팜의 구체적인 기술을 탐색하고 앞으로 미래 농업의 변화를 예측해 보자.

관련 학과 농생물학과, 동물자원과학과, 미생물학과, 분자생물학과, 산림학과, 생명과학과, 생물학과, 수산생명의학과, 식물자원학과, 원예학과, 의류학과, 조경학과, 지구환경과학과, 축산학과, 통계학과, 해양학과, 화학과, 환경학과

《챗GPT 하루 딱 9,900원: 스마트 농업마케팅 성공전략편》, 김원호, 진한엠앤비(2023)

국어 교과군

영어 교과군

수학 교과군

도덕 교과군

사회 교과군

과학 교과군

선택 과목	수능	직무수학	절대평가	상대평가
진로 선택	X		5단계	5등급

단원명 ┃ 수와 연산

> 🔍 직무 상황, 수 개념, 사칙연산, 실생활 활용, 유용성, 어림값, 재무관리, 올림, 버림, 반올림, 표준 단위, 시간, 길이, 무게, 들이, 인치(in), 피트(ft), 파운드(lb), 온스(oz)

[12직수01-01] ● ● ●

직무 상황에서 수 개념과 사칙연산의 문제를 해결하고 그 유용성을 인식할 수 있다.

➡️ 가계는 가계 소득을 바탕으로 소비 활동을 하는 경제 단위로, 경제의 최소 단위라고 할 수 있는 가정 경제의 지출을 생활비라고 한다. 소득이 높아질수록 총지출에서 식료품비의 비중이 낮아진다는 엥겔의 법칙과 소득이 적을수록 총지출에서 주거비 비중이 높아진다는 슈바베의 법칙 등은 가계의 소비와 관련된 이론이다. 가정의 생활비에는 교육비, 식비, 의류비, 자동차비, 교통비, 보험, 공과금, 용돈, 경조사비 등이 있다. 각자의 가정에 필요한 한 달 생활비를 정리해 보고 총지출에서 가장 많은 부분을 차지하는 항목을 알아보자.

관련 학과 수학과, 식품영양학과, 외식산업학과, 의류학과, 통계학과
《**KBS 생생정보 살림법**》, KBS 〈2TV 생생정보 살림법〉 제작진, 그리고책(2017)

[12직수01-02] ● ● ●

큰 수를 어림하여 문제를 해결하고, 어림값을 이용하여 수의 크기를 비교할 수 있다.

➡️ 라면은 조리가 쉽고 유통기한이 길기 때문에 재난 상황에서의 구호물자로 많이 이용되고 있다. 세계라면협회 (IRMA)에 따르면 전 세계에서 연간 1천억 개의 인스턴트 라면이 소비된다고 한다. 또한 2022년 세계라면협회 가 발표한 연간 1인당 라면 소비량이 가장 많은 국가는 베트남이고, 한국이 그 뒤를 따르고 있다. 세계라면협 회에서 발표한 라면 소비량에 대한 통계 자료를 바탕으로 라면 소비가 많은 국가를 정리해 보자. 또한 우리나 라의 라면의 시초와 사람들 사이에서 인기가 많은 비결을 탐구해 보자.

관련 학과 생명과학과, 생물학과, 식품영양학과, 외식산업학과, 통계학과
《**라면 완전정복**》, 지영준, 북레시피(2017)

[12직수01-03] ● ● ●

시간, 길이, 무게, 들이의 표준 단위를 알고, 단위를 환산할 수 있다.

➡️ 분석화학은 목적에 따라 정성분석과 정량분석을 활용한다. 시료의 구성요소나 시료 내 특정 화학물질의 유무 를 확인하기 위한 분석을 정성분석이라고 하고, 시료 내 특정 성분의 양을 측정하기 위한 분석을 정량분석이라 고 한다. 쉽게 표현하면 어떤 음료에 설탕이 들었는지 여부를 확인하는 것이 정성분석이고 설탕의 양을 측정하

는 것이 정량분석이다. 보통 정량분석보다 정성분석을 먼저 시행한다. 물질의 정량분석과 단위의 측정에 사용되는 표준 단위를 조사하고 단위 간의 관계를 탐구해 보자.

관련 학과 자연계열 전체

눈금 위에 놓인 세계

강태원 외 6명, 필로소픽(2022)

책 소개

과학기술의 역사와 측정 단위의 역사가 상호 영향을 주면서 발전해 온 흥미진진한 이야기를 담은 책이다. 7명의 측정과학자들이 국제단위계(SI)의 7가지 기본단위(시간, 길이, 질량, 온도, 광도, 전류, 물질량)를 다루면서, 과학적 사실의 발견과 과학자들의 삶, 역사적 배경 등을 다채롭게 소개하고 있다. 측정 없는 과학, 단위 없는 일상이 불가능할 만큼 단위는 우리 생활과 밀접함을 설명한다.

세특 예시

교과 연계 활동으로 분석화학에 활용되는 정량분석의 의미와 단위 측정에 사용되는 표준 단위를 조사하고 관계를 탐구함. 정량분석은 시료 내 특정 성분의 양을 측정하기 위한 방법으로 정성분석과의 차이를 설명함. 또한 '눈금 위에 놓인 세계(강태원 외)'을 활용해 정량분석에 사용되는 국제단위계(SI) 및 분석화학에 많이 사용하는 단위를 정리함. 단위의 통일은 과학의 발전에 기여하였으며 단위는 과학자 사이의 의사 소통 수단이 되고 있다는 설명으로 단위 사용의 의미를 설명함.

단원명 | 변화와 관계

|🔎| 비, 비례, 비례식, 환율, 비율, 백분율, 퍼센트, 퍼센트포인트, 기준량, 비교하는 양, 손익률, 인상률, 할인율, 두 양 사이의 대응 관계, 규칙, 수수료, 보험료, 위약금, 운임, 증가와 감소, 주기적 변화, 관계, 그래프, 일차방정식, 일차부등식, 해

[12직수02-01] •••

비의 개념을 직무 상황에 연결하여 적용할 수 있다.

➡ 올해 우리나라에서 생산된 주요 농산물의 생산량을 전년과 비교할 수 있다. 주요 농산물로는 쌀, 콩, 감자, 배추, 무, 당근, 양배추, 고추, 마늘, 양파, 오이, 호박, 사과, 배, 수박 등이 있다. 이 중에서 3가지 이상의 작물을 골라 생산량 변화를 기후변화, 수요, 재배 면적 등과 관련지어 분석해 보자. 또한 농가의 고령화, 인력 부족 등의 문제를 해결할 수 있는 방안을 제시해 보자.

관련 학과 농생물학과, 분자생물학과, 산림학과, 생명과학과, 생물학과, 수산생명의학과, 식물자원학과, 식품영양학과, 외식산업학과, 원예학과, 통계학과, 환경학과

《**인구소멸과 로컬리즘**》, 전영수, 라의눈(2023)

[12직수02-02] •••

비율을 백분율로 표현할 수 있고 직무 상황에 연결하여 적용할 수 있다.

➡️ 대기란 지구 중력에 의하여 지구 주위를 둘러싸고 있는 기체(공기)로, 질소와 산소를 비롯해 아르곤, 이산화탄소, 네온, 헬륨, 크립톤, 제논, 오존 등으로 구성된다. 여러 기체의 혼합물인 대기는 공기의 운동으로 상하의 공기가 잘 혼합되어 있어 상당한 높이까지 조성비가 일정하다. 대기를 구성하는 기체의 성분별 비율을 조사하고 대기가 일정한 상태를 유지할 수 있는 이유를 탐구해 보자.

관련 학과 대기과학과, 물리학과, 미생물학과, 분자생물학과, 산림학과, 생명과학과, 생물학과, 원예학과, 지구환경과학과, 천문우주학과, 통계학과, 해양학과, 화학과, 환경학과

《**안녕, 지구의 과학**》, 소영무, 에이도스(2023)

[12직수02-03] • • •

두 양 사이의 대응 관계를 나타낸 표에서 규칙을 찾아 설명할 수 있다.

➡️ 사람이 하루 종일 사용하는 에너지는 기초 대사량과 운동 대사량, 식사성 열 발생 등으로 나뉜다. 기초 대사량은 호흡, 혈액 순환 등 생명을 유지하는 데 필요한 최소한의 에너지로 두뇌, 심장, 내장기관 등에서 주로 사용한다. 운동 대사량은 움직일 때 사용하는 에너지이고, 식사성 열 발생은 음식을 먹을 때 쓰는 에너지로 소화를 위해 위장기관이 움직이고 영양소를 분해·흡수·저장하는 데 쓰인다. 한국영양학회는 연령별 체중과 신장을 바탕으로 기초 대사량, 권장 단백질, 비타민 등을 발표하고 있다. 이와 관련된 표를 찾아 자신에게 맞는 기초 대사량을 확인하고 표를 분석해 보자.

관련 학과 농생물학과, 동물자원과학과, 분자생물학과, 생명과학과, 생물학과, 식품영양학과, 외식산업학과, 축산학과, 통계학과, 화학과

《**핏블리 기초 운동지식 전략집**》, 핏블리, 쇼크북스(2022)

[12직수02-04] • • •

증가와 감소, 주기적 변화 등의 관계를 나타내는 그래프를 설명할 수 있다.

➡️ 환경과 관련한 통계 자료로 4대강(한강, 낙동강, 금강, 영산강) 주요 지점의 BOD 수치를 확인할 수 있다. BOD란 생물화학적 산소 요구량으로 물속의 유기물들이 미생물을 분해할 때 필요한 산소량을 의미한다. 분해하는 미생물이 많을수록 필요로 하는 산소량이 증가하고 오염 정도가 클수록 BOD 수치 역시 높다. 우리나라 4대강의 BOD 수치에 대한 통계 자료와 그래프를 바탕으로 4대강 오염 정도를 분석해 보자.

관련 학과 자연계열 전체

《**라바 지구 수비대 4: 수질 오염**》, 김정욱, 다산어린이(2023)

[12직수02-05] • • •

일차방정식 또는 일차부등식을 활용하여 직무 상황의 문제를 해결할 수 있다.

➡️ 과일 선별기는 수확 후 과일의 크기, 무게, 모양, 색깔 등을 실측하여 빠르게 분류하는 방식을 사용하고 있다. 과일의 크기와 무게, 모양 등을 고려하여 과일 모양의 구멍을 만들거나 이미징 스캐너를 통해 분석한 뒤 분류하게 된다. 구멍을 통과하는 방식은 장비 면에서 저렴하지만 과일이 상할 수 있어 최근 이미징 스캐너 방식도 많이 사용되고 있다. 과일 선별기의 원리를 부등식의 개념과 관련하여 설명하고 과일 선별기에 대해 탐구해 보자.

관련 학과 농생물학과, 미생물학과, 분자생물학과, 산림학과, 생명과학과, 생물학과, 수산생명의학과, 수학과, 식물자원학과, 식품영양학과, 지구환경과학과, 축산학과, 통계학과

《**구름의 무게를 재는 과학자**》, 다비드 카예, 유아가다 역, 북스힐(2022)

단원명 | 도형과 측정

| 🔍 | 입체도형, 겨냥도, 전개도, 원근법, 투시도법, 소실점, 입체도형의 모양, 정면도, 평면도, 측면도, 우측면도, 좌측면도, 도형의 이동, 도형의 합동, 도형의 닮음, 평면도형의 둘레, 평면도형의 넓이, 입체도형의 겉넓이, 입체도형의 부피

[12직수03-01] ● ● ●

입체도형의 겨냥도와 전개도를 그릴 수 있고, 겨냥도와 전개도를 이용하여 입체도형의 모양을 만들 수 있다.

➡ 회화나 설계도, 애니메이션 등에서는 입체를 평면에 표현할 때 투시도법과 소실점을 이용해 공간의 입체감을 높이고 있다. 소실점은 실제로 평행하는 직선을 멀리 연장했을 때 하나로 만나는 점으로, 우리가 평소 직육면체를 평면 위에 나타낼 때 소실점을 활용한다. 소실점의 개수에 따라 1점 투시, 2점 투시, 3점 투시 등으로 나뉘는데, 소실점의 개수에 따른 특징을 정리하고 어떤 상황에 적합한지 탐구해 보자.

관련 학과 물리학과, 수학과, 지구환경과학과, 천문우주학과
《**완전 초보자를 위한 투시도 표현기법**》, 마크&메리 윌렌브린크, 이옥재·이종협 역, 시공문화사(2017)

[12직수03-02] ● ● ●

입체도형의 위, 앞, 옆에서 본 모양을 표현할 수 있고, 이러한 표현을 보고 입체도형의 모양을 판별할 수 있다.

➡ 사영기하학은 중세 화가들이 공간에 있는 대상을 화폭에 나타내기 위해 개발한, 원근법에서 발전한 기하학이다. 시점과 시선의 방향이 달라짐에 따라 도넛과 같은 원 모양이 타원 모양처럼 보이고 직사각형은 대부분 사다리꼴로 보인다. 또한 철로를 바라보면 서로 평행한 두 레일이 멀리 지평선에서 만나는 것처럼 보인다. 기존의 기하학과 비교하여 사영기하학의 특징을 정리한 뒤, 사영기하학과 관련된 데자르그 정리, 파푸스 정리, 파스칼 정리를 탐구해 보자.

관련 학과 물리학과, 수학과
《**로바체프스키가 들려주는 비유클리드 기하학 이야기**》, 송정화, 자음과모음(2008)

[12직수03-03] ● ● ●

도형의 이동, 합동과 닮음을 직무 상황에 연결하여 문제를 해결할 수 있다.

➡ 모형은 실제 사물을 일정 비율로 축소한 것으로 모형을 원래 비율로 확대하면 사물과 합동이 된다. 태양과 태양을 중심으로 주위를 돌고 있는 8개의 행성을 축소한 모형이 대표적이다. 그런데 태양계를 제한된 공간에 표현하는 과정에서 실제와 달리 왜곡되는 경향이 있다. 실제 태양계를 일정한 비율로 축소하여 모형을 만든다면 어떤 형태가 될지 설명하고 태양계 모형은 실제와 달리 어떻게 왜곡되어 있는지 탐구해 보자.

관련 학과 물리학과, 지구환경과학과, 천문우주학과, 화학과
《**태양계가 200쪽의 책이라면**》, 김항배, 세로북스(2020)

[12직수03-04] ● ● ●

직무 상황에서 나타나는 평면도형의 둘레와 넓이를 구할 수 있다.

➡ 컴퓨터 모니터나 노트북, TV 등 액정 패널이 탑재된 전자 기기를 선택할 때, 화면의 크기는 중요한 기준이 된다. 전자제품의 화면 크기는 인치 단위를 많이 사용하는데, 인치(inch)는 사각형의 대각선을 가로지르는 길이로 1인치는 대략 2.54cm이다. 학교나 집에서 활용하는 컴퓨터 모니터나 TV, 스마트폰, 패드 등을 선정해 몇 인치인지 알아보고 둘레의 길이를 구해 보자.

관련 학과) 물리학과, 수학과, 통계학과
《알면 알수록 재미있는 단위의 세계》, 단위의 세계 편집부, 리스컴(2023)

[12직수03-05]　　　　　　　　　　　　　　　　　　　　　　　● ● ●

직무 상황에서 나타나는 입체도형의 겉넓이와 부피를 구할 수 있다.

➡ 바닷가 항구에 가면 방파제 주변에서 회색 구조물인 테트라포드를 발견할 수 있다. 5톤에서 100톤에 이르는 다양한 크기의 테트라포드는 방파제를 둘러싸고 파도의 위력을 줄여 주는 역할을 한다. 테트라포드는 4개의 원통 모양으로 정사면체의 한가운데서 각 꼭짓점을 잇는 선의 모양을 본떠 만들어졌다. 수학적으로 겉넓이가 가장 작으면서 부피가 가장 큰 입체도형이 구라면, 겉넓이가 가장 크면서 가장 적은 부피를 갖는 도형이 정사면체다. 테트라포드의 입체적 구조가 가진 특징을 정리하고 방파제의 역할과 관련지어 탐구해 보자.

관련 학과) 물리학과, 수학과, 지구환경과학과
《아르키메데스가 들려주는 무게중심 그리고 회전체 이야기》, 홍갑주, 자음과모음(2008)

단원명 | **자료와 가능성**

🔍 경우의 수, 순열, 조합, 확률, 경우의 수, 수학적 확률, 통계적 확률, 확률의 덧셈정리, 여사건의 확률, 자료 수집, 표, 도수분포표, 히스토그램, 그래프, 비율그래프, 막대그래프, 원그래프, 자료 해석, 합리적 의사 결정

[12직수04-01]　　　　　　　　　　　　　　　　　　　　　　　● ● ●

직무 상황에서 경우의 수를 구할 수 있다.

➡ 아미노산 배열분석은 펩티드와 단백질을 구성하는 아미노산의 연결 방법(1차 구조)을 결정하는 화학 분석을 의미한다. 아미노산이 연결되어 만들어지는 단백질은 합성 과정을 통해 변형이 일어나는데 이때 배열의 순환적 순서는 유지되지만 순서의 재배열이 이루어지기도 한다. 단백질의 종류인 사포신과 스와포신은 아미노산의 순서가 순환적으로 같기 때문에 비슷한 기능을 하게 되는데, 이를 순열과 관련하여 설명해 보자.

관련 학과) 농생물학과, 동물자원과학과, 미생물학과, 분자생물학과, 생명과학과, 생물학과, 수학과, 식물자원학과, 식품영양학과, 원예학과, 화학과
《생명을 만드는 물질》, 기시모토 야스시, 백태홍 역, 전파과학사(2023)

[12직수04-02]　　　　　　　　　　　　　　　　　　　　　　　● ● ●

어떤 현상이 나타날 가능성을 수치화하여 설명할 수 있다.

➡ 혈연계수는 동식물에서 서로 다른 두 개체 사이의 유전적 연관성을 나타내는 지표를 의미한다. 대표적으로 근연계수는 미국의 유전학자 서얼 라이트(Sewall Wright)에 의해 소개된 개념으로 특정 유전자에 존재하는 대립유

전자가 공통의 조상으로부터 유래하는 확률을 의미한다. 한편 근교계수는 어느 개체의 선조가 어느 정도 근친교배를 하였는가를 나타내는 계수로 근친교배의 횟수가 많을수록 조상의 수가 감소하는 것을 이용한다. 혈연계수에 활용되는 근연계수와 근교계수를 확률과 관련하여 탐구해 보자.

관련 학과 농생물학과, 동물자원과학과, 미생물학과, 분자생물학과, 산림학과, 생명과학과, 생물학과, 수산생명의학과, 수학과, 식물자원학과, 원예학과, 지구환경과학과, 축산학과, 통계학과

《**무섭지만 재밌어서 밤새 읽는 식물학 이야기**》, 이나가키 히데히로, 김소영 역, 더숲(2023)

[12직수04-03] ● ● ●

직무 상황의 자료를 목적에 맞게 표와 그래프로 정리할 수 있다.

➡ 기상청의 지진화산감시과에서는 지진 발생 빈도를 관측·분석·집계하여 1년 단위로 지진 발생 횟수를 산출하고 있다. 해가 갈수록 지진 관측망이 현대화되고 지진 분석 시스템의 성능이 향상됨에 따라 규모 2.0~3.0의 지진 감지 횟수가 정확히 측정되고 있다. 우리나라에서 규모 2.0 이상의 지진이 발생되는 횟수를 조사하여 표로 나타내고 기상청에 발간하는 지진연보 자료를 분석하여 최근 지진 발생의 특징을 탐구해 보자.

관련 학과 물리학과, 산림학과, 수산생명의학과, 지구환경과학과, 통계학과, 해양학과, 화학과

《**과학하고 앉아있네 8: 선창국의 지진 흔들어보기**》, 원종우·선창국, 동아시아(2018)

[12직수04-04] ● ● ●

직무 상황의 다양한 표와 그래프를 해석할 수 있다.

➡ 해양 쓰레기가 매년 증가하고 있어 전 세계 많은 생물과 사람들이 몸살을 앓고 있다. 해양 쓰레기는 바다로 유입된 이후 빠르게 흩어지기 때문에 총량의 정확한 측정이 어려워 수거량을 기준으로 추정하게 되며 한국의 해양 쓰레기 규모는 연간 약 18만 톤 이상으로 추정된다. 최근 해양 쓰레기의 대부분을 차지하는 것은 플라스틱으로 정부는 2030년까지 해양 플라스틱을 60% 감축하고, 2050년까지는 제로화하는 것을 목표로 설정하였다. 연도별 해양 쓰레기 양과 관련된 표와 그래프를 찾아 정리하고 해양 쓰레기를 줄이기 위한 방안을 탐구해 보자.

관련 학과 자연계열 전체

《**오늘도 플라스틱을 먹었습니다**》, 롤프 할든, 조용빈 역, 한문화(2022)

[12직수04-05] ● ● ●

다양한 자료의 특성을 파악하여 직무 목적에 적합한 표나 그래프로 나타내고 합리적인 의사 결정을 할 수 있다.

➡ 미세먼지는 대기 중에 떠다니거나 흩날려 내려오는 입자상 물질을 말하는데, 석탄과 석유 등의 화석 연료를 태울 때나 공장, 자동차 등이 배출가스를 내뿜을 때 많이 발생한다. 미세먼지의 노출은 호흡기 및 심혈관계 질환의 발생과 관련이 있으며 사망률도 증가시키는 것으로 알려져 있다. 미세먼지는 지름이 2.5~10마이크로미터(μm)인 입자로 주로 도로변이나 산업단지 등에서 발생하는 반면 초미세먼지는 지름이 2.5마이크로미터(μm) 이하의 입자로 담배 연기나 연료의 연소 시에 생성된다. 우리나라의 월별, 시도별 미세먼지와 대기 오염에 관한 통계 자료를 정리하고 미세먼지의 피해를 최소화할 수 있는 방안을 탐구해 보자.

관련 학과 대기과학과, 산림학과, 지구환경과학과, 통계학과, 환경학과

《**의사들이 들려주는 미세먼지와 건강 이야기**》, 대한직업환경의학회, 이화여자대학교출판문화원(2019)

선택 과목	수능	수학과 문화	절대평가	상대평가
융합 선택	X		5단계	5등급

단원명 | 예술과 수학

| 🔎 | 음악과 수학, 미술과 수학, 문학과 수학, 영화와 수학

[12수문01-02] • • •

미술과 관련된 수학적 내용을 조사하고, 관련 활동을 수행할 수 있다.

➡️ 네덜란드 태생의 화가이자 판화가인 모리츠 에셔의 작품 〈천국과 지옥〉은 천사와 악마가 맞물려 반복되는 프랙털을 이용한 대표적인 작품이다. 또한 벨기에의 초현실주의 화가 르네 마그리트는 〈유클리드의 산책〉이라는 작품을 통해 '평행한 두 직선은 절대 만나지 않는다'라는 공리가 잘못되었음을 보여 주었다. 이렇듯 여러 미술 작품을 통해 나타난 수학적 내용은 수학을 더욱 발전시키기도 하였다. 미술과 수학의 발전 관계를 탐구하여 보고서로 작성하여 보자.

관련 학과 수학과, 통계학과

《**수학이 보이는 에셔의 판화 여행**》, 문태선, 궁리(2022)

[12수문01-03] • • •

문학과 관련된 수학적 내용을 조사하고, 관련 활동을 수행할 수 있다.

➡️ 다양한 문학 작품이 수학자나 수학 개념을 소재로 다루고 있다. 《천 년의 침묵》은 '피타고라스 정리'를 소재로 한 작품이고, 《박사가 사랑한 수식》에는 '오일러 항등식'이 등장한다. 문학 속 여러 수학 개념을 찾아 조사하여 보고, 문학 작품 속에 등장하는 수학 개념들이 가진 의미를 찾아 발표해 보자.

관련 학과 수학과, 통계학과

《**천 년의 침묵**》, 이선영, 김영사(2010)

[12수문01-04] • • •

영화와 관련된 수학적 내용을 조사하고, 관련 활동을 수행할 수 있다.

➡️ 영화의 경우 다양한 주제를 다루는 만큼, 수학자 또는 수학을 소재로 하는 영화도 다수 존재한다. 〈뷰티풀 마인드〉의 '게임이론', 수학자 '라마누잔'을 다룬 〈무한대를 본 남자〉와 같이 수학 관련 영화에는 다양한 수학자, 수학 연구 내용, 수학 공식이나 문제가 등장한다. 영화 속에 등장하는 수학 관련 내용을 조사하여 보고, 그 내용이 영화 속에서 갖는 의미를 탐구하여 보자.

관련 학과 수학과, 통계학과

《**시네마 수학**》, 이광연·김봉석, 투비북스(2024)

단원명 | 생활과 수학

| 🔍 | 스포츠와 수학, 게임과 수학, 디지털 기술과 수학, 합리적 의사 결정

[12수문02-01]   ● ● ●

스포츠와 관련된 수학적 내용을 조사하여 그 유용성을 인식할 수 있다.

➡ 구기 종목은 공의 속도를 조절할 줄 아는 것이 경기를 승리로 이끄는 기술이 되기도 한다. 축구, 배구와 같이 직접 공을 다루는 스포츠도 있지만 야구, 테니스와 같이 도구를 활용하여 공을 다루는 스포츠도 있다. 각 스포츠에서 공의 속도와 속도 변화에 영향을 주는 다양한 요소들을 살펴보고 그 내용을 보고서로 작성하여 발표해 보자.

관련 학과 대기과학과, 물리학과, 수학과, 지구환경과학과, 천문우주학과, 통계학과

《**이기고 싶으면 스포츠 과학**》, 제니퍼 스완슨, 조윤진 역, 다른(2022)

[12수문02-02]   ● ● ●

게임과 관련된 수학적 내용을 조사하고 관련 활동을 수행할 수 있다.

➡ 컴퓨터 게임이나 모바일 게임의 진행에는 프로그램의 개입이 있게 마련이다. 온라인 게임에서 상대를 골라 주고, 적이 언제 어디서 얼마나 출현하게 할지, 적의 능력치를 어느 정도로 설정하는지도 프로그램의 몫이다. 이러한 사항들은 결국 프로그래머에 의해 정해지는 것이다. 다양한 게임 속에 숨어 있는 여러 게임 규칙과 논리성 등을 탐구하여 보고, 게임 개발에 필요한 수학적 요소에 관해 보고서를 작성하여 보자.

관련 학과 수학과, 통계학과

《**데이터 과학자의 일**》, 손승우 외 10명, 휴머니스트(2021)

[12수문02-04]   ● ● ●

투표와 관련된 수학적 내용을 조사하고 이를 활용하여 합리적 의사 결정을 위한 방법을 제안할 수 있다.

➡ 합리적 의사 결정의 방법으로 투표는 자주 사용되어 왔다. 일반적으로는 가장 많이 득표한 결과를 선택하는 최다득표제를 활용하지만, 그 외에도 점수 투표, 선호 투표, 쌍대비교 투표 등 여러 종류의 투표 방식이 있다. 다양한 투표 방식을 조사하여 보고, 각 투표 방식의 결과를 비교하여 그 의미를 살피는 탐구보고서를 작성하여 보자.

관련 학과 수학과, 통계학과

책 소개 ┈┈

한국인 최초 옥스퍼드대학 정교수이자 세계적 수학자인 저자가 한국에서 진행한 각종 수학 강의의 내용을 바탕으로 탄생한 책이다. 기본적인 수학의 원리부터 정보와 우주에 대한 이해, 윤리적인 판단이나 이성과의 만남 같은 사회문화적인 주제에 이르기까지 세상의 모든 순간을 이해하는 데 바탕이 되는 수학적 사고의 정수를 만날 수 있다. 물리학과 수학의 경계를 넘나드는 현대 수학의 개념들까지 쉬운 언어로 설명되어 있어 누구든 끝까지 읽어 나갈 수 있다.

국어 교과군

영어 교과군

수학 교과군

도덕 교과군

사회 교과군

과학 교과군

수학이 필요한 순간

김민형, 인플루엔셜(2018)

세특 예시

동아리 활동으로 진행된 독서활동에서 '수학이 필요한 순간(김민형)'을 읽고, 다양한 상황에서 수학이 활용된다는 점에 관심을 가지게 되었음을 이야기함. 특히 나라에서 큰 선거가 있을 때 언론에서 자주 언급되는 선거제도와 관련된 내용을 정리하고, 선출 방법에 따라 다른 결과가 나올 수 있음을 이야기하며 대표자를 뽑는 가장 좋은 방법에 관해 탐구하는 보고서를 작성함.

단원명 | 사회와 수학

| 🔍 | 민속 수학, 건축과 수학, 점자표와 수학, 대중매체 속 데이터, 가치소비

[12수문03-01] •••

민속 수학과 건축 양식 속에 나타난 수학적 원리에 대해 탐구하고 문화 다양성을 이해한다.

➡️ 마야 달력이나 피라미드처럼 고대 문화 속에 수학적 원리가 적용된 사례가 적지 않다. 고대 문화에서 발견되는 수학적 원리를 분석하여 보고, 이 원리들이 그 문화의 일상생활이나 의식, 예술 등에 어떻게 반영되었는지 조사하여 보자. 또한 이를 통해 수학과 같은 과학적 분야에 문화가 어떻게 영향을 주는지를 탐구하여 발표해 보자.

관련 학과   물리학과, 수학과, 지구환경과학과, 천문우주학과, 통계학과

《**하늘에 새긴 우리역사**》, 박창범, 김영사(2002)

[12수문03-02] •••

점자표에 사용된 수학적 원리에 대해 탐구하고 이를 활용하여 산출물을 설계할 수 있다.

➡️ 장애인이 일상에서 겪는 불편함을 덜어 주려는 여러 노력과 지원이 있다. 점자는 시각장애인들의 소통 수단으로 세로 3줄, 가로 2줄 총 6점을 조합하여 다양한 문자와 기호를 전달하게 된다. 점자에 적용된 수학적 원리를 조사하여 보고, 사회적 약자를 위해 활용되고 있거나 활용할 수 있는 수학, 과학 내용을 탐구하여 보자.

관련 학과   자연계열 전체

《**독학으로 익히는 점자**》, 박민재 외 7명, 꼬닥꼬닥협동조합(2024)

단원명 | 환경과 수학

| 🔍 | 식생활과 수학, 대기 오염과 수학, 사막화 현상과 수학, 생물다양성과 수학

[12수문04-01] •••

식생활과 관련된 문제를 수학적으로 분석하고 이를 개선하기 위한 방법을 제안할 수 있다.

➡️ 우리가 사는 지구 곳곳에는 식량 부족 문제로 시름 중인 지역이 많다. 식량 부족 문제는 그 지역의 정치·사회적인 문제에서 기인한 경우도 있지만 기후변화로 인한 경우도 다수 존재한다. 또한 기후변화에 따른 대규모의 자연재해 발생은 우리나라를 비롯한 여러 국가에 식량 문제를 안겨 주고 있다. 기후변화와 자연재해의 관계, 그에 따른 식량 문제에 관한 자료를 찾아 정리하여 분석하고, 이를 개선하기 위한 방법을 제안하는 보고서를 작성하여 보자.

관련 학과 농생물학과, 대기과학과, 수학과, 식물자원학과, 식품영양학과, 지구환경과학과, 통계학과, 환경학과

《기후변화, 그게 좀 심각합니다》, 빌 맥과이어, 이민희 역, 양철북(2023)

[12수문04-03] • • •

사막화 현상과 관련된 문제를 수학적으로 분석하고 이를 개선하기 위한 방법을 제안할 수 있다.

➡️ 사막화는 지구의 생태계와 식량 안보에 심각한 영향을 미치고 있다. 통계학과 머신러닝을 이용하여 이러한 사막화의 원인과 결과, 영향 요인과 상관관계, 발생 가능성과 위험도를 분석·예측할 수 있고, 그 과정에는 로지스틱 회귀분석이나 의사결정나무 기법 등 다양한 수학 기법이 활용될 수 있다. 여러 통계 자료를 활용하여 사막화의 원인과 영향을 조사하고, 이를 개선하기 위한 방법을 탐구하는 보고서를 작성하여 보자.

관련 학과 농생물학과, 대기과학과, 동물자원과학과, 산림학과, 생명과학과, 수학과, 식물자원학과, 지구환경과학과, 축산학과, 통계학과, 환경학과

《벌거벗은 교양》, 지식스쿨, 메이트북스(2023)

[12수문04-04] • • •

생물다양성과 생명권 관련 자료를 수학적으로 분석하고 이를 통해 생태 감수성을 함양할 수 있다.

➡️ 우리나라에 살고 있는 생물들을 보존 및 보호하기 위하여 환경부, 해양수산부, 문화재청, 산림청 등은 관련 법률에 따라 국가보호종을 지정하여 관리하고 있다. 관련 자료를 찾아 국가보호종의 서식 장소, 개체 수 등에 따라 각 생물을 분류하여 보고, 생물다양성을 유지하는 데 필요한 방안을 탐구하여 보자.

관련 학과 농생물학과, 동물자원과학과, 산림학과, 생명과학과, 생물학과, 수산생명의학과, 식물자원학과

《생명과 손잡기》, 마틸드 파리, 정주연 역, 주니어RHK(2022)

선택 과목	수능		절대평가	상대평가
융합 선택	X	실용 통계	5단계	5등급

단원명 | 통계와 통계적 문제

| 🔍 | 변이성, 전수 조사, 표본 조사, 단순임의추출, 층화임의추출, 계통추출

[12실통01-01] ● ● ●

통계와 통계적 방법의 유용성과 필요성을 인식할 수 있다.

➡ 스포츠에서 점수를 산출하는 방식은 다양하다. 특히 여러 심판이 점수를 매기고 이를 활용하는 체조, 다이빙, 피겨스케이팅 등과 같은 경기에서는 공정성이 무엇보다 중요하다. 여러 스포츠에서 공정성을 추구하기 위해 어떤 방식으로 점수를 산출하는지 조사하고, 각 방식에서의 수학의 역할과 유용성에 관해 탐구하는 보고서를 작성하여 보자.

관련 학과 수학과, 통계학과

《**MATHLETICS: 수학으로 풀어보는 스포츠**》, 웨인 윈스턴 외 2명, 현문섭 역, 영진닷컴(2023)

[12실통01-02] ● ● ●

통계적 문제해결 과정을 이해하고 각 단계의 역할을 설명할 수 있다.

➡ 기후변화로 인하여 세계 각지에서 지역을 대표하던 식물이나 동물에 변화가 나타나고 있다. 특정 동식물의 분포 지역이 변화하거나 사라지기도 한다. 세계 각 지역에서 여러 동식물에 나타나고 있는 변화를 관련 통계 자료 등을 활용하여 조사하여 보고, 이러한 변화가 각 지역의 시민의 삶에 끼치는 영향에 관해 탐구하여 보자.

관련 학과 농생물학과, 대기과학과, 동물자원과학과, 산림학과, 생명과학과, 생물학과, 수산생명의학과, 식물자원학과, 지구환경과학과, 축산학과, 통계학과, 해양학과, 환경학과

《**십 대가 꼭 알아야 할 기후변화 교과서**》, 이충환, 더숲(2023)

[12실통01-03] ● ● ●

모집단과 표본의 뜻을 알고, 표본추출의 방법을 이해하여 문제 상황에 맞는 방법을 선택할 수 있다.

➡ 기업들이 제품의 가격은 종전대로 유지하는 대신 제품의 크기 및 중량을 줄이거나 품질을 낮추어 생산하여 간접적으로 가격 인상의 효과를 거두려는 전략을 '슈링크플레이션'이라고 한다. 주변에서 찾아볼 수 있는 다양한 슈링크플레이션 사례를 찾아, 실제 어느 정도의 가격 인상 효과를 보았는지 제품군별로 통계를 내어 보고, 이러한 슈링크플레이션 전략이 가지고 있는 장단점에 관해 탐구하여 보자.

관련 학과 수학과, 통계학과

《**라이프 트렌드 2023**》, 김용섭, 부키(2022)

단원명 | 자료의 수집과 정리

🔍 범주형 자료, 수치형 자료, 명목척도, 순서척도, 구간척도, 비율척도, 설문지법, 문헌연구법

[12실통02-01] •••

자료의 종류를 알고 설명할 수 있다.

➡ 자연과학을 연구하는 과정에서는 여러 가지 실험을 통해 많은 자료가 나타나게 된다. 이러한 자료는 실험의 방향에 따라 다양한 방법으로 정리되고, 또한 정리하는 방법에 따라 실험의 성패가 달라지기도 한다. 다양한 실험 과정에서 수집되는 자료들을 정리하는 방법에 대해 조사하여 보고, 실험에 따른 자료의 특성도 탐구하여 보자.

관련 학과 자연계열 전체

《**세상을 바꾼 위대한 과학실험 100**》, 존 그리빈, 오수원 역, 예문아카이브(2017)

[12실통02-02] •••

그래프의 종류를 알고 자료의 특성을 나타내는 적절한 그래프를 그릴 수 있다.

➡ 산업혁명 이후 인간의 다양한 활동으로 화석 연료의 사용이 폭발적으로 증가하면서 지구의 평균 기온이 상승하며 지구온난화 현상이 발생했다. 여러 통계 자료를 활용하여 지구의 평균 기온이 과거에서 현재에 이르기까지 어떻게 변화했는지 기온 데이터를 그래프로 표현하여 보고, 그 원인과 결과를 분석하는 탐구활동 보고서를 작성하여 보자.

관련 학과 대기과학과, 물리학과, 수학과, 지구환경과학과, 통계학과, 해양학과, 화학과, 환경학과

《**화석 자본**》, 안드레아스 말름, 위대현 역, 두번째테제(2023)

[12실통02-04] •••

대푯값과 산포도의 종류를 알고 자료의 특성을 나타내는 값으로 요약할 수 있다.

➡ 최근 우리 사회에는 비만, 편식, 영양 불균형 등 식생활과 관련된 문제가 많이 발생하고 있다. 최근 변화하고 있는 여러 식재료의 소비량, 식습관의 변화 추이 등과 관련된 문헌과 각 시기의 세대별 비만지수, 영양 불균형 상태를 담은 다양한 통계 자료를 찾아 이들 사이의 상관관계를 탐구하고, 이에 대한 개선 방안을 보고서로 작성하여 보자.

관련 학과 동물자원과학과, 수산생명의학과, 식물자원학과, 식품영양학과, 외식산업학과

《**현대인의 식생활과 건강**》, 한정순 외 3명, 지구문화(2022)

단원명 | 자료의 분석

🔍 정규분포, t분포, 모평균, 표본평균, 모비율, 표본비율, 신뢰구간, 가설검정, 귀무가설, 대립가설, 기각역, 유의수준, p값

[12실통03-02] • • •

실생활에서 공학 도구를 이용하여 모평균을 추정할 수 있다.

➡ 최근 우리나라에도 지진이 자주 일어나며, 지진 활동에 관한 관심이 높아졌다. 각 지역의 지진 데이터를 수집하기 위해 표본이 되는 여러 위치에 지진 센서를 설치하고 실시간으로 데이터를 수집하게 된다. 이때 각 지역의 지진 활동 강도, 주파수 등을 파악하는 방법을 조사하고, 지진의 원인, 지진 예측 및 대비를 위한 방안 등을 탐구하여 보자.

관련 학과 물리학과, 지구환경과학과, 천문우주학과

《**지진과 화산 쯤 아는 10대**》, 이지유, 풀빛(2021)

[12실통03-03] • • •

실생활에서 공학 도구를 이용하여 모비율을 추정할 수 있다.

➡ 최근 몇 년 사이 울릉도 바다에서 열대 어종이 크게 증가하는 등 어종 구성에 많은 변화가 나타났다. 이는 울릉도뿐 아니라 모든 연안에서 나타나는 현상으로, 그에 따라 우리 식탁에 올라오는 수산물에도 적지 않은 변화가 생겼다. 수년간의 통계 자료를 바탕으로 우리나라 각 연안의 어종 구성의 변화를 정리하고, 그에 따른 수산 자원의 변화와 개발에 관해 탐구하는 보고서를 작성하여 보자.

관련 학과 생명과학과, 생물학과, 수산생명의학과, 식품영양학과, 외식산업학과, 지구환경과학과, 통계학과, 해양학과, 환경학과

《**식량위기 대한민국**》, 남재작, 웨일북(2022)

[12실통03-04] • • •

가설검정을 이해하고, 실생활에서 공학 도구를 이용하여 가설을 검정할 수 있다.

➡ 과학자들은 다양한 자연현상을 관찰하며, 그 현상에 영향을 준 요인에 대한 궁금증으로 관련성을 검증하고자 그에 맞는 실험을 한다. 평소 자신이 관심을 가지고 있던 분야의 여러 실험을 살펴보고 해당 실험이나 개선된 실험을 계획하여 보자. 실험에 맞는 적절한 가설검정을 선택하고 실험 후 공학적 도구 등을 활용해 가설을 검정한 뒤, 그 내용을 해석하는 보고서를 작성하여 보자.

관련 학과 자연계열 전체

《**과학이 필요한 시간**》, 궤도, 동아시아(2022)

단원명 | 통계적 탐구

| 🔍 | 합리적 의사 결정, 연구 윤리

[12실통04-02] • • •

통계적 탐구 과정과 그 결과를 비판적으로 성찰할 수 있다.

➡ 여러 미디어를 통해 지구온난화로 인해 극지방의 빙하가 급격하게 감소하고 있음을 확인할 수 있다. 통계 자료

를 활용하여 최근 지구 기온의 변화와 극지방의 빙하의 양을 비교하는 그래프를 작성하여 보고, 그에 따라 발생할 수 있는 여러 가지 문제점과 해결을 위한 노력을 탐구하는 보고서를 작성하여 보자.

관련 학과 대기과학과, 물리학과, 생명과학과, 생물학과, 수산생명의학과, 지구환경과학과, 해양학과, 환경학과

지구는 괜찮아,
우리가 문제지

곽재식, 어크로스(2022)

책 소개

어려운 과학에 쉽고 재밌게 접근하도록 돕는 기후변화 이야기다. 이 책에서 저자는 기후변화에 대한 오해부터 위기 대응 기술의 최전선에서 이루어지는 혁신까지, 기후변화의 시대 우리가 알아야 할 상식과 정보를 알기 쉽게 들려주고 있다. 재미있는 이야기를 읽듯 종횡무진 전개되는 내용을 따라가다 보면, 어느새 폭넓은 시각으로 기후변화 문제를 이해하게 될 것이다.

세특 예시

지구온난화 문제에 관심을 가지고 교과 연계 독서활동으로 '지구는 괜찮아, 우리가 문제지(곽재식)'를 읽고, 지구온난화의 원인과 현재 우리의 대처 행동, 미래를 위해 준비해야 하는 것을 살펴봄. 특히 극지방의 빙하가 급격하게 감소하고 있다는 점에 주목하며 여러 미디어와 통계 자료를 활용하여 지구 기온의 변화에 따른 극지방의 빙하의 양 변화를 그래프로 나타내고, 이에 따른 문제점과 해결 방안 등을 제시하는 보고서를 작성하여 발표함.

국어 교과군

영어 교과군

수학 교과군

도덕 교과군

사회 교과군

과학 교과군

선택 과목	수능		절대평가	상대평가
융합 선택	X	수학과제 탐구	5단계	5등급

단원명 | 과제 탐구의 이해

🔍 | 수학과제 탐구, 연구 윤리

[12수과01-01]   • • •

수학과제 탐구의 의미와 필요성을 설명할 수 있다.

➡️ 농산물의 가격은 매년 여러 상황에 따라 큰 폭으로 변동되기도 한다. 따라서 농산물 가격의 안정적 유지를 위해서는 각 시기의 수요에 맞는 적정한 공급이 필요하다. 농산물의 생산량에 영향을 주는 날씨의 변화, 경작량, 병충해 피해량 등을 예측하는 방법에 관해 조사하고, 여러 산업의 안정적인 발전을 위해 필요한 수학의 역할에 대해 탐구하는 보고서를 작성해 보자.

관련 학과 　농생물학과, 동물자원과학과, 산림학과, 수산생명의학과, 수학과, 식물자원학과, 외식산업학과, 축산학과, 통계학과

《시장과 가격 쫌 아는 10대》, 석혜원, 풀빛(2019)

[12수과01-02]   • • •

올바른 연구 윤리를 이해하고, 탐구의 전 과정에서 이를 준수한다.

➡️ 연구자가 연구한 자료를 위조하거나 변조하여 연구 결과를 조작했다는 기사를 뉴스로 접하곤 한다. 데이터를 위변조, 즉 조작하는 행위는 잘못된 연구 행위이며, 이전의 관련 연구 결과에 대한 신뢰성까지 떨어뜨리는 결과를 초래한다. 데이터 조작으로 인한 연구 부정행위의 사례를 조사하여 보고, 데이터를 조작하는 행위의 문제점 등을 보고서로 작성하여 발표해 보자.

관련 학과 　자연계열 전체

《연구윤리와 학습윤리》, 김명식, 연암서가(2013)

단원명 | 과제 탐구의 방법과 절차

🔍 | 문헌 조사, 사례 조사, 수학 실험, 개발 연구

[12수과02-01]   • • •

문헌 조사를 통해 탐구하는 방법과 절차를 이해하고 설명할 수 있다.

➡️ 세 기둥 사이에서 원반을 이동시키는 문제인 '하노이 탑' 문제는 원반의 개수, 기둥의 개수에 따라 이동 횟수

가 달라진다. '하노이 탑' 문제의 수학적 원리를 조사하고, 여러 가지 조건을 변화시킬 때 나타나는 이동 횟수의 변화에 관해 탐구한 뒤 보고서를 작성하여 보자.

관련 학과 수학과

《재미있는 수학여행》, 김용운·김용국, 김영사(2021)

[12수과02-02] ● ● ●

사례 조사를 통해 탐구하는 방법과 절차를 이해하고 설명할 수 있다.

➡ DNA는 생명의 기본 단위인 유전자를 구성하는 분자이다. 이를 활용한 DNA 검사는 개인 식별이나 친자 확인 등 여러 상황에 활용되고 있다. DNA 발견의 역사를 살펴보며 DNA 검사의 발전 과정과 원리 등을 조사하여 보자. 또한 DNA 검사가 가진 정확성과 함께 나타날 수 있는 문제점에 관해 탐구하여 발표해 보자.

관련 학과 농생물학과, 동물자원과학과, 미생물학과, 분자생물학과, 산림학과, 생명과학과, 생물학과, 수산생명의학과, 수학과, 식물자원학과, 축산학과, 통계학과, 해양학과

《생명의 수학》, 이언 스튜어트, 안지민 역, 사이언스북스(2015)

[12수과02-03] ● ● ●

수학 실험을 통해 탐구하는 방법과 절차를 이해하고 설명할 수 있다.

➡ 정보를 보호하기 위해 사용하는 암호 방식에는 대칭키 암호 시스템과 공개키 암호 시스템이 있다. 대칭키 암호 시스템은 암호화와 복호화에 같은 키를 사용하는 방식이고, 공개키 암호 시스템은 암호화와 복호화에 다른 키를 사용하는 방식이다. 각 암호 시스템의 수학적 원리를 탐구하고, 각각의 장단점을 조사하여 발표해 보자.

관련 학과 수학과, 통계학과

《비밀의 언어》, 사이먼 싱, 이현경 역, 인사이트(2015)

[12수과02-04] ● ● ●

개발 연구를 통해 탐구하는 방법과 절차를 이해하고 설명할 수 있다.

➡ 사회가 발달하고 세계와의 교역이 많아짐에 따라 과거 우리나라에는 서식하지 않던 동식물이 유입되어 사회·환경 문제를 일으키는 경우가 발생하고 있다. 특히 일부 외래종은 기존의 먹이사슬에서 벗어나 있어 빠른 확산을 보여 주기도 한다. 외래종의 확산을 예측할 수 있는 수학적 모델을 살펴보고, 외래종의 확산을 예방하는 방법에 관해 탐구하여 보자.

관련 학과 농생물학과, 동물자원과학과, 산림학과, 생명과학과, 생물학과, 수산생명의학과, 수학과, 식물자원학과, 원예학과, 지구환경과학과, 축산학과, 해양학과, 환경학과

《외래 동식물 무엇이 문제일까?》, 이억주, 동아엠앤비(2021)

단원명 | 과제 탐구의 실행 및 평가

🔍 탐구 계획 수립, 수학 소논문, STEAM형 산출물, 포스터, 보고서, 수학 잡지, 수학 소설, 수학 만화, 수학 신문, 동료 평가, 자기 평가

국어 교과군

영어 교과군

수학 교과군

도덕 교과군

사회 교과군

과학 교과군

[12수과03-03]

탐구 결과를 정리하여 산출물을 만들고 발표할 수 있다.

●●●

➡ 현실 세계의 상황이나 과정을 모델링하고 재현하는 방법인 시뮬레이션과 최적화 기법을 이용하면 사막화에 대응하고 복원하기 위한 가장 효율적이고 효과적인 방법을 수학적으로 도출·검증할 수 있다. 일례로 선형계획 법이나 유전 알고리즘 등의 기법을 이용하여 적절한 식생 복원 방안 등을 제시할 수 있다. 황폐해져 가는 지구 환경을 개선하기 위한 방법을 찾아보고 이에 대한 검증 방안을 탐구하여 발표해 보자.

관련 학과 농생물학과, 대기과학과, 동물자원과학과, 산림학과, 생명과학과, 수학과, 식물자원학과, 식품영양학과, 지구환경과 학과, 축산학과, 통계학과, 해양학과, 환경학과

《기후 책》, 그레타 툰베리, 이순희 역, 김영사(2023)

[12수과03-04]

탐구 과정과 결과를 반성하고 평가할 수 있다.

●●●

➡ 대기 오염은 미세먼지, 초미세먼지, 이산화탄소, 이산화질소, 아황산가스, 일산화탄소, 탄화수소 등 다양한 오 염 물질로 구성되어 있다. 이러한 대기 오염물질의 확산과 제거를 예측하기 위해 수학적 모델을 사용하게 된 다. 다양한 수학 기법을 활용해 대기 오염물질의 확산과 제거를 예측하는 수학적 모델을 탐구하여 보고, 대기 오염의 확산을 줄이는 방안을 제안하는 보고서를 작성하여 보자.

관련 학과 대기과학과, 물리학과, 산림학과, 수학과, 조경학과, 지구환경과학과, 통계학과, 해양학과, 화학과, 환경학과

《오늘도 미세먼지 나쁨》, 김동환, 휴머니스트(2018)

도덕 교과군

구분	교과(군)	선택 과목		
		일반 선택	진로 선택	융합 선택
보통 교과	도덕	현대사회와 윤리	윤리와 사상 인문학과 윤리	윤리문제 탐구

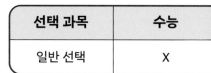

선택 과목	수능	현대사회와 윤리	절대평가	상대평가
일반 선택	X		5단계	5등급

단원명 | 현대 생활과 윤리

|🔍| 환경 윤리, 과학기술과 철학

[12현윤01-01] ●●●

윤리학의 성격과 특징을 바탕으로 윤리적 존재로서의 인간 본성을 이해하고, 현대사회의 다양한 윤리 문제를 탐구 및 토론할 수 있다.

➡ 기후변화, 생물다양성 감소, 인수공통감염병 등으로 인해 환경 문제는 자연이 스스로 정화할 수 없는 임계점에 도달하여 인류를 위협하고 있다. 이러한 사회 변화를 반영하여 생겨난 환경윤리학은 자연환경에 대한 인간의 행동과 도덕규범을 설정하고 규명하는 응용윤리학의 한 분야이다. 환경 문제의 구체적 사례를 조사하고, 환경 윤리의 중요성에 대해 논해 보자.

관련 학과 농생물학과, 대기과학과, 동물자원과학과, 미생물학과, 분자생물학과, 생명과학과, 생물학과, 수산생명의학과, 식물자원학과, 원예학과, 조경학과, 지구환경과학과, 해양학과, 환경학과

침묵의 봄

레이첼 카슨, 김은령 역,
에코리브르(2024)

책 소개

20세기 환경학의 고전으로 손꼽히는 책으로, 무분별한 살충제(DDT)의 사용으로 인해 연쇄적으로 파괴되는 생태계의 모습을 적나라하게 묘사하였다. 저자는 화학업계의 거센 방해에도 살충제의 위험성을 알림으로써 환경 문제에 대한 대중적 관심을 이끌어 내고 환경운동의 기폭제를 마련하였다.

세특 예시

환경 주제 탐구 시간에 '침묵의 봄(레이첼 카슨)'을 탐독하고 인간과 자연의 유기적 관계와 환경 문제에 대해 탐색하는 기회를 가짐. 토양에 뿌려지는 살충제의 남용으로 인한 연쇄적 환경오염의 실태와 내성으로 인해 더욱 강력한 살충제가 등장하게 되는 과정을 디자인 툴을 활용하여 가독성 좋은 자료로 만들어 발표함. 환경 문제에 대해 깊이 있게 탐구하고, 자연과 인간의 유기적 관계에 대해 고찰하는 자세가 돋보임.

[12현윤01-02] ●●●

동양 및 서양의 윤리사상, 사회사상의 접근들을 비교 분석하고, 이를 현대사회의 다양한 윤리 문제와 쟁점에 적용하여 윤리적 해결 방안을 도출할 수 있다.

➡️ 과학은 인간의 삶을 윤택하고 편리하게 만들었을 뿐 아니라, 객관적이고 합리적인 지식으로 현대사회의 기틀을 마련하고 발전을 이끌어 냈다. 자연과학은 자연현상을 연구하는 학문으로 그리스의 자연철학에서 분리되었다. 과학의 발전 과정과 철학의 관계에 대해 고찰하고 과학기술의 시대에 철학의 역할을 제시해 보자.

〔관련 학과〕 자연계열 전체

《과학, 그게 최선입니까?》, 강호정, 이음(2022)

단원명 | 생명윤리와 생태윤리

🔍 생명윤리, 동물의 모성 본능, 해양생태계 파괴

[12현윤02-01]   ●●●

삶과 죽음을 동·서양 윤리의 입장에서 성찰하고, 현대사회에서 발생하는 생명윤리 문제를 다양한 윤리적 관점에서 설명할 수 있다.

➡️ 인공임신중절은 태아가 생존 능력을 갖기 전에 인공적으로 임신을 중지하는 것이다. 인공임신중절에 대한 입장으로 생명 옹호주의와 선택 옹호주의가 있다. 상반되는 두 주장의 핵심적 논거는 태아의 지위에 대한 관점, 즉 어느 시기부터 태아를 인간으로 볼 수 있는가에 있다. 태아의 지위에 관한 관점을 정리하고, 생명 옹호주의와 선택 옹호주의 중 한 입장을 선택해 인공임신중절에 대해 토론해 보자.

〔관련 학과〕 미생물학과, 생명과학과, 생물학과, 수산생명의학과

《생명의료윤리》, 피터 싱어 외 8명, 동녘(2023)

[12현윤02-02]   ●●●

사랑과 성에 관한 다양한 입장과 성차별의 윤리적 문제를 이해하고, 현대사회의 결혼 및 가족 문제를 윤리적 관점에서 탐구할 수 있다.

➡️ 결혼은 사랑하는 사람과 부부 관계를 맺고 서로의 차이를 존중하고 배려하는 공식적인 결합이다. 현대적 의미의 부부 윤리는 양성평등의 관점이 강조되어 양육에 있어서도 부부가 함께 참여하되, 각자의 역할에 최선을 다하고 서로의 다름과 역할을 존중한다. 이에 비해 동물은 본능적으로 양육에 참여하게 되는데, 관심 동물의 모성 본능과 출산 및 양육에 대해 조사해 보자.

〔관련 학과〕 동물자원과학과, 생명과학과, 생물학과, 축산학과

《최재천의 인간과 동물》, 최재천, 궁리출판(2007)

[12현윤02-03]   ●●●

자연을 바라보는 동·서양의 관점을 비교·설명할 수 있으며 오늘날 환경 문제의 사례와 심각성을 조사하고, 이에 대한 윤리적 해결 방안을 제시할 수 있다.

➡️ 현대사회의 환경 문제는 이미 지구의 자정 능력을 초과했으며, 전 지구적으로 연쇄적인 영향을 주고 있다. 예를 들어 지구의 평균 기온이 상승하면 강수량이 증가하여 수온과 해수면이 상승하고, 이는 곧 해양생태계의 변화로 이어진다. 지구온난화에 따른 해양생태계의 파괴 사례를 조사하고, 미래 세대를 배려할 책임을 강조한 요나스의 책임 윤리를 바탕으로 해결 방안을 모색해 보자.

국어 교과군
영어 교과군
수학 교과군
도덕 교과군
사회 교과군
과학 교과군

《**반드시 다가올 미래**》, 남성현, 포르체(2022)

단원명 | 과학과 디지털 학습 환경 윤리

| 🔍 | 과학기술의 사회적 책임, 데이터 과학자, 인공지능 농업 기술

[12현윤03-01]　　　　　　　　　　　　　　　　　　　　　• • •

과학기술 연구에 대한 다양한 관점을 조사하여 비교·설명할 수 있으며 이를 과학기술의 사회적 책임 문제에 적용하여 비판 또는 정당화할 수 있다.

➡ 과학기술은 자연과학과 응용기술을 통칭하는 용어로, 자연과학은 자연현상에 대한 개념과 법칙을 체계적으로 조직화한 보편화된 지식체계를, 기술은 자연의 물질과 과학적 지식을 인간 생활에 유용하도록 가공하는 수단을 의미한다. 과학기술의 사회적 책임을 논하기에 앞서, 과학기술과 윤리 문제는 비단 과학기술만의 문제는 아니다. 과학기술 연구에 있어 자연과학과 응용기술, 인문, 사회, 예술 등 각 학계의 역할을 고찰해 보자.

관련 학과 자연계열 전체

《**내 생의 중력에 맞서**》, 정인경, 한겨레출판(2022)

[12현윤03-02]　　　　　　　　　　　　　　　　　　　　　• • •

정보통신 기술과 뉴미디어의 발달에 따른 윤리 문제들을 제시할 수 있으며 이에 대한 해결 방안을 정보윤리와 미디어 윤리의 관점에서 제시할 수 있다.

➡ 데이터는 현실 세계에서 측정하고 수집한 원시 자료이며, 정보는 어떤 목적이나 의도에 맞게 데이터를 가공 처리한 것이다. 데이터와 정보는 그 의미가 구분되지만, 실제로는 데이터와 정보를 구분하지 않고 사용한다. 수많은 정보통신 기술과 뉴미디어의 등장으로 어떤 자료가 데이터이고 정보인지 명확하게 구분하기 힘들기 때문이다. 데이터 과학자는 데이터를 수집하고 분석하여 의사 결정을 내리는 전문가이다. 빅데이터에서 중요한 정보를 추출하기 위해 데이터 마이닝, 머신러닝, 수학 및 통계 등 다양한 지식과 기술을 활용한다. 데이터 과학자가 하는 일과 필요한 역량에 대해 조사해 보자.

관련 학과 수학과, 통계학과

《**데이터 과학자의 사고법**》, 김용대, 김영사(2021)

[12현윤03-03]　　　　　　　　　　　　　　　　　　　　　• • •

윤리적인 인공지능을 위하여 인간과 인공지능의 관계를 설명하고, 인공지능으로 인해 발생하는 윤리 문제의 해결 방안을 인공지능 윤리의 관점에서 제시할 수 있다.

➡ 6차 산업은 농촌의 유무형 자원을 바탕으로 제조, 가공의 2차 산업과 문화, 관광 등의 3차 산업의 융합으로 새로운 부가가치를 창출한다. 농촌의 고령화와 저출산으로 인한 위기를 6차 산업과 연계된 인공지능과 빅데이터로 극복하는 미래 농업의 가능성이 대두되고 있다. 인공지능과 빅데이터, 정보통신 기술이 결합한 스마트팜, 인공지능 농업에 대해 조사하고 농업 분야의 인공지능 활용에 있어 고려해야 할 인공지능 윤리에 대해 정리해 보자.

국어 교과군

영어 교과군

수학 교과군

도덕 교과군

사회 교과군

부록 교과군

관련 학과 농생물학과, 대기과학과, 미생물학과, 분자생물학과, 생명과학과, 생물학과, 식물자원학과, 원예학과, 지구환경과학과, 환경학과

《**농업의 미래**》, 성형주, 동아일보사(2023)

단원명 | 민주시민과 윤리

> | 🔍 | 뉘르베르크 강령, 연구 윤리, 반려동물 지원 정책

[12현윤04-01] • • •

직업의 의의와 다양한 직업군에 따른 직업윤리를 제시할 수 있으며 공동체 발전을 위한 청렴한 삶과 노동의 가치에 대한 사회적 존중의 필요성을 설명할 수 있다.

➡ 제2차 세계 대전 이후, 독일의 나치 전범들은 뉘른베르크 국제군사재판에서 유죄 판결을 받았고, 법원은 '뉘른베르크 강령'을 통해 의학 실험이 지켜야 할 10가지 필수 요소를 제시하였다. 뉘른베르크 강령은 국제적 연구 윤리의 표준을 제시했다는 점에서 의의가 있다. 연구 윤리는 연구자가 책임 있는 연구 수행을 위해 지켜야 하는 규범과 행동양식을 의미한다. 과학계의 연구 윤리 위반 사례와 과학자들이 지켜야 할 연구 윤리를 조사해 보자.

관련 학과 자연계열 전체

《**연구윤리에 관한 100가지 질문 및 답변**》, Emily E. Anderson · Amy Corneli, 유수정 역, 학지사메디컬(2022)

[12현윤04-03] • • •

공정한 분배를 이루기 위한 정책을 분배 정의 이론을 통해 비판 또는 정당화할 수 있으며, 사형 제도와 형벌을 교정적 정의의 관점에서 비판 또는 정당화할 수 있다.

➡ 반려동물은 성장기 아동에게 자아 존중감 향상, 스트레스 · 우울감 · 불안감 감소 등 정서 안정과 인지 발달에 긍정적인 영향을 준다. 반려동물과의 유대감은 소외계층 아동의 전인적 발달에 도움을 줄 수 있지만 경제적 부담으로 반려동물을 포기하는 사례도 늘고 있다. 사회적 약자에게 더 많은 기회를 제공하고 역량을 증진시키려 노력하는 것은 복지 정책의 기저이다. 저소득층을 대상으로 한 반려동물 지원 정책과 그 의의를 조사해 보자.

관련 학과 생명과학과, 생물학과, 축산학과, 해양학과

《**나보다 널 더 사랑해**》, 발터 뫼비우스 · 아름가르트 베란, 양삼승 역, 불광출판사(2024)

단원명 | 문화와 경제생활의 윤리

> | 🔍 | 오트쿠튀르, 패스트 패션, 다문화, 식생활과 문화

[12현윤05-01] • • •

미적 가치와 윤리적 가치를 예술과 도덕의 관계 차원에서 설명할 수 있으며 현대의 대중문화의 순기능과 역기능을 윤리적 관점에서 이해하고 성찰할 수 있다.

➲ 오트쿠튀르(Haute Couture)는 'haute(고급의)'와 'couture(바느질)'가 합쳐진 말로 고품질 원단과 정교한 디테일을 사용한 고급 맞춤 여성복을 뜻한다. 프랑스패션협회는 오트쿠튀르의 제조 방식과 제작 가능한 의상의 최소 숫자, 스태프 수 등을 까다롭게 규정하고 있다. 디자이너 이브 생 로랑은 오트쿠튀르의 한정된 소비자에서 벗어나 시대의 예술과 다양한 문화를 반영한 패션 세계를 선보였다. 최근에는 오트쿠튀르도 기성복의 의류와 소품을 일부 활용하거나 다양한 문화와 성의 역할 등 사회를 반영한 작품들이 나오고 있다. 오트쿠튀르의 역사와 사회 변화를 반영한 작품들을 카드뉴스로 제작하고, 패션 산업의 윤리적 쟁점과 역할에 대해 발표해 보자.

관련 학과 의류학과

《오트쿠튀르를 입은 미술사》, 후카이 아키코, 송수진 역, 씨네21북스(2013)

[12현윤05-02] • • •

의식주 생활과 관련된 윤리 문제와 경제생활에서 발생하는 도덕적 선과 이윤 추구 사이의 갈등 및 소비문화의 문제점을 윤리적 관점에서 비판할 수 있다.

➲ '패스트 패션'이란 최신 트렌드를 반영하여 빠르게 생산하고 소비되는 의류를 말한다. 패스트 패션은 저렴한 비용과 용이한 접근성으로 소비자들의 소비 심리를 자극하지만, 의복의 과잉 생산으로 의류 쓰레기의 주범이 되고 있다. 국내외 패스트 패션 브랜드의 특징을 분석하고, 제작 과정에서 발생하는 사회 문제와 환경 문제를 탐구하여 해결 방안을 제시해 보자.

관련 학과 대기과학과, 의류학과, 지구환경과학과, 화학과, 환경학과

《물욕의 세계》, 누누 칼러, 마정현 역, 현암사(2024)

[12현윤05-03] • • •

다문화 이론을 통해 문화의 다양성을 존중해야 할 필요성을 인식하고 종교 갈등, 이주민 차별 등과 같은 다문화 관련 문제의 해결 방안을 제시할 수 있다.

➲ 올바른 식생활은 식사와 관련된 행동이나 습관, 태도 및 음식에 대한 기호와 위생 습관, 식사 예절 등을 포함한다. 성장기 아동과 청소년에게 올바른 식생활은 건강한 삶의 바탕이 되며, 질병을 예방하고 건강한 성인으로 성장하는 데 필요한 요소이다. 다문화 가정의 식생활 지원을 위한 균형 잡힌 식단과 요리법, 식사 예절 등을 주제로 온라인을 활용한 교육 프로그램을 고안해 보자.

관련 학과 농생물학과, 식품영양학과, 외식산업학과, 축산학과

《식생활 문화》, 정혜경 외 3명, 교문사(2022)

단원명 | 평화와 공존의 윤리

| 🔍 | 하버마스, 담론 윤리, K-푸드, 전통 음식, 해양 분쟁

[12현윤06-01] • • •

다양한 사회적 갈등의 양상을 제시하고 동·서양의 윤리 이론을 바탕으로 사회 통합을 위한 방안을 제안할 수 있으며, 바람직한 소통과 담론을 실천할 수 있다.

➔ 독일의 철학자 하버마스(J. Habermas)는 어떤 규범이 타당성을 갖기 위해서는 그 규범에 영향을 받는 사람들이 합리적인 토론을 통해 자유롭게 동의하는 것이 전제되어야 한다고 강조하였다. 그는 현대사회의 다양한 문제와 사회 갈등을 해결하기 위해 공정한 담론 절차를 주장하였다. 하버마스의 담론 윤리를 바탕으로, 과학기술과 관련된 사회 갈등을 주제로 양자 간 시나리오를 기획하여 토론해 보자.

관련 학과 자연계열 전체

《화려한 화학의 시대》, 프랭크 A. 폰 히펠, 이덕환 역, 까치(2021)

[12현윤06-02]   • • •

한반도의 통일과 평화에 관한 쟁점을 객관적으로 이해하고, 보편적인 윤리적 가치를 바탕으로 남북한의 화해를 위한 개인적·국가적 노력을 구체적으로 제시할 수 있다.

➔ 한국 대중문화의 세계적인 인기에 힘입어 K-푸드의 위상도 높아졌다. 유튜브에서 '파이어 누들 챌린지'로 화제가 된 매운 라면부터 영화에 등장한 달고나, 약과, 냉동 김밥 등 K-푸드의 인기는 특정 메뉴에 한정되지 않는다. 여기에 순수한 한식이 건강식이라는 인식까지 더해져 많은 사람이 K-푸드에 열광하고 있다. 전통문화가 보존되어 있는 북한의 전통 음식과 식재료 도감을 제작하고, 북한의 전통 음식과 남한의 식품공학 기술이 결합한 상품을 기획해 보자.

관련 학과 자연계열 전체

《평양랭면, 멀리서 왔다고 하면 안 되갔구나》, 김양희, 폭스코너(2019)

[12현윤06-03]   • • •

국제 사회의 윤리 문제를 국제 정의의 관점에서 비판적으로 설명하고, 국제 사회에 대한 책임과 기여를 윤리적 관점에서 정당화하며 실천 방안을 제시할 수 있다.

➔ 국제해양법재판소는 유엔해양법협약의 해석과 적용에 대한 분쟁 해결을 담당하는 독립적인 사법기구이다. 영유권 분쟁, 해양 자원에 대한 연안국의 관할권 문제, 어업권 갈등, 해양 대륙붕의 경계 등 바다와 관련된 모든 분쟁을 다루고 있다. 국제해양법재판소에 회부된 우리나라와 관련 있는 해양 분쟁 사례를 인공지능 툴을 활용하여 제작하고, 개인과 국가적 차원의 해결 방안에 대해 발표해 보자.

관련 학과 수산생명의학과, 지구환경과학과, 해양학과, 환경학과

《동아시아 해양분쟁과 중국의 회색지대 전략》, 고충석 외 8명, 인간사랑(2020)

국어 교과군

영어 교과군

수학 교과군

도덕 교과군

사회 교과군

과학 교과군

선택 과목	수능	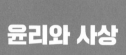	절대평가	상대평가
진로 선택	X		5단계	5등급

단원명 | 동양 윤리사상

| 🔍 | 격물론, 제물론, 연기설

[12윤사01-01] ● ● ●

공자사상에 바탕하여 맹자와 순자, 주희와 왕수인의 인성론을 비교하고, 인간 본성의 입장에 따른 윤리적 삶의 목표 및 방법론의 차이와 그 의의를 파악할 수 있다.

➡ 성리학의 사상 체계를 완성한 주희의 사상은 사물의 원리를 인식하기 위한 이치의 탐구를 강조하는 것이다. 그는 지(知)와 행(行)은 서로 의존한다고 보고, 올바른 지식을 갖추어야 참된 실천을 할 수 있다고 주장하였다. 주희의 자연철학의 토대가 된 것은 사물의 이(理)를 탐구하는 격물(格物)이론이다. 주희의 격물론에 대해 탐구해 보자.

관련학과 물리학과, 산림학과, 생물학과, 천문우주학과

《주희의 태극사상과 구조적 함의》, 고성주, 창조와지식(2024)

[12윤사01-02] ● ● ●

노자의 유무상생·무위자연 사상과 장자의 소요유·제물론의 의의를 이해하고, 서로 다른 것들 간의 어울림을 통한 진정한 평화에 대해 성찰할 수 있다.

➡ 장자는 도(道)의 관점에서 세상 모든 만물의 평등함을 강조하는 제물(齊物)을 주장하였다. 장자는 만물은 각자의 도에 적합한 다른 본성을 가지고 태어났기 때문에 모든 것은 평등하며 아름답고 추한 것, 옳고 그름, 선하고 악한 것은 자기중심적인 관점에서 비롯한다고 비판하면서 이러한 편견은 상대적인 것일 뿐이라고 하였다. 사물의 본질적 평등성과 상대적 관점을 강조하며 인간이 자연과 조화롭게 살아가야 한다고 살아가야 한다는 제물론의 입장에서 과학계의 과도한 동물 실험 사례를 비판해 보자.

관련학과 동물자원과학과, 생명과학과, 생물학과, 수산생명의학과, 지구환경과학과, 해양학과, 화학과, 환경학과

《강신주의 장자수업 1~2》, 강신주, EBS BOOKS(2023)

[12윤사01-03] ● ● ●

불교의 사성제와 자비를 이해하고, 괴로움을 극복하는 방법을 실천할 수 있다.

➡ "이것이 있음으로써 저것이 있고, 이것이 일어남으로써 저것이 일어난다. 이것이 없으면 저것도 없고, 이것이 없어지면 저것도 없어진다." 이는 불교의 연기설(緣起說)을 제시한 것이다. 연기설은 우주 만물의 존재와 현상에 관하여 설명한 불교의 가장 핵심적인 사상이다. 연기는 세상의 모든 존재와 현상은 연결되어 있고, 서로 원인과 결

과의 관계를 맺고 있는 상호 의존 관계라는 것을 강조한다. 연기설을 바탕으로 현대사회의 환경 문제를 비판해 보자.

`관련 학과` 대기과학과, 미생물학과, 분자생물학과, 생명과학과, 생물학과, 수산생명의학과, 식물자원학과, 원예학과, 지구환경 과학과, 해양학과, 환경학과

《**현대와 불교사상**》, 이중표, 불광출판사(2024)

단원명 | 한국 윤리사상

| 🔍 | 공진화 현상, 원융회통사상

[12윤사02-01] ● ● ●

원효의 화쟁사상, 의천과 지눌의 선·교 통합 사상이 불교의 대립을 어떻게 화해시켰는지 탐구하고, 한국불교 의 특성과 통합정신의 중요성을 파악할 수 있다.

⊙ 흔히 자연계를 약육강식, 적자생존의 법칙으로 설명하지만, 생물은 스스로 조화롭게 공존하는 방법으로 균형을 맞춘다. 자연의 법칙에서 공진화는 서로 밀접한 관계에 있는 둘 이상의 종이 서로의 진화에 상호 영향을 주며 같이 진화하는 현상을 의미한다. 공진화 현상에는 공생, 기생, 경쟁 등이 있으며, 상호 작용하는 생물의 종은 생존을 위해 상대에게 지속적으로 영향을 준다. 대립과 갈등의 원인이 되는 사회 문제들에 자연계에서 발생하는 공진화 현상을 적용하여 사고의 전환을 시도하고, 화쟁사상과 원융회통의 정신으로 해결할 수 있는 담론을 논해 보자.

`관련 학과` 농생물학과, 미생물학과, 분자생물학과, 생명과학과, 생물학과, 해양학과, 환경학과

《**생태활동가, 청년 김우성의 기후숲**》, 김우성, 플래닛03(2024)

단원명 | 서양 윤리사상

| 🔍 | 유클리드 기하학, 쾌락의 역설, 소비주의, 칸트, 순수이성비판, 진화심리학

[12윤사03-01] ● ● ●

서양 윤리사상의 출발점에서 나타난 보편윤리, 영혼의 조화, 성품의 탁월성의 특징을 파악하고, 덕과 행복의 관계에 대하여 성찰할 수 있다.

⊙ 유클리드 기하학은 그리스 수학자인 유클리드에 의해 체계화된 기하학의 한 분야이다. 유클리드 기하학은 수학의 논리적 근원이라 할 수 있는 '공리 체계'를 도입하였다. 유클리드는 기하학 공리 중 앞의 4개는 명백하나 마지막 제5공리인 평행선 공리는 확실하지 않다고 하였다. 따라서 후세의 수학자들은 평행선 공리를 쓰지 않거나 증명하고자 하였으며, 19세기에 이르러 비유클리드 기하학이 생겨났다. 유클리드 기하학과 비유클리드 기하학을 비교하여 정리해 보자.

`관련 학과` 물리학과, 수학과

《**유클리드기하학, 문제해결의 기술**》, 박종하, 김영사(2023)

국어 교과군

영어 교과군

수학 교과군

도덕 교과군

사회 교과군

과학 교과군

[12윤사03-02]

• • •

행복 추구에 대한 쾌락주의와 금욕주의의 입장을 비교하여 고찰하고, 진정한 행복을 위한 윤리적 실천 방법을 제시할 수 있다.

➡️ 에피쿠로스학파는 욕망에 따른 쾌락의 추구는 순간적이며, '쾌락의 역설'을 초래한다고 하였다. 따라서 에피쿠로스학파가 추구하는 쾌락은 자연적이고 필수적인 최소한의 욕구를 충족하면서 건강과 마음의 평온함을 유지하는 것을 의미한다. '쾌락의 역설'을 현대사회의 과도한 소비주의에 적용하여 분석하고, 세계시민의 관점에서 해결 방안을 제시해 보자.

관련 학과 대기과학과, 의류학과, 지구환경과학과, 환경학과

《**도파민네이션**》, 애나 렘키, 김두완 역, 흐름출판(2022)

[12윤사03-04]

• • •

옳고 그름의 기준에 대한 의무론과 결과론을 비교·분석하고, 옳고 그름에 대한 윤리적 관점을 정당화할 수 있다.

➡️ 뉴턴이 완성한 고전 물리학은 유럽의 인식을 뒤바꾼 대사건이었다. 뉴턴의 명저 《프린키피아》는 자연과학을 철학으로부터 분리하여, 만유인력과 뉴턴의 운동 법칙으로 자연과 세계의 법칙과 원리를 과학적으로 증명하였다. 칸트의 《순수이성비판》은 이러한 과학의 시대에 형이상학의 가능성을 수학과 자연과학의 방법으로 찾으려 하였다. 칸트의 분석판단과 종합판단을 비교하여 선험적 종합판단을 이해하고, 수학 또는 물리의 명제들이 선험적 종합판단인 이유를 증명해 보자.

관련 학과 물리학과, 수학학과, 지구환경과학과, 천문우주학과

《**칸트의 순수이성비판**》, 강지은, EBS BOOKS(2023)

[12윤사03-05]

• • •

실존주의와 실용주의, 도덕의 기원과 판단에 관한 과학적 탐구를 비판적으로 평가하고, 책임·배려 윤리에 대한 이해를 바탕으로 윤리적 삶의 의미와 지향을 설정할 수 있다.

➡️ 진화심리학은 인간의 행동과 정신 과정을 진화론적 관점에서 이해하려는 학문으로 인지심리학과 진화생물학에 뿌리를 두고 있다. 생명의 복잡한 설계는 자연선택에 의해 진화하였다는 찰스 다윈의 자연선택 이론에 근거하여, 인간의 마음은 선하지도 악하지도 않은 '자연선택에 의한 진화의 산물'이라고 주장한다. 진화심리학에 대해 조사하고, 진화심리학의 이러한 주장의 도덕적 타당성에 대한 자신의 생각을 정리해 보자.

관련 학과 자연계열 전체

책 소개

진화심리학은 인간의 마음을 과학적으로 설명한다. 저자는 마음이 어떠한 목적을 잘 수행하게끔 설계되었는지를 안다면 다양한 심리 행동을 하나의 통합 원리로 규명할 수 있다고 말한다. 또한 인간의 이성과 감정이 왜 이렇게 작동하는지 과학적으로 분석하는 과정에서 생기는 오해들을 규명하고, 진화심리학의 최신 동향을 우리나라의 사례로 풀어내고 있다.

세특 예시

형이상학의 가치와 쓸모에 대해 고찰하며, 학문의 의미에 대해 깊이 탐

208 —

국어 교과군

영어 교과군

수학 교과군

도덕 교과군

사회 교과군

부록 교과군

진화한 마음 전중환, 휴머니스트(2019)	구하는 자세가 돋보이는 학생임. 사물의 본질과 근본 원리에 대한 과학적 탐구 방법을 탐색하기 위해 '진화한 마음(전중환)'을 탐독하고, 인간 행동의 과학적 분석을 시도한 진화심리학에 대해 발표함. 나아가 인간의 윤리적 행동에 과학적으로 접근하는 시도와 사례를 분석하고, 진화심리학이 인간 행동 그 자체를 연구 대상으로 한다는 점을 제시하며 다양한 학문에 대한 개방적 태도의 중요성을 강조함.

단원명 | 사회사상

🔍	보일-홉스 논쟁, 시민 과학, 시빅 해킹, 자본주의, 베블런 효과

[12윤사04-01] •••

동·서양의 다양한 국가관을 비교·고찰하고, 오늘날의 관점에서 국가의 역할과 정당성에 대한 체계적인 시각을 형성할 수 있다.

➡ 17세기 로버트 보일(R. Boyle)과 학자들이 런던 왕립학회를 설립하여 실험 과학의 가치를 전파하기 시작할 때, 기하학과 같은 확실한 논증적 철학 체계를 구축하려 했던 토머스 홉스(T. Hobbes)는 개별적 지식을 강조하는 실험의 증명 과정을 비판하였다. 보일은 일정 온도에서 기체의 압력과 그 부피는 서로 반비례한다는 보일의 법칙을 정립하여 근대 화학의 기초를 세운 과학자이며, 홉스는 '만인에 대한 만인의 투쟁'의 《리바이어던》으로 유명한 정치철학자이다. 보일-홉스 논쟁을 바탕으로 이에 대한 자신의 입장을 선택하고 그 이유를 제시해 보자.

관련 학과 물리학과, 생물학과, 수학과, 화학과

《**21세기 교양 과학기술과 사회**》, 홍성욱 외 3명, 나무나무(2016)

[12윤사04-02] •••

시민의 자유와 권리, 공적 삶과 정치참여에 대한 자유주의와 공화주의의 관점을 비교·고찰하고, 시민과 공동체의 바람직한 관계를 모색할 수 있다.

➡ 시민 과학은 전문가와 전문적인 훈련을 받지 않은 대중 모두가 함께 자발적으로 참여할 수 있는 과학을 일컫는다. 과학기술은 대기 오염이나 수질 오염 등 많은 사람에게 광범위한 영향을 끼치는 문제들을 해결할 수 있으며, 거주 지역과 관련된 특정 사안에 대해서는 과학자들보다 일반 시민이 더 능숙하게 다룰 수 있다. 그래서 시민이 과학 연구의 주체가 되거나 과학의 연구 및 발전 방향 등을 결정하는 데 참여하는 것이다. 시민 과학의 국내외 사례를 탐색하고, 그 의의를 제시해 보자.

관련 학과 자연계열 전체

《**실험실의 진화**》, 홍성욱, 김영사(2020)

[12윤사04-03] •••

근대 대의민주주의의 대안으로 등장한 참여민주주의와 심의민주주의의 장단점을 분석하고, 민주주의의 이상을 구현하기 위한 실천 방법을 제시할 수 있다.

⊙ 시빅 해킹(Civic Hacking)은 오픈소스를 활용하여 시민들이 직접 공공문제 해결에 참여하는 것이다. 프로그램 개발자가 주축이 되어 소스 코드를 공개하고, 시민들이 집단지성을 발휘하여 공공문제 해결을 위한 공공데이터에 참여하고 데이터 민주주의를 이끄는 대표적 사례라고 할 수 있다. 시민의 참여와 과학기술이 협업한 시빅 해킹의 국내외 사례와 의의를 제시해 보자.

관련 학과 ▶ 자연계열 전체

과학 기술 민주주의

네바 해서네인 외 6명,
김명진 외 2명 역, 갈무리(2012)

책 소개

기후과학자, 페미니스트 과학철학자, 과학사회학자, 사회운동가 등의 전문가들이 과학기술의 민주화에 대해 고찰한 내용을 담은 책이다. 과학은 더 이상 전문가들만의 영역이 아니며, 과학기술의 엘리트주의를 지양할 것을 당부한다. 나아가 일반 시민들에게 민주주의의 원칙에 따라 과학기술과 관련된 의사결정에 참여할 것을 제안한다.

세특 예시

과학의 시대에 과학기술과 관련된 영역에서 심의민주주의가 가능한지 여부에 대해 의문을 갖고, '과학 기술 민주주의(네바 해서네인)'를 탐독함. 과학기술이 많은 사람의 삶에 영향을 주는 만큼, 과학자들만의 고유한 영역에 머물지 않고 시민과 공유되어야 한다는 필요성을 인지하고, 실제 사례와 함께 일반 시민들과 전문가와의 협업으로 이루어지는 심의민주주의의 가능성과 발전 방향을 모색함. 디지털과 심의민주주의의 접목에 주목하여, 자신의 주장을 뒷받침할 논거로 시빅 해킹 사례를 제시하는 등 우수한 논리력을 발휘함.

[12윤사04-04]   ● ● ●

자본주의의 현실적 기여와 한계에 대해 조사·분석하고, 동·서양의 사회사상적 측면에서 자본주의의 개선 방향에 관해 탐구할 수 있다.

⊙ 베블런 효과는 고가의 제품임에도 과시욕과 허영심 등으로 수요가 유지되거나 증가하는 현상을 의미한다. 이는 미국의 사회학자인 베블런(T. B. Veblen)의 저서 《유한계급론》에서 유래하였다. 베블런 효과는 주로 상류 소비층 사이에서 나타나는 현상이었지만, 물질만능주의와 명품 브랜드의 마케팅 전략 등으로 인해 사회 전반으로 확대되고 있다. 의류 산업을 중심으로 명품 브랜드의 고가 마케팅 전략과 사례를 분석하고, 기업의 사회적 책임을 고려하여 비평해 보자.

관련 학과 ▶ 의류학과, 화학과

《유한계급론》, 소스타인 베블런, 박종현 역, 휴머니스트(2023)

국어 교과군

영어 교과군

수학 교과군

도덕 교과군

사회 교과군

과학 교과군

선택 과목	수능	인문학과 윤리	절대평가	상대평가
진로 선택	X		5단계	5등급

단원명 | 성찰 대상으로서 나

| 🔍 | 코스모스, 정신적 쾌락

[12인윤01-01] ● ● ●

내 몸과 마음의 관계를 탐구하고, 심신의 통합성을 자각하여 도덕적 주체로서 자신을 이해하고 존중할 수 있다.

➡️ 인류는 코스모스(COSMOS)라는 무한의 시공간에 파묻힌 하나의 점에 불과하며, 지구를 보금자리 삼아 살아가고 있다. 우주적 입장에서 바라보면 인류 진화의 역사에 있었던 대사건들도 지극히 사소하고 하찮다고 할 수 있다. 그러나 인류는 삼라만상에 대한 호기심과 지식의 추구를 통해 진리를 탐구하는 존재이기도 하다. 코스모스의 한 점 티끌에 지나지 않는 존재인 자신이, 자연과학의 발견과 진리의 탐구를 통해 추구하고 싶은 가치와 목표를 세워 발표해 보자.

[관련 학과] 자연계열 전체

《**코스모스**》, 칼 세이건, 홍승수 역, 사이언스북스(2006)

[12인윤01-02] ● ● ●

삶의 주체인 나에 대한 성찰을 바탕으로 고통과 쾌락의 근원 및 양상을 탐구하여, 고통과 쾌락에 지혜롭게 대처하는 자세를 갖출 수 있다.

➡️ 쾌락주의를 대표하는 에피쿠로스 학파는 고대 그리스 철학의 한 분파로 에피쿠로스가 창시한 학파이다. 에피쿠로스 학파는 무분별한 욕망의 충족에 의한 쾌락이 아니라, 고통을 제거함으로써 주어지는 자연적이고 필수적인 최소한의 욕구만을 충족하면서 마음의 평온함을 유지하는 정신적 쾌락을 강조한다. 감각적 쾌락은 순간적이며 본능을 자극하는 쾌락으로, 불교 경전《수타니파타》에서도 감각적 쾌락을 추구할수록 결국 더 강한 쾌락을 원하게 된다고 하였다. 번잡한 도시를 떠나 전원과 숲속에서 정신적 쾌락을 추구하며 살아가는 사람들의 모습을 탐색하고, 자연과 함께하는 삶의 의미에 대해 설명해 보자.

[관련 학과] 농생물학과, 미생물학과, 분자생물학과, 식물자원학과, 원예학과, 조경학과, 지구환경과학과, 환경학과

《**숲속의 자본주의자**》, 박혜윤, 다산초당(2021)

단원명 | 타인과 관계 맺기

| 🔍 | 금강경, 논어, 공장식 축산

관계 속에서 살아가는 나에 대한 성찰을 통해 상호성을 만끽하는 삶을 모색하고 실천할 수 있다.

➡️ 불교의 관점에서는 존재하는 것 중에 원인과 조건 없이 나온 것은 없다. 또한 각 사물은 원인과 조건에 의존해서 생겨난다. 《금강경》 제6정신희유분에서 부처는 자신의 모든 말을 있는 그대로 믿고 따라서는 안 되며, 각자의 삶 속에서 마주하는 고통 속에 포함된 진리들을 활용해야 한다고 하였다. 《금강경》에 제시된 부처의 진리 탐구 방법과 과학의 진리 탐구 방법을 비교하고, 과학의 시대에 종교의 역할을 제시해 보자.

관련 학과 자연계열 전체

《과학이 우리를 구원하지 못할 때 불교가 할 수 있는 것》, 데이비드 로이, 민정희 역, 불광출판사(2020)

우정과 사랑의 의미를 탐구하고, 행복한 삶의 기반인 진정한 우정과 참된 사랑의 관계를 형성하기 위해 노력할 수 있다.

➡️ 《논어》 안연 편에서 공자는 사사로운 욕심을 이겨 내고 예로 돌아가는 것을 인이라 하며, 구체적으로 "예가 아니면 보지 말고, 예가 아니면 듣지 말고, 예가 아니면 말하지 말며, 예가 아니면 행하지 말 것"을 제시하였다. 공자의 사상에서 예(禮)는 더불어 살아가기 위한 행동 준칙이라 할 수 있다. 이러한 예의 관점을 모든 생명체의 관점으로 확대하여 공장식 축산에 대해 비판해 보자.

관련 학과 농생물학과, 동물자원학과, 생명과학과, 생물학과, 축산학과

동물 기계
루스 해리슨, 강정미 역,
에이도스(2020)

책 소개

1제곱미터도 안 되는 사육 틀에 갇혀 사육되는 송아지, 사우나 같은 양돈장에서 움직일 틈도 없이 살을 찌우고 있는 돼지, 비좁은 배터리 케이지에서 수백 개씩 알을 낳는 닭, 이것이 인간을 위해 사육되고 있는 동물들의 모습이다. 책은 영국의 동물 복지 활동가인 루스 해리슨이 1964년에 쓴 고전으로 동물 복지의 과학적 기반을 마련하였다.

세특 예시

생명과학 동아리 시간에 '동물 기계(루스 해리슨)'를 읽고, 공장식 축산과 동물 복지에 대해 고찰함. 공장식 축산의 참상과 인간의 이기적 욕구로 고기를 먹는다는 게 위험한 일이 된 현실에 대해 반성함. 공장식 케이지에서 생산된 달걀을 2번으로 인정한 사례와 반려동물의 공장식 축산에 대해 비판하고, 육식을 금지할 순 없지만 인과 예를 바탕으로 모든 생명체 간의 윤리적 관계를 형성하기 위한 법과 제도의 마련이 필요하다고 강조함.

단원명 | **자유와 평등**

🔍 장자, 만물일체론, 기업의 사회적 책임

[12인윤03-01]　　　　　　　　　• • •

동·서양에서 바라보는 자유와 평등의 의미와 근거를 알고, 자유롭고 평등한 사람의 모습을 탐구하여 책임 있는 삶의 자세를 추구할 수 있다.

➡ 장자의 만물일체론(萬物一體論)은 하늘과 땅 사이에 있는 모든 사물이 서로 얽히고 뭉쳐서 하나의 전체를 이루고 있음을 의미한다. 《장자》 지북유 편에서 장자는 도가 어디에 있느냐고 질문하는 동곽자에게 어디든 존재하지 않는 곳이 없다고 답한다. 장자는 구체적인 답을 듣기를 원하는 동곽자에게 개미, 강아지풀, 기와, 똥오줌 등에도 도가 있다고 하며, 세상을 통합적으로 바라볼 것을 강조한다. 세상의 전체적 질서를 깨달을 것을 강조한 장자의 사상을 바탕으로 환경 문제를 극복할 수 있는 방법에 대해 토의해 보자.

관련 학과 농생물학과, 대기과학과, 동물자원과학과, 미생물학과, 분자생물학과, 산림학과, 생명과학과, 생물학과, 수산생명의학과, 식물자원학과, 원예학과, 지구환경과학과, 해양학과, 화학과, 환경학과

《지구 디톡스》, 줄리언 크립, 박명수 역, 로이트리프레스(2023)

[12인윤03-02]　　　　　　　　　• • •

불평등이 발생하는 원인 및 실질적 기회균등을 구현하기 위한 조건을 탐구하여, 자유롭고 평등한 삶을 위한 정의의 원칙을 도출할 수 있다.

➡ 저소득층 아동은 인스턴트 식품에 많이 노출되어 있어, 영양 불균형 개선을 위한 사회의 관심이 필요하다. 기업의 사회적 책임은 자선 활동, 기부 활동, 환경 보호 활동 등을 실천하는 것이다. 식생활과 밀접한 관련이 있는 외식 기업의 사회적 책임 활동은 소비자에게 긍정적 이미지를 심어 주어, 기업의 마케팅으로 활용되기도 한다. 외식 기업의 저소득층을 대상으로 한 사회적 책임 활동에 대해 조사해 보자.

관련 학과 식품영양학과, 외식산업학과

《윤리경영》, 김정원 외 3명, 범한(2023)

단원명 | 다양성과 포용성

🔍 기후변화, 인류세

[12인윤04-01]　　　　　　　　　• • •

서로 다른 의견들이 발생하고 충돌하는 양상과 이유를 파악하고, 민주적인 방식으로 다양한 의견을 포용하는 방법과 절차를 모색하여 실천할 수 있다.

➡ 인류세는 인류 활동이 지구에 영향을 미친 시기를 뜻하는 말로, 새로운 지질시대를 의미한다. 대기 오존층을 파괴하는 원인을 발견한 공로로 노벨화학상을 받은 파울 크뤼천이 제시하였으며, 인류가 지구 지질이나 생태계에 미친 영향에 주목하여 나온 개념이다. 인류세는 공식적인 지질시대로 인정받지는 못했으나, 인류의 책임에 대해 다양하게 논의하는 계기를 제공했다. 인류세와 관련된 논쟁을 바탕으로 인류세가 시작된 시기와 기후변화에 따른 인류의 책임이 평등하지 않은 이유에 대해 토의해 보자.

관련 학과 대기과학과, 산림학과, 생물학과, 지구환경과학과, 해양학과, 환경학과

《인류세, 엑소더스》, 가이아 빈스, 김명주 역, 곰출판(2023)

단원명 | 공존과 지속가능성

| O | 에리히 프롬, 과시적 소비, 자정 작용, 무위자연

[12인윤05-01] ● ● ●

자아실현과 직업생활의 상호성을 이해하고, 삶의 방식으로서 소유와 존재의 의미를 탐구하여 나와 타인의 이익을 조화롭게 추구하는 삶의 태도를 함양할 수 있다.

➡ 에리히 프롬은 《우리는 여전히 삶을 사랑하는가》에서 인생에서 가장 중요한 것은 행복이 아니라 살아 있는 것, 즉 삶이라 하였다. 인생에서 최악은 무관심이며, 이는 무생명에서 출발한다고 제시하면서, 남성과 여성이 이성보다 스포츠카와 명품 가방에 매력에 느끼는 것은 자율 의지가 없는 무생명의 소유에 대한 세상의 관심이라 비판하였다. 명품 브랜드의 고가 전략 사례를 바탕으로 현대인들이 지나친 고가의 소비에 열광하는 이유와 과시적 소비가 아닌 최적의 소비를 위한 방안을 제시해 보자.

`관련 학과` 의류학과

《베블런의 과시적 소비》, 소스타인 베블런, 소슬기 역, 유엑스리뷰(2019)

[12인윤05-02] ● ● ●

기후위기 문제를 비판적으로 인식하고, 지속가능한 삶을 위해 인간과 자연에 대한 이분법적 관점을 넘어선 상생의 원칙들을 수립하여 일상에서 실천할 수 있다.

➡ 지구 생명의 역사는 생명체와 환경의 상호 작용의 역사이다. 치명적인 유독물질로 오염된 공기와 토양, 바다 등 자연의 피해는 다시 인간의 몸에 축적되어 체내에 남게 되고, 식물과 가축을 병들게 한다. 또한 산업화와 함께 이산화탄소, 메테인, 프레온가스 등 온실가스의 양이 계속 증가하여 지구온난화 현상을 유발한다. 현대사회 환경오염의 심각성은 지구가 균형 상태에 도달할 수 있는 충분한 시간을 주지 않는 데 있음을 인지하고, 노자의 무위자연 사상과 자연의 자정 작용을 연계하여 자연과 인간의 공존 방안을 모색해 보자.

`관련 학과` 농생물학과, 대기과학과, 미생물학과, 분자생물학과, 산림학과, 생물학과, 식물자원학과, 원예학과, 지구환경과학과, 해양학과, 화학과, 환경학과

《과학을 기반으로 살펴보는 초미세먼지, 기후변화 그리고 탄소중립》, 송철한, 씨아이알(2024)

단원명 | 삶의 의미에 대한 물음

| O | 종교 간 교류, 세계윤리, 사르트르, 실존주의

[12인윤06-01]

인간의 불완전성에 대한 성찰을 바탕으로 불안한 현대사회를 살아가는 데 있어 종교의 역할과 가치를 탐구하여, 종교에 대한 바람직한 관점을 정립할 수 있다.

➡ 13세기 아랍어로 된 서적에 아리스토텔레스가 제자들을 가르치는 모습이 묘사되어 있다. 그리스도교와 이슬람교의 종교 갈등은 과거에서 현재에 이르기까지 가장 대표적인 종교 갈등으로 꼽히지만, 역사적으로 볼 때 그

리스도교와 이슬람교는 협력했던 시기가 더 길었다. 알렉산드리아 시대의 수학, 의학, 천문학 등의 전문 서적들은 아랍에서 번역되어 인도 등으로 전파되었고, 자신들의 전문지식과 결합하여 다시 유럽으로 전파되었다. 두 문화의 협력으로 과학과 의학이 발전한 사례를 탐색하고 세부적인 종교의 교리에서 벗어나 한스 큉이 제시한 세계윤리 실현의 필요성에 대해 제시해 보자.

관련 학과 물리학과, 생물학과, 수학과, 식물자원학과, 천문우주학과

지식의 지도
바이얼릿 몰러, 김승진 역,
마농지(2023)

책 소개

서양 역사에서 과학의 역사는 고대 그리스와 로마를 거쳐 바로 르네상스로 건너뛴다. 책은 서기 500년경부터 1500년경까지 천 년에 걸친 과학과 지식의 역사가 중세 천 년의 시간 속에 보존되고 발전했던 과정을 안내한다. 또한 서유럽과 이슬람 세계 간에 지적 교류가 있었고, 아랍권 학자들이 과학적 지식의 보존과 혁신에 결정적 역할을 하였음을 증명한다.

세특 예시

유대교, 이슬람교, 그리스도교의 성지가 같은 것이 종교 갈등의 원인이 되는 이유에 의문점을 갖고, '지식의 지도(바이얼릿 몰러)'를 읽고 고대 서양과 이슬람 문화가 활발히 교류한 사실을 탐색함. 아리스토텔레스가 아랍어 서적에 등장하고, 위생을 강조한 이슬람 문화가 히포크라테스의 의학 지식을 중요하게 생각했다는 점 등으로 중세 시대 과학의 공백이 아랍권 학자들의 노력으로 메워지며 르네상스 시대로 연결될 수 있었음을 강조함. 이에 그치지 않고 종교들 간의 공통된 도덕적 가치로 세계의 평화와 공존을 위해 노력함으로써 종교 갈등을 극복할 수 있을 것이라는 해결책을 제시함.

12인윤06-02 ● ● ●

인생의 유한성을 자각하고, 자아에 대한 성찰 및 다양한 가치 탐색을 통하여 내 삶의 의미를 묻고 답을 찾아가는 도덕적 주체로서 살아갈 수 있다.

실존주의자 사르트르는 《실존주의는 휴머니즘이다》에서 인간은 자기의 본질을 스스로 만들어 가는 자유로운 존재이며, 주체적 결단을 통해 자신의 정체성을 형성하고 삶을 주체적으로 이끌어 나가야 한다는 실존주의적 입장을 유지한다. 또한 자신의 선택이 인류 전체에 미치는 영향에 대한 책임을 함께 고려해야 한다고 강조한다. 미래를 스스로 계획하는 주체로서의 사색과 고찰을 바탕으로, 미래에 대한 진로를 설계하고 직업과 관련된 자신의 사회적 책임에 대해 정리해 보자.

관련 학과 자연계열 전체

《실존주의자로 사는 법》, 게리 콕스, 지여울 역, 황소걸음(2023)

선택 과목	수능	윤리문제 탐구	절대평가	상대평가
융합 선택	X		5단계	X

단원명 | 시민의 삶과 윤리적 탐구

| 🔍 | 포퍼, 반증주의, 빅데이터, 기후 난민

[12윤탐02-02] • • •

사생활 존중과 공익 사이의 갈등 사례를 조사하고, 이를 해결할 수 있는 방안을 제시할 수 있다.

➡️ 칼 포퍼(K. Popper)는 과학적 이론과 비과학적 이론을 구분하는 기준으로 반증 가능성을 제시한 바 있다. 반증 가능성이란 어떤 이론이나 가설이 틀렸음을 증명할 수 있는 가능성을 의미한다. 그는 이러한 반증 가능성을 포함해야 과학적 진술이라고 주장하였다. 정보처리 기술은 생활환경의 디지털화를 가속시켰고, 이러한 과정에서 수집된 빅데이터는 정보사회의 중요한 동력이 되었다. 인공지능과 결합한 빅데이터가 정보에 대한 자기 결정성과 사생활을 침해한 사례를 제시하고, 정보의 반증을 통해 빅데이터로 수집된 정보가 공익성을 갖기 위한 조건을 제시해 보자.

관련 학과 수학과, 통계학과

《인공지능 시대의 미디어 윤리》, 박아란, 커뮤니케이션북스(2022)

[12윤탐02-04] • • •

배타적 민족주의의 확산과 난민 문제를 탐구하고, 이를 해결할 수 있는 방안을 제시할 수 있다.

➡️ 기후 난민은 기후변화의 직간접적인 결과로 생태학적 환경이 변화해 삶을 터전을 잃고 난민이 된 개인 또는 공동체를 의미한다. 국제 NGO 자국내난민감시센터(IDMC)가 발표한 '2013년부터 2022년까지 자국 내 기후 난민 현황'에 의하면, 기후 재난이 가장 많이 발생한 지역은 파키스탄과 남태평양 국가이고 기후 난민의 98%가 홍수, 가뭄, 산불 등 기후변화로 인한 재해로 발생하였다고 한다. 그러나 기후 난민은 국제법상 정의되어 있지 않아, 보호의 대상이 되지 못하고 있다. 기후 난민의 발생 원인과 사례를 분석하고, 기후 난민이 난민 지위를 획득해야 하는 이유에 대해 고찰해 보자.

관련 학과 대기과학과, 지구환경과학과, 해양학과, 환경학과

《어느 날 난민》, 표명희, 창비(2018)

단원명 | 인공지능 시대의 삶과 윤리적 탐구

| 🔍 | 데이터 편향성, 빅데이터, 인공지능 윤리

[12윤탐03-02] • • •

빅데이터와 알고리즘의 편향성으로 인한 윤리문제를 인식하고 사회적 책임과 공정성의 관점에서 해결 방안을 탐구할 수 있다.

➡ 데이터 편향성은 사회적 편견을 강화시킬 수 있고, 그로 인해 사회적 약자에 대한 차별이 노골화, 정당화될 수 있다. 데이터의 편향성 때문에 인류가 쌓아 온 데이터가 편향성으로 가득하다는 것은 이미 밝혀졌다. 따라서 데이터 편향성의 극복과 공정성 확보를 위해 윤리적인 데이터 수집 방법이 필요한 것은 분명하다. 인공지능 프로그램의 공정성 확보를 위해 기획-설계-운영의 전체 단계에서 고려해야 할 사항에 대해 조사해 보자.

관련 학과 수학과, 통계학과

《**우리에게는 다른 데이터가 필요하다**》, 김재연, 세종서적(2023)

[12윤탐03-03] • • •

인공지능 활용 시 발생할 수 있는 윤리적 딜레마에 대해 토의하고, 인공지능의 바람직한 활용 방안을 제시할 수 있다.

➡ 민주주의는 국가의 주권이 특정 개인이나 집단에 있지 않고 국가에 속한 모든 국민의 권력을 기반으로 현실 정치를 구현하는 체제이다. 따라서 민주주의 발전을 위해서는 국민들의 민주적 논의 과정을 거쳐 다양한 의견이 반영될 수 있어야 한다. 인공지능은 대량의 비정형 데이터 정보를 분석하여, 많은 사람들의 의견을 효율적으로 분석할 수 있다는 점에서 민주주의 발전에 기여할 수 있다. 그러나 의견 수집 과정에서 비정형 빅데이터는 완벽하지 않을 수 있으며, 이렇게 수집된 데이터가 다양한 사람들을 대표하는 의견이라고 왜곡될 가능성이 있다. 인공지능이 빅데이터를 분석하는 과정에서 발생할 수 있는 윤리적 문제와 해결 방안을 분석해 보자.

관련 학과 수학과, 통계학과

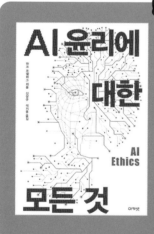

AI 윤리에 대한 모든 것

마크 코켈버그,
신상규·석기용 역, 아카넷(2023)

책 소개

세계적인 기술철학자인 저자는 인공지능과 관련된 윤리적 쟁점을 체계적으로 제시한다. 인공지능은 이미 의료, 금융, 보안, 군사, 과학, 교육, 엔터테인먼트 등 사회 전반에 거쳐 활용되고 있다. 이 책은 기술적 차원을 넘어선 인공지능에 대한 도덕적 지위와 책임의 문제에 대해 고민하고, 인간과 기계의 조화로운 공존을 위한 방향을 제시한다.

세특 예시

인공지능 시대에 윤리적 성찰이 중요한 이유에 대해 고민하는 자세가 인상적이며, 이에 대한 해답을 얻기 위해 토론에 적극적으로 참여하는 모습을 보임. 다양한 의견을 수용하고 지식을 공유하는 관용적 자세가 돋보이는 학생임. 'AI 윤리에 대한 모든 것(마크 코켈버그)'을 탐독하고, 인공지능의 도덕적 지위라는 새로운 접근에 대해 고찰함. 아리스토텔레스의 도덕적 책임과 연계하여 인공지능의 윤리적 문제는 결국 인간에게 달려 있으며, 인간이 인공지능의 의사 결정에 대해 주체성을 가지고 검증해야 하는 이유를 분석하며 철학의 역할과 존재 의미에 대해 확인할 수 있었다고 발표함.

단원명 | 생태적 삶과 윤리적 탐구

| 🔍 | 동물 복지, 탄소 중립

[12윤탐04-01] • • •

반려동물과 관련한 윤리문제, 동물 복지를 둘러싼 논쟁 등을 윤리적 관점에서 탐구하여 생명에 대한 감수성을 길러 책임 있게 행동할 수 있다.

➡️ 동물 복지란 동물들이 쾌적한 환경에서 고통과 스트레스 없이 자랄 수 있도록 하여, 사육부터 도축까지의 과정에서 발생하는 불필요한 스트레스를 줄이는 것이다. 농림축산식품부에서는 2012년 산란계를 시작으로 '동물복지축산인증제'를 통해 동물 복지 기준에 맞게 동물을 사육하는 농장에 '동물복지축산농장 인증마크'를 부여하고 있다. 경제적 부담에도 동물 복지를 실행해야 하는 축산 농가의 책무를 동물권과 기업의 사회적 책임과 연계하여 제시해 보자.

관련 학과 동물자원과학과, 생물학과, 축산학과, 화학과

《동물복지의 시대가 열렸다》, 박하재홍, 슬로비(2021)

[12윤탐04-02] • • •

기후위기를 인류의 책임이라는 측면에서 분석하고, 에너지 전환과 탄소 중립을 둘러싼 다양한 입장에 대해 토론하여 기후위기 극복 방안을 제시할 수 있다.

➡️ 농업은 기후변화에 큰 영향을 받는 분야이다. 지구온난화는 생산량 감소와 품질 저하, 병해충 등 다양한 문제를 야기하고 있어 탄소 중립은 농업 분야의 필수 과제로 부상하였다. 스마트팜은 첨단 정보통신기술(ICT)과 접목하여, 농작물과 가축의 생장에 필요한 자원 활용을 최적화하는 대표적인 저탄소 농법이다. 기후변화와 관련된 농업 분야의 위기와 스마트팜과 같은 탄소 중립 실천 사례를 정리해 보자.

관련 학과 농생물학과, 대기과학과, 미생물학과, 분자생물학과, 산림학과, 생물학과, 식물자원학과, 원예학과, 조경학과, 지구환경과학과, 축산학과, 환경학과

《탄소중립》, 한국과학기술연구원, 문학과지성사(2022)

단원명 | 윤리문제 탐구의 적용

| 🔍 | 비건 화장품, 윤리적 가치, 기업의 사회적 책임

[12윤탐05-01] • • •

자신이 희망하는 진로에서 발생할 수 있는 윤리문제를 선정하고 탐구 계획을 수립할 수 있다.

➡️ 비건 화장품은 동물 유래 원재료를 사용하지 않으며, 동물 실험을 실시하지 않은 원료로 만든 제품을 말한다. 또한 벌꿀, 우유와 같이 동물로부터 얻을 수 있는 2차적인 성분을 배제하고 있다. 동물권 보호, 기업의 사회적 책임, 환경 등을 표방한 고가 및 중저가 브랜드 화장품 기초제품의 성분과 가격, 마케팅 등을 비교하여 탐구 계획을 수립하고, 고가의 비건 화장품 브랜드 전략과 윤리적 가치에 대해 비평해 보자.

국어 교과군

영어 교과군

수학 교과군

도덕 교과군

사회 교과군

과학 교과군

관련 학과 동물자원과학과, 생물학과, 화학과, 환경학과

《**착한 소비는 없다**》, 최원형, 자연과생태(2020)

[12윤탐05-02]   • • •

수립한 탐구 계획에 따라 윤리문제를 탐구하고 그 결과를 정리하여 발표할 수 있다.

➔ 동물권의 보호, 기업의 사회적 책임, 친환경 등을 표방하는 화장품 브랜드에서 출시한 고가와 중저가 기초제품의 성분과 가격, 마케팅 등을 비교하고 그래프와 도표로 정리하여 가독성 좋은 자료를 제작해 보자. 또한 고가의 비건 화장품 브랜드 전략을 객관적으로 분석하고, 비판적 사고를 바탕으로 합리적 소비를 위한 소비자의 현명한 선택과 기업의 사회적 책임에 대해 발표해 보자.

관련 학과 동물자원과학과, 생물학과, 화학과, 환경학과

《**나는 말하듯이 쓴다**》, 강원국, 위즈덤하우스(2020)

사회 교과군

구분	교과 (군)	공통 과목	선택 과목		
			일반 선택	진로 선택	융합 선택
보통 교과	사회	한국사1 한국사2 통합사회1 통합사회2	세계시민과 지리 세계사 사회와 문화	한국지리 탐구 도시의 미래 탐구 동아시아 역사 기행 정치 법과 사회 경제 국제 관계의 이해	여행지리 역사로 탐구하는 현대 세계 사회문제 탐구 금융과 경제생활 기후변화와 지속가능한 세계

공통 과목	수능	한국사1	절대평가	상대평가
	O		5단계	5등급

단원명 | 근대 이전 한국사의 이해

> | 🔍 | 고조선, 고대 국가, 한반도, 선사 문화, 유적, 유물, 통치 체제, 고대 사회, 종교와 사상, 고려, 성리학,
> 유교, 흥선대원군, 중앙집권체제

[10한사1-01-01] ● ● ●

고대 국가의 형성과 성장 과정을 파악한다.

➡ 석굴암은 16개 벽면으로 원형의 석실을 만들었는데, 이는 당시 신라의 건축 기술자들이 수학적 계산에 근거하여 석재를 가공하였음을 보여 준다. 석굴암 본존불은 머리:가슴:어깨:무릎 폭의 비율이 1:2:3:4로 정확한 비례를 보이는데, 이를 통해 안정감과 균형을 높였다. 신라의 석굴암과 로마의 판테온을 비교·분석해, 두 건축물에 활용된 수학적 원리를 탐구하여 발표해 보자.

관련 학과 건축공학과, 건축디자인학과, 건축학과, 물리학과, 수학과, 실내건축학과, 실내디자인학과, 응용물리학과, 응용수학과

《**석굴암을 꽃피우다**》, 손봉출, 홀리데이북스(2023)

[10한사1-01-02] ● ● ●

고려의 통치 체제와 지배 세력의 변화를 이해한다.

➡ 몽골이 고려에 침입하자 최씨 무신 정권은 부처의 힘으로 외적을 물리치고자 팔만대장경판을 간행하였다. 팔만대장경은 제작된 지가 천년이 넘었다. 나무의 특성상 오랜 세월이 지나면 뒤틀리거나 썩기 마련이지만, 오랜 세월이 지났음에도 경판의 원형이 그대로 보존될 수 있었다는 것이 신기할 따름이다. 대장경판의 제작과 보존 과정에 어떤 과학적 원리가 숨어 있는지 탐구해 보고, 세계문화유산인 팔만대장경의 역사적 가치를 알리는 팸플릿을 제작해 보자.

관련 학과 건축학과, 대기과학과, 미생물분자생명과학과, 미생물학과, 분자생물학과, 산림학과, 원예학과, 조경학과, 주거환경학과, 화학공학과, 화학과

《**나무에 새겨진 팔만대장경의 비밀**》, 박상진, 김영사(2007)

[10한사1-01-03] ● ● ●

조선의 성립과 정치 운영의 변화를 파악한다.

➡ '천상열차분야지도'는 한국 천문학 최고의 자랑거리인 문화재로, 경이로울 정도의 정밀도를 보인다. 제작 당시는 물론이고 그 이후 300년간 만들어진 천문도를 통틀어 독보적인 수준을 자랑한다. 조선 건국 후 얼마 되

지도 않았는데 이 정도의 천문도를 만들었다는 것은, 한민족이 조선 시대 이전부터 빼어난 천문 과학력을 보유하고 있었다는 증거이기도 하다. 천상열차분야지도가 만들어지게 된 역사적 배경, 천문도의 구성, 역사적·과학적 의의에 대해서 탐구해 발표해 보자.

관련 학과 물리학과, 수학과, 응용물리학과, 지구시스템과학과, 지구환경과학과, 천문우주과학과, 천문학과

《천상열차분야지도, 그 비밀을 밝히다》, 윤상철, 대유학당(2020)

[10한사1-01-04] ● ● ●

조선 후기에 등장한 새로운 변화 양상을 이해한다.

➡️ 조선 후기 실학파 학자들이 보여 준 사회 개혁에 대한 의지도 중요하지만, 그들의 과학 사상 또한 그에 못지않게 중요한 것이었다. 그들의 과학 사상은 서양의 영향을 크게 받아서 전통적인 테두리를 벗어나고 있었다. 실학자들 중 과학 사상사에서 중요한 위치를 차지하고 있는 사람이 바로 홍대용이다. 지전설, 무한우주론, 인력설, 우주생성론 등 홍대용의 자연과학 사상과 그의 사상이 갖는 역사적 의의에 대해서 탐구하여 발표해 보자.

관련 학과 물리학과, 수학과, 응용물리학과, 지구시스템과학과, 지구환경과학과, 천문우주과학과, 천문학과

《담헌 홍대용 연구》, 문석윤 외 4명, 사람의 무늬(2012)

단원명 | 근대 이전 한국사의 탐구

| 🔍 | 수취 체제, 농업 중심 경제, 골품제, 양천제, 신분제, 불교, 유교, 성리학, 임진왜란, 병자호란, 문화 교류

[10한사1-02-01] ● ● ●

근대 이전 국제 관계와 대외 교류의 시대적 특징을 비교한다.

➡️ 상품 작물이 재배되기 시작한 것은 바로 16세기 이후 장시가 증가하고 상품 유통 경제가 활발해지면서부터이다. 옥수수는 명나라를 통해 16세기에, 담배와 고추는 임진왜란 이후에 전래됐을 것으로 추정된다. 고구마는 18세기 일본에서, 감자는 19세기 청나라에서 전래되어 재배되었다. 옥수수, 담배, 고추, 고구마, 감자의 기원, 작물로서의 특징, 우리 생활문화에 미친 영향에 대해서 조사하여 발표해 보자.

관련 학과 자연계열 전체

《씨앗 혁명》, 사카이 노부오, 노희운 역, 형설라이프(2013)

[10한사1-02-02] ● ● ●

근대 이전의 수취 체제 변화를 농업 중심의 경제생활과 관련하여 탐구한다.

➡️ 조선 시대에 농업은 가장 중요한 경제적 토대였다. 농업 생산력을 높이는 것은 백성들의 생활은 물론 국가의 안정에도 필수적인 일이었다. 농업 생산력의 향상은 농산물을 사고파는 장시의 발달로도 이어져 상공업 발전의 토대가 되었다. 그러므로 정부는 개간 사업을 장려하여 농경지를 확대하고, 농업 기술을 향상시켜 수확량을 늘리는 데 힘썼다. 농서의 간행과 보급, 새로운 농업 기술의 개발 등 정부의 농업 생산력 향상을 위한 노력에 대해서 조사하여 발표해 보자.

관련 학과 자연계열 전체

《조선시대 사람들은 어떻게 살았을까2》, 한국역사연구회, 현북스(2022)

근대 이전 사회 구조를 신분제를 중심으로 분석한다.

➡ 조선 후기에는 전통적 과학기술을 계승·발전시키면서 중국을 통해 전래된 서양의 과학기술을 수용하여 과학 기술 면에서도 큰 진전이 있었다. 서양 문물은 17세기경부터 주로 중국을 왕래하던 사신들을 통해서 들어왔 다. 대표적인 예로 인조 때 정두원이 화포, 천리경, 자명종 등을 전하였다. 특히 서양 천문학의 전래가 조선의 과학 발전에 큰 영향을 주었다. 서양 천문학 전래의 역사적 배경과 수용 과정, 서양 천문학이 미친 영향에 대 해서 조사하여 발표해 보자.

관련 학과 자연계열 전체

《**천문학: 한국의 전통 과학**》, 박창범, 이화여자대학교출판문화원(2007)

근대 이전의 사상과 문화를 국제 교류와 관련하여 탐구한다.

➡ 신라는 선덕여왕 때 첨성대를 세웠다. 첨성대는 완전한 모습으로 남아 있는, 세계에서 가장 오래된 천문대이 고, 신라 시대 천문 관측의 중심이었다. 신라의 천문학은 첨성대로 상징된다. 7세기 신라의 천체 관측 활동은 그만큼 활발했다. 또한 고분을 제외한 한반도 고대 건축물 중 유일하게 후대의 복원이나 재건 없이 창건 당시 모습 그대로 보존된 문화유산이기도 하다. 첨성대의 건립 목적과 기능, 구조와 특징에 대해서 조사하여 발표 해 보자.

관련 학과 자연계열 전체

《**경주 첨성대의 기원**》, 정연식, 주류성(2023)

근대 이전 한국사 주제를 설정하여 탐구하고, 그 결과를 다양한 방법으로 표현한다.

➡ 고려 시대의 평민들은 주로 삼베와 모시로 만든 옷을 입었다. 그러다 고려 말 문익점이 원에서 목화 종자를 가져와 전국에 재배법을 널리 알리면서 무명실로 짠 옷을 활용하게 되었다. 삼베나 모시에 비해서 목화솜은 흡습성과 보온성이 뛰어나 여름에 시원하고 겨울에는 따뜻하다. 문익점이 목화를 들여온 과정, 목화 재배법, 기존 옷감 대비 장점, 무명옷의 활용 사례에 대해서 조사하여 발표해 보자.

관련 학과 농생물학과, 산림자원학과, 식물자원학과, 의류학과, 의상학과

《**목화의 역사**》, 자크 앙크틸, 최내경 역, 가람기획(2007)

단원명 | 근대 국가 수립의 노력

|🔍| 개항, 조약, 국제 질서, 근대 국가, 서구 문물, 국권 피탈, 국권 수호, 갑신정변, 갑오개혁, 독립협회

조선의 개항을 국제 질서의 변동과 연관하여 분석한다.

➡ 1887년 3월은 우리나라에 처음으로 전등이 켜진 시기이다. 당시 고종이 거처하며 나랏일을 보던 경복궁 안 건청궁에서 밝혀졌다. 전기를 발생하는 발전기에서 벼락 치는 듯한 소리와 함께 불빛이 나오자 궐내 상궁들은 줄행랑을 놓았다고 한다. 1879년 에디슨이 백열전구를 발명한 지 8년 후의 얘기다. 이후 고종은 1898년 한성전기회사를 설립하여 전기, 전차, 전화 사업을 추진한다. 정부의 전기 도입 과정을 조사하여 발표해 보자.

관련 학과 자연계열 전체

《**대한제국멸망사**》, H. B. 헐버트, 신복룡 역, 집문당(2019)

[10한사1-03-02]   • • •

여러 세력이 추진한 근대 국가 수립의 다양한 노력을 이해한다.

➡ 조선 정부는 1884년 9월에 부국강병을 위한 생산력 확충 방안을 발표하였다. 그것은 농상·직조·목축·차·종이 등을 관장하는 기구를 설치하고, 민간 자본을 동원하는 방안이었다. 대한제국 시기에는 일련의 근대적 토지 조사 사업에 착수했다. 생산력 확충을 통한 국부의 증진이 최대 목표였기 때문에 이에 충실한 지주층을 근대 개혁의 바탕으로 삼고 농민층도 여기에 가능한 끌어들이는 방향으로 정책을 결정했던 것이다. 개화기, 조선 정부가 부국강병을 위해 실시한 농업 정책에 대해서 조사하여 발표해 보자.

관련 학과 자연계열 전체

《**농업으로 보는 한국통사**》, 김용섭, 지식산업사(2017)

[10한사1-03-03]   • • •

개항 이후 사회·경제 변화를 파악하고, 서구 문물의 도입이 문화에 미친 영향을 탐구한다.

➡ 1880년대 중반에 이미 궁중에서는 커피가 음용되고 있었다. 커피는 서양에서 전래되어 부자만이 살 수 있는 동양의 한약재와 비슷하여 서구화와 근대화의 상징으로 소비되었다. 초창기 사람들은 커피숍이나 카페를 '다방'이라고 불렀다. 우리나라 최초의 다방은 1902년 고종의 후원으로 문을 열었는데, 서울 중구 정동에 있던 손탁호텔이라는 곳이다. 고종은 고관들에게 커피를, 황실에서 일하는 외국인에게 커피 잔을 선물하기도 하였다. 그리고 외국공사와 커피를 마시며 외교를 논하였다. 구한말부터 현재까지 한국 커피의 역사를 조사하여 발표해 보자.

관련 학과 농생물학과, 스마트팜과학과, 식물자원학과, 식품공학과, 식품영양학과, 식품외식산업학과, 식품조리과학부, 외식산업학과, 외식조리창업학과, 호텔조리학과

《**커피 세계사+한국 가배사**》, 이길상, 푸른역사(2021)

[10한사1-03-04]   • • •

일제의 국권 침탈 과정을 조사하고, 이에 맞선 국권 수호 운동의 흐름을 파악한다.

➡ 러·일 전쟁 중 일제는 한·일 의정서를 체결하여 군용지를 점령하고, 철도 용지라는 명목으로 필요한 면적보다 훨씬 넓은 토지를 빼앗았다. 일본은 이 과정에서 국유지를 강탈하였고, 사유지 또한 대한제국 정부가 사들여 제공하도록 강요하였다. 이를 배경으로 일본은 1908년 동양척식주식회사(이하 동척)를 설립하였다. 식민지 지배의 첨병으로서 동척의 설립 목적, 사업 내용, 토지와 자원의 수탈 과정 등을 분석한 뒤 발표해 보자.

관련 학과 자연계열 전체

《**동양척식주식회사의 토지 수탈과 궁삼면 토지탈환운동**》, 이규수, 동북아역사재단(2021)

공통 과목	수능	한국사2	절대평가	상대평가
	O		5단계	5등급

단원명 | 일제 식민 통치와 민족 운동

> 🔍 제국주의, 일제강점기, 일제의 식민 통치, 세계 대전, 일제의 침략 전쟁, 일본 자본, 3·1 운동, 대한민국 임시 정부, 항일 무장 독립 투쟁, 실력 양성 운동, 전시 동원 체제

[10한사2-01-01] • • •

일제의 식민 통치 정책을 제국주의 질서의 변동과 연관하여 이해한다.

➡️ 일제하에 시행된 토지 조사 사업은 근대적 토지 소유권 확립을 위한 것이라고 선전하였으나, 실제로는 일본인의 토지 소유를 쉽게 하고 지세(地稅) 수입을 안정적으로 확보하기 위한 것이었다. 토지 조사 사업의 역사적 배경과 운영 과정, 식민지 근대화론과 반대 입장인 수탈론의 관점에서 바라본 토지 조사 사업의 역사적 의의에 대해 조사해 보고서를 작성해 보자.

관련 학과 자연계열 전체

《일제 조선토지조사사업 수탈성의 진실》, 신용하, 나남(2019)

[10한사2-01-02] • • •

일제의 식민 통치가 초래한 경제 구조의 변화와 그것이 경제생활에 미친 영향을 분석한다.

➡️ 1910년대 일본은 인구 팽창에 따라 쌀의 부족 현상이 심각해져 1918년 '쌀 소동'이라는 민중 폭동이 일어났다. 이에 일본은 쌀 수입을 크게 확대하였고, 이와 함께 식민지 조선에서도 쌀 증산 정책을 실시하였다. 한편 일본은 제1차 세계 대전 기간 중 면방직 공업이 크게 성장하였는데, 종전 후 영국, 미국 등 서구 국가들의 방적업이 부활하면서 원면 통제 정책이 강화되었다. 이에 일제는 식민지 조선에서 1919년부터 10개년 계획을 세워 육지면 재배를 확대하는 정책을 실시하였다. 1920년대 조선총독부의 농업 정책의 배경, 목적, 실시 과정, 영향에 대해서 조사해 보고서를 작성해 보자.

관련 학과 농산업학과, 농생물학과, 미래농업융합학부, 생물환경학과, 스마트농산업학과, 스마트팜과학과, 스마트팜학과, 스마트푸드테크학과, 식물자원학과, 식품공학과, 식품자원경제학과, 유전공학과, 의류학과, 패션산업학과

《일제하 경제정책과 일상생활》, 홍성찬 외 3명, 혜안(2008)

[10한사2-01-03] • • •

국내외에서 전개된 민족 운동의 흐름을 이해한다.

➡️ 1905년경부터 일제가 강요한 과학기술 교육 체계의 변화는 곧바로 대한제국 초기부터 실시되었던 각종 과학기술 육성 정책의 성과를 변형하고 왜곡시켰을 뿐만 아니라 자주적인 근대 과학문화 창달을 위한 대한제국

의 의지를 싹부터 잘라 버렸다. 우선 일본은 1905년의 궁내부 직제를 축소하면서 통신·철도·광업 등의 근대 과학기술 교육기관 대부분을 아예 없애 버렸고, 존속시키는 경우에도 단순 기술자를 양성하기 위한 전습소로 격을 낮추는 조치를 취했다. 일제강점기 조선총독부의 한국인에 대한 과학기술 교육 실태를 조사하여 발표해 보자.

관련 학과 자연계열 전체

《일제강점기 고등교육 정책》, 김태웅·장세윤, 동북아역사재단(2022)

[10한사2-01-04]   ● ● ●

일제의 식민 통치로 인한 사회 및 문화의 변화와 대중운동의 양상을 파악한다.

➡ 한국의 근현대 과학사는 대체로 1876년 개항을 출발점으로 삼는다. 그런데 다른 한편으로 보면 분기점이 한 번 더 있었다. 바로 1919년이다. 3·1 운동을 계기로 조선인들이 과학의 중요성에 눈을 뜨게 되었고, 이공계 분야 진출도 활발히 일어났다. 비록 3·1 운동은 실패로 끝났지만, 과학 분야에 미친 영향은 의외로 매우 컸다. 우선 과학이 우리 민족이 갖춰야 할 실력 양성의 핵심으로 새롭게 떠올랐다. 과학 대중강연을 비롯해 과학 기사의 보도, 과학 출판물의 발간, 과학 전시회의 개최 등 다양한 과학 활동이 펼쳐졌다. 일제강점기에 활약했던 조선인 과학자 한 명을 선정해 그의 생애와 우리 과학 발전에 기여한 바를 조사하여 발표해 보자.

관련 학과 자연계열 전체

《근현대 과학 기술과 삶의 변화》, 국사편찬위원회, 두산동아(2005)

단원명 | 대한민국의 발전

| 🔍 | 광복, 농지개혁, 냉전, 6·25 전쟁, 분단, 4·19 혁명, 5·16 군사정변, 박정희 정부, 유신체제, 5·18 민주화 운동, 6월 민주 항쟁, 산업화, 한강의 기적, 도시화, 노동 문제

[10한사2-02-01]   ● ● ●

냉전 체제가 한반도 정세에 미친 영향을 파악하고, 자유민주주의에 기초한 대한민국 정부 수립 과정을 탐색한다.

➡ 토지 문제 해결은 광복 이후 최대 관심사 중 하나였다. 광복 당시 남한 농민 중 절반 정도는 자기 땅을 갖지 못한 소작농이었으며, 자기 땅만으로 생계 유지가 가능한 자작농은 15%에도 미치지 못하였다. 1949년에 농지개혁법을 제정하였고, 이듬해 3월 이를 개정하여 시행하였다. 농지개혁법의 역사적 배경과 제정 과정, 법 실시의 경과와 영향, 역사적 의의에 대해 조사한 뒤 발표해 보자.

관련 학과 자연계열 전체

《동아시아의 농지개혁과 토지혁명》, 유용태 외 9명, 서울대학교출판문화원(2014)

[10한사2-02-02]   ● ● ●

6·25 전쟁과 분단의 고착화 과정을 국내외의 정세 변화와 연관하여 이해한다.

➡ 6·25 전쟁 직후 전후 복구 사업에서 미국의 무상 경제원조는 큰 역할을 하였다. 미국이 제공한 원조 물품은

국어 교과군

영어 교과군

수학 교과군

도덕 교과군

사회 교과군

과학 교과군

밀, 설탕, 면화 등 대부분 식량 문제 해결을 위한 농산물로, 삼백산업(제분, 제당, 면방직)과 같은 소비재 산업 발달에 영향을 미쳤다. 미국의 초기 원조는 한국인들의 식량 문제를 해결하는 동시에 경제 파탄과 기아 문제로 인한 남한 내 소요 사태, 반정부 시위 등을 막는 데 그 목적이 있었다. 아울러 미국에서 과잉 생산된 농산물을 처리하고자 하는 의도도 담겨 있었다. 미국의 무상 경제원조의 경제적 측면, 복지 개선 측면의 효과를 분석하여 발표해 보자.

관련 학과 자연계열 전체

《**한국경제사의 재해석**》, 김두얼, 해남(2017)

[10한사2-02-03] ● ● ●

4·19 혁명에서 6월 민주 항쟁에 이르는 민주화 과정을 탐구한다.

➡ 박정희 정부는 1962년 경제개발에서 과학기술의 중요성을 인식하고 국가적인 차원에서 개발 계획을 세워 조직적으로 추진하였다. 제1차 경제개발 5개년 계획을 기점으로 공업화가 본격적으로 시작되었으며, 이러한 경제개발을 어떻게 지원하느냐 하는 관점에서 국가발전 계획의 일부로서 과학기술의 조직적 개발이 추진되었다. 과학기술진흥법이 제정되었으며, 이에 따라 1967년 과학기술 정책 수립 및 조정지원 담당 중앙관서로서 과학기술처가 발족하였다. 박정희 정부의 과학기술 발전 정책을 조사하여 발표해 보자.

관련 학과 자연계열 전체

《**과학 대통령 박정희와 리더십**》, 김영섭, MSD미디어(2010)

[10한사2-02-04] ● ● ●

산업화의 성과를 파악하고, 그것이 사회 및 환경에 미친 영향을 인식한다.

➡ 대한민국의 우주개발은 1990년대에 들어서며 시작되었다. 1992년에 대한민국 소유의 인공위성인 우리별 1호가 남미의 기아나우주센터에서 발사되었다. 실용적인 통신방송위성의 필요성을 절실히 느낀 정부는 1995년 8월에 미국의 케이프 커내버럴에서 무궁화 1호 통신위성을 델타 II 로켓에 실어 쏘아 올렸다. 2022년 8월 5일에는 달 탐사선인 다누리가 스페이스X의 팰컨9에 실려 발사되었다. 대한민국 우주개발의 역사에 대해 조사하여 발표해 보자.

관련 학과 자연계열 전체

《**누리호, 우주로 가는 길을 열다**》, 오승협, 알에이치코리아(2023)

[10한사2-02-05] ● ● ●

사회·경제의 변화에 따른 문화 변동과 일상생활의 변화 사례를 조사한다.

➡ 많은 한국인이 한국의 과학기술력을 과소평가하고 있지만, 엄밀히 따지면 21세기 현대의 대한민국은 미국과 서유럽, 일본 다음으로(몇몇 분야는 대등하거나 오히려 앞서는) 세계 최상위권의 과학기술력을 보유하고 있다. 일찍이 근대화를 이룩하고 과학기술을 발전시킨 다른 국가들과 비교했을 때 한국의 과학 발전은 출발이 굉장히 늦었고 그 역사도 짧지만, 짧은 역사에 비해 세계적으로 유례가 없을 정도로 빠른 성장 속도를 보였다. 해방 이후, 한국 과학계에서 중요한 역할을 했던 인물 한 명을 선정해 그의 생애와 우리 과학사에 미친 업적을 조사한 뒤 발표해 보자.

관련 학과 자연계열 전체

《**한국 과학사 이야기 3**》, 신동원, 책과함께어린이(2012)

단원명 | 오늘날의 대한민국

> | 🔎 | 민주화, 인권, 자유, 세계화, 외환 위기, 금 모으기 운동, 경제적 불평등, 사회 양극화, 다문화 사회, 남북 화해, 평화 통일, 동아시아 영토 갈등, 동아시아 역사 갈등, 동아시아 평화

[10한사2-03-01] ● ● ●

6월 민주 항쟁 이후 각 분야에서 전개된 민주화의 과정을 탐구한다.

➡️ 대한민국은 세계 주요국들과 비교했을 때 경제 규모가 상대적으로 작고, 무엇보다 기초과학의 역사가 짧은 편이다. 그리고 한국이 처한 상황(전쟁 후의 빈곤과 가난) 때문에 기초과학보다는 공학기술 발전을 우선할 수밖에 없었다. 그로 인해 세계적인 공업기술을 갖추고 전자, 자동차, 조선, 건설 등의 부문에서 일본에 이어 아시아 국가로는 이례적으로 세계 무대에 발을 들여놓는 데 성공했다. 이렇듯 공업력 면에서는 여러 유럽 국가들을 뛰어넘게 되었으나 기초과학은 그에 조금 못 미치는 평가를 받는다. 우리나라의 세계 과학기술력 순위를 조사해 보고, 과학기술 발전을 위해 보완해야 할 점을 탐구하여 발표해 보자.

관련 학과 자연계열 전체

《**한국 과학기술 연구체제의 진화**》, 문만용, 들녘(2017)

[10한사2-03-02] ● ● ●

외환 위기의 극복 과정을 이해하고, 사회와 문화의 변동을 파악한다.

➡️ 정부는 1960년대 경제개발 5개년 계획과 함께 과학기술 전담 부서를 설치하고 전 국민의 과학화를 전개해 왔다. 특히 박정희 대통령 당시에는 과학기술 전담 부서인 과학기술처가 탄생했으며 당시 국방부, 문교부, 건설부, 법무부 등 거의 모든 정부 부처가 동원되어 과학 대중화 사업을 범국민적으로 추진했다. 언론도 과학 대중화에 호응해 과학 보도를 위한 전담 부서가 속속 설치되었다. 그리고 한국과학문화재단, 국립중앙과학관, 과학문화진흥회 등 과학 관련 기관과 민간 단체들이 설립된 것도 과학 대중화의 일환이었다. 과학 대중화가 어려운 이유, 우리 정부의 과학 대중화 노력에 대해서 조사하여 발표해 보자.

관련 학과 자연계열 전체

《**정재승의 과학콘서트**》, 정재승, 어크로스(2020)

[10한사2-03-03] ● ● ●

한반도 분단과 동아시아의 갈등을 극복하고 평화를 실현하기 위한 방안을 모색한다.

➡️ 한·중·일 간의 교류·협력은 과거사 문제로 인한 갈등을 해소하고 상호 간의 이해 증진을 도모하기 위함이다. 그중에서도 국가 간 과학기술의 협력 노력은 공동 연구, 우수한 인재 양성, 기술 발전 등 다양한 시너지 효과를 발휘할 수 있다. 특히 생명공학, 정보통신, 소재·부품, 나노, 기계 등 배타적 경쟁과 협력이 필요한 분야, 우주, 원자력, 환경, 기상, 해양 등 국가 간 연계와 협력이 필요한 분야에서 전략적 협력과 투자를 함께하면 좋다. 동아시아 국가들의 과학기술 교류·협력 활성화 방안을 제안해 보자.

관련 학과 자연계열 전체

《**동아시아 협력과 공동체**》, 임현진·임혜란, 나남(2013)

공통 과목	수능	통합사회1	절대평가	상대평가
	O		5단계	5등급

단원명 | 통합적 관점

| 🔍 | 시간적 관점, 공간적 관점, 사회적 관점, 윤리적 관점, 통합적 관점의 필요성, 실제 사례에 적용하는 방안 탐구

[10통사1-01-01]   • • •

인간, 사회, 환경을 바라보는 시간적, 공간적, 사회적, 윤리적 관점의 의미와 특징을 사례를 통해 파악한다.

➡️ 과학 이론의 발달이 인간과 환경, 사회를 바라보는 관점의 변화에 미친 영향을 조사할 수 있다. 예를 들어 원소론, 지동설, 진화론, 상대성 이론, 양자역학 등 몇몇 중요한 과학 이론들은 사고의 지평을 넓혀 인간이 세상을 바라보는 관점 자체를 바꾸었다. 이와 같은 사례들을 찾아보고, 현대 과학에서 과학 분야뿐 아니라 사회적으로도 큰 파장을 불러일으킨 이론을 골라 사회의 변화에 어떤 영향을 주었는지 탐구하는 활동을 진행해 보자.

관련 학과 자연계열 전체

《**양자역학, 보이지 않는 세계를 열다**》, 김성호·이경국, 미래아이(2023)

[10통사1-01-02]   • • •

인간, 사회, 환경의 탐구에 통합적인 관점이 요청되는 이유를 도출하고 이를 탐구에 적용한다.

➡️ 환경오염과 관련된 문제들은 이해관계가 복잡하게 얽혀 있고 광범위한 지역에 피해가 나타나기 때문에, 해결 방안을 찾기 위해서는 문제 현상을 통합적 관점으로 분석해야 한다. 실제로 환경 문제가 나타나는 지역을 대상으로 그 지역의 지리적 특성, 사람들의 환경에 대한 인식, 정부의 정책적 노력, 기업의 활동, 국제 협력의 유무 등 다양한 시각에서 문제를 파악하고 해결책을 모색하는 탐구활동을 진행해 보자.

관련 학과 자연계열 전체

책 소개

우리가 SNS에서 누른 '좋아요'는 정확히 어떤 경로를 거쳐서 다른 이들에게 전달되는 걸까? 이 책은 실체가 있는 현실의 사물이 그렇듯, 인터넷에도 색과 냄새, 심지어 맛이 있음을 하나하나 짚어 나가며 디지털 세계를 감각적으로 체험하도록 우리를 이끈다. 무형의 디지털 행위는 '가상 현실'을 기반으로 하기에 '탈물질화'되었다 여기지만, 실상 우리가 믿고 싶었던 것보다 훨씬 더 물질적이라는 사실을 폭로하면서 디지털 혁명이 환경 보전에 도움이 될 것이라는 기존의 통념을 깨부순다.

국어 교과군

영어 교과군

수학 교과군

도덕 교과군

사회 교과군

과학 교과군

'좋아요'는 어떻게 지구를 파괴하는가

기욤 피트롱, 양영란 역,
갈라파고스(2023)

세특 예시 ....

'책을 통해 세상 읽기' 시간에 ''좋아요'는 어떻게 지구를 파괴하는가(기욤 피트롱)'를 읽고 일상생활 속의 디지털 행위가 환경에 미치는 영향을 조사하는 탐구활동을 진행함. 특히 실체가 없는 것으로 여겨지는 데이터들이 셀 수 없이 많은 케이블과 저장 공간에 의지하고 있고 이를 유지하기 위해 막대한 전기와 물을 소모한다는 사실에 주목하여, 환경을 지키기 위해 일상생활 속에서 실천할 수 있는 데이터 절약법을 조사한 뒤 발표를 진행하여 친구들의 호응을 이끌어 냄.

단원명 | 인간, 사회, 환경과 행복

| 🔍 | 행복의 기준, 동양과 서양의 행복론, 인간의 존엄성, 삶의 의미와 가치, 행복의 조건, 행복 지수, 정주 환경, 경제 안정, 민주주의, 도덕적 성찰과 실천

[10통사1-02-01] •••

시대와 지역에 따라 다르게 나타나는 행복의 기준을 사례를 통해 비교하여 평가하고, 삶의 목적으로서 행복의 의미를 성찰한다.

➡️ 인간이 행복을 느끼는 상황에 관해 과학적으로 접근하는 활동을 할 수 있다. 예를 들어 많은 사람들이 숲, 바다, 산과 같은 자연환경을 접할 때 행복하다고 느끼는 이유를 호르몬 분비와 관련된 생리학적 영역에서 탐구할 수 있다. 또한 특정 지역의 기후나 지형과 같은 자연조건도 주민들이 느끼는 행복의 기준에 영향을 끼친다. 일례로 건조 기후 지역에서는 비가 올 때 사람들이 행복을 느끼지만, 열대 우림 지역 주민들은 비에 별다른 의미를 부여하지 않거나 심지어 불쾌하게 여길 것이다. 이처럼 행복의 기준과 자연환경의 관계를 구체적인 사례를 통해 파악하여 발표해 보자.

관련 학과 자연계열 전체

《자연이 우리를 행복하게 만들 수 있다면》, 미셸 르 방 키앵, 김수영 역, 프런트페이지(2023)

[10통사1-02-02] •••

행복한 삶을 실현하기 위한 조건으로 질 높은 정주 환경의 조성, 경제적 안정, 민주주의의 발전 및 도덕적 실천의 필요성에 관해 탐구한다.

➡️ 자연환경이 정주 조건이나 경제적 발전에 영향을 끼쳐 해당 지역 주민들의 가치관을 형성하는 과정을 탐구할 수 있다. 예를 들어 열대 기후 지역의 주민들과 온대 기후, 한대 기후 지역에 사는 주민들의 행복에 대한 기준을 비교하고 분석하는 활동을 진행할 수 있다. 또한 사람들마다 주관적으로 느끼는 행복이라는 감정을 객관적으로 수치화할 수 있는가에 대한 의문은 끊임없이 제기되어 왔다. 행복을 나타내는 각종 지표들에 대한 통계적인 분석을 통해 현재 사용되고 있는 행복에 관련된 다양한 숫자들이 가지고 있는 의미와 한계점에 대해 알아보자.

관련 학과 자연계열 전체

《열대예찬》, 최재천, 현대문학(2011)

단원명 | 자연환경과 인간

[10통사1-03-01]

자연환경이 인간의 생활에 미치는 영향에 대한 과거와 현재의 사례를 조사하여 분석하고, 안전하고 쾌적한 환경에서 살아가는 것이 시민의 권리임을 주장한다.

➡️ 기후, 지형, 식생, 토양과 같은 자연환경이 인간의 생활에 미치는 영향을 과학적으로 분석할 수 있다. 예를 들어 냉대 기후 지역의 토양 생성 과정과 식생이 해당 지역의 생활양식에 끼치는 영향을 알아보거나, 석회석 지대에서 나타나는 다양한 지형들의 생성 원리를 화학적으로 분석하는 활동을 진행할 수 있다. 또한 쓰나미, 태풍, 지진과 같은 자연재해로 인해 지역 주민들의 삶이 달라진 사례를 조사하고, 자연재해에 대비하는 개인의 노력 및 정부의 대책을 알아볼 수 있다.

관련 학과 자연계열 전체

《**기후와 인간생활**》, 강철성, 다락방(2009)

[10통사1-03-02]

자연에 대한 인간의 다양한 관점을 사례를 통해 비교하고, 인간과 자연의 바람직한 관계를 제안한다.

➡️ 자연과 인간의 관계를 공존의 관점에서 성찰하고, 인간 역시 생태계의 구성원임을 자각함으로써 둘의 관계를 미래지향적으로 정립하는 방안을 탐구할 수 있다. 도시 내부 환경을 생태적 관점으로 파악해 보자. 도시는 고대부터 인간만을 위한 장소처럼 여겨져 왔다. 그러나 도시 내부에 대규모 공원을 조성하고 하천을 정화하는 생태계 복원 활동이 지속되면서 녹지 공간이 증가함에 따라 야생동물이 도시로 돌아오는 일이 늘고 있다. 이로 인해 새롭게 구축되는 도시 생태계와 관련된 탐구활동을 진행하면서 인간과 자연의 공존을 위한 방법을 연구하고 자신의 의견을 제시해 보자.

관련 학과 자연계열 전체

책 소개

이 책은 도시는 인간의 전유물이라는 고정관념에 도전장을 던지고 있다. 도시의 생태 복원 사업으로 재야생화된 미국 도시의 사람들과 야생동물들의 실제 이야기를 통해 자연 생태계에서 사람과 동물이 함께 살고 모두 연결되어 있음을 보여 준다. 또한 인간 너머의 세계와 인간의 격동적인 관계에 대해서 탐구하고, 미래를 향한 자연과 인간의 공존, 공생을 모색한다.

세특 예시

'책을 통해 자신을 돌아보기' 시간에 '어쩌다 숲(피터 S.알레고나)'을 읽은 후 도시의 기능은 문화, 예술, 교육에만 국한되어 있다고 생각했던 선입견이

국어 교과군

영어 교과군

수학 교과군

도덕 교과군

사회 교과군

과학 교과군

어쩌다 숲
_____
피터 S. 알레고나, 김지원 역,
이케이북(2022)

깨지고, 도시 내부에도 다양한 생태계가 존재한다는 사실을 깨달았다는 내용의 감상문을 발표함. 그리고 자신이 거주하는 지역의 자연 생태계에 흥미를 갖고 도시 내부의 공원 및 하천 복원 현황, 도시 경계의 녹지율 등을 조사한 후 이 자료들을 바탕으로 도시의 생태계를 시각적으로 표현한 지도를 작성하는 추가 탐구활동을 진행함.

[10통사1-03-03]   ● ● ●

환경 문제 해결을 위한 정부, 시민사회, 기업 등의 다양한 노력을 조사하고, 생태 시민으로서 실천 방안을 모색한다.

● 기후변화의 심각성이 강조되면서 탄소중립에 대한 관심이 커져 가고 있다. 일상생활에서 탄소중립을 실천할 수 있는 방안에 대해 모색하고, 과학적인 원리를 함께 탐구하는 프로젝트를 진행할 수 있다. 일례로 탄소중립 실천을 위해 도보나 자전거와 같은 친환경 이동수단을 사용할 경우 저감되는 이산화탄소의 양을 계산하여 도표나 그래프와 같은 통계 자료로 제작해 보자. 또한 생물다양성협약을 분석하여 지구의 미래를 위해 유전자의 다양성을 보존해야 하는 이유 및 협약의 준수 여부에 대해 선진국, 개발도상국 간에 입장 차이가 발생하는 원인에 대해 알아보자.

관련 학과 생명과학과, 수학과, 지구환경과학과, 환경보건학과, 환경원예학과
《오늘부터 시작하는 탄소중립》, 권승문·김세영, 휴머니스트(2022)

단원명 ┃ 문화와 다양성

| ◯ | 문화, 문화권, 자연환경, 인문환경, 농경 문화권, 유목 문화권, 종교 문화권, 점이 지대, 내재적 요인, 발명, 발견, 문화 전파, 직접 전파, 간접 전파, 자극 전파, 문화 접변, 문화 동화, 문화 병존, 문화 융합, 전통문화의 역할과 창조적 발전, 보편성, 다양성, 특수성, 문화 절대주의, 자문화 중심주의, 문화 사대주의, 문화 상대주의, 문화 다원주의, 윤리 상대주의, 보편 윤리, 다문화 사회, 다문화 공간, 문화적 다양성, 다문화주의, 다문화가족지원법

[10통사1-04-01]   ● ● ●

자연환경과 인문환경의 영향을 받아 형성된 다양한 문화권의 특징과 삶의 방식을 탐구한다.

● 자연환경에 따라 인간이 자연으로부터 얻을 수 있는 식재료가 달라지므로, 자연환경은 식품의 가공과 조리법 등 음식문화에 큰 영향을 끼친다. 예를 들어 농업에 적합하지 않은 척박한 고산 기후 지역은 목축을 주로 하기 때문에 고기와 유제품을 이용한 음식이 발달하였다. 반면 덥고 습한 저위도 지역은 음식의 변질을 늦추기 위해 향신료를 많이 사용하고 기름에 튀기는 조리법이 발전하였다. 또한 종교적 규율도 식재료의 선택에 지대한 영향을 끼쳐 종교 문화권별로 음식문화가 다르게 나타난다. 이처럼 자연환경과 종교 등의 문화 요소에 따라 달라지는 음식문화를 소재로 탐구를 진행해 보자.

관련 학과 식품영양학과, 조리학과

음식과 세계문화

김건희 외 6명, 파워북(2020)

책 소개

이 책은 선사시대부터 현대에 이르기까지 동·서양 지역별 음식문화의 특성 및 종교와 관련된 음식문화, 향신료 등을 소개함으로써 음식문화를 매개로 세계 문화를 이해하는 데 도움을 준다. 더불어 세계의 음식문화가 융합되고 있는 국내·외 외식산업 현황과 커피, 술, 차와 같은 기호식품에 관한 내용도 담고 있다.

세특 예시

'책을 통해 세상 읽기' 시간에 '음식과 세계문화(김건희 외)'를 읽고 세계의 다양한 음식문화에 매력을 느꼈으며 특히 종교가 음식문화에 끼치는 영향에 흥미를 갖게 되었다고 발표함. 특히 세계의 주요 종교마다 금기시하는 음식이 다른 이유에 주목하여 자연환경과 종교, 음식문화에 대한 추가 탐구를 진행함. 그 결과 각 종교 발상지의 기후와 지형 등의 자연환경이 식재료 수급에 영향을 미쳤기 때문에 종교에서 금지하는 음식이 달라졌다는 내용의 보고서를 작성함.

[10통사1-04-02] • • •

문화 변동의 다양한 양상을 이해하고, 현대 사회에서 전통문화가 지니는 의의를 탐색한다.

➡ 새로운 과학 이론의 발명이나 발견과 같은 내재적 요인에 의해 문화 변동이 일어난 사례를 탐구할 수 있다. 코페르니쿠스의 지동설은 유럽 사람들이 세상을 보는 관점을 바꿔 과학 혁명이 일어나는 원동력이 되었고, 다윈의 진화론은 생물학뿐 아니라 사회진화론과 같은 사상의 발달 및 대중문화 전반에 큰 영향을 끼쳤다. 이와 비슷한 주제들에 대해 탐구해 보자.

관련 학과 자연계열 전체

21세기 다윈 혁명

최재천 외 4명,
사이언스북스(2009)

책 소개

다윈 탄생 200주년을 기념해 여러 분야의 전문가들이 다윈과 진화론을 집중적으로 조명한 책이다. 학문의 세계에서 다윈의 진화론만큼 혹독한 시련을 겪은 이론도 없지만, 생명의 의미와 현상을 설명하기에 삶의 현장 모든 곳에 영향을 끼친 이론이기도 하다. 이 책은 여전히 사회 전반에 영향을 끼치고 있는 진화론을 통해 21세기를 비추어 보고 있다.

세특 예시

'책을 통해 세상 읽기' 시간에 '21세기 다윈 혁명(최재천 외)'을 읽고 과학 이론이 사회 및 문화 변동의 내재적 요인으로 작용한다고 발표함. 특히 19~20세기 과학 발전에 대해 토론할 때, 이 시기 과학이 빠른 속도로 발전한 원동력은 다윈의 진화론으로 신 중심의 세계관이 흔들렸기 때문이라고 주장하여 친구들의 지지를 받음.

[10통사1-04-03]

○○○

문화적 차이에 대한 상대주의적 태도의 필요성을 이해하고, 보편 윤리의 차원에서 자문화와 타문화를 평가한다.

➡ 자연환경과 시간의 흐름에 따라 문화는 다양하게 나타나기 때문에, 그 지역의 문화를 이해하기 위해서는 상대주의적 태도가 필요하다. 특히 지역별로 식생활 문화의 차이가 크기 때문에, 문화 상대주의를 뒷받침하는 근거로 어떤 지역의 식생활 문화와 자연환경을 결부시켜 탐구할 수 있다. 또한 특정 문화권에 다른 문화권으로부터 비난받는 식문화가 있다면 그 이유는 무엇인지, 단지 문화에 대한 이해 부족 때문인지, 보편 윤리에 어긋나기 때문인지를 구분하여 정리하는 활동을 진행해 보자.

관련 학과 자연계열 전체

《세계 식생활 문화 이해》, 정현숙·조연숙, 양서원(2012)

[10통사1-04-04]

○○○

다문화 사회의 현황을 조사하고, 문화적 다양성을 존중하는 태도를 바탕으로 갈등 해결 방안을 모색한다.

➡ 한국 사회는 다른 나라의 음식문화가 빠르게 전파되고 기존의 식문화와 융합되는 경향을 보인다. 이를 기초로 다문화 사회의 음식문화에 대한 탐구를 진행할 수 있다. 일례로 다문화 거리에서 판매되는 음식과 이를 소비하는 사람들의 내국인/외국인 비율을 조사함으로써 해당 국가의 음식문화가 우리 일상에 어느 정도 침투했는지 파악해 보자. 이를 통해 다른 문화에 대한 편견 없이 소통하는 자세를 함양하는 데 음식문화가 기여할 수 있는 구체적 방안을 모색할 수 있다.

관련 학과 식품영양과, 외식조리과, 제과제빵과

《다문화시대의 식생활문화 이해》, 김종욱 외 2명, 백산출판사(2019)

단원명 | 생활공간과 사회

|🔎| 산업화, 도시화, 정보화, 대도시권, 생활양식의 변화, 지역사회의 변화, 교통과 통신의 발달, 시·공간의 수렴화, 고속철도, 정보화, 가상공간, 빅데이터, 공간 변화와 생활양식, 지역 조사의 절차, 통계 지도 작성, 커뮤니티 매핑

[10통사1-05-01]

○○○

산업화, 도시화로 인해 나타난 생활공간과 생활양식의 변화 양상을 조사하고, 이에 따른 문제점의 해결 방안을 제안한다.

➡ 산업화와 도시화가 생태 환경에 가져온 변화를 탐구할 수 있다. 일례로 도시 내부의 생태계 파괴가 진행되면서 개체 수가 감소한 생물과 증가한 생물의 실태를 조사하여 문제점을 파악하고, 이에 대한 해결책을 생태적 관점에서 모색해 보자. 그리고 한 국가의 산업화가 인접 국가의 환경에 끼치는 영향을 국제 하천이 많은 유럽의 수질 문제와 동아시아 지역의 대기 오염 사례를 통해 분석·탐구한 뒤, 이러한 문제를 국가적 차원에서 어떻게 해결할 수 있을지 그 방안을 조사할 수 있다.

관련 학과 생명과학과, 지구환경과학과, 환경보건학과, 환경원예학과

내일의 도시를 생각해

최성용, 북트리거(2021)

책 소개

이 책은 '내일의 도시'를 살아갈 이들에게 특별한 도시 산책을 권한다. 저자는 쓰레기 매립지, 그린벨트, 폐공장, 아파트 단지 등 도시 공간을 구성하는 구조물과 장소를 직접 답사하고 관찰하여 도시 환경의 변화를 읽어 낸다. 어두울 수도 있는 도시 개발의 이면을 살펴보면서 행복한 도시를 만들기 위해서는 시민의 노력이 최우선임을 강조하고 있다.

세특 예시

'책을 통해 자신을 돌아보기' 시간에 '내일의 도시를 생각해(최성용)'를 읽은 후 쓰레기 문제, 대기 오염, 수질 오염, 홍수 증가와 같은 도시의 환경 문제의 심각성을 깨닫고 '지표면의 포장과 녹지 공간 부족이 도시 하천의 범람에 끼치는 영향'을 주제로 선택하여 탐구를 진행함. 특히 기후변화로 인해 집중호우가 증가하면서 도시 저지대의 침수 문제는 더욱 심각해질 것이라 예견하고, 이를 해결하기 위해서는 생태 하천의 복원과 도심의 녹지 공간 확보가 필요하다고 역설하여 친구들의 호응을 이끌어 냄.

[10통사1-05-02] ● ● ●

교통, 통신 및 과학기술의 발달과 함께 나타난 생활공간과 생활양식의 변화 양상을 조사하고, 이에 따른 문제점의 해결 방안을 조사한다.

➡ 교통의 발달로 도로망과 철도망이 조밀해지면서 사람들의 생활은 편리해졌으나 생태계의 단절로 인해 서식지가 파괴되며 멸종 위기에 처한 생물들이 늘어나고 있다. 이러한 상황을 인지하고 구체적인 사례를 조사하여 발표할 수 있다. 일례로 로드킬로 인해 사라지는 생물들의 현황을 조사하고 생태 통로의 실효성에 대해 탐구하는 활동을 진행해 보자. 또한 국가 간 이동이 활발해짐에 따라 외래종 생물이 유입되어 지역의 생태계를 교란하고 파괴하는 다양한 사례를 알아본 후 이를 해결하기 위한 개인적, 국가적 차원의 대책을 조사하여 논의해 보자.

관련 학과 동물자원학과, 생물학과, 수산생명의학과, 지구환경과학과, 환경과학과, 환경공학과, 환경학과

《숲에서 태어나 길 위에 서다》, 우동걸, 책공장더불어(2021)

[10통사1-05-03] ● ● ●

자신이 거주하는 지역을 사례로 공간 변화가 초래한 양상 및 문제점을 탐구하고, 공동체의 구성원으로서 지역사회의 변화를 위한 방안을 모색하고 이를 실천한다.

➡ 지역사회의 환경 문제에 주목하여 탐구를 진행할 수 있다. 일례로 도시 하천의 오염을 정화하고 파괴된 도시 생태계를 복원하는 방법으로 여러 지자체에서 시행 중인 생태 하천 조성, 도시 숲 만들기 등의 사례를 조사하여 지역사회의 환경오염을 해결하는 방안을 제시해 보자. 또한 자원 절약, 지역 공동체 회복, 도시 녹지 공간 확보, 온실가스 감축 등 다양한 장점으로 주목받고 있는 도시 농업에 관련된 탐구를 진행한 후 국내외의 성공 사례를 벤치마킹하여 지역사회에 적용 가능한 방법을 찾아보는 활동도 진행할 수 있다.

관련 학과 농생물학과, 생명과학과, 생물학과, 스마트농산업학과, 스마트팜과학과, 스마트팜학과, 스마트푸드테크학과, 식품공학과, 식품영양학과, 식물자원학과, 지구환경과학과, 환경과학과, 환경공학과, 환경학과

《푸드 앤 더 시티》, 제니퍼 코크럴킹, 이창우 역, 삼천리(2014)

공통 과목	수능	통합사회2	절대평가	상대평가
	O		5단계	5등급

단원명 | 인권보장과 헌법

| 🔍 | 인권, 천부인권, 시민 혁명, 주거권, 안전권, 환경권, 문화권, 인권보장, 시민불복종, 저항권, 인간의 존엄성, 시민 참여, 사회적 소수자, 청소년 노동권, 인권지수, 인권 문제

[10통사2-01-01] • • •

근대 시민 혁명 등을 통해 확립되어 온 인권의 의미와 변화 양상을 이해하고, 현대 사회에서 주거, 안전, 환경, 문화 등 다양한 영역으로 인권이 확장되고 있는 사례를 조사한다.

➡️ 최근 환경 파괴로 건강하게 살 권리인 '환경권'이 강조되고 있다. 환경권이 침해되고 있는 사례와 이를 보장받기 위한 노력에 대해 살펴보자. 또한 동물의 복지와 권리를 주장하는 목소리도 높아지고 있다. 동물의 권리를 어디까지 인정해야 하는지에 대한 토론을 진행하거나 동물보호법의 내용을 탐구하여 보완할 점을 찾아보자.

관련 학과 동물자원학과, 반려동물보건학과, 생명과학과, 생물학과, 수산생명의학과, 축산학과, 환경학과

《동물에게 다정한 법》, 동변, 날(2022)

[10통사2-01-02] • • •

인간 존엄성 실현과 인권 보장을 위한 헌법의 역할을 파악하고, 시민의 권익을 보호하기 위한 다양한 시민 참여의 방안을 탐구하고 이를 실천한다.

➡️ 산업혁명 이후 환경오염이 심화되면서 '쾌적한 환경에서 살 권리'가 더욱 강조되고 있고, 심각해지는 기후변화는 지구 전체의 위기로 번지며 인류의 환경권을 침해하고 있다. 자연 보호와 환경권 보장을 위한 국내외의 시민운동 사례를 탐구하고, 환경권을 지키기 위한 캠페인에 시민 참여를 유도할 수 있는 방안을 모색해 보자.

관련 학과 자연계열 전체

책 소개

이 책은 15세 소녀 그레타 툰베리가 기후 문제에 누구보다 앞장서는 열혈 환경운동가가 되기까지의 과정을 밀착 취재하여 현장감 있게 보여 주고 있다. 국내외 여러 기후위기 관련 주요 집회와 행사에서 그녀가 했던 연설들(제25차 유엔기후변화협약 당사국 총회, 세계경제포럼, 미국 의회에서의 증언 등)과 대서양을 횡단하며 세계 각지(뉴욕, 아이오와, 덴버, 에드먼턴, 밴쿠버, 로스앤젤레스, 샬럿 등)의 '기후위기를 위한 파업'을 지지하고 동참한 행보들이 생생하게 담겨 있다. 왜 평범한 소녀가 환경운동가가 될 수밖에 없었는지 그레타 툰베리의 어제와 오늘을 조명한 책이다.

그레타 툰베리
알렉산드라 우리스만 오토,
신현승 역, 책담(2023)

'책을 통해 세상 읽기' 시간에 '그레타 툰베리(알렉산드라 우리스만 오토)'를 읽고 학생들이 참여할 수 있는 환경운동 방법에 대한 탐구를 진행함. 특히 그레타 툰베리처럼 일찍부터 환경에 대한 문제의식을 갖고 환경운동을 시작한 학생 환경운동가들이 여럿이라는 점에 착안하여, 학생들도 SNS처럼 다수의 사람들에게 파급력을 지닌 전파 수단을 이용하여 지구의 환경 위기를 알리고 에너지 절약과 같은 작은 움직임부터 실천하자고 주장함.

[10통사2-01-03]

사회적 소수자 차별, 청소년의 노동권 등 국내 인권 문제와 인권지수를 통해 확인할 수 있는 세계 인권 문제의 양상을 조사하고, 이에 대한 해결 방안을 모색한다.

➡ 인종이나 성별, 민족의 차이가 차별의 근거가 될 수 없음을 유전학적 접근 방법을 통해 입증할 수 있다. 일례로 몇몇 스포츠에서 특정 인종이 두각을 나타낸다거나 어떤 민족은 다른 집단에 비해 지능이 특별히 높다는 식의 고정관념을 최근의 유전자 분석 연구 결과를 통해 반박해 보자. 또한 과학이라는 미명 하에 차별을 정당화했던 구체적 사례를 살펴보고 문제점을 파악하는 탐구활동을 진행해 보자.

관련 학과 자연계열 전체

《인종차별주의자와 대화하는 법》, 애덤 러더퍼드, 황근하 역, 삼인(2021)

단원명 | 사회정의와 불평등

🔍 정의의 기준, 분배적 정의, 교정적 정의, 자유주의적 정의관, 공동체주의적 정의관, 절차적 정의, 다원적 평등, 소득 불평등, 공간 불평등, 계층 양극화, 지역 격차, 보편적 복지, 선별적 복지, 적극적 우대 조치, 역차별

[10통사2-02-01]

정의의 의미와 정의가 요구되는 이유를 파악하고, 다양한 사례를 통해 정의의 실질적 기준을 탐구한다.

➡ 과학이 발전하면서 정의에 대한 인식이 바뀐 사례를 조사해 보자. 예를 들면, 백여 년 전만 해도 인종 간의 생물학적 격차가 있으므로 인종 차별은 정당하다는 인식이 팽배했으나 인종 사이에 유의미한 능력의 차이가 없음을 증명하는 생물학적 연구 결과들이 인종 차별의 근거를 없앴다. 또한 과학 발달이 분배적 정의 실현에 도움이 되는가, 오히려 사회 불평등을 심화시키는가를 주제로 토론 활동을 진행할 수도 있다.

관련 학과 자연계열 전체

《과학과 가치》, 이중원 외 9명, 이음(2023)

[10통사2-02-02]

개인과 공동체의 관계를 기준으로 다양한 정의관을 비교하고, 이를 구체적인 사례에 적용하여 설명한다.

➜ 자연과학 연구자는 연구 결과가 환경과 사회에 미칠 영향을 항상 고려해야 하며, 공동체주의적 정의관은 과학 연구의 사회적 책임을 강조하는 경향을 보인다. 따라서 공공의 이익을 위해 연구된 과학 이론의 사례를 조사하고, 그 연구 결과가 개인과 사회의 이익 증진에 어떤 영향을 끼쳤는지 탐구할 수 있다. 또는 자유주의적인 관점에서 자연과학 연구를 해석하여 연구 주제와 절차가 얼마나 도덕적이어야 하는지, 개인과 사회의 이익을 먼저 고려해야 한다는 주장이 연구의 자유를 침해하지는 않는지 토의할 수 있다.

관련 학과 자연계열 전체

《공감의 반경》, 장대익, 바다출판사(2022)

[10통사2-02-03] • • •

사회 및 공간 불평등 현상의 사례를 조사하고, 정의로운 사회를 만들기 위한 다양한 제도와 시민으로서의 실천 방안을 제안한다.

➜ '과학의 발전이 과연 사회와 공간의 평등을 가져왔는가?'라는 주제로 토론을 진행할 수 있다. 과학기술의 발전은 대체로 인류 전체의 풍요를 가져왔다고 여겨지나, 4차 산업혁명 시대로 접어든 이후에도 상위 계층과 하위 계층의 불평등 지수는 더욱 커지고 지구 전체적인 불평등 또한 심화되고 있다. 이러한 사실을 알려 주는 각종 지표들을 조사한 뒤 개선 방안을 논의해 보자. 또한 보다 정의로운 사회를 만들기 위해 과학은 어떠한 역할을 해야 하는가에 대한 토론을 진행해 보자.

관련 학과 자연계열 전체

《권력과 진보》, 대런 아세모글루·사이먼 존슨, 김승진 역, 생각의힘(2023)

단원명 | 시장경제와 지속가능발전

| 🔍 | 자본주의, 시장경제, 계획경제, 자유방임주의, 수정자본주의, 합리적 선택, 시장 실패, 기업의 사회적 책임, 윤리적 소비, 자산 관리, 예금, 채권, 주식, 유동성, 수익성, 안전성, 국제무역, 국제 분업, 공정 무역

[10통사2-03-01] • • •

자본주의의 역사적 전개 과정과 그 특징을 조사하고, 시장과 정부의 관계를 중심으로 다양한 삶의 방식을 비교 평가한다.

➜ 자본주의 체제의 특징인 사유 재산제와 자유로운 경쟁, 이윤 추구, 합리적 선택 등이 지구환경에 미친 영향에 대해 탐구하고, 자본주의 시장경제 체제에서 환경을 보호하기 위한 방안을 모색해 보자. 일례로 기업가가 최대의 이윤을 얻기 위해 공장의 폐수를 정화하지 않고 방류하거나 매연을 그대로 배출하여 환경 문제가 나타났기 때문에 정부가 규제를 통해 시장에 개입하여 시장경제 체제의 단점을 보완하는 사례를 들 수 있다.

관련 학과 대기과학과, 생명과학과, 환경과학과, 지구환경과학과, 환경공학과

《성장 자본주의의 종말》, 조너선 포릿, 안의정 역, 바이북스(2012)

[10통사2-03-02] • • •

합리적 선택의 의미와 그 한계를 파악하고, 지속가능발전을 위해 요청되는 정부, 기업가, 노동자, 소비자의 바람직한 역할과 책임에 대해 탐구한다.

➡ 합리적 선택을 통한 이윤 추구가 목적인 자본주의 경제 시스템으로 인해 천연자원이 고갈되고 환경오염이 증가하며 생태계가 파괴되는 부정적 외부 효과가 발생했다. 이를 해결하기 위한 정부의 환경 보호 관련법과 규제, 기업의 친환경적인 사업 방식과 친환경 기술 개발, 소비자들의 윤리적 소비 등의 구체적인 사례를 탐구한 뒤, 지속가능한 발전을 위해 개인이 일상생활 속에서 실천할 수 있는 일들을 발표하는 활동을 진행해 보자.

관련 학과 자연계열 전체

《이것이 모든 것을 바꾼다》, 나오미 클라인, 이순희 역, 열린책들(2016)

[10통사2-03-03]   ● ● ●

금융 자산의 특징과 자산 관리의 원칙을 토대로 금융 생활을 설계하고, 경제적, 사회적 환경의 변화가 금융과 관련한 의사 결정에 미치는 영향을 탐구한다.

➡ 사회·경제적 여건이 변화하고 기후변화, 전쟁과 같은 요인으로 농산물 가격이 상승하면서 농업과 수산업에 관련된 새로운 투자 상품이 등장했다. 대표적으로 농산물의 가격에 따라 움직이는 선물 지수에 투자하는 방식과 농업 관련 기업에 투자하는 방식이 있다. 두 가지 투자 방법을 안정성과 수익성, 유동성, 편의성 등을 기준으로 비교·분석해 보고 투자 계획서를 작성한 뒤 둘 중 하나를 골라 가상으로 투자하는 탐구활동을 진행해 보자.

관련 학과 농산업학과, 농생명과학과, 생명자원산업학과

《청년 그리고 미래농업》, 이동훈, 바른북스(2020)

[10통사2-03-04]   ● ● ●

자원, 노동, 자본의 지역 분포에 따른 국제 분업과 무역의 필요성을 이해하고, 지속가능발전에 기여하는 국제 무역의 방안을 탐색한다.

➡ 국제무역이 활발해지면서 상품의 장거리 운송 과정에서 발생하는 이산화탄소가 지구온난화를 촉진하여 환경을 파괴한다는 지적을 받고 있다. 또한 선진국 자본이 투입되어 개발한 열대 지역의 대규모 플랜테이션 농장은 열대 우림을 파괴하여 기후변화 및 생물의 멸종을 일으키고 있다. 이처럼 국제무역 과정에서 일어나는 환경에 관련된 부작용들을 알아보고 지속가능한 발전을 위한 어떤 해결책이 있는지 찾아보는 탐구활동을 진행할 수 있다.

관련 학과 자연계열 전체

《WTO무역과 환경사례 연구》, 박덕영·김승민, 박영사(2018)

단원명 | 세계화와 평화

| 🔍 | 세계화, 지역화, 다국적 기업, 보편 윤리, 특수 윤리, 세계 평화, 국제 사회의 갈등과 협력, 국제 협약, 국제기구, 비정부 기구, 세계시민, 남북 분단, 평화통일, 동아시아의 역사 갈등

[10통사2-04-01]   ● ● ●

세계화의 다양한 양상을 살펴보고, 세계화 시대의 문제점과 그에 대한 해결 방안을 제안한다.

➡ 다국적 기업의 등장으로 경제 규모가 커지고 상품의 생산이 늘어나면서 인류는 대체로 풍요로워졌으나, 다국적 기업의 생산 활동 및 소비자들의 무분별한 소비 행태가 환경 파괴를 가속화시켰다는 비판을 받고 있다. 다

국적 기업이 일으킨 환경 파괴 사례를 탐구하고 이를 해결하기 위해 어떤 대책을 마련했는지 살펴보자. 또한 최근 환경 보호, 윤리 경영과 관련해 각광받는 ESG 경영의 내용과 장단점에 대해서도 탐구해 보자.

관련 학과 생명과학과, 환경과학과, 환경공학과

《**지구와 바꾼 휴대폰**》, 위르겐 로이스·코지마 다노리처, 류동수 역, 애플북스(2017)

[10통사2-04-02] ● ● ●

평화의 관점에서 국제 사회의 갈등과 협력의 사례를 조사하고, 세계 평화를 위한 행위 주체의 바람직한 역할을 탐색한다.

→ 여러 국가에 걸쳐 피해를 입히는 광범위한 환경 문제가 발생했을 때 다른 국가들은 어떻게 협력하고, 어떤 방법으로 해결했는지를 조사하여 우리나라의 상황에 적용하는 탐구활동을 진행할 수 있다. 또한 지구환경을 보호하기 위해 국가 간에 맺은 협약들의 종류 및 내용을 조사해 보고, 환경과 관련된 일을 하는 정부 간 국제기구와 국제 비정부 기구에는 무엇이 있는지, 어떤 일을 하는지 찾아본 후 국가들이 수행하는 역할과 비교해 보자.

관련 학과 자연계열 전체

《**국제환경조약집**》, 박덕영, 세창출판사(2010)

[10통사2-04-03] ● ● ●

남북 분단과 동아시아의 역사 갈등 상황을 분석하고, 이를 토대로 우리나라가 세계 평화에 기여할 수 있는 방안을 제안한다.

→ 남북 분단으로 생겨난 비무장지대(DMZ)는 세계적으로 유례가 없는 생태계의 보고이다. 비무장지대의 생태 자원 현황과 가치를 알아보고 남북 통일 이후에도 DMZ를 보호하는 방안 및 남북한의 학자들이 서로 협조하여 DMZ의 생태계를 최대한 보존하면서 이용하는 방법을 탐구할 수 있다. 또한 북한은 남한에선 부족한 광물 자원을 다량 보유하고 있다. 남북한이 협력하여 평화적으로 광물 자원을 개발하고 이용할 수 있는 방법을 모색해 보자.

관련 학과 자연계열 전체

생태의 시대와 DMZ

최재천, 열린책들(2021)

책 소개

이 책은 생태적 관점에서 DMZ를 보존하기 위한 아이디어를 담고 있다. 저자는 오늘날 인류 문명이 마주한 환경 위기(기후변화, 팬데믹, 생물다양성 고갈)를 개괄하고, 생태적 관점에서 DMZ의 활용을 고민한다. 또한 평화 통일의 시대가 열리더라도 지금의 DMZ를 보존하기 위한 노력이 병행되어야 한다고 강조한다.

세특 예시

'책으로 세상 읽기' 시간에 '생태의 시대와 DMZ(최재천)'를 읽고 지구상에서 생태계가 제일 잘 보존되어 있는 지역 중 한 곳이 DMZ라는 사실을 깨달았다고 밝힘. 생물다양성 위기의 시대를 맞아 DMZ는 세계적 차원에서 보호되어야 할 지역이라는 주제 의식을 갖고 추가 탐구를 진행하여, DMZ의 보존을 위해 국제 보호구역으로 지정하여 개발을 제한하고 남북한이 공동으로 학술 연구를 시행해야 한다는 내용의 보고서를 작성함.

단원명 | 미래와 지속가능한 삶

> 🔍 인구 분포, 인구 피라미드, 저출생, 고령화, 인구 과잉, 에너지 자원의 분포, 기후변화, 지속가능한 발전, 미래 사회, 세계시민주의

[10통사2-05-01]   ● ● ●

세계의 인구 분포와 구조 등에 대한 이해를 토대로 현재와 미래의 인구 문제 양상을 파악하고, 그 해결 방안을 제안한다.

➡ 세계의 인구 분포는 불균형하며 북반구의 중위도라는 특정 지역에 집중되는 양상을 보인다. 이처럼 인구 분포가 불균등하게 나타나는 일차적인 원인인 육지의 분포, 해발 고도의 차이, 기온 및 강수량의 영향, 지형과 같은 자연적 요인에 대해 탐구할 수 있다. 또한 인구 과잉 지역에서 나타나는 환경오염, 식량 부족 등의 인구 문제들 중 한 가지 주제를 선택해 집중적으로 분석하고 해결책을 찾아보는 활동을 진행할 수 있다.

[관련 학과] 자연계열 전체

《**식량 불평등 어떻게 해결할까?**》, 김택원, 동아엠앤비(2021)

[10통사2-05-02]   ● ● ●

지구적 차원에서 에너지 자원의 분포와 소비 실태를 파악하고, 기후변화에 대한 대응과 지속가능한 발전을 위한 제도적 방안과 개인적 노력을 탐구한다.

➡ 지구상 에너지 자원의 분포 현황을 알아보고 석유, 천연가스와 같은 에너지 자원이 불균형하게 분포되어 있는 이유를 해당 자원의 형성 과정 및 매장 지역의 지질학적 특성과 관련지어 파악할 수 있다. 또한 기후변화의 심각성을 인식하고 전 지구적 차원에서 기후변화에 적극적으로 대응해야 하는 과학적인 근거를 조사하고, 기후변화 대응책의 일환으로 에너지 절약을 위한 개인적 노력 및 정부의 정책에 관해 탐구할 수 있다.

[관련 학과] 자연계열 전체

《**왜 에너지 전환인가**》, 최용혁, 산경이뉴스신문사(2021)

[10통사2-05-03]   ● ● ●

미래 사회의 모습을 다양한 측면에서 예측하고, 이를 바탕으로 세계시민으로서 자신의 미래 삶의 방향을 설정한다.

➡ 인류는 그 어느 때보다 심각한 생태적 위기에 직면해 있다. 인간의 환경 파괴로 인해 6번째 대멸종이 진행 중이라는 과학계의 경고가 끊이지 않는다. 기후변화와 자연재해, 플라스틱 쓰레기 문제, 미세먼지, 방사능 오염 등 지구 곳곳에서 일어나고 있는 다양한 환경 문제에 대한 경각심을 일깨우면서, 지속가능한 발전을 위해 국가적, 국제적, 개인적으로 할 수 있는 대책들에 관해 탐구해 보자.

[관련 학과] 자연계열 전체

《**최종경고: 6도의 멸종**》, 마크 라이너스, 김아림, 세종서적(2022)

선택 과목	수능	세계시민과 지리	절대평가	상대평가
일반 선택	X		5단계	5등급

단원명 | 세계시민, 세계화와 지역 이해

| 🔍 | 세계화, 지역화, 세계시민, 지역 통합, 지역 분리, 지역 변화, 지리정보기술, 경제 블록, 지리적 사고, 지구공동체

[12세지01-01] ● ● ●

세계화의 의미를 지리적 스케일에 따라 이해하고, 세계화와 지역화의 관계 속에서 세계시민의 역할을 탐색한다.

➡ 러시아 영토는 넓다 못해 광활하다. 현 러시아 정권은 처칠의 말처럼 겉으로는 민주주의라는 망토를 두르고 있지만 안으로는 국익 추구라는 권위주의 잔재가 남아 있다. 러시아 국경 주변의 지리적 조건은 러시아보다 중국에 유리할 뿐 아니라, 현재의 국제 정세로 보아 중국에 대해 러시아는 '을의 입장'일 수밖에 없다. 러시아의 지리적 유불리를 분석하여 발표해 보자.

관련 학과 자연계열 전체

《러시아는 무엇이 되려 하는가》, 임명묵, 프시케의숲(2023)

[12세지01-02] ● ● ●

지역 통합과 분리 현상의 사례와 주요 원인을 탐구하고, 이를 바탕으로 지역 변화의 역동성을 파악한다.

➡ 시진핑 중국 국가주석은 중국이 21세기 중반까지 '위대한 국가로 재탄생'하려면 '해양 강국'이 되어야 한다고 말한다. 이 목표는 중국 지도자들에게 어떤 의미인가? 중국 공산당은 해양 전력을 확대하기 위한 종합 전략을 수립했으며, 이는 '청색 경제' 개발, 해양 환경 보존, 해양 자원 개발, 근해 및 원해에서 중국의 '권리 및 국익' 수호라는 몇 가지 주요 영역으로 구성되어 있다. 중국이 남중국해에서 영유권 분쟁을 벌이는 이유와 중국이 해양 강국을 꿈꾸는 이유를 조사해 발표해 보자.

관련 학과 자연계열 전체

《중국과 미국의 해양경쟁》, 이재형, 황금알(2014)

[12세지01-03] ● ● ●

지리정보기술이 세계시민의 삶과 연계되는 다양한 모습을 이해하고, 지리적 문제 해결 및 의사 결정에 활용되는 사례를 조사한다.

➡ 지리정보기술은 지리정보체계(GIS), 원격 탐사, GPS와 같은 기술로, 일상의 길 찾기부터 음식점의 입지 선정, 재배할 농작물의 선택, 공공 시설의 입지 선정, 지하 매설물의 관리 등 생활 전반에서 활용되고 있다. 최근에는 가정이나 사무실에서 컴퓨터를 이용해 인터넷 지도, 위성 영상, 해당 지역 사진 서비스 등을 통해 지리 정보를 쉽게 이용할 수 있게 되었다. 이처럼 지리 정보를 누구나, 어디에서나 쉽게 이용할 수 있도록 해 주는 것을 지

리정보기술이라고 한다. 일상생활에서 활용되고 있는 지리정보기술 사례를 조사하여 발표해 보자.

(관련 학과) 자연계열 전체

《GIS 이론 및 실습》, 한승희, 구미서관(2023)

단원명 | 모자이크 세계, 세계의 다양한 자연환경과 문화

| 🔎 | 기후, 지형, 생태계, 문화 다양성, 종교 경관, 관광자원, 상호 교류, 세계의 축제, 지속가능한 발전, 환경 보전, 혼합 문화

[12세지02-01]   • • •

세계의 다양한 기후에 대한 이해를 바탕으로 기후를 활용하거나 극복한 사례를 찾아 인간 생활과의 관계를 탐색한다.

➡ 기후변화와 같은 복잡한 문제에 대한 간단한 해결책은 없다. 그러나 과거 전 세계가 함께 환경 위기를 해결하기 위해 노력한 적이 있다. 1980년대, 스칸디나비아 전역의 강에서 물고기가 사라졌다. 숲은 나무의 잎이 떨어지고, 북미의 일부 호수에는 생명체가 사라져 물이 섬뜩한 반투명 파란색으로 변했다. 원인은 석탄 화력발전소에서 배출한 아황산가스였다. 이러한 물질은 대기 중 수증기에 녹아 구름 속에 액체 방울로 떠 있다가 구름과 함께 멀리 이동한 뒤 산성비의 형태로 지구로 다시 떨어진다. 과거 산성비 문제의 원인과 이를 해결한 성공 사례를 조사한 뒤 발표해 보자.

(관련 학과) 자연계열 전체

《산성비》, 김준호, 서울대학교출판부(2007)

[12세지02-02]   • • •

세계 주요 지형과 인간 생활의 상관성을 파악하고, 지형의 개발과 보존을 둘러싼 갈등 사례를 통해 지속가능한 이용 방안을 토론한다.

➡ 신기 조산대 지역에서 발생하는 대표적 자연재해는 지진과 화산 활동이다. 지진은 지구 내부에 오랫동안 모여 있던 에너지가 한꺼번에 방출되면서 지각을 상하, 좌우로 진동시키는 것이다. 해저에서 일어나는 지진은 지진해일(쓰나미)을 일으킨다. '2004년 남아시아 대지진'은 인도네시아 수마트라 섬 서부 해안의 40㎞ 지점에서 발생했으며, 이로 인해 30만 명 이상이 목숨을 잃고 5만 명이 실종되었다. 이 지진의 원인과 경과, 피해 내용과 피해가 컸던 이유, 반응과 영향, 역사적 의의, 지진 피해를 줄이기 위한 대해 조사하여 발표해 보자.

(관련 학과) 대기과학과, 대기환경과학과, 산림환경시스템학과, 응용물리학과, 지질학과, 지질환경과학과, 지구시스템과학과, 지구환경과학과, 해양학과, 해양환경과학과

《지진과 화산의 궁금증 100가지》, 가미누마 가츠타다 외 5명, 김태호 역, 푸른길(2010)

[12세지02-03]   • • •

세계 주요 종교의 특징 및 종교 경관의 의미를 이해하고, 각 종교가 인간 생활에 미치는 영향을 탐구한다.

➡ 과학과 종교가 충돌하는 주된 쟁점은 창조 대 진화, 영혼 대 뇌과학, 인간 복제와 같은 생명공학 관련 주제들이다. 이를 다루는 학문으로는 과학철학, 과학사학, 인류학, 종교학, 사회학 등이 있고, 연구 기관으로는 영국 케

임브리지대 패러데이과학종교연구소가 유명하다. 템플턴 재단 같은 곳에서도 이 주제를 다루긴 하나, 애초부터 '과학과 종교는 충돌하지 않는다'로 미리 결론부터 내려놓은 상태이다. 과학과 종교의 관계를 역사적 관점에서 조사하여 발표해 보자.

관련 학과 자연계열 전체

《**과학 종교 권력**》, 어재혁, 북랩(2023)

[12세지02-04] •••

세계의 다양한 음식과 축제를 지리적으로 설명하고, 문화 다양성을 보존하기 위한 방법을 모색한다.

➡ 세상은 우리에게 무한한 아름다움을 선사한다. 그중에서도 가장 아름다운 것은 무엇인지 생각해 보면, 자연의 경관이 가장 먼저 떠오를 것이다. 세계 각지에 펼쳐진 자연경관은 눈을 뗄 수 없는 아름다움을 담고 있다. 우리의 삶과 웰빙은 자연과 떼어 놓을 수 없는 관계에 있다. 아름다운 자연경관을 활용한 지역 축제의 사례를 조사하여 발표해 보자.

관련 학과 자연계열 전체

《**세계 자연유산 답사**》, 허용선, 사계절(2013)

단원명 | 네트워크 세계, 세계의 인구와 경제 공간

| 🔍 | 인구 분포 및 구조, 인구 문제, 인구 이동, 식량 자원, 식량 문제, 초국적 기업, 글로벌 경제, 경제 공간의 불균등, 윤리적 소비

[12세지03-01] •••

세계 인구 분포 및 구조를 통해 세계 인구 문제를 이해하고, 국제적 이주가 인구 유출 지역과 유입 지역에 미치는 영향을 탐구한다.

➡ 우리나라는 지난 20여 년간 인구감소 문제 해결과 과학기술 인력 확보를 위해 많은 노력을 기울여 왔다. 그러나 이러한 노력에도 불구하고 산발적인 정책과 단편적 접근 등으로 인해 여전히 인구절벽 문제가 심각한 상황이다. 과학기술을 통해 성장 동력과 기술 주권을 확보하려는 전 세계적인 움직임에 대응하려면 우리나라도 우수 과학기술 인력 확보를 위해 보다 체계적이고 실효성 높은 대응 방안을 마련해야 한다. 저출산, 고령화, 인구절벽의 시대에 우수한 과학기술 인재를 확보하기 위한 획기적인 방안을 제안해 보자.

관련 학과 자연계열 전체

《**과학기술정책 논의**》, 노환진, 박영사(2023)

[12세지03-02] •••

주요 식량 자원의 생산과 소비 양상을 통해 세계 식량 문제가 발생하는 구조적 원인을 파악하고, 식량의 안정적인 생산과 공급을 위한 각국의 대응 전략을 비교·분석한다.

➡ 중세에는 농업 기술이 개선되고 사탕수수, 쌀, 목화 및 오렌지 등의 새로운 작물이 이슬람을 통해 유럽에 보급되었다. 그리고 15~16세기 대항해 시대에는 옥수수와 감자, 고구마, 토마토 등이 신대륙에서 구대륙으로 건너갔고, 신대륙은 유럽의 거대한 식량 창고가 되었다. 유럽의 농업과 식량 공급의 역사를 조사하여 발표해 보자.

국어 교과군

영어 교과군

수학 교과군

도덕 교과군

사회 교과군

과학 교과군

관련 학과 자연계열 전체

《**농업위기와 농업경기**》, 빌헬름 아벨, 김유경 역, 한길사(2011)

> **[12세지03-03]** ● ● ●
>
> 초국적 기업을 중심으로 한 글로벌 경제 체제의 형성 과정을 탐색하고, 글로벌 경제에서의 공간적 불균등을
> 해소하기 위한 국제적 협력과 개인적 실천 방안에 대해 조사한다.

➡️ 페이스북, 애플, 아마존, 넷플릭스, 구글은 공통점이 있다. 국경을 초월해 세계인의 삶에 강력한 영향을 미치는
기술을 가지고 있다는 점이다. 이러한 빅테크 기업들이 세계 각지에서 벌어들인 부는 어마어마하다. 페이스북,
애플, 아마존, 넷플릭스, 구글의 시가총액 합은 프랑스의 전체 경제 규모를 능가한다. 빅테크 기업의 부상으로
발생한 문제점과 이를 해결하기 위한 방안을 조사한 뒤 발표해 보자.

관련 학과 자연계열 전체

《**돈 비 이블, 사악해진 빅테크 그 이후**》, 라나 포루하, 김현정 역, 세종(2020)

단원명 | 지속가능한 세계, 세계의 환경 문제와 평화

> **| 🔎 |** 에너지 자원의 생산과 소비, 친환경 에너지, 지속가능 에너지, 환경 문제, 생태전환, 지정학, 분쟁

> **[12세지04-01]** ● ● ●
>
> 세계 주요 에너지 자원의 생산과 소비 현황을 조사하고, 다양한 친환경 에너지원의 특징에 대한 이해를 바탕
> 으로 지속가능한 에너지 생산 방안을 제시한다.

➡️ 안전한 에너지 확보는 국가의 성장과 발전은 물론 국민의 실생활과 직결된, 그야말로 국가 안보 사안이라 할
수 있다. 이 때문에 각국 정부는 에너지 산업을 육성하고 에너지원을 확보하고자 노력하고 있다. 그리고 세계
가 다원화됨에 따라 이러한 노력은 점점 더 치열해질 전망이다. 현재 전 세계 에너지의 생산 현황을 에너지원
별(전통적/친환경), 국가별로 구분해서 조사한 뒤 발표해 보자.

관련 학과 자연계열 전체

책 소개 ·······

앞으로 30년, 부와 권력의 지형도를 뒤바꿀 에너지를 둘러싼 흐름과 미래 전
망을 담은 책이다. 저자들은 "향후 30~50년간 인류는 어떤 형태로든 에너지
분야에서 큰 변화를 겪을 것"이라고 말하며, 석유·가스 분야를 비롯해 에너
지 산업 전반에 걸쳐 현장에서 바라본 석유의 어제와 오늘, 그리고 미래에 대
해 들려준다. 석유는 여전히 일상의 많은 것을 결정하고 만들고 있지만, 기후
변화 대응을 위해 새로운 에너지원으로의 전환은 불가피한 상황이다. 이를 위
해 현재 대체에너지로 주목받고 있는 재생에너지와 가장 관심이 높은 '수소'
에 대해 이야기하며, 이 에너지원들의 가능성과 한계, 주변국 및 유럽의 활용
사례를 살펴본다.

2050 에너지 제국의 미래

양수영·최지웅,
비즈니스북스(2022)

세특 예시

석유 산업의 미래에 대해 호기심이 생겨, 독서로 관심주제 톺아보기 활동에서 '2050 에너지 제국의 미래(양수영·최지웅)'를 읽고 책 내용을 요약해 발표함. 인류·산업·투자의 역사가 뒤바뀐 결정적 순간의 뒤에는 늘 에너지가 있었고, 2050 탄소중립과 ESG 강화의 움직임으로 세계 경제는 다시 한번 거대한 대전환을 맞을 것이며, 산업 현장에서 바라본 석유의 어제와 오늘, 그리고 미래 전망이 인상적이었다는 소감을 피력함. 추후 심화활동으로 '우리나라 석유산업의 미래'에 대한 짤막한 보고서를 작성해 제출함.

[12세지04-02] •••

세계 주요 환경 문제의 유형과 실태를 설명하고, 생태전환적 삶에 비추어 현재의 생활방식을 비판적으로 점검한다.

➡️ 급격한 인구 증가, 산업화, 도시화로 인해 시작된 환경 문제가 이제는 인간을 포함한 지구 전체의 생명을 위협하고 있다. 1960년대까지는 환경 문제가 산업이 발달한 지역에서만 나타나며 그 지역에만 영향을 주는 것으로 생각했지만, 오늘날의 환경 문제는 전 지구적 관점에서 파악해야 한다. 사막화 현상, 해수면 상승, 해양 쓰레기 문제 등 지구환경을 위협하는 문제들 중 한 가지를 선정하여 환경 문제의 원인, 실태, 극복 방안을 조사하여 발표해 보자.

관련 학과 농생물학과, 생물학과, 생물환경화학과. 조경학과, 주거환경학과, 지구환경과학과, 지질환경과학과, 해양학과, 해양환경과학과, 환경공학과, 환경학과

《기후재난과의 전쟁》, 박영숙, 국일미디어(2022)

[12세지04-03] •••

다양한 지정학적 분쟁을 국제 정세의 변화와 관련지어 조사하고, 세계 평화와 정의에 기여할 수 있는 방안을 찾아 실천한다.

➡️ 한 나라의 국력을 결정하는 여러 요인 중 군사력만큼 명확한 것은 없다. 일단 군사력이 강한 국가는, 이웃해 있거나 잠재적 경쟁 관계에 있되 군사력이 상대적으로 약한 나라에 비해 훨씬 높은 수준의 안전을 보장받을 수 있다. 뿐만 아니라 군사력에서 유리한 고지를 점한 국가는 경제력, 정치력, 천연자원에 기반한 권력 등 많은 영역에서 다른 나라를 압도할 수 있는 힘을 가진다. 최신의 군사 무기와 무기 체계, 전술을 조사하여 발표해 보자.

관련 학과 자연계열 전체

《전쟁을 잇다: 전쟁, 무기, 전략 안내서》, 최현호, 타인의사유(2023)

선택 과목	수능	세계사	절대평가	상대평가
일반 선택	X		5단계	5등급

단원명 | 지역 세계의 형성

| 🔍 | 현생 인류, 문명, 생태환경, 상호 작용, 유교, 불교, 한자, 율령, 힌두교, 크리스트교, 이슬람교, 고대 정치, 농경, 목축

[12세사01-01]   ● ● ●

현생 인류의 삶과 문명의 형성을 생태환경과의 관계 속에서 파악한다.

➡ 호모사피엔스가 한곳에 뿌리를 내리고 점점 더 큰 공동체를 이루며 살게 되는 과정은 보통 진보의 이야기, 문명과 공공질서, 건강 증진과 여가의 서사로 정형화되어 전달되어 왔다. 하지만 정착 생활이 이동 생활보다 정말로 우월하고 매력적이었는지에 대해서 의문을 제기할 수 있다. 최신 연구 성과와 고고학적 발굴 결과를 바탕으로 인류가 정착 농경 생활을 하게 된 이유, 농경 국가로의 정착 과정, 오늘날과 같은 국가 정치 체제가 만들어지게 된 과정, 이동 생활의 이점, 동식물과 곡물이 과밀화된 환경에서 발생한 예견할 수 없었던 전염병에 대해 조사한 뒤 발표해 보자.

관련 학과) 자연계열 전체

《농경의 배신》, 제임스 C. 스콧, 전경훈 역, 책과함께(2019)

[12세사01-02]   ● ● ●

동아시아, 인도 세계의 형성을 문화의 상호 작용과 관련지어 이해한다.

➡ 기원전 4세기에 인도 학자들은 서로 다른 크기의 단위들을 조합하여 사용한다는 개념을 개발하였다. 기원후 1세기에는 상징을 이용하여 십진법과 유사한 체계를 만들었다. 굽타 왕조 시대에는 왕들의 지원으로 인도 수학이 더욱 발전하였다. 6세기 아리아바타는 0을 양(量)의 개념으로 설명하였고, 이후 인도 수학자들은 0을 기반으로 한 덧셈, 뺄셈, 곱셈의 법칙을 고안해 냈다. 이러한 성과는 아라비아에 전해져 이슬람 수학자들의 연구에 영향을 미쳤고, 다시 서양으로 전해져 현대 수 체계의 근간을 이루게 되었다. 굽타 왕조 시대에 꽃핀 인도 수학에 대해 조사하여 발표해 보자.

관련 학과) 건축공학과, 건축디자인학과, 건축학과, 물리학과, 수학과, 실내건축학과, 실내디자인학과, 응용물리학과, 응용수학과, 응용화학과, 화학과

《수학기호의 역사》, 조지프 마주르, 권혜승 역, 반니(2017)

[12세사01-03]   ● ● ●

서아시아, 지중해, 유럽 세계의 형성과 문화적 특징을 종교의 확산과 관련지어 분석한다.

➡ 아바스 왕조의 수도 바그다드에 설립된 '지혜의 집'에서는 아리스토텔레스, 히포크라테스 등 고대 그리스 학자들의 저술이 아랍어로 번역되었다. 이를 바탕으로 이슬람 세계에서는 수준 높은 학문이 발달하였다. 특히 이슬람 세계의 과학은 유럽으로 전파되어 르네상스가 일어나는 학문적 기반을 마련해 주었다. 이슬람 과학의 특징과 세계사에 미친 영향을 분석해 보고서를 작성해 보자.

〔관련 학과〕 자연계열 전체

《**과학의 반쪽사**》, 제임스 포스켓, 김아림 역, 블랙피쉬(2023)

단원명 | 교역망의 확대

| 🔍 이슬람교, 이슬람 문화, 대항해 시대, 신항로 개척, 상품 교역, 중상주의, 절대왕정

[12세사02-01]   • • •

이슬람 세계와 몽골 제국의 팽창에 따른 교류 양상을 파악한다.

➡ 7세기 초 이슬람교의 창시로 시작된 아랍인들의 주변 지역 정복은 과학 지식을 습득하고자 하는 욕구를 충족시키는 요인이 되었다. 정복 활동을 통해 다양한 문화권에 속하던 사람들이 이슬람 문화권에 통합되었고, 이는 이슬람 과학이 발전하는 요인으로 작용하였다. 중세 이슬람 과학의 발전 과정(화학, 수학, 천문학, 광학 및 기타 분야)과 중세 이슬람 과학의 영향과 평가를 조사하여 발표해 보자.

〔관련 학과〕 자연계열 전체

《**이슬람 1400년**》, 버나드 루이스, 김호동 역, 까치(2001)

[12세사02-02]   • • •

유럽의 신항로 개척과 재정·군사 국가의 성립이 가져온 변화를 분석한다.

➡ 신항로 개척 이전까지는 유럽인들에게 원양 항해에 필요한 지식이나 기술은 전무했고, 현지에 대한 정보도 거의 없었다. 중국이나 인도의 존재는 그 당시에도 알려져 있긴 했으나, 몇몇 여행기에서 전해 오는 오래되고 단편적인 지식이 전부였다. 아메리카는 일부만이 알고 있었고 대부분의 사람은 그 존재조차 알지 못했다. 원양 항해술이 발전될 수 있었던 요인, 항해술과 선박 기술의 발전 과정을 조사한 뒤 발표해 보자.

〔관련 학과〕 자연계열 전체

《**발견의 시대**》, 이언 골딘·크리스 쿠타나, 김지연 역, 21세기북스(2018)

[12세사02-03]   • • •

세계적 상품 교역이 가져온 사회적·경제적 변화를 이해한다.

➡ 포르투갈은 신항로 개척을 국가 발전의 최우선 과제로 삼고 항해술과 조선 기술 등 바다와 관련된 과학기술을 적극 장려했던 해양 과학기술 강국이었다. 특히 포르투갈의 수도 리스본은 15~16세기 대항해 시대를 이끈 해상 실크로드의 중심지이자 유럽 유수의 상공업 도시였다. 덕분에 포르투갈은 이 시대에 지중해, 북서유럽, 아프리카, 아메리카 네 지역을 이어 주는 해상 교통의 요지로 중요한 역할을 할 수 있었다. '리스본 과학관'과 같이 대항해 시대의 과학기술을 알려 주는 과학전시관을 하나 선정해 이를 소개하는 팸플릿을 제작하여 발표해 보자.

국어 교과군

영어 교과군

수학 교과군

도덕 교과군

사회 교과군

과학 교과군

《포르투갈 문명기》, 강길선, 소리내(2021)

단원명 | 국민 국가의 형성

🔍 청, 무굴 제국, 오스만 제국, 미국 혁명, 프랑스 혁명, 과학 혁명, 산업 혁명, 산업자본주의, 국민 국가, 개항, 메이지유신, 계몽사상, 근대화운동

[12세사03-01]

청, 무굴 제국, 오스만 제국의 통치 정책과 사회, 문화의 변화를 이해한다.

➡️ 중국의 전통 과학과 기술 위에 선교사들의 매개로 서양 과학과 기술이 들어와 중국 전통 과학의 변혁을 촉진 시켰다. 특히 천문 역법과 수학, 지도 제작에서 현저한 발전이 있었다. 중국은 고대부터 역법을 중시하여 천문 역법은 수준급이었다. 명대에 통용되던 '대통력(大統曆)'은 곽수경의 '수시력'을 차용하였는데, 시간이 지남에 따라 오차가 점차 커져 갔다. 명 말에 서양 역법을 받아들여 《숭정역서》를 펴냈고, 청나라 초기에 아담 샬이 만 든 '시헌력(時憲曆)'을 반포하였다. 청나라의 천문학, 수학, 농업 발전 과정을 조사해 보고서를 작성해 보자.

관련 학과 자연계열 전체

《청나라 역대 황제 평전》, 강정만, 주류성(2019)

[12세사03-02]

미국 혁명, 프랑스 혁명을 시민 사회 형성과 관련지어 파악한다.

➡️ 과학의 역사에서 17세기는 빛나는 '과학혁명'의 시대, 과학의 제도화·전문화가 이루어진 19세기는 '제2의 과 학혁명'의 시대로 여겨지는 데 반해, 18세기는 지금까지 별로 주목을 받지 못한 것이 사실이다. 18세기 자연철 학자들은 수학적 사유 모형과 실험을 통해 자연세계를 설명하는 한편, 과학 단체를 결성하여 새로운 자연철학 의 토대를 마련하고 세계를 탈마법화하려 했다. 계몽주의의 성격, 기계론 철학의 의미, 과학과 철학의 관계, 수 학과 정밀과학, 실험물리학 등 18세기 자연과학의 주목할 점에 대해서 탐구해 보고서를 작성해 보자.

관련 학과 자연계열 전체

《과학사》, 김영식, 전파과학사(2013)

[12세사03-03]

제1·2차 산업 혁명이 가져온 사회, 경제, 생태환경의 변화를 분석한다.

➡️ 19세기의 과학 혁명은 철학과 과학을 분리시켰다. 이제 과학은 독자적 용어를 갖게 되었다. 학회가 만들어지 면서 과학은 현대 과학으로 급속히 발전한다. 영국에서 시작된 산업 혁명으로 인해 금융 자본주의가 독점 자본 주의로 변화하며 세계는 질적인 변화를 이루게 된다. 권력과 자본은 동등해지고 과학은 보다 세분화된 거대한 집단을 형성하며 그동안 인류가 경험하지 못한 새로운 시대를 만들게 되었다. 19세기 과학 혁명의 배경, 과학 혁명의 특징, 특기할 만한 과학적 연구 성과 등을 조사하여 발표해 보자.

관련 학과 자연계열 전체

《과학혁명의 기원》, 오퍼 갤, 하인해 역, 모티브북(2022)

국어 교과군

영어 교과군

수학 교과군

도덕 교과군

사회 교과군

부록 교과군

[12세사03-04] • • •

아시아와 아프리카 지역에서 전개된 국민 국가 건설 운동의 양상과 성격을 비교한다.

오늘날 일본은 세계적인 과학기술 강국이다. 이는 하루아침에 이뤄진 것이 아니라 오랜 노력의 결과다. 일본이 서양의 과학기술에 적극적인 투자를 시작한 것은 1868년 메이지유신 때부터였다. 서양의 과학기술을 배우기 위해 대규모 유학생을 유럽으로 파견했으며, 서양의 생산기술을 적극적으로 도입하여 비약적인 발전을 이룩하고 근대화의 기반을 마련했다. 일본의 과학기술이 발전할 수 있었던 역사적 배경, 일본에 과학 분야 노벨상 수상자가 많은 이유(2024년 기준 22명), 일본 정부의 과학기술 발전 전략을 조사한 뒤 발표해 보자.

관련 학과 자연계열 전체

《**일본에 노벨과학상이 많은 진짜 이유**》, 강철구, 어문학사(2023)

단원명 | 현대 세계의 과제

| 🔎 | 제1차 세계 대전, 제2차 세계 대전, 냉전, 탈냉전, 우주 경쟁, 과학·기술 혁명

[12세사04-01] • • •

제1·2차 세계 대전을 인권, 과학기술 문제와 관련지어 파악한다.

제1차 세계 대전은 화학자의 전쟁, 제2차 세계 대전은 물리학자의 전쟁이라고들 한다. 제1차 세계 대전 때는 화약 TNT의 원료인 질산을 화학적으로 만들어 내는 방법이 개발됐고, 독가스가 살포되었기 때문이다. 반면 제2차 세계 대전 때는 레이더, 원자폭탄의 개발 등 물리학자의 역할이 컸다. 수학과 컴퓨터 과학의 기여가 특히 컸는데, 제2차 세계 대전 초반에는 독일군 암호 기계인 '애니그마' 때문에 연합군이 큰 피해를 입었다. 그때 영국에서 앨런 튜링이라는 수학자가 중심이 되어 암호를 풀 수 있는 기계를 만들면서 2차 세계 대전의 흐름을 바꿔 놓았다. 제2차 세계 대전을 전후한 시기의 수학과 컴퓨터 과학의 발전 과정, 그 역할과 의의를 조사한 뒤 발표해 보자.

관련 학과 자연계열 전체

《**전쟁은 어떻게 과학을 이용했는가**》, 김유항·황진명, 사과나무(2021)

[12세사04-02] • • •

냉전의 전개 양상에 따라 나타난 사회, 문화의 변화를 분석한다.

아폴로 계획은 1961년부터 1972년까지 미항공우주국(NASA)의 주도로 이루어진 미국의 유인 달 탐사 계획이다. 아폴로 계획은 소련이 1957년 인류 최초로 우주로 쏘아 보낸 스푸트니크 무인위성에서 시작된다. 자국에 비해 여러모로 뒤처진 나라라고 여겼던 적성국가 소련이 제일 먼저 인공위성 발사에 성공하자 미국은 이른바 '스푸트니크 쇼크'라고 불리는 충격을 받게 된다. 그래서 미국은 소련보다 달에 사람을 먼저 착륙시킨 후 귀환시킴으로써 우주 경쟁에서 우위를 점하고자 했다. 아폴로 계획의 역사적 배경, 목적, 추진 과정, 업적을 조사하여 발표해 보자.

관련 학과 자연계열 전체

《**인류의 가장 위대한 모험: 아폴로 8**》, 제프리 클루거, 제효영 역, 알에이치코리아(2018)

> **[12세사04-03]** •••
>
> 현대 세계의 과제를 해결하기 위해 인류가 기울여 온 노력을 탐구한다.

➲ 총, 균, 쇠가 인류 문명의 운명을 바꿨다면 현대 문명을 주도하는 것은 전쟁과 인간의 원초적인 욕망이라는 의견이 있다. 일례로 세계에서 가장 많이 팔리는 프라이팬인 테팔 프라이팬은 핵무기를 개발하던 맨해튼 프로젝트의 부산물인 테프론을 알루미늄 프라이팬에 결합시킨 것이다. 또 한국에서 '부대찌개'라는 음식으로 재탄생한 스팸은 본래 전쟁 중 병사에게 높은 열량을 공급하고 장시간 보존이 가능하도록 개발된 전투 식량이었다. 인간의 욕망과 전쟁의 관점에서 인류 역사를 바꾸었던 과학기술 발전의 사례를 조사하고, 역사적 의미에 대해서 고찰해 보자.

관련 학과 자연계열 전체

《섹스, 폭탄, 그리고 햄버거》, 피터 노왁, 이은진 역, 문학동네(2012)

국어 교과군

영어 교과군

수학 교과군

도덕 교과군

사회 교과군

부록 교과군

선택 과목	수능	사회와 문화	절대평가	상대평가
일반 선택	X		5단계	5등급

단원명 | 사회현상의 이해와 탐구

> | 🔍 | 상징적 상호 작용론, 양적 연구, 질적 연구, 연역법, 귀납법, 질문지법, 면접법, 참여 관찰법, 문헌 연구법, 자료의 타당성, 신뢰성, 가치 개입, 가치 중립, 연구 윤리, 조사 대상자의 인권

[12사문01-01] •••

사회현상의 탐구를 위해 사회현상의 특징에 대한 이해와 사회학적 상상력이 필요함을 인식하고, 사회현상에 대한 다양한 관점을 비교한다.

➡ 상징적 상호 작용론을 적용하여 사회가 자연환경과 어떻게 상호 작용하는지 이해할 수 있다. 일례로 특정 지리적 장소나 자연 기호들이 어떻게 사회적으로 상징화되고 해석되며, 이를 통해 사회적 행동이 어떻게 조절되는지 탐구해 보자. 또한 기후변화는 사회적으로 많은 영향을 미치고 있다. 기능론과 갈등론을 활용하여 기후변화에 대한 사회적 적응과 갈등을 탐구해 보자.

`관련 학과` 자연계열 전체

《기후변화와 바다》, 이재학, 지성사(2023)

[12사문01-02] •••

사회현상에 대한 양적 연구 방법과 질적 연구 방법의 특징 및 연구 절차를 비교하고, 각 연구 방법을 활용한 연구 사례를 분석한다.

➡ 사회현상과 자연현상을 연결하는 기후변화와 생태계 변화 사이의 관계를 조사할 수 있다. 이를 위해 기후 지표(온도, 강수량 등)와 생태계 지표(생물다양성, 생물생산성 등)를 수집하고 분석을 진행하며 연구를 수행한다. 일례로 기후변화가 생물다양성에 어떤 영향을 미치는지, 특정 기후 변수의 변화가 생태계 기능에 어떤 영향을 주는지를 찾을 수 있다. 이를 통해 기후변화에 대응하고 생태계를 보전하기 위한 정책 및 조치를 개발하고, 대안을 제시해 보자.

`관련 학과` 자연계열 전체

《생물다양성 경영》, 최남수, 새빛(2023)

[12사문01-03] •••

사회현상에 대한 다양한 자료 수집 방법의 특징을 비교하고, 각 자료 수집 방법을 활용한 연구 사례를 분석한다.

➡ '환경 보호를 위해 일회용품을 줄일 수 있을까' 혹은 '환경 보호를 위해 매달 2만 원을 기부할 수 있을까?'라는

질문을 두 가지 방법으로 조사해 볼 수 있다. 하나는 익명성에 바탕을 둔 질문지법으로 자료를 수집하고, 다른 하나는 면접법으로 자료를 수집했을 때 어떠한 차이가 나는지 파악해 보자. 통계 자료와 실제 생각이 다르다는 것을 인지하고 이러한 차이가 나는 이유에 대해 자신의 생각을 덧붙여 탐구하고 발표할 수 있다.

관련 학과 자연계열 전체

《**벌거벗은 통계학**》, 찰스 윌런, 김명철 역, 책읽는수요일(2013)

[12사문01-04]　　　　　　　　　　　　　　　　　　　　　　　● ● ●

사회현상의 탐구에서 발생하는 연구자의 가치 개입 및 연구 윤리 관련 쟁점을 토론하고, 연구 윤리를 준수하며 사회현상에 대한 탐구를 수행한다.

동물 실험과 동물 복지와 관련된 탐구를 진행할 수 있다. 동물 실험에서의 윤리적 고려사항과 동물 복지 문제에 대한 논의를 포함하여 탐구주제를 결정할 수도 있다. 동물 실험이 주로 행해지는 연구에 대해 조사해 보고, 이러한 동물 실험이 꼭 필요한지에 대한 자신의 주장을 제시해 보자. 또한 연구에서 실험용 동물을 대신할 수 있는 것에 대한 탐구도 함께 진행할 수 있을 것이다. 이러한 동물 실험이 꼭 필요한 이유와 불가피하다면 동물 실험 과정에서 어떤 식으로 동물 윤리를 지켜야 하는지 자신의 생각을 정리해 보자.

관련 학과 자연계열 전체

《**동물 실험, 무엇이 문제일까**》, 전채은·한진수, 동아엠앤비(2022)

단원명 | **사회 구조와 사회 변동**

> **🔍** 사회 구조, 사회화, 사회 집단, 사회 조직, 개인과 사회의 관계, 일탈 이론, 사회 통제 유형, 사회 변동, 사회 운동, 정보사회, 세계화, 저출산 및 고령화

[12사문02-01]　　　　　　　　　　　　　　　　　　　　　　　● ● ●

사회 구조와 개인의 관계에 대한 이해를 바탕으로 개인의 사회화 과정, 사회화 기관 및 유형을 설명하고, 사회화에 대한 서로 다른 이론적 관점을 비교한다.

뇌 구조 및 기능과 사회화의 관련성을 탐구해 볼 수 있다. 신경과학 및 인지심리학의 접근법을 활용하여 사회적 인식, 공감, 사회적 판단 등을 이해하고 어떻게 뇌 구조와 기능이 사회화 및 사회적 상호 작용과 관련이 있는지 문헌을 통해 분석해 보자. 또한 호르몬 수준과 사회적 행동 간의 관계를 주제로 탐구해 볼 수 있다. 호르몬의 영향이 사회화, 스트레스 반응, 관계 형성 등에 어떻게 작용하는지 조사하여 발표해 보자.

관련 학과 자연계열 전체

《**우리 뇌는 어떻게 창조하는가**》, 다이코쿠 다츠야, 김정환 역, 예문아카이브(2023)

[12사문02-02]　　　　　　　　　　　　　　　　　　　　　　　● ● ●

사회 집단 및 사회 조직의 유형과 변화 양상에 대한 이해를 바탕으로 사회 집단 및 사회 조직이 개인의 사회생활과 사회적 관계에 미치는 영향을 설명한다.

사회성 동물의 집단행동을 사회 집단과 비교하여 탐구를 진행할 수 있다. 사회성 동물의 무리 행동, 무리 구조, 의사 결정 과정을 연구함으로써 집단의 형성과 행동을 이해하고, 사회 집단과 비교할 수 있는 것이다. 사회적

계층 구조가 인간 외에 다른 생물군에서 나타나는지 알아보고, 동물 무리에서의 계층 구조와 계급 간 상호 작용, 리더십 역할을 조사하여 발표를 진행할 수도 있다. 또한 사회적 상호 작용과 뇌를 주제로 인간 뇌가 사회집단 내에서 상호 작용하고 소통하는 방식을 신경과학적으로 연구할 수도 있다.

`관련 학과` 자연계열 전체

《**무리는 생각한다**》, 군지 페기오유키오, 박철은 역, 글항아리(2018)

[12사문02-03] ● ● ●

일탈 행동의 발생 요인이나 특성을 설명하는 다양한 일탈 이론을 비교하고, 일탈 행동에 대한 사회 통제의 유형과 사회 통제의 필요성 및 문제점을 분석한다.

➡ 차별교제 이론에 따르면 범죄 행동은 주변 환경을 통해 학습되는 것이다. 따라서 범죄율이 높은 지역에서 자라는 개인의 행동을 사례와 영화, 드라마를 통해 탐구해 볼 수 있다. 환경 요인과 범죄 간의 관계를 분석하고, 범죄 패턴이 특정 지역 또는 사회 환경과 관련이 있는지를 탐구하여 발표를 진행해 보자. 범죄 행동이 사회적 관계와 네트워크를 통해 전파되는 과정도 찾아보자. 범죄 관련 정보 및 가치관이 사회적 네트워크를 통해 어떻게 전파되며, 범죄 유발 요인을 공유하는 개인들 간에 어떻게 상호 작용이 이루어지는지를 파악해 보는 것이다. 조직적 활동이나 다양한 범죄 집단에 대해서도 분석해 볼 수 있다.

`관련 학과` 자연계열 전체

《**공범들의 도시**》, 표창원·지승호, 김영사(2013)

[12사문02-04] ● ● ●

사회 변동이 다양한 요인의 복합적인 상호 작용의 산물이라는 점을 설명하고, 현대 사회의 변동 과정에서 나타나는 다양한 사회 운동의 유형과 특징을 탐구한다.

➡ 기후변화와 사회적 영향을 주제로 탐구를 진행할 수 있다. 기후변화가 사회에 미치는 영향을 조사하고 기후변화로 인한 자연재해, 작물 생산량의 감소, 해수면 상승과 같은 현상이 사회 구조와 사람들의 인식에 어떤 영향을 주는지를 조사하여 발표해 보자. 이러한 기후변화는 특히 에너지 생산과 소비에 큰 영향을 주고 있다. 신재생 에너지 기술의 도입, 에너지 절약 정책, 에너지 안보 등이 사회와 경제 구조에 어떤 영향을 미치는지 조사하고 새로운 에너지원이나 환경 보호 방안에 대해 발표해 보자.

`관련 학과` 자연계열 전체

《**미래학자의 통찰의 기술**》, 최윤식, 김영사(2019)

단원명 | 일상 문화와 문화 변동

> | 🔍 | 대중문화, 미디어, 문화 배양 이론, 프레이밍 이론, 의제 설정 이론, 하위문화, 주류 문화, 다문화, 이주민 문화, 문화 다양성, 대항 문화, 지역 문화, 세대 문화, 문화 변동

[12사문03-01] ● ● ●

대중문화에 대한 다양한 관점을 비교하고, 일상적으로 접하는 사례를 중심으로 대중문화가 개인과 사회에 미치는 영향을 토의한다.

국어 교과군

영어 교과군

수학 교과군

도덕 교과군

사회 교과군

과학 교과군

⊙ 대중문화는 다양한 방식으로 자연환경을 표현하고 있다. 대중문화에서 환경 문제(기후변화, 환경오염 등)를 다루는 방식과 이러한 표현이 환경 정책 및 대중의 인식에 미치는 영향을 조사해 보자. 또한 최근 기후위기나 식량 위기를 다루는 대중문화 콘텐츠들이 어떠한 메시지를 담고 있고, 이것이 어떻게 사회를 변화시키고 있는지 찾아보자. 환경 문제를 주제로 한 영화, 다큐멘터리, 소설 등이 환경 교육과 홍보에서 하는 역할도 연구해 볼 수 있을 것이다.

[관련 학과] 자연계열 전체

《**아이언맨 수트는 얼마에 살 수 있을까?**》, 박병률, 애플북스(2016)

[12사문03-02]　　　　　　　　　　　　　　　　　　　　　　　　　　● ● ●

미디어의 효과에 대한 이해를 바탕으로 미디어가 생산하는 메시지를 비판적으로 분석하고 대안적 메시지 생산에 능동적으로 참여한다.

⊙ 자연재해와 관련된 영상물(영화, 드라마, 소셜 미디어)을 시청하고 과학적 정확성과 표현의 상충에 대해 조사하여 발표해 보자. 특히 잘못된 정보가 포함된 작품이 대중의 자연재해에 대한 인식과 대처 능력에 미치는 영향을 연구해 볼 필요가 있다. 또한 침묵의 나선 이론과 연관 지어 환경 문제를 탐구해 볼 수 있을 것이다. 이를 활용하여 환경 의식과 환경 문제에 대한 대중의 침묵 현상을 탐구해 보자. 미디어가 환경 파괴와 관련된 과학적 사실을 어떻게 전달하고 환경 보호에 관한 의사 결정에 어떤 영향을 미치는지도 탐구할 수 있다.

[관련 학과] 자연계열 전체

《**침묵의 나선**》, 엘리자베스 노엘레 노이만, 김경숙 역, 사이(2016)

[12사문03-03]　　　　　　　　　　　　　　　　　　　　　　　　　　● ● ●

하위문화와 주류 문화의 관계에 대한 이해를 바탕으로 다문화 사회의 이주민 문화에 대한 서로 다른 관점을 비교하고, 이주민 문화가 갖는 의의에 기초하여 문화 다양성을 증진하기 위한 방안을 제시한다.

⊙ 패션 및 의류와 관련된 문화적 배경을 탐구할 수 있다. 하위문화 그룹의 패션 스타일과 그들의 생활환경 사이의 관련성을 연구하고, 특정 스타일과 환경 요인의 상호 작용이 어떻게 이루어지는지도 조사해 보자. 세대별로 어떠한 의복 문화가 공유되고 있는지, 이러한 의복이 사회적 지위나 명성을 상징하고 있는지도 탐구할 수 있다. 또한 선호 식품 및 식습관이 지역별, 문화별, 세대별로 어떻게 다른지도 유전적 요인과 환경·문화적 요인에 맞추어 탐구를 진행할 수 있다. 특정 하위문화의 식품 선택과 그것이 건강에 미치는 영향을 과학적으로 분석해 볼 수도 있다.

[관련 학과] 자연계열 전체

《**아름다운 것들의 역사**》, 유아정, 암스토리(2018)

[12사문03-04]　　　　　　　　　　　　　　　　　　　　　　　　　　● ● ●

문화 변동의 다양한 요인과 양상, 문화 변동 과정에서 발생하는 문제점을 이해하고, 문화의 세계화로 인해 나타나는 쟁점에 대해 탐구한다.

⊙ 문화의 변동은 기술과 건설 분야에서 탐구주제로 사용될 수 있다. 특정 기술 또는 건축 스타일이 다른 문화로 어떻게 전파되었는지, 이로 인해 건축 및 사회, 기술, 인프라에 어떤 변화가 생겼는지 조사해서 발표해 보자. 이러한 전파는 환경 및 환경의 지속가능성에도 영향을 줄 수 있다. 환경과 관련된 특정 문화의 관행이 다른 지역에 적용되는 경우, 이러한 변화가 자연환경에 어떤 영향을 미쳤는지 연구해 보자. 또한 식품의 전파를 통해 사

회적으로 어떤 영양학적인 변화가 일어났는지도 탐구할 수 있다.

관련 학과 자연계열 전체

**맥도날드 그리고
맥도날드화**

조지 리처, 김종덕 외 2명 역,
풀빛(2017)

책 소개

이 책은 패스트푸드가 상징하는 속도와 소외뿐만 아니라, 노동, 교육, 의료, 삶과 죽음, 여가, 쇼핑 등 일상에까지 침범한 맥도날드화를 흥미롭고 다양한 사례를 통해 소개한다. 속도감 넘치고 생생한 문장으로 학문과 일상을 넘나들며, 하나의 패스트푸드가 어떻게 미국 사회, 나아가 현대 세계를 지배하는 요소이자 기본 원칙이 되었는지 개괄하고 있다.

세특 예시

교과 심화독서 시간에 '맥도날드 그리고 맥도날드화(조지 리처)'를 읽은 것이 식품의 전파가 전 세계에 미친 영향에 대해 탐구하는 계기가 되었다고 밝힘. 맥도날드가 전 세계를 지배하면서 감자 생산과 가공, 목축, 양계, 도축, 육류 가공 사업까지 맥도날드화되어 생산량이 증대되었지만, 그로 인해 수많은 사람이 일자리를 잃거나 불안정한 일자리로 이동해야 했다고 주장함. 국제적인 규모로 펼쳐지는 맥도날드 반대 운동, 대형 할인점 반대 운동, 최저임금 인상과 맥잡 분야 전반의 임금 인상 운동 등의 사례를 분석하면서, 이러한 체계가 가진 불합리함과 부당함을 극복할 필요가 있다는 내용으로 발표를 진행함.

단원명 | 사회 불평등과 사회 복지

| 🔍 | 불평등, 차별 사회 이동, 사회 계층 구조, 빈곤, 복지, 복지 제도, 복지 국가, 생산적 복지, 보편적 복지, 선별적 복지

[12사문04-01]

●●●

사회 불평등 현상을 이해하는 서로 다른 관점을 비교하고, 사회 이동과 사회 계층 구조의 유형 및 특징을 분석한다.

➡️ 기후변화는 지구 전역의 문제이며, 이것은 주로 인간의 활동과 밀접하게 연관되어 있다. 이러한 기후변화는 사회적 계층에 따라 다른 영향을 미치는 것으로 알려져 있다. 일례로 가난한 지역의 주민들은 자연재해와 같은 기후변화의 영향을 더 크게 받는 경향이 있다. 자연재해에 대한 대비나 대처 능력이 부족하기 때문에 그 영향을 더욱 크게 받는 것이다. 그리고 가뭄이나 홍수 등으로 작물 수확량이 줄어들면 가난한 지역의 주민들은 식량 부족 문제를 겪게 된다. 이러한 위기를 겪고 있는 지역의 상황을 비교·분석해 보고 해결책을 발표해 보자.

관련 학과 농생물학과, 대기과학과, 동물자원과학과, 미생물학과, 분자생물학과, 산림학과, 생명과학과, 생물학과, 수산생명의학과, 식물자원학과, 식품영양학과, 외식산업학과, 원예학과, 의류학과, 조경학과, 지구환경과학과, 천문우주학과, 축산학과, 해양학과, 환경학과

《**지속 불가능한 불평등**》, 뤼카 샹셀, 이세진 역, 니케북스(2023)

국어 교과군
영어 교과군
수학 교과군
도덕 교과군
사회 교과군
과학 교과군

[12사문04-02]   ● ● ●

현대 사회에서 나타나는 다양한 사회 불평등 양상을 분석하고, 차별받는 사람들의 입장에 대한 공감을 바탕으로 다양한 불평등 현상에 대한 해결 방안을 모색한다.

➡ 기후 위기는 국가 간의 불평등을 심화시킨다. 인프라가 부족한 개발도상국이 선진국보다 기후변화에 한층 더 취약하기 때문이다. 인도의 상공부 장관은 선진국은 이미 수년 동안 저렴한 에너지 가격으로 인한 결실을 누렸다며, 선진국이 기후변화에 더 적극적으로 대응해야 한다고 주장했다. 이러한 불평등 상황에서 선진국과 개발도상국, 후진국이 취할 수 있는 과학적 대안을 찾아보고, 과학기술의 진보가 환경 파괴를 막을 수 있을지에 대해 다양한 방안을 조사하여 발표해 보자. 또한 이러한 상황에 놓인 국가들을 대표하여 그들이 취해야 할 과학 정책을 제시할 수도 있다.

관련 학과 자연계열 전체

《**최종경고: 6도의 멸종**》, 마크 라이너스, 김아림 역, 세종서적(2022)

[12사문04-03]   ● ● ●

복지 국가의 발전 과정에 대한 이해를 바탕으로 사회 복지 제도의 유형과 특징을 비교하고, 현대 사회에서 나타나고 있는 사회 복지를 둘러싼 쟁점을 토론한다.

➡ 환경오염(대기 오염, 물질 오염, 소음 등)이 인간 건강에 미치는 영향을 연구할 수 있다. 이러한 연구는 복지와 건강 사이의 연관성을 이해하고, 환경 관리 및 정책을 개선하는 데 기여할 수 있다. 최근 발생하고 있는 환경 구조적 피해를 사회는 어떤 식으로 보전해 주고 있는지, 이러한 피해를 많이 받는 계층은 누구인지를 조사하여 발표해 보자. 또한 이러한 피해를 막고자 어떤 정책이 시행되고 있는지, 선진국과 후진국의 사례나 보편적 복지를 선택한 국가와 선별적 복지를 선택한 국가들의 사례를 비교하여 발표해 보자.

관련 학과 농생물학과, 대기과학과, 동물자원과학과, 미생물학과, 분자생물학과, 산림학과, 생명과학과, 생물학과, 수산생명의학과, 식물자원학과, 식품영양학과, 외식산업학과, 원예학과, 의류학과, 조경학과, 지구환경과학과, 천문우주학과, 축산학과, 해양학과, 환경학과

《**누구나 일하고 싶은 농장을 만듭니다**》, 백경학 외 14명, 부키(2020)

선택 과목	수능	한국지리 탐구	절대평가	상대평가
진로 선택	X		5단계	5등급

국어 교과군

영어 교과군

수학 교과군

도덕 교과군

사회 교과군

과학 교과군

단원명 | 공간정보와 지리 탐구

|🔍| 지리정보, 공간정보, 속성정보, 관계정보, 지리정보체계, 지역조사, 인터넷 지도, 가상 현실

[12한탐01-01]   •••

다양한 현상에 대해 지리적 관점으로 질문을 던지고, 질문에 답을 하기 위한 탐구 계획을 수립한다.

➡ 오늘날 에너지는 세계 경제를 좌우하는 가장 영향력 있는 요소가 되어 국제 사회의 모든 지정학적 갈등의 중심에 자리하고 있다. 2차 전지와 풍력, 태양광 등 신재생 에너지 시장은 코로나 이후 본격적으로 투자자들이 몰리는 '핫섹터'가 되었고, 새로운 무대의 주도권을 놓고 각 나라와 글로벌 기업들 간에 치열한 각축전이 벌어지고 있다. 여기에 나날이 현실이 되어 가는 기후 위협 또한 기존 판도를 완전히 바꿀 '게임 체인저'로 작용하기 시작했다. 에너지·기후·지정학이 초래할 세계 정세의 변화를 조사해 발표해 보자.

관련 학과 자연계열 전체

《뉴 맵》, 대니얼 예긴, 우진하 역, 리더스북(2021)

[12한탐01-02]   •••

야외조사 및 지리정보기술을 활용한 데이터 수집방법을 연습하고, 탐구 질문에 맞춰 데이터를 수집, 분석, 시각화한다.

➡ 지리 공간 데이터는 지구 표면의 위치와 관련된 정보를 포함하는 데이터로 객체, 이벤트 및 기타 실제 현상을 위도와 경도 좌표로 식별되는 특정 지리적 영역에 매핑할 수 있다. 지리 공간 데이터는 지정된 기간 동안 위치 정보를 다른 비즈니스 데이터 세트의 특성 또는 속성과 결합할 수 있다. 예를 들어, 지리 공간 데이터는 차량이 주차된 위치를 나타낼 수 있으며 차량이 이동하기 시작할 때 그 위치를 추적할 수도 있다. 이와 관련해 지리 공간 시각화와 지리 공간 인텔리전스의 개념, 지리 공간 데이터를 사용했을 때의 장점에 대해 조사한 뒤 발표해 보자.

관련 학과 자연계열 전체

《지리를 알면 보이는 것들》, 정은혜, 보누스(2023)

단원명 | 생활 속 지리 탐구

|🔍| 식품의 생산, 유통, 소비과정, 상품사슬, 핫 플레이스, 지역 자원, 모빌리티, 모바일, 빅데이터, 플랫폼

식품의 생산, 유통, 소비과정을 조사함으로써 음식을 통한 생산자와 소비자, 상품, 장소의 연결성을 이해하고, 상품사슬을 조직하는 윤리적인 방식의 가능성과 한계를 파악한다.

➔ 농산물 가치사슬(AVC)이란 농산물 생산을 위한 원료 조달부터 최종 소비에 이르기까지 농가나 농기업이 참여한, 다양한 이해 당사자들이 시행한 모든 활동을 말한다. 농산물 가치사슬을 통해 최종 소비에 이르는 전 과정을 종합적·동태적으로 파악하고, 이를 토대로 산업의 문제점을 찾고 농가와 농기업의 경쟁력 제고와 수익산업 발전 전략을 도출할 수 있다. 농산물 가치사슬의 5가지 요소, 농산물 가치사슬 분석의 방법과 장점, 개발도상국 농산물 가치사슬의 문제점, 효과적인 농산물 가치사슬 추진 방안에 대해서 조사한 뒤 발표해 보자.

관련 학과 자연계열 전체

《**농산물 브랜드 마케팅**》, 권기대·김신애, 박영사(2024)

핫 플레이스의 특징, 생성과정, 정체성 이슈를 조사하고, 지역 자원을 활용한 관광 활성화 방안을 제안한다.

➔ 관광자원의 개발은 새로운 관광 기회를 확대하고, 지역 경제를 활성화시킬 뿐 아니라 국민의 건강을 위한 보건 휴양과 정서 생활에 기여한다. 하지만 현재 우리나라는 관광자원이 수도권이나 대도시 등 특정 지역에 몰려 있는 경우가 많다. 이로 인해 지역 간의 관광 경제 불균형 문제가 심화되고 있다. 국내의 관광자원을 새로운 관광 기회로 확대해 지역 경제를 활성화시킨 모범 사례를 조사하여 발표해 보자.

관련 학과 자연계열 전체

《**한국의 자연과 관광자원**》, 이혁진, 새로미(2022)

모빌리티와 모바일, 빅데이터, 플랫폼의 결합이 시·공간 활용에 미치는 영향을 설명하고, 모빌리티 공유서비스가 일상생활에 미친 영향과 문제점을 조사해 대안을 제시한다.

➔ 도심항공교통(UAM, Urban Air Mobility)은 항공기를 활용하여 사람과 화물을 운송하는 도시교통 체계를 말한다. UAM과 기존 여객기의 가장 큰 차이는 UAM이 도시교통이라는 것이다. 도시교통은 도시 내부의 통행과 안팎의 인접 지역 간 통행을 의미한다. UAM의 필요성과 발전 정도, 상용화를 위해 해결해야 할 과제, 상용화 시 일상생활에 미치는 영향을 조사한 뒤 발표해 보자.

관련 학과 자연계열 전체

책 소개

이 책에서는 UAM용 항공기 개발 현황을 심층적으로 다루고 있다. UAM 항공기는 현재 조종사가 필요한 형태로 개발되고 있으나, 이후 기술이 발전해 자율비행이 가능해지면 로봇 에어택시로 조종사 없이 운행될 것이라 예상되고 있다. 그야말로 스마트 개인용 항공기(SPAV, Smart Personal Air Vehicle)가 출현하게 되는 것이다. 저자는 UAM 기술의 기반이라고 할 수 있는 무인항공기, 즉 드론에 대해서도 기술하고 있으며, UAM 시스템 개발과 관련한 한국의 준비 태세와 나아가야 할 방향도 제시하였다.

국어 교과군

영어 교과군

수학 교과군

도덕 교과군

사회 교과군

과학 교과군

**파괴적 혁신의
도심항공교통(UAM)**

김승조·김영환, 페스트북(2022)

세특 예시 ┈┈┈┈┈┈┈┈┈┈┈┈┈┈┈

친환경적이면서 탄소중립 시대의 새로운 교통 방식으로 주목받고 있는 도심항공교통 체계에 호기심이 생겨, 관심주제 심화독서 활동에서 '파괴적 혁신의 도심항공교통(김승조·김영환)'을 읽고 무인기 발전 과정과 산업화, 드론 산업의 세계적 시장 상황, 도심항공교통(UAM) 체계, UAM 체계의 개선할 점에 대해서 정리해 발표함. 추후 활동으로 우리나라 UAM 기술의 발전 동향, 정부 차원의 노력, 상용화 전망에 대해서 심층 조사하고 보고서를 작성해 제출함.

단원명 | 국토의 변화와 균형 발전 탐구

🔍 인구구조의 변화, 저출생, 고령화, 다문화, 식생활의 변화, 지속가능한 농업, 산업구조 전환, 수도권 집중, 지방소멸, 국토균형발전

[12한탐03-01] ● ● ●

통계 자료를 활용해 우리나라 인구 및 가구구조의 변화를 시각화 및 분석하고, 저출생, 고령화, 다문화 가구의 증가에 대응하기 위한 방안을 모색한다.

➡ 우리나라 생산활동가능인구(15-64세)는 2016년을 정점으로 감소하고 있고, 낮은 출산율로 고령화가 빠르게 진행됨에 따라 2060년에는 노인 부양률이 급격하게 높아질 것으로 예상된다. 2015년 우리나라의 노인 부양률은 20명으로 OECD 평균(28명)보다 낮으나 2060년에는 일본과 동일한 수준인 79명으로 늘어나 OECD 평균(57명)을 크게 초과할 것으로 보인다. 현재 우리나라의 고령화 실태와 이에 대응하기 위한 과학기술 정책의 방향을 조사한 뒤 발표해 보자.

관련 학과 자연계열 전체

《**대한민국, 넥스트 레벨**》, 김영섭 외 11명, 21세기북스(2023)

[12한탐03-02] ● ● ●

식생활 변화 및 세계화에 따른 우리나라 농업의 변화를 이해하고, 지속가능한 농업과 농촌을 위한 정책을 제안한다.

➡ 우리나라는 산업화 및 도시화 과정에서 농촌의 인구가 감소하고 고령화가 진행되어 농촌의 기반이 약화되었다. 곡물 수요 감소와 농산물 시장 개방에 따라 농가 소득도 감소하면서 농촌의 거주 환경은 더욱 악화되고 있다. '새로운 패러다임 속 지속 농업의 발전 방향'이란 주제로 급격한 농업 환경의 변화, 농업 패러다임의 변화, 지속 농업의 개념, 지속 농업의 필요성과 유익함, 농업 생태적 원리와 기존 지속 농업에 대한 평가, 지속 농업의 발전 방안 등을 탐구하여 발표해 보자.

관련 학과 농산업학과, 농생물학과, 미래농업융합학부, 바이오시스템공학과, 산림환경시스템학과, 생물환경화학과, 스마트농산업학과, 스마트팜공학과, 식물자원학과, 유전공학과

《**지속가능한 농업**》, 최규홍, 백산출판사(2023)

[12한탐03-03]

산업구조의 전환이 지역 경제에 미치는 영향을 이해하고, 이를 바탕으로 최근 급속하게 성장한 지역과 위기의 징후가 나타나는 지역의 성격과 특징을 비교한다.

➡️ 가전, 정보통신, 자동차 등 한국의 주력 산업은 미래 시장으로의 정면 돌파가 필요한데, 사업 다각화나 시장 재조정 등에 있어 지극히 방어적 포지션에 머물러 있다. 지속 성장을 구가하는 반도체와 디스플레이는 GVC(글로벌 가치사슬) 재편 게임에 휘둘리고 있고, 신기술 산업군은 힘 있는 성장과 시장 개발을 못 하고 있는 실정이다. GVC 재편, 탄소중립, 디지털 대전환 등 외부의 위협 요소를 기회로 전환하기 위해서는 대한민국 산업구조 전환을 이루어 낼 특단의 대응책과 담대한 도전이 필요하다. 한국 경제의 위기 극복과 제2의 경제 도약을 위한 정책적 대응 전략을 제안해 보자.

[관련 학과] 자연계열 전체

《담대한 전환 대한민국 산업미래전략 2030》, 한국공학한림원, 잇플(2021)

[12한탐03-04]

수도권 집중에 따른 지방소멸과 국토 불균등 발전 문제에 대한 인식을 바탕으로 국가 및 지역 수준의 국토균형발전 방안을 제안하고 실현 가능성을 평가한다.

➡️ 저출산과 고령화, 수도권의 인구 집중으로 인한 인구 균형의 상실은 사회를 유지해 나가는 데 있어 큰 걸림돌이다. 지방을 살리는 길, 곧 '지방회생'의 길은 수도권 집중 현상을 억제하고 인구 감소 문제를 해결하는 길과 연결된다. 일본의 사례를 참고해 우리나라 국토균형발전의 획기적인 방안을 제안해 보자.

[관련 학과] 자연계열 전체

《지방회생》, 야마시타 유스케, 변경화 외 2명 역, 이상북스(2019)

단원명 | 환경과 지속가능성 탐구

🔍 | 세계자연유산, 자연경관, 도시화, 관광지 개발, 지속가능한 활용, 자연재해, 탄소중립, 생태환경

[12한탐04-01]

세계유산으로 등재된 한반도 자연경관의 가치를 탁월성과 보편성의 측면에서 설명하고, 이를 토대로 등재 가능한 자연경관을 추천한다.

➡️ 제주도는 2007년 우리나라 최초로 '제주 화산섬과 용암동굴'이라는 이름으로 세계자연유산에 등재되었다. 등재된 곳은 한라산 천연보호구역, 성산일출봉, 거문오름 용암동굴계로 제주도 전체 면적의 약 10%를 차지한다. 한라산은 화산 활동에 의해 생성된 순상(방패 모양) 화산체이다. 성산일출봉은 제주도에 분포하는 360개의 단성 화산체 중 하나이며, 해안선 근처의 뛰어난 경관을 제공하는 수성 화산체이다. 거문오름 용암동굴계는 지금으로부터 약 10~30만 년 전 거문오름에서 분출된 용암 때문에 만들어진 여러 개의 용암동굴이다. 이들 세 곳의 특징, 선정 이유, 세계자연유산으로서의 가치에 대해 조사한 뒤 발표해 보자.

[관련 학과] 자연계열 전체

《제주, 아름다움 너머》, 강정효, 한그루(2020)

[12한탐04-02] ● ● ●

도시화, 농업, 관광지 개발로 인한 산지, 하천, 해안지역의 변화를 조사하고, 환경과 개발에 대한 관점이 자연환경의 복원 및 지속가능한 활용에 미치는 영향을 파악한다.

➡ 과거 반세기 동안 우리나라는 비약적인 경제 발전을 이루었으나 그 부작용으로 국토와 환경의 지속가능성이 위협받고 있다. 따라서 지속가능한 사회를 만들기 위해서는 경제 성장 중심의 정책에서 벗어나 생산과 소비를 자원 소모형에서 자원 순환형으로 전환해야 한다. 지속가능 발전을 위한 개인의 실천 사례를 조사해 보고, 개개인의 노력이 왜 중요한지에 대해서 발표해 보자.

　관련 학과　자연계열 전체
《우리가 세상을 바꿀 수 있다면》, 모건 사이먼, 김영경 외 2명 역, 알에이치코리아(2021)

[12한탐04-03] ● ● ●

우리나라 및 우리 지역에서 주로 발생하는 자연재해의 유형과 특징을 분석하고, 이를 토대로 자연재해의 경감 대책을 조사하고 평가한다.

➡ 우리나라의 자연재해는 주로 태풍, 홍수, 집중호우, 강풍, 풍랑, 해일, 대설, 가뭄, 황사 등이다. 자연재해는 인간 활동에 심각한 영향을 미치기 때문에 이를 예방하는 것은 국민의 생명과 재산을 보호하고 사회의 안전을 보장하며 더 나아가 국가의 지속가능성을 확보하는 데 중요한 문제다. 우리나라 자연재해의 유형과 특징, 원인별 자연재해 피해 비중, 자연재해를 막기 위한 정부의 대책에 대해서 조사한 뒤 발표해 보자.

　관련 학과　대기과학과, 대기환경과학과, 재난방재학과, 지구환경공학부, 해양환경과학과, 환경과학과, 환경학과
《자연재해의 이해》, 유철상, 고려대학교출판문화원(2020)

[12한탐04-04] ● ● ●

우리나라의 에너지원별 발전에 관한 주요 쟁점을 조사하고, 탄소중립 달성을 위한 에너지 정책을 제안한다.

➡ 2023년 '제10차 전력수급기본계획'은 2021년 기준 7.1% 수준이던 재생에너지 발전 비중을 2036년 28.9%까지 끌어올리고, 이를 위해 80기가와트 규모의 신규 설비를 확충하겠다는 목표를 제시했다. 그러나 이 목표가 실현 가능한 것인가는 면밀한 검토가 필요해 보인다. 재생에너지 보급 확대를 위한 정부 차원의 지원, 재생에너지 확충 정책의 내용과 효과, 우리나라의 재생에너지 보급 정책이 갖는 시사점에 대해서 조사한 뒤 발표해 보자.

　관련 학과　대기과학과, 대기환경과학과, 에너지환경공학과, 지구시스템과학과, 지구환경공학과, 지구환경과학과, 해양환경과학과, 환경공학과, 환경과학과, 환경학과

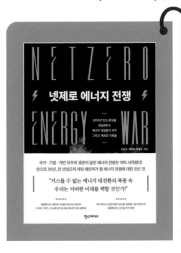

　책 소개
국가, 기업, 개인 모두의 생존이 달린 에너지 전쟁은 이미 시작됐다! 앞으로 30년, 전 산업군의 게임 체인저가 될 에너지 전쟁에 대한 모든 것을 담은 이 책은 에너지 대전환이라는 긴급하고도 새로운 시대적 요구 속에서 기업과 개인이 반드시 알아야 하는 에너지 담론을 총체적으로 다루며, 에너지 문제에 대한 해답을 찾아간다.

　세특 예시
기후위기 시대, 에너지 산업의 미래에 대한 궁금증이 생겨, 관심주제 심화

넷제로 에너지 전쟁

정철균 외 2명, 한즈미디어(2022)

독서 활동에서 '넷제로 에너지 전쟁(정철균 외)'을 읽고 전 세계 에너지 시장 불안정의 원인, 지속가능한 에너지원으로의 에너지 대전환이 필수불가결한 이유, 경제적이면서 현실적인 에너지 대전환 시나리오, 글로벌 에너지 기업들의 생존 전략, 글로벌 에너지 기업들의 탈탄소 혹은 저탄소 기조에 맞춘 사업 포트폴리오 전환, 다양한 미래 에너지원에 투자하는 에너지원 다변화 전략, 탄소중립 시나리오 중 가장 경제적인 방법인 원자력 발전, 세계적인 에너지 회사의 도전과 혁신 사례, 수소에너지의 현황과 미래에 대해 정리해서 발표함. 추후 활동으로 에너지 산업의 비전과 미래, 에너지 효율 극대화를 위한 다양한 기술 개발(스마트 그리드, 탄소 포집, 재생에너지)에 대해 심층 조사·분석한 뒤 보고서를 작성해 제출함.

단원명 | 동아시아 갈등과 공존 탐구

| 🔍 | 남북 협력, 접경지역, 지정학, 북한의 지리적 특징, 동아시아의 갈등과 협력, 평화와 공존

[12한탐05-01]   • • •

북한의 지리적 특징과 당면 과제에 대한 이해를 바탕으로 남북 협력의 가능성을 모색한다.

➡ "전쟁은 인간의 마음에서 시작되므로 평화의 방법을 세워야 할 곳은 인간의 마음"이라고 유네스코 헌장 전문에 명시되어 있듯이, 유네스코는 2개 이상의 국가가 공동으로 신청하는 접경생물권보전지역을 장려하여 지역의 생물다양성을 보전하면서 국가 간 협력과 평화를 도모하고 있다. 생물권보전지역이란, 전 세계적으로 보전 가치가 있어 지속가능한 발전을 지원하기 위해 유네스코에서 선정하는 생태계 지역을 말한다. 한반도의 평화와 번영을 위해 남북한이 공동으로 추진할 수 있는 생물권보전지역을 선정하고, 생물권보전지역의 역할과 기능을 조사하여 발표해 보자.

관련 학과 자연계열 전체

《생태의 시대와 DMZ》, 최재천, 열린책들(2021)

[12한탐05-02]   • • •

한반도를 둘러싼 국가 간 경계와 접경지역을 분석하고, 동아시아 지역의 발전과 평화·공존을 위한 지정학적 전략을 토론한다.

➡ 21세기에 들어 전 세계는 아시아의 경제 성장과 과학기술 발전에 주목하고 있으며 이러한 성장세에 미국, 유럽연합 등은 아시아를 견제 대상으로 삼고 있다. 전 세계적인 에너지 위기와 이공계 인력 문제 해결을 위한 대안으로 자원과 인력이 풍부한 아시아 국가가 주목받고 있는 요즘, 동아시아 국가의 과학기술 교류 현황과 미래의 과학기술 교류협력 활성화 방안에 대해 조사한 뒤 발표해 보자.

관련 학과 자연계열 전체

《동아시아 과학의 차이》, 김영식·임종태, 사이언스북스(2013)

선택 과목	수능		절대평가	상대평가
진로 선택	X	도시의 미래 탐구	5단계	5등급

단원명 | 삶의 공간, 도시

| 🔍 | 도시적 생활양식, 혁신도시, 도시의 유형, 거주 적합성, 스마트시티

[12도탐01-01] • • •

도시의 의미를 이해하고, 도시의 특성이 도시적 생활양식에 미치는 영향을 일상 공간을 사례로 탐구한다.

➡ 미국의 실리콘밸리, 프랑스의 소피아 앙티폴리스, 영국의 케임브리지, 스웨덴의 시스타, 핀란드의 오울루, 일본의 츠쿠바, 대만의 신주 등의 도시들은 산·학·연·관 네트워크를 이루며 공공기관이 혁신의 촉매 기능을 수행하는 '혁신 클러스터'이다. 이들 도시는 한국 정부가 국토균형발전을 목표로 추진 중인 혁신도시가 어떤 모습이어야 할지를 가늠케 하는 좋은 사례이다. 세계의 혁신도시 한 곳을 선정해 혁신도시가 되기까지의 과정, 혁신 전략, 차별화되는 특징, 우리나라 혁신도시 조성에 참고할 만한 점 등을 조사한 뒤 발표해 보자.

관련 학과 자연계열 전체

《**도시의 열쇠: 경제지리, 제도, 혁신, 정의**》, 마이클 스토퍼, 이재열 역, 국토연구원(2021)

[12도탐01-02] • • •

도시의 발달 과정에 대한 이해를 바탕으로 하여 다양한 유형의 도시를 비교하고, 내가 사는 도시의 발달 과정을 탐구한다.

➡ 중세에서 오늘날에 이르는 도시의 변화 과정은 크게 네 유형으로 나뉜다. 첫 번째 유형인 '폐쇄형'은 중세 도시에 해당된다. 두 번째 유형인 '구조형'은 르네상스 도시 또는 바로크 도시와 관련된다. 초기 그리스 및 로마의 도시 개념으로부터 크게 영향을 받은 이 유형은 오늘날 우리가 살고 있는 도시에 구성적 원리를 제공하였다. 세 번째 유형인 '실용형'은 산업 도시와 관련이 있으며, 특히 미국의 여러 도시의 기본이 되고 있다. 그리고 가장 최근의 유형인 '개방형'은 근대 및 오늘날의 도시에 해당된다. 도시의 네 가지 유형을 비교·분석하여 발표해 보자.

관련 학과 자연계열 전체

《**파리 도시건축의 역사**》, 임석재, 이화여자대학교출판문화원(2023)

[12도탐01-03] • • •

살기 좋은 도시에 대한 다양한 관점을 비교하고, 살기 좋은 도시의 사례와 특징을 조사한다.

➡ '넥서스 시티(Nexus City)'란 신교통 시스템이 구현된 초연결 도시, 친환경 생태공간이 구현된 순환 도시, 생활공간과 업무공간의 스마트한 연결로 삶의 질이 높아지는 활력 도시, 인구 감소, 고령화 등 사회 변화에 따른 포용 도시를 의미한다. 불확실한 미래 환경 속에서 시민의 행복을 위해서는 인간과 기술, 자연이 연계되고 통합된

미래 도시의 구축이 필요하다. 넥서스 시티의 미래 비전, 실제 청사진을 조사하여 발표해 보자.

관련 학과 자연계열 전체

《**스마트시티, 유토피아의 시작**》, 정동훈, 넥서스BIZ(2019)

단원명 | 변화하는 도시

| 🔍 | 도시 체계, 도시 공간 구조, 문화 자산, 도시 브랜딩과 건축, 도시 경관, 서비스업, 소비주의, 첨단 산업, 모빌리티, 정보통신기술, 스마트 도시, 미래 도시

[12도탐02-01]   ● ● ●

도시 간의 상호 작용과 교류에 의해 형성되는 도시 체계를 이해하고, 도시 공간 구조는 고정되지 않고 지속해서 재구성됨을 인식한다.

➡ 현대 건축을 삐딱하게 보면, 더 이상 기념비적인 것을 추구하지 않으며, 영원한 변화를 갈망하면서 언제나 새롭게 재편되길 기다리는 공간이 그 자리를 차지했다고 볼 수 있다. 이것은 단지 건축 역사의 종말이 아니라 역사 그 자체의 종말, 즉 이 세계에서 우리는 더 이상 앞으로 나아갈 수 없고 현재에 영원히 유폐됨을 의미한다. 정크스페이스(쓰레기 공간)의 의미와 사례를 조사한 뒤, 쓰레기 공간의 관점에서 현대 도시 건축의 문제점을 분석하여 발표해 보자.

관련 학과 자연계열 전체

《**정크스페이스 | 미래 도시**》, 렘 콜하스·프레드릭 제임슨, 임경규 역, 문학과지성사(2020)

[12도탐02-02]   ● ● ●

문화 자산을 활용한 도시 브랜딩과 건축이 도시의 경관과 도시에 대한 인식 변화에 미친 영향을 탐구한다.

➡ 산업이 점차 고도화되어 감에 따라, 공적 공간으로서 가로수와 광장의 중요성이 더욱 커지고 있다. 앞으로의 도시는 '필요에 의한 공간'을 넘어, '살기를 희망하는 공간'이 되어야 한다. 기술 발전으로 우리 삶을 편리하게 해줄 요소들이 곳곳에 자리하겠지만, 그와 함께 인공과 자연이 조화를 이루는 공간, 소통과 휴식, 풍요로움을 느낄 수 있는 조경 공간의 중요성은 더욱 높아질 것이다. 도시 조경의 우수 사례를 조사하여 발표해 보자.

관련 학과 자연계열 전체

《**도시를 건축하는 조경**》, 박명권, 한숲(2018)

[12도탐02-03]   ● ● ●

서비스업의 성장과 소비주의 심화가 도시 경제와 도시의 경관, 생활양식 변화에 미친 영향을 분석한다.

➡ 마케팅의 중심에는 항상 소비자가 있다. 마케팅은 소비자를 더 잘 이해하기 위해서 그동안 심리학, 통계학, 정보통신, 미학, 언어학 등 다양한 기반 학문을 받아들여 발전해 왔다. 최근에는 뇌신경과학 분야의 조사 기법을 활용해 소비자의 뇌가 마케팅 활동에 반응하는 패턴을 관찰, 연구하는 뉴로 마케팅이 주목받고 있다. 뉴로 마케팅(Neuromarketing)의 원리, 기법, 사례를 조사한 뒤 발표해 보자.

관련 학과 자연계열 전체

《**낭비 사회를 넘어서**》, 세르주 라투슈, 정기헌 역, 민음사(2014)

국어 교과군

영어 교과군

수학 교과군

도덕 교과군

사회 교과군

과학 교과군

[12도탐02-04]

• • •

첨단 산업과 모빌리티의 발달이 도시의 성장과 쇠퇴에 미치는 영향을 조사하고, 정보통신기술의 발달로 출현하고 있는 스마트 도시를 사례로 살고 싶은 도시의 미래 모습을 예측한다.

➡ 스마트 그린 시티란, 지속가능성과 탄소중립의 원칙을 준수하는 도시 계획 및 설계 기술을 적용하고, 이를 지원해 줄 수 있는 ICT 기반의 운영관리 스마트 시스템을 통합적으로 계획하는 융·복합형 도시이다. 지구온난화에 따른 생태계의 변화가 감지되면서 기후변화에 대응하는 것이 중요해졌고, 이산화탄소 저감 대책 마련에 전 세계의 관심이 쏠리고 있다. 스마트 그린 시티는 에너지 효율성 증대 및 탄소 배출 저감, 도시 경쟁력 강화, 삶의 질 증대 등을 목표로 한다. 스마트 그린 시티의 조성 배경, 비전과 전략, 해외 사례, 우리나라의 개발 현황을 조사하여 발표해 보자.

관련 학과 자연계열 전체

《**스마트시티 세계**》, 김용학, 기문당(2020)

단원명 | 도시 문제와 공간 정의

| 🔍 | 환경 문제와 재난, 공간 정의, 공간 부정의, 공간 불평등, 아파트, 주거 문제, 도시 재생, 젠트리피케이션, 빗장 도시, 다문화, 기후변화

[12도탐03-01]

• • •

도시의 환경 문제와 재난은 자연적 요인과 사회적 요인이 복합적으로 작용하여 발생하고 있음을 사례를 통해 파악하고, 이를 공간 정의의 관점에서 분석하여 해결 방안을 탐색한다.

➡ 오늘날 도시는 비약적인 산업 성장에 따라 인구가 집중된 장소이다. 물질적 부가 창출되지만, 동시에 자연 자원이 대대적으로 소모되고 온갖 환경 문제가 집중되는 장소이기도 하다. 특히 우리나라의 경우 짧은 기간 동안 서울과 수도권으로 전체 인구의 절반이 집중되면서 많은 문제를 낳고 있다. 우리나라의 도시 형성 배경, 산업 구성, 인구 규모에 따른 환경 문제의 양상, 이를 해결하기 위한 환경 정책을 조사한 뒤 발표해 보자.

관련 학과 자연계열 전체

《**탄소중립시대의 환경정책**》, 한국환경정책학회, 박영사(2023)

[12도탐03-02]

• • •

부동산에 대한 인식 변화와 도시의 주거 문제 심화 사례를 조사하고, 이를 공간 정의의 관점에서 분석하여 해결 방안을 탐색한다.

➡ 현대 도시의 장엄한 외관과 물질적 풍요에도 불구하고, 그 안의 도시인들은 자유롭지 못하고 큰 고통과 억압을 느끼기도 한다. 이는 자신이 만든 도시 공간이 물신화함에 따라 그 삶에 소외가 만연해 있기 때문이다. 헤겔과 마르크스, 하이데거 이후 1960~1970년대 정점을 이루었던 소외 연구는 최근 새롭게 재조명되고 있다. 오늘날 도시 공간이 처해 있는 위기 상황을 소외의 개념, 특히 새롭게 제시하는 '장소 소외'와 르페브르가 주창한 '도시 소외'의 개념으로 정의해 보고, '도시 소외'를 극복하기 위한 방안을 제안해 보자.

관련 학과 자연계열 전체

《**도시 소외와 공간 정의**》, 최병두, 한울(2023)

[12도탐03-03] •••

국제 이주에 따라 도시의 인구 구성과 공간 구조가 변화하여 발생하는 문제를 조사하고, 도시 구성원들의 다양성과 차이를 존중하고 공존하는 방안을 모색한다.

➡ 교통과 통신이 발달하면서 교류가 활발해지는 세계화 추세에 따라 오늘날 국내에 거주하는 외국인의 증가 속도가 가속화되고 있다. 특히 우리나라의 노동시장 개방으로 외국인 노동자의 국내 취업이 증가하였고, 국제결혼, 외국인 유학생의 유입도 증가에 영향을 주었다. 1990년대 이후 급증한 국내 체류 외국인을 유형별로 살펴보고, 외국인 이민자의 증가에 따른 도시 공간의 변화를 조사하여 발표해 보자.

관련 학과 자연계열 전체

《외국인 및 이민자 유입이 노동시장에 미치는 영향》, 이종관, 한국개발연구원(2021)

단원명 | 도시의 미래

| 🔍 | 지속가능, 회복력, 생태 지향적 건축, 에너지 전환, 재난과 위험 관리, 사회적 약자 보호, 공공성, 공동체, 공유 경제

[12도탐04-01] •••

지속가능성과 회복력이 높은 도시가 되기 위한 요건에 대해 토의하고 이와 관련한 도시 계획 및 도시 혁신 사례를 탐구한다.

➡ 친환경 도시 건축은 환경 친화적인 건축을 추구하기 때문에, 대기오염, 폐기물 문제와 같은 환경적 이슈를 야기하지 않는다. 불필요한 에너지 소비와 낭비를 막아 에너지 자급자족을 실현할 수 있다. 친환경 도시 건축은 경제적인 가치도 지니며, 다양한 분야에서 일자리 창출을 통해 지속가능한 경제와 사회 발전에 기여할 수 있다. 따라서 친환경 도시 건축은 인간의 삶과 더불어 환경, 경제에서의 지속가능성까지 이끌어 낼 미래 지향적인 건축으로 주목받고 있다. 대표적인 친환경 도시 건축의 특징, 친환경 도시 건축의 사례를 조사한 뒤 발표해 보자.

관련 학과 자연계열 전체

《친환경건축설계》, 프란시스 D. K. 칭 외 1명, 반상철 역, 스페이스타임(2016)

[12도탐04-02] •••

도시의 공공성을 높이기 위한 도시 정치의 중요성을 이해하고, 도시를 만들어 가는 주체로서 시민이 가져야 할 바람직한 태도를 함양하여 도시 정치에 적극적으로 참여한다.

➡ 삶과 공간 환경 간의 관계가 어떻게 설정되느냐에 따라 그 공간의 에너지와 성격이 결정된다. 공간이 자본에 의한 사유(私有)의 잉여 가치를 보장하는 수단으로 활용될 것인지, 아니면 공간의 사회적 가치로써 공유(共有)의 에너지를 만들어 모두의 삶을 보다 더 윤택하게 할 것인지는 공공성이라는 가치를 어떻게 디자인하는가에 달려 있다고 할 수 있다. 도시 공간의 공공성 회복을 위한 획기적인 방안을 제안해 보자.

관련 학과 자연계열 전체

《건축과 도시, 공공성으로 읽다》, 이영범·염철호, auri(2012)

국어 교과군

영어 교과군

수학 교과군

도덕 교과군

사회 교과군

과학 교과군

선택 과목	수능	동아시아 역사 기행	절대평가	상대평가
진로 선택	X		5단계	5등급

단원명 | 동아시아로 떠나는 역사 기행

| 🔍 | 지정학, 생태환경, 유목 세계, 농경 세계, 해양 세계, 한자, 불교, 유교, 율령, 계절풍

[12동역01-01] • • •

역사 기행을 통한 탐구의 방법을 이해하고, 동아시아의 범위와 특징을 파악한다.

➡ 서로 다른 문화권의 과학을 비교하거나 문화 간 과학의 전래 현상을 살펴보면 교류와 협력을 통해 과학이 발전해 왔음을 알 수 있다. 서양 과학과 비교 연구를 해 보면 동아시아 과학의 차이를 더 깊이 이해하고, 서양 과학이 동아시아에 전래되고 수용되는 과정을 살펴봄으로써 동아시아 과학이 어떻게 발전했는지 명확히 알 수 있을 것이다. 더 나아가 한국 근대과학의 발전사까지도 알 수 있다. 동양과 서양의 과학을 비교·분석한 뒤 발표해 보자.

관련 학과 자연계열 전체

《**동아시아 과학의 차이**》, 김영식·임종태, 사이언스북스(2013)

[12동역01-02] • • •

생태환경을 바탕으로 형성된 유목 세계, 농경 세계, 해양 세계의 삶을 이해한다.

➡ 전 세계적으로 환경이나 자원의 이용을 둘러싼 국가 간의 갈등 위험은 상존하고 있고, 더 커져 가고 있다. 역사적으로도 많은 국가 간 분쟁이 이러한 문제 때문에 발생했다. 따라서 이를 해결하기 위한 노력이 중요하다 하겠다. 최근에는 기후변화에 따른 물 부족 우려로 국가 간의 물 분쟁이 많은 관심을 받고 있는데, 대표적인 물 분쟁 사례가 중국에서 발원해 미얀마, 태국, 라오스, 캄보디아, 베트남을 거쳐 남중국해로 흐르는 메콩강 문제이다. 기후위기에 대응하여 동아시아 지역에 지속가능한 환경 및 생태적 평화를 이룰 수 있는 방안을 제안해 보자.

관련 학과 자연계열 전체

《**동유라시아 생태환경사**》, 우에다 마코토, 임성모 역, 어문학사(2016)

단원명 | 교류와 갈등의 현장에서 만난 역사

| 🔍 | 청동기, 비단길, 인구 이동, 조공·책봉, 다원적 외교, 몽골 제국, 동서 교역, 유학, 불교, 율령, 성리학, 양명학, 임진 전쟁, 병자 전쟁, 조공 무역, 은 유통

동아시아의 지역 간 교류를 보여주는 문화유산을 탐구한다.

중국의 천문학은 역서(曆書)의 제작으로 시작된다. 은대(殷代)에 이미 조잡한 태음태양력을 만들었다. 주대(周代) 중엽에 윤달을 넣는 규칙이 정확하게 되고, 정연한 태음태양력이 만들어졌다. 또 기원전 4세기경부터 행성을 관측했으며, 일·월식의 주기성 등에 주목하였다. 한나라 무제(武帝) 시기에 '태초력(太初曆)'이 제정되었다. 우주론은 선진 시대와 후한 시대에 활발하였다. 근대 이전 중국 천문학 발전의 역사를 조사하여 발표해 보자.

관련 학과 자연계열 전체

《**중국의 과학문명**》, 야부우치 기요시, 전상운 역, 사이언스북스(2014)

종교와 사상을 중심으로 동아시아 각 지역 간 교류 양상을 파악한다.

독일의 철학자 라이프니츠는 《주역》에 관심이 많았다. 그는 《주역》의 철학적 의미보다는 수학적 의미에 관심을 두었는데, 4천 년 전 중국의 복희씨가 이진법을 발견했다는 것에 놀라면서 그를 칭송하였다. 나아가 그는 《주역》의 64괘에 대한 이해 면에서 고대 중국인들이 종교적·학문적으로 현대의 중국인들보다 훨씬 더 뛰어나다고 말한 바 있다. 라이프니츠의 《주역》에 대한 해석과 컴퓨터가 《주역》의 음양 이론에서 탄생하게 된 과정을 조사하여 발표해 보자.

관련 학과 자연계열 전체

《**라이프니츠가 만난 중국**》, 빌헬름 라이프니츠, 이동희 역, 이학사(2003)

몽골의 팽창 및 17세기 전후 동아시아 전쟁이 초래한 변화를 이해한다.

역사가 증명하듯 우수한 무기 체계의 보유 여부는 전쟁에서 대규모의 병력, 장수의 뛰어난 지휘력, 잘 훈련된 군대 못지않게 승패를 가르는 주요한 기준이었다. 17세기를 전후한 시기에 동아시아 삼국(조선, 명, 일본)은 화약을 이용한 총통과 홍이포, 조총 등 다양한 무기를 활용해 전쟁을 벌였다. 또한 적의 공격을 막아 내기 위한 방어 시설로 성곽을 갖추었다. 동아시아 삼국의 대표 무기와 성곽의 특징을 조사하여 발표해 보자.

관련 학과 자연계열 전체

《**임진왜란 동아시아 삼국전쟁**》, 정두희·이경순, 휴머니스트(2007)

이슬람과 유럽 세력의 참여를 통해 확대된 동아시아 교류의 모습을 탐구한다.

은(銀)은 동아시아의 국제 교역을 뒷받침하는 화폐로 널리 사용되었다. 조선과 중국 및 일본을 잇는 무역의 발전은 임진, 병자 전쟁을 거친 17세기 중반 이후부터 본격적으로 이루어졌다. 17세기 중반부터 18세기 중반까지 약 1세기 동안 동북아시아의 경제 흐름은 조선이 매개하고 있었다. 조선은 일본과의 무역에서 왜은(倭銀)과 인삼을 교환하고, 다시 왜은을 중국의 비단과 교환하는 무역을 근간으로 경제적 부를 축적했다. 이른바 조선의 중개 무역이 발전해 간 것이다. 은의 유통을 통한 동아시아 교역의 변화 과정을 조사하여 발표해 보자.

관련 학과 자연계열 전체

《**전근대 동아시아 국제관계와 대외무역**》, 하원수·박기수, 선인(2008)

단원명 | 침략과 저항의 현장에서 만난 역사

| 🔍 | 제국주의 열강, 반제국주의 민족 운동, 개항, 불평등 조약, 근대 국민 국가, 자유민권 운동, 1차 세계 대전, 민족자결주의, 워싱턴 체제, 만주사변, 중·일 전쟁, 세계 대공황, 2차 세계 대전, 태평양 전쟁, 반제·반전을 위한 국제 연대, 만국공법, 사회 진화론, 근대적 시간 관념, 근대 도시

[12동역03-01]   • • •

동아시아 지역에서 전개된 제국주의 열강의 침략 전쟁을 탐구한다.

➡ 일본의 근대사를 살펴보면, '식산흥업'과 '부국강병'을 목표로 했던 메이지 일본의 근대화 과정, 열강의 반열에 오르기 위해 식민지 자원 약탈에 빠져드는 과정, 전시의 총력 동원 체제를 거쳐 진행된 산업화 과정에서 공통점을 발견할 수 있다. 중앙 정부, 산업계, 학계 등이 총동원된 체제라는 것이다. 그리고 과학기술은 그 도구일 뿐이었다. 그럼에도 일본 과학기술의 발전은 놀랄 만하다. 2차 세계 대전이 일본의 과학기술 발전에 미친 영향을 조사하여 발표해 보자.

관련 학과 **자연계열 전체**

《**일본 과학기술 총력전**》, 야마모토 요시타카, 서의동 역, AK(2019)

[12동역03-03]   • • •

제국주의 열강의 침략과 전쟁이 지역 생활과 생태환경에 끼친 영향을 탐구한다.

➡ 일본이 과학기술 발전에 국가적 심혈을 기울였던 이유는 메이지유신 이후 서구 열강들의 식민지 지배 과정을 지켜보면서 일본이 그렇게 당하지 않을 방법은 오로지 부국강병뿐임을 뼈저리게 느꼈기 때문이다. 그래서 일본이 선택한 방법은 서구의 과학기술을 무수정 도입한 후 국가 주도로 이를 응용·개량하는 과정을 거쳐 일본화하고, 그다음 이를 철저히 분석하여 원천기술을 보유하는 것이었다. 일본 과학자 중 노벨상을 수상한 인물을 한 명 선정한 뒤, 그의 생애와 업적을 조사하여 발표해 보자.

관련 학과 **자연계열 전체**

《**과학분야에서 일본 노벨상수상자가 많은 이유는 무엇일까?**》, 비피기술거래, 비티타임즈(2022)

단원명 | 평화와 공존의 현장에서 만난 역사

| 🔍 | 연합국의 전후 처리, 냉전, 자본주의, 사회주의, 국·공내전, 중국의 공산화, 6·25 전쟁, 베트남 전쟁, 한·일 국교 정상화, 데탕트, 일본의 55년체제, 한국 경제 발전과 민주화, 타이완의 경제성장과 민주화, 대약진 운동, 문화대혁명, 중국의 개혁·개방, 북한의 체제 고착화, 베트남의 개혁·개방, 동아시아 지역 갈등, 동아시아 역사 갈등

[12동역04-01]   • • •

냉전 시기 동아시아 지역에서 전개된 전쟁을 탐구하고, 각국의 정치·사회적 변화를 파악한다.

➡ 1950년대 중반, 중국은 기존의 적이었던 미국뿐만 아니라 그동안 공산주의 종주국으로 모셨던 소련과의 사이

도 악화되자 독자적으로 핵과 유도탄을 개발하여 안보를 담보하려 했다. 그리하여 1960년대부터 1970년대까지 원자폭탄, 수소폭탄, ICBM을 차례대로 개발하게 된다. 이렇듯 양탄일성에 성공함으로써 중국은 소련을 의식하지 않고 본격적으로 독자 행동을 할 수 있게 되었다. 강화된 국력을 바탕으로 국제 무대에서 중요한 외교 플레이어가 된 중국은 대만을 축출하고 UN 상임이사국 중 한 자리를 차지하기에 이른다. 양탄일성(兩彈一星)은 '두 개의 폭탄과 하나의 인공위성(Two bombs, One Satellite)'이라는 뜻의 한문 표어이다. 중국 핵무기 개발의 역사를 조사해 발표해 보자.

관련 학과) 자연계열 전체

《**핵무기의 모든 것**》, 기획집단MOIM, 도서출판그림씨(2023)

[12동역04-02]   • • •

경제 및 대중문화 교류가 확대되는 모습을 이해하고, 다문화 사회의 현실을 파악하여 공존을 위한 노력을 모색한다.

➡ 중국의 우주 사업은 1956년에 시작되었다. 2022년 4월 16일 우주정거장 '톈궁' 건설을 위해 우주에 머물렀던 우주 비행사 3인을 실은 유인 우주선 '선저우 13호'가 6개월간의 우주 체류를 마치고 무사 귀환했다. 2020년 6월 23일에는 '베이더우 3호' 위성항법시스템(GPS)의 마지막 위성이 궤도에 진입하면서 중국의 독자적 글로벌 위성항법시스템이 완성되었으며, 2020년 12월 24일 달 탐사 우주선 '창어 5호'는 달에서 표본을 채취하고 지구 귀환에 성공했다. 중국 우주개발의 역사와 현재 우주 과학기술의 발전 수준을 조사하여 발표해 보자.

관련 학과) 자연계열 전체

《**중국의 우주 굴기**》, 이춘근, 지성사(2020)

[12동역04-03]   • • •

동아시아의 역사 및 영토 갈등과 새롭게 대두되는 문제를 파악하고 해결하려는 자세를 갖는다.

➡ 벼는 인구 부양력이 높은 작물이기에 밀, 옥수수와 함께 주식으로 자리 잡았다. 특히 벼는 논농사가 발전한 아시아 동부에서 중시되는 작물이다. 동아시아 역사에서 벼농사는 기원전 6000년경에 기온이 높고 강수량이 풍부하며 늪지가 많은 창장강 중·하류 지역에서 처음 시작되었다. 벼의 작물상의 특징, 벼 재배의 장점과 단점, 벼농사의 전파 과정과 그 과정에서 나타난 한국, 중국, 일본의 각 나라별 벼농사의 특징을 조사해 보고서를 작성해 보자.

관련 학과) 농산업학과, 농생물학과, 대기과학과, 대기환경과학과, 미래농업융합학부, 산림학과, 산림환경시스템학과, 생물환경화학과, 스마트농산업학과, 스마트팜과학과, 스마트팜학과, 스마트푸드테크학과, 식물자원학과, 식품공학과, 식품영양학과, 유전공학과

《**벼**》, 박광호 외 3명, 농민신문사(2016)

➡ 연 강수량이 400㎜ 이하이고 기온이 낮아 곡물 재배가 어려운 내륙의 고원 및 초원 지대에서는 주로 목축이 이루어졌다. 이 지역 사람들은 대부분 계절에 따라 일정한 지역을 정기적으로 오가며 가축을 기르는 유목 생활을 하였다. 유목민은 오축(소, 돼지, 말, 양, 닭) 등을 길렀으며 수렵을 통해 생계를 보조하였다. 동아시아사에서 오축 사육의 역사, 가축의 종류에 따른 사육방법을 조사해 발표해 보자.

관련 학과) 농산업학과, 농생물학과, 동물생명자원학과, 동물자원과학과, 수의예과, 수의학과, 스마트농산업학과, 스마트팜과학과, 스마트팜학과, 축산생명공학과

《**인간과 가축의 역사**》, J. C. 블록, 과학세대 역, 새날(1996)

➡ 태양력은 지구가 태양의 주변을 1회선하는 공전 주기가 1년임을 기준으로 하여 만든 역법이다. 현재 세계에서 많은 국가가 사용 중인 그레고리력이 대표적인 태양력이다. 일본은 1873년, 조선은 1896년, 중국은 1912년부터 태양력을 도입하여 사용하였다. 그리고 하루를 24시간, 일주일을 7일로 하는 공통의 시간을 만들었다. 양력·음력의 원리와 역사, 태양력의 도입이 가져온 동아시아 사회의 변화에 대해 조사해 보자.

관련 학과 물리학과, 수학과, 우주과학과, 응용물리학과, 지구시스템과학과, 지구환경과학과, 천문우주과학과, 천문우주학과, 천문학과

《캘린더》, 데이비드 유윙 던컨, 신동욱 역, 씨엔씨미디어(1999)

국어 교과군

영어 교과군

수학 교과군

도덕 교과군

사회 교과군

과학 교과군

선택 과목	수능	정치	절대평가	상대평가
진로 선택	X		5단계	5등급

단원명 | 시민 생활과 정치

| 🔍 | 좁은 의미의 정치, 넓은 의미의 정치, 대의 민주주의, 선거, 시민 혁명, 민주 정치의 역사, 다수결, 숙의

[12정치01-01]   ● ● ●

정치의 의미와 공동체 유지 발전에 정치가 필요한 이유를 이해하고, 일상생활에서 나타나는 정치의 사례를 찾아 분석한다.

➡ 정치는 과학기술의 발전과 연구에 영향을 미친다. 연구자금 배분, 기술혁신 지원, 연구 윤리, 그리고 인공지능 및 생명공학과 같은 과학 분야의 규제는 정치적 결정의 영역이다. 이를 통해 다양한 학문이 발전하기도 하고, 지원이 끊어져 발전이 저해되기도 한다. 특히 자연과학 분야는 이러한 지원의 영향을 크게 받는다. 정부의 정책이 자연과학을 지원하는 사례를 찾아보고, 지원을 통해 그 학문이 어떻게 발전해 나갔는지 조사해 보자. 한편 국제 정치의 문제가 지하자원이나 수자원에 영향을 미치는 경우도 있다. 일례로 중국과 베트남의 수자원 분쟁을 주제로 탐구를 진행해 보자.

관련 학과 자연계열 전체

《**기술의 충돌》,** 박현, 서해문집(2022)

[12정치01-02]   ● ● ●

민주주의 이념을 이해하고, 이를 구현하기 위한 다양한 민주주의의 모델을 탐색한다.

➡ 최근 출구조사와 관련한 많은 데이터가 분석되고 있다. 대규모 데이터 분석 및 예측 모델을 활용하여 선거 결과를 예측하는 자연과학적 연구를 진행할 수 있다. 데이터의 표집과 예측 방향에 대한 수학적 탐구를 진행해 보자. 투표 동향, 선거 결과의 예측, 유권자 행동에 대한 데이터 기반 연구가 최근 어떻게 이루어지고 있는지를 주제로도 탐구를 진행할 수 있다. 이러한 예측이 어떠한 수학적 모델링을 활용해 나온 것인지 조사해 보고, 수학적 모델링의 이론적 원리를 탐구하여 발표를 진행해 보자. 또한 독일이나 스위스에서는 환경과 관련된 정책들을 직접 민주주의로 결정하고 있다. 이러한 사례도 조사해서 발표해 보자.

관련 학과 자연계열 전체

《**인공지능은 왜 정치적일 수밖에 없는가》,** 마크 코켈버그, 배현석 역, 생각이음(2023)

[12정치01-03]   ● ● ●

민주 정치의 역사적 발전 과정을 이해하고, 현대 민주 정치의 다양한 사상적 배경을 비교·분석한다.

➡ 과학의 발전이 사람들의 합리적 의사 결정에 어떤 영향을 주었는지 알아보자. 이성과 합리를 중시하는 자연과

학자들의 사상은 계몽사상에 영향을 주었고, 이는 나아가 신분제 사회를 무너뜨리고 민주주의 사상을 사회 전반에 확산시켰다. 이러한 합리성을 확보할 수 있는 방향에 대해서 생각해 보자. 또한 최근 확산 중인 반지성주의가 민주주의에 어떠한 영향을 줄지 자신의 생각을 덧붙여 발표를 진행할 수 있다. 더불어 이러한 반지성주의의 대안에 대해서도 발표를 진행해 보자.

관련 학과 자연계열 전체

《**과학의 새로운 정치사회학을 향하여**》, 스콧 프리켈·켈리 무어, 김동광 외 2명 역, 갈무리(2013)

[12정치01-04] • • •

민주주의를 실현하기 위한 원리를 탐색하고, 이러한 원리를 일상생활에 적용한다.

➡ 민주주의에서 자원의 사용 및 보존 문제를 두고 다수결 및 숙의의 원리가 어떻게 작용하는지를 연구할 수 있다. 이는 지속가능한 자원 관리와 환경 정책을 개발하는 데 기여할 수 있지만 많은 논란을 일으키기도 한다. 선진국과 개발도상국이 자원 개발에 대해 서로 다른 의견을 내놓는 상황에서 지구의 자원을 지키기 위해 어떤 숙의가 필요한지를 주제로 탐구를 진행해 보자. 또한 이러한 다수결 상황에서 국제적 합의가 필요할 때는 어떠한 논의를 거쳐야 하는지, 지구환경 보호를 위한 최적의 대안을 제시하고 발표를 진행해 보자.

관련 학과 자연계열 전체

《**지구환경정치**》, 신상범, 명인문화사(2021)

단원명 | 정치과정과 참여

| 🔍 | 정치과정, 정치 참여, 정당, 이익집단, 시민 참여, 선거, 선거 제도, 미디어 리터러시, 미디어와 정치, 가짜 뉴스의 구별

[12정치02-01] • • •

민주 국가의 정치과정을 분석하고, 시민이 정치과정에 참여해야 하는 이유를 탐색한다.

➡ 다양한 환경·자연보호 단체들이 정책 결정 과정에 어떻게 참여하고 있는지 파악해 보고, 이들의 영향력을 조사해 보자. 환경 단체는 새로운 환경 정책 제안을 개발하고 해당 정책을 달성하기 위해 관련 당국과 협력하고 있다. 이들 단체는 정책 제안에 대한 연구, 데이터 수집 및 분석을 수행하여 환경 문제에 대한 정책적 해결책을 제안한다. WWF나 그린피스와 같은 단체들이 정치과정에 어떻게 참여하고 있는지 조사해 보자. 또한 이들이 제안하는 정책이 국가나 기관에서 어떻게 수용되고 있는지 찾아보고, 해결하고 싶은 환경이나 과학 관련 주제를 찾아서 정책을 제안해 보자.

관련 학과 자연계열 전체

《**AI시대 ESG 경영전략**》, 김영기 외 13명, 브레인플랫폼(2023)

[12정치02-02] • • •

민주 정치에서 정당의 의미와 역할을 탐구하고, 다양한 정치 참여의 방법을 비교, 분석한다.

➡ 환경과학 및 생태학적 연구를 통해 특정 정당과 이익집단이 환경 정책에 어떻게 영향을 미치는지 탐구할 수

있다. 환경 보호 및 지속가능한 자원 관리와 관련된 정책이 결정되는 과정에서 이익집단의 역할과 영향을 분석해 보자. 이러한 환경 보호에는 많은 비용이 발생한다. 정책적으로 이러한 환경 정책들이 실현되는 과정에서 정당의 역할이 당론에 따라 어떻게 다른지 분석해 볼 수 있다. 다양한 정당이 당론에 따라 어떤 환경 정책을 제안하고 지지하고 있는지 비교·분석해 보자. 또한 해외와 우리나라의 사례를 분석하여 어떠한 차이가 있는지도 찾아볼 수 있다.

관련 학과 자연계열 전체

기후 변화와 ESG 시대의 환경정책과 행정

사득환 외 6명, 윤성사(2024)

책 소개

이 책은 오늘날 대두되고 있는 환경 문제를 해결하기 위한 정책적 접근에 대해 탐구하고 있다. 특히 최근의 기후환경 변화와 관련된 트렌드인 통합 물관리 정책, 자원순환 정책, 생태관광, 재생에너지, 녹색도시, ESG 경영 등을 다루고 있다.

세특 예시

진로 심화독서 시간에 '기후 변화와 ESG 시대의 환경정책과 행정(사득환 외)'을 읽고 환경 정책이 등장하게 된 배경 및 정책의 결정 과정에 대해 탐구하였다고 밝힘. 환경 정책은 여러 집단의 이해관계뿐 아니라 환경을 바라보는 관점의 차이와 사회적 이슈, 국제 관계 등 다양한 요인의 영향을 받아 결정된다는 사실을 설명함. 이를 바탕으로 우리나라에서 실행하고 있는 환경 정책 중 '녹색도시 조성'을 선택한 뒤 해외의 실천 사례와 비교하여 발표하는 추가 탐구활동을 진행하였음.

[12정치02-03] ● ● ●

대의제에서 선거의 중요성과 선거 제도의 다양한 유형을 이해하고, 우리나라 선거 제도의 특징과 문제점을 분석한다.

➡ 수학적, 물리학적 원리를 사용하여 유권자의 이동 및 투표 시간을 모델링하고 투표소의 위치 및 구성을 최적화하는 탐구를 진행할 수 있다. 이는 유권자들의 투표 접근성과 선거의 공정성을 향상시키는 데 도움이 될 것이다. 투표소의 위치와 지역적 특성에 대해서도 분석해 보자. 또한 다양한 투표 이론들이 수학적으로 분석되고 있다. 애로우의 불가능성 정리(투표자들에게 세 개 이상의 서로 다른 대안이 제시될 때, 어떤 투표 제도도 공동체의 일관된 선호순위를 찾을 수 없다는 이론)와 같은, 선택과 관련된 수학 지식을 탐구하고 그것들이 어떻게 현실에 적용되고 있는지 탐구해 보자.

관련 학과 자연계열 전체

《**애로우의 불가능성 정리**》, 매스킨·센, 이성규 역, 해남(2016)

[12정치02-04] ● ● ●

미디어를 통한 정치 참여 방법의 특징과 문제점을 분석하고, 유권자이자 피선거권자로서 미디어를 비판적으로 활용하는 태도를 지닌다.

➡ 가짜 뉴스를 탐지하는 알고리즘을 개발할 때 물리학적, 수학적 원리를 활용할 수 있다. 일례로 통계역학을 사

용하여 뉴스 소스의 패턴을 분석하고 통계적으로 이상 징후를 탐지하는 알고리즘을 연구할 수 있다. 또한 통계 분석을 통해 정상적인 뉴스와 이상한 뉴스 간의 차이점을 식별할 수 있다. 정상적인 뉴스가 보이는 패턴과 가짜 뉴스가 보이는 특정한 키워드의 분포나 언어적 특성, 이미지 처리에서의 특정한 특징, 텍스트 통계의 패턴 등이 어떻게 다를 수 있는지 찾아보자. 딥러닝 알고리즘을 이용하여 가짜 뉴스를 구분하는 방안도 함께 탐구할 수 있다.

관련 학과 자연계열 전체

수학자가 알려주는
전염의 원리

애덤 쿠차르스키, 고호관 역,
세종서적(2021)

책 소개

이 책에서 말하는 전염은 의학에서의 전염만은 아니다. 저자는 각종 사회 현상을 이해하기 위해 수학적 방법을 적용하는 한편, 거기서 멈추지 않고 예측과 대처까지 나아간다. 이 책은 서로 관련 없어 보이는 팬데믹, 금융위기, 총기 폭력, 가짜 뉴스, 랜섬웨어, 인터넷 유행 뒤의 공통 패턴을 찾아낸다. R값, 아웃브레이크, 슈퍼 전파 등으로 복잡하게 연결된 사건들을 이해하고 예측할 수 있다.

세특 예시

진로 심화독서 시간에 '수학자가 알려주는 전염의 원리(애덤 쿠차르스키)'를 읽고 사회적 행동에서 질병에 이르기까지 전염이 좀 더 일반적으로 퍼지는 과정을 이해할 수 있었다고 밝힘. 가짜 뉴스가 진짜 뉴스보다 더 널리 더 빨리 퍼지는 경향이 있으며, 전염에서 중요한 것은 기회의 확대가 아닌 전파 확률의 문제라는 점을 말함. 수학은 과정이 완벽해도 현실을 분석할 수는 없다고 주장하였음. 현실 세계에서 과정과 결과를 실행하는 것은 사람이고 세상에 변수는 너무나도 많기 때문이라는 점을 근거로 들어서 주장을 뒷받침함.

단원명 | 민주 국가의 정부 형태

| 🔍 | 정치권력의 의미, 정부 형태, 대통령제, 의원 내각제, 헌법, 입법부, 행정부, 사법부, 3권 분립, 지방 자치, 지방 자치 단체

[12정치03-01] •••

정치권력의 의미와 특징을 이해하고, 근대 이후 국가 권력이 형성되는 원리를 이해한다.

➡ 생물학의 원리를 적용하여 권력 구조와 관련된 현상을 이해할 수 있다. 일례로 동물 사회에서의 계급, 계층, 권력 계승 및 협력을 주제로 탐구를 진행하여 정치적 계급 구조에 대한 통찰을 얻은 뒤, 이를 인간 사회와 비교하여 분석해 보고 차이를 찾아서 발표를 진행해 보자. 이러한 차이가 발생하는 원인을 찾고, 인간이 다른 생물군과 정치적으로 어떠한 차이가 있는지도 조사할 수 있다. 인간만이 가지고 있는 정치적 특성을 찾아서 분석해 보자.

관련 학과 자연계열 전체

국어 교과군
영어 교과군
수학 교과군
도덕 교과군
사회 교과군
부록 교과군

침팬지 폴리틱스

프란스 드 발, 황상익·장대익 역,
바다출판사(2018)

책 소개

고도의 정치적 기법으로 자기들만의 관계와 서열을 그물처럼 엮어 가는 아른 험의 침팬지 집단을 관찰하면서, 저자는 우리에게 정치의 기원이 인간의 기원 보다 더 오래되었음을 한 번 더 각인시켜 준다. 정치는 인간만의 영역이라고 누가 말했던가? 동물은 약육강식과 적자생존의 본능만 좇을 뿐이라고 과연 말할 수 있는가?

세특 예시

진로 심화독서 시간에 '침팬지 폴리틱스(프란스 드 발)'를 읽고 권력의 본질에 대해서 생각해 보는 시간을 갖게 되었다고 말함. 인간과 침팬지 사이에 '드러내지 않음'과 '드러냄'의 차이만 있었다는 사실을 파악하고, 인간의 이성이 이러한 권력을 추악하거나 나쁜 것으로 인식하는 경향이 있다는 것에 주목하였음. 동물들의 행위 속에 일정하고도 고정된 방식이 있음을 발견했다고 말하면서, 그 행위가 그들이 펼치는 정치 행위의 한 요소일 수 있다는 것에 주목해야 한다고 발표를 진행하였음. 정치가 이들의 본능이라면 인간의 권력을 어떻게 바라보아야 할지 탐구해 보고 싶다는 추가 탐구 의지를 밝힘.

[12정치03-02] ● ● ●

민주 국가의 정부 형태인 대통령제와 의원 내각제의 특징을 비교하여 이해하고, 우리나라 정부 형태의 특징을 헌법을 통해 분석한다.

➡ 대통령제는 국가의 행정부와 경제, 외교, 군사 등의 주요 부문을 중앙집권적으로 통제하는 경향이 있다. 과학 및 기술 정책을 결정하고 실행할 때 대통령이 중요한 역할을 하기 때문에, 과학 및 기술 예산과 자금을 중앙에서 관리하는 경우가 많다. 반면 의원 내각제에서는 권한과 책임이 상대적으로 분산되며, 여러 의원 또는 의회가 과학 및 기술 관련 정책을 결정하고 예산을 할당하는 데 참여한다. 의원 내각제 국가와 대통령제 국가의 과학기술 예산을 분석해 보고 어떠한 특징이 있는지 조사하여 발표를 진행해 보자. 또한 집행 과정과 결과에 대한 분석도 함께 진행할 수 있다.

관련 학과) 자연계열 전체

《기후 리바이어던》, 조엘 웨인라이트·제프 만, 장용준 역, 앨피(2023)

[12정치03-03] ● ● ●

입법부, 행정부, 사법부의 역할을 이해하고, 이들 간의 상호 관계를 권력 분립의 원리에 기초하여 분석한다.

➡ 게임 이론과 권력 분립의 관계를 연구할 수 있다. 게임 이론은 정치적 결정 과정을 모델링하고 권력의 분배를 이해하는 데 도움을 준다. 게임 이론을 통해 각 권력 기관의 정치적 의사 결정 과정, 정책 결정 및 다수결 결정에 대한 분석이 가능하며, 이를 통해 권력의 분배와 다양한 의사 결정 메커니즘을 조사할 수 있다. 게임 이론을 사용하여 권력 분립을 모델링해 보자. 각각의 기관들이 권력 분립을 위해서 어떠한 전략을 쓸지, 이러한 전략이 국민 전체를 위한 전략인지, 각 기관의 권력 유지를 위한 전략인지 생각해 보고 발표를 진행해 보자.

관련 학과) 자연계열 전체

《대통령을 위한 수학》, 조지 슈피로, 차백만 역, 살림출판사(2012)

국어 교과군

영어 교과군

수학 교과군

도덕 교과군

사회 교과군

부학 교과군

[12정치03-04]   ● ● ●

중앙 정부와의 관계 속에서 지방 자치의 의의를 이해하고, 우리나라 지방 자치의 현실과 과제를 탐구한다.

➡️ 각 자치 단체의 정책이나, 자치 방법에 대한 통계학적 분석을 진행할 수 있다. 정부의 지방 자치 체계 및 정책 실행에 관련된 데이터를 수집하고 통계적 분석을 수행해 보자. 이를 통해 지역 간의 차이, 경제 지표, 국제 비교 및 정책 효과를 평가할 수 있다. 또한 통계를 통해 예산의 부정확한 운용이나 남용과 같은 부분을 찾고 예산의 효율적인 집행을 도울 수 있다. 또한 네트워크 이론을 사용하여 정부, 지방 자치 단체 및 다른 이해관계자 간의 관계와 상호 작용을 분석할 수 있다. 이러한 분석을 통해 정책이나 행동을 수학적으로 모델링해 보자.

관련 학과   자연계열 전체

《통계로 본 한국지방자치단체 60년 변천사》, 양영철, 박영사(2015)

단원명 | 국제 사회와 정치

| 🔍 | 국제 사회, 국제 정치, 국제 문제, 국제 질서, 국제 분쟁, 국제연합, 국제 사법 재판소, 국제기구, 비정부 기구, 세계시민, 평화적 해결

[12정치04-01]   ● ● ●

국제 사회의 특징과 변화 과정을 이해하고 국제 정치를 바라보는 관점을 비교하여 분석한다

➡️ 환경 문제는 국제 정치의 역학관계를 빠르게 변화시키고 있다. 예를 들어 기후변화, 환경 파괴, 생물다양성 감소를 해결하기 위해서는 반드시 여러 국가가 협력해야 한다. 파리협정과 같은 국제조약의 필요성과 이행 과정, 국제적 환경 감시 및 국제법의 형성을 주제로 탐구를 진행할 수 있다. 이러한 국제조약이 나오게 된 배경과 이를 효과적으로 이행할 수 있는 방안에 대해서도 탐구해 보자. 이러한 조약이 지켜지고 있는 나라와 아닌 나라를 비교·분석해 보고, 왜 이러한 차이가 발생하는지 자신의 생각을 덧붙여 발표를 진행할 수 있다.

관련 학과   농생물학과, 대기과학과, 동물자원과학과, 미생물학과, 분자생물학과, 산림학과, 생명과학과, 생물학과, 수산생명의학과, 식물자원학과, 식품영양학과, 외식산업학과, 원예학과, 의류학과, 조경학과, 지구환경과학과, 천문우주학과, 축산학과, 해양학과, 환경학과

《기후 책》, 그레타 툰베리, 이순희 역, 김영사(2023)

[12정치04-02]   ● ● ●

다양한 국제 문제의 원인을 분석하고, 이를 해결하기 위해 국가를 비롯한 여러 주체가 수행하는 활동을 분석한다.

➡️ 환경 문제를 해결하는 국제기구들은 지구환경 문제에 대한 협력을 촉진하려고 하고 있다. 지속가능한 개발과 환경 보호를 장려하기 위해 존재하는 국제기구들의 역할과 사례를 중심으로 탐구를 진행할 수 있다. 일례로 유엔환경계획(UNEP)은 지구환경 문제를 감시하고 연구하며, 환경 보호와 지속가능한 개발을 촉진하려고 한다. 그들은 '지속가능한 개발 목표(Sustainable Development Goals, SDGs)'와 같은 중요한 환경 협약을 통해 국제적 협력을 이루려고 한다. 이러한 국제기구의 의제를 제시하거나 환경 문제를 해결할 수 있는 다양한 대안과 정책에 대해 발표해 보자.

관련 학과   자연계열 전체

《지구 오염의 역사》, 프랑수아 자리주·토마 르 루, 조미현 역, 에코리브르(2021)

우리나라를 둘러싼 국제 관계를 이해하고, 외교적 관점에서 한반도를 둘러싼 국제 질서를 분석한다.

➲ 인접 국가에서 발생한 대기 오염물질이 한반도에 영향을 줄 때가 있다. 중국의 미세먼지가 넘어와 대기질 오염을 발생시키기도 하고, 해양에서 발생한 오염물질이 한반도의 해역으로 이동하여 한국의 해양환경에 영향을 주기도 한다. 유해한 물질의 해양 오염, 석유 유출 사고 및 쓰레기 폐기물 처리 문제는 국제적 차원에서의 대응이 필요하다. 각 국가와 협상할 수 있는 정책이나 해결책을 제시해 보자.

관련 학과 농생물학과, 대기과학과, 동물자원과학과, 미생물학과, 분자생물학과, 산림학과, 생명과학과, 생물학과, 수산생명의학과, 식물자원학과, 식품영양학과, 외식산업학과, 원예학과, 의류학과, 조경학과, 지구환경과학과, 천문우주학과, 축산학과, 해양학과, 환경학과

재밌어서 끝까지 읽는
한중일 동물 오디세이

박승규, 은행나무(2020)

책 소개

동물이 역사를 바꿨다고 하면 믿어지는가? 후추, 소금, 감자 같은 작물도, 석유, 총, 균, 쇠 같은 자원이나 과학 문명도 아닌 동물이 말이다. 사실이다. 이 책은 한국, 중국, 일본 3국은 물론 주변 아시아 국가의 역사, 문화 속에서 동물이 어떻게 극적인 변화를 가져왔는지, 역사의 장면에 얽힌 흥미로운 동물 이야기를 들려준다.

세특 예시

교과 심화도서 토론시간에 '재밌어서 끝까지 읽는 한중일 동물 오디세이(박승규)'를 읽고 동물이 가지고 있는 다양한 의미에 대해 탐구해 보는 시간이 되었다고 밝힘. 동물원은 세계사의 무대이자 국가의 힘을 과시하는 상징으로 사용되었거나, 사용되고 있다는 점을 지적하였음. 열강들은 식민지 침략 과정에서 동물 약탈도 겸했기 때문에 수많은 야생동물이 수집되어 유럽으로 운반되었고, 이는 과시와 침략의 상징으로 사용되었다는 점도 지적함. 보기 힘든 동물을 잡아 온다는 사실 자체만으로도 식민지 지배력을 증명하는 수단으로 사용되었다고 근거를 제시하였음. 한중일의 동물 관계를 파악해 보는 시간이 되었다는 점도 함께 발표하였음.

국제 사회에서 발생하는 다양한 갈등의 원인을 분석하고 세계시민으로서 갈등을 해결하는 자세를 갖는다.

➲ 자원과 관련된 국제 분쟁은 자원의 희귀성, 접근성, 이용 방법, 관리, 보호 및 분배와 관련하여 발생한다. 희토류(레어어스)는 흔하게 나타나지 않는 금속 원소로, 다양한 기술과 산업에서 중요한 역할을 한다. 희토류는 전자 제품, 에너지 생산, 군사 용도, 환경 기술 및 의학 분야에서 사용되며, 그 중요성 때문에 이를 둘러싼 국제 분쟁이 자주 발생한다. 국제 사회는 희토류에 대한 국제 규제 및 협력을 통해 관련 분쟁을 완화하고자 노력하고 있다. 이러한 분쟁을 평화적으로 해결할 수 있는 다양한 해결책을 제시해 보자.

관련 학과 농생물학과, 대기과학과, 동물자원과학과, 미생물학과, 분자생물학과, 산림학과, 생명과학과, 생물학과, 수산생명의학과, 식물자원학과, 식품영양학과, 외식산업학과, 원예학과, 의류학과, 조경학과, 지구환경과학과, 천문우주학과, 축산학과, 해양학과, 환경학과

모래 전쟁

이시 히로유키, 고선윤 역,
페이퍼로드(2023)

국어 교과군

영어 교과군

수학 교과군

도덕 교과군

사회 교과군

과학 교과군

책 소개

모래는 세계에서 화석 연료보다 더 많이 추출되고 있는 자원이다. 그런데 "해변의 모래는 얼마나 많으냐"라는 오랜 의문이 무색하게도 모래는 무한정 있는 자원이 아니다. 이 책은 현대 문명의 원천인 모래가 사라져 가고 있는 실태와 이로 인해 발생하는 분쟁에 관해 고발하고 있다.

세특 예시

'책을 통해 자신을 돌아보기' 시간에 '모래 전쟁(이시 히로유키)'을 읽고 현대 사회에서 모래 자원이 갖는 비중이 매우 크다는 사실을 알게 되었다고 밝힘. 특히 모래를 얻기 위해 국제 분쟁이 빈번하게 발생하고 있음에 주목하여, 모래 자원을 도난당하는 사례 및 타국의 무분별한 골재 채취로 아프리카의 환경이 파괴당한 사례 등을 조사하여 발표를 진행함. 이런 분쟁이 발생하면 저개발 국가의 국민이 피해를 본다는 사실을 역설하면서 국제적 대책이 필요하다고 주장함.

선택 과목	수능	법과 사회	절대평가	상대평가
진로 선택	X		5단계	5등급

단원명 | 개인 생활과 법

| 🔍 | 가족관계, 혼인, 출생, 상속, 친자, 친권, 부부관계, 채권, 계약, 불법행위, 사적 자치, 물권, 부동산, 동산

[12법사01-01] • • •

가족관계와 관련된 기본적인 내용인 혼인, 출생, 상속 등을 이해하고, 이를 일상생활의 사례에 적용한다.

➡️ 동물의 가족 구조는 종류와 종에 따라 다양하다. 단일 부모나 양부모에서 자라는 것이 일반적이나, 어떤 종들은 떼를 이루거나 무리를 형성하여 여러 부모나 자손으로 구성된 경우도 있다. 반면 인간의 가족은 일반적으로 부모와 자녀, 형제자매, 때로 조부모, 손자녀까지 포함하는 상대적으로 안정된 구조를 가지고 있다. 이러한 안정된 구조가 법적인 관계와 어떠한 상관관계가 있는지를 주제로 탐구를 진행해 보자. 최근 반려동물과 관련된 상속 문제도 발생하고 있으므로, 반려동물의 법적 지위에 대해 조사하고 발표를 진행해 보자.

관련 학과 자연계열 전체

《동물과 함께하는 삶》, 아이샤 아크타르, 김아림 역, 가지출판사(2021)

[12법사01-02] • • •

채권 관계와 관련된 기본적인 내용인 계약, 불법행위 등과 사적 자치를 이해하고, 이를 일상생활의 사례에 적용한다.

➡️ 동물과 자연환경은 다양한 법률의 관심 대상이며, 법률은 인간이 동물과 자연환경에 손상을 입혔을 때 그에 대한 책임과 제재를 규정함으로써 인간의 행동을 규제하고 있다. 예를 들어, 환경법은 오염 방지, 자연생태계의 보호, 자원 보호, 환경영향평가와 같은 이슈를 규율한다. 동물보호법은 동물의 학대 방지, 동물의 권리 보호, 동물 실험 등에 대해 규정하고 있다. 이를 어긴 다양한 사례를 분석하고, 법적 제재나 제도에 미비한 부분이 있다면 어떻게 법을 제정하고 보완해야 할지 다양한 대안을 제시해 보자.

관련 학과 자연계열 전체

《자연의 권리》, 데이비드 보이드, 이지원 역, 교유서가(2020)

[12법사01-03] • • •

물권 관계와 관련된 기본적인 내용인 부동산·동산에 관한 권리의 기능과 특징, 권리와 의무로 구성되는 법(률)관계를 이해하고, 이를 일상생활의 사례에 적용하여 법적 문제를 해결한다.

➡️ 환경영향평가(Environmental Impact Assessment, EIA)는 새로운 사업, 개발 프로젝트 또는 정책 변경과 관련된 환경 영향을 식별·평가·관리하고 예방하기 위한 과정이다. 물권은 부동산과 관련된 소유와 사용에 대한 법적 권리

를 규제하고 있다. 새로운 사업이나 개발 프로젝트를 계획할 때 땅, 수자원과 관련된 물권은 중요한 역할을 한다. 환경영향평가에서는 이러한 물권을 고려하여 해당 사업이 부동산이나 자원에 미칠 영향을 평가하고, 필요한 경우 그 영향을 최소화하거나 보상하는 계획을 수립한다. 이러한 사례를 찾아보고 발표를 진행해 보자.

관련 학과 자연계열 전체

《**농지는 부동산이 아니다**》, 신명식, 새빛컴즈(2022)

단원명 | 국가 생활과 법

| 🔍 | 민주주의, 법치주의, 권력 분립, 입법부, 사법부, 행정부, 기본권, 기본권 제한, 형법, 죄형 법정주의, 법원, 입법론적 해결

[12법사02-01] • • •

민주주의와 법치주의의 발전 과정을 이해하고, 우리나라 권력 분립의 원리를 탐구한다.

➡ 법치주의의 원칙 중 하나는 국가의 권력이 제한되고 법률에 따라 행동해야 한다는 것이다. 환경 보호 측면에서, 법치주의가 환경에 관한 규제와 관리에 어떤 영향을 미치는지를 주제로 탐구를 진행할 수 있다. 일례로 법치주의가 환경 규제 기관의 결정과 환경 보호 정책에 영향을 어떻게 주고 있는지와 같은 내용을 탐구할 수도 있고, 국제 환경법과 국제 법치주의 간의 상호 작용을 탐구할 수도 있다. 또한 국가 간 협력과 국제기관을 통한 환경 문제 해결과 국제법과 법치주의의 원칙 간의 관련성을 찾아서 발표를 진행할 수도 있다.

관련 학과 자연계열 전체

《**기후변화와 법학의 과제**》, 김성수, 신조사(2014)

[12법사02-02] • • •

우리나라 헌법의 기본 원리와 기본권 내용을 이해하고, 기본권 제한의 요건과 한계를 탐구한다.

➡ 환경과 관련된 기본권, 특히 건강한 환경을 즐길 권리, 공기와 물의 권리 등에 대한 내용을 바탕으로 탐구를 진행할 수 있다. 일례로 환경오염, 기후변화 및 자원 보호와 관련하여 기본권을 보호하고 강화하는 방법을 탐구해 보자. 또한 최근 기상 이변으로 많은 자연재해가 우리의 기본권을 위협하고 있는 상황에서, 지진, 홍수, 산사태, 산불과 같은 자연재해로 인해 환경 기본권이 침해된 이슈를 주제로 탐구를 진행해 보자. 이러한 재해에 의한 손해를 국가는 어떻게 보상하고 있으며, 사보험과 어떤 점이 다른지도 탐구주제가 될 수 있다.

관련 학과 자연계열 전체

《**최후의 전환**》, 프리초프 카프라·우고 마테이, 박태현·김영준 역, 경희대학교출판문화원(2019)

[12법사02-03] • • •

형법의 의의와 기능을 죄형 법정주의를 중심으로 이해하고, 범죄의 성립 요건과 형벌의 종류, 형사 절차를 탐구한다.

➡ 동물, 환경과 관련된 다양한 범죄들이 존재한다. 하지만 사회적 인식이나 처벌, 보상 면에서 사람을 대상으로 한 범죄와 상당한 차이를 보이기도 한다. 그 이유가 무엇인지 탐구해 보자. 동물 학대란 정당한 사유 없이 고통과 스트레스를 주거나 굶주림, 질병 등에 대해 적절한 조치를 게을리하거나 방치하는 행위를 말하며, 많은 국

가가 동물복지 및 보호를 강화하기 위해 관련 법률을 제정·시행하고 있다. 동물 학대 행위를 저질렀을 때 가해자가 받는 처벌과 피해자가 받는 보상의 정도를 다른 범죄와 비교해서 분석을 진행해 보자.

관련 학과 자연계열 전체

《**동물에 대한 예의가 필요해**》, 박현주, 책공장더불어(2021)

[12법사02-04] ● ● ●

법원과 헌법재판소의 법적 문제 해결 과정을 탐구하고, 사법의 의미와 한계를 인식하여 입법론적 해결이 필요한 경우를 탐구한다.

➡ 변호사와 변리사의 차이를 알아보고, 자연과학 특허 재판 사례를 분석해 볼 수 있다. 변호사와 변리사는 업무가 다르며, 특허와 관련된 전문성은 변리사가 더 높은 경우도 있다. 변리사가 하는 일을 찾아보고, 최근 변리 관련 사례를 통해 자연과학 분야의 분쟁에 대한 탐구를 진행할 수 있다. 과학적 분쟁이 어떻게 해결되는지를 파악해 보고, 부족한 점이 있다면 자신의 생각을 덧붙여 대안을 제시하거나 새로운 법안을 만들어 보자.

관련 학과 자연계열 전체

《**브랜드 이슈를 쉽게 읽는 책**》, 공우상, 갈라북스(2023)

단원명 ┃ 사회생활과 법

🔍 근로자의 권리, 노동 3법, 근로기준법, 사회보장제도, 소비자 보호법, 독과점 방지법, 지적 재산권

[12법사03-01] ● ● ●

법으로 보장되는 근로자의 권리를 이해하고, 이를 일상생활의 사례에 적용한다.

➡ 작업 환경에서 발생하는 다양한 요소를 환경과학, 대기과학 등의 자연과학을 통해 분석할 수 있다. 독성물질 노출, 공기 질, 소음, 진동과 같은 환경적 요소가 노동자의 건강에 미치는 영향을 탐구해 보자. 노동자의 건강과 안전을 보호하는 법률 및 규제와 관련된 판례를 탐구할 수도 있고, 열악한 환경에 처해 있는 노동자들을 도울 법률적 제안을 할 수도 있다. 작업 환경으로 인해 노동권이 침해당한 사건을 조사해도 좋다.

관련 학과 자연계열 전체

책 소개

오늘날 비가시화된 더러운 존재들은 어디로 갔는가? 그들은 누구이며, 무엇이 그들을 '더럽다'고 낙인찍었는가? 어떻게 그들은 대중의 시선 너머에 방치되었는가? 미국의 탐사보도 전문기자이자 조지 오웰과 마사 겔혼을 잇는 작가인 저자는 바로 그런 질문들을 가지고 사회 뒤편에 숨은, 대중이 고개 돌린 채 알려고 하지 않는 '더러운' 문제들로 끊임없이 우리의 시선을 돌려놓는다.

세특 예시

진로 심화독서 시간에 '더티 워크(이얼 프레스)'를 읽고 노동자의 환경권과 인권에 대해 생각해 보게 되었다고 밝힘. 이러한 열악한 환경에서 일하는

더티 워크

이얼 프레스, 오윤성 역,
한겨레출판(2023)

사람들은 보이지 않는 계약의 산물로 강요된 업무를 하고 있다는 점을 지적함. 이 계약은 더티 워크를 용인하고 거기서 이익을 보는 사람들이 더티 워크에 대해 깊이 알 필요가 없도록 보장하고 있다고 말하면서, 이러한 노동자들을 애써 무시하거나 신경 쓰지 않으려 하는 우리의 태도에 대해서도 비판함. 노동권은 모두에게 동등하게 주어져야 하므로 사용자와 노동자 모두가 노력해 열악한 노동 환경을 바꿔야 한다는 점을 강조함.

[12법사03-02]

인간다운 생활을 보장하려는 사회보장과 경쟁 및 소비자를 보호하기 위한 법적 근거를 탐구하고, 구체적인 사례에서 공공 쟁점을 찾아 토론한다.

⊙ 특정 기업이 석유, 광물, 물 같은 자원을 독과점으로 확보하고 사용함에 따라 환경 파괴 및 지속가능성 문제가 발생한 사례가 적지 않다. 독과점이 자연환경에 영향을 준 사례를 바탕으로 탐구를 진행해 보자. 또한 사회보장제도가 홍수, 지진, 태풍 같은 자연재해에 대비하고 이로 인한 피해를 회복하는 데 어떤 역할을 하는지, 이와 관련된 긴급 지원 및 보상 제도를 분석해 보고, 부족한 점이 있다면 대안을 제시해 보자.

관련 학과 자연계열 전체

누가 우리의 밥상을 지배하는가

브루스터 닌, 안진환 역,
시대의창(2008)

책 소개

카길은 ADM과 함께 전 세계 곡물시장의 75%를 점유하고 있는 미국계 곡물 기업이다. 카길은 현재 전 세계 곳곳 영향을 미치지 않는 지역이 없으며 "종자에서 슈퍼마켓까지"라는 말이 나올 정도로 곡물뿐 아니라 돈이 되는 상품이라면 무엇이든 취급한다. 식량주권에 대해 생각해 보지 않았거나 대수롭지 않게 여겼던 사람도 이 책을 읽은 후에는 생각이 달라질 것이다.

세특 예시

진로 심화독서 시간에 '누가 우리의 밥상을 지배하는가(브루스터 닌)'를 읽고 식량 자원과 독점에 대해 생각해 보게 되었다고 말함. 우리나라의 곡물 자급 비율은 현재 26.9%로 심각한 수준이라는 점을 지적하고, 그나마 쌀을 빼면 2.7%에 불과하다는 점을 강조하면서 이러한 식량이 누군가에게 독점된다면 식량 자급이 불가능한 상황이 올 것이라고 전망함. 카길이나 몬산토 같은 거대 그룹의 종자 은행과 이들의 종자 독점 사례를 조사하면서 독점의 위험에 대해 생각해 보았다고 밝힘. 이러한 다국적 기업들의 경제적 논리를 막을 수 있는 과학적 방법이 개발될 필요가 있다는 점을 강조하고, 우리나라 종자의 실태를 파악해 보고 싶다는 포부를 함께 밝힘.

[12법사03-03]

현대적 법(률)관계의 특징과 지적 재산권의 의미를 이해하고, 이와 관련된 일상생활에서의 사례를 찾아보고 관련 쟁점을 토론한다.

⬩ 생물다양성 보호와 관리에서 지식재산권의 역할을 탐구할 수 있다. 생물다양성 보호를 위해 지식재산권을 활용하여 생물학적 자원을 지속적으로 관리하는 방법을 탐색해 보자. 또한 최근 환경이 경제 자원으로 활용되면서 다양한 분쟁과 문제가 발생하고 있다. 환경 보호 기술개발 분야에서 지식재산권 및 특허 관련 이슈를 분석하고 다양한 보호 방안을 조사해 보자. 또한 환경을 보호하기 위한 장치가 공개되어야 하는지, 보호되어야 하는지에 대해 학생의 생각을 덧붙여 발표를 진행할 수 있다.

〔관련 학과〕 자연계열 전체

《모기가 우리한테 해 준 게 뭔데?》, 프라우케 피셔·힐케 오버한스베르크, 추미란 역, 북트리거(2022)

단원명 l 학교생활과 법

🔍 청소년 기본법, 청소년보호법, 청소년의 권리, 청소년의 의무, 학교폭력, 촉법소년, 위법소년, 소년범죄, 법, 조약, 판례, 입법자료

[12법사04-01]   ● ● ●

학생과 청소년이 누릴 수 있는 권리와 의무를 이해하고, 이를 학교와 일상생활의 사례에 적용한다.

⬩ 청소년은 자신의 능력을 개발하고 건전한 가치관을 확립하며 가정·사회 및 국가의 구성원으로서의 책임을 다하도록 노력하여야 한다고 청소년 기본법에 명시되어 있다. 이러한 상황에서 청소년이 사회·환경적으로 기여할 수 있는 다양한 방안을 모색해 보자. 또한 청소년이 지속가능한 미래를 모색하고 환경 보호에 기여하는 방법에 대한 연구를 진행할 수도 있고, 환경 문제에 대한 창의적인 해결책과 지속가능한 미래에 대한 내용을 주제로 발표를 진행할 수도 있다.

〔관련 학과〕 자연계열 전체

뭐가 되고 싶냐는
어른들의 질문에
대답하는 법

알랭 드 보통, 신인수 역,
미래엔아이세움(2021)

〔책 소개〕

지금 당장 하고 싶거나 되고 싶은 게 없다고 걱정할 필요가 없다며 위로를 건네는 책이다. 이 책의 저자인 알랭 드 보통은 세상에서 가장 평범한 질문이라는 듯 장래 희망을 묻는 어른들의 태도를 비판하는 한편, 직업과 진로를 새로운 관점으로 비틀어 보면서 자신에게 딱 맞는 일을 찾는 여정으로 여러분을 인도한다.

〔세특 예시〕

진로 심화독서 시간에 '뭐가 되고 싶냐는 어른들의 질문에 대답하는 법(알랭 드 보통)'을 읽고 변화하는 미래 환경에 필요한 것은 직업에 대한 지식이 아니라 미래에 필요한 역량이라는 사실을 알게 되었다고 밝힘. 세상에 필요한 사업을 알아내는 방법을 부분을 읽으면서 아직 다뤄지지 않은 문제는 없는지 평소에 잘 살펴보는 것이라는 점에 공감한다고 말하고, 어떤 문제가 사업으로 발전하기 좋은지 알아보는 가장 좋은 수단은 바로 자기 자신이라는 점을 강조하였음. 수백만 명의 잠재 고객에게 무엇이 필요한지 알려면 자신에게 필요한 것을 가장 먼저 살펴봐야 하고, 이를 해결할

수 있는 자신의 역량과 연결할 필요가 있다는 점을 역설함. 이길 수 있는 경주에 집중해야 하며, 이를 위해 내가 잘 뛸 수 있는 트랙을 고를 필요가 있다고 함께 밝힘.

[12법사04-02] • • •

학교폭력의 해결 과정을 살펴보며, 학교생활에서 발생하였거나 발생할 수 있는 법적 문제를 발견하고 그 해결 방안을 탐구한다.

➔ 학교폭력 예방법 중 하나로 원예나 동물 치료와 같은 방법이 효과가 있는지 분석해 볼 수 있다. 정서 안정이 폭력 성향에 영향을 미치는지 분석해 보고, 이를 실제로 적용한 사례를 찾아 탐구해 보자. 또한 인간의 폭력이 다른 동물들과 어떻게 다른지도 분석해 볼 수 있다. 동물과 인간은 폭력의 목적이 어떻게 같고 다른지 비교해 보고, 왜 이러한 폭력이 생기는지 조사한 다음 자신의 생각을 덧붙여 발표를 진행해 보자.

`관련 학과` 자연계열 전체

《**인간 폭력의 기원**》, 야마기와 주이치, 한승동 역, 곰출판(2018)

[12법사04-03] • • •

법적 문제를 해결하는 데 필요한 법, 조약, 판례, 입법자료 등을 찾아보고, 민주시민으로서 나와 사회가 당면한 사회적 논의에 참여하는 태도를 가진다.

➔ 환경 보전 및 지속가능한 개발과 관련된 판례, 국제조약, 협약을 조사하여, 그러한 판례가 지구생태계나 생물다양성에 어떻게 영향을 미치는지 탐구할 수 있다. 예를 들어 파리기후협약(Paris Agreement)은 지구온난화를 제한하고 온실가스 배출량을 줄이기 위한 국제적 노력을 담고 있다. 생물다양성협약(Convention on Biological Diversity, CBD)은 생물다양성을 보존하고 지속가능한 이용을 촉진하기 위한 국제 협력을 지원한다. 이러한 조약이나 협약이 생겨나게 된 원인을 분석하고, 개선이 필요한 부분에 대해서 토론을 진행해 보자.

`관련 학과` 자연계열 전체

《**기후변화협약에 관한 불편한 이야기**》, 노종환, 한울아카데미(2014)

단원명 | 경제학과 경제 문제

> | 🔍 희소성, 경제 문제, 경제학, 시장경제, 경제적 유인, 기회비용, 편익, 비용, 합리적 선택, 한계 분석

[12경제01-01] • • •

인간 생활에서 자원의 희소성으로 인해 발생하는 경제 문제의 중요성을 인식하고, 경제학의 분석 대상과 성격을 이해한다.

➡ 자연에서는 한정된 자원을 얻기 위해 어떠한 사건이 발생하는지 조사해서 발표할 수 있다. 약육강식이나 먹이사슬이 자원의 희소성 때문에 발생하는 사건이라는 것을 인지하고, 이를 주제로 탐구를 진행해 보자. 또한 식량의 희소성을 없애기 위해 인간이 했던 다양한 종자 개량과 농업 생산성 확대를 위한 기술 개발 노력에 대해서도 탐구할 수 있다. 앞으로 기후위기로 인한 식량 위기 상황을 어떻게 극복해 나가야 할지도 함께 조사하여 발표해 보자.

관련 학과 자연계열 전체

이기적 감정
랜돌프 M. 네스, 안진이 역,
더퀘스트(2020)

책 소개

'왜 자연은 인간에게 나쁜 감정을 심었는가?'라는 질문에서 출발한 이 책은 감정을 넘어 인류 진화에 관한 새로운 패러다임을 제시한다. 저자는 "불안에 대한 걱정이야말로 불필요한 불안을 유발하는 대표적인 원인"이라고 말하면서, 의학계 종사자 및 학자뿐만 아니라 평범한 독자들이 감정을 바라보는 방식에 근본적인 변화를 일으키며, 위기가 일상이 된 시대에 필요한 삶의 방식을 전한다.

세특 예시

'책을 통해 자신을 돌아보기' 시간에 '이기적 감정(랜돌프 M. 네스)'을 읽고 감정의 진화에 대해서 생각해 보는 시간을 가졌다고 밝힘. 인간의 감정 역시 진화의 산물이며, 모든 진화가 그렇듯이 감정은 인간의 행복이 아닌 유전자의 생존에 이익이 되는 쪽으로 발전되어 왔다고 내용을 전개하였음. 보통은 불안과 공포 때문에 생존을 위협할 수 있는 일에 함부로 나서려 하지 않지만, 그럼에도 이러한 일에 나서는 사람이 있으며, 합리적 선택이 아님에도 남을 돕거나 사회적 정의를 추구하는 사람들이 있어 사회가 원활하게 돌아간다고 주장하였음.

> **[12경제01-02]** ● ● ●
>
> 경제 문제를 해결하는 다양한 방식의 장단점을 비교하고, 시장경제의 기본 원리와 이를 뒷받침하는 제도를 파악한다.

→ 여러 국가와 지역에서 도입된 탄소시장은 환경보호와 시장경제 원리를 결합한 대표적인 사례이다. 이 시스템에서 기업은 일정한 온실가스 배출 권리(탄소배출허가)를 갖게 되며, 이를 거래하거나 판매할 수 있다. 기업은 배출 허가를 더 많이 필요로 할수록 환경 보호를 위한 경제적 비용을 추가로 지불하게 되므로, 이를 줄이기 위해 환경 친화적 기술을 도입하거나 효율성을 높이려고 노력하게 된다. 이를 좀 더 효율적으로 달성할 방법을 탐구하고 발표해 보자. 또한 탄소 배출 문제뿐 아니라 야생동물이나 수자원 보호 문제도 이러한 거래 형식으로 해결할 수 있을지 조사하고 발표해 보자.

> **관련 학과** 자연계열 전체

《**수소경제**》, 이민환·윤용진·이원영, 맥스미디어(2022)

> **[12경제01-03]** ● ● ●
>
> 인간은 경제적 유인에 반응함을 인식하고, 편익과 비용을 고려하여 합리적으로 선택하는 능력과 한계 분석을 이용한 의사 결정 능력을 계발한다.

→ 환경 보호와 관련된 주제로 기회비용이나 비용편익분석(CBA)에 대한 탐구가 가능하다. '환경 보호를 위해 일회용품을 줄일 수 있을까'와 같은 내용을 바탕으로 환경을 보호하기 위해 지불할 수 있는 금액의 한계를 조사하거나, 현재 투입하는 환경과 관련된 비용이 미래의 효용을 위한 것이라 사람들이 무관심한 부분에 대해 탐구를 진행해 보자. 또한 사람들이 얻는 가시적 편익이 중요하다는 사실을 바탕으로 환경 정책을 제안하거나 환경 단체를 직접 운영하는 방침들을 제시해 보자.

> **관련 학과** 자연계열 전체

《**반드시 다가올 미래**》, 남성현, 포르체(2022)

단원명 | **미시 경제**

> 🔍 수요, 공급, 시장 균형, 공공 부문, 공공재, 자원 배분, 효율성, 시장 기능, 공공 부분 기능

> **[12경제02-01]** ● ● ●
>
> 수요와 공급에 의한 시장 균형의 결정과 변동 원리를 파악하고, 이를 다양한 시장에 적용한다.

→ 자연자원(물, 에너지, 식물, 동물, 식량 등)의 수요와 이를 지속가능하도록 관리하는 방법을 연구할 수 있다. 이는 환경 과학, 생태학, 지구과학 등 다양한 분야에서 탐구할 수 있는 주제로 이러한 자원들의 가격이 어떻게 결정되는지에 대해 탐구해 보자. 예를 들어 물은 귀중한 자원 중 하나이며, 수요와 공급을 관리하는 것은 매우 중요하다. 물 자원의 지속가능한 관리, 물 생태계의 보존, 물의 오염 및 정화 기술 등을 연구한 뒤, 안정적인 공급 가능성을 높일 수 있는 방법을 찾아서 발표해 보자.

> **관련 학과** 자연계열 전체

《**에너지 시장의 파워게임**》, 백주현, 글로벌콘텐츠(2016)

정부를 비롯한 공공 부문의 경제적 역할을 이해하고, 조세, 공공재 등과 같이 시장의 자원 배분에 개입하는 사례를 탐구한다.

➡️ 생태계는 우리에게 여러 가지 서비스를 제공하며, 이러한 생태계 서비스는 공공재로 간주될 수 있다. 생태계 서비스의 가치, 생태계 파괴와 회복, 보호구역의 중요성 등을 주제로 연구할 수 있다. 예를 들어 대기 중 오염물질은 공기 질에 영향을 미치고 있다. 공기 품질 모니터링, 오염물질 감소 방법, 대기 오염과 건강의 연관성을 시장에서 어떻게 해결하고 있는지 탐구해 보자. 또한 생물다양성은 지구생태계의 공공재이다. 멸종 위기종 보호, 보호구역 관리, 야생동물 이동 패턴 추적 등과 관련된 생물다양성의 보존 및 관리에 관한 탐구를 진행할 수 있다.

관련 학과 자연계열 전체

이게 마지막 기회일지도 몰라
더글러스 애덤스·마크 카워다인,
강수정 역, 현대문학(2024)

책 소개

이 책은 지금이 이 동물들을 만날 '마지막 기회'가 될 수도 있다는 위기감을 안고서 멸종 위기 동물을 찾아 나선 두 남자의 탐사 기록이다. 저자들은 탐사에서 정착에 성공한 카카포를 발견하는 성과를 거둔다. 지구상에 40마리밖에 없던 카카포는 번식이 무척 까다로운 동물이라 멸종이 초읽기에 놓인 상황이었다. 카카포는 이후 많은 이의 관심과 지원 속에 100여 마리 이상이 서식하게 되었다. 멸종 위기 동물에 대해 다시 한번 관심을 기울여야 하는 이유를 알려 주는 책이다.

세특 예시

진로 심화독서 시간에 '이게 마지막 기회일지도 몰라(더글러스 애덤스·마크 카워다인)'를 읽고 생물다양성을 인간이 파괴해도 되는가를 주제로 토론하였음. 학생은 야생동물을 보존해야 한다는 거창한 이유도 좋지만 그들이 없으면 이 세상은 더 가난하고 암울하며 쓸쓸한 곳이 될 것이기 때문이라는 점을 말함. 특히 이러한 암울함과 쓸쓸함을 벗어나게 해 주는 것이 공공재의 역할이라는 점을 명확하게 하고, 생태계 보전이 필수적이라는 점을 강조하였음.

[12경제02-03]

시장 기능과 공공 부문의 활동을 비교하고, 자원배분의 효율성과 형평성에 미치는 영향을 평가한다.

➡️ 자원 재활용과 폐기물 관리를 주제로 탐구를 진행할 수 있다. 재활용 기술, 폐기물 처리 방법, 환경오염을 줄이는 방법, 자원 순환 시스템 등을 찾아보고 효율적으로 자원을 배분하는 방법에 대해서 조사해 보자. 이러한 폐기물과 관련된 자원배분이 효율성만을 추구해야 하는가도 탐구주제가 될 수 있다. 일례로 선진국이 후진국으로 폐기물을 수출하거나 무단으로 방류하는 경우가 있다. 이러한 시장 자원배분이 옳은지(선진국의 비용 절감, 후진국의 외화 수입), 아니면 도덕적으로 문제가 있는 행위이기 때문에 중단해야 하는지를 주제로 탐구를 진행할 수도 있다.

관련 학과 자연계열 전체

국어 교과군

영어 교과군

수학 교과군

도덕 교과군

사회 교과군

과학 교과군

책 소개

2020년 유럽 연합은 27,490,340톤의 쓰레기를 수출했다. 2004년 이후 두 배나 수출량이 증가한 것인데, 수출 품목은 주로 플라스틱, 종이, 종이 상자, 금속 등이다. 우리가 버린 쓰레기가 해상 수송으로 두 배나 더 먼 곳으로 이동하면서, 그 존재와 그에 따른 문제들도 멀어졌다. 인류학자이자 사회문제를 연구하는 저자는 내가 재활용 수거함에 넣은 플라스틱 쓰레기가 베트남 농민의 집 마당에 쌓이고 있는 현실을 고발한다.

세특 예시

진로 심화독서 시간에 '당신의 쓰레기는 재활용되지 않았다(미카엘라 르 뫼르)'를 읽고 쓰레기와 경제 논리에 대해 다시 생각해 보게 되었다고 밝힘. 일상적으로 버린 재활용 쓰레기가 우리 눈에서 멀리 치워진다 하더라도, 다른 지역에서는 더 잘 보이게 된다는 점은 변함없음을 지적함. 화물선에 실려 다른 나라 항구에 도착한 쓰레기 컨테이너들이 매일 하역되어 다른 곳을 오염시키고 있다는 사실에 분노하면서 이를 근본적으로 해결할 수 있는 방안에 대해서 탐구를 진행할 필요가 있다고 역설함. 특히 재활용의 가능성을 높일 수 있는 기술 개발이 시급한 과제라고 언급하였음.

당신의 쓰레기는 재활용되지 않았다
미카엘라 르 뫼르, 구영옥 역,
풀빛(2022)

단원명 | **거시 경제**

| 🔍 | 거시 경제 변수, 총수요, 총공급, 경제 성장, 통화 정책, 재정 정책, 경기 안정화

[12경제03-01] ● ● ●

여러 가지 거시 경제 변수를 탐색하고, 국가 경제 전반의 활동 수준을 파악한다.

➡ 글로벌 경제는 원자재 가격 상승과 생산 및 공급 체인의 문제로 인해 인플레이션 압력이 증가하고 있다. 이는 국제무역 및 금융 시장에서 물가 상승에 대한 우려를 증폭시키고 있다. 이러한 상승에 영향을 주는 원자재는 자연과학과 밀접하게 관련되어 있어 다양한 주제로 탐구가 가능하다. 현재 물가 상승에 기술의 발전이 영향을 줄 수 있는지 탐구를 진행해 보자. 인공 강수나 GMO 기술 등이 원자재 공급에 어떠한 영향을 미치고 있는지, 이를 해결하기 위한 과학기술은 없는지 탐구하여 이러한 기술을 확대·공급하는 방법에 대해 발표해 보자.

관련 학과 자연계열 전체

《원자재 시장의 이해》, 박준상, 탐진(2023)

[12경제03-02] ● ● ●

경제 성장의 의미와 요인을 이해하고, 한국 경제의 변화와 경제적 성과를 균형 있는 시각에서 평가한다.

➡ 자연자원의 과잉 소모와 환경오염은 경제활동과 밀접한 연관이 있으며, 이로 인해 지속가능성 문제가 발생한다. 자연과학은 환경 문제를 평가하고 해결하는 데 도움을 주고 있다. 경제 성장과 환경 보전 사이의 균형을 찾

기 위한 방안을 주제로 탐구를 진행해 보자. 예를 들어 경제 성장은 에너지 수요를 증가시키며, 이로 인해 화석 연료 소비와 온실가스 배출이 증가할 수 있다. 대체 에너지원의 개발 및 사용, 에너지 효율 증진, 에너지 저장 및 신재생 에너지 기술 등을 주제로 탐구를 진행해 보자. 또한 기후 모델링, 기후변화의 영향 예측 및 탄소 배출 관리 등을 통해 기후변화 문제를 탐구할 수도 있다.

관련 학과 자연계열 전체

《성장의 종말》, 디트리히 볼래스, 안기순 역, 더퀘스트(2021)

[12경제03-03]   ● ● ●

경기 변동의 의미와 요인을 이해하고, 경기 안정화 방안으로 재정 정책과 통화 정책을 분석한다.

➡ 우크라이나 전쟁의 여파로 독일은 다시 화력발전소를 가동했다. 이처럼 큰 경기의 변동은 자원의 수급이나 국가의 정책에도 영향을 미치고 있다. 최근의 경기 변동이 에너지 정책이나 생태계 변화에 영향을 준 사례를 찾아 발표해 보자. 자원 고갈과 관련된 지구환경 문제는 경기 변동과 연관이 있다. 일례로 불경기 시기에는 화석 연료 사용량이 변하는 것을 알 수 있다. 이러한 상황에서 우리가 할 수 있는 대안을 모색하여 발표를 진행해 보자.

관련 학과 자연계열 전체

《석유는 어떻게 세계를 지배하는가》, 최지웅, 부키(2019)

단원명 | 국제 경제

| 🔎 | 국제 거래, 국가 간 상호 의존, 비교 우위, 무역 원리, 자유 무역, 보호 무역, 외환 시장, 환율

[12경제04-01]   ● ● ●

개방된 국제 사회에서 국제 거래를 파악하고, 국가 간 상호 의존성이 증대하고 있음을 이해한다.

➡ 국제무역은 생물다양성에도 영향을 미치고 있다. 야생동물 및 식물의 불법 거래와 관련된 내용을 주제로 탐구를 진행해 보자. 일례로 이러한 불법 거래가 나라의 생태계를 어떻게 교란시킬 수 있는지, 악성 외래종에는 무엇이 있는지를 주제로 탐구를 진행할 수 있다. 약용 식물의 수출과 그로 인한 재배 면적의 확대가 불러온 긍정적 경제 효과라는 주제로도 탐구가 가능하다. 세계적인 무역의 확대가 동물과 식물의 식생에 어떠한 영향을 주었는지, 또 나라의 경제에는 어떠한 영향을 주었는지 조사해 보자.

관련 학과 자연계열 전체

《생물다양성 경영》, 최남수, 새빛(2023)

[12경제04-02]   ● ● ●

비교 우위에 따른 특화와 교역을 중심으로 무역 원리를 이해하고, 자유 무역과 보호 무역 정책의 경제적 효과를 설명한다.

➡ 비교 우위를 활용하여 특정 지역에서 어떤 작물이 가장 효율적으로 재배될 수 있는지 분석하는 데 자연과학적 데이터 및 모델이 활용되고 있다. 또한 이러한 농업 활동이 환경에 미치는 영향과 지속가능성을 주제로도 탐구를 진행할 수 있다. 농업이 지나치게 상품작물 위주로 진행되면 식량 자급률에 문제가 생길 수도 있다. 단순 비

교 우위를 이용한 식물 자원 확보에 대해 자신의 생각을 덧붙여 발표해 보자. 또한 이러한 식물의 종자가 소수의 대기업에 의해 독점되고 있는 사례에 대해서도 탐구를 진행하고 해결책을 발표해 보자.

관련 학과 자연계열 전체

《당신이 모르는 진짜 농업 경제 이야기》, 이주량, 세이지(2024)

[12경제04-03] ● ● ●

외환 시장에서 환율의 결정 원리를 이해하고, 환율 변동이 국가 경제와 개인의 경제생활에 미치는 영향을 탐구한다.

➡️ 국제 에너지 시장의 변동은 환율에 영향을 미칠 수 있다. 특정 국가의 통화 가치가 상승하거나 하락하면 국제 에너지 구매력도 변할 수 있으며, 이는 에너지 소비와 에너지 정책에 영향을 준다. 최근 급격하게 국제 정세가 바뀌고 있다. 이러한 상황에서 석유와 같은 에너지 자원의 공급과 수요가 환율에 어떠한 영향을 주고 있는지 분석해 보자. 또한 러시아 우크라이나 전쟁이나 이스라엘, 팔레스타인 간의 분쟁이 이러한 에너지 자원에 영향을 주는 요인을 찾아보고 이를 해결할 수 있는 방안에 대해 발표를 진행해 보자.

관련 학과 자연계열 전체

《2023 미래지도》, 이상우, 여의도책방(2022)

교과 세트(국어)
교과 세트(영어)
교과 세트(수학)
교과 세트(도덕)
교과 세트(사회)
교과 세트(과학)

선택 과목	수능	국제 관계의 이해	절대평가	상대평가
진로 선택	X		5단계	5등급

단원명 | 국제 관계의 특징

| 🔍 | 근대 국민 국가의 형성, 1차 세계 대전, 2차 세계 대전, 국제 관계, 현실주의, 자유주의, 구성주의, 국제 문제, 국제 사회의 행위 주체, 영향력 있는 개인, 다국적 기업, 국가, 국제기구

[12국관01-01] ● ● ●

근대 이후 국제 관계의 형성과 변화 과정을 파악한다.

➡ 근대 과학의 발전과 국제 관계의 변화 사이의 관련성을 주제로 탐구활동을 진행해 보자. 과학 법칙 발견에 따른 기술 혁신은 산업구조의 변화를 가져와 국가 경제 및 국제무역에 큰 영향을 끼치고, 나아가 국제 관계를 변화시키기도 한다. 일례로 유럽에서 르네상스 이후 발달한 천문학과 지리학, 항해술 등은 신항로 개척의 배경이 되었고 17세기 이후 전 세계의 무역 흐름과 국제 관계를 변화시켰다. 이와 유사한 사례를 정해 탐구해 보자.

관련 학과 자연계열 전체

《**과학혁명의 구조**》, 토마스 쿤, 김명자·홍성욱 역, 까치(2013)

[12국관01-02] ● ● ●

국제 사회를 이해하는 주요 관점인 현실주의와 자유주의를 중심으로 구체적인 국제 관계의 사례를 분석하고, 대안적 관점들을 탐색한다.

➡ 국제 관계를 구성주의적으로 이해하는 이론에서는 국가 및 국제 구성원의 상호 작용에 다양한 요소가 영향을 미친다고 주장한다. 새로운 과학 이론의 등장으로 인한 제도와 사상의 변화가 국제 관계에 영향을 끼친 사례를 찾아 구성주의적 관점으로 파악해 보자. 예를 들어 19세기 말 등장한 찰스 다윈의 진화론과 멘델의 유전 법칙 발견은 본래 생물학 이론이었으나, 사회 문화 전반에 막대한 파급력을 미쳐 사회진화론과 우생학의 등장으로 이어졌다. 그리고 이러한 이론들은 서구 열강이 약소국을 침략하여 식민지로 삼는 제국주의 팽창 정책의 사상적 기반이 되었다. 이와 유사한 사례를 탐구해 보자.

관련 학과 자연계열 전체

《**세계사를 바꾼 화학 이야기**》, 오미야 오사무, 김정환 역, 사람과나무사이(2022)

[12국관01-03] ● ● ●

국제 문제를 해결하기 위한 다양한 행위 주체의 활동을 탐색하고, 그 성과와 문제점에 대하여 토론한다.

➡ 국경을 초월해 발생하는 환경 문제를 해결하기 위해 국제 사회의 행위 주체들이 초국가적으로 협력하는 프로젝트 사례를 조사할 수 있다. 일례로 중국에서 발생하는 미세먼지가 우리나라와 일본, 태평양 건너 미국의 대

기까지 오염시키는 상황을 해결하기 위해 동아시아 국가들과 기업, 환경 단체가 협력한 사례나 국제 하천의 수질 오염 방지와 생태계 보호를 위해 하천 유역의 국가들이 힘을 합쳐 법률을 제정하고 기업과 시민 단체가 노력한 사례에 관해 탐구할 수 있다.

`관련 학과` 자연계열 전체

《**메콩 유역 개발과 환경 협력의 딜레마와 거버넌스**》, 윤순진 외 9명, 진인진(2018)

단원명 | 균형 발전과 상생

> | 🔍 | 국가 간 불평등, 부의 편중, 빈부 격차로 인한 국가 간 갈등, 공정 무역, 공적 개발 원조, 정부 간 국제기구, 국제 비정부 기구, 국제 사회의 공동 번영, 대한민국의 위상, 대한민국의 경제 발전

[12국관02-01]   • • •

국가 간 불평등의 원인을 파악하고, 이러한 불평등이 야기하는 갈등 상황을 분석한다.

➡ 국가 간 불평등을 불러일으키는 원인 중 하나인 자원의 편재성에 대해 알아보자. 희귀 자원이 매장되어 있으나 개발할 기술이 없는 저개발 국가의 경우, 선진국 자본이 침투해 자원을 무분별하게 개발하거나 자원의 소유권을 두고 내전이 벌어지는 사태가 발생하기도 한다. 또한 상대적으로 대응이 늦을 수밖에 없는 개발도상국들이 기후변화로 인한 피해를 최전선에서 받고 있어, 선진국과 개발도상국 사이에 갈등이 벌어지기도 한다. 개발도상국과 선진국의 기후변화 피해 현황을 비교해 보고, 그 책임을 누가 져야 할 것인가에 대해 토의해 보자.

`관련 학과` 자연계열 전체

《**재난 불평등**》, 존 C. 머터, 장상미 역, 동녘(2020)

[12국관02-02]   • • •

공정 무역과 공적 개발 원조 등 국제 사회의 상생을 위한 노력을 조사하고, 다양한 행위 주체의 협력 방안을 탐색한다.

➡ 환경 파괴에 대한 우려의 목소리가 국제적으로 높아지면서 공정 무역에 대한 관심이 증가하였다. 일반적인 형태의 무역과 공정 무역이 환경에 끼치는 영향을 비교하고, 자연에 대한 피해를 최소화할 수 있는 무역 방법을 고안하는 탐구활동을 수행해 보자. 또는 희귀 동식물의 서식지 보호, 밀렵 및 야생 동식물의 밀거래 차단, 국경을 넘어 발생하는 플라스틱 쓰레기 문제 해결 등을 위해 정부 간 국제기구, 국제 비정부 기구들이 힘을 합쳐 대책을 마련한 사례를 조사하고 결과에 대해 평가해 보자.

`관련 학과` 자연계열 전체

《**고릴라는 핸드폰을 미워해**》, 박경화, 북센스(2015)

[12국관02-03]   • • •

국제 사회에서 우리나라의 위상을 파악하고, 국제 사회의 불평등 문제를 해결하기 위한 우리나라의 역할을 토론한다.

➡ 기후변화로 인해 슈퍼태풍, 이상 한파나 폭염과 같은 자연재해가 전 지구적으로 발생하고 있다. 또한 지진대의 활동이 활발해지며 지진과 쓰나미 피해를 겪는 국가도 늘어나고 있다. 전 지구적인 규모의 자연재해로 피

국어 교과군

영어 교과군

수학 교과군

도덕 교과군

사회 교과군

과학 교과군

해를 입은 국가에 우리나라가 식량이나 인적 자원을 지원한 사례에 대해 조사해 보자. 또는 람사르협약이나 CITES(멸종 위기에 처한 야생 동·식물의 국제거래에 관한 협약)처럼 우리나라가 가입한 환경 관련 국제협약의 종류와 수, 내용을 찾아보고 협약을 준수하기 위해 어떠한 노력을 하고 있는지 파악하는 탐구활동을 수행해 보자.

관련 학과 자연계열 전체

《**국제환경협약의 이해**》, 나태준 외 5명, 대영문화사(2013)

단원명 | 평화와 안전의 보장

| 🔍 | 전쟁, 테러, 팬데믹, 국제적 연대 방안, 개인과 국가, 국제 사회의 안전, 세계시민의 역할, 한반도의 안보 문제, 한반도의 평화와 안전 보장을 위한 노력

[12국관03-01] ● ● ●

인류가 직면한 평화와 안전의 상황을 다각적으로 조사한다.

➡ 인류의 생존을 위협하는 여러 요인 중 환경오염에 대해 집중적으로 탐구할 수 있다. 기후변화로 지구의 온도가 오르면서 이상 기온 현상 및 산불 발생이 증가하여 인류 전체가 위기를 맞고 있으며, 미세 플라스틱으로 인한 해양 오염은 바다 생물의 멸종 위기를 가져오고 인간의 건강도 위협하고 있다. 이 밖에도 인간의 활동으로 인한 환경오염의 구체적 실태 및 원인을 탐색하면서 인류가 처한 위기 상황에 대해 숙고해 보자.

관련 학과 자연계열 전체

《**동물들의 위대한 법정**》, 장 릭 포르케·야체크 워즈니악, 장한라 역, 서해문집(2022)

[12국관03-02] ● ● ●

개인, 국가, 국제 사회의 평화와 안전을 위협하는 요인을 정치, 경제, 사회, 문화의 다양한 영역에 걸쳐 파악하고, 이를 해결하기 위한 실천 방안을 탐색한다.

➡ 21세기에 접어들며 기후변화와 자연재해, 잦은 국제 분쟁으로 인해 식량 부족 문제가 인류의 평화와 안전을 위협하는 요인으로 급부상했다. 현재 세계에서 식량 위기를 겪고 있는 지역과 피해 규모를 조사하고 해당 지역을 구호하기 위해 국제 사회가 연대하여 벌이고 있는 노력에 대해 탐구해 보자. 또한 식량 문제의 해결을 위해 유전학, 육종학 분야에서 개발하고 있는 새로운 품종에는 무엇이 있는지, 등장 이후 지속적인 논란을 일으키고 있는 GMO 농축산물에는 어떠한 장단점이 있는지 객관적인 시각으로 조사해 보자.

관련 학과 자연계열 전체

《**GMO, 우리는 날마다 논란을 먹는다**》, 존 T. 랭, 황성원 역, 풀빛(2018)

[12국관03-03] ● ● ●

역동적인 국제 관계 속에서 우리나라가 당면한 평화와 안전의 문제를 파악하고, 평화와 안전을 도모할 수 있는 구체적인 방안에 대하여 토론한다.

➡ 한반도가 처해 있는 식량과 관련된 위기 상황을 주제로 탐구를 진행할 수 있다. 경제적 파탄 상태인 북한은 만성적인 식량 부족과 빈곤 문제에 시달리고 있으며, 남한 또한 쌀을 제외한 대부분의 식량 작물을 수입에 의존하고 있는 형편이다. 따라서 국제적으로 식량의 생산량이 줄어들거나 전쟁 등으로 운송에 차질이 빚어지면 물

가 상승과 더불어 경제 전반에 타격을 입는다. 이는 사회의 불안을 초래하여 평화와 안전에 위협을 가져올 수 있다. 나날이 커지고 있는 식량 안보 위기에 대처하는 정부의 구체적인 노력에 대해 조사하고, 기업 및 개인적 차원의 대응 방안에 관해 토론해 보자.

관련 학과 자연계열 전체

《음식의 미래》, 라리사 짐버로프, 제효영 역, 갈라파고스(2023)

단원명 | 국제 분쟁의 해결

> |🔍| 국제 분쟁, 외교, 조약, 협약, 국제법, 국제 사법 재판소, 국제법의 구속력과 한계, 지역 통합, 지역 기구, 유럽연합, 북미자유무역협정, 동남아시아국가연합

[12국관04-01] • • •

국제 분쟁을 해결하기 위한 외교와 국제법의 필요성과 기능을 탐색한다.

➡ 기후위기와 미세 플라스틱, 멸종 위기 생물의 증가 등 국제적으로 발생하는 환경 문제를 해결하기 위해 맺어진 조약들을 분석하고 의의와 한계에 대해 알아보는 탐구활동을 수행할 수 있다. 일례로 파리협약의 경우 개발도상국의 반발과 미국의 일시적인 탈퇴로 인해 제대로 된 효과를 거두지 못하고 있다는 평가를 받는다. 이러한 사례를 조사해 보자. 또는 우리나라가 가입한 환경 관련 협약들의 주요 내용을 조사해 보고 이런 협약들이 국내에서도 실효성을 갖기 위해 밟아야 하는 법적 절차는 무엇인지, 국민들을 대상으로 어떠한 홍보 활동을 벌일 수 있는지 토의할 수 있다.

관련 학과 자연계열 전체

《기후협상일지》, 최재철, 박영사(2020)

[12국관04-02] • • •

국제법의 특징과 법원(法源)을 조사하고, 국제 사법 재판소의 역할과 한계를 파악한다.

➡ 멸종 위기 생물종과 서식지 보호와 관련된 국제 협약에 대해 조사할 수 있다. 예를 들어 습지의 보호를 위해 제정된 람사르협약의 내용과 가입 국가에 대해 알아보거나, 멸종 위기 생물의 거래를 금지하는 협약, 고래를 보호하기 위해 맺어진 국제 조약의 내용과 효과 및 그 한계에 대해 알아볼 수 있다. 또한 지구환경 보호를 위해 추가로 맺어야 하는 조약에는 무엇이 있는지, 어떤 내용이면 좋을지 직접 토론하는 탐구활동을 수행해 보자.

관련 학과 자연계열 전체

《4차 산업혁명 시대 한·중남미 기후환경협력》, 정경원 외, HUINE(2018)

[12국관04-03] • • •

국제 사회에서 다양한 지역 통합이 이루어지는 현상과 그 이유를 확인하고, 지역 기구의 구성원으로서 우리나라의 역할을 토론한다.

➡ 지역 기구가 해당 지역의 자원과 환경의 보호를 위해 노력하고 있는 사례를 조사해 보자. 예를 들어 유럽연합이 유럽의 환경 보호와 탄소 배출량 감소를 위해 국가 간의 긴밀한 협력 체제를 구축하고 시행하는 친환경 정책 등을 찾아볼 수 있다. 또한 우리나라가 가입한 환경에 관련된 국제기구에 관해 조사해 보고 우리나라가 해

당 기구에서 맡고 있는 역할은 무엇인지, 해당 국제기구와 관련해 우리 정부가 실시한 환경 보호 정책은 무엇인지 탐구할 수 있다.

관련 학과 자연계열 전체

기후변화와 유럽연합

박상철, 박영사(2023)

책 소개

학계에서는 인류가 기후변화에 적극적으로 대처하지 않으면 2040년에 기온 상승 한계 온도인 섭씨 1.5도를 초과할 가능성이 매우 높다고 경고하고 있다. 기후변화가 매우 심각한 상황임에도 불구하고 코로나 대유행, 러시아-우크라이나 전쟁으로 인해 기후변화에 대한 각국의 관심은 현저히 낮아진 상태이다. 저자는 유럽연합의 사례를 통해 탄소 감축에 대한 관심을 촉구하고 우리나라의 에너지 정책에 시사점을 제공하고자 한다.

세특 예시

'책으로 세상 읽기' 시간에 '기후변화와 유럽연합(박상철)'을 읽고 에너지 자원이 부족한 유럽 지역에서 탄소중립을 달성하기 위해 추진 중인 정책들에 흥미를 느꼈다는 소감을 밝힘. 그중 우리나라에 적용할 수 있는 방법으로 3R(재활용, 재사용, 자원소비 감소)을 강조하면서, 중고물품 거래 플랫폼을 이용한 물건 구입이나 휴대폰 오래 사용하기처럼 학생들이 일상에서 실천할 수 있는 구체적인 자원 절약 방안을 모둠 토의 시간에 제시하여 급우들의 호응을 얻음.

국어 교과군

영어 교과군

수학 교과군

도덕 교과군

사회 교과군

과학 교과군

선택 과목	수능	여행지리		절대평가	상대평가
융합 선택	X			5단계	X

단원명 | 행복하고 안전한 여행

| 🔍 | 여행 경험, 여행의 의미, 지리정보기술, 이동 수단, 교통수단, 가상 여행, 간접여행, 진로, 체험

[12여지01-01] ● ● ●

다양한 여행 사례와 자신의 여행 경험을 통해 여행의 의미를 파악하고 여행이 삶과 세계 인식에 미치는 영향을 토의한다.

➡ 크루즈 여행의 장점 중 첫째를 꼽자면 여러 옵션에 비해 저렴한 가격이다. 크루즈 여행은 여러 여행 옵션이 포함되는 패키지이다. 일반적으로 해외여행이라면 비행기 표를 예매하고 각 목적지에서 묵을 호텔을 예약한다. 그리고 끼니를 해결할 식당을 매번 찾아야 하고 목적지에서 다른 목적지로의 이동 수단도 따로 해결해야 한다. 그런데 크루즈 여행은 목적지 이동, 숙박과 음식, 관광, 배 위에서의 갖가지 엔터테인먼트 등의 옵션이 모두 다 제공된다. 크루즈 여행의 장점과 매력을 조사하여 발표해 보자.

관련 학과 자연계열 전체

《**상상 그 이상의 크루즈 여행을 떠나자!**》, 권마담 외 12명, 두드림미디어(2024)

[12여지01-02] ● ● ●

모빌리티의 변화와 발전에 따라 여행자의 이동, 위치, 장소가 어떻게 연결되고 관계를 맺는지 살펴보고, 다양한 지도 및 지리정보기술을 활용하여 안전한 여행 계획을 수립한다.

➡ 오늘날 여행에서 교통수단은 단순히 이동 수단만을 의미하지는 않는다. 교통수단 자체가 하나의 여행이 될 수도 있기 때문이다. 예를 들어 열기구, 기차, 여객선 등은 과거에는 이동 수단이었지만, 지금은 체험 여행의 수단으로 자리 잡고 있다. 어떤 교통수단을 이용하는지에 따라 여행의 방법과 내용이 달라질 수 있는 것이다. 교통수단에 따라 여행 경험이 어떻게 달라지는지 비교·분석하여 발표해 보자.

관련 학과 자연계열 전체

《**얄팍한 교통인문학**》, 이상우, 크레파스북(2018)

단원명 | 문화와 자연을 찾아가는 여행

| 🔍 | 도시, 문화 경관, 감정이입, 공감, 배려, 존중, 지리적 상상력, 기후경관, 지형 경관, 지오사이트, 지오투어리즘

인간의 정주공간으로서의 도시를 새로운 관점에서 낯설게 바라보고, 여행지로서의 향유 가능성을 탐색한다.

➡ 안토니 가우디는 20세기를 대표하는 천재 건축가로 스페인 카탈루냐 출신이다. 스페인 아르누보 건축의 중심 인물이며, 스페인 건축학의 아버지로 불린다. 가우디의 작품은 형태, 색상, 재료, 디자인의 혁신적인 결합으로 높이 평가받고 있다. 그의 건축 양식은 곡선적이고 기하학적으로 복잡하며, 자연의 형태와 움직임에서 영감을 받았다. 가우디의 대표 건축물에 나타난 기하학적 원리와 미학의 본질을 조사하여 발표해 보자.

관련 학과 자연계열 전체

《**수학이 보이는 가우디 건축 여행**》, 문태선, 궁리출판(2021)

다양한 문화 경관의 형성 배경과 의미를 이해하고, 감정이입과 공감의 자세로 여행지 주민을 배려하고 존중한다.

➡ 조경(造景)은 인간에 의해 환경을 아름답고 가치 있게 기획, 설계, 관리, 보존, 재생하는 것을 일컫는 말이다. 삶터를 다루는 조경의 새로운 지평을 열기 위한 단서는 어디서 찾을 수 있을까? 조경의 근본 목적은 구성원의 건강 증진에 기여하도록 공간을 구성하고 가꾸는 것이다. 변화하는 시대에 조경도 '과학기술, 기후변화 그리고 지속가능성', '역사, 유산 그리고 문화경관' 등을 고려해 변화해야 한다. 역사와 전통을 지키고, 사람들의 건강·행복을 지키기 위한 조경의 역할에 대해서 조사한 뒤 발표해 보자.

관련 학과 자연계열 전체

《**한국 조경의 새로운 지평**》, 김아연 외 26명, 한숲(2021)

여행지의 기후 및 기후변화가 여행자와 여행지 주민에게 미치는 영향과 그 차이를 비교하고, 지리적 상상력을 동원한 간접여행을 통해 기후경관을 체험한다.

➡ 기후변화는 여행지에 큰 타격을 주고 있다. 아이러니한 사실은 지구온난화로 가장 많은 피해를 받는 나라들이 기후변화의 가장 큰 책임을 져야 할 국가에서 온 여행객들에 의존해 살아가고 있다는 것이다. 영국의 공정여행 단체인 '투어리즘 컨선(tourismconcern)'은 "기후변화의 최대 피해자는 가난한 관광국가"라고 설명했다. 특정 여행 지역을 선정하고 기후변화가 여행지에 미친 영향을 분석한 뒤 발표해 보자.

관련 학과 농생물학과, 생물학과, 생물환경화학과, 조경학과, 주거환경학과, 지구환경과학과, 지질환경과학과, 해양공학과, 해양학과, 해양환경과학과, 환경학과

《**북극곰은 걷고 싶다**》, 남종영, 한겨레출판(2009)

지형 경관이 지닌 자연적 가치, 심미적인 조화, 인간과의 상호 작용과 같은 지오사이트의 선정기준을 조사하고, 지오투어리즘 프로그램을 제안한다.

➡ 산지 지리 여행이란 산지 경관을 감상하는 여행을 말한다. 산을 의미 있게 구경하려면 우선 눈앞에 펼쳐진 산 전체 모양을 보고 그 산이 어떤 암석으로 이루어졌는지를 살핀 다음, 산지에 분포된 세부 지형을 찬찬히 관찰해야 한다. 산지에서 사는 지역 주민의 생활을 이해하고 체험하는 것도 의미 있는 여행이다. 다른 나라의 산지 여행지를 하나 선정해, 지형적 특징, 지역 주민의 삶, 우리나라와의 차이점을 비교한 뒤 보고서를 작성해 보자.

관련 학과 산림학과, 산림환경시스템학과, 지구시스템과학과, 지질과학과, 지질학과, 지질환경과학과

《**마운틴 오디세이**》, 심산, 바다출판사(2018)

단원명 | 성찰과 공존을 위한 여행

| ρ | 산업유산, 기념물, 인권, 정의, 인류의 공존, 로컬 큐레이터, 공정여행, 생태 감수성, 다크투어리즘, 평화여행, 여행 콘텐츠, 스토리텔링, 개발과 보전

[12여지03-01]   • • •

인류의 물질적, 정신적 발전 과정을 성찰할 수 있는 산업유산 및 기념물을 조사하고 여행지의 가치를 평가한다.

➡ 일본의 나가사키, 오오무타, 미케, 모지, 시모노세키, 히로시마 등은 나름의 꿈을 가지고, 버려진 것과 하찮아 보이는 것들을 재활용해서 다시 회복하는 일에 관심을 가진 도시들이다. 더 정확히 말하면 '산업유산'을 지키고 재활용하는 데 적극적인 도시들이다. 이 도시의 시민들은 이해하기 어려울 정도로 단순하고 고집스러운 면모를 가지고 있다. 그 단순함과 고집이 있었기에 '그들만의 참 모습 지키기'가 가능했을 것이다. 일본이 산업유산을 지역의 문화 자산으로 재창조해 낸 사례를 조사하여 발표해 보자.

관련 학과 자연계열 전체

《**빨간벽돌창고와 노란전차**》, 강동진, 비온후(2008)

[12여지03-02]   • • •

평화, 전쟁, 재난의 상징이 새겨진 지역에 대한 직간접적인 여행을 체험하고 이를 바탕으로 인권, 정의, 인류의 공존을 둘러싼 구조적 문제를 비판적으로 탐구한다.

➡ 과학기술자들은 국가적 재난·재해를 예방하고 극복할 수 있는 과학기술을 연구할 필요가 있으며 국민의 안전한 생활을 위해 이러한 과학기술을 적극 활용하는 방안을 마련해야 한다. 재난·재해의 주요 형태는 자연재해(홍수, 태풍, 가뭄, 해일, 기후변화 영향 등), 교통 재난(지하철, 배, 비행기 등의 사고), 인재로 인한 기타 재난(화재, 건물 붕괴, 산불 등) 등이다. 재난·재해를 경고하고 예방하는 미래 재난관리 기술 개발과 사고 발생 이후 이를 조속히 극복하는 과학기술의 힘이 필요한 상황이다. 재난·재해 예방을 위한 과학기술의 역할을 조사하여 발표해 보자.

관련 학과 자연계열 전체

《**재난에 맞서는 과학**》, 박진영, 민음사(2023)

[12여지03-03]   • • •

문화 창조, 첨단 기술과 같은 새로움을 지향하는 지역의 사례를 조사하고, 내가 살고 있는 지역의 로컬 큐레이터로서 다양한 여행 콘텐츠의 발굴과 모니터링을 통해 지역의 의미와 가치를 탐색한다.

➡ 스마트시티는 다양한 기술과 센서로 데이터를 수집하고, 수집한 데이터로 도시 운영과 시민의 삶의 질을 개선하는 도시를 의미한다. 많은 도시 계획 전문가는 이러한 스마트시티가 향후 대세가 될 것이라고 전망하고 있다. 스마트 기술은 신호등 및 전력 관리, 복지 서비스 배정, 유지 관리 업무 등을 개선하는 역할을 하며, 사용자 장치 데이터를 수집하고 인공지능과 알고리즘을 통해 도시 운영 관련 의사 결정을 내리는 데 도움을 준다. 국내외 스마트시티의 모범 사례를 조사한 뒤 발표해 보자.

《**스마트시티, 더 나은 도시를 만들다**》, 앤서니 타운센드, 도시이론연구모임 역, MID(2018)

[12여지03-04]   • • •

공정여행을 통해 여행지를 둘러싼 다양한 문제를 탐색하고, 여행자인 나와 여행지 주민인 그들이 연결된다는 점에서 공존의 의미와 생태 감수성에 대해 성찰한다.

➡ 생태여행이란 환경을 보전하면서 지구의 자연환경을 즐기는 여행이다. 최근에는 지역의 고유 전통문화를 체험하는 활동까지 포괄하고 있다. 생태여행은 여행자에게 교육과 생태 보전을 위한 기금을 부과하고, 이는 지역의 경제 발전을 돕고 다른 문화와 인권에 대한 존중을 배양하는 것으로 이어진다. 자전거로 갈 수 있는 우리나라의 생태 여행지를 하나 선정하고, 그 여행지를 소개하는 안내서를 작성해 보자.

관련 학과 자연계열 전체

《**두 바퀴로 떠나는 생태여행**》, 환경부, 진한엠앤비(2014)

단원명 | 미래 사회와 여행

🔍 미디어, 정보통신기술의 발달, 여행 산업의 변화, 여행 트렌드, 가상 여행, 우주여행, 인공지능 여행, 여행 포트폴리오

[12여지04-01]   • • •

미디어와 여행의 상호관계를 통해 여행의 변화양상을 조사하고 미래 사회의 여행자와 여행의 모습을 예측한다.

➡ 케냐의 사파리 한가운데 있다고 상상해 보자. 혹은 몰디브의 맑고 푸른 바다에 잠수하거나 히말라야산맥을 오를 수도 있다. 경치를 감상하고, 역사적 유물과 만나고, 동물들의 소리를 듣고, 그곳의 맛있는 음식을 맛볼 충분한 시간이 필요하다. 그리고 여기엔 분명 오감이 큰 역할을 할 것이다. 그런데 여기서 두 가지 감각만을 사용해 원하는 장소에 갈 수 있다면 어떻겠는가? 오늘날 시각 및 청각 여행은 현실이 되었다. 가상 여행과 현실 여행의 차이점과 장·단점을 비교하고, 가상 여행이 현실 여행을 대체할 수 있는지에 대한 각자의 의견을 공유해 보자.

관련 학과 자연계열 전체

《**방구석 여행기**》, 박미숙, 프로방스(2021)

[12여지04-02]   • • •

여행이 주는 가치의 재발견을 통해 자신만의 여행 포트폴리오를 구성하고 나의 삶을 변화시키는 일상 속의 다양한 여행을 실천한다.

➡ 여행을 하면 새로운 문화를 접하고, 새로운 사람들을 만나고, 새로운 음식을 먹는 등 다양한 경험을 통해 자신의 시야를 넓히고 풍요롭게 살 수 있다. 여행은 끊임없는 도전이자 모험이기에 자신감도 얻을 수 있다. 이러한 경험을 통해 자신에 대해 더 잘 알게 되고 몰랐던 면을 발견하게 된다. 여행을 통해 자신만의 진로를 찾게 된 사람들의 사례를 조사하여 발표해 보자.

관련 학과 자연계열 전체

《**나를 채우는 여행의 기술**》, 인생학교, 케이채 역, 오렌지디(2023)

국어 교과군

영어 교과군

수학 교과군

도덕 교과군

사회 교과군

과학 교과군

선택 과목	수능	역사로 탐구하는 현대 세계	절대평가	상대평가
융합 선택	X		5단계	X

단원명 | 현대 세계와 역사 탐구

| 🔍 | 지역 세계, 연결망, 문화권, 1차 세계 대전, 2차 세계 대전, 전후 체제, 복잡성, 연관성

[12역현01-01]　　　　　　　　　　　　　　　　　　　　　　　　　　　　•••

현대 세계를 전후 체제 형성의 역사를 중심으로 파악한다.

➡ V2로켓은 제2차 세계 대전 당시 나치 독일이 개발한 액체 연료 로켓이자 세계 최초의 탄도 미사일이다. 베르너 폰 브라운이 개발을 주도하였으며 자국뿐 아니라 외국의 것들도 가져와서 연구 개발을 진행하였다. V2로켓은 인류 역사상 처음으로 우주에서 지구를 촬영한 로켓이다. 이 로켓의 개발로 베르너 폰 브라운은 기술적인 면에서는 적어도 25년 정도 시대를 앞서갔다는 평가를 받았다. V2로켓의 개발 과정, V2로켓이 우주개발의 역사에서 갖는 의미를 조사하여 발표해 보자.

【관련 학과】 자연계열 전체

《히틀러의 비밀무기 V-2》, 트레이시 D. 던간, 방종관 역, 일조각(2010)

[12역현01-02]　　　　　　　　　　　　　　　　　　　　　　　　　　　　•••

학습자가 생각하는 현대 세계의 과제를 선정·조사하고 그 특징을 분석한다.

➡ 지속가능발전(Sustainable Development)이란 미래 세대가 그들의 욕구를 충족할 수 있는 기반을 저해하지 않는 범위 내에서 현세대의 욕구를 충족시키는 발전이다. 이러한 개념은 인류가 자연과 공존하면서도 인구 증가와 경제 성장으로 인해 파생되는 전 지구적인 문제를 해결하여 풍요로운 삶을 누리고자 하는 의지에서 비롯되었다. 지속가능발전 개념의 등장 배경, 개념과 영역(환경, 경제, 사회, 문화), 지속가능발전목표의 정의, 비판과 한계를 조사한 뒤 발표해 보자.

【관련 학과】 농생물학과, 미래농업융합학부, 미생물분자생명과학과, 산림학과, 산림환경시스템학과, 생명과학과, 생물학과, 생물환경화학과, 식물자원학과, 식품생명공학과, 임산생명공학과, 주거환경과학과, 지구시스템과학과, 지구환경과학과, 지질환경과학과, 해양학과, 해양환경과학과, 환경학과

《지속가능발전을 위한 탄소중립 교육: 에너지편》, 김애진, 지식과감성#(2023)

단원명 | 냉전과 열전

| 🔍 | 인권, 평화, 국제연합, 국·공내전, 6·25 전쟁, 베트남 전쟁, 쿠바 미사일 위기, 미·소의 핵무기 경쟁, 제3 세계

제2차 세계 대전 이후 인권·평화를 위한 국제 사회의 노력과 한계를 파악한다.

➡ 20세기의 과학자들이 개발해 실전에 투입된, 상상을 초월하는 수많은 군사 기술이나 무기 중에서도 '핵무기'의 등장은 인류에 중대한 전환점을 가져왔다. 원자핵이 방대한 에너지를 만들어 내는 원리부터 무기로 이용하기 위한 설계 방법, 실제로 경험하지 않으면 알 수 없는 '핵'의 진정한 모습을 살펴볼 필요가 있다. 정치적·윤리적인 논의는 일체 배제한 채, 순수한 물리학의 관점에서 핵무기의 메커니즘을 조사하여 발표해 보자.

관련 학과 자연계열 전체

《**원자핵에서 핵무기까지**》, 다다 쇼, 이지호 역, 한스미디어(2019)

냉전 시기 열전의 전개 양상을 찾아보고, 전쟁 당사국의 전쟁 경험을 비교한다.

➡ 미국과 소련은 2차 세계 대전 이후 20세기 후반기 내내 상상할 수 있는 거의 모든 방식으로 경쟁했다. 미국과 소련의 경쟁은 과학 분야에서도 첨예하게 이루어졌다. 이러한 배경에서 컴퓨터 기술의 발전은 군사적 측면에서도 매우 중요한 역할을 하였다. 일례로 이 시기 컴퓨터를 이용한 군사 정보 수집과 전략 계획 등의 분야에서 큰 발전이 있었다. 1950년대 컴퓨터 기술 발전의 시대적 배경과 발전 과정을 조사하여 발표해 보자.

관련 학과 자연계열 전체

《**전자정복**》, 데릭 청·에릭 브랙, 홍성완 역, 지식의날개(2015)

세계 여러 지역의 전쟁 관련 기념 시설이 제시하는 기억 방식을 조사하여 분석한다.

➡ 세계 각국의 과학박물관을 찾아보면 도시와 인간, 과학과 예술, 기술과 문화가 서로 어떻게 영향을 주고받으며 발전했는지 그 흥미진진한 변천사를 알 수 있다. 그리고 더 나아가 과학박물관의 진정한 가치와 활용 방법을 모색하고, 과학이 인류에게 어떤 의미이며 앞으로 어떻게 변화할 것인지 고민하는 장소가 된다. 세계의 대표적인 과학박물관을 하나 선정해, 박물관을 소개하는 안내 책자를 만들어 보자.

관련 학과 자연계열 전체

《**세계의 과학관**》, 조숙경, 살림(2015)

단원명 | 성장의 풍요와 생태환경

| 🔍 | 냉전의 완화, 닉슨 독트린, 소련의 변화와 해체, 독일 통일, 동유럽 공산권 붕괴, 중국의 개혁·개방, 신자유주의, 자유 무역, 세계화, 정보통신기술의 발달, 기후변화협약

세계 경제의 성장과 기술 혁신의 변화 양상을 조사한다.

➡ 오늘날 인공지능(AI) 기술은 거의 모든 산업 분야에서 사용된다고 할 정도로 폭발적인 성장세를 보이고 있다.

좋든 싫든 인공지능은 미래 산업의 핵심 기술이 될 것이 확실하므로, 무작정 두려워만 할 것이 아니라 인공지능 기술의 오용을 막을 방법을 다 같이 고민해야 할 시점이다. 인공지능 발전의 역사, 인공지능 기술의 현황, 인공지능 기술의 긍정적인 측면과 부정적인 측면을 조사한 뒤 발표해 보자.

(관련 학과) 자연계열 전체

《계산하는 기계는 생각하는 기계가 될 수 있을까?》, 잭 코플랜드, 박영대 역, 에디토리얼(2020)

[12역현03-02] ● ● ●

대중 소비 사회의 형성과 생태환경의 문제 및 극복 노력을 사례 중심으로 탐구한다.

➡ 인간의 극심한 생태계 파괴로 인해 멸종 위기에 놓인 생물이 급증하면서 '생물다양성'이 급격히 감소하고 있다. 지금의 위기는 6,500만 년 전에 발생한 다섯 번째 대멸종과 비슷한 수준이다. '생물다양성'의 위기는 '인류의 위기'이기도 하다. 생물다양성의 개념, 생물다양성이 중요한 이유, 생물다양성의 위기를 해결하기 위한 방법에 대해 탐구하고 서로 의견을 공유해 보자.

(관련 학과) 농생물학과, 조경학과, 주거환경학과, 지구환경과학과, 지질환경과학과, 생물학과, 생물환경화학과, 해양공학과, 해양학과, 해양환경과학과, 환경공학과, 환경학과

《코로나 팬데믹과 기후위기 시대, 생물다양성에 주목하다》, 오충현 외 7명, 대장간(2020)

[12역현03-03] ● ● ●

기후변화와 관련된 협약 및 보고서를 조사하고, 그 의미를 추론한다.

➡ 〈대한민국 기후변화 적응 보고서〉는 한국의 기후변화 리스크와 그에 따른 대책을 적어 놓은 보고서이다. 우리 정부가 유엔기후변화협약 사무국에 제출한 첫 번째 기후변화 적응 보고서이며, 2023년 3월 '2050 탄소중립녹색성장위원회'의 심의를 거쳐서 제작되었다. 우리 정부가 기후변화 적응 보고서를 제출한 이유, 보고서의 내용, 기후변화 대응 노력을 조사한 뒤 발표해 보자.

(관련 학과) 농생물학과, 조경학과, 주거환경학과, 지구환경과학과, 지질환경과학과, 생물학과, 생물환경화학과, 해양공학과, 해양학과, 해양환경과학과, 환경공학과, 환경학과

《기후는 기다려주지 않는다》, 조슈아 S. 골드스타인 외 1명, 이기동 역, 프리뷰(2023)

단원명 | 분쟁과 갈등, 화해의 역사

> 🔍 종교 갈등, 종족 갈등, 에너지와 환경 문제, 지속가능개발, 양성평등, 다문화, 다인종, 기후, 난민, 신냉전, 자국우선주의

[12역현04-01] ● ● ●

국제 분쟁 및 무력 갈등의 원인과 전개 양상을 사례 중심으로 파악한다.

➡ 우리나라는 그동안 기후위기로 인한 치명적 피해를 겪지 않았기에 그 심각성을 크게 느끼지 못했다. 하지만 식량 문제만큼은 다르다. 최근 우리나라의 식탁 사정을 헤아려 보면, 기후위기로 인한 식량난이 결코 다른 나라의 이야기가 아님을 알 수 있다. 예를 들면 사계절 우리 밥상을 책임졌던 '명태'가 최근 수온이 상승한 탓에 우리나라 바다에서 잡히지 않아 양식 개발에 사활을 걸고 있다. 그뿐 아니라 따뜻한 남쪽 지방에서 자라던 과일

나무들도 위도가 더 높은 지역에서 자라게 되었다. 기후위기로 인한 식량 문제를 극복하기 위한 과학기술 측면에서의 대안을 조사하여 발표해 보자.

관련 학과 자연계열 전체

《**미래 식량 전쟁, 최후의 승자는?**》, 나상호, 글라이더(2023)

[12역현04-02]　　　　　　　　　　　　　　　　　　　　　　　　　　• • •

탈냉전 이후 '제3 세계' 국가의 권위주의 체제 변동에 따른 갈등 양상과 특징을 조사한다.

➡ 풍부한 문화유산과 고대의 지혜로 유명한 인도는 과학과 기술 발전의 활기찬 허브로 부상하고 있다. 인도의 역사에는 대부분의 사람은 알지 못하는 기술 발전에 대한 다양한 지식이 담겨 있다. 인도는 고대부터 풍부한 과학 유산을 꽃피워 왔는데, 인더스 문명은 놀라운 도시 계획, 위생 시스템, 표준화된 도량형과 계량기 사용을 보여 주었다. 베다 시대 인도 문헌에는 천문학, 수학, 의학, 야금학에 대한 언급이 포함되어 있다. 인도 과학기술 발전의 역사를 조사하여 발표해 보자.

관련 학과 자연계열 전체

《**인도는 울퉁불퉁하다**》, 정호영, 한스컨텐츠(2011)

[12역현04-03]　　　　　　　　　　　　　　　　　　　　　　　　　　• • •

국내외 분쟁과 갈등을 해결하기 위한 역사 정책 사례를 탐구한다.

➡ 최근 전 세계적으로 우주산업에 대한 관심이 증가하면서 우주산업이 기존의 군사 안보 영역에서 벗어나 새로운 고부가가치 산업으로 부상하고 있다. 2000년대 이후 중국과 인도의 약진이 눈에 띄는데, 특히 인도는 화성 탐사선의 성공으로 세계에서 두 번째로 화성에 탐사선을 보낸 국가가 되면서 우주 강국으로서의 위상을 높였다. 1인당 GDP가 2,500달러도 안 되는 인도가 우주 강국이 될 수 있었던 이유는 무엇일까? 인도 우주개발의 역사를 조사하여 발표해 보자.

관련 학과 자연계열 전체

《**인도의 시대**》, 오화석, 공감책방(2023)

단원명 ┃ 도전받는 현대 세계

> 🔍 유럽연합, 신자유주의, 정보통신기술의 발전, 과학기술 혁명, 에너지 문제, 환경 문제, 지속가능개발,
> 경제 양극화, 반세계화 운동, 다원주의, 평화와 공존

[12역현05-01]　　　　　　　　　　　　　　　　　　　　　　　　　　• • •

경제의 세계화 이후 사회·경제적 변화를 국가, 지역, 세계적 차원에서 파악한다.

➡ 제임스 웹 우주 망원경은 NASA, ESA, 캐나다 우주국(CSA)이 개발한 허블 우주 망원경과 스피처 우주 망원경의 뒤를 잇는 우주 망원경으로, 가시광선부터 근적외선 및 적외선 영역의 관측을 수행한다. 현재 허블 망원경의 관측 범위를 넘어 더 멀리 있는 오래된 천체를 관측하는 것이 목적 중 하나이기에, 허블의 후계기이다. 동시에 적외선 우주 망원경이므로 스피처의 후계기이기도 하다. 제임스 웹 망원경의 개발 배경, 주요 임무, 개발 과정,

특징 등을 조사하여 발표해 보자.

`관련 학과` 자연계열 전체

《**우주에서 가장 작은 빛**》, 사라 시거, 김희정 역, 세종서적(2021)

[12역현05-02] • • •

다문화 사회의 갈등 문제를 역사적으로 파악하고, 이를 해결하기 위해 노력한 사례를 조사한다.

→ 기존의 우리나라 과학 교육이 과학과 문화를 분리하여 다루었다면, 다문화 사회를 맞아 방향의 재설정이 필요한 상황이다. 과학과 문화의 연관성은 개념적 접근, 범주적 접근, 구성요인적 접근이라는 세 가지 차원에서 논의할 필요가 있다. 다음으로 다문화 과학 교육을 재개념화하기 위해서는 유럽 중심주의의 탈피(과거), 과학 결정론의 극복(현재), 그리고 기술 제일주의를 초월(미래)하는 과학 교육이라는 세 가지 문제의 개념화와 이론 정립이 필요하다. 과학 수업을 통한 다문화 교육의 사례를 조사해 발표해 보자.

`관련 학과` 자연계열 전체

《**떨림과 울림**》, 김상욱, 동아시아(2018)

[12역현05-03] • • •

문화 다양성 관련 국제 규범의 형성 과정을 살펴보고, 그 의미와 한계를 탐구한다.

→ 생물다양성은 육상생태계, 해양과 기타 담수생태계와 이들의 복합 생태계를 포함하는 모든 원천에서 발생한 생물체의 다양성을 말하며, 종내·종간 및 생태계의 다양성을 포함한다. 즉 생물다양성이란 생물종의 다양성, 생물이 서식하는 생태계의 다양성, 생물이 지닌 유전자의 다양성을 총체적으로 지칭하는 말이다. 생물다양성을 지켜야 하는 이유, 생물다양성의 위협 요인, 생물다양성 보전 방법을 조사한 뒤 발표해 보자.

`관련 학과` 자연계열 전체

《**생물다양성을 보전할 수 있을까?**》, 브뤼노 파디·프레데릭 메다이, 김성희 역, 민음인(2021)

국어 교과군

영어 교과군

수학 교과군

도덕 교과군

사회 교과군

과학 교과군

선택 과목	수능	사회문제 탐구	절대평가	상대평가
융합 선택	X		5단계	X

단원명 | 사회문제의 이해와 탐구

🔍 사회문제, 기능론, 갈등론, 상징적 상호 작용론, 양적 연구, 질적 연구, 자료 분석, 연구 윤리

[12사탐01-01]   •••

사회문제의 의미와 특징을 이해하고, 사회문제를 바라보는 주요 관점을 비교한다.

➡ 인간의 활동으로 인해 자연환경과 생태계가 파괴되면서 과거에는 문제가 아니었으나 최근 사회문제로 인식되고 있는 환경 문제들이 늘어나고 있다. 이런 사례들을 찾아보면서 사회문제의 의미와 특징을 파악해 보자. 또한 기후변화 현상이나 미세 플라스틱 문제, 개발로 인한 동물 서식지 파괴, 생물다양성 감소와 같은 문제를 기능론과 갈등론, 상징적 상호 작용론의 입장에서 해석하고 각각의 관점을 적용한 해결책을 모색하는 활동을 진행해 보자.

관련 학과   자연계열 전체

탄소 사회의 종말

조효제, 21세기북스(2020)

책 소개

이 책은 통계나 수치, 과학적 설명을 통해 기후위기의 심각성을 환기하는 여타 도서들과는 달리, 인간의 구체적 경험과 인식, 사회·정치적 차원을 중심에 두고 기후위기를 새롭게 조명한다. 저자가 '인권 담론'과 '사회학적 상상력'의 렌즈를 통해 제시하는 다섯 가지 질문을 따라가다 보면, 기후위기가 누구의 책임이며 누가 불평등하게 그 피해를 받고 있는지, 근본적 '전환'을 위해 개인과 사회, 정치적 차원에서 무엇을 해야 할지를 새로운 각도에서 이해하게 된다.

세특 예시

'책을 통해 자신을 돌아보기' 시간에 '탄소 사회의 종말(조효제)'을 읽고 기후변화 문제가 단순한 환경오염 이상의 의미를 갖고 있다는 사실을 깨달았다고 밝힘. 특히 기후변화의 영향으로 큰 위기를 겪는 계층은 경제적, 사회적 약자들이나, 소속된 국가와 사회적 계층에 따라 기후위기를 다르게 인식하고 있어서 공동 대응을 위한 공감대를 형성하기 어렵다는 점을 파악하고, 인류의 생존을 위해서는 세계시민들이 공동체 의식을 갖고 기후위기가 지구 전체의 문제임을 자각해야 한다는 주장을 펼친 연설문을 작성함.

> [12사탐01-02]
>
> 사회문제에 대한 과학적 탐구의 필요성을 설명하고, 사회문제 탐구를 위한 연구 방법과 다양한 자료 수집 방법의 특징을 비교한다.

➡️ 자연현상과 사회현상을 연결하는 사례를 찾아 분석하면서 양적 연구와 질적 연구의 특징을 비교하는 탐구활동을 수행할 수 있다. 일례로 온도와 강수량 같은 기후 지표와 생물다양성 등의 생태 지표를 수집한 뒤 수치에 대한 분석을 진행하고, 수치의 변화량이 인간의 삶에 끼친 영향을 질적 연구 방법으로 알아볼 수 있다. 또한 사회현상의 분석에 과학적 탐구와 지식이 필요한 이유로 편견이 개입된 잘못된 상식을 제시하고, 구체적 사례를 들어 설명할 수 있다. 예를 들어 인종에 따라 선천적인 능력의 차이가 크다는 믿음은 오랫동안 정설로 받아들여졌으나, 유전학의 발전으로 인종 간의 지적 능력 차이가 없다는 과학적 연구 결과가 등장하면서 인종 차별의 근거가 없어졌다. 이와 유사한 사례를 조사해 보자.

관련 학과 자연계열 전체

왜 우리는 세계를 있는 그대로 보지 못하는가?

앤드루 슈툴먼,
김선애·이상아 역,
바다출판사(2023)

책 소개

우리의 타고난 직관은 세상을 이해하고 예측할 수 있게 해 주지만 많은 경우 우리를 잘못된 길로 인도한다. 이 책의 저자는 여러 심리학 실험을 통해 세상에 대한 올바른 이해를 방해하는 12가지 직관 이론이 어떻게 형성되고, 또 어떻게 우리를 속이는지 낱낱이 파헤친다. 저자는 우리가 세상을 올바르게 이해하기 위해서는 단순히 개별 믿음이나 생각을 수정하는 것이 아니라 그 생각이 일어나게 하는 기본 개념을 바꿔야 한다고 말한다.

세특 예시

'책으로 세상 읽기' 시간에 '왜 우리는 세계를 있는 그대로 보지 못하는가?(앤드루 슈툴먼)'를 읽고 사회현상을 이해하고 분석하는 데 과학적인 사고방식이 필요한 이유를 깨달았다는 소감을 밝힘. 특히 전염병이 유행했을 때 단순히 손을 씻으라는 명령을 받은 학생 집단보다 전염병의 원리를 배운 집단의 학생들이 위생 수칙을 훨씬 잘 지켰다는 연구 결과를 인용하여, 사회문제를 해결하기 위해서는 과학적 원리와 사고방식이 반드시 필요하다는 의견을 발표함.

> [12사탐01-03]
>
> 다양한 자료 수집 방법을 적용한 실제 사례를 활용하여 수집된 자료를 분석하고 해석하는 방법을 설명한다.

➡️ 자연현상에 대한 연구는 주로 연구 문제를 인식하고 가설을 설정한 후 연구 대상, 현상의 조작적 정의, 독립 변수와 종속 변수 결정, 실험 집단과 표본 집단을 결정하는 등의 연구 설계 과정을 거친다. 이와 같은 연구 설계 과정 및 과학적 탐구 방법을 사회문제의 분석에 적용한 사례를 찾아보자. 또는 특정 지역에서 나타나는 자연현상이 해당 지역 주민들의 문화와 사회 구조에 미치는 영향을 통계 자료, 질문지, 주민 면접과 참여 관찰 등 다양한 자료 수집 방법을 통해 탐구하고 해석하여 결론을 도출하는 활동을 수행할 수 있다.

관련 학과 대기과학과, 미생물학과, 분자생물학과, 산림학과, 생명과학과, 생물학과, 수산생명의학과, 식물자원학과, 식품영양학과, 원예학과, 의류학과, 조경학과, 지구환경과학과, 해양학과, 환경학과

《침묵의 봄》, 레이첼 카슨, 김은령 역, 에코리브르(2024)

> 사회문제의 탐구 과정에서 요구되는 연구 윤리를 설명하고, 연구 윤리를 준수하며 사회문제를 탐구하는 태도를 가진다.

➡ 탐구 과정에서 연구자들의 가치 중립적인 태도가 강조되는 이유를 확증 편향이라는 개념으로 이해할 수 있다. 확증 편향이란 원래 가지고 있는 생각이나 신념을 확인하려는 경향성이다. 연구를 진행한 뒤 A와 B라는 결과가 나왔으나 가설에 들어맞는 A만 선택하고 B는 무시하는 상황을 가정하고, '이렇게 도출된 연구 결과를 과연 신뢰할 수 있는가?'와 같은 질문을 통해 토의를 진행해 보자. 이 밖에도 피실험자에 대한 연구 윤리를 어겼거나 연구 설계 과정에서 변수를 잘못 설정하는 등 실제 과학계에서 논란을 일으킨 연구 사례를 조사하는 과정을 통해 연구자가 가져야 할 태도에 대해 성찰해 보자.

관련 학과 농생물학과, 대기과학과, 동물자원과학과, 미생물학과, 분자생물학과, 생명과학과, 생물학과, 수산생명의학과, 식물자원학과, 지구환경과학과, 천문우주학과, 축산학과, 해양학과, 환경학과

《과학기술윤리연구》, 정광수, 한국학술정보(2017)

단원명 | 일상생활과 사회문제

🔍 | 성 불평등, 성 격차 지수, 성 불평등 지수, 미디어의 비판적 이해

[12사탐02-01]

> 일상생활에서 나타나는 성 불평등 문제의 실태를 조사하고, 원인과 해결 방안을 제시한다.

➡ 인간의 성이 생물학적으로 타고나는 것인지, 사회적으로 결정되는 것인지에 대한 연구는 오래전부터 진행되어 왔다. 염색체의 차이로 결정되는 자연적인 성(sex)과 사회적으로 학습되는 성(gender)의 차이를 연구한 사례들을 살펴보고 개인의 생각을 자유롭게 발표해 보자. 또한 과거에 남녀 성차별의 근거로 이용되었던 여러 이론들을 조사해 보고 이에 대한 반박을 통해 성 불평등 인식과 남녀 역할에 대한 고정 관념을 바꾸어 나갈 방안을 모색해 보자.

관련 학과 자연계열 전체

《차이에 관한 생각》, 프란스 드 발, 이충호 역, 세종서적(2022)

[12사탐02-02]

> 청소년의 미디어 이용 과정에서 나타나는 문제를 조사하고, 원인과 해결 방안을 제시한다.

➡ 청소년들이 성인들에 비해 각종 미디어에 더 쉽게 중독되고 편향적인 사고방식을 갖게 되는 원인을 뇌과학적인 차원에서 분석하는 탐구활동을 진행할 수 있다. 청소년기의 뇌는 신경망이 형성되고 발달하는 과정을 거치면서 여전히 자라는 중이기 때문에 자기 조절 능력이 미흡하고 주변 사람들의 주장에 쉽게 휩쓸리는 경향을 보인다. 청소년들의 뇌가 가지고 있는 이러한 특성들을 바탕으로 하여 미디어를 올바르게 사용하기 위한 지침들을 마련해 보자.

관련 학과 자연계열 전체

《위기와 기회 사이》, 로렌스 스타인버그, 김영민·손덕화 역, 프로방스(2022)

단원명 | 변화하는 세계와 사회문제

| 🔍 | 저출산, 고령화, 지방소멸, 지역 불평등, 복지 비용 증가, 인공지능, 인공지능의 편향성, 인공지능의 자율성 침해, 인공지능과 윤리

[12사탐03-01] ● ● ●

저출산·고령화로 인해 발생하는 다양한 사회문제의 실태를 조사하고, 해결 방안을 제시한다.

➡ 고령화 현상이 심화되어 노인 인구가 증가하면서 혼자 거주하는 노인들의 신체적, 정신적 건강 문제가 사회문제로 대두되고 있다. 우리나라보다 일찍 고령화 사회에 접어든 선진국에서는 노인들의 사회적 고립감을 해소하고 우울증을 줄이기 위한 해결 방안 중 하나로 동물 매개 치료법을 사용한다. 노인들이 식물이나 동물을 키우면서 정서적인 안정을 찾는 것과 유사한 사례들을 조사해 보고, 이를 국가 정책에 적용할 수 있는 방안을 탐구해 보자.

관련 학과 자연계열 전체

《**치료도우미 동물학**》, 김옥진 외 3명, 동일출판사(2017)

[12사탐03-02] ● ● ●

인공지능 발전 과정에서 나타날 수 있는 다양한 사회문제를 탐색하고, 대응 방안을 제시한다.

➡ 자연과학 분야의 연구 단계에서 인공지능 프로그램이 광범위하게 이용될 때 일어날 수 있는 문제점에 대해 토의해 보자. 예를 들어 인공지능 프로그램이 실험 데이터를 편향적으로 가공한다거나, 결론을 비약적으로 도출하는 문제가 나타날 수 있다. 한편 인공지능 프로그램이 널리 이용되면서 실시간으로 축적되는 방대한 데이터를 보관하기 위한 오프라인 공간이 필요해지면서 데이터 센터들이 계속 건설되고 있다. 이러한 데이터 저장 공간들은 막대한 에너지를 소모하고 탄소를 배출하여 환경 문제를 일으키고 있다는 주장이 거세지고 있으므로, 이를 해결할 수 있는 방안에 대해 토의해 보자.

관련 학과 자연계열 전체

《**위대한 착각, 올바른 미래**》, 박대성, 인북(2023)

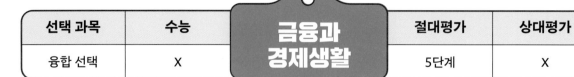

선택 과목	수능		절대평가	상대평가
융합 선택	X	금융과 경제생활	5단계	X

단원명 | 행복하고 안전한 금융 생활

| 🔍 | 금융 의사 결정, 인터넷 뱅킹, 모바일 뱅킹, 간편 결제 서비스, 전자화폐, 디지털 금융, 계약, 약관, 금융 사기, 금융 소비자 보호 제도

[12금융01-01] ● ● ●

행복하고 안전한 금융 생활에 필요한 금융 정보를 탐색하고 평가하며, 단기와 장기의 관점을 고려하여 합리적인 금융 의사 결정을 한다.

➡ 수학적 방법을 활용하여 금융 모델을 개발하고, 금융 상품 가치평가, 위험 관리, 포트폴리오 최적화 및 거래 전략을 연구하는 분야가 있다. 퀀트(Quant)는 영어 단어의 뜻대로 '양적인', '정량적인' 행위를 뜻하며, 금융 업계에서는 통계학과 수학에 기반해 정량적인 전략을 짜는 행위를 퀀트투자라고 부른다. 퀀트투자의 알고리즘을 파악해 보고, 인간의 행동을 수학적으로 정량화시킬 수 있는가를 주제로 탐구를 진행할 수 있다. 이러한 투자가 장기적, 단기적인 의사 결정에 어떻게 도움을 줄 수 있는지 조사해 보자.

관련 학과 자연계열 전체

《그림으로 듣고 고전으로 보는 금융수학》, 고관표, 경문사(2021)

[12금융01-02] ● ● ●

디지털 금융 환경에서 나타난 금융 서비스의 변화된 특징을 이해하고 디지털 금융 서비스를 효과적으로 이용한다.

➡ 디지털 금융에서 금융 시장의 안전성, 효율성, 데이터 분석, 암호화, 모델링 및 예측 등을 개선하기 위한 과학적 방법론을 주제로 탐구를 진행할 수 있다. 암호학은 디지털 금융의 핵심 부분 중 하나로, 금융 거래와 개인정보 보호를 위한 암호화 기술에 대한 연구가 진행되고 있다. 양자 암호학, 블록체인 보안, 다중요소 인증 및 안전한 키 관리 시스템에 대해 알아보자. 또한 현재 사용 중인 방법들의 장단점을 찾고 대안을 제시해 보자.

관련 학과 자연계열 전체

《비밀의 언어(THE CODE BOOK)》, 사이먼 싱, 이현경 역, 인사이트(2015)

[12금융01-03] ● ● ●

안전한 금융 거래를 위한 계약(약관)의 중요성을 인식하고, 금융 사기 예방과 피해 구제를 위해 마련된 주요 금융 소비자 보호 제도를 탐구한다.

➡ 텍스트 마이닝 및 자연어 처리 기술을 활용하여 대량의 문자 메시지 데이터를 분석해 볼 수 있다. 스미싱 문자 메시지의 언어적 특징, 사용되는 키워드 및 구문 분석을 사기성 문자 메시지 탐지에 활용하는 모델이 개발되고

있는지, 개발되고 있지 않다면 그 이유는 무엇인지 분석해 보자. 또한 스미싱 공격의 패턴을 분석하고, 어떤 유형의 문자 메시지가 가장 흔하게 사용되는지, 스미싱 공격의 일반적인 특징은 무엇인지 조사해 보자. 이를 통해 스미싱 공격을 감지하고 예방하는 데 도움이 되는 모델을 제안하거나 개발할 수 있다.

`관련 학과` 자연계열 전체

《**혼자 공부하는 머신러닝+딥러닝**》, 박해선, 한빛미디어(2020)

단원명 | 수입과 지출

| ☌ | 근로소득, 사업소득, 재산 소득, 총소득, 가처분 소득, 소비, 소비 지출, 비소비 지출, 예산, 버킷리스트, 예산 작성, 예산 수립, 평가, 예산 계획서, 기대 수입, 생애 주기

[12금융02-01] • • •

소득이 수입의 주요 원천임을 이해하고 소득에 영향을 미치는 다양한 요인을 탐구한다.

➲ 높은 소득 수준이 환경오염과 자원 소비에 미치는 영향을 분석하고, 지속가능한 소비와 생활방식을 고려한 소득 수준과 환경 보호 간의 상호 작용을 연구해 보자. 선진국이나 개발도상국의 환경 정책을 분석하고 환경오염이나 정화에 쓰이는 예산을 비교·분석할 수 있다. 또한 소득 분위별로 환경에 얼마나 많은 신경을 쓰고 있는지를 조사해 발표를 진행할 수 있다. 지속가능한 개발을 위해 환경에 얼마나 많은 예산을 쓰는지는 국가별, 개인별 환경 의식과 관련이 있다. 소득이 이러한 의식에 영향을 어떻게 주고 있는지 발표해 보자.

`관련 학과` 자연계열 전체

《**과학과 경제에서 환경을 보다**》, 정회석, 환경과문명(2012)

[12금융02-02] • • •

소비 지출과 비소비 지출을 구분하고 지출에 영향을 미치는 요인을 파악하여 합리적인 소비를 실천한다.

➲ 자연과학적 접근은 소비가 인간과 환경에 미치는 과학적 영향을 탐구함으로써, 사람들이 지속가능한 소비와 책임 있는 소비자로서의 역할을 이해하는 데 도움을 줄 수 있다. 소비가 기후변화에 어떤 영향을 미치는지 연구하고, 소비의 종류, 양, 방법 등이 온실가스 배출량과 기온 변화에 미치는 영향을 분석해 보자. 그리고 탄소 발자국, 지구온난화, 기후 재앙 등과 소비의 관련성을 조사할 수 있다. 일례로 전기자동차와 내연기관 자동차의 소비가 탄소 발자국에 어떠한 영향을 주는지 분석한 뒤, 이를 통해 탄소 발자국과 관련된 건전한 소비 형태를 제안할 수 있다. 다양한 과학적 접근을 통해 탄소 발자국을 줄일 수 있는 방안을 조사하여 발표해 보자.

`관련 학과` 자연계열 전체

《**성장 이후의 삶**》, 케이트 소퍼, 안종희 역, 한문화(2021)

[12금융02-03] • • •

예산의 의미와 예산 관리 방법을 이해하고 자신의 금융 생활에서 예산을 수립·점검·평가한다.

➲ 개인 예산 관리는 통계학적 방법과 도구를 활용하여 예산을 분석하고 최적화하는 과정으로, 수입, 지출, 저축, 금리 변동, 투자 등의 계산에는 수학적 방법과 물리학적 방법이 동원된다. 다양한 모델링 기법에 사용되는 수

국어 교과군

영어 교과군

수학 교과군

도덕 교과군

사회 교과군

과학 교과군

학적, 물리학적 원리를 탐구하고 발표해 보자. 또한 이러한 계산적 예산 관리가 주는 장점에 대해 분석하고, 학생들이 예산을 세우는 다른 방법들과 비교해서 갖는 장점을 조사해서 발표를 진행할 수도 있다.

관련 학과 자연계열 전체
《**하버드 100년 전통 자산관리 수업**》, 무천강, 이에스더 역, 리드리드출판(2023)

단원명 | 저축과 투자

| 🔍 | 저축, 투자, 저축 상품, 투자 상품, 예금자 보호 제도, 투자자 보호 제도

[12금융03-01] • • •

저축의 경제적 의의와 다양한 저축 상품의 특징을 이해하고 저축에 영향을 미치는 요인을 탐구한다.

➡ 핀테크는 사용자의 금전 상황과 목표에 따라 맞춤형 저축 계획을 제공해 준다. 이를 통해 사용자는 자신의 금전 관리를 최적화하고 금전을 효율적으로 활용할 수 있게 된다. 핀테크에 활용된 다양한 수학적 지식을 탐구해 보자. 핀테크 분야에서는 옵션 가격 산출, 금융 파생상품 가치평가, 금융공학 등에 수학적 원리를 적용하고 있다. 블랙-숄즈-머튼 모델과 같은 수학적 모델은 옵션 가치를 평가하고 투자 결정을 내리는 데 중요한 도구로 사용된다. 다양한 수학적 모델을 분석하고 탐구를 진행해 보자.

관련 학과 자연계열 전체
《**새로운 금융이 온다**》, 헨리 아슬라니언·패브리스 피셔, 최용호·조철민 역, 차밍시티(2021)

[12금융03-02] • • •

기본적인 금융 투자 상품의 종류와 특징을 이해하고 투자에 영향을 미치는 요인을 탐구한다.

➡ 환경과학, 기상학 및 지리학과의 결합을 통해 금융 리스크를 관리하는 모델을 개발해 볼 수 있다. 기상 이벤트, 자연재해 및 기후변화와 금융 시장 간의 관계를 탐구해 보자. 또한 이러한 자원에 투자할 수 있는 다양한 방안들을 알아보고 기후위기, 이상기상 현상이 투자에 어떠한 영향을 주는지 조사할 수 있다. 기후나 기상 관련 펀드와 프로젝트를 조사해 보고, 이러한 상황이 지속될 경우 투자를 어떠한 방식으로 진행해야 할지 탐구해 보자.

관련 학과 자연계열 전체

책 소개

이 책은 통화량, 전염병, 기후변화, 기술 혁신, 신뢰, 금융위기 대처, 국가 간 분쟁이라는 7대 이슈를 통해 경제학을 알려 주고, 우리 앞에 다가온 이슈들을 어떻게 바라보고 대처할 것인가에 관한 크나큰 통찰을 제공한다. 이 책을 통해 화폐 공급의 증감이 가져온 전근대 사회의 경기 변동, 코로나 시대에 일어날 경제·사회 변화, 기후변화가 역사에 미친 영향, 기술 혁신이 일어나기 위한 조건들, 기축 통화가 갖는 신뢰라는 힘을 파악할 수 있다.

세특 예시

진로 심화독서 시간에 '7대 이슈로 보는 돈의 역사 2(홍춘욱)'를 읽고 기후

7대 이슈로 보는 돈의 역사 2
홍춘욱, 로크미디어(2020)

와 투자의 관계에 대해 생각해 보는 시간이 되었다고 발표를 진행함. 기후위기는 코로나19, 미중 무역 분쟁 등과 비슷한 수준의 혼돈과 변혁을 가지고 올 것이라고 주장함. 현 시기 우리 사회에 불확실성에 대한 공포가 만연해 있고 이러한 공포가 경제에도 크나큰 영향을 미쳤다는 사실을 강조하며, 부익부 빈익빈 현상이 더욱 심화되고, 보호 무역 성향이 강해졌으며, 일자리의 변화 또한 극심해졌다고 밝힘. 새로운 변화에 대응하기 위한 투자 방법과 전략이 중요하다고 말하면서 기후 펀드와 기후 투자에 대해 탐구해 보고 싶다는 포부를 발표함.

[12금융03-03] ● ● ●

저축과 투자의 장단점을 고려하여 자기 책임의 원칙에 따라 저축과 투자를 결정하며, 활용할 수 있는 예금자 보호 제도와 투자자 보호 제도를 탐색한다.

➡️ 기업의 가치뿐 아니라 자연환경, 천연자원과 연관해서도 투자가 가능하다. 석유나 니켈 같은 지하자원부터, 기후에 이르기까지 다양한 방면으로 투자를 할 수 있다. 앞으로 이러한 자연환경이 투자의 대상이 될지에 대해 조사해 보자. 희토류는 과거에는 투자의 대상이 아니었으나, 이를 활용하는 첨단 기술이 나오면서 투자의 대상이 되었다. 앞으로 투자 가치가 있는 자연환경과 자원을 분석해 보고, 왜 그런 결론을 내렸는지 발표해 보자.
`관련 학과` 자연계열 전체
《**가치투자의 비밀**》, 크리스토퍼 브라운, 권성희 역, 흐름출판(2023)

단원명 | 신용과 위험 관리

🔍 신용, 신용 관리, 보험, 연금, 노후 대비

[12금융04-01] ● ● ●

신용 사용의 결과를 고려한 책임감 있는 신용 관리 태도를 기르고, 신용에 영향을 미치는 요인을 파악하여 자신의 신용을 효과적으로 관리하는 방법을 탐구한다.

➡️ 데이터 과학 및 머신 러닝 활용이 금융 기관의 대출 결정에 어떻게 영향을 미치는지 예측하고, 대출 심사 프로세스를 개선하는 방법에 대해 탐구해 볼 수 있다. 대규모 데이터를 분석하여 신용 및 금융 거래 패턴을 이해하고, 시장 동향과 금융 위험을 파악하는 방법을 조사해 보자. 이러한 방법에 사용되는 수학적 원리나 물리학적 원리를 파악하고 현재 교육과정에서 심화시킬 수 있는 방안을 탐구할 수 있다.
`관련 학과` 자연계열 전체
《**금융의 역사**》, 윌리엄 N. 괴츠만, 위대선 역, 지식의날개(2023)

[12금융04-02] ● ● ●

위험 관리의 필요성과 위험 관리 방법으로서 보험의 원리를 이해하고, 주요 보험 상품의 특징을 비교한다.

➡ 보험 계리에 대해서 조사해 보자. 보험 계리는 보험 회사나 보험자가 보험 계약을 평가하고 위험을 평가하여 적절한 보험료를 책정하는 과정을 말한다. 보험료가 어떻게 책정되는지 알고리즘을 파악하여 보험사와 피보험자 모두에게 이득이 되는 방향이 무엇인지 분석할 수 있다. 보험사는 피보험자의 위험이나 계약을 어떻게 평가하는지, 계약의 승인은 어떠한 조건으로 이루어지는지 그 과정을 조사한 뒤 보험에 포함되어 있는 복잡한 수학적 원리에 대해서 알아보자.

관련 학과 자연계열 전체

《완벽한 보험》, 최성진, 라온북(2022)

[12금융04-03]   • • •

고령 사회에서 노후 설계의 필요성을 이해하고, 연금의 종류와 특징을 파악하여 안정적인 노후 대비 계획을 설계한다.

➡ 다양한 사적 연금들이 어떻게 사람들의 가입을 유치하고 수익을 내고 있는지 탐구를 진행해 보자. 경제적 논리에 의하면 회사가 이득을 보면 누군가는 손해를 보는 구조일 수밖에 없다. 사적 연금을 운영하는 회사가 수익이 나면 연금에 가입한 누군가는 손해를 볼 수도 있다. 이러한 상황에서 사람들의 가입을 유치하기 위해 다양한 수학적 방법이 쓰이고 있다. 사적 연금으로 수익성을 내는 다양한 수학적 공식과 방안들을 조사해 보자. 또한 기대 수익과 위험 회피를 조사하면서 수학적 원리를 탐구할 수 있다.

관련 학과 자연계열 전체

《주식, 디지털 자산, 연금, 자산 투자 가이드》, 천백만, 두드림미디어(2023)

선택 과목	수능	기후변화와 지속 가능한 세계	절대평가	상대평가
융합 선택	X		5단계	X

단원명 | 인간과 기후변화

> | 🔍 지구온난화, 해수면 상승, 해양 산성화, 기상 이변, 온실기체, 탄소중립, 탄소 배출, 티핑 포인트, 지속 가능 에너지, 파리협정

[12기지01-01] ● ● ●

지구적 차원에서 나타나는 기후변화의 심각성을 사례를 통해 파악하고, 기후변화를 바라보는 관점의 다양성을 이해한다.

◉ 2020년은 관측 역사상 대서양에서 허리케인이 가장 많이 발생한 해였다. 미국과 캐리비안 지역은 재해로 인해 건물 파손, 수도 인프라 손상, 농작물 피해 등 막대한 피해를 입었다. 보험사들은 대규모 보상금을 지급해야 했으며, 피해 복구 작업에 수천 명의 노동력과 막대한 비용이 투입되었다. 당시 허리케인 발생 빈도가 너무 높아서 기상학자들이 공식적으로 붙이는 허리케인 이름이 모두 소진되는 바람에 그리스 알파벳(알파, 베타 등)을 이용해 이름을 붙이는 지경에 이르렀다. 허리케인의 발생과 피해 현황, 허리케인의 발생 빈도가 높아진 원인을 과학적 근거를 들어 분석하고 발표해 보자.

관련 학과 농생물학과, 생물학과, 생물환경화학과, 조경학과, 주거환경학과, 지구환경과학과, 지질환경과학과, 해양공학과, 해양학과, 해양환경과학과, 환경공학과, 환경학과

《위기의 지구, 물러설 곳 없는 인간》, 남성현, 21세기북스(2020)

[12기지01-02] ● ● ●

기후변화는 자연적 요인뿐만 아니라 인간의 다양한 활동 및 산업과 관련되어 있다는 점을 이해하고, 탄소중립을 위한 사회 변화의 방향을 탐구한다.

◉ 화석 연료로 만들어지는 플라스틱은 생산부터 폐기에 이르는 전 과정에서 이산화탄소와 메탄, 에틸렌 등 강력한 온실가스를 배출한다. 국제환경법센터(CIEL)가 2019년 5월 발표한 보고서에 따르면, 2019년 한 해 동안 플라스틱으로 인해 배출된 온실가스는 무려 8억 5천만 메트릭톤에 달한다고 한다. 이는 석탄 화력발전소(500 메가와트 용량) 189곳이 1년 동안 배출하는 온실가스 양과 맞먹는다. 더 큰 문제는 전 세계 플라스틱 생산량이 계속해서 증가할 예정이라는 점이다. CIEL은 현재 추세대로 플라스틱 생산이 지속될 경우, 2050년이면 플라스틱으로 인한 온실가스 배출량이 560억 톤까지 늘어날 것이라고 전망했다. 플라스틱 사용이 지구온난화에 미치는 영향의 과학적 메커니즘, 플라스틱 재활용 대책, 플라스틱 문제의 기술적 해결 방안을 조사한 뒤 발표해 보자.

관련 학과 농생물학과, 생물학과, 생물환경화학과, 조경학과, 주거환경학과, 지구환경과학과, 지질환경과학과, 해양공학과, 해양학과, 해양환경과학과, 환경공학과, 환경학과

지구를 위한다는 착각

마이클 셸런버거, 노정태 역,
부키(2021)

환경 문제에 대한 우리의 오해를 지적하며 현재 환경 담론의 오류를 고발하고 있는 이 책은 "얼음이 녹아 북극곰이 굶어 죽어 가고 있다", "아마존이 곧 불타 사라질 위기에 처해 있다", "그린피스가 고래를 구했다" 같은 익숙한 통념과 정반대되는 과학적 근거와 사실을 제시한다. 또한 "원자력은 지극히 위험하고 비싸다", "태양광과 풍력 등 신재생 에너지가 유일한 길이다"라는 주장에서 무엇이 진실이고 거짓인지를 알려 준다. 이 책을 통해 환경 문제에서 허구와 사실을 또렷이 구분하고, 기후위기 대응에서 우리가 가진 긍정적 잠재력을 발견하게 될 것이다. 그리하여 자연과 인간 모두에게 번영을 가져다주는 진정한 해결책에 눈뜨게 될 것이다.

교과연계 심화독서 활동에서 '지구를 위한다는 착각(마이클 셸런버거)'을 읽고 기후변화의 진실, 환경 종말론적 시각에 대한 비판, 환경주의자와 친환경 사업의 결과 속, 환경 식민주의 비판 등의 내용을 요약해 발표함. 지구가 내일 곧 멸망할 것 같은 공포와 불안을 자극하는 기존의 환경 종말론적 시각에 문제가 있음을 자각하게 되었으며, 환경 문제에서 허구와 사실을 또렷이 구분하고, 과학적 근거와 사실을 바탕으로 보다 실질적이고 현실적으로 기후 위기 문제에 대응하는 자세가 중요함을 깨달았다고 밝힘.

단원명 | 기후정의와 지역문제

| 🔎 | 기후재난, 불평등 문제, 기상 재해, 해수면 상승, 이상기후, 온실가스, 기후 정의, 경제 양극화, 저탄소 녹색성장, 지구생태계, 생물다양성

[12기지02-01] • • •

세계 여러 지역에서 발생하고 있는 기후재난의 실제를 파악하고, 이를 둘러싼 쟁점을 다양한 자료를 통하여 분석한다.

➡ '지구의 날' 50주년을 맞이해 출간된 데이비드 월러스 웰즈의 책《2050 거주불능 지구》는 당장 우리의 일상을 파괴할 지구온난화의 실제적 영향을 제시한다. 저자는 탄소 배출량 감축이 획기적으로 이루어지지 않는다면 21세기가 끝날 무렵 해수면이 최소 1.2미터에서 최대 2.4미터까지 상승할 수 있다고 밝히고 있다. 세계 주요 도시의 거의 3분의 2가 해안가에 위치해 있기 때문에 위험에 노출될 수밖에 없다. 최근 20년간의 해수면 상승 변화, 해수면 상승의 원인, 피해 사례, 미래 전망, 해수면 상승을 막기 위한 대책을 조사하고 서로 의견을 공유해 보자.

관련 학과 농생물학과, 생물학과, 생물환경화학과, 조경학과, 주거환경학과, 지구환경과학과, 지질환경과학과, 해양공학과, 해양학과, 해양환경과학과, 환경공학과, 환경학과

2050 거주불능 지구

데이비드 월러스 웰즈,
김재경 역, 추수밭(2020)

이 책은 최신 연구 자료와 통계적 근거를 바탕으로 가장 믿을 만한 기후변화의 미래 시나리오를 제시한다. 기존 기후변화와 관련한 다양한 논의들을 비판적으로 종합해 우리의 일상을 파괴할 지구온난화의 실제적인 영향과 그림을 제시한다. 단순한 '환경운동'이나 개인의 윤리적 각성으로도 해결할 수 없는 기후변화의 막대한 영향력을 규명한 기후재난 대응 매뉴얼이자 미래 보고서이다.

세특 예시

독서로 관심주제 톺아보기 활동에서 '2050 거주불능 지구(데이비드 월러스 웰즈)'를 읽고 기후 되먹임(climate feedback) 시스템, 12가지 기후재난의 동시다발적이고 복합적인 영향, 기후위기에 대한 올바른 관점과 태도 등의 내용을 요약·정리해 발표함. 최신 연구 자료와 통계적 근거를 바탕으로 가장 믿을 만한 기후변화의 미래 시나리오를 제시하였고, 기존 기후변화와 관련한 다양한 논의들을 비판적으로 종합해 기후위기의 실질적인 영향을 알려 준 점이 인상적이었다는 소감을 피력함. 비교·대조 독서활동으로 '지구를 위한다는 착각(마이클 셸런버거)'을 읽고 환경 종말론적 시각과 환경 휴머니즘적 시각의 차이점을 비교·분석해 서평문을 제출함. 감상적으로 생각하기보다 철저히 과학적 사실과 근거에 기반해 환경 문제를 바라봐야 한다는 생각을 하게 됐다고 서평문에 밝힘.

[12기지02-02]

기후변화의 영향은 지리적 조건 및 사회적·경제적 조건에 따라 차별적으로 나타나고 있음을 이해하고, 이와 관련한 쟁점과 사례를 조사한다.

⊙ 탄소 배출로 인한 지구온난화는 범지구적인 문제지만 서로 간에 책임을 묻기는 어렵고, 탄소 저감을 강제하기도 어렵다. 그래서 탄소 배출을 할수록 손해가 나고, 탄소 저감을 하면 이익이 발생하도록 하는 금융 시스템을 도입하여 탄소 감축을 유도하는 제도가 바로 '탄소세와 배출권 거래제'이다. 탄소세, 탄소 국경세, 탄소 시장의 개념과 운영 행태, 탄소 배출권의 보호 무역주의 문제, 탄소 배출권의 국가 간 불평등 문제, 탄소 배출권의 계층 간 불평등 문제를 조사한 뒤 발표해 보자.

관련 학과 미래에너지공학과, 바이오환경에너지학과, 생물환경화학과, 에너지공학과, 에너지과학과, 에너지시스템학과, 에너지환경공학과, 지구환경과학과, 지질환경과학과, 환경공학과, 환경생명화학공학과, 환경학과

《**탄소시장과 탄소배출권**》, 신동훈, 에듀컨텐츠휴피아(2022)

[12기지02-03]

기후정의의 관점에서 기후변화에 따른 불평등 문제의 해결 방안을 모색하고, 기후변화에 대한 인간의 책임과 의무에 대해 성찰한다.

⊙ 기후변화의 영향을 받는 국가나 사회의 저소득 계층이 간과되고 소외되는 경우가 너무 많다. 이런 지역의 청년들에게 기후위기에 관한 과학적 사실과 그 해결책을 적절한 방법으로 알리고, 미래의 관련 직업 분야(청정에너지, 태양전지판 설치, 건축 및 건물 개조, 공학, 에너지 효율 등)의 역량을 키울 수 있는 훈련과 교육을 제공한다면, 자신들의

공동체를 지킬 수 있는 수단을 갖게 될 것이다. 기후과학 교육의 필요성과 모범적인 기후과학 교육의 사례를 조사하여 발표해 보자.

관련 학과 자연계열 전체

《**지구를 구한다는 거짓말**》, 스티븐 E. 쿠닌, 박설영 역, 한국경제신문사(2022)

단원명ㅣ 지속가능한 세계를 위한 생태전환

| 🔍 적정기술, 순환경제, 지속가능 사회, 지속가능 생태계, 생물다양성, 생태전환, 탄소중립, 녹색성장, 저탄소 에너지 경제, 생태도시, 환경 비정부기구(NGO)

[12기지03-01]   • • •

기후변화 대응을 위한 국제 사회의 협력과 시민사회의 노력 사례를 조사하고 기후변화를 둘러싼 이해당사자들의 서로 다른 입장과 가치를 비교한다.

➡ 그린피스는 전 세계적으로 활동하는 민간 환경보호 단체로 불법 고래잡이 적발이나 극지 환경 보호 등의 뉴스로 국제 면에 종종 등장하며, 일반인에게도 인지도가 높은 단체다. 그린피스 회원은 직접적이고 비폭력적인 방법으로 항의하는데, 환경에 해가 되는 행위가 벌어지는 장소로 가서 폭력을 사용하지 않고 그 행위를 중지시키고자 애쓴다. 본부는 네덜란드 암스테르담에 있고 유럽·아메리카·아시아·아프리카·태평양에 걸친 55개국에 지역 사무소가 있다. 그린피스의 설립 목적과 역사, 활동에 대한 옹호와 비판, 주요 활동을 조사한 뒤 발표해 보자.

관련 학과 농생물학과, 생물학과, 생물환경화학과, 조경학과, 주거환경학과, 지구환경과학과, 지질환경과학과, 해양공학과, 해양학과, 해양환경과학과, 환경공학과, 환경학과

《**숲으로 간 여성들**》, 오애리·구정은, 들녘(2024)

[12기지03-02]   • • •

기후변화 문제와 관련하여 국가 차원의 대응으로서 정치, 사회, 경제 영역에서의 생태전환을 위한 실천 사례를 조사하고, 이를 분석 평가한다.

➡ 에너지 전환은 에너지 공급 체계를 화석 연료와 핵분열식 원자력 기반의 지속 불가능한 방법에서 재생에너지를 이용한 지속가능한 방법으로 바꾸는 것을 말한다. 에너지 전환은 기후위기에 대비하여 환경적 지속가능성을 실천하려는 동향이다. 친환경·저탄소 에너지 시스템으로의 전환은 세계적인 움직임이다. 에너지 전환 정책의 배경과 필요성, 목적, 구성 요소, 에너지 전환 단계, 한국의 에너지 전환 정책의 현황을 조사하여 발표해 보자.

관련 학과 미래에너지공학과, 바이오환경에너지학과, 생물환경화학과, 에너지공학과, 에너지과학과, 에너지시스템학과, 에너지환경공학과, 지구환경과학과, 지질환경과학과, 환경공학과, 환경생명화학공학과, 환경학과

《**부를 위한 기회, 에너지 전환과 모빌리티 투자**》, 장문수·강동진, 원앤원북스(2021)

[12기지03-03]   • • •

지역 공동체의 생태전환을 위한 다양한 노력 사례를 조사하고 지역의 지속가능한 사회·생태 체계를 탐색한다.

➡ 세계 식량 공급에 대한 전망이 심상치 않다고 한다. 세계 인구수는 80억 명이 넘었지만, 식량 생산은 기후변화로 인해 매년 줄어들고 있기 때문이다. 지구온난화 때문에 기후가 변하게 되면 식량 생산에는 2가지 형태의 변

화가 생긴다. 하나는 작물의 내적 요인에 의한 변동이고, 다른 하나는 농업 환경의 변화라는 외적 요인에 의한 변동이다. 그리고 이 변화는 생산량의 변화를 가져온다. 기후위기 시대를 맞아 안정적 식량 생산을 위한 과학 기술 노력을 조사한 뒤 발표해 보자.

`관련 학과` 자연계열 전체

《**기후변화 대응 식량작물**》, 농촌진흥청, 진한엠앤비(2021)

[12기지03-04] ● ● ●

기후변화에 대응하기 위한 적정기술과 순환경제의 역할의 중요성을 파악하고, 에너지 전환의 중요성에 대한 이해를 바탕으로 지속가능한 세계의 모습을 제안한다.

→ 적정기술이란 특정 지역사회의 문화, 정치, 환경, 경제적인 면을 종합적으로 고려하여 만들어진 기술을 말한다. 선진국은 최첨단 기술을 확충할 수 있는 자본력과 기술력이 충분히 있지만, 개발도상국이나 후진국들은 그렇지 못한 것이 현실이다. 그래서 기술의 개발 방향을 개발도상국이나 후진국에 맞춘 것이라고 보면 된다. 바람직한 적정기술의 활용 사례를 조사하여 발표해 보자.

`관련 학과` 자연계열 전체

《**적정기술, 현대문명에 길을 묻다**》, 김찬중, 허원북스(2021)

단원명 | 공존의 세계와 생태시민

| 🔎 | 지속가능발전목표(SDGs), 지속가능한 세계, 지구생태계, 기후변화, 지속가능한 소비와 생산, 생태시민, 성장의 한계, 생태 발자국, 리우 선언, 생태전환

[12기지04-01] ● ● ●

지속가능발전목표(SDGs)의 의미를 이해하고, 이의 실천과 관련한 지역 사례들을 조사하여 환경적, 경제적, 사회적 측면에서 통합적으로 분석한다.

→ 지속가능발전목표(Sustainable Development Goals, SDGs)는 2000년부터 2015년까지 시행된 밀레니엄개발목표(MDGs)를 종료하고 2016년부터 2030년까지 새로 시행되는 유엔과 국제 사회의 최대 공동목표다. 인류의 보편적 문제(빈곤, 질병, 교육, 성평등, 난민, 분쟁 등)와 지구환경 문제(기후변화, 에너지, 환경오염, 물, 생물다양성 등), 경제·사회 문제(기술, 주거, 노사, 고용, 생산 소비, 사회구조, 법, 대내외 경제)를 해결하기 위해 이행해야 할 17가지 주목표와 169개 세부 목표로 구성되어 있다. SDGs의 등장 배경, 개념과 목적, 17대 목표의 세부 내용, 비판 및 한계를 조사한 뒤 발표해 보자.

`관련 학과` 농생물학과, 생물학과, 생물환경화학과, 조경학과, 주거환경학과, 지구환경과학과, 지질환경과학과, 해양공학과, 해양학과, 해양환경과학과, 환경공학과, 환경학과

《**지속가능발전목표란 무엇인가?**》, 딜로이트 컨설팅, 배정희·최동건 역, 진성북스(2020)

[12기지04-02] ● ● ●

지속가능한 세계는 개인의 일상생활 방식과 관련되어 있음을 이해하고, 다양한 소비 영역에서 요구되는 지속가능한 생활방식을 탐색하고 실천 방안을 제안한다.

→ 대체육 개발은 미래를 위한 선택이 아닌 의무다. 인구는 점차 늘어나 단백질을 필요로 하는데, 동물 수는 감소

국어 교과군

영어 교과군

수학 교과군

도덕 교과군

사회 교과군

과학 교과군

할 수밖에 없는 지경에 이르렀다. UN에서 2020년 발표한 자료에 따르면 세계 총인구수는 77억 9,500만 명으로, 2015년부터 5년간 1.1% 증가했다. UN은 수치와 함께 당장 2050년까지 약 20억 명에게 단백질을 공급할 수 있는 식량이 추가로 필요하다고 밝혔다. 비교적 인구 증가량이 적은 선진국에서 육류 소비량은 계속해서 증가하고 있어, 단백질 공급원은 더 필요할 전망이다. 그러나 가축 수는 줄어들 수순이다. 고기 대신 대체육 소비가 필요한 이유, 대체육 시장의 비전과 전망을 조사하여 발표해 보자.

관련 학과) 자연계열 전체

《대체육 생산 현황과 전망》, 한국식량안보연구재단, 식안연(2022)

[12기지04-03]   ●●●

정의, 책임 그리고 배려 등과 같은 생태시민의 덕목을 사례 탐구를 통해 이해하고, 인간 및 비인간이 함께 평화롭게 살아가는 공존의 세계를 위한 다층적 스케일에서의 실천 방안을 찾아 적극적으로 참여한다.

➡ 생태 감수성은 환경이 있어 인간이 있다는 진리를 받아들인다. 인간과 환경을 분절적으로 바라보지 않고, 상호의존적인 존재임을 이해한다. 이 평범한 지혜를 바탕으로 지금 세대와 미래 세대는 인간과 환경이 공존하고 공생하는 길을 실천적으로 모색할 필요가 있다. 생태 감수성을 기르기 위한 숲 문해력과 관련해 숲의 정의, 숲의 중요성, 숲의 보존 방법과 숲에 대한 책무성을 조사해 보자. 그리고 마을 숲과 우리의 지속가능한 삶을 연계하여 생태전환 시대에 맞는 방향성을 탐구한 뒤, '생태감수성과 숲 문해력'이란 주제로 글을 작성해 보자.

관련 학과) 농생물학과, 생물학과, 생물환경화학과, 조경학과, 주거환경학과, 지구환경과학과, 지질환경과학과, 해양공학과, 해양학과, 해양환경과학과, 환경공학과, 환경학과

생태적 전환, 슬기로운
지구 생활을 위하여

최재천, 김영사(2021)

책 소개

저자는 인간뿐만 아니라 지구의 생명체들도 다양한 삶의 주체임을 인정하며 자연과 공생하는 생태적 삶을 제안한다. 환경 재앙의 역사를 개괄하고 팬데믹에서 기후위기, 생물다양성 고갈까지 인간 존립을 흔드는 환경 문제를 살펴보며 21세기 지구인이 실천해야 할 생태학의 핵심을 보여 준다. 또한 인간의 생존 자체가 위협받는 이른바 '환경의 세기'에 인간에게 남은 유일한 전환은 생태적 전환이라고 역설한다.

세특 예시

독서로 관심주제 톺아보기 활동에서 '생태적 전환, 슬기로운 지구 생활을 위하여(최재천)'를 읽고 환경 재앙의 역사, 팬데믹의 일상화, 기후변화의 위기, 생물다양성의 고갈 등의 내용을 요약·정리해 발표함. 인간뿐만 아니라 지구의 생명체들도 다양한 삶의 주체임을 인정하고 자연과 공생하는 생태적 삶을 제안하고 있는 점이 좋았고, 인간의 자만으로 인해 지구가 파괴되고 있다는 점, 조류 인플루엔자나 코로나19 등이 인간의 끝없는 탐욕이 낳은 재앙이란 점, 생물다양성의 위기가 기후위기보다 어쩌면 더 심각할 수 있다는 점 등이 인상 깊었다는 소감을 피력함.

과학 교과군

구분	교과 (군)	공통 과목	선택 과목		
			일반 선택	진로 선택	융합 선택
보통 교과	과학	통합과학1 통합과학2 과학탐구실험1 과학탐구실험2	물리학 화학 생명과학 지구과학	역학과 에너지 전자기와 양자 물질과 에너지 화학 반응의 세계 세포와 물질대사 생물의 유전 지구시스템과학 행성우주과학	과학의 역사와 문화 기후변화와 환경생태 융합과학 탐구

공통 과목	수능	통합과학1	절대평가	상대평가
	O		5단계	5등급

단원명 | 과학의 기초

| 🔍 | 시간, 공간, 길이, 측정, 기본량, 단위, 어림, 분석, 정보, 디지털 변환, 정보통신기술, 현대 문명

[10통과1-01-01] ● ● ●

자연을 시간과 공간에서 기술할 수 있음을 알고, 길이와 시간 측정의 현대적 방법과 다양한 규모의 측정 사례를 조사할 수 있다.

➡️ 길이는 물체의 크기나 범위를 나타내는 물리적인 양이다. 길이는 물체의 크기에 따라 미터(meter), 센티미터(centimeter), 밀리미터(millimeter), 킬로미터(kilometer) 등 다양한 종류의 단위가 있다. 크기가 아주 작은 원자 세계의 물체부터 단위가 큰 우주의 크기까지 조사한 후, 물체의 크기와 관련된 사진과 단위를 가지고 PPT를 제작하여 발표해 보자.

관련 학과 자연계열 전체

《우주를 만지다》, 권재술, 특별한서재(2020)

[10통과1-01-02] ● ● ●

과학 탐구에서 중요한 기본량의 의미를 알고, 자연현상을 기술하는 데 단위가 가지는 의미와 적용 사례를 설명할 수 있다.

➡️ 예전에는 국가마다 사용하던 단위가 달랐으나, 국가 간의 재화와 정보의 교환이 활발해짐에 따라 국제적으로 통용되는 단위에 대한 논의가 이루어졌다. 1875년에 미터법을 국제 표준으로 사용하자는 미터 조약이 있었고, 국제도량형총회는 1960년 제11차 총회에서 국제단위계를 국제 표준으로 채택하였다. 국제단위계에는 길이의 단위 m, 질량의 단위 kg, 시간의 단위 s 등 7개의 기본 단위가 있다. 과학 탐구에서 자연현상을 기술하는 데 7개의 기본 단위가 가지는 의미와 적용 사례를 조사하여 발표해 보자.

관련 학과 대기과학과, 물리학과, 분자생물학과, 산림학과, 생물학과, 식품영양학과, 지구환경과학과, 천문우주학과, 축산학과, 통계학과, 해양학과, 화학과, 환경학과

《과학과 공학의 기초를 쉽게 정리한 단위·기호 사전》, 사이토 가쓰히로, 조민정 역, 그린북(2019)

[10통과1-01-03] ● ● ●

과학 탐구에서 측정과 어림의 의미를 알고, 일상생활의 여러 가지 상황에서 측정 표준의 유용성과 필요성을 논증할 수 있다.

➡️ 측정은 정확한 결과를 얻기 위해 특별한 노력과 도구가 요구되며, 어림은 빠르고 대략적인 값이 필요한 상황

에서 주로 사용된다. 어떤 것이 적합한 방법인지는 주어진 상황과 목적에 따라 다를 수 있다. 본인이 관심 있는 분야에서 측정하거나 어림해야 하는 상황을 조사하여 표로 작성해 보자. 작성 결과를 학급 게시판에 공유하여 투표한 후 가장 우수한 학생을 선정해 보자.

관련 학과 대기과학과, 물리학과, 생물학과, 수학과, 식물자원학과, 식품영양학과, 원예학과, 조경학과, 지구환경과학과, 천문 우주학과, 통계학과, 화학과, 환경학과

《**측정의 과학**》, 크리스토퍼 조지프, 고현석 역, 21세기북스(2021)

[10통과1-01-04] • • •

자연에서 일어나는 다양한 변화를 측정·분석하여 정보를 산출함을 알고, 이러한 정보를 디지털로 변환하는 기술을 정보 통신에 활용하여 현대 문명에 미친 영향을 인식한다.

➡️ 자연과학 연구원은 관찰, 실험, 이론적 모델링, 데이터 분석을 통해 자료를 수집하고 분석하여 자연현상을 설명하는 이론을 구축한다. 관찰은 자연에서 일어나는 변화를 직접 보고 기록하는 것을 의미하고, 다양한 도구와 기술을 사용하여 관찰한 자료를 수집한다. 실험은 변수를 조절하거나 특정 조건에서 현상을 재현하여 자료를 수집하는 것을 의미한다. 이론적 모델링은 관찰된 데이터를 기반으로 이론을 세우고 이를 토대로 현상을 설명하거나 예측하는 것을 의미한다. 데이터 분석은 수학적·통계적 방법을 사용하여 수집된 데이터를 정리하고 해석하는 과정이다. 자연과학 연구원과 관련된 서적을 읽고, 자연과학 연구원들의 커리어패스를 통해 그들이 현재의 직업을 갖기까지 어떤 일들을 거쳐 왔는지 발표해 보자.

관련 학과 자연계열 전체

《**자연과학연구원 어떻게 되었을까?**》, 이동준, 캠퍼스멘토(2020)

단원명 | 물질과 규칙성

🔍 천체, 스펙트럼, 원소, 생명체, 우주 역사, 주기성, 규칙성, 결합, 성질, 지각, 단위체, 전기적 성질

[10통과1-02-01] • • •

천체에서 방출되는 빛의 스펙트럼을 분석하여 우주 초기에 형성된 원소와 천체의 구성 물질을 추론할 수 있다.

➡️ 적외선을 관측할 수 있도록 설계된 망원경을 사용하면 천체에서 방출되는 빛의 스펙트럼을 분석할 수 있다. 이런 망원경은 가시광선 망원경과 같은 방식으로 작동하지만, 천체에서 방출되는 빛을 눈이나 CCD 관측기가 장착된 광학 카메라로 보내는 대신 파장이 더 긴 적외선 빛을 검출할 수 있도록 설계된 관측기가 장착된 카메라로 보낸다. 천체에서 방출되는 빛의 스펙트럼을 분석하여 우주 초기에 형성된 원소와 천체의 구성 물질을 조사하는 방법을 정리하여 발표해 보자.

관련 학과 대기과학과, 물리학과, 수학과, 조경학과, 지구환경과학과, 천문우주학과, 통계학과, 해양학과, 화학과, 환경학과

《**우리 우주**》, 조 던클리, 이강환 역, 김영사(2021)

[10통과1-02-02] • • •

우주 초기의 원소들로부터 태양계의 재료이면서 생명체를 구성하는 원소들이 형성되는 과정을 통해 지구와 생명의 역사가 우주 역사의 일부분임을 해석할 수 있다.

⊙ 생명체는 부분들의 단순한 집합체가 아니라, 세포에서 개체에 이르기까지 모든 수준에서 정해진 규칙에 따라 구성요소가 연관되어 작용하는 시스템이다. 생물학은 수많은 유전자와 단백질, 화합물 사이를 오가는 상호작용 네트워크를 규명해서 생명 현상을 이해하는 학문이다. 우주 초기의 원소들로부터 생명체를 구성하는 원소들과 세포핵, 세포막, 세포질 등이 형성되는 과정을 조사한 후, 생명의 역사가 우주 역사라는 것을 조사하여 발표해 보자.

관련 학과 농생물학과, 동물자원과학과, 미생물학과, 분자생물학과, 산림학과, 생명과학과, 생물학과, 수산생명의학과, 식물자원학과, 원예학과, 조경학과, 지구환경과학과, 축산학과, 해양학과

《생물학의 쓸모》, 김응빈, 더퀘스트(2023)

[10통과1-02-03] ● ● ●

세상을 구성하는 원소들의 성질이 주기성을 나타내는 현상을 통해 자연의 규칙성을 도출하고, 지구와 생명체를 구성하는 주요 원소들이 결합을 형성하는 이유를 해석할 수 있다.

⊙ 주기율표는 근대 화학의 열매로 화학 원소를 일정한 패턴으로 배열한 표이며, 화학 원소들의 특성과 속성을 시각적으로 정리하여 제시한다. 주기율표에서 수평적인 행을 주기라고 부르는데, 주기마다 전체 원소들이 비슷한 전자껍질을 가지고 있어 비슷한 화학적 특성을 갖는다. 각 원소의 위치는 원소 번호, 원자량, 전자 구성, 그리고 원소의 화학적 특성과 관련된 다양한 정보를 제공한다. 원소들의 성질이 주기성을 나타내는 현상을 이해한 후, 주기율표의 중요한 특징을 분석하여 포스터로 제작한 후 학급에 전시해 보자.

관련 학과 대기과학과, 물리학과, 분자생물학과, 식품영양학과, 지구환경과학과, 천문우주학과, 통계학과, 해양학과, 화학과, 환경학과

《읽자마자 과학의 역사가 보이는 원소 어원 사전》, 김성수, 보누스(2023)

[10통과1-02-04] ● ● ●

인류의 생존에 필수적인 물, 산소, 소금 등이 만들어지는 결합의 차이를 이해하고 각 물질의 성질과 관련지어 설명할 수 있다.

⊙ 물, 산소, 소금은 우리 몸에서 중요한 역할을 한다. 물을 제대로 활용하려면 식사 전후로 충분한 양을 마시고, 조리 시에는 음식 재료의 영양소 보존을 위해 최소한의 물을 사용한다. 음식 재료는 물에 담가 불을 이용해 삶거나 조리하는 방법으로 영양소를 더 잘 보존할 수 있다. 물을 끓일 때 뚜껑을 덮어 열을 빠르게 전달하게 하며, 살균을 위해 끓이거나 증류한 물을 사용할 수 있다. 신선한 공기를 마시고 깊게 숨을 쉬어 체내에 산소를 충분히 공급하고, 소금은 음식에 적절히 첨가하여 맛을 내거나 조리 시 필요한 양을 조절한다. 각각의 성분을 올바르게 활용하면서 요리를 할 경우, 건강한 식사로 이어질 수 있다. 요리사와 관련된 서적을 읽고, 요리사들의 커리어패스를 통해 그들이 현재의 직업을 갖기까지 어떤 일들을 거쳐 왔는지 정리하여 발표해 보자.

관련 학과 농생물학과, 미생물학과, 분자생물학과, 생명과학과, 생물학과, 수산생명의학과, 식물자원학과, 식품영양학과, 외식산업학과, 축산학과, 해양학과, 화학과, 환경학과

《요리사 어떻게 되었을까?》, 지재우, 캠퍼스멘토(2015)

[10통과1-02-05] ● ● ●

지각과 생명체를 구성하는 물질들이 기본 단위체의 결합을 통해서 형성된다는 것을 규산염 광물, 단백질과 핵산의 예를 통해 설명할 수 있다.

⊙ 지각과 생명체를 구성하는 물질들은 기본 단위체의 결합을 통해 형성된다. 이 과정은 화학적, 생물학적, 물리

학적 과정을 포함한다. 원소는 같은 종류의 원자로 이루어진 순수한 모든 물질은 원자로 구성되어 있고, 원자는 원자핵과 전자 궤도로 구성된다. 세포는 생명체 내에서 화학적 반응과 대사 활동이 일어나는 곳으로, 세포막이라고 불리는 구조로 둘러싸여 있으며 생명체의 기본 단위이다. 단백질과 핵산이 기본 단위체의 결합을 통해서 형성되는 과정을 조사하여 보고서를 작성해 보자.

관련 학과 농생물학과, 동물자원과학과, 미생물학과, 분자생물학과, 산림학과, 생명과학과, 생물학과, 수산생명의학과, 식물자원학과, 식품영양학과, 원예학과, 조경학과, 축산학과, 해양학과

《세포학》, GEOFFREY M.COOPER, 문자영 외 16명 역, 월드사이언스(2021)

[10통과1-02-06] • • •

지구를 구성하는 물질을 전기적 성질에 따라 구분할 수 있고, 물질의 전기적 성질을 응용하여 일상생활과 첨단기술에서 다양한 소재로 활용됨을 인식한다.

물질의 전기적 성질을 연구하고 분석하면 첨단기술 분야에 사용되는 소재를 개발하여 기술 발전과 산업 혁신을 이룰 수 있다. 첨단 소재는 나노 물질, 그래핀, 3D 프린팅 소재, 바이오 소재 등이 있고, 이러한 소재들은 현대 기술과 혁신의 핵심이다. 첨단 소재를 개발하기 위해서는 지구를 구성하는 물질의 전기적 성질을 연구하는 것이 중요하다. 주변에서 볼 수 있는 물질을 선정하여 전기적 성질을 조사한 뒤 PPT를 제작하여 발표해 보자.

관련 학과 물리학과, 분자생물학과, 지구환경과학과, 천문우주학과, 해양학과, 화학과, 환경학과

《신소재 4차 산업혁명을 이끄는 힘》, 한상철 외 4명, 홍릉과학출판사(2019)

단원명 | 시스템과 상호작용

| 🔍 | 태양계, 물질 순환, 에너지, 지권, 판구조론, 중력, 운동, 충격량, 운동량, 화학 반응, 세포, 유전자

[10통과1-03-01] • • •

지구시스템은 태양계라는 시스템의 구성요소임을 알고, 지구시스템을 구성하는 권역들 간의 물질 순환과 에너지 흐름의 결과로 나타나는 현상을 논증할 수 있다.

태양계란 태양과 태양을 중심으로 돌고 있는 천체를 말하며, 다양한 행성들로 구성되어 있다. 행성 이외에도 위성, 왜소행성, 소행성, 해왕성 궤도 통과 천체, 혜성 및 다른 소천체들이 있다. 태양계는 수많은 물질이 상호작용한 결과로 현재의 시스템을 유지하고 있다. 지구는 태양계라는 시스템의 구성요소임을 파악하고, 지구와 다른 행성 간의 공통점과 차이점을 비교하여 발표해 보자.

관련 학과 대기과학과, 물리학과, 산림학과, 생물학과, 수학과, 조경학과, 지구환경과학과, 천문우주학과, 통계학과, 해양학과, 화학과, 환경학과

《코스모스 씽킹》, BossB, 이정미 역, 알토북스(2024)

[10통과1-03-02] • • •

지권의 변화를 판구조론 관점에서 해석하고, 에너지 흐름의 결과로 발생하는 지권의 변화가 지구시스템에 미치는 영향을 추론할 수 있다.

판구조론은 지질학의 중요한 분야 중 하나로 지구 표면의 큰 부분을 이루는 지구의 껍질이 이동하고 변화하는

현상을 다룬다. 지구의 형성 및 변화에 대한 중요한 통찰력을 제공하며, 지구과학자들이 지구의 역사와 현재의 지질 활동을 연구하는 데 활용된다. 지구 표면은 여러 개의 판으로 나뉘고, 이러한 판들은 지진 활동과 산맥 형성과 같은 지질 현상을 발생시킨다. 판구조론과 관련된 자료를 정리하여 보고서를 작성한 후, 판구조론의 원리와 과정에 대해서 설명해 보자.

관련 학과 대기과학과, 물리학과, 수학과, 조경학과, 지구환경과학과, 천문우주학과, 통계학과, 해양학과, 환경학과

《극지과학자가 들려주는 판구조론 이야기》, 박숭현, 지식노마드(2021)

[10통과1-03-03]   ● ● ●

중력의 작용으로 인한 지구 표면과 지구 주위의 다양한 운동을 설명할 수 있다.

➡ 중력은 모든 물체 간에 작용하는 인력의 현상으로, 지구 표면과 지구 주위의 다양한 운동에 영향을 미친다. 중력은 모든 물체를 지구의 중심으로 당기기 때문에 어떤 물체를 공중에서 떨어뜨리면 중력의 작용으로 그 물체는 지구 표면으로 낙하한다. 인공위성은 중력의 작용으로 지구 주위를 공전하며, 지구 중심에서 벗어나지 않게 궤도를 유지한다. 중력의 작용으로 인해 나타나는 다양한 운동을 조사하여 발표해 보자.

관련 학과 대기과학과, 물리학과, 산림학과, 생물학과, 수학과, 식물자원학과, 원예학과, 조경학과, 지구환경과학과, 천문우주학과, 통계학과, 해양학과, 화학과, 환경학과

《프린키피아》, 아이작 뉴턴, 박병철 역, 휴머니스트(2023)

[10통과1-03-04]   ● ● ●

상호작용이 없을 때 물체가 가속되지 않음을 알고, 충격량과 운동량의 관계를 충돌 관련 안전장치와 스포츠에 적용할 수 있다.

➡ 두 물체가 상호작용하지 않을 때 물체는 멈추어 있거나 가속되지 않는다. 스포츠과학은 스포츠 현상 내에 존재하는 여러 가지 법칙을 발견하고, 스포츠 활동과 관계있는 생리·심리·역학적 양상, 나아가서는 스포츠 활동 자체에 유익한 과학적 지식의 획득을 추구하는 학문이다. 충격량과 운동량의 관계를 통해서 운동할 때 착용하는 안전장치를 조사하고, 작동 원리를 분석하여 발표해 보자.

관련 학과 물리학과, 지구환경과학과, 천문우주학과

《이기고 싶으면 스포츠 과학》, 제니퍼 스완슨, 조윤진 역, 다른(2022)

[10통과1-03-05]   ● ● ●

생명 시스템을 유지하기 위해서 다양한 화학 반응과 물질 출입이 필요함을 이해하고, 일상생활에서 활용되는 화학 반응 사례를 조사하여 발표할 수 있다.

➡ 생명 시스템은 다양한 화학 반응과 물질 출입 과정을 통해 생명을 유지하고 에너지를 효과적으로 사용한다. 물질대사를 통해서 유기 물질을 분해하여 에너지를 생산하거나 세포의 구조와 기능을 유지하는 데 필요한 물질을 합성한다. 생명체 내에서 이온 교환과 전기 화학적 반응은 중요한 역할을 하고, 이온 교환은 세포 내에서 필요한 물질을 운반하고 세포 밖으로 불필요한 물질을 배출하는 데 사용된다. 생명 시스템을 유지하는 데 중요한 물질의 종류와 특징을 조사하여 보고서를 작성해 보자.

관련 학과 농생물학과, 동물자원과학과, 미생물학과, 분자생물학과, 산림학과, 생명과학과, 생물학과, 수산생명의학과, 식물자원학과, 원예학과, 축산학과, 해양학과

《생명을 만드는 물질》, 기시모토 야스시, 백태홍 역, 전파과학사(2023)

국어 교과군

영어 교과군

수학 교과군

도덕 교과군

사회 교과군

과학 교과군

[10통과1-03-06] • • •

생명 시스템의 유지에 필요한 세포 내 정보의 흐름을 유전자로부터 단백질이 만들어지는 과정을 중심으로 설명할 수 있다.

➡ 사람은 다양한 단백질을 가지고 있으며 뇌와 근육, 뼈와 털 등 여러 조직이 모여서 우리의 몸을 구성한다. 단백질이 서로 협조해서 생명 활동을 하고 있으며 우리가 숨을 쉬고, 몸을 움직이고, 눈으로 사물을 인식할 수 있는 것도 단백질 덕분이다. 우리가 먹은 단백질은 아미노산으로 분해되고, 유전자를 통해서 다른 단백질이 되기까지 다양한 과정을 거친다. 사람의 생명을 유지하기 위해서 단백질이 만들어지는 과정을 조사한 후 보고서를 작성하여 발표해 보자.

관련 학과 농생물학과, 동물자원과학과, 미생물학과, 분자생물학과, 생명과학과, 생물학과, 수산생명의학과, 식물자원학과, 식품영양학과, 축산학과, 해양학과, 화학과, 환경학과

《**10만 종의 단백질**》, 뉴턴프레스, 아이뉴턴(2017)

공통 과목	수능	통합과학2	절대평가	상대평가
	O		5단계	5등급

단원명 | 변화와 다양성

| 🔍 | 지질시대, 생물다양성, 유전적 변이, 자연선택, 광합성, 화석 연료, 산화와 환원, 산과 염기, 중화 반응, 에너지의 흡수와 방출

[10통과2-01-01] • • •

지질시대를 통해 지구 환경이 끊임없이 변화해 왔으며 이러한 환경 변화가 생물다양성에 미치는 영향을 추론할 수 있다.

➡ 수백 년 동안 작자 미상으로 역사 속에 묻힐 뻔한 명작인 〈아름다운 공주〉 작품은 방사성탄소연대측정법을 통해 레오나르도 다빈치가 그렸다는 것이 밝혀졌다. 방사성탄소연대측정법은 화석이나 유기물 등의 연대를 측정하는 방법으로, 탄소-14가 일정한 비율로 붕괴되는 현상에 기반한다. 시간이 지나면 반감기를 통해 탄소-14가 점차 감소하는데, 이를 토대로 연대를 추정하는 것이다. 방사성탄소연대측정법의 원리와 한계점을 분석하여 탐구한 내용을 발표해 보자.

관련 학과 자연계열 전체

방사성탄소연대측정법
셰리드 보먼, 이선복 역,
사회평론아카데미(2014)

책 소개

이 책은 방사성탄소연대측정법과 그 고고학적 응용을 소개한다. 방사성탄소연대측정법이 제공하는 분석 자료는 인류의 역사 해석에 새로운 시각을 제공하며, 그를 통해 고고학 연구가 질적으로 새로운 도약을 할 수 있게 되었다. 방사성탄소연대측정법의 기본 원리부터 측정 결과의 사용과 해석까지 다루고 있다.

세특 예시

단원 연계도서 주제탐구 발표활동에서 고고학자들이 유적에서 출토된 고문서나 유물의 제작 연대를 측정하는 방법에 호기심을 갖고, 인류 역사의 해석을 위한 절대 연령의 분석 방법에 대해 탐구함. 이와 연계해 관련 도서 '방사성탄소연대측정법(셰리드 보먼)'을 읽고 탄소가 함유된 물질의 방사성 탄소(C-14)가 붕괴하여 방사성 동위 원소로 변해 가는 반감기를 이용해 유물의 절대 연령을 추정할 수 있는 분석법에 대해 파악함. 이러한 방사성탄소연대측정 방법을 이용하여 유물의 절대 연령을 측정하고 인류 역사를 정확하게 해석할 수 있음을 탐구하여 발표함.

[10통과2-01-02] ● ● ●

변이의 발생과 자연선택 과정을 통해 생물의 진화가 일어나고, 진화의 과정을 통해 생물다양성이 형성되었음을 추론할 수 있다.

➡ 기후변화, 환경오염, 생태계 파괴 등과 같은 환경 변화는 생물 진화에 큰 영향을 미친다. 환경 변화와 생물 진화의 연관성에 대해 궁금증을 갖고 환경 변화에 적응하려는 생물들의 진화적 반응을 조사한 뒤, 그에 따른 형질의 변화와 종 다양성의 변화를 탐구하여 발표하자.

관련 학과 자연계열 전체

《**지구 생명의 (아주) 짧은 역사**》, 헨리 지, 홍주연 역, 까치(2022)

[10통과2-01-03] ● ● ●

자연과 인류의 역사에 큰 변화를 가져온 광합성, 화석 연료 사용, 철의 제련 등에서 공통점을 찾아 산화와 환원을 이해하고, 생활 주변의 다양한 변화를 산화와 환원의 특징과 규칙성으로 분석할 수 있다.

➡ 세계적으로 많이 쓰이는 태양전지는 결정질 태양전지이다. 태양전지의 단점은 날씨의 영향을 많이 받아 흐린 날에는 출력이 떨어진다는 것이다. 결정질 태양전지보다 원가가 저렴하며 흐린 날에도 발전이 가능한 염료 감응형 태양전지에 대해 탐구해 보자. 염료 감응형 태양전지의 염료도 전자 이동 과정을 통해 산화 환원 과정이 일어난다. 염료 감응형 태양전지에서 전자의 이동 과정에 따른 산화 환원 방식을 탐구하여 발표해 보자.

관련 학과 농생물학과, 대기과학과, 물리학과, 산림학과, 지구환경과학과, 천문우주학과, 화학과, 환경학과

《**태양전지의 기본**》, Katsuaki Sato, 김현철 외 3명 역, 한산(2013)

[10통과2-01-04] ● ● ●

대표적인 산·염기 물질의 특징을 알고, 산과 염기를 혼합할 때 나타나는 중화 반응을 생활 속에서 이용할 수 있다.

➡ 중화 반응은 다양한 산업 분야나 환경 분야에 활용되며 중요한 역할을 한다. 중화 반응을 이용한 환경 분해 연구가 오염물질의 제거, 환경 개선 등을 위해 진행되고 있음을 알고 중화 반응이 산업적 생산과 환경 개선에 어떠한 기여를 하고 있는지 조사해 보자. 폐수 처리 과정에서의 중화 반응 활용 탐구, 중화 반응을 이용한 환경 원료 생산 연구, 바이오매스 활용 탐구 등 지속가능한 개발 연구로 확장될 수 있다.

관련 학과 농생물학과, 대기과학과, 물리학과, 미생물학과, 분자생물학과, 생명과학과, 생물학과, 수산생명의학과, 식품영양학과, 지구환경과학과, 화학과, 환경학과

《**찐 화학반응공학**》, 이태진, 한빛지적소유권센터(2024)

[10통과2-01-05] ● ● ●

생활 주변에서 에너지를 흡수하거나 방출하는 현상을 찾아 에너지의 흡수 방출이 우리 생활에 어떻게 이용되는지 토의할 수 있다.

➡ 여름철 에어컨의 사용량 증가에 주목하여 물질의 상태가 변화할 때 열을 흡수 또는 방출하는 에어컨의 원리에 대해 탐구해 보자. 에어컨이 압축기에서 고온, 고압 상태로 냉매를 압축하고 증발기에서 낮은 온도와 압력으로 냉각한 냉매를 팬과 열교환기를 이용해 내보냄으로써 내부의 공기를 냉각하는 원리를 탐구하여 발표해 보자.

관련 학과 자연계열 전체

《**열역학**》, 스티븐 베리, 신석민 역, 김영사(2021)

단원명 | 환경과 에너지

| 🔍 | 생태계, 생태 피라미드, 생태계 평형, 온실효과, 지구온난화, 수소 핵융합 반응, 에너지 전환, 핵에너지, 신재생 에너지

[10통과2-02-01]   •••

생태계 구성요소를 이해하고 생물과 환경 사이의 상호 관계를 설명할 수 있다.

➡️ 환경과 생물의 상호작용을 학습하고 기후변화가 생태계에 미치는 영향을 조사할 수 있다. 기후변화로 인한 생물다양성의 변화, 생물종의 멸종과 분포의 이동 등을 탐구해 보자. 또한 과거의 기후변화가 생태계에 미친 영향을 연구하고 현재 및 미래에 예상되는 기후변화로 인한 생태계의 변화를 예측한 탐구 결과를 발표해 보자.

관련 학과 자연계열 전체

《**생태계와 기후변화**》, 정병곤 외 5명, 동화기술(2019)

[10통과2-02-02]   •••

먹이 관계와 생태 피라미드를 중심으로 생태계 평형이 유지되는 과정을 이해하고, 환경의 변화가 생태계에 미칠 수 있는 영향에 대해 협력적으로 소통할 수 있다.

➡️ 환경의 변화는 지구온난화, 산림 파괴, 대기 오염, 가뭄 등의 형태로 발생한다. 이는 생물종의 개체와 유전적 다양성 등 생태계에 변화와 파괴를 야기한다. 생물다양성과 생태계의 평형은 밀접한 관련성이 있는데, 생태계의 평형이 깨지면 생물다양성을 보유한 지역에서 생물종이나 서식지 등의 파괴가 나타난다. 생태 피라미드와 생태계 평형이 유지되는 과정을 이해하고, 생태계 보전의 균형을 유지하기 위한 방법을 탐구하여 발표해 보자.

관련 학과 자연계열 전체

《**기후변화 세계사**》, 피터 프랭코판, 이재황 역, 책과함께(2023)

[10통과2-02-03]   •••

온실효과 강화로 인한 지구온난화의 메커니즘을 이해하고, 엘니뇨, 사막화 등과 같은 현상이 지구 환경과 인간 생활에 미치는 영향과 대처 방안을 분석할 수 있다.

➡️ 엘니뇨는 해류의 변화에 의해 해양의 온도가 변화하는 것으로 해양 생태계에 큰 영향을 미친다. 엘니뇨 발생이 생태계 종의 변화와 농작물 생산에 끼치는 영향을 단행본, 학술 자료 등을 통해 조사하여 농작물 생산의 안정을 확보하기 위한 방안에 대해 탐구해 보자. 또한 엘니뇨와 라니냐의 변화 패턴을 분석하여 기후변화 대응 시스템의 구축과 같은 국제적 대처 방안에 대해 모색하는 후속 활동을 해 보자.

관련 학과 농생물학과, 대기과학과, 산림학과, 생명과학과, 생물학과, 수산생명의학과, 식물자원학과, 식품영양학과, 원예학과, 지구환경과학과, 축산학과, 통계학과, 해양학과, 환경학과

《**엘니뇨 백서**》, 기상청, 휴먼컬처아리랑(2017)

[10통과2-02-04]   •••

태양에서 수소 핵융합 반응을 통해 질량 일부가 에너지로 바뀌고, 그중 일부가 지구에서 에너지 흐름을 일으키며 다양한 에너지로 전환되는 과정을 추론할 수 있다.

➡ 태양의 플레어에 의해 지구의 통신과 전력망이 마비되었다는 내용의 기사를 확인할 수 있다. 태양의 표면에서 발생하는 강력한 폭발인 플레어에 의해 엄청난 양의 에너지가 우주 공간으로 방출되며 지구의 자기장과 대기에 영향을 미친다. 고에너지 입자들이 지구의 자기장과 상호작용하여 발생하는 지자기 폭풍(Geomagnetic Storm)은 위성통신과 GPS 신호 등 전파 기반 시스템에 장애를 일으킬 수 있다. 관련 내용을 탐구하여 발표해 보자.

관련 학과 농생물학과, 대기과학과, 물리학과, 생명과학과, 생물학과, 지구환경과학과, 천문우주학과, 환경학과

《우주탐사의 물리학》, 윤복원, 동아시아(2023)

[10통과2-02-05]

발전기에서 운동 에너지가 전기 에너지로 전환되는 과정을 이해하고, 열원으로서 화석 연료, 핵에너지를 이용하는 발전소가 인간 생활에 미치는 영향을 조사·발표할 수 있다.

➡ 화석 연료를 역학적 에너지로 변환시키는 내연 기관의 개발과 상용화는 산업혁명의 원동력이 되었다. 리튬 화합물을 이용한 에너지 변환·저장 기술의 개발 및 상용화, 모바일 전자 기기 시장의 혁명은 현재 진행 중이다. 전지의 원리, 리튬이온 전지의 탄생과 당면한 과제, 그리고 대체 가능한 차세대 전지로 주목받고 있는 해수 기반 이차전지에 대해 탐구하여 발표해 보자.

관련 학과 물리학과, 수학과, 지구환경과학과, 해양학과, 화학과, 환경학과

《이해하기 쉬운 2차전지》, 오서영 외 2명, 동화기술(2022)

[10통과2-02-06]

에너지 효율의 의미와 중요성을 이해하고, 지속가능한 발전과 지구 환경 문제 해결에 신재생 에너지 기술을 활용하는 방안을 탐색할 수 있다.

➡ 화석 연료는 지구온난화와 환경 파괴에 큰 영향을 미치므로 이를 대체할 신재생 에너지 기술에 대해 알아볼 필요성이 있다. 신재생 에너지 기술의 원리와 최근 동향을 조사하고 분석하여 미래의 신재생 에너지 시스템에 대한 전망과 영향력을 탐구해 보자. 또한 태양광 발전, 풍력 발전, 지열을 이용한 발전 등 다양한 재생에너지 시스템의 에너지 효율에 대한 장점과 한계를 분석하여 산업화 과정에 최적화된 신재생 에너지 기술에 대해 발표해 보자.

관련 학과 농생물학과, 대기과학과, 물리학과, 산림학과, 식물자원학과, 지구환경과학과, 천문우주학과, 통계학과, 해양학과, 환경학과

《신재생에너지》, 장종훈, GS인터비전(2023)

단원명 | 과학과 미래 사회

| 🔍 | 감염병, 빅데이터, 인공지능 로봇, 사물인터넷, 과학기술의 발전, 미래 사회 문제 해결

[10통과2-03-01]

감염병의 진단, 추적 등을 사례로 과학의 유용성을 설명하고, 미래 사회 문제 해결에서 과학의 필요성에 대해 논증할 수 있다.

➡ 유전자 분석은 감염병의 추적과 변이 모니터링에 중요한 역할을 한다. 다양한 유전자 분석 기술을 연구하고,

전염성의 규모와 패턴 등을 파악하여 감염원의 전파 경로 추적에 도움이 되는 방안을 탐구할 수 있다. 추후 활동으로 면역 체계의 작용 원리와 면역 기반 치료 및 예방 방법을 탐구함으로써 면역력 강화를 위한 방안과 바이러스 변이에 대한 면역 반응의 변화에 대해 지속적인 연계 탐구활동을 진행해 보자.

`관련 학과` 농생물학과, 미생물학과, 분자생물학과, 생명과학과, 생물학과, 지구환경과학과, 축산학과, 통계학과, 환경학과

《**질병 정복의 꿈, 바이오 사이언스**》, 이성규, MID(2023)

[10통과2-03-02] ● ● ●

빅데이터를 과학기술사회에서 사용하고 있는 사례를 조사하고, 빅데이터 활용의 장점과 문제점을 추론할 수 있다.

→ 빅데이터 기술은 환경 모니터링과 자원 관리 분야에서 중요한 역할을 한다. 빅데이터를 활용해 대기 오염, 수질 오염, 기후변화 등의 데이터를 수집하고 분석하여 환경 보전 및 관리 방안을 탐구할 수 있다. 후속 활동으로 공간 데이터를 수집하고 분석하는 지리정보시스템(GIS)을 통해 지리적 특성과 패턴을 파악하여 자연재해 예측, 도시 계획, 자원 관리 등에 이용하는 빅데이터 기술 활용 방안에 대해 탐구해 보자.

`관련 학과` 대기과학과, 물리학과, 산림학과, 수학과, 식물자원학과, 지구환경과학과, 천문우주학과, 통계학과, 환경학과

《**최종 경고: 6도의 멸종**》, 마크 라이너스, 김아림 역, 세종(2022)

[10통과2-03-03] ● ● ●

인공지능 로봇, 사물인터넷 등과 같이 과학기술의 발전을 인간 삶과 환경 개선에 활용하는 사례를 찾고, 이러한 과학기술의 발전이 미래 사회에 미치는 유용성과 한계를 예측할 수 있다.

→ 인공지능 로봇은 과학 실험 과정에서 자동화와 효율성을 높이는 도구로서 실험 과정의 수행, 반응 조건 설정 및 데이터 분석 등에 활용될 수 있다. 또한 과학 연구 및 생산 과정의 개선 방안을 연구할 수 있으며, 사물인터넷 센서 및 장치를 사용하여 실시간 실험 조건 모니터링, 장비 관리, 안전 감시 등의 기능을 구현할 수 있다. 이를 이용하여 더욱 안전하고 효율적인 실험 환경을 만들 수 있는 방안에 대해 탐구해 보자.

`관련 학과` 자연계열 전체

《**인공지능과 어떻게 공존할 것인가**》, 고선규, 타커스(2019)

[10통과2-03-04] ● ● ●

과학기술의 발전 과정에서 발생할 수 있는 과학 관련 사회적 쟁점(SSI)과 과학기술 이용에서 과학 윤리의 중요성에 대해 논증할 수 있다.

→ 과학을 연구하는 사람은 연구와 발견에 윤리적인 책임을 가지고 있다. 일례로 데이터 조작, 부작용 무시 등의 행위에 대한 윤리적 문제를 조사하고 분석한 뒤, 과학자가 가져야 할 윤리적 원칙과 규범을 탐구해 보자.

`관련 학과` 자연계열 전체

《**과학 윤리 특강**》, 이상욱·조은희, 사이언스북스(2011)

국어 교과군

영어 교과군

수학 교과군

도덕 교과군

사회 교과군

과학 교과군

공통 과목	수능	과학탐구실험1	절대평가	상대평가
	X		5단계	X

단원명 | 과학의 본성과 역사 속의 과학 탐구

| 🔍 | 과학사, 패러다임 전환, 결정적 실험, 과학의 발전, 과학사의 사례, 과학의 본성, 설명과 추론

[10과탐1-01-01]　　　　　　　　　　　　　　　　　　　　　　　　　● ● ●

과학사에서 패러다임의 전환을 가져온 결정적 실험을 따라 해보고, 과학의 발전 과정에 관해 설명할 수 있다.

➡ 과학사에서 패러다임 변화를 가져온 결정적 실험으로 마이켈슨-몰리 실험이 있다. 영국의 물리학자인 마이켈슨과 몰리는 빛의 속도를 측정하기 위해 회전하는 원판을 사용한 실험을 했다. 이 실험의 원래 목적은 빛의 매질이라고 생각되던 에테르의 존재 여부를 밝히려는 것이었으나 빛의 속도는 원판의 회전과 관계없이 일정했다. 이 결과는 에테르가 존재하지 않고 빛은 매질이 없어도 전파될 수 있는 파동임을 시사하며, 이론을 바꾸는데 큰 역할을 했다. 이 실험은 빛의 속도가 모든 관점에서 일정하다는 특수 상대성 이론에 관한 아인슈타인의 발상을 견고히 했고, 전통적인 물리학 이론을 흔들어 놓았다. 마이켈슨-몰리 실험 과정을 조사하고, 실험 결과를 정리하여 발표해 보자.

관련 학과　자연계열 전체

《판타 레이》, 민태기, 사이언스북스(2021)

[10과탐1-01-02]　　　　　　　　　　　　　　　　　　　　　　　　　● ● ●

과학사의 다양한 사례들로부터 과학의 본성을 추론할 수 있다.

➡ 과학사의 다양한 사례들은 과학의 본성을 논의하는 데 중요한 통찰력을 제공한다. 갈릴레오 갈릴레이의 지동설, 찰스 다윈의 진화론, 제임스 왓슨의 DNA 이중나선 구조의 발견 등의 사례를 통해 과학의 본성을 생각해 볼 수 있다. 과학의 본성은 탐구, 관찰, 이해, 그리고 설명을 중심으로 형성된다. 과학은 증거와 논리에 기반하며 지식을 계속해서 확장하고 개선함으로써 인간의 이해를 높이는 데 중요한 역할을 한다. 자연계열 중에서 관심 있는 분야를 선정하여 과학의 가치와 목적, 과학 지식의 체계, 과학적 방법의 유형, 과학의 본성에 대해서 토론해 보자.

관련 학과　자연계열 전체

《과학의 본성》, 강석진·노태희, 북스힐(2014)

단원명 | 과학 탐구의 과정과 절차

| 🔍 | 관찰, 탐구, 수행, 실험, 가설 설정, 귀납적 탐구, 연역적 탐구, 정성적·정량적 데이터, 협동 연구

[10과탐1-02-01]   •••

직접적인 관찰을 통한 탐구를 수행하고, 귀납적 탐구 방법을 설명할 수 있다.

➡ 귀납적 탐구 방법은 관찰을 통해 공통된 패턴을 발견하고 이를 일반화하여 결론을 도출하는 추론 방법이다.
이것은 관찰된 사례나 증거를 기반으로 일반적인 규칙, 원칙 또는 이론을 만들어 내는 과정을 의미한다. 예를
들어 여러 번의 관찰을 통해 '모든 살아 있는 동물은 호흡한다'라는 법칙을 도출할 수 있다. 이러한 법칙은 다
양한 동물을 관찰하여 발견한 패턴을 토대로 만들어진 것이다. 예시와 같이 물리학, 화학, 생명과학, 지구과학
중 관심 있는 분야에서 탐구주제를 선정한 뒤, 예시와 같이 직접적인 관찰을 통해 탐구를 수행하고 귀납적 탐
구 방법을 적용하여 법칙을 도출해 보자. 도출한 결과를 중심으로 보고서를 작성한 후 PPT를 제작하여 발표해
보자.

  관련 학과 자연계열 전체

《창의성을 디자인하는 과학탐구 활동》, 채희진, 더블북(2021)

[10과탐1-02-02]   •••

가설 설정을 포함한 과학사의 대표적인 탐구실험을 수행하고, 연역적 탐구 방법의 특징을 예증할 수 있다.

➡ 과학에서는 귀납적 탐구 방법과 연역적 탐구 방법을 모두 사용한다. 귀납적 탐구 방법은 관찰과 실험 결과에서
패턴을 식별하고 일반적인 법칙 또는 이론을 도출하는 데 사용되고, 연역적 탐구 방법은 이미 알려진 법칙 또
는 이론을 사용하여 특정 상황에서 결과를 예측하는 데 사용된다. 가설 설정을 포함한 과학 탐구실험 중 하나
인 '황산철과 구리의 화학적 반응' 실험을 탐구하면서 화학적 반응을 이해하고 화학 원리를 배울 수 있다. 또
한 가설 설정, 자료 수집, 실험 수행, 결과 분석 및 과학적 설명을 통한 과학적 방법론을 습득할 수 있다. 가설
설정을 포함한 대표적 탐구실험을 과학사에서 조사하여 선정한 후, 이 실험에서 적용한 연역적 탐구 방법의 특
징을 정리하여 보고서로 작성해 보자. 보고서의 핵심 내용을 정리한 후 인포그래픽으로 제작하여 전시하고 우
수 작품을 선정해 보자.

  관련 학과 대기과학과, 물리학과, 분자생물학과, 생명과학과, 생물학과, 수산생명의학과, 식물자원학과, 지구환경과학과, 천문
우주학과, 축산학과, 해양학과, 화학과, 환경학과

《과학탐구보고서, 소논문 쓰기》, 이철구 외 3명, 상상아카데미(2018)

[10과탐1-02-03]   •••

탐구 수행에서 얻은 정성적 혹은 정량적 데이터를 분석하고 그 결과를 다양하게 표상하고 소통할 수 있다.

➡ 실험을 수행한 후 얻게 된 자료를 수집한 후 데이터 분석 도구를 사용하여 그 결과를 다양하게 표현할 수 있다.
데이터 과학자는 데이터를 분석하여 이를 바탕으로 인사이트를 도출하고 의사 결정을 지원하는 전문가이다.
이들은 대규모 데이터를 수집하고 정리한 후 통계학, 머신러닝, 프로그래밍 기술을 활용하여 데이터로부터 의
미 있는 정보를 도출한다. 데이터 과학자들은 컴퓨터공학, 통계학, 수학 등 매우 광범위한 학문적 배경을 가지
고 있어야 한다. 데이터 과학자와 관련된 서적을 읽고, 데이터 과학자들의 하는 일, 자격 요건, 직업 전망 등을
조사하여 발표해 보자.

  관련 학과 물리학과, 미생물학과, 분자생물학과, 생물학과, 수학과, 식물자원학과, 지구환경과학과, 천문우주학과, 통계학과,
해양학과, 화학과, 환경학과

《데이터 사이언티스트 어떻게 되었을까?》, 원인재, 캠퍼스멘토(2020)

국어 교과군

영어 교과군

수학 교과군

도덕 교과군

사회 교과군

과학 교과군

[10과탐1-02-04]

흥미와 호기심을 갖고 과학 탐구에 참여하고, 분야 간 협동 연구 등을 통해 협력적 탐구 활동을 수행하며, 도출한 결과를 증거에 근거하여 해석하고 평가할 수 있다.

➡ 과학 탐구는 지식을 확장하고 문제를 해결하기 위해 과학적 방법을 활용하는 과정으로, 문제 정의, 가설 설정, 실험 설계, 자료 수집과 분석, 결과 및 결론 도출 등으로 진행된다. 협동 연구는 다수의 연구자가 함께 작업하여 지식을 공유하고 확장하는 과정으로, 아이디어와 데이터를 공유하고 상호작용하면서 문제를 해결하고, 다양한 전문성을 결합하여 효율적인 결과를 도출한다. 관심 분야가 동일한 친구와 공동으로 탐구주제를 작성하고, 탐구 계획서를 작성하여 제출해 보자.

관련 학과 대기과학과, 물리학과, 분자생물학과, 산림학과, 생물학과, 수학과, 식품영양학과, 원예학과, 조경학과, 지구환경과학과, 천문우주학과, 축산학과, 통계학과, 해양학과, 화학과, 환경학과

《착한 과학자들》, 미국 한림원, 신민정 역, 글램북스(2016)

공통 과목	수능	**과학탐구실험2**	절대평가	상대평가
	X		5단계	X

단원명 | 생활 속의 과학 탐구

| 🔍 | 과학 원리, 생활 속 과학, 놀이 속 과학, 과학 탐구 활동, 과학 개념, 실생활 문제

[10과탐2-01-01] ● ● ●

영화, 건축, 요리, 스포츠, 미디어 등 생활 속의 과학 원리를 실험 등을 통해 탐구하고, 과학 원리를 활용한 놀이 체험을 통해 과학의 즐거움과 유용성을 느낄 수 있다.

➡ 일상적인 음식 조리 과정에서 일어나는 화학 반응을 주제로 하여 '음식 조리 과정에서의 화학 반응'에 대해 탐구해 보자. 예를 들어 요리 중 열전달이나 산도 조절, 발효 등의 화학적 원리와 반응이 음식의 맛과 향, 질감 등에 어떤 영향을 미치는지 조사하고 실험 및 결과를 분석하여 발표해 보자.

관련 학과 농생물학과, 미생물학과, 분자생물학과, 식품영양학과, 외식산업학과, 화학과

《요리와 과학》, 마이클 브렌너 외 2명, 구선진 역, 영진닷컴(2022)

[10과탐2-01-02] ● ● ●

사회적 이슈나 생활 속에서 과학 탐구 문제를 발견하고, 이를 해결하기 위한 과학 탐구 활동을 계획하고 수행할 수 있다.

➡ 스마트 기기의 앱이나 웹사이트를 통해 다양한 종류의 오염물질을 측정하고 분석하는 것이 가능하다. 대기 중의 미세먼지나 화학물질, 지하수나 하수도의 수질 등에 대해 정량적 데이터를 수집하고 분석해 보자. 이렇게 수집된 정보와 데이터를 환경 기준과 비교·분석하여 해당 지역의 오염 상태와 영향 범위 등을 알려 주는 각종 오염물질을 지표로 나타내 보자. 오염물질 측정 장치를 활용해 학교 주변의 환경을 탐구하여 발표해 보자.

관련 학과 농생물학과, 대기과학과, 지구환경과학과, 천문우주학과, 화학과, 환경학과

《생태계와 환경오염》, 박정수, 국립생태원(2016)

[10과탐2-01-03] ● ● ●

과학 개념을 적용하여 실생활 문제의 해결방안을 창의적으로 고안하고, 필요한 도구를 설계·제작할 수 있다.

➡ 놀이공원에서 회전목마, 롤러코스터, 자이로드롭 등의 놀이기구를 타면서 가속도의 변화와 같은 운동 역학의 개념과 원리를 경험할 수 있다. 스마트 기기의 앱이나 센서 기능을 활용하여 놀이기구의 가속도를 측정하고 데이터를 수집하여 가속도를 비교해 보자. 속력-시간 그래프, 가속도 공식 등과 같은 물리학적 개념을 포함한 데이터를 분석하여 놀이기구의 스릴과 안정성을 위한 설계에 대해 모둠별로 토의하여 발표해 보자.

관련 학과 물리학과, 수학과, 천문우주학과

《괴짜 물리학》, 렛 얼레인, 정훈직 역, 북라이프(2016)

단원명 | 미래 사회와 첨단 과학 탐구

국어 교과군

영어 교과군

수학 교과군

도덕 교과군

사회 교과군

과학 교과군

| 🔍 | 첨단 과학기술, 과학 원리, 연구 윤리, 과학 윤리, 안전 사항

[10과탐2-02-01]   • • •

첨단 과학기술 속의 과학 원리를 찾아내는 탐구 활동을 통해 과학 지식이 활용된 사례를 추론할 수 있다.

➡ 과학 분야의 다양한 첨단기술을 통해 질병 예방 및 치료, 의료 혁신, 식품 안전성 향상, 환경 보전 등 다양한 문제를 해결할 수 있으며, 관련 탐구주제로 활용이 가능하다. 예를 들어 동물의 손상된 조직이나 장기를 치료하기 위한 조직 기술은 인공심장 패치 및 인공장기 생산, 피부 이식 등 다양한 의료 분야에 활용될 수 있다. 또한 유전체 시퀀싱 기술을 통해 질병의 유전적 원인을 밝힐 수 있으며, 유전체 데이터를 분석하여 특정 유전자 변이와 질병 발생 간의 연관성에 접근할 수 있다. 이와 같이 첨단 과학기술에 활용된 과학 원리에 대해 탐구한 뒤 발표해 보자.

관련 학과 농생물학과, 동물자원과학과, 생명과학과, 생물학과, 수산생명의학과, 식품영양학과, 축산학과

《**질병 정복의 꿈, 바이오 사이언스**》, 이성규, MID(2023)

[10과탐2-02-02]   • • •

과학 원리가 적용된 첨단 과학기술 및 탐구 산출물을 발표하고 공유하며, 이를 확산할 수 있다.

➡ 2012년 CERN(유럽입자물리연구소)은 LHC(대형강입자충돌기)를 활용해 '신의 입자'라고 불리는 힉스 보손(주로 에너지를 전달하는 우주 기본입자)을 발견했다. 힉스 보손은 물질을 이루는 기본입자인 쿼크와 렙톤이 어떻게 상호작용하는지 설명하는 현대 물리학 '표준모형'의 핵심 근거이다. 힉스 보손을 사용한 단계별 실험 방법을 분석하고, 물질의 미세 구조를 밝힐 수 있는 원자핵 또는 기본입자를 가속·충돌시키는 입자 가속기의 원리에 대해 탐구해 보자.

관련 학과 물리학과, 천문우주학과

《**신의 입자**》, 리언 레더먼·딕 테레시, 박병철 역, 휴머니스트(2017)

[10과탐2-02-03]   • • •

탐구 활동 과정에서 지켜야 할 생명 존중, 연구 진실성, 지식 재산권 존중 등과 같은 연구 윤리와 함께, 과학기술 이용과 관련된 과학 윤리 및 안전 사항을 준수할 수 있다.

➡ 자연과학 연구에서는 실험 결과나 관찰 데이터 등의 자료가 매우 중요하다. 이러한 자료는 연구자의 지식재산권으로, 이를 활용할 때는 충분한 인용과 출처 표기가 필요함을 인지해야 한다. 또한 자연과학 연구자는 기밀 정보의 보안과 비밀 유지의 책임이 있으므로 해당 연구의 규정을 준수해야 하며, 탐구 활동의 공정성과 신뢰성이 보장되어야 한다. 연구자들의 아이디어와 탐구 산출물이 보호받고 탐구 활동의 공정성과 신뢰성을 유지하는 데 지식재산권과 연구 윤리가 필요함에 대해 발표해 보자.

관련 학과 자연계열 전체

《**지식재산권법**》, 정상조·박준석, 홍문사(2024)

선택 과목	수능	물리학	절대평가	상대평가
일반 선택	X		5단계	5등급

단원명 | 힘과 에너지

| 🔍 | 알짜힘, 돌림힘, 안정성, 뉴턴 운동 법칙, 작용과 반작용, 운동량 보존 법칙, 일과 운동 에너지, 위치 에너지, 역학적 에너지 보존 법칙, 총 에너지, 열과 역학적 에너지, 영구 기관

[12물리01-01] ● ● ●

물체에 작용하는 알짜힘과 돌림힘이 0일 때 평형을 이룸을 알고, 다양한 구조물의 안정성을 분석할 수 있다.

➡ 알짜힘과 돌림힘은 물리학에서 물체의 운동을 예측하고 설명하는 데 중요한 개념이다. 그중에서도 알짜힘은 물체의 질량과 가속도에 영향을 미치고 운동 상태를 변화시킬 수 있다. 물체의 운동을 설명하는 데 필요한 개념인 거리와 변위, 속력과 속도, 가속도, 알짜힘, 돌림힘 등의 운동 관련 핵심 용어를 조사하여 표로 정리해 보자. 정리한 결과를 토대로 PPT를 제작하여 물체의 운동을 설명하는 기초 용어를 발표해 보자.

관련 학과 대기과학과, 물리학과, 수학과, 지구환경과학과, 천문우주학과, 통계학과, 해양학과, 환경학과
《기초 물리 사전》, 오가와 신지로, 오시연 역, 그린북(2023)

[12물리01-02] ● ● ●

뉴턴 운동 법칙으로 등가속도 운동을 설명하고, 교통안전 사고 예방에 적용할 수 있다.

➡ 뉴턴의 운동 법칙은 힘이 작용하는 물체가 어떤 운동을 하는지를 기술하는 자연법칙이며, 고전 역학의 토대를 이룬다. 가속도 운동은 물체의 가속도가 변하는 운동을 말하고, 등가속도 운동은 물체의 가속도가 일정한 상태에서 직선 운동하는 것을 의미한다. 가속도 운동은 물체의 속도가 일정하지 않고 시간이 지남에 따라 가속도가 변할 수 있으며, 등가속도 운동은 물체에 외부 힘이 작용하지 않거나 그 외부 힘이 무시될 정도로 작용하지 않을 때 일어날 수 있다. 가속도 운동과 등가속도 운동의 예시를 조사하고 표로 정리하여 발표해 보자.

관련 학과 대기과학과, 물리학과, 수학과, 지구환경과학과, 천문우주학과, 통계학과, 해양학과, 화학과, 환경학과
《물리의 기본 힘과 운동편》, 뉴턴프레스, 아이뉴턴(2019)

[12물리01-03] ● ● ●

작용과 반작용 관계와 운동량 보존 법칙을 알고, 스포츠, 교통수단, 발사체 등에 적용할 수 있다.

➡ 작용과 반작용 법칙은 뉴턴의 제3법칙으로 알려져 있고, 이 법칙은 다양한 상황에서 적용할 수 있다. 수영 선수가 수영할 때 발로 물을 밀어서 앞으로 나아간다. 이때 발이 물을 밀어 주는 힘이 작용이고, 물이 수영 선수를 미는 힘이 반작용으로 작용하여 수영 선수가 앞으로 나아가는 것이다. 이처럼 작용과 반작용이 적용되는 상황을 선정한 후, 뉴턴의 제3법칙이 어떻게 활용되는지 분석하여 보고서를 작성해 보자.

국어 교과군

영어 교과군

수학 교과군

도덕 교과군

사회 교과군

과학 교과군

관련 학과 대기과학과, 물리학과, 수학과, 지구환경과학과, 천문우주학과, 통계학과, 해양학과, 화학과, 환경학과
《**로켓의 과학적 원리와 구조**》, 데이비드 베이커, 엄성수 역 , 하이픈(2021)

[12물리01-04] • • •

일과 운동 에너지의 관계를 이해하고, 위치 에너지와 역학적 에너지 보존 법칙을 설명할 수 있다.

➡ 일반적으로 어른들이 밖에서 업무를 보거나 집에서 음식을 만들고 청소나 빨래를 하는 것을 일이라고 한다. 하지만 과학에서는 물체에 힘을 주어 물체가 힘의 방향으로 이동하는 경우에만 일을 했다고 설명한다. 과학에서는 사람이 큰 물체를 밀었으나 그 물체가 움직이지 않은 경우 이동 거리가 0이므로 사람이 물체를 미는 힘이 한 일은 없다고 본다. 일의 정의를 설명한 뒤, 일을 한 경우와 한 일이 0인 경우를 예시를 통해 비교하면서 설명해 보자.

관련 학과 대기과학과, 물리학과, 수학과, 조경학과, 지구환경과학과, 천문우주학과, 통계학과, 해양학과, 환경학과
《**물리의 정석: 고전 역학 편**》, 레너드 서스킨드·조지 라보프스키, 이종필 역, 사이언스북스(2017)

[12물리01-05] • • •

역학적 에너지가 열의 형태로 전환될 때 에너지 총량이 변하지 않음을 설명할 수 있다.

➡ 역학적 에너지가 열의 형태로 전환될 때 에너지 총량이 변하지 않는 현상은 에너지 보존의 법칙에 근거한다. 이 법칙에 따르면 에너지는 닫힌 시스템 내에서 총량이 일정하며, 에너지는 열에너지와 같은 다양한 형태로 변환될 수 있지만 총량은 변하지 않는다. 에너지 보존 법칙을 사용하여 역학적 에너지가 열의 형태로 전환될 때 에너지 총량이 변하지 않는다는 것을 PPT로 제작하여 발표해 보자.

관련 학과 대기과학과, 물리학과, 수학과, 지구환경과학과, 천문우주학과, 통계학과, 화학과, 환경학과
《**에너지 위기 어떻게 해결할까?**》, 이은철, 동아엠앤비(2023)

[12물리01-06] • • •

열이 역학적 에너지로 전환되는 과정의 효율을 정성적으로 이해하고, 영구기관이 불가능함을 사례를 통해 논증할 수 있다.

➡ 인류는 먼 옛날부터 에너지의 지속적인 공급 없이 스스로 영원히 움직이는 장치, 즉 영구기관의 제작에 도전하였다. 펌프를 이용하여 물을 순환시킴으로써 수차를 계속 돌리는 영구기관, 바퀴 속의 경사면에 납공을 굴려서 그 반동으로 다시 바퀴를 돌리는 영구기관 등을 고안했다. 그 밖에도 자석을 이용한 영구기관, 전기 장치로 된 영구기관, 열과 빛을 이용한 영구기관 등 다양한 영구기관이 고안되었지만 성공한 것은 단 하나도 없다. 열이 역학적 에너지로 전환되는 과정을 분석하고, 영구기관이 불가능한 이유를 열역학 법칙을 사용하여 증명해 보자.

관련 학과 물리학과, 수학과, 지구환경과학과, 천문우주학과
《**기계의 재발견**》, 나카야마 히데타로, 김영동 역, 전파과학사(2021)

단원명 | 전기와 자기

| 🔍 | 전하, 입자, 전기장, 자기장, 전위차, 전기 회로, 저항, 소비 전력, 전기 기구, 축전기, 전기 에너지, 센서, 신호 입력 장치, 자성체, 산업 기술, 전류의 자기 작용, 에너지 전환, 전자기 유도 현상

[12물리02-01]

전하를 띤 입자들이 전기장과 전위차를 형성하여 서로 전기적으로 상호작용함을 설명할 수 있다.

➡️ 전하를 띤 입자들이 전기장과 전위차를 형성하여 서로 전기적으로 상호작용하는 현상은 전기학의 기본 개념 중 하나이다. 전기장은 전하 주변에 형성되는 영역으로, 전하에 의해 생성된다. 전기장은 전하 주변에 전기력을 가하며, 전기장의 크기는 주변 공간에서 전기력을 느끼는 다른 전하에게 영향을 미친다. 전위차는 전기장을 이용하여 전하를 이동시키는 데 필요한 에너지의 양을 나타내고, 전기장에 따라 전하가 이동할 때 일어나는 일에 영향을 미친다. 단위 양전하와 음전하를 중심으로 전기장과 전위차를 분석하여 발표해 보자.

관련 학과 대기과학과, 물리학과, 수학과, 지구환경과학과, 천문우주학과, 통계학과, 해양학과, 화학과, 환경학과

《**문과생도 알아두면 쓸모있는 반도체 지식**》, 이노우에 노부오·구라모토 다카후미, 김지예 역, 동아엠앤비(2023)

[12물리02-02]

전기 회로에서 저항의 연결에 따라 소비 전력이 달라짐을 알고, 다양한 전기 기구에서 적용되는 사례를 찾을 수 있다.

➡️ 전기 회로에서 저항은 전기 에너지를 소비하여 전류를 제어하거나 전압을 분배하는 데 사용되는 기본적인 구성요소 중 하나이다. 저항을 회로에 연결하는 방법은 직렬, 병렬, 혼합 연결이 있다. 저항을 직렬로 연결하면 전류가 모든 저항을 통과하고 전압이 각 저항에 분배되며, 전체 전압은 저항들의 전압을 합친 것과 같다. 저항을 병렬 연결하면 전압과 전류에 어떠한 차이가 있는지 직렬 연결과 비교하여 설명해 보자.

관련 학과 물리학과, 수학과, 지구환경과학과, 천문우주학과, 화학과, 환경학과

《**찐초보 걸음마 전기**》, 전병칠, 길벗(2024)

[12물리02-03]

축전기에서 전기 에너지를 저장하는 원리가 각종 센서와 전기 신호 입력 장치 등 실생활 제품에서 활용됨을 설명할 수 있다.

➡️ 축전기는 절연체를 사이에 둔 두 개의 금속으로 이루어져 전하 혹은 전기 에너지를 저장할 수 있는 장치이다. 평행판 축전기는 전기전자공학 및 물리학에서 중요한 장치로, 축전기를 이루고 있는 평행한 두 개의 금속을 모양에 상관없이 판이라고 부르는데 두 판 사이의 간격은 보통 좁게 되어 있다. 축전기에서 전기 에너지가 저장되는 원리를 조사하고, '현대 전자 기기에 사용되는 축전기의 응용 사례'를 주제로 보고서를 작성해 보자.

관련 학과 물리학과, 수학과, 지구환경과학과, 천문우주학과, 통계학과, 화학과, 환경학과

《**전기·전자의 기초**》, 이다까 시게요, 전자회로연구회 역, 대광서림(2023)

[12물리02-04]

자성체의 종류를 알고 일상생활과 산업 기술에서 자성체가 활용되는 예를 찾을 수 있다.

➡️ 자기란 자석이 금속을 끌어당기는 성질이고, 자기를 띠는 물질을 자성체라고 한다. 자성체가 자기를 띠는 원인은 물질을 이루고 있는 기본 구성 입자들의 자기 모멘트들이 한 방향으로 정렬하고 있기 때문이다. 외부 자기장 안에서 자기화하는 방식에 따라 물질은 상자성과 반자성으로 구분된다. 상자성과 반자성을 조사하여 자기 모멘트의 개념을 중심으로 공통점과 차이점을 분석한 뒤 보고서를 작성해 보자. 핵심 내용을 정리하여 PPT로 제작한 후 발표해 보자.

국어 교과군

영어 교과군

수학 교과군

도덕 교과군

사회 교과군

과학 교과군

관련 학과 대기과학과, 물리학과, 산림학과, 수학과, 조경학과, 지구환경과학과, 천문우주학과, 통계학과, 해양학과, 화학과, 환경학과

《**세상에서 가장 쉬운 과학 수업: 반도체 혁명**》, 정완상, 성림원북스(2024)

[12물리02-05] • • •

전류의 자기 작용을 이용하여 에너지를 전환하는 장치의 원리를 알고, 스피커와 전동기 등을 설계할 수 있다.

➡️ 전류의 자기 작용을 이용하여 에너지를 전환하는 장치는 여러 분야에서 사용되며, 그중 대표적인 것이 스피커와 전동기다. 스피커는 전류의 변화를 자기장으로 변화하여 소리를 발생시키는 장치이고, 전동기는 전류가 생성하는 자기장을 이용하여 기계적인 회전 운동을 만들어 내는 장치이다. 전동기의 원리를 분석하여 작동 순서를 인포그래픽으로 제작하고 과학실에 게시하여 우수 작품을 뽑아 보자.

관련 학과 물리학과, 미생물학과, 분자생물학과, 생명과학과, 생물학과, 수학과, 지구환경과학과, 천문우주학과, 통계학과, 해양학과, 화학과, 환경학과

전자기 쫌 아는 10대

고재현, 풀빛(2020)

책 소개

전기와 자기에 대해 알려 주는 책이다. 전하와 정전기의 정체를 소개하면서 끌고 미는 힘인 전기력을 설명한다. 전류를 만드는 원인이 전압이고 전류를 방해하는 원인이 저항이라는 것을 알려 준다. 전류와 자기장의 관계를 자석에서 나오는 자기력선을 통해 설명하고, 자기 유도 현상에 관해 설명한다. 전자기파의 세계를 소개하면서 초연결 사회 속 전자기파의 활용 분야를 살펴본다.

세특 예시

교과연계도서 발표활동에서 '전자기 쫌 아는 10대(고재현)'를 읽고 스피커에 적용되는 과학적 원리를 분석함. 전류가 만드는 전압과 전류를 방해하는 저항을 조사하고, 전류와 자기장의 관계를 자석에서 나오는 자기력선을 통해서 분석함. 자기 유도 현상과 스피커의 원리를 비교 분석하여 보고서를 작성함. 스피커의 작동 순서를 인포그래픽으로 제작하여 우수 작품으로 선정됨.

[12물리02-06] • • •

전자기 유도 현상이 센서, 무선통신, 무선충전 등 에너지 전달 기술에 적용되어 현대 문명에 미친 영향을 인식할 수 있다.

➡️ 유선통신과 무선통신은 정보 전달 방식과 특성에서 차이가 있다. 유선통신은 케이블 또는 전선을 사용하여 정보를 전송한다. 이러한 물리적 연결은 안정성과 신뢰성을 제공하지만, 설치와 유지·보수 비용이 상대적으로 높을 수 있다. 무선통신은 케이블 없이 무선 기술을 사용하여 정보를 전송하며, 무선 기기는 이동이 가능하고 어디서든 통신을 할 수 있다. 무선통신은 이동통신, 무선 인터넷, 스마트폰 등과 같이 이동성이 중요한 응용 분야에서 주로 사용된다. 무선통신의 과학적 원리인 전자기 유도 현상과 상호유도 현상을 조사하여 발표해 보자.

관련 학과 대기과학과, 물리학과, 수학과, 지구환경과학과, 천문우주학과, 통계학과, 해양학과

《**공학도를 위한 무선통신시스템**》, 안성수·이원철, 사이버북스(2019)

단원명 | 빛과 물질

| 🔍 | 빛, 중첩, 간섭, 파동성, 굴절, 렌즈, 입자성, 이중성, 전자 현미경, 양자화된 에너지 준위, 스펙트럼, 고체, 에너지띠, 도체, 부도체, 반도체, 광속, 특수 상대성 이론, 시간 팽창, 길이 수축

[12물리03-01] • • •

빛의 중첩과 간섭을 통해 빛의 파동성을 알고, 이를 이용한 기술과 현상을 예를 들어 설명할 수 있다.

➡️ 빛은 파동성과 입자성의 2가지 성질을 가지고 있다. 빛이 파동처럼 파장으로 퍼지는 현상을 파동성이라고 한다. 반면에 빛은 입자처럼 작용하기도 하는데, 이를 광자라고 부른다. 광자는 에너지가 이동하는 입자로서 에너지 단위를 가지고 입자성을 나타낸다. 이러한 빛의 이중성은 빛이 나타내는 다양한 현상을 설명하는 데 중요한 역할을 한다. 빛의 파동성을 조사한 후 각 현상의 특징과 예시를 PPT로 제작하여 발표해 보자.

관련 학과 대기과학과, 물리학과, 수학과, 식품영양학과, 조경학과, 지구환경과학과, 천문우주학과, 통계학과, 해양학과, 화학과, 환경학과

《**빛의 물리학**》, EBS 다큐프라임 〈빛의 물리학〉 제작팀, 해나무(2014)

[12물리03-02] • • •

빛의 굴절을 이용하여 볼록렌즈에서 상이 맺히는 과정을 설명하고, 반도체와 디스플레이 제작 공정에서 중요하게 활용됨을 인식할 수 있다.

➡️ 디스플레이는 우리 일상에 들어와 미래의 모습을 보여 주고 있다. 디스플레이는 산업으로서의 수출품일 뿐 아니라 생활을 같이하는 기기로 자리 잡고 있으므로, 해당 분야의 종사자뿐 아니라 우리 모두가 알아야 할 필수적 지식이 되었다. 디스플레이의 정의, 변천, 발전 과정 등을 조사하여 보고서를 작성해 보자.

관련 학과 물리학과, 미생물학과, 분자생물학과, 생명과학과, 생물학과, 수학과, 식물자원학과, 식품영양학과, 외식산업학과, 의류학과, 지구환경과학과, 천문우주학과, 통계학과, 해양학과, 화학과, 환경학과

《**디스플레이 이야기 1**》, 주병권, 열린책빵(2021)

[12물리03-03] • • •

빛과 물질의 이중성이 전자 현미경과 영상 정보 저장 등 다양한 분야에 활용됨을 설명할 수 있다.

➡️ 빛과 물질의 이중성은 물리학과 광학의 중요한 개념 중 하나이다. 빛은 파동과 입자의 두 성질을 모두 나타낸다. 또한 물질은 입자로 구성되어 있으며, 이 입자들은 물리적 상황에 따라 파동 현상을 나타낼 수 있다. 입자인 전자의 이중성을 활용한 전자 현미경을 조사하여 작동 원리와 사용 분야에 대한 보고서를 작성해 보자.

관련 학과 물리학과, 미생물학과, 분자생물학과, 생명과학과, 생물학과, 수산생명의학과, 수학과, 식물자원학과, 식품영양학과, 지구환경과학과, 천문우주학과, 해양학과, 화학과, 환경학과

《**주사전자현미경 분석과 X선 미세분석**》, 윤존도 외 5명, 교문사(2021)

[12물리03-04] • • •

원자 내의 전자는 양자화된 에너지 준위를 가지고 있음을 스펙트럼 관찰 증거를 바탕으로 논증할 수 있다.

➜ 원자 내의 전자는 양자화된 에너지 준위에 존재한다. 이 에너지 준위는 전자가 원자 내에서 허용되는 특정 에너지 상태를 나타내며, 각 에너지 준위는 고유한 에너지 값을 가진다. 그리고 전자는 특정 에너지 준위로 이동할 때 에너지를 흡수하거나 방출한다. 이 양자화된 에너지 준위는 원자의 전자 배치와 화학적 특성을 결정짓는 데 중요한 역할을 한다. 전자가 특정 에너지 준위로 이동할 때 발생하는 에너지를 스펙트럼을 중심으로 조사하여 설명해 보자.

관련 학과 대기과학과, 물리학과, 분자생물학과, 수학과, 식물자원학과, 식품영양학과, 지구환경과학과, 천문우주학과, 통계학과, 해양학과, 화학과, 환경학과

《**김상욱의 양자 공부**》, 김상욱, 사이언스북스(2017)

[12물리03-05] ● ● ●

고체의 에너지띠 구조로부터 도체와 부도체의 차이를 알고, 반도체 소자의 원리를 설명할 수 있다.

➜ 도체, 반도체, 절연체는 전자의 전도 특성에 따라 소재를 분류한 것이다. 도체는 전류를 잘 전달하고, 반도체는 전류를 일부만 전달하며 제어 가능하고, 절연체는 전류를 거의 전달하지 않는다. 이러한 소재의 특성은 전자공학 및 전자 기기 설계에서 중요한 역할을 한다. 고체의 에너지띠 구조를 중심으로 도체와 부도체의 차이를 분석하고, '반도체의 전도성 제어 기술과 응용 사례'를 주제로 보고서를 작성해 보자.

관련 학과 물리학과, 분자생물학과, 생명과학과, 수학과, 지구환경과학과, 천문우주학과, 통계학과, 화학과, 환경학과

《**진짜 하루만에 이해하는 반도체 산업**》, 박진성, 티더블유아이지(2023)

[12물리03-06] ● ● ●

모든 관성계에서 빛의 속력이 동일하다는 원리로부터 시간 팽창, 길이 수축 현상이 나타남을 알고, 이러한 지식이 사회에 미친 영향을 조사할 수 있다.

➜ 특수 상대성 이론은 알베르트 아인슈타인이 제안한 물리 이론으로, 상대적인 운동 상태에서 물리 법칙이 어떻게 동작하는지를 설명한다. 이 이론은 빛의 상대성을 중심으로 다루며, 모든 관측자에게 빛의 속도가 같다는 원칙에 근거해 시간과 공간의 상대성을 기술한다. 특수 상대성 이론은 다음의 두 가지 가정에 기반하고 있다. 첫째, 서로에 대해 등속도로 운동하는 두 관찰자에게는 동일한 물리 법칙이 적용된다. 둘째, 모든 관찰자에게 빛의 속도는 완벽하게 동일하다. 이 이론은 GPS 시스템 및 항공우주 기술과 같은 현대 과학기술 분야에 영향을 미치고 있다. GPS의 작동 원리를 조사하여 보고서를 작성해 보자.

관련 학과 물리학과, 수학과, 지구환경과학과, 천문우주학과

《**물리의 정석: 일반 상대성 이론 편**》, 레너드 서스킨드·앙드레 카반, 이종필 역, 사이언스북스(2024)

선택 과목	수능	화학	절대평가	상대평가
일반 선택	X		5단계	5등급

단원명 | 화학의 언어

|🔍| 화학, 과학, 기술, 사회, 단위, 몰, 물질의 양, 화학 반응식, 양적 관계, 실험, 화학 결합

[12화학01-01] ●●●

화학이 현대 과학·기술·사회의 발전에 기여한 사례를 조사·발표하며 화학에 흥미와 호기심을 가질 수 있다.

➡ 음식 조리 과정에서의 화학 반응은 일상생활에서 쉽게 접할 수 있는 연구 주제이다. 조리 과정에서는 다양한 화학적 원리와 반응이 일어나며, 이는 음식의 맛, 향, 질감에 직접적인 영향을 미친다. 예를 들어, 산도 조절은 식초나 레몬즙을 사용해 채소의 색을 유지하거나 맛을 개선하는 데 활용된다. 또한 발효 과정에서는 미생물이 작용하여 빵, 치즈, 김치 등의 고유한 맛과 향을 형성하게 된다. 이러한 화학 반응이 어떻게 음식의 특성에 영향을 미치는지 조사하고, 보고서를 작성한 뒤 발표해 보자.

관련 학과 자연계열 전체

《**화학 연대기**》, 장홍제 , EBS BOOKS(2021)

[12화학01-02] ●●●

다양한 단위를 몰로 환산할 수 있음을 이해하고, 물질의 양을 몰 단위로 표현할 수 있다.

➡ 몰은 원자, 분자, 이온, 전자, 광자 등 물질의 양 혹은 수를 나타내는 국제단위계의 기본 단위이다. 어떤 원자나 분자, 이온 등이 아보가드로 상수만큼 있을 때, 그 물질의 양을 1몰이라고 한다. 아보가드로 상수는 그 물질의 질량과 그 물질을 이루는 원자, 분자 또는 이온의 개수와의 상관관계를 나타내는 비례 상수이다. 화학에서 다양한 단위를 몰로 환산하는 과정은 물질의 양을 표현하는 중요한 단계이며, 물질의 분자량이나 몰과 물질의 양 사이의 관계 등을 계산할 때 활용된다. 다양한 종류의 화학 원소와 단위를 정리하여 보고서를 작성하고, 핵심 내용을 중심으로 인포그래픽을 만들어 전시해 보자.

관련 학과 물리학과, 분자생물학과, 수학과, 식물자원학과, 식품영양학과, 지구환경과학과, 통계학과, 해양학과, 화학과, 환경학과

《**이온과 원소**》, 뉴턴프레스, 뉴턴코리아(2010)

[12화학01-03] ●●●

여러 가지 반응을 화학 반응식으로 나타내고, 화학 반응에서 물질의 양적 관계를 설명할 수 있다.

➡ 화학물질의 성질과 화학 반응은 화학에서 중요한 개념이다. 화학물질의 성질은 물리적 특성과 화학적 특성으로 구분된다. 화학 반응은 화학물질이 상호작용하여 새로운 물질을 생성하는 과정이고, 이러한 반응은 에너지

의 변화를 동반하며 화학물질의 구조와 성질을 변화시킨다. 화학 반응은 화학물질의 합성, 분해, 변형 및 분석에 중요하며, 다양한 아이디어를 제공한다. 관심 있는 화학 반응을 선정하여 화학 반응의 양적 관계를 분석하고 보고서를 작성해 보자.

관련 학과 대기과학과, 물리학과, 분자생물학과, 수학과, 식물자원학과, 지구환경과학과, 천문우주학과, 통계학과, 해양학과, 화학과, 환경학과

《**하루 한 권, 일상 속 화학 반응**》, 사이토 가쓰히로, 이은혜 역, 드루(2023)

단원명 | 물질의 구조와 성질

| 🔎 | 실험, 화학 결합, 전기적 성질, 전기 음성도, 주기적 변화, 쌍극자 모멘트, 결합의 극성, 원자, 분자, 루이스 전자점식, 전자쌍 반발 이론, 물리적 성질, 화학적 성질, 분자의 구조

[12화학02-01]   •••

실험을 통해 화학 결합의 전기적 성질을 설명할 수 있다.

➡ 화학 실험은 화학 이론을 현실적으로 적용하고 확인하는 중요한 방법이다. 실험을 통해 화학적 상호작용, 물질의 특성, 반응 메커니즘 등을 직접 경험하고 이해할 수 있다. 실험은 학습과 학습 성과를 향상시키는 데 도움을 주며 시각, 청각, 촉각을 동원하여 직접 실험함으로써 자신의 경험과 지식을 구축할 수 있다. 실험을 통해 새로운 발견을 하거나 미래 기술의 발전을 이끌 아이디어도 얻을 수 있다. 실험의 기본이 되는 실험 기구를 다루는 방법과 유의 사항을 조사하여 발표해 보자.

관련 학과 물리학과, 생물학과, 수학과, 의류학과, 지구환경과학과, 천문우주학과, 해양학과, 화학과, 환경학과

《**비커 군과 친구들의 유쾌한 화학실험**》, 우에타니 부부, 오승민 역, 더숲(2018)

[12화학02-02]   •••

전기 음성도의 주기적 변화를 이해하고, 결합한 원소들의 전기 음성도 차이와 쌍극자 모멘트를 이용하여 결합의 극성을 판단할 수 있다.

➡ 극성과 무극성은 화학 반응, 용해도, 상변화, 분자 간의 인력, 그리고 물질의 물리적, 화학적 특성을 설명하는 데 중요한 역할을 한다. 극성 분자는 다른 극성 분자와 상호작용할 때 특별한 특성을 보이며, 무극성 분자는 서로 간에 무극성 상호작용을 가지게 된다. 이러한 성질을 통해 우리는 화학 및 물리 현상을 이해하고 예측할 수 있다. 전기 음성도의 주기적 변화를 조사하여 물질에 따라 어떤 특성이 있는지 보고서를 작성해 보자.

관련 학과 대기과학과, 물리학과, 생명과학과, 수학과, 지구환경과학과, 천문우주학과, 해양학과, 화학과, 환경학과

《**하루 한 권, 주기율의 세계**》, 사이토 가쓰히로, 신해인 역, 드루(2023)

➡ 원소들의 전기 음성도는 원자가 얼마나 전자를 강하게 끌어당기는지를 나타내는 화학적 특성 중 하나이다. 이는 원자의 성질 중 하나로, 주로 화학적 반응과 결합을 예측하고 이해하는 데 사용된다. 전기 음성도는 극성 공유 결합과 무극성 공유 결합으로 분류될 수 있다. 결합한 원소들의 전기 음성도 차이와 쌍극자 모멘트를 이용하여 극성 공유 결합과 무극성 공유 결합을 비교하여 보고서를 작성해 보자.

관련 학과 대기과학과, 물리학과, 생명과학과, 수학과, 지구환경과학과, 천문우주학과, 해양학과, 화학과, 환경학과

《**신소재 이야기**》, 김영근·안진호, 자유아카데미(2021)

원자와 분자를 루이스 전자점식으로 표현하고, 전자쌍 반발 이론을 근거로 분자의 구조를 추론하여 모형으로 나타낼 수 있다.

➡ 전자쌍 반발 이론은 화학에서 분자의 구조와 성질을 설명하는 중요한 이론으로, 분자 내 전자쌍 간의 상호작용을 이해할 수 있게 해 준다. 분자 또는 이온에서 중심 원자 주위의 전자쌍들은 서로 반발력이 작용하여 가능한 멀리 떨어지려고 한다는 이론이다. 이 이론은 분자의 기하학적 형태와 결합을 예측하고 화학적 성질을 이해하는 데 중요한 도구로 사용된다. 전자쌍 반발 이론을 사용하여 물 분자를 중심으로 기하학적인 형태를 분석한 후, '이온 결합과 공유 결합에서 전자쌍 반발의 역할 비교'를 주제로 보고서를 작성해 보자.

관련 학과 대기과학과, 물리학과, 생명과학과, 수학과, 지구환경과학과, 천문우주학과, 해양학과, 화학과, 환경학과

《물리화학》, 이민주, 자유아카데미(2016)

[12화학02-04]

물질의 물리적, 화학적 성질을 분자의 구조와 연관 짓고, 이에 대한 호기심을 가질 수 있다.

➡ 분자의 구조는 물질의 물리적, 화학적 성질을 연구하고, 새로운 물질을 개발하는 데 중요한 요소이다. 탄소 나노튜브는 탄소 원자들이 특정한 구조로 배열된 구조를 가지며, 이러한 분자 구조 때문에 높은 강도, 열 전도성, 전기 전도성 등의 물리적 특성을 가진다. 생체 분자를 연구할 때 단백질과 펩타이드 분자는 구조에 따라 특정한 화학적 기능성을 가진다. 이런 분자 구조의 변화는 새로운 화합물의 특성을 형성하며, 의학 분야에서 새로운 치료제나 약물을 설계하는 데 활용될 수 있다. 빛을 흡수하고 방출하는 분자 구조의 광학적 특징을 조사하고, 특정 파장의 빛을 흡수하고 방출하는 이유를 분석해 보자.

관련 학과 물리학과, 지구환경과학과, 천문우주학과, 통계학과, 화학과, 환경학과

《탄소나노소재의 합성 및 응용》, 이창섭·현유라, 탐구당(2021)

단원명 | 화학 평형

🔍 가역 반응, 화학 평형 상태, 반응물, 생성물, 농도, 평형 상수, 반응 지수, 진행 방향, 농도, 압력, 온도 변화, 화학 평형의 이동, 화학의 유용함

[12화학03-01]

가역 반응에서 나타나는 화학 평형 상태의 특징을 설명할 수 있다.

➡ 열과 일은 우리의 주변을 둘러싸고 있고, 화학 반응은 가역 반응과 비가역 반응으로 나뉜다. 화학은 물질 자체와 물질의 변화를 다룰 뿐 아니라 무수한 에너지와 그 변수에 대해 물리적, 수학적으로 분석하고 해석하며 본질을 따지는 학문이다. 다양한 화학 반응을 조사하여 토론한 후 가역 반응과 비가역 반응으로 분류하고 공통점과 차이점을 분석해 보자.

관련 학과 대기과학과, 물리학과, 수학과, 지구환경과학과, 천문우주학과, 통계학과, 해양학과, 화학과, 환경학과

《하루 한 권, 화학 열역학》, 사이토 가쓰히로, 정혜원 역, 드루(2023)

국어 교과군

영어 교과군

수학 교과군

도덕 교과군

사회(역사)교과군

과학 교과군

[12화학03-02]   ● ● ●

화학 반응에서 반응물과 생성물의 농도 자료를 통해 평형 상수의 의미를 설명할 수 있다.

➡ 화학 반응에서 평형 상수는 생성물과 반응물의 농도 간 관계를 나타낸다. 평형 상수는 특정 온도에서 반응물과 생성물의 농도가 고정된 비율로 있을 때의 값이고, 물질이 생성되거나 소멸할 때 그 농도는 일정한 값에 도달하며 반응의 속도가 서로 상쇄되는 시점에서 평형을 이룬다. 과학 도서 《세상을 바꾼 화학》을 통해서 평형 상수의 유래를 조사하고, 화학 반응에서 반응물과 생성물을 분석해서 평형 상수의 의미를 보고서로 작성해 보자.

관련 학과   대기과학과, 물리학과, 분자생물학과, 수학과, 지구환경과학과, 천문우주학과, 통계학과, 해양학과, 화학과, 환경학과

세상을 바꾼 화학

원정현, 리베르스쿨(2021)

책 소개 ·········

이 책은 실험, 원소, 원자, 분자, 연소, 주기율표 등 화학의 핵심적인 개념들을 다루고 교과서 속의 이론들이 어떻게 만들어졌는지 알려 준다. 사람들은 세상이 무엇으로 만들어졌다고 생각했는지, 현재의 주기율표가 만들어지기까지 어떤 일들이 있었는지, 제2차 세계 대전 당시 핵폭탄이 어떻게 만들어졌는지에 대해 소개한다. 화학 역사의 변화를 살피면서 화학 이론을 이해하고 과학적으로 사고하는 법을 배울 수 있다.

세특 예시 ·········

교과연계도서 발표활동에서 '세상을 바꾼 화학(원정현)'을 읽고 화학 반응에서 반응물과 생성물의 농도 자료를 통해 평형 상수의 의미를 보고서로 작성함. 평형 상수는 특정 온도에서 반응물과 생성물의 농도가 고정된 비율로 있을 때의 값이고, 물질이 생성되거나 소멸할 때 그 농도는 일정한 값에 도달하며 반응의 속도가 서로 상쇄되는 시점에서 평형을 이룬다고 예를 들어 설명함.

[12화학03-03]   ● ● ●

반응 지수의 의미를 알고, 이를 평형 상수와 비교하여 반응의 진행 방향을 예측할 수 있다.

➡ 반응 지수는 화학 반응이 평형에 도달하지 않았을 때 반응물과 생성물의 농도를 평형 상수식에 넣어 계산한다. 이는 화학 반응 속도식에서 반응 속도와 관련된 값으로, 반응 속도식에 따라서 반응물 농도의 변화가 반응 속도와 어떤 관계를 맺는지를 설명한다. 일상생활 속에서 반응 지수를 사용하여 과학적 원리를 이해할 수 있는 예를 조사하여 발표해 보자.

관련 학과   대기과학과, 물리학과, 미생물학과, 분자생물학과, 수학과, 지구환경과학과, 천문우주학과, 통계학과, 해양학과, 화학과, 환경학과

《**필수 물리화학**》, 토머스 엥겔·필립 리드, 강춘형 외 5명 역, 카오스북(2018)

[12화학03-04]   ● ● ●

농도, 압력, 온도 변화에 따른 화학 평형의 이동을 이해하고, 이를 일상생활 속 현상을 설명하는 데 적용하여 화학의 유용함을 느낄 수 있다.

➔ 농도는 용액이나 혼합물 속의 물질의 양을 의미하고, 일반적으로 용액 내에 용질의 양에 대한 용매의 양으로 표현된다. 화학에서 농도는 반응 속도, 용해도 등에 큰 영향을 준다. 온도는 물질의 분자 운동에 영향을 미치는 요인이고, 높은 온도는 분자 운동을 촉진하여 반응 속도를 높일 수 있다. 압력은 기체 상태에서 중요한 요인이며, 압력이 높으면 기체 분자들 간의 충돌이 더 자주 일어나므로 반응 속도가 증가하는 경향이 있다. 결론적으로 농도, 온도, 압력의 변화는 화학 반응이 일어나는 속도, 반응 균형 등을 결정하는 중요한 요인이다. 농도와 압력, 온도의 변화에 따라 반응의 방향이 어떻게 변화되는지 조사하여 보고서를 작성해 보자.

관련 학과 대기과학과, 물리학과, 미생물학과, 분자생물학과, 수학과, 지구환경과학과, 통계학과, 해양학과, 화학과, 환경학과

《**오늘도 화학**》, 오타 히로미치, 정한뉘 역, 시프(2023)

단원명 | 역동적인 화학 반응

| 🔎 | 물, 자동 이온화, 이온화 상수, 수소 이온 농도, pH, 용액, 중화 반응, 양적 관계, 중화 적정 실험, 미지 시료의 농도

[12화학04-01]   • • •

물의 자동 이온화와 물의 이온화 상수를 이해하고, 수소 이온의 농도를 pH로 표현할 수 있다.

➔ 산과 염기의 반응처럼, 이온화 반응에서 평형 상수를 이온화 상수라고 한다. 이는 전해질이 용액 속에서 얼마나 이온화되어 있는지를 수치로 표현한 값이다. 수용액에서 대부분의 물은 용매로 작용하기 때문에 그 농도에 큰 변화가 없으며, 극히 일부만 이온화 반응에 참여한다. 물의 전체 농도는 거의 변하지 않으므로 이온화 상수 식에서 물의 농도는 상수로 간주된다. 물의 자동 이온화와 이온화 상수 간의 관계를 반응식을 통해 분석하고, 수소 이온 농도를 pH로 변환하여 그 개념을 명확히 설명해 보자.

관련 학과 대기과학과, 물리학과, 분자생물학과, 생명과학과, 생물학과, 수산생명의학과, 수학과, 식물자원학과, 식품영양학과, 외식산업학과, 원예학과, 조경학과, 지구환경과학과, 천문우주학과, 축산학과, 해양학과, 화학과, 환경학과

《**화학의 눈으로 보면 녹색지구가 펼쳐진다**》, 원정현, 지상의책(2023)

[12화학04-02]   • • •

몰 농도의 의미를 이해하고, 원하는 몰 농도의 용액을 만들 수 있다.

➔ 몰 농도는 화학에서 물질의 농도를 표현하는 방법 중 하나로 물질의 양을 나타내는 데 사용된다. 몰 농도를 사용하면 용액이나 혼합물의 양을 정확하게 나타낼 수 있으며, 화학 반응에서 반응 물질의 양을 계산하는 데 유용하게 활용된다. 또한 몰 농도를 사용하면 서로 다른 용액을 비교하고 실험에서 정확한 양을 사용할 수 있다. 몰 농도가 사용되는 화학 실험을 선정하여 계산 과정을 조사한 후 예를 들어 설명해 보자.

관련 학과 대기과학과, 물리학과, 미생물학과, 분자생물학과, 수학과, 지구환경과학과, 통계학과, 해양학과, 화학과, 환경학과

《**일반화학실험**》, 화학교재연구회, 사이플러스(2023)

[12화학04-03]   • • •

중화 반응을 이해하고, 중화 반응에서의 양적 관계를 설명할 수 있다.

➔ 산성 물질과 염기성 물질이 반응하여, 일반적으로 염과 물이 형성되는 반응을 중화 반응이라고 한다. 주변을

국어 교과군

영어 교과군

수학 교과군

도덕 교과군

사회 교과군

과학 교과군

관찰하면 자연에서 일어나는 중화 반응도 있고, 생활하면서 이용하는 중화 반응도 있다. 중화 반응 중에서 묽은 염산과 수산화나트륨 수용액을 중화시키는 과정을 조사하여 발표해 보자.

관련 학과 대기과학과, 물리학과, 미생물학과, 분자생물학과, 수학과, 지구환경과학과, 통계학과, 해양학과, 화학과, 환경학과

《유기화학실험》, 윤효재·윤용진, 자유아카데미(2023)

[12화학04-04] ●●●

중화 적정 실험을 계획하고 수행하여 미지 시료의 농도를 찾을 수 있다.

➡ 미지 시료의 농도 찾기는 다양한 분석 기술을 활용하여 수행할 수 있다. 시료의 특성에 따라 분광광도법, 질량 분석, 크로마토그래피, 전기 분석 등 적합한 분석 기술을 선택하여 농도를 찾을 수 있는데, 중화 적정 실험을 통해서 미지 시료의 농도를 찾는 방법을 조사한 후, '중화 적정을 통한 산과 염기 시료의 농도 분석'을 주제로 보고서를 작성해 보자.

관련 학과 물리학과, 분자생물학과, 생명과학과, 생물학과, 식품영양학과, 지구환경과학과, 천문우주학과, 통계학과, 해양학과, 화학과, 환경학과

《화학공학입문설계》, Kenneth A. Solen 외 1명, 박진호 외 2명 역, 한티에듀(2012)

단원명 | 생명 시스템의 구성

| 🔍 | 생명과학, 생명 시스템, 물질대사, 에너지 전환, 소화, 순환, 호흡, 배설, 대사성 질환, 생태계 구조, 생태계 구성요소

[12생과01-01]　　　　　　　　　　　　　　　　　　　　　　　　　　　　　● ● ●

생물 및 생명과학의 특성을 이해하고 생명과학의 성과를 협력적으로 소통할 수 있다.

➡️ 진화와 유전은 생물 및 생명과학의 중요한 특성이다. 진화 이론, 자연선택과 돌연변이 등을 조사하고 유전자의 구조와 기능, 유전적 다양성에 대해 탐구해 보자. 이를 통해 생물종의 변화와 다양성에 대해 이해할 수 있을 것이다. 또한 질병 진단과 예방 및 치료 등 생명과학의 성과에 대해 토의하여 발표해 보자.

관련 학과) 농생물학과, 생명과학과, 생물학과, 수산생명의학과, 식물자원학과, 원예학과, 축산학과

《바로 읽는 생명과학의 역사》, 아이작 아시모프, 정정남 역, 탐구당(2017)

[12생과01-02]　　　　　　　　　　　　　　　　　　　　　　　　　　　　　● ● ●

세포에서부터 생태계까지 생명 시스템의 구성 단계의 특징을 바탕으로 체계적인 설명 자료를 만들 수 있다.

➡️ 생명과학의 용어와 개념 같은 전문적인 지식을 바탕으로 생명 시스템의 구성 단계의 특징을 정리해 보자. 세포의 구조, 생태계의 상호작용 등 세포에서 생태계에 이르기까지 체계적인 생명 시스템에 대한 설명 자료를 모둠별로 제작한 후, 생태계의 구조와 기능에 대해 분석하고 생물의 다양성과 종의 진화에 대해 탐구해 보자.

관련 학과) 농생물학과, 동물자원과학과, 생명과학과, 생물학과, 식물자원학과, 원예학과, 지구환경과학과, 축산학과, 환경학과

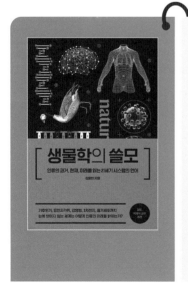

책 소개

이 책은 대중적인 스토리텔링을 통해 눈에 보이지 않는 세계가 어떻게 인간을 비롯한 전 지구적 생태계를 움직이는지를 알려 준다. 더불어 노화, 감염병, 기후위기 등과 관련하여 미래를 바꾸기 위한 과학자들의 노력을 엿볼 수 있다. 기초 지식과 함께 생물학 최전선의 움직임을 한번에 살펴봄으로써 궁극적으로 현실 속 과학의 쓸모를 깨닫게 되는 책이다.

세특 예시

코로나 백신이 바이러스를 포함한 미생물과 감염병의 관계를 규명하는 데서 시작하였음을 알고, 시스템생물학에 관심을 가졌으며 교과연계 독서활동으로 '생물학의 쓸모(김응빈)'를 읽음. 생명체에 대해 이해하고, 생

국어 교과군

영어 교과군

수학 교과군

도덕 교과군

사회 교과군

과학 교과군

생물학의 쓸모
김응빈, 더퀘스트(2023)

명 시스템의 최소 단위인 세포부터 생태계에 이르기까지 수많은 유전자와 단백질, 화학물 사이를 오가는 생명 현상에 대해 학습함. 또한 약 600만 명이 넘는 국내 당뇨병 환자의 치료제는 대장균 연구 덕분에 대량 생산이 가능해졌고, 인간게놈프로젝트의 완성을 통해 밝혀진 인간의 설계도는 암, 알츠하이머, 에이즈 등 유전자 이상으로 인한 각종 질병의 원인을 밝혔다는 탐구활동 결과를 발표함.

[12생과01-03] • • •

물질대사 과정에서의 에너지 전환 과정을 바탕으로 다양한 생명 활동에서의 에너지 사용을 추론할 수 있다.

➡ 음식의 영양소가 인간의 몸에서 어떻게 에너지로 전환되고 필요한 생명 활동을 지원하는지 조사하여 발표해 보자. 또한 소화기관에서 일어나는 소화와 영양소의 흡수 과정에 대해 탐구하고 음식물이 연소될 때 생성되는 에너지와 음식의 에너지 함유량에 대해 분석해 보자. 영양 섭취가 인간의 건강 유지와 생명 활동에 미치는 영향을 탐구하여 생명 활동에서의 에너지 사용을 추론할 수 있다.

관련 학과 ▸ 농생물학과, 동물자원과학과, 미생물학과, 생명과학과, 생물학과, 식물자원학과, 식품영양학과, 외식산업학과, 축산학과

《영양소의 힘》, 윌리엄 J. 월시, 서효원 외 3명 역, 청홍(2021)

[12생과01-04] • • •

소화, 순환, 호흡, 배설 과정이 기관계의 통합적 작용으로 나타남을 신체의 생리적 변화와 연관지어 추론할 수 있다.

➡ 동물이 식물을 먹고 소화 및 배설하는 과정은 기관계의 통합적 작용으로 나타난다. 동물과 식물의 상호작용과 환경 요인들은 동물의 소화 시스템과 생태학적 적응 및 종간 관계에 영향을 줄 수 있다. 예를 들어 일부 동식물은 소화 시스템에서 특별한 조직 구조나 세균 공생으로 식물성 잡식 또는 살충성 먹이를 소화할 수 있다. 동물이 먹은 식물을 소화, 배설하는 과정을 분석하고, 동식물 간 상호작용과 환경 요인에 의한 생태학적 과정을 지속적으로 탐구해 보자.

관련 학과 ▸ 농생물학과, 동물자원과학과, 미생물학과, 분자생물학과, 생명과학과, 생물학과, 식물자원학과, 식품영양학과, 지구환경과학과, 환경학과

책 소개 ┈┈┈┈┈┈┈┈┈┈┈┈┈┈┈┈┈┈┈┈┈

영양소가 어떻게 소화·흡수되는지, 몸속에서 에너지가 어떻게 생겨나는지, 각 영양소의 작용과 대사, 물과 전해질은 어떤 역할을 하는지, 소변이 어떻게 생성되고 노폐물은 어떻게 배출되는지, 나아가 영양과 질병은 어떤 관계가 있는지 등 영양과 인체의 메커니즘을 알려 주는 책이다. 검증된 최신 연구 결과가 반영된 다양한 일러스트와 시각 자료를 통해 영양의 개념을 쉽게 이해할 수 있게 해 준다.

세특 예시 ┈┈┈┈┈┈┈┈┈┈┈┈┈┈┈┈┈┈┈┈┈

음식물 섭취를 통해 인체에 필요한 영양소를 체내에 흡수하고 에너지를

인체 영양학 교과서

가와시마 유키코, 장은정 역,
보누스(2022)

생산하는 생체 활동에 대한 관심을 갖고 탐구활동을 진행함. 교과연계도서 주제탐구 발표활동에서 '인체 영양학 교과서(가와시마 유키코)'를 읽고 섭취한 음식물의 소화·흡수를 통해 영양소를 대사하고 노폐물을 배설하는, 세포에서의 에너지 변환 과정에 대해 탐구함. 이러한 탐구활동을 통해 저작 과정, 연동 운동의 기계적 소화 과정과 소화효소의 작용에 의한 화학적 소화 과정을 이해하고 물질대사를 통해 영양소를 흡수하고 에너지를 생산하는 과정에 대해 발표함.

[12생과01-05] ● ● ●

물질대사 관련 질병 조사를 위한 방법을 고안하여 수행하고 대사성 질환을 예방하기 위한 올바른 생활 습관에 대해 토의하며 협력적으로 소통할 수 있다.

➡ 대사성 질환은 물질대사 과정에 이상이 생기거나 조절이 제대로 이루어지지 않아 발생하는 질환이다. 그러므로 올바른 생활 습관을 갖추는 것이 예방과 관리에 중요한 역할을 한다. 포화지방 및 트랜스 지방의 섭취는 피하고, 채소, 과일, 곡류 등의 식이섬유와 미네랄 함유량이 높은 음식이 포함된 균형 잡힌 식단으로 적절한 영양소를 섭취할 필요성이 있다. 현대인의 물질대사 관련 질병을 조사하고 대사성 질환을 예방하기 위한 생활 습관에 대해 탐구하여 발표해 보자.

`관련 학과` 농생물학과, 생명과학과, 생물학과, 식물자원학과, 식품영양학과, 외식산업학과

《자가면역질환 다스리기》, 정윤섭, 이모션북스(2019)

[12생과01-06] ● ● ●

생태계의 구조를 이해하고 물질의 순환과 에너지의 흐름을 추론하여 생태계 구성 요소들의 중요성을 설명할 수 있다.

➡ 환경 변화가 생태계 구성 요소들에 미치는 영향에 대한 탐구를 진행해 보자. 생물적 요소와 비생물적 요소의 조건을 충족하지 못하거나 존재하지 않을 때 나타나는 생태계 파괴나 불안정한 상태에 대해 파악한 뒤, 이를 바탕으로 생태계의 구조를 이해하고, 생태계 구성 요소들의 중요성에 대해 탐구하여 발표해 보자.

`관련 학과` 자연계열 전체

《키워드로 보는 기후변화와 생태계》, 공우석, 지오북(2012)

[12생과01-07] ● ● ●

개체군과 군집의 특성을 이해하고 이들의 상호작용의 예를 조사하여 발표할 수 있다.

➡ 개체군과 군집의 특성을 생태학적 관점에서 이해하고 분석해 보자. 생물종의 다양성, 서식지와 식량 문제 등을 고려하여 개체군과 군집이 서로 어떻게 상호작용하는지 조사해 보자. 멸종 위기종의 보호와 복원, 서식지 유지와 개선 등 개체군과 군집이 지속될 수 있는 환경 조건에 대해 탐구하고 생태계 안정화를 위한 방안에 대해 토의해 보자.

`관련 학과` 동물자원과학과, 생명과학과, 생물학과, 식물자원학과, 환경학과

《생물다양성을 보전할 수 있을까?》, 브뤼노 파디·프레데릭 메다이, 김성희 역, 민음인(2021)

국어 교과군

영어 교과군

수학 교과군

도덕 교과군

사회 교과군

과학 교과군

단원명 | 항상성과 몸의 조절

| 🔍 | 신경 세포, 시냅스, 신경계, 내분비계, 면역, 항원 항체 반응, 혈액의 응집 반응, 백신

[12생과02-01]   • • •

신경 세포의 구조와 기능을 이해하고, 신경 세포에서의 전도 과정을 모식도로 표현할 수 있다.

➡️ 신경 세포의 구조에 대해 체계적으로 이해하고 세포체, 수상돌기, 시냅스 등으로 구성된 신경 세포의 상호작용과 신호 전달 과정에 대해 조사할 필요성이 있다. 신경 세포의 구조와 기능에 대한 이해를 바탕으로 신경 전달의 미시적 분석, 신경 세포에서의 전도 과정에 대해 탐구해 보자. 후속 활동으로 뇌과학 및 생물학 분야의 연구와 응용 분야에 대해 지속적으로 탐구하여 발표해 보자.

관련 학과 미생물학과, 분자생물학과, 생명과학과, 생물학과

《생물의 신호전달과 소통》, 이황희, 월드사이언스(2021)

[12생과02-02]   • • •

시냅스를 통한 신경 신호의 전달 과정을 이해하고, 약물이 시냅스 전달에 영향을 미치는 사례를 조사하여 발표할 수 있다.

➡️ 약물은 신경계에 작용하여 인체에 미치는 영향에 따라 진정제, 각성제, 환각제 등으로 구분된다. 진정제, 각성제, 환각제 등의 약물이 시냅스에서 일어나는 흥분 전달에 미치는 영향에 대해 조사하고, 약물 사용 시 인체가 입는 피해를 최소화하는 방법에 대한 자료를 수집하여 토의해 보자.

관련 학과 생명과학과, 생물학과, 수산생명의학과, 화학과

《약은 우리 몸에 어떤 작용을 하는가》, 야자와 사이언스오피스, 이동희 역, 전나무숲(2021)

[12생과02-03]   • • •

사람 신경계의 구조와 기능을 이해하고 중추 신경계와 말초 신경계의 특징을 설명할 수 있다.

➡️ 날카로운 물체에 손을 찔리면 무의식적으로 손을 움츠리지만 혈액형 검사 시 손가락 끝을 채혈침으로 찌를 때는 손을 움츠리지 않는 이유에 대해 토의해 보자. 찔림에 대한 반사적인 움츠림은 중추 신경계 내에서 일어나는 반사 신경 회로에 의해 제어된다. 반면에 혈액형 검사 시 채혈침으로 손가락을 찌르는 동작은 의식적으로 예상되고 의도된 자극이므로 무의식적인 움츠림 반응이 억제되거나 감소한다. 이러한 인지적인 차이, 자각과 집중, 훈련과 경험 등 다양한 요소에 의해 다르게 나타나는 행동에 대해 토의하여 발표해 보자.

관련 학과 생명과학과, 생물학과, 수산생명의학과, 축산학과

《신경 이야기-인생을 좌우하는 신경계》, 아르민 그라우, 배명자 역, 생각의집(2023)

[12생과02-04]   • • •

내분비계와 신경계 작용 원리와 상호작용의 이해를 바탕으로 우리 몸의 항상성이 유지되는 과정을 추론할 수 있다.

➡️ 호르몬의 역할에 대한 조사를 통해 내분비계가 몸의 항상성 유지에 어떤 영향을 미치는지 파악할 수 있다. 외부 환경과 생물체 내의 변화에 대응하여 체내 환경을 일정하게 유지하려는 몸의 항상성과 호르몬 분비에 대한

학술 자료를 찾아보자. 이를 통해 인슐린과 글루카곤 같은 호르몬이 혈당 조절에 어떻게 관여하는지 조사하여 몸의 항상성 유지 과정을 탐구해 보자.

관련 학과 분자생물학과, 생명과학과, 생물학과

《**생명의 신비 호르몬**》, 데무라 히로시, 송진섭 역, 종문화사(2004)

[12생과02-05] • • •

병원체의 종류와 특징을 이해하고 우리 몸의 방어 작용을 선천적 면역과 후천적 면역으로 구분하여 설명할 수 있다.

➡ 환경오염(대기 오염, 수질 오염 등)이나 환경 변화(기후변화, 생태계 변화 등)가 후천적 면역에 어떤 영향을 미치는지 조사할 수 있다. 환경 요인이 인체의 방어 작용에 어떤 영향을 미치는지, 또는 기후변화로 인한 질병 전파의 증가와 생태계의 변화가 인간의 후천적 면역과 방어력에 어떤 영향을 미치는지 탐구해 보자.

관련 학과 농생물학과, 대기과학과, 생명과학과, 생물학과, 수산생명의학과, 지구환경과학과, 해양학과, 화학과, 환경학과

《**면역학의 기본**》, 마쓰모토 켄지, 김기태 역, 성안당(2022)

[12생과02-06] • • •

항원 항체 반응의 특이성을 이해하고, 혈액의 응집 반응 원리를 이용하여 혈액형을 판정할 수 있다.

➡ 혈액형과 유전적인 연관성에 대해 학습하고, 혈액형 유전자의 다양성과 변이, 혈액형 유전자의 표현 및 상호 작용에 대한 자료를 조사하자. 이를 통해 혈액형 유전자가 유전에 미치는 영향을 분석하고, 면역 시스템에서의 항원·항체 반응과 혈액형의 연관성에 대한 학술 자료를 찾아서 읽어 보자. 이후 면역항체 생성 및 특이성을 분석하여 혈액형 판정에 활용할 수 있는 방법을 모색한 뒤 발표해 보자.

관련 학과 미생물학과, 분자생물학과, 생명과학과, 생물학과

《**란트슈타이너가 들려주는 혈액형 이야기**》, 권석운, 자음과모음(2010)

[12생과03-02] • • •

백신의 종류와 작용 원리를 조사하고 질병의 예방 측면에서 백신의 필요성을 인식하여 협력적으로 소통할 수 있다.

➡ 질병이나 전염병을 일으키는 항원을 배양시킨 후에, 죽었거나 죽기 직전의 상태로 만들어서(약독화) 주입하는 것이 백신의 기본 원리이다. 이 백신은 면역 체계를 활성화하는 역할을 하고, 항원은 면역 체계의 경험으로 실제 감염을 대비한 항체를 형성하는 것이다. 바이러스 벡터 백신, 핵산 백신, 단백질 재조합 백신, 생백신 및 사백신 등 백신의 종류와 작용 원리를 탐구하고, 백신의 필요성에 대해 토의하여 발표해 보자.

관련 학과 분자생물학과, 생명과학과, 생물학과, 수산생명의학과, 축산학과, 화학과

《**mRNA 혁명, 세계를 구한 백신**》, 전방욱, 이상북스(2021)

단원명 | 생명의 연속성과 다양성

🔍 염색체 구조, DNA, 유전자, 생식세포, 체세포, 생물 진화, 생물 분류 체계

[12생과03-01]　● ● ●

염색체의 구조를 이해하고, DNA, 유전자의 관계를 설명할 수 있다.

➲ DNA의 이중 나선 구조, 염기 서열과 유전 정보 전달 및 유전자 발현 등에 대한 이해를 통해 DNA의 역할과 중요성에 대해 파악해 보자. 이후 유전자 돌연변이와 질병 간의 관계를 조사하고, 유전적 위험 요인 및 예방에 대해 탐구해 보자. 또한 과학실에서의 DNA 추출 실험과 전기 영동 등의 분석 기법을 사용하여 추출한 DNA를 시각화하고 DNA와 유전의 관계에 대해 발표해 보자.

　관련 학과　농생물학과, 동물자원과학과, 분자생물학과, 생명과학과, 생물학과, 수산생명의학과, 축산학과
《하리하라의 바이오 사이언스_유전과 생명공학》, 이은희, 살림FRIENDS(2009)

[12생과03-02]　● ● ●

생식세포 형성 과정을 체세포 분열 과정과 비교하고, 생식세포 형성의 중요성을 생명의 연속성 및 다양성과 관련지어 추론할 수 있다.

➲ 귓불 모양, 이마선 모양, ABO식 혈액형, 적록 색맹 등은 한 쌍의 대립 유전자가 형질을 결정하므로 표현형이 뚜렷하게 구분된다. 그러나 사람의 피부색, 키, 몸무게 등은 부모로부터 물려받는 유전 형질이지만 표현형이 매우 다양하게 나타난다. 여러 쌍의 대립 유전자가 형질을 결정하는 데 관여하기 때문인데, 이처럼 다인자 유전 형질은 환경의 영향을 받아 표현형에서 연속적인 변이가 나타나는 경우가 많다. 다인자 유전 형질의 발현에 유전과 환경이 미치는 영향에 대해 탐구하여 발표해 보자.

　관련 학과　농생물학과, 동물자원과학과, 분자생물학과, 생명과학과, 생물학과, 수산생명의학과, 식물자원학과, 원예학과
《유전자 스위치》, 장연규, 히포크라테스(2023)

[12생과03-03]　● ● ●

생물 진화의 원리를 이해하고, 생물 진화 연구의 다양한 사례를 조사하여 협력적으로 소통할 수 있다.

➲ 다양한 생물의 진화적 적응 사례에 대해 조사하고 분석할 수 있다. 일례로 환경 변화와 먹이에 따른 동물 구조의 진화, 식물의 적응 전략, 미생물의 저항성 등을 연구하여 생물 진화 원리가 어떻게 환경 변화에 대한 적응을 가능케 했는지 탐구해 보자. 또한 기후변화와 환경오염 등이 생물다양성에 미치는 영향이나 고대 생물의 변화에 대해 조사하고, 환경 적응과 생물 진화 원리에 대해 탐구해 보자.

　관련 학과　농생물학과, 동물자원과학과, 미생물학과, 분자생물학과, 산림학과, 생명과학과, 생물학과, 식물자원학과, 원예학과, 지구환경과학과, 환경학과
《적응과 자연선택》, 조지 C. 윌리엄스, 전중환 역, 나남(2013)

[12생과03-04]　● ● ●

생물의 분류 체계를 바탕으로 각 분류군의 차이를 이해하고 생물군을 분류 체계에 따라 설명할 수 있다.

➲ 지역의 생태계에서 동식물의 다양성을 조사하고 생물 분류 체계에 따라 분류 및 분석해 보자. 그리고 지역 생태계의 건강 상태를 파악하고, 환경 변화에 따른 종의 변화와 영향에 대해 탐구해 보자. 또한 멸종 위기에 처한 동식물의 종을 조사하여 이를 보전하기 위한 방안에 대해 토의해 보자. 외래 동식물이 생태계에 끼친 변화와 영향에 대해 조사하고, 생물종의 이동 패턴이나 멸종 위기 여부, 기후변화 대응 전략에 대한 탐구활동을 진행해 보자.

농생물학과, 동물자원과학과, 산림학과, 생명과학과, 생물학과, 수산생명의학과, 식물자원학과, 조경학과, 지구환경
과학과, 축산학과, 환경학과

《외래 동식물 무엇이 문제일까?》, 이억주, 동아엠앤비(2021)

[12생과03-05]　　　　　　　　　　　　　　　　　　　　　　　　　　　　● ● ●

동물과 식물 분류군의 특징을 문 수준에서 이해하고, 생물의 유연관계를 계통수로 나타낼 수 있다.

➡ 동물과 식물 분류군의 특징과 지리적 분포와의 관계를 조사해 보자. 예를 들어, 특정 동식물 종이 어느 지역에
서 주로 발견되는지, 이러한 분포가 환경 요인과 어떤 연관성이 있는지 탐구해 보자. 지역의 특정 동식물종의
유연관계와 계통수를 분석하여 진화적 관계를 파악하고, 종의 개념과 분류를 구체화하여 나타내 보자.

농생물학과, 산림학과, 생명과학과, 생물학과, 식물자원학과, 원예학과, 조경학과, 지구환경과학과, 환경학과

《식물 생태 데이터북》, 정연숙·이경은, 자연과생태(2019)

국어 교과군

영어 교과군

수학 교과군

도덕 교과군

사회 교과군

과학 교과군

선택 과목	수능	**지구과학**	절대평가	상대평가
일반 선택	X		5단계	5등급

단원명 | 대기와 해양의 상호작용

| 🔍 | 해수의 성질, 염분, 용존 산소량, 심층 순환, 표층 순환, 태풍, 악기상, 용승, 침강, 엘니뇨, 남방진동

[12지구01-01] ● ● ●

해수의 물리적, 화학적 성질을 이해하고, 실측 자료를 활용하여 해수의 온도, 염분, 밀도, 용존 산소량 등의 분포를 분석·해석할 수 있다.

➡ 중국 양쯔강 유역에 세계 최대 규모의 수력 발전소인 샨샤(三峽)댐이 2009년에 완공되었다. 양쯔강 담수는 동중국해와 황해로 유입되는 전체 담수 배출량의 80%를 차지한다. 샨샤댐 건설이 우리나라 황해 남쪽에 이어지는 해역의 수온과 염분에 미칠 영향에 대해 분석해 보고, 해양생태계의 변화를 예측하는 탐구활동 보고서를 작성해 보자. 후속 활동으로 수온, 염분의 변화에 따른 수산 자원의 변화와 해양 생물종의 번식, 서식지 변화에 대해 탐구해 보자.

관련 학과 농생물학과, 생명과학과, 생물학과, 수산생명의학과, 식물자원학과, 지구환경과학과, 통계학과, 해양학과, 환경학과
《**재미있는 해양생태학**》, 정해진, 서울대학교출판문화원(2022)

[12지구01-02] ● ● ●

심층 순환의 발생 원리와 분포를 알고, 표층 순환 및 기후변화의 관련성을 추론할 수 있다.

➡ 지구온난화를 막기 위해 인위적으로 기후 시스템을 조절하거나 통제하는 방법과 기술을 연구하는 학문 분야를 지구공학(Geoengineering)이라고 한다. 지구온난화 문제를 해결하기 위한 지구공학적 방법에 대해 조사할 수 있다. 일례로 바다 위의 구름에 소금 입자를 뿌리거나 지구 궤도에 반사막을 설치하여 태양 복사를 반사시키는 방법, 직접 공기를 포집하거나 바다의 플랑크톤의 성장을 촉진해 대기 중 이산화탄소의 농도를 줄이는 방법 등에 대해 조사해 보고, 실현 가능성과 문제점에 대해 탐구해 보자.

관련 학과 대기과학과, 물리학과, 산림학과, 식물자원학과, 지구환경과학과, 천문우주학과, 해양학과, 환경학과
《**미래의 지구**》, 에릭 홀트하우스, 신봉아 역, 교유서가(2021)

[12지구01-03] ● ● ●

중위도 저기압과 고기압이 통과할 때 날씨의 변화를 일기도, 위성 영상, 레이더 영상을 종합하여 예측할 수 있다.

➡ 위성의 가시광선 영상은 구름과 지표면에서 반사된 태양 복사 에너지 중 가시광선 영역의 에너지를 나타내며, 적외선 영상은 구름이 방출한 적외선 영역의 에너지를 나타낸 것이다. 레이더 영상은 전파를 발사한 후, 강수

입자에 부딪혀 되돌아오는 반사파를 분석하여 영상으로 나타낸 것이다. 이러한 영상 분석을 통해 구름 속에 강수 입자가 얼마나 있는지 파악하고, 강수량이나 강수대의 위치와 이동 경향에 대해 파악한다. 위성 영상의 원리를 알고, 국가기상위성센터의 홈페이지에 접속하여 위성이 촬영한 영상 자료를 찾아보며 일기 예보 과정에 대해 토의해 보자.

관련 학과 대기과학과, 물리학과, 수학과, 지구환경과학과, 해양학과, 환경학과
《**기상 예측 교과서**》, 후쿠카와 다케히코·오키 하야토, 신찬 역, 보누스(2020)

[12지구01-04] ● ● ●

태풍의 발생, 이동, 소멸 과정 및 태풍 영향권에서 날씨를 예측하고, 뇌우, 집중호우, 폭설, 강풍, 황사 등 주요 악기상의 생성 메커니즘과 대처 방안을 제시할 수 있다.

➡ 태풍이나 집중호우, 폭설, 강풍, 황사 등은 농업 분야에 부정적인 영향을 미칠 수 있다. 태풍이나 집중호우, 폭설 등과 같은 자연재해는 농작물에 피해를 준다. 특히 미세먼지와 부유 물질을 포함하고 있는 황사는 농작물의 광합성을 저해하고 식물의 잎의 기공을 막아 생장에 장애를 일으킨다. 농업과 축산업 등의 분야에서 배수 시스템 완비, 비닐하우스의 구조 강화 등 자연재해에 대비하고 피해를 최소화하기 위한 방안을 탐구하여 발표해 보자.

관련 학과 농생물학과, 대기과학과, 동물자원과학과, 산림학과, 식물자원학과, 원예학과, 지구환경과학과, 축산학과, 환경학과
《**기상 예측 교과서**》, 후쿠카와 다케히코·오키 하야토, 신찬 역, 보누스(2020)

[12지구01-05] ● ● ●

대기와 해양의 상호작용의 사례로서 해수의 용승과 침강, 엘니뇨-남방진동(ENSO)의 현상의 진행 과정 및 관련 현상을 설명할 수 있다.

➡ 지구온난화는 전 지구적인 현상으로, 우리나라도 지구온난화의 영향으로 기후가 빠르게 변하고 있다. 기상청 국가기후데이터센터에서 운영하는 기후 및 환경 데이터를 제공하는 웹사이트인 기상자료개방포털(data.kma. go.kr)에서 한반도의 기후에 대한 다양한 통계 자료를 찾아서 조사해 볼 수 있다. 한반도 관측 및 통계 자료(기상청 기상자료개방포털 내 데이터 카테고리와 기후통계분석 카테고리)를 분석하여 한반도의 기후변화 경향성에 대한 탐구활동을 진행해 보자.

관련 학과 농생물학과, 대기과학과, 산림학과, 식물자원학과, 원예학과, 조경학과, 지구환경과학과, 통계학과, 환경학과
《**2050 거주불능 지구**》, 데이비드 월러스 웰즈, 김재경 역, 추수밭(2020)

[12지구01-06] ● ● ●

기후변화의 원인을 자연적 요인과 인위적 요인으로 구분하여 설명하고, 인간 활동에 의한 기후변화 문제를 과학적으로 해결하는 방법을 탐색할 수 있다.

➡ 세르비아의 천문학자인 밀루틴 밀란코비치에 의해 구체화된 이론인 밀란코비치 이론은 지구의 공전 및 자전 운동의 변화에 따라 지구의 기후 패턴이 변화한다는 이론이다. 지구 공전 궤도의 변화와 밀란코비치 이론을 근거로 하여 약 10만 년을 주기로 찾아오는 빙하기에 대한 탐구활동 보고서를 작성해 보자. 태양으로부터 받는 태양 복사에너지의 양과 분포, 밀란코비치 이론에 대해 학습하여 거시적 관점에서의 기후변화 주기의 패턴에 대한 탐구를 진행하자.

관련 학과 물리학과, 지구환경과학과, 천문우주학과, 통계학과, 환경학과

국어 교과군

영어 교과군

수학 교과군

도덕 교과군

사회과 교과군

과학 교과군

책 소개

최근 우리의 삶에 다가온 가장 중요한 키워드는 단연코 '기후위기'이며, 우리는 지금 기후위기 속에 살아가고 있다. 이 책은 최근의 기후위기를 잘 이해하고자 하는 목적에서 기후변화의 궁극적 원인에 대해 언급하고 있다. 지구 관측에서 얻어 낸 풍부한 데이터와 슈퍼컴퓨터를 활용한 대규모 기후 모델을 통해 지구온난화에 대한 연구가 어떻게 수행되고 있는지를 보여 준다.

세특 예시

기후변화의 자연적 요인과 인위적 요인에 대해 학습하고, 교과연계 독서 활동으로 '기후변화 과학(테루유키 나카지마 외)'을 선정하여 기후 형성에 중요한 물리 법칙과 온실효과, 양산효과에 대해 이해함. 또한 과거 기후변동의 역사에서 수백만 년 스케일의 변동인 전 지구 동결 이벤트와 지구 궤도 요소 변화, 하인리히 이벤트 등을 조사하고, 차세대 기후 모델과 기후 예측 프로그램에 대해 탐구하여 지구의 기후 패턴의 변화에 대해 발표함.

기후변화 과학

Teruyuki Nakajima 외 1명,
현상민 역, 씨아이알(2020)

단원명 | 지구의 역사와 한반도의 암석

| 🔍 | 지층, 상대 연령, 절대 연령, 지질시대, 화석, 변동대, 변성작용, 지질 구조, 지질 단면도

[12지구02-01] ● ● ●

지층 형성의 선후 관계를 결정짓는 법칙들을 활용하여 상대 연령을 비교하고, 방사성 동위 원소를 이용한 광물의 절대 연령 자료로 암석의 절대 연령을 구할 수 있다.

➡ 구석기 시대의 유적인 충청북도 소로리에서 출토된, 탄화된 볍씨의 절대 연령을 측정한 결과 13,000~15,000년 전의 유물로 밝혀졌다. 현재까지 발견된 가장 오래된 볍씨다. 볍씨에 포함된 방사성 탄소의 연대를 측정하면 이 볍씨가 자라난 시기를 알 수 있다. 이처럼 방사성 동위 원소의 반감기를 이용하여 탄소의 연대를 측정하는 원리와 방법을 탐구하여 발표해 보자.

관련 학과 농생물학과, 물리학과, 산림학과, 수학과, 식물자원학과, 지구환경과학과, 환경학과
《**방사성탄소연대측정법**》, 셰리든 보먼, 이선복 역, 사회평론아카데미(2014)

[12지구02-02] ● ● ●

지질시대를 기(紀) 수준에서 구분하고, 지층과 화석을 통해 지질시대의 생물과 환경 변화를 해석할 수 있다.

➡ 화석을 통해 지질시대에 살았던 생물의 생활양식, 과거 기후, 진화 과정 등을 파악할 수 있다. 화석을 관찰하려면 지층에서 분리해 내야 하는데, 크기가 매우 작은 화석일 경우는 박편을 만들어 편광 현미경으로 관찰한다. X선, 적외선, 자외선을 이용하여 관찰하거나 동위 원소 분석법을 이용하기도 한다. 고생물학을 통해 지질시대의 환경과 생물 변화를 알아내는 방법에 대해 탐구해 보자.

관련 학과 생명과학과, 생물학과, 지구환경과학과, 환경학과
《**자연은 어떻게 발명하는가**》, 닐 슈빈, 김명주 역, 부키(2022)

변동대에서 마그마가 생성되고, 그 조성에 따라 다양한 화성암이 생성됨을 설명할 수 있다.

➡ 전 세계 곳곳에서 화산이 분출했다는 내용의 뉴스가 발표되면서, 100년 주기로 크고 작은 분출이 있었다는 백두산 폭발이 재조명되고 있다. 2015년 시행한 백두산 폭발에 따른 시뮬레이션 결과를 보면 폭발에 의한 직간접적인 피해 규모가 최대 11조 원이 넘는 것으로 추산되고 있다. 마그마의 종류나 화산의 형태에 따라 분출물의 특성과 영향은 어떻게 다른지 탐구하고, 백두산 화산 폭발의 특성에 대해 발표해 보자.

관련 학과 물리학과, 지구환경과학과, 환경학과

《백두산 화산》, 김한산, 시그마프레스(2011)

[12지구02-04] •••

변성작용의 종류와 지각 변동에 따른 구조를 변동대와 관련지어 설명하고, 지구시스템에서 암석이 순환함을 추론할 수 있다.

➡ 우리나라 지질도를 통해 전국의 암석 분포를 살펴보고, 변성암이 많이 분포한 지역을 찾아 그 이유에 대해 토의해 보자. 또한 변성작용에 의해 생성된 암석을 조사하고, 실험실에서 암석의 표본을 가지고 암석의 강도와 밀도 등을 측정해 보자. 추후 활동으로 박물관이나 지질학 연구소 등을 찾아 암석 전시물 및 암석의 지질학 연구 자료를 확인하고, 지질학자와의 인터뷰를 통해 지질학 연구의 특성에 대해 탐구할 수 있다.

관련 학과 물리학과, 지구환경과학과

《암석역학》, 강성승 외 3명, 씨아이알(2023)

[12지구02-05] •••

우리나라의 대표적인 지질공원의 지질학적 형성 과정을 추론하고, 지역사회와 함께하는 지질공원의 지속가능한 발전방안을 제안할 수 있다.

➡ 히말라야산맥은 남반구에서 북쪽으로 이동하던 인도 대륙이 유라시아 대륙과 충돌하여 형성되었다. 히말라야 지역에 가면 여행 기념품으로 히말라야산맥에서 구한 암모나이트 화석을 살 수 있다. 암모나이트는 중생대에 바다에서 살았던 연체동물의 일종으로 백악기 말에 멸종하였다. '세계의 지붕'이라고 불리며, 지대가 높아 눈으로 덮인 히말라야산맥에서 암모나이트 화석이 발견되는 이유를 탐구해 보자.

관련 학과 생명과학과, 생물학과, 지구환경과학과, 해양학과, 환경학과

《베게너의 지구》, 김영호, 나무와숲(2018)

단원명 | 태양계 천체와 별과 우주의 진화

🔍 식 현상, 겉보기 운동, 분광형, 흑체복사, H-R도, 허블의 은하 분류 체계, 외부은하, 우주의 진화

[12지구03-01] •••

태양-지구-달 시스템에서의 식 현상을 이해하고 모형을 이용하여 태양계 행성의 겉보기 운동을 설명할 수 있다.

➡️ 2023년 8월 23일 인도의 달 탐사선 '찬드라얀 3호'가 인류 최초로 달의 남극 착륙에 성공했다. 우리나라도 2022년 12월 최초의 달 탐사선인 다누리를 궤도 진입에 성공시키면서 본격적인 달 탐사 레이스에 합류했다. 지구에서 달을 바라본 위상 변화와 달에서 지구를 바라본 지구의 위상 변화, 그리고 일식과 월식 현상의 차이에 대해 조사하고 어떻게 다른지 탐구해 보자.

관련 학과 대기과학과, 지구환경과학과, 천문우주학과

《**해와 달과 별이 뜨고 지는 원리**》, 박석재, 동아엠앤비(2019)

[12지구03-02] ● ● ●

별의 분광형 결정 및 별의 분류 과정을 이해하고, 흑체복사 법칙을 이용하여 별의 물리량을 추론할 수 있다.

➡️ '천상열차분야지도'는 조선 태조 4년(1395년)에 만든 천문도로 우리나라 온 하늘에서 볼 수 있는 1,467개의 별과 283개의 별자리가 돌에 새겨져 있다. 현재 관측되는 별자리 모양과 천상열차분야지도의 별자리 모양은 조금 다르게 나타나는데, 그 이유에 대한 과학적 근거를 찾아보자. 항성이 시간의 경과에 따라 천구 상에서 위치가 바뀌는 것을 고유 운동이라고 한다. 고유 운동은 각속도로 표시되며, 지구상 관측자의 시선과 직각 방향의 값이 된다. 이러한 고유 운동을 통해 과거의 별자리와 현재의 별자리, 미래의 별자리 모양의 변화를 탐구해 보자.

관련 학과 물리학과, 수학과, 천문우주학과

《**천문학의 이해**》, 최승언, 서울대학교출판문화원(2013)

[12지구03-03] ● ● ●

다양한 질량을 가진 별의 진화 과정을 H-R도에 나타내고 해석할 수 있다.

➡️ 밤하늘의 별을 관측할 때 가장 눈에 띄는 특징은 별의 밝기와 색이다. H-R도 상에서 별의 표면 온도, 광도, 크기 등의 물리량을 비교할 수 있다. 밤하늘에 보이는 별을 관측하여 별의 색깔과 밝기를 비교할 수 있는 모둠별 그래프를 작성하고 비교해 보자. 관측한 별의 색깔과 밝기를 나타낸 그래프와 H-R도를 비교하여 공통점과 차이점에 대해 발표해 보자.

관련 학과 물리학과, 지구환경과학과, 천문우주학과

《**날마다 천체 물리**》, 닐 디그래스 타이슨, 홍승수 역, 사이언스북스(2018)

[12지구03-04] ● ● ●

허블의 은하 분류 체계에 따른 은하의 특징을 비교하고 외부은하의 자료를 이용하여 특이 은하의 관측적 특징을 추론할 수 있다.

➡️ 프록시마 센타우리 b는 지구로부터 약 4.22광년 떨어진 프록시마 센타우리 별 근처를 공전하는 행성이다. 2017년 2월 푸에르토리코 대학 아레시보 행성 거주가능성 연구소에서 발표한 생명 가능 지대에 속한 외계 행성 목록에는 지구와 가장 유사한 행성 프록시마 센타우리 b를 비롯하여 여러 개의 행성이 등록되어 있다. 이 행성들은 생명체가 존재할 가능성이 있는 행성으로 주목받고 있다. 그 까닭은 무엇인지 생명 가능 지대의 조건에 대해 탐구해 보자.

관련 학과 미생물학과, 분자생물학과, 생명과학과, 생물학과, 지구환경과학과, 천문우주학과

《**우주생물학**》, David A. Rothery 외 2명, 송인옥 외 7명 역, 시그마프레스(2020)

허블-르메트르 법칙으로 우주의 팽창을 이해하고 우주의 진화에 대한 다양한 설명 체계의 의의를 현대 우주론의 관점에서 비교할 수 있다.

➡️ 지구를 대신할 인류의 제2 안식처가 될 행성에 대한 연구는 화성 탐사, 외계 행성 및 생명 가능 지대 탐사, 외계 생명체 탐사를 진행하는 원동력이 되었다. 테라포밍(Terraforming)은 대지를 만들어 낸다는 뜻으로 지구가 아닌 다른 외계의 천체 환경을 인간이 살 수 있는 환경으로 변화시키는 것을 말한다. 지구보다 90배나 기압이 크고, 지표면의 온도도 450℃로 높은 금성은 인간이 살 수 없는 환경이므로, 화성을 테라포밍 작업 행성으로 선정하였다. 화성의 기온과 대기 성분을 인간이 살 수 있는 환경으로 변화시키는 방법에 대해 탐구해 보자.

관련 학과 농생물학과, 대기과학과, 물리학과, 미생물학과, 분자생물학과, 산림학과, 생명과학과, 생물학과, 식물자원학과, 지구환경과학과, 천문우주학과, 환경학과

《2030 화성 오디세이》, 최기혁 외 21명, MID(2015)

국어 교과군

영어 교과군

수학 교과군

도덕 교과군

사회 교과군

과학 교과군

선택 과목	수능	역학과 에너지	절대평가	상대평가
진로 선택	X		5단계	5등급

단원명 | 시공간과 운동

> | 🔍 물체, 힘, 합력, 운동, 정량적 예측, 뉴턴 운동 법칙, 포물선 운동, 역학적 에너지, 힘의 방향, 운동 방향,
> 원운동, 케플러 법칙, 중력, 인공위성, 행성의 운동, 역학적 에너지 보존, 탈출 속도, 운동량 보존,
> 우주선의 궤도, 일반 상대성 이론, 등가 원리, 시공간, 블랙홀, 중력 시간 지연

[12역학01-01]   ● ● ●

물체에 작용하는 여러 가지 힘의 합력을 구하여 물체의 운동을 정량적으로 예측할 수 있다.

➡ 물체에 작용하는 다양한 힘은 물체의 운동과 상태를 결정한다. 중력은 모든 물체에 작용하며 두 물체 간의 질량과 거리에 의해 결정되고, 이는 지구에서 떨어지는 물체의 움직임을 설명한다. 전기력은 양의 전하와 음의 전하 사이에 작용하며 전자기학에서 중요한 역할을 한다. 그 외에도 마찰력, 압력, 탄성력, 원심력과 같은 힘들이 다양한 물리 현상을 이해하고 설명하는 데 활용된다. 이러한 힘들은 물체의 운동, 열역학, 전자기학, 역학 등 다양한 물리학 분야에서 중요한 개념으로 사용된다. 물리학에서 다루고 있는 다양한 힘을 파악한 후, '중력의 작용과 자유 낙하 운동의 이해'를 주제로 보고서를 작성해 보자.

관련 학과 대기과학과, 물리학과, 수학과, 조경학과, 지구환경과학과, 천문우주학과, 통계학과, 해양학과, 화학과, 환경학과

《**한 번 읽으면 절대 잊을 수 없는 물리 교과서**》, 이케스에 쇼타, 이선주 역, 시그마북스(2023)

[12역학01-02]   ● ● ●

뉴턴 운동 법칙을 이용하여 물체의 포물선 운동을 정량적으로 설명하고, 포물선 운동에서의 역학적 에너지를 구할 수 있다.

➡ 물체가 초기 속도와 어떤 각도로 던져진 경우, 중력에 의해 그 물체는 곡선을 따라 움직이는 형태를 나타낸다. 이러한 포물선 운동은 중력과 가속도로 인한 수평 운동과 수직 운동의 합으로 이루어지며, 천체역학, 스포츠, 로켓과 발사체 공학 등 다양한 분야에서 중요하게 활용된다. 중력과 운동의 상호작용을 이해하는 데도 도움이 된다. 수학에서 정의하고 있는 포물선을 조사한 후 포물선 운동을 수식으로 유도하여 발표해 보자.

관련 학과 대기과학과, 물리학과, 수학과, 지구환경과학과, 천문우주학과, 통계학과, 해양학과, 화학과, 환경학과

《**물리수학의 핵심**》, 임성민·정문교, 봄꼴여름숲가을열매겨울뿌리(2023)

[12역학01-03]   ● ● ●

물체에 작용하는 힘의 방향에 따라 물체의 운동 방향이 변할 수 있음을 원운동 등 다양한 예를 들어 설명할 수 있다.

⊙ 원운동은 힘의 방향이 계속 변하는 형태의 운동으로 힘의 방향이 물체의 운동에 영향을 미치는 물리 현상 중 하나이다. 힘의 크기는 일정하지만 방향이 물체 주변을 곡선으로 따라가며 변화하면서 물체는 곡선을 그리며 운동하게 된다. 원운동의 이해는 역학, 전자기학, 핵물리학 및 많은 기술 분야에서 중요한 역할을 한다. 힘의 방향이 변할 때 물체의 운동 방향이 어떻게 변화하는지 이해하는 것은 복잡한 시스템을 설계하고 예측하는 데 도움이 된다. 원운동의 사례를 조사하여 원리를 분석한 뒤 자료를 정리하여 보고서를 작성해 보자.

> 관련 학과 대기과학과, 물리학과, 수학과, 지구환경과학과, 천문우주학과, 통계학과, 해양학과, 화학과, 환경학과

《Newton의 운동법칙》, Sanjoy Mahajan, 최준곤 역, 학산미디어(2022)

[12역학01-04]　　　　　　　　　　　　　　　　● ● ●

케플러 법칙으로부터 중력의 존재가 밝혀지는 과학사적 배경을 이해하고, 중력을 이용하여 인공위성과 행성의 운동을 분석하고 설명할 수 있다.

⊙ 케플러의 법칙은 우주의 구조와 천문학적 운동에 대한 중요한 발견 중 하나이다. 케플러는 17세기에 태양계 행성들의 운동에 대한 법칙을 밝혀내면서 천문학의 패러다임을 바꾸었다. 이 법칙은 당시에는 과학적으로 이해할 수 없는 관측 데이터를 규칙적인 체계로 설명함으로써 천문학의 발전에 크게 기여했다. 케플러 법칙은 행성의 운동에 관한 물리학 법칙으로 타원궤도 법칙, 면적속도 일정 법칙, 조화의 법칙을 말한다. 케플러 법칙을 사용하여 중력을 유도하는 과정을 조사한 후, '뉴턴의 만유인력 법칙과 케플러의 법칙의 상호 관계 연구'를 주제로 보고서를 작성해 보자.

> 관련 학과 대기과학과, 물리학과, 수학과, 지구환경과학과, 천문우주학과

《뉴턴의 프린키피아》, 안상현, 동아시아(2015)

[12역학01-05]　　　　　　　　　　　　　　　　● ● ●

역학적 에너지 보존을 이용하여 행성에 따라 탈출 속도가 다름을 이해하고, 운동량 보존을 이용하여 우주선이 발사되어 궤도에 오르는 원리를 설명할 수 있다.

⊙ 지구 중력을 이기고 빠져나갈 수 있는 초기 속도는 물체의 질량과는 관계가 없다. 발사체와 우주 탐사선 등이 행성이나 달 등의 중력장으로부터 탈출하는 데 필요한 속도를 탈출 속도라고 한다. 지구를 도는 원 궤도에 오르는 데 필요한 속도를 제1우주 속도, 지구의 탈출 속도를 제2우주 속도라고 한다. 제1우주 속도와 제2우주 속도의 계산 과정을 유도하고 탈출 속도가 몇 km/s인지 계산해 보자.

> 관련 학과 대기과학과, 물리학과, 수학과, 지구환경과학과, 천문우주학과, 통계학과

《우주발사체공학 개론》, 도미타 노부유키 외 4명, 노웅래·이기주 역, 경문사(2016)

[12역학01-06]　　　　　　　　　　　　　　　　● ● ●

등가 원리와 시공간의 휘어짐으로 인해 블랙홀과 중력 시간 지연이 나타남을 이해하고, 일반 상대론에 흥미를 느낄 수 있다.

⊙ 상대성 이론에 따르면, 시간과 공간은 서로 독립적인 개념이 아니라 밀접하게 연결되어 있으며, 이를 시공간이라 부른다. 시공간은 시간과 공간을 하나의 통합된 구조로 이해하는 개념을 의미한다. 우리의 세상은 3차원의 공간과 1차원의 시간을 합쳐 4차원 시공간을 이룬다고 설명한다. 뉴턴과 아인슈타인의 시공간의 개념을 조사하여 공통점과 차이점을 분석한 뒤 보고서를 작성해 보자.

> 관련 학과 물리학과, 지구환경과학과, 천문우주학과

국어 교과군

영어 교과군

수학 교과군

도덕 교과군

사회 교과군

과학 교과군

책 소개

이 책은 여러 가지 실험적 검증을 거쳐 물리학의 기초로 자리 잡은 상대성 이론이 만들어지는 과정을 물리학의 역사와 함께 쉽고 흥미롭게 설명한다. 상대성 이론은 지구 중심설에서 시작돼 우주의 작동 원리로까지 이어지는 하나의 거대한 과학 서술에 얽혀 있는 이론이다. 상대성 이론과 연결된 과학 역사를 9개의 장으로 나누어 설명하고 있다.

세특 예시

교과연계 독서 발표활동에서 '상대성 이론은 처음이지?(곽영직)'를 읽고 뉴턴과 아인슈타인의 시공간 개념을 조사하여 공통점과 차이점을 분석함. 상대성 이론이 만들어지는 과정을 물리학의 역사와 연결지어 설명하고, 특수 상대성 이론을 중심으로 보고서를 작성함. 뉴턴과 아인슈타인의 시공간의 차이점을 중심으로 이해하기 쉽게 설명하여 친구들의 호응을 얻음.

상대성 이론은 처음이지?

곽영직, 북멘토(2019)

단원명 | 열과 에너지

| 🔍 | 건축, 열에너지, 단열, 열팽창, 과학의 유용성, 상태 변화, 이상 기체, 온도, 압력, 부피, 계에 가해진 열, 계의 내부 에너지, 외부에 한 일, 열기관, 순환 과정, 열효율, 열의 이동, 기체의 확산, 가역 현상, 비가역 현상, 엔트로피

[12역학02-01] ● ● ●

건축을 포함한 다양한 열에너지 관련 기술에 단열, 열팽창 등이 활용된 예를 조사함으로써 과학의 유용성에 대한 가치를 인식할 수 있다.

➡ 단열은 열이 전달 과정에서 외부로 방출되지 않는 상태를 의미하며, 단열 과정이란 열이 외부로 전달되지 않는 상태에서 이루어지는 열역학적 과정을 말한다. 단열 과정은 압축 또는 팽창과 같은 기체의 변화를 설명할 때 중요한 개념으로 활용되는데, 단열 압축 시 온도가 상승하고 단열 팽창 시 온도가 낮아진다. 자연현상 중 단열 현상으로 설명할 수 있는 사례로는 대기 중 상승 기류에 의한 단열 팽창과 온도의 변화가 있다. 이러한 현상은 날씨 변화와 기상 예측에도 중요한 역할을 한다. 단열 및 열팽창과 관련된 다양한 사례를 조사하고 분석하여 보고서를 작성해 보자.

관련 학과 대기과학과, 물리학과, 수학과, 식품영양학과, 지구환경과학과, 천문우주학과, 통계학과, 해양학과, 화학과, 환경학과

《**그림으로 배우는 열에너지 공학》**, 김동진 외 2명, 북스힐(2023)

[12역학02-02] ● ● ●

열에 의한 물질의 상태 변화를 이해하고, 이상 기체의 온도, 압력, 부피의 관계를 설명할 수 있다.

➡ 열에 의한 물질의 상태 변화는 열역학에서 중요한 개념으로, 물질은 고체, 액체, 기체의 세 가지 상태로 나뉜다. 고체가 높은 온도에서 녹아 액체로 변하는 과정에서는 물질이 열에너지를 흡수하며, 그 결과 분자 간의 결합

이 느슨해지고 분자가 더 자유롭게 움직이게 된다. 이때 온도가 높아질수록 분자 운동이 더욱 활발해져 고체에서 액체로 상태가 변하게 된다. 끓는점에 도달하면 액체가 기체로 변하며, 이 과정에서도 열에너지를 흡수하여 분자들이 서로 간의 인력을 극복하고 멀리 퍼지게 된다. 이처럼 열에 따라 물질의 상태가 변화하는 원리를 이해하는 것은 냉각 시스템이나 에너지 전환 공정과 같은 공학적 응용에서도 중요하다. 관심 있는 물질의 액체와 기체의 상태 변화를 조사하고 분석하여 보고서를 작성한 후 발표해 보자.

관련 학과 대기과학과, 물리학과, 수학과, 식품영양학과, 지구환경과학과, 천문우주학과, 통계학과, 해양학과, 화학과, 환경학과

《기계 중심의 열역학》, 엄기찬, 북스힐(2014)

[12역학02-03] ● ● ●

계에 가해진 열이 계의 내부 에너지를 변화시키거나 외부에 일을 할 수 있음을 이해하고, 일상생활 속의 예를 찾음으로써 흥미를 느낄 수 있다.

➡ 가스를 가열하면 가스 분자들은 움직이며 운동 에너지를 갖게 되고, 이 운동 에너지는 가스의 내부 에너지로 볼 수 있다. 열을 가스에 공급하면 가스 분자들은 더 빨리 움직이게 되고, 그 결과로 가스의 내부 에너지가 증가한다. 이처럼 계에 가해진 열이 계의 내부 에너지를 변화시킬 수 있다. 계의 내부 에너지가 변화하는 경우를 조사한 후, '냉각 시스템에서의 내부 에너지 변화 분석'을 주제로 보고서를 작성해 보자.

관련 학과 대기과학과, 물리학과, 수학과, 식품영양학과, 지구환경과학과, 천문우주학과, 통계학과, 해양학과, 화학과, 환경학과

《미래 에너지 쫌 아는 10대》, 이필렬, 풀빛(2022)

[12역학02-04] ● ● ●

다양한 열기관에서의 순환 과정과 열효율을 설명하고, 열기관의 개발과 활용이 인류 공동체에 미친 영향을 산업발전과 환경 측면에서 평가할 수 있다.

➡ 열효율이 높을수록 효율적인 열기관임을 의미하며, 대표적인 열기관으로는 내연 기관, 증기 터빈, 증기 기관 등이 있다. 열기관의 개발과 활용은 인류의 산업 발전과 생활 수준 향상에 기여했지만, 동시에 환경에 부정적인 영향도 끼쳤다. 산업 발전 측면에서는 대규모 생산과 운송 시스템의 발전을 가능하게 했지만, 환경적 측면에서는 화석 연료 소비를 증가시켰고, 이산화탄소 배출로 인해 기후변화와 대기 오염과 같은 심각한 문제를 초래했다. 이러한 문제를 해결하기 위해 열효율을 높이는 과학기술과 친환경 에너지 개발이 중요한 과제로 떠오르고 있다. 다양한 열기관의 순환 과정과 열효율을 조사하고, 열기관의 발전이 과학기술과 환경에 미친 영향을 분석한 후 보고서를 작성해 보자.

관련 학과 대기과학과, 물리학과, 수학과, 식품영양학과, 지구환경과학과, 천문우주학과, 통계학과, 해양학과, 화학과, 환경학과

《열과 엔트로피는 처음이지?》, 곽영직, 북멘토(2021)

[12역학02-05] ● ● ●

열의 이동, 기체의 확산과 같은 비가역 현상을 엔트로피를 이용하여 설명할 수 있다.

➡ 가역 현상은 시스템이 특정 조건에서 정적으로 균형을 이루며 진행되는 과정을 의미한다. 열역학에서 가역적인 과정은 외부의 간섭 없이 역방향으로도 진행될 수 있으며, 시스템은 언제든지 열역학적 평형 상태로 복귀할

수 있다. 반면 비가역 현상은 시스템이 균형에 도달하는 데 오랜 시간이 걸리거나 완전한 평형 상태에 도달하지 못하는 과정을 뜻하며, 외부의 영향을 받거나 열적으로 절연되지 않은 시스템이 열을 주고받는 상황에서 발생한다. 예를 들어, 열의 이동이나 기체의 확산은 비가역적인 특성을 보이며, 이 과정에서 엔트로피는 증가한다. 가역 과정에서는 엔트로피가 변하지 않지만, 비가역 과정에서는 엔트로피가 항상 증가해 무질서도가 높아지게 된다. 가역 현상과 비가역 현상을 열의 이동과 기체의 확산을 예로 들어 설명하고, 엔트로피 변화를 중심으로 분석하여 보고서를 작성해 보자.

관련 학과 대기과학과, 물리학과, 수학과, 지구환경과학과, 천문우주학과, 통계학과, 해양학과, 화학과, 환경학과

열역학

스티븐 베리, 신석민 역,
김영사(2021)

책 소개

이 책은 열역학이 어떻게 발전해 왔으며 앞으로 어떤 과제가 남아 있는지 소개한다. 고전적 열역학은 어떻게 생겨났는지 안내하고, 초기 증기기관의 원리와 발전사를 살펴보면서 열역학의 역사를 돌아본다. 열의 정체에 관한 논쟁을 통해 에너지와 에너지 보존 개념의 발전 과정을 설명한다. 열역학 법칙과 같은 기본 개념부터 활용 및 발전사까지, 열역학에 관한 필수 지식과 더불어 과학 자체에 대한 통찰을 준다.

세특 예시

교과연계도서 발표활동에서 '열역학(스티븐 베리)'을 읽고 엔트로피를 중심으로 가역 현상과 비가역 현상을 비교·분석하여 보고서를 작성함. 고전적인 열역학 법칙의 유래와 초기 증기 기관의 원리, 발전사를 통해서 열 현상을 이해하기 쉽게 설명함. 열의 정체에 관한 논쟁을 중심으로 에너지와 에너지 보존 개념의 발전 과정을 설명하고, 열역학 법칙에 관련된 필수 개념을 구체적으로 설명함.

단원명 | 탄성파와 소리

|🔍| 용수철 진자, 단진동, 가속도, 변위, 탄성파, 투과, 반사, 도플러 효과, 속도 측정, 음향 장치, 소음 제어, 악기의 소리, 정상파

[12역학03-01]　　　　　　　　　　　　　　　　　　　　　　　●●●

용수철 진자를 통해 단진동을 이해하고, 가속도와 변위 사이의 관계를 설명할 수 있다.

➡ 단진동은 진동하는 물체가 평형 위치를 중심으로 일정한 주기적 운동을 반복하는 운동을 의미하며, 용수철 진자의 진동 운동이 이에 해당한다. 용수철 진자는 일반적으로 고정된 지점에 연결된 용수철에 매달린 물체로 구성된다. 이때 물체가 평형 위치에서 벗어나면 용수철의 복원력이 작용해 물체를 다시 평형 위치로 되돌리려 하고, 이 과정을 반복하면서 주기적인 진동이 일어난다. 단진자는 복원력으로 인해 평형 위치에서 일정한 각도로 회전하게 되고, 왕복 운동을 수행하며 일정한 주기로 단진동한다. 단진동은 자연현상에서 많이 나타나며, 용수철 진자를 통해 이 개념을 이해하면 다른 종류의 단진동을 설명할 수 있게 된다. 관심 있는 물질을 선정하여 고체, 액체, 기체 상태에서의 단진동을 조사한 뒤 보고서를 작성해 보자.

대기과학과, 물리학과, 수학과, 지구환경과학과, 천문우주학과, 통계학과, 해양학과, 화학과, 환경학과

《**떨림과 울림**》, 김상욱, 동아시아(2018)

[12역학03-02] ● ● ●

탄성파의 진행, 투과, 반사를 이해하고, 탄성파가 활용되는 예를 찾음으로써 과학의 유용성을 인식할 수 있다.

➡ 탄성파는 고체, 액체 또는 기체와 같은 탄성 매질에서 나타나는 파동이다. 탄성파는 일반적으로 물리적인 변형 또는 압력의 변화로 인해 발생하며, 매질 내에서 발생한 변형이나 압력의 변화가 이웃한 입자에 의해 전파된다. 탄성파는 종파와 횡파로 나뉘고 지진학, 지질학, 탄성파 측정 및 탐사에서 중요한 역할을 한다. 탄성파의 진행, 투과, 반사 과정을 조사하여 보고서를 작성해 보자.

관련 학과 대기과학과, 물리학과, 수학과, 지구환경과학과, 천문우주학과, 통계학과, 해양학과, 환경학과

《**파동의 사이언스**》, 뉴턴프레스, 아이뉴턴(2010)

[12역학03-03] ● ● ●

도플러 효과를 이해하고 물체의 속도 측정 등 다양한 장치에 이용됨을 설명할 수 있다.

➡ 도플러 효과를 이용한 물체의 속도 측정은 음파, 광파, 레이더와 같은 파동의 주파수 변화를 활용하는 방식으로 이루어진다. 교통경찰은 도로에서 레이더를 사용하여 차량의 속도를 측정한다. 차량이 이동하면 반사된 신호의 주파수가 변화하는데, 이 변화량을 바탕으로 차량의 속도를 계산할 수 있다. 이는 초음파 음파 검출기, 레이더 시스템, 의료용 초음파 장치 등 다양한 응용 분야에서 사용된다. 예를 들어, 의료 분야에서는 도플러 초음파를 통해 혈류 속도를 측정하며, 기상학에서는 레이더를 이용해 강우량과 바람의 속도를 파악한다. 도플러 효과가 일상생활과 과학기술에 어떻게 적용되는지 조사하고, 그 작동 원리를 분석하여 보고서를 작성해 보자.

관련 학과 대기과학과, 물리학과, 수학과, 지구환경과학과, 천문우주학과, 통계학과, 해양학과, 환경학과

《**내 사랑 물리 2**》, 김달우, 전파과학사(2022)

[12역학03-04] ● ● ●

음향 장치 또는 실내외 공간에서의 소음 제어에 음파의 간섭이 활용됨을 이해하고, 실생활에 사용되는 사례를 조사할 수 있다.

➡ 음파의 간섭은 두 개 이상의 파동이 만나 상호작용하는 현상을 의미하며, 이는 진폭과 위상에 따라 보강 간섭과 상쇄 간섭으로 나뉜다. 보강 간섭은 두 음파의 진폭과 위상이 같을 때 발생하며, 이때 두 파동이 합쳐져 진폭이 증가한다. 반면 상쇄 간섭은 두 음파가 반대 위상을 가질 때 발생하며, 이 경우 진폭이 줄어들거나 소멸한다. 도플러 효과는 실내 건축에서 소리의 주파수 변화를 활용해 공간의 음향 특성을 최적화하는 데 사용된다. 예를 들어, 음향 패널이나 흡음재를 통해 소리의 반사와 흡수를 조절함으로써 실내 공간의 소리 전달과 잔향 시간을 조절할 수 있다. 또한 노이즈 캔슬링 기술은 도플러 효과와 유사한 원리를 이용해 외부 소음을 상쇄한다. 이 기술은 역위상 음파를 생성해 외부 소음을 상쇄시키며 조용한 청취 환경을 제공한다. 실내 건축과 음향 기술에서 도플러 효과와 소리의 상쇄 원리가 어떻게 작동되는지 조사하고, '실내 음향 설계에서 음파 간섭의 응용 연구'를 주제로 보고서를 작성해 보자.

관련 학과 대기과학과, 물리학과, 수학과, 지구환경과학과, 천문우주학과, 통계학과, 해양학과, 환경학과

《**소음진동학**》, 김재수, 세진사(2013)

국어 교과군

영어 교과군

수학 교과군

도덕 교과군

사회 교과군

과학 교과군

[12역학03-05]

현악기, 관악기 등에서 소리를 내는 원리를 정상파를 이용하여 설명할 수 있다.

● ● ●

정상파는 두 개의 파동이 서로 반대 방향으로 진행하며 간섭을 일으켜 진폭이 일정한 패턴으로 반복되는 파동이다. 정상파는 음악, 라디오, 무선통신 등 다양한 분야에서 활용된다. 음악에서는 현악기나 관악기의 소리가 정상파 원리에 따라 생성되며, 라디오나 무선통신에서는 정보가 정상파의 형태로 전파되어 신호를 전달한다. 정상파는 파동 이론에서 간단하면서도 중요한 형태로, 복잡한 파동의 합성이나 파동 분석에 자주 사용된다. 예를 들어, 전자악기에서 발생하는 정상파는 다양한 음향 효과를 구현하는 데 활용되며, 정상파의 주파수와 진폭 변화를 통해 다양한 소리를 생성할 수 있다. 현악기에서 발생하는 정상파를 분석하고 발생 원리를 조사한 후 보고서를 작성해 보자.

관련 학과 대기과학과, 물리학과, 수학과, 지구환경과학과, 천문우주학과, 통계학과, 해양학과, 환경학과

《과학으로 풀어보는 음악의 비밀》, 존 파웰, 장호연 역, 뮤진트리(2022)

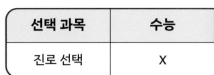

선택 과목	수능	전자기와 양자	절대평가	상대평가
진로 선택	X		5단계	5등급

단원명 | 전자기적 상호작용

|🔎| 전하, 전기장, 전기력선, 등전위면, 전기장의 세기와 방향, 정전기 유도, 유전분극, 자기력선, 저항, 도선 주위의 자기장, 로런츠 힘, 전자기 유도, 변압기, 인덕터, 축전기, 다이오드, 트랜지스터, 반도체, 전자회로

[12전자01-01]

전하 주위의 전기장을 정량적으로 구하고, 전기력선과 등전위면으로부터 전기장의 세기와 방향을 추리할 수 있다.

➡ 전하 주위의 전기장은 전기적인 물체가 주변에 미치는 영향을 설명하기 위한 개념으로, 어떤 단위 전하가 다른 전하에 가하는 힘을 나타낸다. 전기장은 전기와 전자기학의 중요한 개념으로, 전기 기기의 설계와 전기적 상호 작용 이해에 필수적인 개념이다. 전기장의 이론적 개념은 전기장 감지기 및 전자 장치 개발 등 다양한 기술 및 응용 분야에서 활용된다. 단위 양전하와 음전하 주위의 전기장에 대해 조사하여 발표해 보자.

관련 학과 대기과학과, 물리학과, 수학과, 지구환경과학과, 천문우주학과, 해양학과, 화학과, 환경학과

《**처음 만나는 전자기학**》, 곽동주, 한빛아카데미(2016)

[12전자01-02]

정전기 유도와 유전분극을 설명하고, 일상생활에서 적용되는 예를 찾을 수 있다.

➡ 정전기 유도와 유전분극은 전기장의 상호작용과 관련되어 있다. 정전기 유도는 전기로 된 물체가 다른 전기로 된 물체에 접촉하지 않아도 서로 전기적으로 상호작용하는 현상이고, 유전분극은 유전체에 외부 전기장이 가해지면 유전체 내부의 전기장이 정렬되는 현상이다. 일상생활 속 정전기 유도 현상을 조사하여 발표해 보자.

관련 학과 대기과학과, 물리학과, 분자생물학과, 수학과, 지구환경과학과, 천문우주학과, 해양학과, 화학과, 환경학과

《**전자기학의 개념원리**》, 홍희식 외 2명, 복두출판사(2024)

[12전자01-03]

자기력선을 이용하여 전류가 흐르는 도선 주위의 자기장의 세기와 방향을 추리할 수 있다.

➡ 전류가 흐르는 도선 주위에 자기장이 형성되는데, 더 많은 전류가 흐를수록 도선 주위의 자기장은 더 강해진다. 직선 도선, 원형 도선, 솔레노이드에서 전류가 흐를 때 발생하는 자기장의 세기와 방향을 분석하여 보고서를 작성해 보자.

관련 학과 대기과학과, 물리학과, 분자생물학과, 수학과, 지구환경과학과, 천문우주학과, 해양학과, 화학과, 환경학과

《**김범준의 물리 장난감**》, 김범준, 이김(2024)

[12전자01-04]

● ● ●

로런츠 힘이 발생하는 조건을 알고, 로런츠 힘과 관련된 현상과 기술을 설명할 수 있다.

➡ 대전 입자는 전하를 가지고 있는 입자를 뜻하고, 그 주변에는 전기장과 자기장이 형성되어 다른 대전 입자와 전자기력을 주고받는다. 로런츠 힘은 대전 입자가 자기장 안에서 받는 힘으로, 운동하는 전하만 힘을 받으며 전자기장에서는 자기장이 전하의 운동 방향에만 영향을 미친다. 대전 입자에 로런츠 힘이 작용하는 조건을 분석하여 설명해 보자.

관련 학과 대기과학과, 물리학과, 분자생물학과, 지구환경과학과, 천문우주학과, 해양학과, 화학과, 환경학과
《**딥 다운 씽즈**》, 브루스 A. 슘, 황혁기 역, 승산(2021)

[12전자01-05]

● ● ●

자기선속의 변화로 전자기 유도를 이해하고, 변압기, 인덕터 등 전자기 유도의 활용 기술을 설명할 수 있다.

➡ 전자기 유도는 자기장의 변화에 반대 방향으로 유도 전류가 생성되는 원리를 말하며, 전자기력을 활용하여 물체 내에 전기성 자극을 유발하는 과정을 의미한다. 전자기 유도는 전자기력의 기본 원리이고 발전기와 변압기 등 다양한 전기 기기와 시스템에서 사용된다. 다양한 종류의 변압기와 인덕터를 조사한 후 작동 원리를 분석하여 보고서를 작성해 보자.

관련 학과 물리학과, 지구환경과학과, 천문우주학과, 화학과, 환경학과
《**변압기 활용기술**》, 마츠이 아키오·타카하시 이사무, 이영실 역, 성안당(2018)

[12전자01-06]

● ● ●

저항, 축전기, 인덕터를 활용하는 장치를 찾아 에너지 관점에서 정성적으로 설명할 수 있다.

➡ 전류의 흐름을 제한하고 전류가 흐르는 동안 에너지 손실을 일으키는 역할을 하는 저항은 전기 회로에서 전류의 크기를 제어하거나 신호를 조절하는 데 사용된다. 전기 에너지를 모으는 축전기는 전류를 통과할 때 전기장을 축적하고, 시간에 따라 전압이 바뀌는 경우 필요한 에너지를 공급하는 데 사용된다. 저항과 축전기의 구조를 인포그래픽으로 제작한 후 두 소자의 공통점과 차이점을 비교하여 발표해 보자.

관련 학과 대기과학과, 물리학과, 분자생물학과, 지구환경과학과, 천문우주학과, 해양학과, 화학과, 환경학과
《**광속으로 배우는 RLC회로**》, 안성준, 문운당(2018)

[12전자01-07]

● ● ●

다이오드, 트랜지스터 등 반도체 소자를 활용하는 전자회로를 분석하고, 현대 문명에서 반도체의 중요성을 인식할 수 있다.

➡ 반도체 소자는 현대 전자 기기와 통신 기술의 핵심 부분으로, 전력 효율성을 향상시키고 전자 장치의 기능을 제어하고 확장하는 데 중요한 역할을 한다. 이러한 소자들은 다양한 전자회로에서 사용되며, 디지털 및 아날로그 신호 처리, 통신, 컴퓨팅, 제어 및 기타 응용 분야에서 핵심적인 역할을 한다. 다이오드는 전류 흐름에 대한 '밸브' 역할을 하고, 트랜지스터는 전기 신호를 증폭시키는 반도체 소자다. 다양한 종류의 다이오드와 트랜지스터를 조사하고, '반도체 소자의 디지털 신호 처리에서의 역할'을 주제로 보고서를 작성해 보자.

관련 학과 대기과학과, 물리학과, 분자생물학과, 지구환경과학과, 천문우주학과, 해양학과, 화학과, 환경학과
《**처음 만나는 전자회로**》, 황형수, 한빛아카데미(2019)

단원명 | 빛과 정보 통신

| 🔍 | 빛, 간섭, 회절, 홀로그램, 정밀 기술, 렌즈, 거울, 광학 기기, 수차, 편광, 디지털 정보, 광전효과, 빛과 물질, 영상 정보, 광센서, 태양전지, 레이저, 빛의 증폭, 광통신

[12전자02-01] ● ● ●

빛의 간섭과 회절을 알고, 홀로그램 등 현대의 정밀 기술에 활용되는 예를 찾을 수 있다.

➡ 빛은 파동성과 입자성을 동시에 나타내는 이중성을 가지고 있고, 이를 빛의 이중성 또는 광의 이중성이라고 한다. 빛은 파동의 형태로 전파되고, 파장의 길이와 주파수가 빛의 색상을 결정한다. 진동하는 전자들로 인해 전자기파가 발생하고 이것이 빛의 파동성을 나타낸다. 빛의 파동성은 간섭, 회절 및 굴절과 같은 현상을 설명할 수 있다. 빛의 파동성 중 간섭과 회절 현상을 조사하여 발표해 보자.

[관련 학과] 대기과학과, 물리학과, 분자생물학과, 지구환경과학과, 천문우주학과, 해양학과, 화학과, 환경학과

빛 쫌 아는 10대

고재현, 풀빛(2019)

책 소개

이 책은 정보통신 사회에서 핵심적인 역할을 하는 빛에 대해 과학자들이 쌓아온 지식을 짧은 여행을 하듯 소개한다. 선사 시대에 밤을 밝히고 짐승의 위협으로부터 인간을 지켜 주던 빛, 공간과 시간의 한계를 극복하고 활동 무대를 넓혀 준 빛, 정보를 실어 나르고 나아가 인류의 기원과 미래를 밝히는 실마리가 되어 주는 빛을 안내한다. 빛의 다양한 속성을 현대 과학의 핵심적인 응용 분야와 연결하여 소개하는 책이다.

세특 예시

교과연계도서 발표활동에서 '빛 쫌 아는 10대(고재현)'를 읽고 빛의 파동성 중 간섭과 회절 현상을 조사하여 보고서를 작성함. 빛은 파동의 형태로 전파되고, 파장의 길이와 진동 수가 빛의 색상을 결정하며, 진동하는 전자들로 인해 전자기파가 발생한다고 설명함. 빛이 가지는 다양한 속성을 분석한 후 현대 과학의 핵심적인 광학 소자와 연결하여 빛의 파동성을 재미있게 발표함.

[12전자02-02] ● ● ●

렌즈와 거울을 이용한 광학 기기의 원리와 수차를 설명할 수 있다.

➡ 렌즈와 거울의 설계 및 제조에서 수차를 고려하여 정확하고 정밀한 이미지를 얻는 것은 중요하다. 수차는 광학 기기에서 중요한 역할을 하고, 수차 보정이 필요한 근시, 원시 등 안과용 렌즈 제작에서 수차를 줄이는 기술은 중요하다. 렌즈와 거울의 특징을 수차를 중심으로 비교하여 분석해 보자.

[관련 학과] 대기과학과, 물리학과, 분자생물학과, 지구환경과학과, 천문우주학과, 해양학과, 화학과, 환경학과

《광학》, Eugene Hecht, 조재흥 외 2명 역, 자유아카데미(2018)

[12전자02-03] ● ● ●

편광의 원리를 이해하고, 이를 활용한 디지털 정보 기술의 사례를 조사할 수 있다.

➡️ 진행 방향에 수직인 임의의 평면에서 전기장의 방향이 일정한 빛을 편광이라고 하며, 편광의 방향을 구별할 때 전기장의 방향을 기준으로 사용한다. 편광은 디지털 정보 기술의 성능을 향상시키고 데이터 처리 및 표시에 유용하게 사용된다. 편광을 활용한 디지털 정보 기술의 사례를 조사한 뒤, 작동 원리를 분석하여 보고서를 작성해 보자.

관련 학과 대기과학과, 물리학과, 분자생물학과, 지구환경과학과, 천문우주학과, 통계학과, 해양학과, 화학과, 환경학과

《파동광학》, 홍경희, 교문사(2021)

[12전자02-04] ● ● ●

광전효과에서 빛과 물질이 상호작용하는 방식을 알고, 디지털 영상 정보, 광센서, 태양전지 등 광전효과와 관련된 다양한 기술을 조사할 수 있다.

➡️ 19세기 말 헤르츠가 발견한 광전효과는 어떤 파장보다 짧은 파장의 빛을 금속에 비추었을 때 그 금속에 전류가 흐르는 현상을 말한다. 빛의 입자 개념인 광자가 금속에 에너지를 전달하면 전자가 튀어 나가는 것으로 전류의 생성 원리를 설명할 수 있으며, 이는 태양전지의 이론적인 기초가 된다. 태양전지의 소재 및 작동 원리를 조사하고, '태양전지 성능에 영향을 미치는 환경 요인 연구'를 주제로 보고서를 작성해 보자.

관련 학과 대기과학과, 물리학과, 분자생물학과, 지구환경과학과, 천문우주학과, 해양학과, 화학과, 환경학과

《태양전지 및 발광 다이오드 개론》, Adrian Kitai, 김준동 외 3명, 그린(2017)

[12전자02-05] ● ● ●

레이저의 특징과 빛이 증폭되는 원리를 알고, 레이저가 디지털 광통신 등 여러 영역에서 활용됨을 조사하여 현대 문명에서 레이저의 중요성을 인식할 수 있다.

➡️ 레이저는 유도방출에 의한 빛의 증폭을 의미하며, 'Light Amplification by the Stimulated Emission of Radiation'의 머리글자를 딴 용어다. 레이저 발진 장치는 가늘고 긴 공진기 내부에 양쪽 거울을 설치하여 빛을 여러 번 반사시킴으로써 광 증폭이 일어나도록 설계된다. 레이저의 매질로는 고체, 액체, 기체 등이 사용될 수 있으며, 매질의 종류에 따라 다양한 파장과 용도를 가지는 레이저가 생성된다. 레이저는 유도 방출을 통해 특정 파장의 빛을 증폭하고, 이 빛은 일정한 위상과 일관된 방향성을 가진다. 레이저 빛이 증폭되는 원리를 조사하고, 다양한 응용 사례를 분석해서 보고서를 작성한 후 발표해 보자.

관련 학과 대기과학과, 물리학과, 분자생물학과, 지구환경과학과, 천문우주학과, 해양학과, 화학과, 환경학과

《레이저의 탄생》, 찰스 H. 타운스, 김희봉 역, 아카넷(2024)

단원명 | 양자와 미시세계

🔍 양자, 이중 슬릿, 입자, 파동, 이중성, 확률 파동의 간섭, 중첩, 측정, 상태 변화, 양자컴퓨터, 양자암호통신, 터널 효과, 원자모형, 불확정성 원리, 보어, 별, 핵융합, 스펙트럼

[12전자03-01]   • • •

단일 양자 수준의 이중 슬릿 실험을 통해서 입자-파동 이중성을 확인하고, 단일 양자의 분포에 대한 실험 결과를 확률 파동의 간섭을 토대로 해석할 수 있다.

➡ 양자역학은 입자가 입자성과 파동성을 가질 수 있다고 말한다. 이것은 입자가 때때로 파동처럼 행동하고, 때때로 입자처럼 행동할 수 있음을 의미한다. 이러한 입자의 파동성은 현대 물리학의 핵심 개념 중 하나로, 양자역학에서 실험적으로 검증되었으며 입자 가속기와 같은 기술 및 현상의 이해에 중요한 역할을 한다. 입자의 파동성을 확인할 수 있는 이중 슬릿 실험 과정을 조사하고 보고서를 작성해 보자.

관련 학과 대기과학과, 물리학과, 분자생물학과, 지구환경과학과, 천문우주학과, 해양학과, 화학과, 환경학과

《양자역학 쫌 아는 10대》, 고재현, 풀빛(2023)

[12전자03-02]   • • •

중첩과 측정을 통한 확률적 상태 변화를 이해하고, 이를 이용한 양자컴퓨터, 양자암호통신 등의 양자 기술이 일상생활과 미래 사회에 미칠 영향을 인식할 수 있다.

➡ 양자역학에 따르면 양자는 단일 상태에 제한되지 않고, 여러 상태의 선형 조합으로 나타낼 수 있다. 양자 시스템의 상태를 측정하면, 중첩 상태 중 하나의 특정한 상태로 무작위로 붕괴된다. 양자역학에서 이 붕괴는 확률적이며, 어떤 상태로 붕괴할지 사전에 정확히 예측할 수 없다. 이러한 현상을 양자 측정 문제 또는 양자 붕괴 문제라고 한다. 양자 시스템의 확률적 상태 변화를 중첩과 측정을 중심으로 분석하여 발표해 보자.

관련 학과 대기과학과, 물리학과, 분자생물학과, 지구환경과학과, 천문우주학과, 해양학과, 화학과, 환경학과

《퀀텀의 세계》, 이순칠, 해나무(2023)

[12전자03-03]   • • •

터널 효과를 설명하고, 관련된 현상과 기술을 조사하여 발표할 수 있다.

➡ 터널 효과는 양자역학에서 입자가 일반적으로는 통과할 수 없는 물체를 통과하는 현상을 말한다. 입자나 파동이 에너지가 낮은 상태에서 고전 역학에서는 통과할 수 없는 퍼텐셜 장벽을 통과하는 것이다. 원자의 방사성 붕괴 현상을 조사하고 터널 효과를 통해서 설명해 보자.

관련 학과 물리학과, 분자생물학과, 지구환경과학과, 천문우주학과, 화학과

《세상에서 가장 쉬운 과학 수업: 불확정성 원리》, 정완상, 성림원북스(2023)

[12전자03-04]   • • •

현대의 원자모형을 불확정성 원리와 확률을 기반으로 설명하고, 보어의 원자모형과 비교할 수 있다.

➡ 불확정성 원리는 양자역학의 핵심 개념으로, 고전 물리학의 뉴턴 역학에서는 설명할 수 없는 현상을 다룬다. 이 원리는 입자의 위치와 운동량을 동시에 정확히 측정할 수 없다는 한계를 제시하며, 이는 자연현상의 본질적인 불확정성을 의미한다. 양자물리학 연구와 다양한 응용 분야에서 중요한 역할을 하며, 입자의 상태를 확률적으로 예측하는 데 사용된다. 슈뢰딩거와 같은 학자들이 제시한 현대적 원자모형은 불확정성 원리와 확률 개념에 기반하고 있다. 불확정성 원리가 양자역학의 발전과 원자모형에 미친 영향을 분석하고, 이를 바탕으로 보고서를 작성한 후 발표해 보자.

국어 교과군

영어 교과군

수학 교과군

도덕 교과군

사회 교과군

과학 교과군

관련 학과) 대기과학과, 물리학과, 분자생물학과, 지구환경과학과, 천문우주학과, 해양학과, 화학과, 환경학과

《빛이 매혹이 될 때》, 서민아, 인플루엔셜(2022)

[12전자03-05]   ● ● ●

별에서 핵융합에 의해 에너지가 생성되고 빛이 방출되는 원리를 알고, 별빛의 스펙트럼에 기반하여 별의 구성
원소를 추리할 수 있다.

🠒 핵분열과 핵융합은 원자핵의 에너지 변화와 관련된 중요한 물리학적 현상이다. 핵분열은 원자핵이 분열되는
과정을 말하고, 보통 무거운 원자핵이 중성자의 충돌로 인해 분열되어 가벼운 핵으로 나뉘면서 대규모의 에너
지를 방출한다. 핵분열은 핵발전소의 전기 생산이나 핵무기의 작동 원리로 사용되며, 물질의 에너지 변환에서
중요한 역할을 한다. 반면 핵융합은 가벼운 원자핵이 높은 온도와 압력 하에서 결합하여 더 무거운 핵을 생성
하는 과정이다. 핵융합과 핵분열의 공통점과 차이점을 조사하여 보고서를 작성해 보자.

관련 학과) 대기과학과, 물리학과, 분자생물학과, 지구환경과학과, 천문우주학과, 해양학과, 화학과, 환경학과

《원자핵에서 핵무기까지》, 다다 쇼, 이지호 역, 한스미디어(2019)

단원명 | 물질의 세 가지 상태

> | 🔍 기체, 온도, 압력, 부피, 몰수, 이상 기체 방정식, 혼합 기체, 부분 압력, 몰 분율, 액체, 분자 간 상호작용,
> 끓는점, 고체, 결정, 비결정, 화학 결합

[12물에01-01]

기체의 온도, 압력, 부피, 몰수 사이의 관계를 통합적으로 이해하고, 이상 기체 방정식을 근사적으로 활용하는 사례를 조사하여 화학의 유용함을 인식할 수 있다.

➡️ 이상 기체 방정식은 기체의 운동을 설명하는 중요한 물리 법칙으로, 기체 분자 사이의 상호작용을 무시하고 이상적인 상태에서 동작한다고 가정한다. 이 방정식은 기체의 압력, 부피, 온도, 분자 수 사이의 관계를 나타내며, 이를 통해 기체의 상태를 계산할 수 있다. 실제 기체는 분자 간 상호작용과 부피를 가지기 때문에 이상 기체 방정식과 정확히 일치하지 않을 수 있지만, 낮은 압력과 높은 온도에서는 대부분의 기체가 이상 기체로 근사적으로 취급된다. 이상 기체 방정식은 기체의 상태를 예측하거나 분석하는 데 널리 사용되며, 화학, 물리학, 공학 분야에서 다양한 응용이 가능하다. 온도, 압력, 부피, 몰 수 사이의 관계를 분석한 후, 이를 기반으로 이상 기체 방정식을 활용한 실제 사례를 조사하고 보고서를 작성하여 발표해 보자.

관련 학과 대기과학과, 물리학과, 분자생물학과, 수학과, 식품영양학과, 지구환경과학과, 천문우주학과, 통계학과, 해양학과, 화학과, 환경학과

화학이란 무엇인가
피터 앳킨스, 전병옥 역,
사이언스북스(2019)

책 소개

이 책은 화학이라는 매혹적이면서 지적이고 경제적으로도 매우 중요한 지식의 세계를 간결하고 분명하게 소개한다. 가장 작은 기본 입자인 원자와 원자가 만나 다른 원자나 분자를 만드는 변환 과정을 연구하고, 한 번도 존재한 적 없는 분자를 합성해 내는 매력적인 화학의 세계를 기원에서부터 원리와 미래까지 설명해 낸다. 화학자의 눈으로 자연과 우주, 물질과 세상을 보는 것이 어떤 것인지 알려 주는 책이다.

세특 예시

교과연계도서 발표 활동에서 '화학이란 무엇인가(피터 앳킨스)'를 읽고 이상 기체 방정식을 활용한 사례를 조사한 후 기체의 온도, 압력, 부피, 몰수 사이의 관계를 분석하여 보고서를 작성함. 이상 기체 방정식은 압력, 부피, 온도, 분자 수를 사용하여 이상 기체의 상태를 계산할 수 있고, 기체 분자 사이의 상호작용이 무시되는 조건에서 성립한다는 것을 이해한 후 설명함.

국어 교과군

영어 교과군

수학 교과군

도덕 교과군

사회 교과군

과학 교과군

[12물에01-02] ● ● ●

혼합 기체의 부분 압력과 몰 분율의 관계를 알고, 일상생활에서 유용하게 사용되는 혼합 기체에 호기심을 가질 수 있다.

➡ 혼합 기체의 부분 압력은 기체 혼합물에서 각 구성 성분의 압력을 독립적으로 계산할 수 있는 개념이다. 혼합 기체의 특성을 예측하고 계산하는 데 사용되며, 화학, 환경, 기상학, 공학 및 기타 분야에서 기체 혼합물의 행동을 이해하는 데 중요한 개념이다. 두 성분 이상의 물질계에서 한 성분의 농도를 나타내는 방법의 하나로 전체 성분에 대한 어떤 성분의 몰수비를 몰 분율이라고 한다. 혼합 기체의 부분 압력과 몰 분율의 관계를 조사하고, '기체 혼합물의 부분 압력이 환경과 기후에 미치는 영향'을 주제로 보고서를 작성해 보자.

관련 학과 대기과학과, 물리학과, 분자생물학과, 수학과, 식품영양학과, 지구환경과학과, 천문우주학과, 통계학과, 해양학과, 화학과, 환경학과

《하루 한 권, 일상 속 화학 물질》, 사마키 다케오·잇시키 겐지, 원지원 역, 드루(2023)

[12물에01-03] ● ● ●

물질이 액체로 존재할 수 있는 이유를 분자 간 상호작용으로 이해하고, 액체의 종류에 따라 끓는점이 달라짐을 설명할 수 있다.

➡ 분자 간 상호작용은 분자 구조와 화학 성질에 큰 영향을 미친다. 이는 화학, 생물학, 물리학 및 재료과학 등 다양한 분야에서 연구되며, 분자 간 상호작용을 통해 다양한 화학 및 물리 현상을 설명하고 이해할 수 있다. 관심 있는 물질을 선택하여 고체, 액체, 기체 등 물질의 상태별 특징을 조사하고, 물질이 액체로 존재할 수 있는 이유를 분석한 뒤 분자 간 상호작용으로 분석하여 보고서를 작성해 보자.

관련 학과 대기과학과, 물리학과, 분자생물학과, 수학과, 식품영양학과, 지구환경과학과, 천문우주학과, 통계학과, 해양학과, 화학과, 환경학과

《일상적이지만 절대적인 화학지식 50》, 헤일리 버치, 임지원 역, 반니(2016)

[12물에01-04] ● ● ●

고체를 결정과 비결정으로 구분하고, 결정성 고체를 화학 결합의 종류에 따라 분류할 수 있다.

➡ 고체는 내부의 원자 또는 분자 배열에 따라 결정과 비결정으로 나뉜다. 결정성 고체는 규칙적인 원자 배열을 두며 고온에서 녹아 다시 결정 상태로 변환한다. 반면 비결정성 고체는 무질서한 배열을 두며 유동성을 잃고 비결정 상태에서 긴장을 거치거나 녹는 과정을 거쳐 고체에서 액체로 변환한다. 고체를 결정성 고체와 비결정성 고체로 분류하고, 고체의 특징과 관련 물질의 예를 조사하여 발표해 보자.

관련 학과 대기과학과, 물리학과, 분자생물학과, 식품영양학과, 지구환경과학과, 천문우주학과, 통계학과, 해양학과, 화학과, 환경학과

《세상을 만드는 분자》, 시어도어 그레이, 꿈꾸는 과학 역, 다른(2015)

단원명 | 용액의 성질

| 🔎 | 액체, 물의 성질, 수소 결합, 실험 데이터, 용액, 농도, 증기압, 끓는점, 어는점, 삼투현상

[12물에02-01]

다른 액체와 구별되는 물의 성질을 수소 결합으로 설명하고, 경이로운 물의 성질에 흥미를 느낄 수 있다.

➡ 일반적인 액체는 분자들이 일정한 거리를 유지하며 흐르는 특성을 갖는다. 액체 중에서도 물은 인간 생활에서 빼놓을 수 없는 물질이며, 0℃에서 고체가 되고 100℃에서 기체가 된다. 다른 액체에 비해 밀도가 높고, 녹는 점, 끓는점이 높아 상대적으로 안정적인 특성을 나타낸다. 다른 액체와 구별되는 물의 물리적, 화학적 성질을 수소 결합을 중심으로 조사하고 비교한 후 보고서를 작성해 보자.

관련 학과 대기과학과, 물리학과, 분자생물학과, 수학과, 식품영양학과, 지구환경과학과, 천문우주학과, 통계학과, 해양학과, 화학과, 환경학과

《물과 수소》, 뉴턴프레스, 아이뉴턴(2017)

[12물에02-02]

실험 데이터를 이용하여 용액의 농도에 따른 증기압, 끓는점, 어는점의 변화를 비교하고, 일상생활에서 나타나는 사례와 연관 지어 설명할 수 있다.

➡ 액체인 물의 물의 경우 소금을 녹이면 그 농도가 증가하게 된다. 이때 증기압이 순수한 물보다 낮아지며 소금물의 끓는점이 높아진다. 일반적으로 요리를 할 때 소금을 넣어서 물을 끓이면 물이 빨리 끓게 된다. 이러한 현상은 물질 간의 상호작용으로 인해 일어나고, 용액의 농도 변화가 물리적 성질에 영향을 미치기 때문이다. 우리가 매일 먹는 음식을 요리할 때 적용되는 화학의 원리를 조사하여 발표해 보자.

관련 학과 대기과학과, 물리학과, 분자생물학과, 수학과, 식품영양학과, 지구환경과학과, 천문우주학과, 통계학과, 해양학과, 화학과, 환경학과

《곽재식의 먹는 화학 이야기》, 곽재식, 북바이북(2022)

[12물에02-03]

용액의 농도에 따른 삼투현상을 이해하고, 일상생활에서 삼투현상이 나타나는 사례를 찾아 화학 원리가 유용하게 적용됨을 인식할 수 있다.

➡ 농도가 낮은 곳에서 높은 곳으로, 선택적 투과성 막을 통해 물이 이동하는 것을 삼투현상이라고 한다. 농도가 낮다는 것은 상대적으로 물의 농도가 높은 것을 의미하므로 물의 농도가 높은 곳에서 낮은 곳으로 막을 통해 확산하는 현상이라 할 수 있다. 식물에서 삼투현상이 일어나는 예로, 토양 속 물 농도가 낮을 경우 물이 뿌리에서 토양으로 이동하게 되어 식물이 시들게 된다. 주변에서 삼투현상이 나타나는 사례와 원리를 조사한 후, '생리 식염수와 삼투압의 관계 분석'을 주제로 보고서를 작성해 보자.

관련 학과 대기과학과, 물리학과, 분자생물학과, 식품영양학과, 지구환경과학과, 천문우주학과, 통계학과, 해양학과, 화학과, 환경학과

《가볍게 읽는 기초화학》, 사마키 다케오 외 2명, 공영태·나성은 역, 북스힐(2019)

단원명 | 화학 변화의 자발성

🔍 엔탈피, 열화학 반응식, 헤스 법칙, 화학 법칙, 엔트로피, 화학 변화의 자발성

국어 교과군

영어 교과군

수학 교과군

도덕 교과군

사회 교과군

과학 교과군

[12물에03-01] ●●●

엔탈피의 의미를 알고, 엔탈피를 이용하여 열화학 반응식을 표현할 수 있다.

➡️ 엔탈피는 물질계의 안정성과 변화의 방향, 그리고 화학 평형의 위치와 이동을 결정하는 핵심적인 요소이다. 일정한 압력에서 변화가 일어날 때 반응 전후의 온도를 같게 하려고 계가 흡수하거나 방출하는 열에너지를 의미한다. 발열 반응에서는 엔탈피가 감소하고 흡열 반응에서는 엔탈피가 증가한다. 화학 반응이나 물리적 변화에서 발생하는 열 변화를 나타내는 용어를 조사하여 보고서를 작성한 후, 열의 발생 과정을 중심으로 토론해 보자.

관련 학과 대기과학과, 물리학과, 분자생물학과, 수학과, 식품영양학과, 지구환경과학과, 천문우주학과, 통계학과, 해양학과, 화학과, 환경학과

《하루 한 권, 일상 속 화학 반응》, 사이토 가쓰히로, 이은혜 역, 한국학술정보(2023)

[12물에03-02] ●●●

측정하기 어려운 화학 반응의 엔탈피를 헤스 법칙으로 구하여 화학 법칙의 유용성을 인식할 수 있다.

➡️ 헤스 법칙이란 화학 반응이 일어날 때, 반응열은 그 반응의 시작과 끝 상태만으로 결정되며 도중의 경로에는 관계하지 않는다는 것을 의미한다. 화학 반응에서 처음 상태와 나중 상태가 같으면 반응 경로에 관계없이 반응열의 총합이 항상 일정하다는 것이다. 탄소와 산소가 결합하여 이산화탄소가 되는 과정을 헤스 법칙으로 설명해 보자.

관련 학과 대기과학과, 물리학과, 분자생물학과, 수학과, 식품영양학과, 지구환경과학과, 천문우주학과, 통계학과, 해양학과, 화학과, 환경학과

《전화기는 어떻게 세상을 바꾸는가》, 한치환, 처음북스(2019)

[12물에03-03] ●●●

엔트로피의 의미를 이해하고, 엔탈피와 엔트로피의 변화로 화학 변화의 자발성을 설명할 수 있다.

➡️ 엔탈피와 엔트로피는 열역학에서 중요한 두 가지 개념으로, 엔탈피는 시스템이 가진 열에너지의 총량을, 엔트로피는 시스템의 무질서도나 에너지 분배의 형태를 나타낸다. 엔트로피가 증가할수록 시스템은 더 무질서한 상태로 변하며, 닫힌 시스템에서는 외부와 에너지나 물질을 교환할 수 없기 때문에 엔트로피가 자연스럽게 증가한다. 화학 변화가 자발적으로 일어나는 예시를 조사하고, 이러한 과정에서 엔탈피와 엔트로피가 어떻게 상호작용하여 반응의 자발성을 결정하는지 분석한 뒤 보고서를 작성해 보자.

관련 학과 대기과학과, 물리학과, 분자생물학과, 수학과, 식품영양학과, 지구환경과학과, 천문우주학과, 통계학과, 해양학과, 화학과, 환경학과

책 소개

이 책은 '과학·지식·나눔'을 추구하는 카오스 재단에서 실시한 미래를 위한 화학 특강 내용을 모은 강연집으로, 엔트로피, 주기율표와 분자 운동, 분자 관람 그리고 나노, 단백질 구조 예측, 화학적 감각에 대한 내용을 담고 있다. 미래 에너지, 수소·전기자동차, 양자역학(물리역학), 빅데이터(계산화학), 미래 의약품, 인공 근육, 첨단 소재, 나노, 반도체 등 우리의 미래를 판가름할 것들이 화학과 깊이 연관되어 있음을 배우고, 화학의 중요성과 현주소를 알 수 있다.

<table>
<tr><td>

화학의 미스터리

김성근 외 9명, 반니(2019)

</td><td>

교과연계도서 발표활동에서 '화학의 미스터리(김성근 외)'를 읽고 엔탈피와 엔트로피를 조사하여 보고서를 작성함. 엔탈피는 시스템이 가진 열에너지의 총량을 나타내고, 엔트로피는 시스템의 무질서도나 에너지 분배의 형태를 나타낸다고 발표함. 화학 변화가 자발적으로 일어나는 현상의 예를 조사하여 비가역 현상에 관해서 탐구한 후 엔탈피와 엔트로피의 차이를 이해하기 쉽게 설명함.

</td></tr>
</table>

단원명 | 반응 속도

|🔎| 화학 반응 속도, 자료 해석, 반응 속도식, 1차 반응, 반감기, 반응물의 농도, 유효 충돌, 활성화 에너지, 농도, 온도, 촉매

[12물에04-01] ● ● ●

화학 반응 속도를 반응물의 농도로 표현할 수 있음을 알고, 자료 해석을 통하여 반응 속도식을 구할 수 있다.

➡ 화학 반응 속도는 반응물 농도의 단위 시간당 감소율을 말한다. 화학 반응이 진행되면 반응 물질의 농도는 감소하고 생성 물질의 농도는 증가한다. 반응 물질이 생성 물질로 바뀌는 순간 반응 속도는 달라지기 때문에, 특정 시간에서의 순간 반응 속도도 고려해야 한다. 황과 산소의 화학 반응을 조사하여 화학식과 화학 반응 속도식을 작성하고, 반응물 농도가 달라짐에 따라 어떻게 반응이 진행되는지 분석하여 보고서를 작성해 보자.

관련 학과 대기과학과, 물리학과, 분자생물학과, 수학과, 식품영양학과, 지구환경과학과, 천문우주학과, 통계학과, 해양학과, 화학과, 환경학과

<table>
<tr><td>

이런 화학이라면 포기하지 않을 텐데

김소환, 보누스(2022)

</td><td>

이 책은 우리가 살아가는 세계 전체를 이루는 물질과 그 법칙을 다루는 화학을 소개한다. 화학은 우리 주변에서 일어나는 모든 일과 직접적으로 연결되어 있고, 단순 암기나 계산의 과정이 아니라 어떤 현상을 접했을 때 이유를 묻고, 그 답을 찾아가는 과정이라고 설명한다. 원자와 분자에서 엔탈피까지, 화학의 핵심 개념과 살아 있는 원리를 배우며 화학에 대한 자신감을 키울 수 있다.

교과연계도서 발표활동에서 '이런 화학이라면 포기하지 않을 텐데(김소환)'를 읽고, 반응물 농도의 영향에 따라 어떻게 화학 반응이 진행되는지 분석하여 보고서를 작성함. 반응 물질이 생성 물질로 바뀌는 순간 반응 속도는 달라지기 때문에 특정 시간에서의 순간 반응 속도도 고려해야 함을 말하고, 황과 산소의 화학 반응을 예로 들어 화학식과 화학 반응 속도식을 작성하면서 이해하기 쉽게 설명함.

</td></tr>
</table>

국어 교과군

도덕 교과군

수학 교과군

영어 교과군

사회 교과군

과학 교과군

[12물에04-02] ● ● ●

1차 반응의 반감기가 반응물의 농도에 의존하지 않음을 이해하고, 1차 반응의 반감기가 활용되는 사례를 조사·발표할 수 있다.

➡ 반감기는 화학 반응에서 반응 물질의 농도가 처음 농도의 절반으로 감소하는 데 걸리는 시간을 의미한다. 또한 방사성 붕괴 반응에서는 원자핵이 방사선을 방출하며 붕괴하여 원래의 원자 수가 절반으로 감소하는 시간을 말한다. 관심 있는 물질의 화학 반응에서 반감기와 반응물의 관계를 분석하여 보고서를 작성해 보자.

관련 학과 대기과학과, 물리학과, 분자생물학과, 식품영양학과, 지구환경과학과, 통계학과, 해양학과, 화학과, 환경학과

《하루 한 권, 생활 속 열 과학》, 가지카와 다케노부, 김현정 역, 드루(2023)

[12물에04-03] ● ● ●

화학 반응에서 유효 충돌과 활성화 에너지의 의미를 알고, 화학 반응이 일어나기 위한 조건에 관심을 가질 수 있다.

➡ 활성화 에너지는 화학 반응을 일으키는 데 필요한 최소한의 에너지를 의미한다. 화학 반응이 일어나려면 반응물의 화학 결합이 끊어져야 하므로 에너지를 공급해야 하는데, 이때 필요한 최소한의 에너지를 활성화 에너지라고 한다. 활성화 에너지가 큰 반응에서는 충분한 에너지를 가진 분자 수가 적어 반응이 느리게 진행되지만, 반대로 활성화 에너지가 낮으면 반응 속도가 빨라진다. 화학 반응이 일어나기 위해서는 분자 간 유효 충돌이 발생해야 하는데, 유효 충돌이란 분자들이 적절한 방향과 충분한 에너지를 가지고 충돌하는 경우를 의미한다. 활성화 에너지와 유효 충돌의 관계를 분석하고, 이를 바탕으로 화학 반응의 속도에 미치는 영향을 탐구한 후 보고서를 작성하여 발표해 보자.

관련 학과 대기과학과, 물리학과, 분자생물학과, 수학과, 식품영양학과, 지구환경과학과, 천문우주학과, 통계학과, 해양학과, 화학과, 환경학과

《핵심 화학반응공학》, H. Scott Fogler, 이윤우 역, 사이플러스(2024)

[12물에04-04] ● ● ●

농도, 온도, 촉매에 따라 반응 속도가 달라짐을 이해하고, 일상생활에서 각각의 예를 찾아 화학의 유용성을 인식할 수 있다.

➡ 반응 속도는 농도, 온도, 촉매와 관련된 여러 요인의 영향을 받는다. 반응물의 농도가 증가하면 충돌이 더 자주 일어나기 때문에 반응 속도가 증가한다. 일반적으로 온도나 촉매도 반응 속도를 증가시키는 역할을 한다. 활성화 에너지를 중심으로 농도, 온도, 촉매에 따른 반응 속도를 분석하고, 일상생활에서 관련된 예시를 조사하여 PPT를 제작해 보자. 제작한 자료를 중심으로 농도, 온도, 촉매에 따라 반응 속도가 달라진다는 것을 설명해 보자.

관련 학과 물리학과, 분자생물학과, 수학과, 지구환경과학과, 천문우주학과, 화학과, 환경학과

《진짜 하루만에 이해하는 정유·석유화학 산업》, 배진영·라병호,, 티더블유아이지(2024)

단원명 | 산 염기 평형

> | 🔎 | 브뢴스테드, 라우리, 산, 염기, 이온화 상수, 상대적인 세기, 약산, 약염기, 수용액의 pH, 중화 적정 실험, 실험 데이터, 이온화 상수, 염의 가수 분해, 화학 평형, 완충 작용

[12반응01-01] ● ● ●

브뢴스테드-라우리 산과 염기의 정의를 이해하고, 이에 따라 산과 염기를 구별할 수 있다.

➡ 브뢴스테드-라우리 산과 염기 이론에 따르면 산은 수소 이온을 내놓을 수 있는 양성자 주개, 염기는 수소 이온을 받을 수 있는 양성자 받개이다. 수소 이온은 전자를 잃어버린 수소 원자에 해당하는 순수한 양성자이다. 브뢴스테드-라우리 산은 주로 중성과 약산성 영역에서 색이 변하는 특성이 있다. 염기는 일반적으로 쓸어내는 느낌을 주며 pH를 증가시키는 특성이 있다. 브뢴스테드-라우리 이론을 중심으로 관심 있는 산과 염기에 대해 조사하고 특징을 비교하여 발표해 보자.

관련 학과 물리학과, 분자생물학과, 수학과, 식품영양학과, 지구환경과학과, 해양학과, 화학과, 환경학과

《재밌어서 밤새읽는 화학 이야기》, 사마키 다케오, 김정환 역, 더숲(2013)

[12반응01-02] ● ● ●

이온화 상수를 이용하여 산과 염기의 상대적인 세기를 추론하고, 약산과 약염기 수용액의 pH를 구할 수 있다.

➡ 이온화 상수는 산과 염기의 상대적인 세기를 나타내는 지표이다. 산은 수용액에서 수소 이온을 방출하고, 염기는 수소 이온을 받아들여 수산화 이온을 형성한다. 이온화 상수는 산이나 염기의 강도를 나타내며, 그 값이 클수록 산은 더 강력하게 해리되고 염기는 더 강하게 작용함을 의미한다. 이 상수는 화학적 특성을 이해하고 화합물의 종류를 구분하는 데 중요한 역할을 한다. 예를 들어, 염산은 강산으로 높은 이온화 상수를 가지며, 아세트산은 약산으로 상대적으로 작은 이온화 상수를 가진다. 관심 있는 산과 염기를 선정한 후, 이온화 상수를 이용하여 상대적인 세기와 특성을 추론하고, 분석한 내용을 보고서로 작성한 후 발표해 보자.

관련 학과 물리학과, 분자생물학과, 식품영양학과, 지구환경과학과, 해양학과, 화학과, 환경학과

《주변의 모든 것을 화학식으로 써 봤다》, 야마구치 사토루, 김정환 역, 더숲(2024)

[12반응01-03] ● ● ●

중화 적정 실험의 pH 변화를 데이터에 근거하여 해석할 수 있다.

➡ 중화 적정은 산 또는 염기의 표준용액을 사용하여 염기 또는 산을 적정함으로써 정량 분석하는 방법이다. 화학 반응 중에서 중화 반응은 산염기 지시약으로 중화점을 쉽게 알 수 있어서 산 또는 염기를 정량할 수 있다. 강한

산이나 강한 염기인 경우 중화점에서 지시약의 색 변화가 뚜렷하여 정확한 적정을 하기 쉬우나, 강한 산과 약한 염기 또는 약한 산과 강한 염기인 경우에는 정확한 적정을 하기 어려우므로 적당한 지시약을 선택해야 한다. 중화 적정 실험에 따른 지시약을 조사하고, 어떻게 활용해야 하는지 토론해 보자.

관련 학과 대기과학과, 물리학과, 분자생물학과, 수학과, 식품영양학과, 지구환경과학과, 해양학과, 화학과, 환경학과

《**만들면서 배우는 아두이노 IoT 사물인터넷과 40개의 작품들**》, 장문철, 앤써북(2024)

[12반응01-04] • • •
이온화 상수를 이용하여 염의 가수 분해를 설명할 수 있다.

➡ 가수 분해는 물을 첨가하여 화학적으로 물질을 나누는 여러 종류의 반응을 의미한다. 약산의 음이온이나 약염기의 양이온이 포함된 염을 가수 분해하면, 약산의 음이온은 염기로 작용하여 물로부터 양성자를 받아서 수용액이 염기성이 되고, 약염기의 양이온은 산으로 작용하여 양성자를 제공하여 수용액이 산성을 띤다. 이러한 염의 가수 분해는 이온화 상수를 이용하여 수용액에서의 염의 행동을 예측하거나 설명하는 데 사용된다. 관심 있는 염을 조사한 후 이온화 상수를 활용하여 염의 가수 분해를 설명해 보자.

관련 학과 대기과학과, 물리학과, 분자생물학과, 식품영양학과, 지구환경과학과, 해양학과, 화학과, 환경학과

《**진정일의 화학 카페**》, 진정일, 페이퍼앤북(2024)

[12반응01-05] • • •
화학 평형으로 생체 내 완충 작용을 설명하고, 화학 원리의 신비로움을 느낄 수 있다.

➡ 완충 작용은 어떤 용액의 수소 이온 농도 pH를 바꾸고자 할 때, 용액이 그 영향을 줄이려고 하는 작용을 말한다. 약한 산과 그 염의 혼합 용액 또는 약한 염기와 그 염의 혼합 용액으로 이루어지는 계에는 약간의 산 또는 알칼리를 가해도 완충 작용 때문에 pH가 거의 변하지 않는다. 화학 평형으로 생체 내에서 완충 작용이 일어나는 원리를 조사하고, '인체의 혈액 내 완충 작용과 산·염기 평형'을 주제로 보고서를 작성해 보자.

관련 학과 농생물학과, 동물자원과학과, 물리학과, 미생물학과, 분자생물학과, 생명과학과, 생물학과, 수산생명의학과, 식물자원학과, 식품영양학과, 조경학과, 지구환경과학과, 화학과, 환경학과

《**재미있고 쓸모있는 화학 이야기**》, 이광렬, 코리아닷컴(2023)

단원명 | 산화·환원 반응

🔍 | 전기 분해, 생명 현상, 물질의 역할

[12반응02-01] • • •
전자의 이동과 산화수 변화로 산화·환원 반응을 이해하고, 반쪽 반응식을 활용하여 산화·환원 반응식을 완성할 수 있다.

➡ 산화수란 일반적으로 이온으로 되었을 때의 전하량이고, 산화·환원 반응이 일어날 때 산화수의 변화가 일어난다. 물질 간에 전자가 이동할 때 산화와 환원 반응이 동시에 일어나는데, 전자를 잃은 쪽은 산화수가 증가하여 산화되고, 전자를 얻은 쪽은 산화수가 줄어들고 환원된다. 관심 있는 물질을 선정하여 산화·환원 반응이 일어날 때 산화수가 어떻게 변화하는지 분석하여 발표해 보자.

관련 학과 물리학과, 분자생물학과, 수학과, 식품영양학과, 지구환경과학과, 해양학과, 화학과, 환경학과

《**한 번 읽으면 절대 잊을 수 없는 화학 교과서**》, 사마키 다케오, 곽범신 역, 시그마북스(2023)

[12반응02-02] • • •

화학 전지의 발전 과정을 조사하여 실용 전지의 구조적 공통점을 추론할 수 있다.

➡ 화학 전지는 전기 화학적 에너지를 저장하는 장치이고, 볼타가 전지를 개발한 이후 지속적인 연구가 진행되어 다양한 종류의 화학 전지가 개발되었다. 리튬 이온 전지는 대표적인 현대 전지로, 고에너지 밀도와 재충전 기능으로 인해 휴대용 전자제품부터 전기차까지 광범위하게 사용되고 있다. 현재 다양한 분야에서 사용하고 있는 전지 기술을 조사한 후 과학적인 작동 원리를 분석하여 발표해 보자.

관련 학과 물리학과, 수학과, 지구환경과학과, 천문우주학과, 통계학과, 화학과, 환경학과

《**슈퍼배터리와 전기자동차 이야기**》, 세트 플레처, 한원철 역, 성안당(2020)

[12반응02-03] • • •

화학 전지의 원리를 산화·환원 반응으로 설명하고, 표준 환원 전위를 이용하여 전위차를 구할 수 있다.

➡ 화학 전지는 산화·환원 반응에 기반하여 전기 에너지를 생성하거나 저장한다. 전지에는 양극과 음극이 있고, 양극에서는 화학물질이 산화되면서 전자를 방출하고, 음극에서는 이러한 전자를 받아들이는 환원 반응이 발생한다. 이렇게 생성된 전자들은 회로를 통해 이동하면서 전기 에너지를 제공한다. 표준 환원 전위를 이용하여 전지에서 발생하는 전위차를 계산해 보고, 전위차를 구하는 과정에서 고려해야 하는 점을 보고서로 작성해 보자.

관련 학과 물리학과, 분자생물학과, 수학과, 식품영양학과, 지구환경과학과, 해양학과, 화학과, 환경학과

《**배터리의 미래**》, M. 스탠리 위팅엄 외 3명, 이음(2021)

[12반응02-04] • • •

전기 분해의 원리를 산화·환원 반응으로 설명하고, 산업 현장에서 활용되는 전기 분해의 예를 조사하여 발표할 수 있다.

➡ 전기 분해는 전기 에너지를 사용해서 물질을 분해하는 모든 반응을 말한다. 전기 분해는 산화·환원 반응의 원리로 일어나는데, 양극과 음극에 전기를 흘려 주면 전자들이 음극에서 양극으로 이동하면서 화학물질의 분해가 이루어진다. 전기 분해에 필요한 전기 에너지는 전극을 통해서 공급되고, 전극으로는 금속, 흑연처럼 전기가 흐르는 물질이 사용된다. 산업 현장에서 전기 분해가 일어나는 과정을 분석한 후 전자가 이동하는 모습을 역동적으로 표현한 포스터를 만들어 전시해 보자.

관련 학과 물리학과, 분자생물학과, 수학과, 식품영양학과, 지구환경과학과, 해양학과, 화학과, 환경학과

《**4차 산업혁명의 미래를 설계한다**》, 대한산업공학회, 교문사(2018)

[12반응02-05] • • •

생명 현상 및 화학 전지에서 이용되는 다양한 산화·환원 반응과 그 반응에 이용된 물질의 역할을 조사하여 화학의 신비로움을 느낄 수 있다.

➡ 생명이란 생물의 본질적 속성으로 설명되는 개념이고, 하나의 세포로부터 시작되는 성장, 구성, 조절성, 자극 반응성, 물질대사, 증식 등으로 설명된다. 이러한 생명을 유지하는 데 필요한 호흡 과정은 산화·환원 반응으로

유지되고 에너지를 생성하거나 생물체의 대사를 지원하는 데 중요한 역할을 한다. 생명 현상을 유지하는데 필요한 산화·환원 반응과 그 반응에 이용된 물질의 역할을 조사하여 보고서를 작성해 보자.

관련 학과 물리학과, 분자생물학과, 수학과, 식품영양학과, 지구환경과학과, 해양학과, 화학과, 환경학과

《**트랜스포머**》, 닉 레인, 김정은 역, 까치(2024)

단원명 | 탄소 화합물과 반응

| 🔍 | 탄소 화합물, 작용기, 화학 반응, 단위체, 중합 반응, 고분자, 과학, 기술, 사회

[12반응03-01] ● ● ●

일상 생활에 유용한 탄소 화합물을 작용기에 따라 분류할 수 있다.

➡️ 탄소 화합물은 탄소 원자가 산소, 수소, 질소 원자 등과 공유 결합하여 형성된 화합물을 말한다. 대부분 유기 화합물이지만, 일부 조성이 비교적 간단한 것은 무기 화합물로 분류된다. 탄소 원자 1개는 최대 4개의 다른 원자와 공유 결합을 할 수 있고, 탄소를 계속해서 연결하거나 탄소끼리 이중결합, 삼중결합을 하는 것도 가능하다. 작용기는 유기 화합물의 화학적 특성이나 화합물의 성질을 결정하는 데 중요한 역할을 하는 특정 원자단이나 구조를 말한다. 탄소 화합물 내에서 작동하는 작용기의 역할을 조사한 뒤 PPT를 제작하여 발표해 보자.

관련 학과 대기과학과, 물리학과, 분자생물학과, 수학과, 식품영양학과, 지구환경과학과, 천문우주학과, 통계학과, 해양학과, 화학과, 환경학과

《**하루 한 권, 탄소**》, 사이토 가쓰히로, 드루(2023)

[12반응03-02] ● ● ●

간단한 탄소 화합물의 화학 반응 예를 찾아 작용기의 변화로 설명할 수 있다.

➡️ 작용기는 유기 화합물의 성질을 결정하는 원자단으로 몇 개의 원자가 결합하고, 화합물이 어떤 성질을 가지게 되는지를 결정하는 역할을 한다. 같은 작용기를 가지는 화합물은 나머지 부분의 구조와 관계없이 비슷한 성질을 나타낸다. 현재까지 알려진 탄소 화합물은 종류가 수백만 가지가 넘고, 앞으로 계속 인간에 의해 발견되거나 합성될 것으로 보인다. 관심 있는 탄소 화합물을 조사한 후 화학 반응을 분석하고, '알코올의 작용기와 산화 반응 분석'을 주제로 보고서를 작성해 보자.

관련 학과 대기과학과, 물리학과, 분자생물학과, 수학과, 식품영양학과, 지구환경과학과, 천문우주학과, 통계학과, 해양학과, 화학과, 환경학과

《**진짜 하루만에 이해하는 정유·석유화학 산업**》, 배진영·라병호, 티더블유아이지(2024)

[12반응03-03] ● ● ●

단위체의 중합 반응으로 다양한 고분자가 합성되는 것을 이해하여 화학 반응의 유용성을 인식할 수 있다.

➡️ 중합 반응은 고분자 화학에서 단위체 분자들이 결합하여 고분자 사슬을 형성하거나, 삼차원 망상 구조를 만드는 화학적 반응을 의미한다. 중합 반응은 촉매, 열, 빛, 압력 등 다양한 에너지 자극에 의해 촉진될 수 있다. 이러한 반응은 유기 화합물과 무기 화합물 모두의 합성에 활용되며, 단위체의 조합과 반응 조건에 따라 플라스틱, 폴리머, 섬유, 수지 등의 다양한 고분자가 생성된다. 중합 반응의 구체적인 형태로 첨가 중합과 축합 중합이 있

으며, 이들은 고분자 특성에 큰 영향을 미친다. 고분자의 합성 과정을 시각적으로 이해할 수 있도록 인포그래픽을 제작하고, 단위체가 고분자로 변환되는 과정을 단계별로 정리한 후 보고서를 작성해 보자.

관련 학과 대기과학과, 물리학과, 분자생물학과, 수학과, 식품영양학과, 지구환경과학과, 천문우주학과, 통계학과, 해양학과, 화학과, 환경학과

《히미 오와 함께하는 탄소화합물 가상탐구》, 오진호, 좋은땅(2023)

[12반응03-04] ● ● ●

탄소 화합물의 반응을 통해 합성된 새로운 물질이 과학·기술·사회 발전에 끼친 영향을 조사하여 화학의 유용성을 깨달을 수 있다.

→ 탄소 화합물은 대부분 유기화합물이지만, 일부 조성이 비교적 간단한 것은 무기화합물로 분류된다. 탄소 화합물의 반응을 통해 합성된 신소재는 다양한 산업 분야에서 이용되고, 새로운 화합물의 합성은 에너지 연구에도 활용되고 있다. 탄소 화합물의 반응을 통해 합성된 새로운 물질이 과학·기술·사회 발전에 끼친 영향을 영역별로 조사하여 보고서를 작성해 보자.

관련 학과 대기과학과, 물리학과, 분자생물학과, 수학과, 식품영양학과, 지구환경과학과, 천문우주학과, 통계학과, 해양학과, 화학과, 환경학과

《신소재 쫌 아는 10대》, 장홍제, 풀빛(2020)

국어 교과군

영어 교과군

수학 교과군

도덕 교과군

사회 교과군

과학 교과군

선택 과목	수능	세포와 물질대사	절대평가	상대평가
진로 선택	X		5단계	5등급

단원명 | 세포

| 🔍 | 탄수화물, 지질, 핵산, 단백질, 세포 소기관, 원핵세포, 진핵세포, 세포막, 물질 수송 과정, 삼투현상

[12세포01-01]

탄수화물과 지질의 종류와 주요 기능을 이해하고 생물체에 들어 있는 탄수화물과 지질을 관찰할 수 있다.

● ● ●

➡ 몸에 필요한 에너지를 제공하는 탄수화물의 종류와 생물학적 기능에 대해 조사해 보자. 그리고 당류와 전분, 섬유질 등의 탄수화물이 생물체 내에서 어떤 역할을 하고, 탄수화물의 구조와 기능 사이에는 어떤 관계가 있는지 탐구해 보자. 또한 탄수화물과 지질이 생물체 내에서 에너지를 생산, 저장, 전달하는 과정이나 물질대사 경로에 대해서도 탐구해 보자.

관련 학과 | 미생물학과, 분자생물학과, 생명과학과, 생물학과, 식품영양학과

이해하기 쉬운 고급영양학

구재옥 외 6명, 파워북(2022)

책 소개

사람은 생명과 건강을 유지하기 위하여 음식에서 영양소를 얻어야 하는데, 이 책은 이러한 영양소의 특성과 체내 대사 및 작용, 결핍증과 급원 식품 등에 대한 지식을 담고 있다. 그리고 여기서 더 나아가 영양소의 대사 과정, 영양 결핍이나 과다가 미치는 영향 등 생화학적·생리적 작용에 대해 알려 준다. 이 책을 통해 영양소와 관련된 질병을 예방하고 건강을 유지하는 식생활에 대해 이해할 수 있으며, 영양과 건강 관련 정보를 올바로 판단하고 합리적인 식품을 선택할 수 있다.

세특 예시

인체는 음식물을 섭취함으로써 필요한 영양소를 체내에 흡수하고 그 영양소로부터 에너지를 생산한다는 것을 학습한 후 체내의 대사 과정에 대해 관심을 가짐. 이에 따라 영양소의 특성과 대사 과정에 대한 탐구를 진행하였으며 '이해하기 쉬운 고급영양학(구재옥 외)'을 읽고 영양소의 대사 과정과 영양 결핍이나 과다가 미치는 영향에 대해 이해함. 영양소의 소화와 흡수 과정을 통해 인체에 필요한 에너지를 생성하는 과정에 대해 탐구하며, 건강을 유지하기 위해 식품 섭취량의 조절이 필요하다는 결론을 도출함. 수업을 통해 학습한 지식과 연계 독서활동을 바탕으로 이해한 내용을 융합하여 관심 분야의 결론을 도출하는 과정이 인상적임.

[12세포01-02]   ● ● ●

핵산과 단백질의 기본 구조와 세포에서의 주요 기능을 조사하여 설명할 수 있다.

➡ 특정 핵산 및 단백질의 기능, 신호 전달 경로와 상호작용에 대해 조사하고, 핵산과 단백질이 생물체의 생존과 발달에 어떤 역할을 하는지를 알기 위해 다음의 세 주제와 관련된 자료를 수집해 보자. 첫 번째는 유전 정보를 저장하고 전달하여 개체의 유전적 특성을 결정하는 DNA, 두 번째는 DNA 정보를 전사하여 단백질 합성에 관여하는 RNA, 세 번째는 생물체의 구조를 형성하고 생체의 구조와 기능을 조절하는 단백질이다. 이러한 자료 수집을 통해 생물체의 발달과 생존에 필수적인 핵산, 단백질의 상호작용을 탐구해 보자.

　`관련 학과` 분자생물학과, 생명과학과, 생물학과
《**단백질이 없으면 생명도 없다**》, 다케무라 마사하루, 배영진 역, 전나무숲(2018)

[12세포01-03]　　　　　　　　　　　　　　　·   ● ● ●

동물세포와 식물세포를 구성하는 세포 소기관의 구조와 기능을 이해하고, 세포 소기관들의 유기적 관계를 추론하여 협력적으로 소통할 수 있다.

➡ 세포 소기관들은 구조적인 조정과 기능적인 변화를 통해 서로 유기적으로 조절된다. 세포 소기관의 구조적인 조정과 기능적 변화에 대해 조사하고, 어떤 조건에서 소기관의 구조와 기능이 변화하는지 탐구해 보자. 이를 통해 세포 소기관들의 유기적 관계와 조절 메커니즘을 파악하여 발표해 보자.

　`관련 학과` 분자생물학과, 생명과학과, 생물학과
《**세포분자면역학**》, Abul K. Abbas 외 2명, 세포분자면역학 교재연구회 역, 범문에듀케이션(2016)

[12세포01-04]   ● ● ●

원핵세포와 진핵세포의 공통점과 차이점을 설명할 수 있다.

➡ 약 21억 년 전의 지층에서 광합성을 하는 진핵세포의 구조를 나타내는 조류의 화석이 발견되었다. 진핵조류 화석은 고대 바다에서 발견되는 석회질 침전물로 구성된 화석으로 지구 초기 생명의 흔적이라고 간주된다. 원생동물 시대에 등장했다고 하는 아메바는 다른 세포를 자신의 세포 속으로 끌어들여 포식하는 특성이 있다. 아메바가 포식하는 과정과 원생생물에서 진핵생물로 진화하는 과정 사이에 어떠한 공통점이 있는지 탐구하여 발표해 보자.

　`관련 학과` 농생물학과, 미생물학과, 분자생물학과, 생명과학과, 생물학과, 지구환경과학과, 해양학과
《**생명 최초의 30억 년**》, 앤드류 H. 놀, 김명주 역, 뿌리와이파리(2007)

[12세포01-05]   ● ● ●

세포막의 구조와 특성을 이해하고, 세포막을 통한 물질 수송 과정을 추론할 수 있다.

➡ 세포막은 세포질을 둘러싸서 외부 환경과 경계를 짓는 얇은 막으로, 선택적 투과성을 지닌다. 세포의 내외 부분에 경계를 만들어 세포의 내외 환경에 차이가 나게 함으로써 생명 활동이 유지되게 한다. 세포막을 통한 물질의 5가지의 수송 형태인 확산, 능동 수송, 삼투, 세포 내 섭취 작용, 세포외 배출 작용의 원리에 대해 탐구해 보자.

　`관련 학과` 분자생물학과, 생명과학과, 생물학과
《**세포의 세계**》, 제프하딘 외 2명, 유시욱 외 8명 역, 교문사(2023)

단원명 | 물질대사와 에너지

국어 교과군

영어 교과군

수학 교과군

도덕 교과군

사회 교과군

과학 교과군

| 🔍 | 물질대사, 에너지대사, 광합성, 세포호흡, ATP 역할, 효소, 효소 작용

[12세포02-01] ● ● ●

물질대사는 생명체에서 생명을 유지하기 위해 일어나는 화학 반응임을 이해하고 에너지의 출입이 동반됨을 추론할 수 있다.

➡️ 1일 에너지 섭취량과 소모량을 조사하여 에너지의 균형에 대해 탐구할 수 있다. 하루 동안 섭취한 음식의 종류와 양, 에너지의 양(kJ), 그리고 활동에 따른 에너지 소모량을 담은 표를 이용하여 섭취한 에너지의 양과 소비한 에너지의 양을 비교해 보자. 균형 있게 영양소를 섭취했는지, 섭취한 에너지의 양과 소모한 에너지의 양이 균형을 이루었는지 서로 평가해 보자. 이를 바탕으로 에너지 균형과 올바른 생활 습관에 대해 토의해 보자.

관련 학과 농생물학과, 생명과학과, 생물학과, 식품영양학과, 외식산업학과

《**영양소**》, 마키노 나오코, 김정아 역, 성안당(2020)

[12세포02-02] ● ● ●

생명 활동에 필요한 에너지를 공급하는 과정에서 광합성과 세포호흡 그리고 ATP의 역할을 설명할 수 있다.

➡️ 고슴도치나 박쥐, 다람쥐처럼 체온을 유지하기 위해 많은 에너지가 필요한 포유류는 먹이가 부족한 한겨울에 겨울잠을 통해 체내 에너지 소모를 줄여 생존율을 높이게 된다. 체내의 에너지 소모를 줄이는 겨울잠을 사람이 잘 수 있다면 장거리 우주여행은 물론 저체온 수술과 장기 이식, 다이어트, 수명 연장 등 다양한 분야에 활용될 수 있을 것이다. 겨울잠을 자는 포유류들이 체내 에너지 소모를 줄이는 과정에 대해 탐구해 보자.

관련 학과 동물자원과학과, 생명과학과, 생물학과

《**겨울잠을 자는 동물의 세계**》, 리자 바르네케, 이미옥 역, 에코리브르(2019)

[12세포02-03] ● ● ●

효소의 종류와 특성을 이해하고 효소의 활성에 영향을 미치는 요인에 대한 실험을 설계하여 수행할 수 있다.

➡️ 국내 연구진이 유전자 형질 전환을 통해 플라스틱 분해 효소를 발현시켜 미세 플라스틱, 페트병을 분해하는 식물성 플랑크톤을 개발하였다. 향후 수생 생태계의 플라스틱 연쇄 오염 및 생물 농축 차단에 큰 기여를 할 것으로 기대된다. 어패류 등의 수생 생명체는 미세 플라스틱을 먹이로 오인하여 섭취하는 경향이 있어, 먹이사슬을 통해 플라스틱 생물 농축이 일어날 우려가 있다. 수생 생태계의 연쇄 오염을 일으키는 미세 플라스틱을 분해하는 식물성 플랑크톤에 대해 탐구해 보자.

관련 학과 미생물학과, 생명과학과, 생물학과, 수산생명의학과, 환경학과

《**치명적인 독, 미세 플라스틱**》, 매트 사이먼, 최원재 역, 북하이브(2022)

[12세포02-04] ● ● ●

효소의 작용 기작을 이해하고, 생명체 내에서 일어나는 효소 작용의 중요성에 대해 다양한 매체를 활용하여 협력적으로 소통할 수 있다.

→ 대부분의 초식 동물은 식물의 세포벽을 분해하여 에너지원으로 이용할 수 있지만, 사람은 이를 소화해 에너지원으로 이용할 수 없다. 식물의 세포벽은 주로 섬유소로 이루어져 있으며, 사람의 소화 효소로는 분해하기 어려운 구조를 가지고 있기 때문이다. 하지만 초식 동물은 세포벽을 분해하기 위한 소화 메커니즘을 갖고 있고, 소화 효소를 생성하기에 섬유소를 분해할 수 있다. 사람과 초식 동물의 효소 작용에 대해 탐구하여 발표해 보자.

관련 학과 동물자원과학과, 미생물학과, 생명과학과, 생물학과, 식물자원학과, 식품영양학과, 화학과

《효소, 내 몸을 살린다》, 임성은, 모아북스(2010)

[12세포02-05]   ● ● ●

효소가 우리 생활이나 산업에 다양하게 이용되는 사례를 조사하여 발표할 수 있다.

→ 식품 산업이나 일상생활에서 효소가 어떻게 이용되는지 조사해 보자. 예를 들어, 식품의 발효 과정에서 효소가 어떻게 사용되는지, 효소가 음식의 맛과 품질에 어떤 영향을 주는지 등을 분석해 보는 것이다. 또한 효소를 이용한 식품가공 기술이 식품의 영양성 및 보존에 어떤 영향을 미치는지에 대한 실험을 설계하고 탐구해 보자.

관련 학과 미생물학과, 생명과학과, 생물학과, 식품영양학과, 외식산업학과, 화학과

《음식의 영혼, 발효의 모든 것》, 샌더 엘릭스 카츠, 한유선 역, 글항아리(2021)

단원명 ┃ 세포호흡과 광합성

| 🔎 | 미토콘드리아, 세포호흡, 인산화, 엽록체 구조, 광합성, 광합성 색소 분리

[12세포03-01]   ● ● ●

미토콘드리아의 구조를 이해하고 생명체 내에서의 미토콘드리아의 기능을 추론할 수 있다.

→ 미토콘드리아의 구조와 기능, 호흡 연쇄와 산소 소비, ATP 생산 등을 분석하고, 미토콘드리아가 세포 내에서 에너지 생산에 어떤 역할을 하는지를 탐구해 보자. 그리고 미토콘드리아의 에너지 생산과 세포 대사 조절의 관계, 미토콘드리아와 다른 세포 구성요소 간의 상호작용 등을 조사한 뒤, 미토콘드리아가 세포 대사 조절에 어떻게 기여하는지를 분석해 보자.

관련 학과 미생물학과, 분자생물학과, 생명과학과, 생물학과

《미토콘드리아》, 닉 레인, 김정은 역, 뿌리와이파리(2009)

[12세포03-02]   ● ● ●

세포호흡 과정의 단계별 특징을 다양한 매체를 활용하여 협력적으로 소통할 수 있다.

→ 세포호흡 과정에서 각 단계마다 작용하는 효소의 역할과 기작에 대해 탐구할 수 있다. 각 단계에서 필요한 효소의 종류와 기능, 활성 조절 등을 조사하여 효소의 중요성과 작용 원리를 파악해 보자. 또한 세포호흡 과정에서 ATP가 생성되고 에너지가 변환되는 과정을 탐구할 수 있다. 각 단계에서 일어나는 에너지 생성과 전달 과정, ATP 합성과 관련된 분자의 역할 등에 대해 깊이 있게 학습하고 관련 자료를 분석해 보자.

관련 학과 미생물학과, 분자생물학과, 생명과학과, 생물학과

생명은 어떻게 작동하는가
박문호, 김영사(2019)

> **책 소개**

이 책에는 호흡과 광합성에서 후성유전학까지, 생명 현상의 모든 것이 그림으로 기록되어 있다. 저자가 직접 수십 차례 그린 236컷의 그림과 '결정적 지식'을 제시하면서 호흡과 대사, 글루코스 분자의 분해와 합성, ATP 합성, 미토콘드리아의 TCA 회로, 세포질의 해당 작용, 생명의 출현에서 성장, 노화, 죽음과 유전까지, 생명 현상의 중요한 메커니즘을 분자 수준에서 서술하고 있다.

> **세특 예시**

세포가 영양소를 분해하여 에너지를 얻는 과정인 세포호흡에 대해 학습하고, 미토콘드리아와 세포질에서 발생하는 세포호흡에 대한 깊이 있는 탐구를 위해 교과연계 독서활동으로 '생명은 어떻게 작동하는가(박문호)'를 선정하여 읽음. 독서활동을 통해 세포는 생존 공간과 단백질을 제공하고 미토콘드리아는 에너지를 생산하는 공생 관계에 대해 파악함. 세포가 영양물질을 에너지로 바꾸는 세포호흡, 즉 광합성 생성 분자인 글루코스에 간힌 에너지를 방출하며 포도당으로 전환되고 미토콘드리아가 에너지원인 ATP 분자를 만드는 과정에 대해, 독서활동 과정에서 얻은 지식과 학습한 내용을 조합하여 발표함.

[12세포03-03] ● ● ●

세포호흡 과정에서의 인산화 과정을 기질 수준의 인산화와 산화적 인산화 과정으로 구분할 수 있다.

➡ 세포호흡 과정에서 인산화 과정의 조절 기전에 대해 조사해 보자. 특히 인산화 효소의 역할과 조절 과정, 인산화 과정에서의 속도 조절에 대해 자세히 분석하고 실험적으로 검증할 수 있는 방법을 탐구해 보자. 효소 활성도 변화를 측정하여 인산화 과정의 속도 조절을 검증할 수 있다.

관련 학과 미생물학과, 분자생물학과, 생명과학과, 생물학과

《**생명은 어떻게 작동하는가**》, 박문호, 김영사(2019)

[12세포03-04] ● ● ●

산소호흡과 발효의 공통점과 차이점을 이해하고, 실생활에서 발효를 이용한 사례 조사 계획을 세워 조사할 수 있다.

➡ 돼지고기는 단백질과 지방이 풍부하고 비타민 B1이 많은 것으로 알려져 있지만, 소화가 잘 되지 않는 경우 위에 부담을 줄 수 있다. 그래서 보통 새우젓과 함께 먹는다. 체질적으로 지방 분해 효소가 부족하여 돼지고기를 먹고 설사를 하는 사람의 경우, 새우젓과 함께 먹으면 설사를 예방할 수 있다. 새우젓은 젓갈의 종류 중 하나로 발효하는 과정에서 지방 분해효소인 리파아제를 만들어내고, 리파아제가 기름진 돼지고기의 소화를 도와주기 때문이다. 효소의 특성에 대해 학습한 뒤 화학 반응에서 효소의 역할과 새우젓의 발효 과정에 대해 탐구해 보자.

관련 학과 미생물학과, 생명과학과, 생물학과, 식품영양학과, 외식산업학과, 화학과

《**음식의 영혼, 발효의 모든 것**》, 샌더 엘릭스 카츠, 한유선 역, 글항아리(2021)

[12세포03-05]

엽록체의 구조를 이해하고 기능과 관련지어 설명할 수 있다.

엽록체의 구조, 엽록소의 흡수 및 작용 스펙트럼에 대해 조사할 수 있다. 엽록체의 구성 요소와 구조적 특징, 엽록체가 광합성을 수행하는 과정에 대해 탐구해 보자. 청색과 적색광을 주로 흡수하는 엽록소, 여러 가지 파장의 빛을 식물에 비추었을 때 광합성 속도가 달라지는 작용 스펙트럼, 엽록소 분자의 에너지 상태 변화와 파장변화 등 광합성 과정의 핵심적인 원리와 작용에 대해 분석하여 발표해 보자.

관련 학과 분자생물학과, 산림학과, 생명과학과, 생물학과, 식물자원학과, 원예학과, 조경학과, 화학과

《광합성의 세계》, 이와나미 요조, 심상철 역, 전파과학사(2019)

[12세포03-06]

광합성의 명반응과 탄소 고정반응을 단계별로 구분하여 특징을 이해하고 두 반응의 상호 관계를 추론할 수 있다.

광합성의 명반응과 탄소 고정반응이 식물 자원 생산에 어떤 영향을 미치는지 관련 매체 자료나 문헌 자료를 조사해 보자. 태양광 에너지의 획득과 탄소 고정의 효율성 등을 분석하여 식물 자원의 생산을 향상시키고 작물을 개량하는 방안에 대해 탐구해 보자.

관련 학과 농생물학과, 생물학과, 식물자원학과, 식품영양학과, 조경학과, 지구환경과학과

《광합성의 세계》, 이와나미 요조, 심상철 역, 전파과학사(2019)

[12세포03-07]

광합성과 세포호흡의 전자 전달계를 비교하여 공통점과 차이점을 다양한 매체를 활용하여 설명할 수 있다.

전자의 전달 과정과 화학적 삼투에 의해 ATP가 생성되는 공통된 과정에 대해 조사하고, 에너지 전환에 대한 내용과 방향, 그리고 반응이 발생하는 장소 등 서로 다른 과정에 대해 알아보자. 과학 저널이나 과학 기사, 동영상 플랫폼 등의 매체 자료를 수집하여 광합성과 세포호흡의 전자 전달계에 대해 탐구해 보자. 그리고 탐구한 광합성과 세포호흡의 공통점과 차이점에 대해 프레젠테이션 자료를 제작하여 발표해 보자.

관련 학과 미생물학과, 분자생물학과, 생명과학과, 생물학과, 식물자원학과

《생명은 어떻게 작동하는가》, 박문호, 김영사(2019)

[12세포03-08]

광합성 관련 과학사적 연구 결과를 조사하여 시각화 자료를 창의적으로 제작하여 협력적으로 소통할 수 있다.

영국의 연구팀에서 광합성 효율을 촉진하여 실제 작물의 생산성을 높이는 동시에 물을 효율적으로 사용하는 연구 결과를 발표하였다. 최적의 관리를 받아 생물적·비생물적 스트레스가 없는 상태에서 작물의 수확량은 재배 기간 동안의 입사 태양 복사, 빛 차단 효율, 에너지 변환 효율 등에 의해 결정된다. 식물 광합성을 방해하는 주요 병목현상(bottlenecks)을 해결함으로써 실제 작물의 생산성을 27% 증대시킨 연구 자료를 찾아 분석해 보자. 그리고 식물의 광합성 효율 촉진을 통한 작물의 생산성 향상에 대해 탐구해 보자.

관련 학과 농생물학과, 생명과학과, 생물학과, 식물자원학과, 원예학과

《식물은 어떻게 작물이 되었나》, 강석기, MID(2022)

국어 교과군

영어 교과군

수학 교과군

도덕 교과군

사회 교과군

과학 교과군

선택 과목	수능	생물의 유전	절대평가	상대평가
진로 선택	X		5단계	5등급

단원명 | 유전자와 유전물질

| 🔍 | 유전 형질, 상염색체, 성염색체, 유전병, DNA 구조, 원핵세포, 진핵세포, DNA 복제

[12유전01-01] •••

유전 형질이 유전자를 통해 자손에게 유전됨을 이해하고, 상염색체 유전과 성염색체 유전 양상의 차이를 설명할 수 있다.

➡ 상염색체 유전과 성염색체 유전 양상의 특이점에 대해 조사할 수 있다. 두 유전체의 구조, 유전자의 위치 및 분포, 돌연변이 발생률 등을 비교하여 상염색체 유전과 성염색체 유전의 차이점과 공통점을 조사해 보자. 또한 상염색체 유전 양상이 특정 질병과 연관성이 있는지를 조사하고, 질병 발생률, 유전적 질환의 성염색체 유전적 기원 등을 분석하여 성염색체 유전 양상이 질병 유전성에 미치는 영향에 대해서도 탐구해 보자.

관련 학과 생명과학과, 생물학과

《인류의 미래를 바꿀 유전자 이야기》, 김경철, 세종서적(2020)

[12유전01-02] •••

사람 유전 연구 방법의 어려움을 이해하고, 사람의 유전 현상 분석을 근거로 유전 형질의 유전적 특성을 추론할 수 있다.

➡ 유전자에 의해 결정되는 특정 형질(키, 눈 색깔, 머리카락 색상, 혈액형 등)의 유전적 특성에 대해 분석해 보자. 추가적으로 유전자 돌연변이, 유전적 위험 인자, 유전적 예측 모델 등을 분석하여 특정 질병의 발생과 유전적 원인의 관계를 탐구해 보자. 또한 유전과 환경의 영향을 파악하기 위해 활용되는 일란성 쌍둥이 연구도 조사해 보자.

관련 학과 동물자원학과, 생명과학과, 생물학과, 수산생명의학과, 축산학과, 환경학과

책 소개

이 책은 후성유전학에 대한 기초적 설명부터 응용과학까지 후성유전학을 이해하기 위해 꼭 알아야 할 주요 내용들을 폭넓게 다루고 있다. 또한 각 장에서 제시하는 흥미진진한 사례들은 후성유전학에 대한 심층적 이해를 돕는다. 제2차 세계 대전 중 겪은 네덜란드 대기근으로 인해 나타난 후성유전적 영향을 다루고, 스테로이드 복용으로 유명한 야구 선수 호세 칸세코의 사례를 통해 유전자가 세포 환경에 얼마나 민감하게 반응하는지를 보여 준다. 이 책을 통해 후성유전학의 거대한 잠재력과 능력을 경험할 수 있다.

쉽게 쓴 후성유전학

리처드 C. 프랜시스, 김명남 역,
시공사(2013)

유전 형질에 의한 유전적 특성에 대해 학습하고, 교과연계 독서활동으로 '쉽게 쓴 후성유전학(리처드 C. 프랜시스)'을 선정하여 읽으며 DNA 염기 서열의 변화 없이 나타나는 후성유전적 유전자 발현 조절에 대해 관심을 가짐. 유전적 특성에 대해 분석하고 유전적 요인과 환경적 요인이 형질에 어떠한 영향을 미치는지 탐구함. 환경은 유전자에 담겨 있는 세포의 변화를 매개로 삼아 유전자에 영향을 미칠 수 있으며, 유전자에 속하지 않는 후성유전적 부착물에 의해 DNA가 변형되는 과정이 일어날 수 있다는 것을 일란성 쌍둥이 사례를 통해 탐구하여 발표함.

[12유전01-03] ● ● ●

사람의 다유전자유전에 대해 이해하고, 유전 현상의 다양성 사례를 조사하여 과학적 근거를 활용하여 협력적으로 소통할 수 있다.

➡ 유전자의 발견과 관련된 많은 기사들이 매체를 통해 나오고 있다. 일례로 '국내 연구진, 암 사망률 1위 간암 악화 '핵심 유전자' 발견'이라는 기사가 실렸다. 구체적인 내용은 의대 교수팀이 간암 세포의 미토콘드리아가 손상됐을 때 영향을 받는 유전자 10개를 밝혀내고 이들이 암을 악화시킨다는 사실을 확인했다는 것이다. 간암은 중·장년층 암 사망률 1위를 차지하는 난치성 질환으로, 세포에 에너지를 공급하는 소기관인 미토콘드리아가 암세포의 악성화와 상관관계가 있다는 사실이 밝혀지면서 관련 연구가 활발하게 이뤄지고 있다. 암세포의 미토콘드리아 기능이 손상되면 산소 없이 당을 분해하는 방식으로 에너지를 공급해 암을 악성화시킨다는 것이다. 관련된 기사를 읽고 유전과 암의 관련성에 대해 탐구해 보자.

관련 학과 분자생물학과, 생명과학과, 생물학과

《암 유전체학 노트》, 박웅양, 바이오스펙테이터(2022)

[12유전01-04] ● ● ●

염색체와 유전자 이상에 대해 이해하고, 사람의 유전병을 발병 원인별 조사 계획을 세워 조사할 수 있다.

➡ 희귀 유전 질환은 약 8천여 종으로 특별한 치료 방법이 없는 경우도 있지만 조기 발견하면 치료가 가능한 경우도 있다. 이 중 약 6천 개 이상의 질병은 모계나 부계로부터 물려받은 단일 유전자 돌연변이에 기인하지만, 심장 질환이나 대부분의 암은 복잡한 유전자의 상호작용, 환경 요인과도 관련이 있다. 다양한 유전병의 종류와 특징을 탐구하여 발표해 보자.

관련 학과 생명과학과, 생물학과, 수산생명의학과

《질병 정복의 꿈, 바이오 사이언스》, 이성규, MID(2019)

[12유전01-05] ● ● ●

DNA의 구조와 유전물질 규명 관련 과학사적 연구 결과를 설명하기 위한 발표 자료를 창의적으로 제작할 수 있다.

➡ 생물체에서 단백질을 암호화하지 않는 DNA 구성요소를 비번역 DNA라고 한다. 1960년대에는 비번역 DNA

국어 교과군

영어 교과군

수학 교과군

도덕 교과군

사회 교과군

과학 교과군

는 단백질을 합성하는 데 관여하지 않거나 하지 못하는 유전자로 여겼으며, 비번역 DNA가 왜 존재하는지, 어떤 역할을 하는지 이해하지 못했다. 최근 엑손과 인트론의 역할 등이 밝혀지면서 유전자 발현의 기능성과 중요성이 이해되기 시작했다. 비번역 DNA의 비율은 복잡한 생물체일수록 높아지고, 인간의 경우 가장 큰 비중을 차지하고 있다. 그리고 다양한 감정, 행동, 성격 특성을 유전하는 역할을 한다는 연구 결과가 나왔다. 비번역 DNA의 유전자 발현을 조절하는 과정과 기능에 대해 탐구해 보자.

관련 학과 농생물학과, 분자생물학과, 생명과학과, 생물학과

《**DNA 유전자 혁명 이야기**》, 제임스 D. 왓슨 외 2명, 이한음 역, 까치(2017)

[12유전01-06] • • •

원핵세포와 진핵세포의 유전자 구조와 유전체 구성을 이해하고, 공통점과 차이점을 비교하여 설명할 수 있다.

➡ 원핵생물과 진핵생물 간의 유전자 발현 조절에 대한 연구 활동이 많이 진행되고 있다. 원핵생물에서는 통합적으로 조절되어야 하는 유전자들이 오페론을 이루어 함께 발현된다. 진핵생물에서는 수많은 유전자들이 세포의 종류와 시기에 따라 선택적으로 발현되고, 각 단계에서 유전자 발현이 조절될 수 있다. 원핵생물과 진핵생물의 유전자 발현 조절 메커니즘을 비교해 보자. 전사 조절, 후처리, 번역 조절 등의 단계에서 차이점과 유사점을 조사하고 원핵생물과 진핵생물의 유전자 발현 조절과 질병 사이의 관계에 대해 탐구해 보자.

관련 학과 미생물학과, 분자생물학과, 생명과학과, 생물학과

《**병원미생물학**》, Robert W. Bauman, 오계헌 외 4명 역, 바이오사이언스(2015)

[12유전01-07] • • •

반보존적 DNA 복제 과정을 이해하고 그 의미를 추론하여 협력적으로 소통할 수 있다.

➡ 반보존적 복제는 DNA 2중 가닥이 1가닥씩 갈라져, 갈라진 가닥과 상보적인 염기들이 복제된다는 것이다. 메셀슨과 스탈의 DNA 복제 실험에 대해 조사한 뒤, DNA 복제에 대한 이론적 탐구와 DNA 복제 실험에 대한 후속 활동으로 텔로머레이스 작용 원리를 파악해 보자. 그리고 정상세포에서는 거의 일어나지 않고 줄기세포, 배아세포, 면역 세포, 암세포 등에서만 발현하는 텔로머레이스 발현 과정에 대해 탐구해 보자.

관련 학과 분자생물학과, 생명과학과, 생물학과

《**늙지 않는 비밀**》, 엘리자베스 블랙번·엘리사 에펠, 이한음 역, 알에이치코리아(2018)

단원명 | 유전자의 발현

| 🔍 | 유전자 발현 과정, 유전 정보, 세포 분화, 단백질 합성

[12유전02-01] • • •

전사와 번역 과정을 거쳐 유전자가 발현되는 중심원리를 이해하고, 모형을 이용하여 유전자 발현 과정을 설명할 수 있다.

➡ 대장균은 포도당을 이용하여 호흡과 발효를 통해 에너지를 생산하는 세균이다. 배지에 포도당이 있는 경우, 대장균은 호흡이나 발효를 통해 포도당을 분해하여 에너지를 효율적으로 생산하고 빠르게 증식할 수 있다. 대장균의 탄수화물 이용과 관련된 유전자를 조작하여, 이것이 대장균의 대사 능력에 어떤 영향을 미치는지 탐구해

보자. 이어서 특정 유전자를 삽입, 삭제 또는 조절하여 대장균의 탄수화물 이용 능력을 변화시키고 결과를 분석하는 유전공학 연구 분야에 대해 조사해 보자.

관련 학과 미생물학과, 분자생물학과, 생명과학과, 생물학과

《유전공학의 이해》, 남상욱 외 2명, 라이프사이언스(2023)

[12유전02-02]　　　　　　　　　　　　　　　　　　　　　　　　　　　● ● ●

유전 부호를 이해하고, 유전 부호 표를 사용하여 유전 정보를 해독할 수 있다.

➡ 유전 부호 해독을 통해 얻은 유전 정보가 특정 유전적 질병과 연관성이 있는지 조사해 보자. 특정 유전적 변이와 질병 발생 사이의 관련성을 조사하고, 유전 부호 해독을 질병의 예방이나 진단, 치료에 활용할 수 있는 방안에 대해 탐구해 보자. 이를 통해 의료의 효율성과 개인 건강관리의 질을 향상시킬 수 있는지에 대해 발표해 보자.

관련 학과 분자생물학과, 생명과학과, 생물학과, 수산생명의학과

《크레이그 벤터 게놈의 기적》, 크레이그 벤터, 노승영 역, 추수밭(2009)

[12유전02-03]　　　　　　　　　　　　　　　　　　　　　　　　　　　● ● ●

원핵생물과 진핵생물의 유전자 발현 조절 과정을 비교하기 위한 설명 자료를 다양한 매체를 활용하여 제작할 수 있다.

➡ 말단 소체는 염색체를 구성하는 DNA의 끝에 있는 부위로 세포가 분열할 때마다 조금씩 짧아진다. 그리고 어느 길이 이상으로 짧아지면 DNA가 더는 복제하지 못해 세포 분열을 멈추고 노화가 일어난다. 말단 소체는 특정 유전자의 발현을 조절하기도 하는데, 근육 위축증을 일으키는 유전자의 경우 발현되지 않고 있다가 말단 소체가 짧아짐에 따라 발현되기도 한다. 말단 소체가 DNA 복제와 유전자 발현에 관여하는 과정에 대해 조사하고, 말단 소체가 짧아졌을 때 특정 유전자가 발현되는 이유에 대해 탐구해 보자.

관련 학과 분자생물학과, 생명과학과, 생물학과

《텔로미어와 텔로머레이스》, 오상진, 탐구당(2022)

[12유전02-04]　　　　　　　　　　　　　　　　　　　　　　　　　　　● ● ●

생물의 발생 과정에서 세포 분화가 유전자 발현 조절 과정을 통해 일어남을 추론할 수 있다.

➡ 생물의 발생 과정에서 세포 분화 이상이 어떻게 질병 발생과 연관되는지 조사할 수 있다. 발생 초기부터 최종적인 세포 분화까지의 과정과 관련된 신호 분자, 환경 요인 등을 분석하고 유전자 발현 과정에 대해 탐구한 뒤, 이러한 세포 분화 메커니즘의 이해를 통해 발생 과정에서의 세포 분화 제어에 대한 자료를 찾아 분석해 보자. 세포 분화 과정에서의 유전자 변이 등이 질병 발생에 어떤 영향을 미치는지 분석하고, 발생 과정에서의 세포 분화와 질병의 연결점을 탐구해 보자.

관련 학과 분자생물학과, 생명과학과, 생물학과

《세포분자면역학》, Abul K. Abbas 외 2명, 세포분자면역학 교재연구회 역, 범문에듀케이션(2016)

[12유전02-05]　　　　　　　　　　　　　　　　　　　　　　　　　　　● ● ●

생물의 유전자 발현 조절 및 발생에 대한 연구가 인류 복지에 기여한 사례를 조사하여 협력적으로 소통할 수 있다.

➡️ 식물 개량은 농업이나 식량 생산에 매우 중요한 역할을 한다. 식물 개량을 통해 작물의 생산성과 수확량을 높이고 질병이나 해충, 기후변화와 같은 위협에 대한 작물의 저항력을 강화할 수 있다. 유전자 발현 조절을 통해 식물의 특성을 개량한 연구 사례를 조사해 보자. 특정 유전자의 발현을 조절하여 식물의 수확량, 내성, 영양성 등을 개선하는 방법에 대해 탐구해 보자.

> 관련 학과 　농생물학과, 산림학과, 생명과학과, 생물학과, 식물자원학과, 식품영양학과, 원예학과, 조경학과
> 《식물유전자, 유전체 그리고 유전학》, Erich Grotewold 외 2명, 김남수 외 2명 역, 월드사이언스(2017)

단원명 | 생명공학기술

| 🔍 | 단일클론항체, 줄기세포, 유전자 편집 기술, 난치병 치료, 단백질 화합물, 유전자 변형 생물체(LMO), 생명윤리

[12유전03-01]　　　　　　　　　　　　　　　　　　　　　　　● ● ● ●

생명공학기술 발달 과정에서의 주요 사건을 조사하고 다양한 매체를 활용하여 발표할 수 있다.

➡️ 코노톡신은 청자고둥이 지닌 신경독을 총칭하는 것으로, 청자고둥은 신경 독소를 이용하여 먹이를 잡는다. 그런데 사람을 죽일 수 있는 무서운 신경 독소인 코노톡신이 사람을 살리는 진통제 역할을 하기도 한다. 모르핀보다 수백 배 이상 진통 효과가 높으며, 혈압 상승이나 운동 기능 저하 같은 부작용 없이 손상된 신경을 재생하는 효과가 있다고 한다. 또한 보툴리눔 독소는 신경 전달 물질인 아세틸콜린의 작용을 억제하여 근육 마비를 일으키는 신경 독소인데, 인간은 이 독소를 보톡스로 활용하여 주름을 개선하는 데 사용한다. 이처럼 생물의 독소를 이용한 사례를 조사하고, 독소가 체내에 들어왔을 때 인체의 변화에 대해 탐구하여 발표해 보자.

> 관련 학과 　분자생물학과, 생명과학과, 생물학과
> 《독은 우리 몸에 어떤 작용을 하는가》, 다나카 마치, 이동희 역, 전나무숲(2022)

[12유전03-02]　　　　　　　　　　　　　　　　　　　　　　　● ● ● ●

단일클론항체, 줄기세포, 유전자 편집 기술이 난치병 치료에 활용된 사례를 조사하고, 이러한 치료법의 전망에 대해 협력적으로 소통할 수 있다.

➡️ 우리나라 대표 바이오 분야 전문 연구기관인 한국생명공학연구원(KRIBB)은 1985년 설립되어, 국가 생명과학기술 혁신과 바이오 산업 발전을 선도하고 바이오 핵심기술 개발을 하고 있다. 한국생명공학연구원의 연구진이 줄기세포 치료를 목적으로 자기공명영상 기반의 줄기세포 생체 모니터링 시스템을 개발하였으며, 이 시스템을 이용하면 줄기세포를 이용한 재생의학 분야에서 자기공명영상 기술을 활용하여 줄기세포 분화 치료 효과를 시각적으로 입증하는 것이 가능하다고 한다. 이러한 연구 자료를 찾아 그 원리에 대해 탐구해 보자.

> 관련 학과 　물리학과, 미생물학과, 분자생물학과, 생명과학과, 생물학과
> 《지방줄기세포와 재생의학》, Yves-Gerard Illouz 외 1명, 최성덕 외 21명 역, 한솔의학(2016)

[12유전03-03]　　　　　　　　　　　　　　　　　　　　　　　● ● ● ●

생명공학기술 관련 학문 분야를 이해하고 우리 생활과 산업에 활용 사례를 조사하여 창의적으로 설명 자료를 제작할 수 있다.

➡ 연잎의 강한 소수성은 물방울로 연잎에 있는 먼지를 쓸어내리며 깨끗한 상태를 유지하는 자정 작용을 한다. 과학자들은 연잎의 표면을 덮고 있는 나노 돌기가 지니는 소수성을 이용하여 방수성이 좋은 우산을 개발하였다. 이처럼 생물의 특징을 활용한 실생활 속의 제품을 찾아보고 그 원리에 대해 탐구해 보자. 또한 주변에서 자원으로서의 가치가 높은 생물을 찾아서 분류해 보자.

관련 학과 생명과학과, 생물학과

《알고 나면 놀라운 생활 속 과학》, 이보경, 지브레인(2021)

[12유전03-04]　　　　　　　　　　　　　　　　　　　　　　　　　　• • •

유전자 변형 생물체(LMO)의 특징을 이해하고 인간과 생태계에 미치는 영향을 추론할 수 있다.

➡ LMO(Living Modified Organisms)는 생명공학기술을 이용하여 얻어진 유전적 물질의 고유한 조합을 함유하는 생물체를 말하는데, 생식과 번식을 할 수 있는 유전자 변형 생물체를 지칭한다. LMO를 이용한 유전자 변형은 농작물의 생산성과 내성을 향상시킬 수 있다. 또한 고영양성 작물을 개발하여 영양 결핍이 심한 지역에서 영양 부족 문제를 완화시킬 수 있다. 반면에 생물다양성 감소 등의 문제를 야기할 수 있으며, 알레르기 반응이나 부작용 등 인간에게 미칠 잠재적 위험성도 있다. 따라서 신중한 평가와 안전성 검증이 필요하다. 유전자 변형 생물체의 영향에 대해 조사하고 안전성에 대해 토의해 보자.

관련 학과 농생물학과, 동물자원과학과, 생명과학과, 생물학과, 식물자원학과, 식품영양학과

《생명공학 소비시대 알 권리 선택할 권리》, 김훈기, 동아시아(2013)

[12유전03-05]　　　　　　　　　　　　　　　　　　　　　　　　　　• • •

생명공학기술의 활용 과정에서 나타나는 문제점과 이에 대한 사회적 책임을 인식하고 생명윤리 쟁점에 대해 의사 결정할 수 있다.

➡ 농촌진흥청의 연구팀은 생명공학기술을 활용하여 형질 전환 돼지를 생산해 장기가 손상된 사람에게 장기를 이식해 주기 위한 연구를 진행하였다. 형질 전환 돼지의 장기를 인간에게 이식해도 면역 거부 반응은 일어나지 않는다. 장기 이식용 복제 돼지가 생산되면서 인간의 몸에 형질 전환 돼지의 장기를 이식하는 의료 행위가 현실화될 가능성이 커졌다. 인간의 몸체에 형질 전환 돼지의 장기를 이식하는 의료 행위의 문제점과 생명윤리에 대해 토의해 보자.

관련 학과 농생물학과, 동물자원과학과, 생명과학과, 생물학과, 축산학과

책 소개

이 책은 유전자 변형 인간의 탄생이 최근 왜 큰 이슈가 되고 있으며, 우리가 왜 관심을 가져야 하는지 그 이유를 설명한다. 또한 유전자 변형 기술의 탄생과 유전학의 역사를 새로 쓴 생물들의 이야기, 인간 복제에 대해 소개하고, 인간 유전자 변형과 GMO사피엔스 생산 등의 시도를 가능하게 한 과거의 유전학 발견 및 연구를 살펴본다. 또한 GMO사피엔스를 만드는 방법, 문화, 예술 측면에서 바라본 유전학의 미래 사회 양상, 유전자 변형 기술을 둘러싼 과학계의 최근 움직임을 다루고 있다.

세특 예시

초기 배아의 유전자 편집 실험이 합법화되고 유전자 변형 태아를 생산하

GMO사피엔스의 시대

폴 뇌플러, 김보은 역, 반니(2016)

는 연구가 진행되고 있는 다른 나라의 사례를 접하고서 유전자 변형 인간과 복제 인간에 대해 관심을 갖고 탐구함. 교과연계 독서활동으로 'GMO 사피엔스의 시대(폴 뇌플러)'를 선정하여 읽고 유전자 변형 기술에 대해 분석하였으며 그 중심에 있는 체외수정법과 유전자 가위 크리스퍼-Cas9이라는 도구에 대해 조사함. 시험관 아기의 탄생과 난세포질 이식을 포함한 체외수정법, 인간의 유전자 변형과 GOM사피엔스 생산 시도에 대한 유전학적 연구에 대해 탐구하여 발표함.

국어 탐구보고서

영어 탐구보고서

수학 탐구보고서

도덕 탐구보고서

사회 탐구보고서

과학 탐구보고서

선택 과목	수능	지구시스템 과학	절대평가	상대평가
진로 선택	X		5단계	5등급

단원명 | 지구 탄생과 생동하는 지구

| 🔍 | 지구시스템, 탄소의 순환 과정, 판구조론, 플룸 구조 운동, 암석의 순환 과정, 화산 활동, 지진파

[12지시01-01] ● ● ●

지구의 탄생 이후 지구 대기, 원시 바다, 생명체 탄생 등의 과정을 통한 지구시스템 각 권역의 형성 과정을 추론할 수 있다.

➔ 원시 지구가 성장해 행성의 초기 모습을 갖추는 과정에서 행성의 각 권역은 상호작용을 통해 진화했다. 지구에 광합성을 하는 생물이 출현한 이후로 산소가 본격적으로 생성되었다. 산소의 생성은 광합성 생물 출현의 근거가 될 수 있는데, 초기의 광합성 생물이 해양에 서식했다는 점에 착안하여 산소가 생겨났다는 증거를 어떻게 확인할 수 있는지 탐구해 보자.

관련 학과 농생물학과, 대기과학과, 생명과학과, 생물학과, 지구환경과학과, 환경학과

《지구 이야기》, 로버트 M. 헤이즌, 김미선 역, 뿌리와이파리(2014)

[12지시01-02] ● ● ●

지구시스템이 진화해 온 역사에서 물, 탄소, 산소의 순환 과정을 통해 지권, 수권, 기권이 변화해 왔음을 추적할 수 있다.

➔ 얼음은 고체인데 액체 상태의 물에 뜬다. 물질의 부피는 밀도와 관계가 있는데, 얼음이 물보다 밀도가 작기 때문에 물에 뜨는 것이다. 만약 얼음이 물에 뜨지 않았다면, 지구에 생명체가 번성하는 데 어려움이 발생했을 것이다. 물은 4℃에서 가장 무거운데, 만약 얼음이 물보다 밀도가 크다면 추운 겨울에 호수는 얼음으로 이뤄지고 물고기들이 살 수 있는 환경도 만들어지지 않았을 것이다. 물의 특성을 근거로 생명체의 번성 가능성에 대한 탐구를 진행해 보자.

관련 학과 농생물학과, 분자생물학과, 생명과학과, 생물학과, 수산생명의학과, 지구환경과학과, 해양학과, 화학과

《물의 과학》, 제럴드 폴락, 김홍표 역, 동아시아(2018)

[12지시01-03] ● ● ●

판구조론의 발달사와 관련지어 판을 움직이는 맨틀의 상부 운동과 플룸에 의한 구조 운동을 구분할 수 있다.

➔ 지구의 내부는 여러 층상 구조로 구성되어 있으며, 온도와 압력, 구성 물질이 다르다. 금강석과 흑연은 탄소로 이뤄졌지만, 원자 결합 구조가 서로 다르다. 천연 금강석은 산출량이 많지 않으며, 공업용 금강석의 대부분은 흑연을 2,000℃ 이상, 10만 기압의 상태에서 가공하여 만든 것이다. 공기를 차단한 상태에서 금강석을 약

3,000℃까지 가열하면 흑연으로 바뀐다. 판의 경계에서 온도와 압력에 따른 원소 분포에 대해 탐구해 보자.

관련 학과 물리학과, 지구환경과학과, 화학과

《원소 이야기》, 팀 제임스, 김주희 역, 한빛비즈(2022)

[12지시01-04]

암석의 순환 과정에서 화산 활동의 역할과 화산 활동으로 생성되는 암석의 특성을 추론할 수 있다.

➡ 지구는 상부 맨틀과 지각으로 이루어진 판이 이동하면서 지진과 화산 활동 등의 지각 변동이 일어난다. 달이나 수성의 경우 내부 에너지가 사라진 것으로 추정되므로 판의 운동이 일어나지 않는다. 금성과 화성은 과거 지각 변동의 흔적이 발견되지만 현재는 판의 운동이 일어나지 않는 것으로 알려져 있다. 화성의 올림푸스 몬스산은 태양계에서 가장 높은 산으로 약 20km 이상 솟아 있다. 만약 화성에서 지구와 같은 판 구조 운동이 일어난다면 판의 경계에서 열도를 형성했을 것이다. 지구에서 판의 운동이 일어나는 원리와 다른 행성에서 판의 운동이 일어나지 않는 이유에 대해 탐구해 보자.

관련 학과 물리학과, 지구환경과학과, 천문우주학과

《베게너의 지구》, 김영호, 나무와숲(2018)

[12지시01-05]

지진파의 종류와 특성을 이해하고, 지진파를 이용하여 지구 내부구조를 알아내는 과정을 탐구할 수 있다.

➡ 2011년에 발생한 동일본 대지진은 수많은 인명 피해와 경제적 손실을 남겼다. 일본 동북쪽 바다의 해저에서 발생한 규모 9.0의 지진은 수십 미터 파고의 쓰나미를 일으켰고, 원자력 발전소의 가동 중단과 방사능 물질의 누출 사태까지 발생시켰다. 2016년 우리나라 경주에서도 규모 5.8에 해당하는 지진이 발생하여 지진의 전조 현상에 대한 조사와 지진 예측을 위한 연구가 진행되고 있다. 지진의 전조 현상에 대해 조사하고, 전조 현상이 지진 발생과 어떤 연관이 있는지 그 과학적 근거에 대해 탐구해 보자.

관련 학과 물리학과, 지구환경과학과, 화학과

《우리를 위협하는 지진과 생활》, 김소구, 학산미디어(2016)

단원명 | 해수의 운동

| 🔍 | 에크만 수송, 지형류, 해파, 천해파, 심해파, 해일, 조석

[12지시02-01]

에크만 수송과 관련지어 지형류의 발생 원리를 설명할 수 있다.

➡ 미국의 하와이와 캘리포니아 사이의 북태평양 바다에 버려진 쓰레기들이 바람과 해류의 순환으로 한곳에 모이면서 한반도 6배 크기의 쓰레기 섬이 만들어졌다. 이 쓰레기 섬은 1950년대부터 10년에 10배씩 증가하고 있으며, 이로 인한 2차 환경오염도 확대되고 있다. 쓰레기 섬을 이루는 쓰레기의 종류와 북태평양의 특정 지역에 쓰레기가 모이는 원인에 대해 해류와 연관 지어 탐구해 보자.

관련 학과 수산생명의학과, 지구환경과학과, 해양학과, 환경학과

플라스틱 바다

찰스 무어·커샌드라 필립스,
이지연 역, 미지북스(2013)

책 소개

이 책은 인간의 창조물인 플라스틱이 바다를 점령하고 해양 오염을 일으키는 실상에 대해 파헤친다. 태평양의 거대 쓰레기 지대라고 불리는 이 플라스틱 표류물이 어떻게 바다에 표류하게 되었는지 알려 준다. 플라스틱으로 인한 환경오염과 플라스틱이 해양 생물의 먹이사슬에 침투하게 된 사연, 화학물질에 중독된 이누이트족 사례 등은 플라스틱에 대한 경각심을 불러일으킨다.

세특 예시

지형류의 발생 원리에 대해 학습하는 과정에서 해류에 의해 태평양 가운데 플라스틱 쓰레기가 쌓이고 이에 따른 해수 오염이나 해양생태계 문제가 심각하다는 것을 인식함. 교과연계 독서활동으로 '플라스틱 바다(찰스 무어·커샌드라 필립스)'를 선정하여 읽고 북태평양 한가운데 수십 톤의 플라스틱 조각이 생성된 원인과 위험성에 대해 탐구함. '태평양 거대 쓰레기 지대(the Great Pacific Garbage Patch)'라고 불리는 플라스틱 해양오염의 실상과 이로 인한 해양 생물의 먹이사슬 변화, 화학물질에 중독된 이누이트족 사례를 분석함. 에크만 수송과 지형류의 발생 원리를 적용하여 태평양에 쓰레기 섬이 발생하는 원인에 대해 발표함.

[12지시02-02] ●●●

해파의 발생 과정을 이해하고, 천해파와 심해파의 차이점을 비교·설명할 수 있다.

➡ 먼 바다에서 잔잔하게 출렁이던 너울이 해안 가까이 접근하게 되면 해파는 하얗게 거품을 일으키며 부서진다. 특히 태풍이나 바람이 강하게 부는 날에는 훨씬 더 크고 높은 파도가 생성된다. 해안에서 볼 수 있는 파도는 어떻게 생성되는지 조사해 보자. 또한 해저의 경사가 급할 때와 완만할 때 해파가 부서지는 모양이 어떻게 다른지 탐구하고, 해안가에서 부서지는 파도의 모양을 관찰 및 분석하여 해저면의 경사와 모양에 대해 예측해 보자.

관련 학과 물리학과, 지구환경과학과, 해양학과, 환경학과

《**최신 해양과학**》, Alan P. Trujillo 외 1명, 이상룡 외 6명 역, 시그마프레스(2017)

[12지시02-03] ●●●

해일이 발생하는 여러 가지 원인을 이해하고, 피해 사례와 대처 방안을 제안할 수 있다.

➡ 소행성 충돌이나 대규모의 지진 발생을 소재로 한 재난 영화를 보면 거대한 지진 해일, 쓰나미가 발생하여 해안을 덮치는 장면이 나온다. 2004년 인도네시아 수마트라섬의 지진이나 2011년 동일본 대지진 때는 높이 약 10m가 넘는 지진 해일로 많은 피해가 발생했다. 또한 46억 년의 지구 역사 중 중생대 말에 지름 10㎞의 소행성이 멕시코 유카탄 반도에 떨어져 높이 1㎞ 정도의 해일이 생겼을 것으로 추정한다. 지진에 의해 발생한 해일이 전파되어 가는 과정에 대해 조사하고 해안에 근접할수록 해일의 높이가 높아지는 이유에 대해 탐구해 보자.

관련 학과 물리학과, 수학과, 지구환경과학과, 해양학과

《**물리해양학**》, John A. Knauss 외 1명, 조양기 외 3명 역, 시그마프레스(2019)

[12지시02-04] • • •

조석의 발생 과정을 이해하고 자료 해석을 통해 각 지역에서의 조석 양상을 설명할 수 있다.

➡ 1992년 6월 UN 기후변화협약 이후, 우리나라는 조류를 이용해 전기를 생산하는 친환경 시스템을 구축하기 위해 아시아 최초의 조류 발전소인 '울돌목시험조류발전소'를 준공했다. 2005년부터는 전남 해남군의 명량해협에 조류 발전소 건설을 추진하여 2009년에 완공하였다. 조류 발전은 조수간만의 차에 의해 발생하는 해수의 높은 유속을 이용하여 전기를 생산하는 방식이다. 울돌목을 조류 발전소 위치로 선정한 이유에 대해 탐구해 보자.

관련 학과 물리학과, 지구환경과학과, 해양학과, 환경학과

바다가 만든 자연에너지

이광수·박진순, 지성사(2013)

책 소개

청정에너지 생산 기지인 바다에서 생산하는 에너지에 대해 알기 쉽게 설명한 책이다. 세계에서 다섯 번째로 설립되었으며 세계 최대 규모를 자랑하는 시화호조력발전소와 국내에서 처음 건설되었으며 세계적 관심을 받고 있는 울돌목조류발전소의 설립 배경과 건설 과정에 대해 자세히 소개한다. 이 책을 통해 바다에서 얻을 수 있는 미래 에너지 생산에 대한 궁금증을 해소하고, 시화호조력발전소와 울돌목조류발전소의 과학적 연구 성과를 한눈에 이해할 수 있을 것이다.

세특 예시

조석의 발생 과정에 대해 학습하고 조류를 이용한 친환경 에너지를 생산하는 조력 발전에 관심을 가짐. 교과연계 독서활동으로 '바다가 만든 자연에너지(이광수)'를 선정하여 읽고, 아시아 최초 조류 발전소인 울돌목조류발전소에 대해 관련 자료를 분석함. 조류를 이용해 터빈을 돌려 에너지를 얻는 조류 발전에서 조류의 속도가 중요함을 인식하고, 진도 울돌목의 평균 유속이 5.5m/s로, 우리나라에서 유속이 가장 빠르고 적합한 수심을 가진 곳이라 선정되었음을 분석하여 발표함.

단원명 | 강수 과정과 대기의 운동

| 🔍 | 단열선도, 대기의 안정도, 단열변화, 전향력, 정역학적 균형, 바람의 종류, 행성파, 편서풍 파동

[12지시03-01] • • •

대기를 구성하는 기체들이 선택적 흡수체임을 이해하고, 온실효과 및 태양 자외선 차단 효과, 물의 존재 등으로 지구 생명체 존재 조건을 추론할 수 있다.

➡ 지구온난화는 지구환경과 생태계, 인간의 생활에 큰 영향을 미치고 있는데, 지구온난화의 영향으로 우리나라의 여름과 겨울의 기간이 어떻게 변화하고 있는지 조사해 보자. 또한 대기 중 이산화탄소의 농도가 증가하면 해양이 산성화되는 이유와 그 과정에 대해 탐구해 보자. 추후 활동으로 지구온난화를 막기 위해 인위적으로 기후 시스템을 변경하는 방법과 기술에 대한 탐구를 진행해 보자.

관련 학과 농생물학과, 대기과학과, 산림학과, 식물자원학과, 지구환경과학과, 환경학과
《**재미있는 해양생태학**》, 정해진, 서울대학교출판문화원(2022)

[12지시03-02] • • •

지표와 대기의 열 출입과 관련된 물리 과정 및 전 지구 평균 열수지를 해석할 수 있다.

➲ 온실효과 때문에 지구의 온도가 상승하고 강수 패턴이 변화하고 있다. 이는 농작물의 종류와 생산량에 큰 영향을 미치며, 자연재해와 병충해를 야기한다. 이에 열수지와 식량 생산이라는 주제를 선정하여 '기후변화에 따른 농작물의 종류와 재배 방법의 변화'와 같은 소주제로 탐구해 보자. 벼나 밀 같은 특정 작물에 대해 기온, 강수량 등의 변수가 생산량에 미치는 영향을 모델링하여 저탄소 농업 기법, 병충해에 내성 있는 작물의 개발에 대한 탐구활동을 진행해 보자.

관련 학과 농생물학과, 대기과학과, 생명과학과, 생물학과, 식물자원학과, 원예학과, 환경학과
《**미래를 바꾸는 탄소 농업**》, 허북구, 중앙생활사(2022)

[12지시03-03] • • •

기온의 연직 분포와 대기의 안정도와의 관계를 이해하고, 단열변화를 통해 안개나 구름이 생성되는 과정 및 강수 과정을 분석할 수 있다.

➲ 조선 전기의 문신인 강희맹이 쓴 《금양잡록》은 오래된 농서 중 하나로 농업사 연구에 있어 귀중한 자료이다. 이 책에서 '영서, 경기 사람들은 영동 지방 사람들과 달리 높새바람이 부는 것을 싫어하고, 서풍이 불기를 바란다. 이 바람이 심하게 불 때는 논밭의 물고랑이 마르고, 어린 벼가 오그라들어 자라지 않는다'라는 내용에 등장하는 높새바람의 성질에 대해 조사해 보자. 높새바람에 의해 영서, 경기 지방과 영동 지방의 기상 요소가 어떻게 다르게 나타나는지 탐구해 보자.

관련 학과 농생물학과, 대기과학과, 지구환경과학과
《**농업기술과 한국문명**》, 염정섭·소순열, 들녘(2021)

[12지시03-04] • • •

기압의 연직 분포로 정역학적 균형을 이해하고, 대기 중 연직 운동의 발생 원인을 추론할 수 있다.

➲ 공기는 바람의 형태로 기압이 높은 곳에서 낮은 곳으로 이동한다. 지구의 대기권 내에서는 고도가 높아질수록 기압이 감소하기 때문에 공기 덩어리는 기압 차이로 인해 위쪽으로 움직이려는 힘을 받는다. 하지만 구름의 발생이나 적운형 구름, 태풍 등의 큰 상승력이 없는 경우는 연직 방향의 기압 차이에 의해 상승하는 운동이 잘 일어나지 않는다. 실제 대기에서 수평 방향의 바람은 지표 부근에서 50m/s, 상층 대기에서 100m/s가 넘는 경우도 있지만, 연직 방향의 기류는 일반적으로 0.1m/s를 넘지 않는다. 그 이유에 대해 탐구해 보자.

관련 학과 대기과학과, 지구환경과학과, 환경학과
《**기상 예측 교과서**》, 후쿠카와 다케히코·오키 하야토, 신찬 역, 보누스(2020)

[12지시03-05] • • •

지균풍, 경도풍, 지상풍의 발생 원리와 관련된 힘의 작용을 설명할 수 있다.

➲ 기상 관측소에 설치된 풍향계를 보고 어느 지점에서 바람이 불고 있는지 확인하자. 이후 지균풍과 경도풍, 지

상풍의 발생 원리를 학습하고 지상에서 상층으로 갈수록 변화하는 바람의 방향에 대해 토의해 보자. 바람의 방향과 지균풍과 경도풍에 작용하는 힘의 종류에 대해 조사한 뒤 북반구와 남반구에서 지균풍의 풍향은 어떻게 차이가 날지 분석하여 발표해 보자.

관련 학과 대기과학과, 물리학과, 지구환경과학과, 천문우주학과, 환경학과

《기상 역학》, 이우진, 휴앤스토리(2019)

[12지시03-06]   ● ● ●

행성파의 발달 과정을 이해하고, 지상 고·저기압 발달에서 편서풍 파동의 역할을 평가할 수 있다.

황사는 일상생활에 많은 불편함을 주고 반도체 산업과 같은 정밀 산업에 심각한 피해를 준다. 기상청 날씨누리의 황사 관측 현황을 통해 황사의 발원지를 알아보고 황사가 편서풍 파동과 어떤 관련이 있는지 탐구해 보자. 황사가 우리 삶에 미치는 장단점에 대해 조사하고 황사 발생 시의 행동 요령에 대해 발표해 보자.

관련 학과 농생물학과, 대기과학과, 지구환경과학과, 환경학과

《쉽게 배우는 기상학》, 채동현 외 4명, 교육과학사(2017)

국어 교과군
영어 교과군
수학 교과군
도덕 교과군
사회 교과군
과학 교과군

단원명 | 우주탐사와 행성계

|🔍| 태양계, 우주탐사, 태양 활동 감시 시스템, 케플러 법칙, 소천체, 외계 행성계

[12행우01-01] •••

태양계 탐사선의 활동을 통해 알아낸 성과를 이해하고, 인공위성을 활용한 우주탐사의 필요성을 토론할 수 있다.

➔ 대한민국 최초 우주인으로 결정된 이소연이 2008년 4월 8일 소유즈 우주선TMA-12호를 타고 고도 약 240㎞ 정상 궤도에 진입해 국제우주정거장인 ISS에 도킹한 과정과 우주에서 실시한 실험 내용에 대해 조사해 보자. 이소연은 국제우주정거장에서 10일간 총 18개의 우주 과학실험을 실시했다. 식물 발아 생장 및 변이 관찰 실험, 초파리를 이용한 중력 반응 및 노화 유전자의 탐색, 우주에서의 세포 배양, 극한 대기 현상 관측 실험, 금속 유기 다공성 물질 결정성장 실험 등 우주에서 진행된 실험 내용을 살펴보자. 그리고 무중력 상황에서 나타날 수 있는 변화와 실험을 통해 얻은 성과에 대해 탐구하여 발표해 보자.

관련 학과 농생물학과, 대기과학과, 물리학과, 미생물학과, 분자생물학과, 생명과학과, 생물학과, 지구환경과학과, 천문우주학과

《**우주에서 기다릴게**》, 이소연, 위즈덤하우스(2023)

[12행우01-02] •••

태양 활동 감시 시스템과 지구 접근 천체를 비롯한 지구를 위협하는 우주 위험 감시 기술의 중요성을 우주 재난 측면에서 인식할 수 있다.

➔ 2009년 2월 미국의 상업 위성이었던 이리듐33과 퇴역한 러시아 군사 위성인 코스모스2251이 시베리아 상공 고도 약 789㎞ 지점에서 11.7㎞/s의 속도로 충돌하는 사건이 발생했다. 두 위성은 완전히 파괴되어 우주 쓰레기가 되었다. 우주 쓰레기란 우주 공간을 떠도는 다양한 크기의 인공적인 모든 물체를 말한다. 고장이 나거나 임무를 완료하여 더는 사용하지 않고 내버려 둔 수십 미터에 달하는 인공위성이 대표적인 우주 쓰레기이며, 위성 발사에 사용되었던 로켓 본체와 부품, 다단 로켓의 분리로 생긴 파편, 파편끼리의 충돌로 생긴 작은 파편 등이 포함된다. 현재 우주 쓰레기의 총중량은 약 6천 톤에 달하는 것으로 추정된다. 우주개발 전문가들은 위성들의 궤도 데이터를 공유하며 실시간으로 인공위성 충돌 위험 분석정보를 제공한다. 우주 쓰레기가 인공위성과 충돌할 확률 계산을 통해 충돌 확률이 약 1/1,000 이상으로 높으면 위성에 달린 추력기를 이용해 위성의 고도나 선회주기를 조절함으로써 충돌을 피하고 있다. 우주 쓰레기의 처리 방법과 충돌 확률을 낮추는 방법에 대해 탐구해 보자.

관련 학과 물리학과, 지구환경과학과, 천문우주학과

우주 쓰레기가 온다

최은정, 갈매나무(2021)

책 소개

이 책은 우주 쓰레기의 현황과 전망을 다루고 있으며, 현재 한국천문연구원 우주위험감시센터에서 인공위성과 우주 쓰레기의 위험을 예측하고 분석하는 우주과학자가 쓴 책이다. 뉴 스페이스 시대를 맞아 갈수록 치열해지는 우주개발 경쟁의 현주소를 생생하게 훑어보면서, 저자가 우주 감시의 최전선에서 목격한 우주 쓰레기 문제를 상세하게 톺아본다. 우주 공간을 과학기술뿐 아니라 환경의 관점에서 새롭게 조명하는 안내서이다.

세특 예시

지구를 위협하는 우주 쓰레기에 대해 학습하고 인류가 우주개발 과정에서 인공위성 로켓의 잔해, 인공위성 충돌로 발생한 우주 쓰레기 문제의 심각성에 대해 인식함. 단원 학습 후 연계도서로 '우주 쓰레기가 온다(최은정)'를 선정하여 읽고 우주 쓰레기의 처리 방법과 충돌 확률에 대해 탐구함. 인공 우주 물체가 증가함에 따라 폭발이나 충돌하는 비율이 가속화할 것이라는 예측과 우주 환경 문제를 해결하기 위한 초기 비용이 많이 발생한다는 것을 파악하여 발표함.

[12행우01-03] ● ● ●

태양계를 지배하는 힘이 태양의 중력임을 이해하고, 케플러의 세 가지 법칙을 이용하여 태양계 구성 천체들의 운동을 설명할 수 있다.

➡ 행성 운동의 궤도는 태양을 중심으로 한 원으로 나타내지만, 실제로 모든 행성은 타원 궤도로 공전한다. 따라서 태양계의 행성들은 상대적 위치에 따라 지구와 가까워졌다가 멀어지기를 주기적으로 반복한다. 예를 들면, 약 2년 2개월마다 지구와 화성은 서로 근접하며, 화성이 근일점에 위치할 때 지구와 화성은 특히 더 가깝게 접근한다. 케플러 법칙을 적용한 태양계 행성의 시뮬레이션을 통해 태양계 행성들과 지구의 회합 주기와 근접 거리를 탐구해 보자.

관련 학과 물리학과, 수학과, 천문우주학과

《**현대천체물리학 PART 1**》, Bradly W. Caroll, 강영운 외 2명, 청범출판사(2009)

[12행우01-04] ● ● ●

행성과 소천체의 정의를 구분하여 이해하고, 소천체 탐사 자료를 통해 이들의 특징을 추론할 수 있다.

➡ 사막과 황무지로 덮여 '죽음의 땅'이라고 인식되었던 화성에 물이 존재했다는 사실이 확인되면서 유력한 우주 기지 후보로 떠올랐다. 미항공우주국 NASA는 2011년 11월 26일 화성으로 탐사선 '큐리오시티'를 보내 화성에 한때 존재했을 수 있는 생명체의 흔적과 자료를 수집했다. NASA의 화성 과학 실험실 MSL(Mars Science Laboratory) 미션의 핵심 목표는 화성의 기후가 생명을 유지할 수 있는지 여부를 확인하고 물의 역할, 화성의 대기와 지질에 관해 연구하는 것이다. MSL의 8가지 주요 과학적 목적에 대해 조사하고, 이와 관련된 과학적 이론과 방법에 대해 탐구해 보자.

관련 학과 농생물학과, 대기과학과, 물리학과, 미생물학과, 분자생물학과, 생명과학과, 생물학과, 식물자원학과, 지구환경과학과, 천문우주학과, 화학과, 환경학과

화성 탐사

사이언티픽 아메리칸 편집부,
이동훈 역, 한림출판사(2018)

SCIENTIFIC
AMERICAN™

붉은 행성의 비밀을 찾아서
화성 탐사

Secrets of the Red Planet
Exploring Mars

책 소개

화성 탐사의 과거, 현재, 미래를 정리한 책이다. 1870년대 후반, 망원경으로 화성을 관측하다가 화성 표면에서 처음 짙은 색 줄무늬를 발견했던 과거와 우주 탐사선으로 화성의 실상을 밝히는 현재, 많은 무인 궤도선이 드나들고 유인 화성 탐사가 이루어질 미래까지 화성 탐사와 관련된 모든 것을 보여 주며 상상력을 자극한다.

세특 예시

행성과 소천체의 정의와 탐사 자료를 학습하는 과정에서 사막과 황무지로 덮인 화성에 물이 존재했다는 사실을 확인하고 화성의 대기와 지질 환경에 대해 관심을 가지게 되었으며 화성 탐사에 대해 조사함. 단원 연계 도서로 '화성 탐사(사이언티픽 아메리칸 편집부)'를 선정하여 읽었으며, 과거와 현재, 미래의 화성 탐사 방법에 대해 파악함. 생명체의 흔적과 자료에 대한 탐사, 화성의 대기와 지구화학적 연구에 대해 조사하고, 화성의 기후가 생명을 유지할 수 있는지를 분석하여 발표함.

[12행우01-05] ● ● ●

외계 행성계 탐사의 원리를 이해하고, 외계 행성에 생명체가 존재할 수 있는 조건과 외계 생명체의 존재 가능성에 대해 논증할 수 있다.

➡ 일본은 2003년 소행성 탐사선인 하야부사를 발사했고, 하야부사는 2007년 세계 최초로 소행성의 암석을 채취해 2010년 지구로 귀환하는 데 성공했다. NASA와 유럽우주국(ESA)은 해저 탐사용 잠수함 기지 '아쿠아리스'를 설치하고 소행성과 환경이 비슷한 심해에서 우주 비행사를 훈련시키는 극한 환경 임무 수행 훈련 프로그램인 NEEMO를 진행하고 있다. 우주 유영, 자원 채굴 등의 미션을 수행하게 되는데, 지상보다 중력이 작고 고립된 환경이 우주와 유사하다. 이러한 훈련을 거쳐 NASA는 2025년 소행성에 유인 우주선을 보낼 계획이다. 우주 비행사의 극한 환경에서의 미션 수행 훈련이 필요한 이유와 과정에 대해 탐구해 보자.

관련 학과 물리학과, 지구환경과학과, 천문우주학과, 환경학과

《가장 위대한 모험: 인간의 우주 탐사 역사》, 콜린 버지스, 안종희 역, 북스힐(2023)

단원명 | 태양과 별의 관측

🔍 광구, 흑점, 태양의 자전주기, 시차, 시선속도, 접선속도, 질량-광도 관계, 맥동변광성, 폭발 변광성

[12행우02-01] ● ● ●

태양의 광구와 대기에서 나타나는 현상을 설명하고, 이러한 현상이 다양한 파장의 관측 자료에서 어떻게 나타나는지 비교·분석할 수 있다.

➡ 지구의 자기장이 갑자기 변하는 현상을 자기 폭풍이라고 하는데, 태양의 표면에서 엄청난 양의 빛과 에너지가

일시적으로 표출되는 현상인 플레어의 영향을 받기도 한다. 태양풍의 형태로 X선과 같은 고에너지 전자기파를 내뿜기 때문에 지구에서는 전파 교란이 일어나거나 인공위성의 운용에 차질이 생길 수 있다. 태양의 플레어에 의한 자기 폭풍 현상이 나타나는 원리와 지구에 미치는 영향에 대해 탐구해 보자.

관련 학과 대기과학과, 물리학과, 지구환경과학과, 천문우주학과

《지구물리학》, 윌리엄 로리, 김희봉 역, 김영사(2022)

[12행우02-02] • • •

별의 시차와 밝기를 이용하여 거리를 측정하는 다양한 방법을 비교·평가할 수 있다.

➡ 두 눈 사이의 거리 때문에 서로 다른 상이 맺히는 시차의 원리에 대해 조사하자. 또한 사물을 입체적으로 인지하는 눈의 원리에 대해 살펴보고 3D 영화나 TV의 원리에 대해 탐구해 보자. 컴퓨터 프로그램이나 스마트폰의 어플리케이션을 이용하여 사진을 찍어 3D 입체 사진을 만드는 방법을 익힌 후, 입체 사진에서 대상과 배경을 효과적으로 분리할 수 있는 방법에 대해 탐구하여 3D 입체 사진을 만들어 보자. 또한 시차의 원리를 학습한 후 별의 시차를 이용한 거리 계산 시 고려해야 될 부분에 대해 생각해 보고, 별의 시차와 거리의 관계식을 도출해 보자.

관련 학과 물리학과, 수학과, 천문우주학과

《우주의 측량》, 안상현, 동아시아(2017)

[12행우02-03] • • •

별의 시선속도와 접선속도의 합으로 공간 운동이 나타남을 이해하고, 별자리를 구성하는 별들의 장시간에 걸친 형태 변화를 추론할 수 있다.

➡ 별의 공간 운동과 속도를 측정하면 우주의 구조에 대해 이해할 수 있다. 별의 공간속도는 우주의 팽창 속도와 어떤 관련이 있는지 조사하고, 우주의 팽창 속도의 계산을 통해 우주의 구조를 이해할 수 있는 방법에 대해 탐구해 보자. 별의 시선속도와 접선속도 그리고 공간속도의 관계와 계산, 그리고 이를 이용해 우주의 구조를 이해하는 과정에 대해 천체물리학 관련 도서를 읽고 독서 연계 활동보고서를 작성해 보자.

관련 학과 물리학과, 수학과, 천문우주학과

《날마다 천체 물리》, 닐 디그래스 타이슨, 홍승수 역, 사이언스북스(2018)

[12행우02-04] • • •

쌍성의 관측 자료를 이용하여 항성의 질량을 직접적으로 구할 수 있음을 이해하고, 질량-광도 관계를 이용하여 쌍성이 아닌 별의 질량을 구할 수 있다.

➡ 2022년 〈사이언스타임즈〉에 두 별이 서로 중력 작용을 하며 운동하는 쌍성계를 연구하고 있던 ESO연구팀이 블랙홀을 찾은 과정에 대한 기사가 실렸다. 두 개의 별이 서로 중력의 영향을 받으며 공통 질량중심에 대해 공전하는 쌍성 체계에 대한 이해를 바탕으로, 케플러 법칙과 뉴턴 법칙을 활용하여 별의 질량을 계산하는 방법에 대해 파악해 보자. 또한 질량-광도 관계에 대한 데이터를 통해 별의 질량을 예측해 보며 별의 질량과 광도의 관계에 대한 탐구보고서를 작성해 보자.

관련 학과 물리학과, 천문우주학과

《현대천체물리학 PART 2》, Bradly W. Caroll, 강영운 외 2명 역, 청범출판사(2009)

광도곡선의 특징을 비교하여 맥동변광성과 폭발 변광성을 구분하고, 폭발 변광성 중 초신성 관측 자료를 통해 알 수 있는 과학적 사실을 추론할 수 있다.

➡️ 지구상에 존재하는 원소 중 많은 수는 별의 내부에서 핵융합 반응으로 생성되었다. 무거운 원소일수록 더 높은 온도에서 핵융합 반응이 일어나므로 질량이 큰 별의 중심에서 만들어진다. 별의 중심에서 만들어질 수 있는 가장 무거운 원소가 철이며, 철은 지구 중량의 무려 35%에 달한다. 철보다 무거운 원소는 초신성 폭발 과정에서 많은 양의 에너지가 한꺼번에 방출되면서 핵융합 반응으로 생성된다. 금은 초신성 폭발이 일어날 때 만들어지므로, 지구상에 존재하는 금의 양이 철보다 적을 수밖에 없다. 별의 핵융합 반응과 지구상에 원소가 생성되는 과정에 대해 탐구해 보자.

관련 학과 물리학과, 지구환경과학과, 천문우주학과, 화학과

《웰컴 투 더 유니버스》, 닐 디그래스 타이슨 외 2명, 이강환 역, 바다출판사(2019)

단원명 | 은하와 우주

🔍 성단, 맥동변광성, 성간 소광, 은하 회전 속도, 적색 편이, 분광 관측, 현대 우주론, 은하 장성, 보이드

[12행우03-01] •••

성단의 C-M도를 이용하여 성단의 나이와 거리를 비교하고, 맥동변광성의 주기-광도 관계를 이용하여 우리 은하의 구조와 규모를 추론할 수 있다.

➡️ 밤하늘을 가로지르며 흐릿한 빛의 띠 모양으로 나타나는 은하수는 우리은하의 단면을 보여 준다. 1600년대의 과학자 갈릴레이는 망원경을 통해 은하수를 실제로 관측하고 은하수가 무수히 많은 별로 이루어져 있다는 것을 확인하였다. 은하수는 밤하늘을 거의 동등하게 두 개의 반구로 나눈다. 이로부터 알 수 있는 사실은 무엇인지 조사해 보자. 또한 여름철의 은하수는 겨울철의 은하수보다 폭이 넓고 밝은데 이로부터 알 수 있는 사실에 대해 분석하는 탐구활동을 해 보자.

관련 학과 대기과학과, 물리학과, 지구환경과학과, 천문우주학과

《사계절 천체 관측》, 베르너 E. 셸닉·헤르만-미카엘 한, 김지현 역, 북스힐(2023)

[12행우03-02] •••

성간 소광 자료를 통해 성간 티끌의 존재를 추론하고, 성간 티끌의 특징을 설명할 수 있다.

➡️ 미국의 딥 임팩트 우주탐사선은 2005년 1월 12일에 발사되어 지구에서 1억 3천400만 ㎞ 떨어진 곳을 지나는 혜성 템펠1과 구리로 만든 372㎏의 임팩터를 2005년 7월 4일에 충돌시키는 실험을 진행하였다. 목표 천체를 근접 통과하거나 궤도를 돌면서 촬영 및 분석한 것이 아니라 직접적으로 충돌기를 혜성으로 낙하시켜서 충돌시킨 후 혜성의 핵으로부터 분출된 먼지, 수증기, 가스 등 물질의 성분을 분석하였다. 혜성의 생성과 우주 초기 물질과의 관계 등 딥 임팩트 프로젝트의 성과에 대해 조사하여 발표해 보자.

관련 학과 물리학과, 천문우주학과

《뉴 코스모스》, 데이비드 아이허, 최가영 역, 예문아카이브(2017)

[12행우03-03]　● ● ●

은하의 회전 속도 곡선을 이용하여 질량 분포를 이해하고 은하에 빛을 내지 않는 물질의 존재를 추론할 수 있다.

➡ 1930년대에 프리츠 츠비키는 머리털자리 은하단에 있는 은하들의 움직임에 뉴턴의 중력 법칙이 적용되지 않는다는 사실을 발견하였다. 이를 통해 '정체불명의 물질이 우주 대부분을 구성하고 있다'라는 주장에 대한 근거를 제시하고, 은하의 운동 원리에 대해 탐구해 보자.

　관련 학과　물리학과, 천문우주학과

《**은하의 발견**》, 리처드 베렌첸 외 2명, 이명균 역, 전파과학사(2000)

[12행우03-04]　● ● ●

대규모로 이루어진 외부은하의 적색 편이 탐사의 성과를 이해하고, 은하의 공간 분포를 파악함에 있어서 분광 관측 자료의 중요성을 인식할 수 있다.

➡ 어두컴컴한 밤에 가시광선으로는 아무것도 볼 수 없지만, 주변보다 체온이 높은 동물의 몸에서 나오는 복사선을 감지하는 적외선 카메라를 이용하면 촬영이 가능하다. 우리은하의 모습은 어떻게 촬영할 수 있는지 조사해 보자. 우리은하의 나선팔 구조를 21㎝ 수소선 관측 결과로부터 알아내는 과정을 탐구하여 발표해 보자.

　관련 학과　물리학과, 천문우주학과

《**우주탐사의 물리학**》, 윤복원, 동아시아(2023)

[12행우03-05]　● ● ●

은하의 공간 분포 자료를 통해 은하의 집단을 이해하고, 은하 장성, 보이드 등 우주의 거시적인 구조를 현대 우주론과 관련지어 설명할 수 있다.

➡ 유럽우주국(ESA)은 2009년에 지구에서 150만 ㎞ 떨어져 있는 '라그랑주점(L2)'이라고 불리는 우주 공간에 플랑크 위성을 쏘아 올렸다. 정밀성 높은 위성 관측을 통해 2013년 급팽창 이론을 뒷받침하는 결과를 발표했다. 특히 기존보다 작은 허블 상수와 암흑 에너지의 우주 구성비 등을 제시했다. 팽창하는 우주에서 허블 상수가 가지는 의미, 우주의 나이와 우주의 크기 등 허블 상수를 통해 분석할 수 있는 내용에 대해 탐구해 보자.

　관련 학과　물리학과, 수학과, 천문우주학과

《**우주의 측량**》, 안상현, 동아시아(2017)

선택 과목	수능	과학의 역사와 문화	절대평가	상대평가
융합 선택	X		5단계	X

단원명 | 과학과 문명의 탄생과 통합

| 🔎 | 인류 문명, 지혜, 그리스, 철학자, 중세 시대, 유럽, 중동 지역, 종교, 문화, 과학, 르네상스, 과학혁명, 사회문화적 배경, 예술, 신념, 세계관

[12과사01-01] ●●●

인류 문명의 탄생 과정에서 인류의 지혜가 담긴 과학적 사례를 발견하고, 이를 통해 과학이 인류 문명의 형성 과정에 기여하였음을 이해할 수 있다.

➲ 빅 히스토리는 천문학, 지질학, 생물학, 인류학, 문화학 등 다양한 학문 분야를 종합하여 큰 시간 범위를 다루는 연구 분야이다. 이 연구는 우주의 탄생, 별의 형성, 지구의 생성, 생명의 발전, 그리고 인류 문명의 형성에 이르기까지 다양한 학문적 관점에서 지구와 인류의 역사를 탐구한다. 빅 히스토리는 개별 사건이나 단편적인 시대를 넘어서 인류와 자연을 포괄하는 큰 맥락에서의 이야기를 다루는 것이 특징이다. 이를 통해 지구와 인류가 형성되는 과정에서 과학의 역할과 과학이 인류 문명의 발전에 어떻게 기여했는지에 대한 통찰을 제공한다. 빅 히스토리를 통한 지구의 역사를 탐구하고, 과학이 인류 문명의 형성 과정에 이바지한 사례를 조사해 글로 작성한 후 발표해 보자.

관련 학과 자연계열 전체

《박문호 박사의 빅히스토리 공부》, 박문호, 김영사(2022)

[12과사01-02] ●●●

고대 그리스 철학자의 과학적 사고나 주장 등을 조사하고, 그리스 문명이 고대에서 현대에 이르기까지 인간의 삶에 미친 영향을 설명할 수 있다.

➲ 고대 그리스의 철학자인 아리스토텔레스는 물리학, 생물학, 동물학과 같은 다양한 주제를 연구했다. 아리스토텔레스는 자연 세계의 것은 모두 가변적이고 개별적이지만, 가변적인 사물의 세계 안에 학문 탐구를 가능하게 하는 일정한 질서가 내재되어 있다고 보았다. 아리스토텔레스는 존재하는 모든 지식을 체계화하기 위해 노력했고, 조사한 표본을 수집·요약·분류하는 아리스토텔레스의 연구 방법은 나중에 서양 과학의 방법론이 되었다. 관심 있는 과학자가 과학 분야에서 연구한 이론과 결과를 조사하여 보고서를 작성해 보자.

관련 학과 물리학과, 생명과학과, 수학과, 지구환경과학과, 천문우주학과, 통계학과, 해양학과, 화학과, 환경학과

《사이언스툰 과학자들1》, 김재훈, 휴머니스트(2023)

[12과사01-03] ●●●

중세 시대 유럽과 중동 지역을 중심으로 종교나 문화가 과학에 기여한 바를 이해하고, 고대 그리스의 과학과 중세 과학의 특징을 비교할 수 있다.

국어 교과군

영어 교과군

수학 교과군

도덕 교과군

사회 교과군

과학 교과군

⊙ 중세 시대의 유럽과 중동 지역에서 종교와 문화는 과학 연구를 지원하고 활성화하는 역할을 하였다. 중세 시대에 이루어진 과학적 발견과 연구는 현대 과학의 기초를 마련하는 데 이바지했다. 특히 이 시기 중동 지역에서는 고대 그리스와 고대 이슬람 지식을 번역하고 보존하는 작업이 활발히 이루어졌고, 이러한 작업은 유럽에 전해져 수학, 천문학, 의학 등의 분야에서 과학 연구를 촉진했다. 중세 시대 유럽과 중동 지역을 중심으로 종교나 문화가 과학에 기여한 바를 조사하고, 물리학, 화학, 생명과학, 화학, 지구과학 중 하나를 선택하여 고대 그리스와 중세 과학의 특징을 비교·분석한 후 발표해 보자.

`관련 학과` 대기과학과, 물리학과, 분자생물학과, 생명과학과, 수산생명의학과, 수학과, 식물자원학과, 식품영양학과, 지구환경과학과, 천문우주학과, 통계학과, 해양학과, 화학과, 환경학과

《세계사를 바꾼 화학 이야기》, 오미야 오사무, 김정환 역, 사람과나무사이(2022)

[12과사01-04]　　　●●●

르네상스와 과학혁명이 일어난 사회문화적 배경을 조사하고, 과학과 예술 사이의 융합적 사례를 설명할 수 있다.

⊙ 르네상스와 과학혁명은 인류 역사에서 중요한 사건 중 하나다. 14세기부터 17세기 초에 이루어진 르네상스 운동은 인간 중심주의와 지식의 확장을 강조했다. 이 시기의 예술, 문학, 철학 모두 창의적 아이디어가 넘쳐났는데, 이는 과학적 사고에도 긍정적인 영향을 미쳤다. 16세기에 시작된 과학혁명은 실험적 방법과 객관적 관찰을 강조하며, 과학 분야에서 지식의 급속한 증가를 가져왔다. 갈릴레오, 케플러, 뉴턴과 같은 과학자들이 우주와 자연현상에 대한 이해를 발전시켰고, 이로 인해 현대 과학의 기초가 마련되었다. 16세기 과학혁명에서 융합이 일어난 사례를 조사하고, '데카르트의 합리주의와 기계적 세계관'을 주제로 보고서를 작성해 보자.

`관련 학과` 대기과학과, 물리학과, 분자생물학과, 생명과학과, 수산생명의학과, 수학과, 식물자원학과, 식품영양학과, 지구환경과학과, 천문우주학과, 통계학과, 해양학과, 화학과, 환경학과

《세계사를 바꾼 화학 이야기 2》, 오미야 오사무, 김정환 역, 사람과나무사이(2023)

[12과사01-05]　　　●●●

과학 지식의 형성 과정에서 과학자의 신념이나 세계관이 영향을 준 사례를 조사하여 발표할 수 있다.

⊙ 과학자의 신념이나 세계관은 과학 지식의 형성 과정에서 다양한 이유로 영향을 줄 수 있다. 과학자가 가진 사회적, 문화적, 종교적, 개인적인 배경은 연구 주제 선택과 해석에 영향을 미치고, 과학자의 세계관은 연구 동기와 가설 설정에 영향을 줄 수 있다. 과학자가 이해하려는 현상이 복잡하고 불완전할 뿐 아니라, 모델과 가설이 자연현상을 단순화하려는 노력으로부터 비롯되기 때문에 신념과 세계관의 영향을 받을 수 있는 것이다. 과학 지식의 형성 과정에서 과학자의 신념이나 세계관이 자연과학의 발전에 영향을 미친 사례를 조사하여 발표해 보자.

`관련 학과` 자연계열 전체

《과학적 신념은 어디에서 오는가》, 막스 플랑크, 이정호 역, 전파과학사(2019)

단원명 | 변화하는 과학과 세계

🔍 상대성 이론, 현대 과학, 사회문화, 사회적 가치, 과학자, 논쟁, 토론, 의사소통, 예술 작품, 건축물, 과학적 원리, 문화, 감염병, 교통수단, 산업혁명

상대성 이론 등과 같은 현대 과학의 등장이 당시의 사회문화에 끼친 영향을 이해함으로써 과학의 사회적 가치를 느낄 수 있다.

➡ 알베르트 아인슈타인이 제안하고 발전시킨 상대성 이론은 특수 상대성 이론과 일반 상대성 이론을 합친 것이다. 상대성 이론은 시간, 공간, 물질, 에너지의 통합이라고 할 수 있는데, 특수 상대성 이론은 광속에 가깝게 운동하는 물체의 운동을, 일반 상대성 이론은 아주 무거운 물체가 주위에 미치는 힘을 다룬다. 고전 물리학에서는 절대적인 시간과 공간의 기준이 있다고 생각했지만, 상대성 이론에 의해서 상대적인 시간이라는 패러다임의 변화가 생기게 되었다. 상대성 이론과 같은 현대 과학의 혁신이 자연과학 전반에 어떤 영향을 끼쳤는지 조사한 후, 당시 학계와 사회의 반응, 변화된 연구 방향을 중심으로 토론해 보자.

관련 학과 자연계열 전체
《**물리의 정석: 일반 상대성 이론 편**》, 레너드 서스킨드·안드레 카반, 이종필 역, 사이언스북스(2024)

[12과사02-02] •••

현대 과학의 등장 과정에서 나타난 과학자들의 논쟁이나 토론 사례를 조사하고, 과학적 의사소통에서 지켜야 할 규범과 태도를 이해할 수 있다.

➡ 천동설은 지구가 우주의 중심에 있으며, 다른 천체들이 지구를 중심으로 하늘을 돈다는 우주론이고, 지동설은 태양이 중심에 있으며 여러 행성들이 일정한 궤도를 따라 태양을 공전한다는 내용을 담고 있다. 천동설과 지동설은 고대 그리스 이전부터 철학자들 사이에서 논쟁의 대상이었으며, 지동설의 등장은 인류의 우주에 대한 이해에 중대한 변화를 가져왔다. 갈릴레이가 망원경 관측을 통해 얻은 증거와 새로운 학문적 관점이 등장하며 과학계에서는 활발한 토론과 논쟁이 이어졌고, 이는 과학사의 중요한 전환점으로 기록되었다. 현대 과학의 발전 과정에서 등장한 논쟁과 토론의 사례를 조사하고, 과학적 토의나 토론 과정에서 지켜야 할 규범과 태도를 정리하여 발표해 보자.

관련 학과 자연계열 전체
《**청소년을 위한 나의 첫 토론 수업**》, 홍진아, 슬로디미디어(2024)

[12과사02-03] •••

현대 예술 작품이나 건축물에 과학적 원리가 적용된 사례를 조사하고, 과학과 문화의 관련성을 추론할 수 있다.

➡ 시드니 오페라 하우스의 구조적 디자인에는 복잡한 공학 원리가 적용되었으며, 구겐하임 빌바오 미술관의 곡선형 외관은 첨단 컴퓨터 모델링 기술을 활용하여 설계되었다. 또한 런던의 밀레니엄 브릿지는 진동 분석과 공진 현상을 고려한 설계로 안정성을 확보했다. 이러한 사례들을 통해 과학적 원리가 예술적 창조물에 어떻게 통합되었는지 파악하고, 과학과 문화가 상호작용하며 발전하는 과정을 이해할 수 있다. 현대 예술 작품이나 건축물에 과학적 원리가 적용된 사례를 조사하고, 과학에서 예술의 역할을 분석하여 발표해 보자.

관련 학과 자연계열 전체
《**문명: 예술 과학 철학, 그리고 인간**》, 케네스 클라크, 이연식 역, 소요서가(2024)

[12과사02-04] •••

감염병이 사회에 영향을 미친 대표적인 사례를 찾고, 과학이 사회문제 해결에 기여함을 인식할 수 있다.

국어 교과군

영어 교과군

수학 교과군

도덕 교과군

사회 교과군

과학 교과군

➡️ 감염병은 인류 역사를 통해 사회에 많은 영향을 미쳤다. 역사상 가장 유명한 사례인 흑사병은 14세기 유럽에서 시작되었고, 전염력이 강하고 치명적이었기 때문에 인구의 급격한 감소를 일으켰다. 또한 최근 유행한 COVID-19는 세계적인 유행으로 사회, 경제, 정치 전반에 큰 영향을 주었는데, 경제적 충격, 사회적 거리 두기, 병원 체계의 부하 등이 대표적인 예다. 관련 정책의 변화, 공공의료 시스템 강화, 인간 간의 교류 방식 변화 등도 감염병 유행의 영향을 반영하고 있다. 감염병이 사회에 영향을 미친 사례를 조사하고, '백신 개발과 보급 과정 분석'을 주제로 보고서를 작성해 보자.

관련 학과 자연계열 전체

《**세계사를 바꾼 10가지 감염병**》, 조 지무쇼, 서수지 역, 사람과나무사이(2021)

[12과사02-05] •••

과학기술이 교통수단의 발달에 미친 영향을 인식하고, 교통수단의 발전이 가져올 미래 사회의 변화를 예측할 수 있다.

➡️ 과학기술은 교통수단의 발달에 상당한 영향을 끼쳐 왔다. 산업화 이전에는 도보나 마차가 유일한 이동 수단이었지만, 증기 기관의 발명과 기계의 발전으로 철도와 같은 교통수단이 발달하자 교통 및 물류 시스템이 개발되었다. 이후 자동차, 항공기, 선박 등 이동 수단이 더욱 안전하고 빠르게 발전함에 따라 거리의 제약이 사라지고, 물류, 상업 및 여행 등의 산업도 크게 변화하게 되었다. 그로 인해 교통망이 확장되고, 물품 및 정보가 효율적으로 이동할 수 있게 되었다. 이처럼 과학기술이 교통수단의 발달에 미친 영향을 인식하고, 교통수단의 발전이 가져올 미래 사회의 변화를 예측한 후 '20년 후의 미래 사회'를 주제로 소감문을 작성하여 제출해 보자.

관련 학과 자연계열 전체

《**스마트 모빌리티 지금 올라타라**》, 모빌리티 강국 보고서, 매일경제신문사(2021)

[12과사02-06] •••

산업혁명 이후 나타난 과학기술이 인류 문명에 미친 긍정적 효과와 부정적 효과에 대해 토론할 수 있다.

➡️ 산업혁명은 18세기 영국에서 시작된 기술 혁신과 이로 인해 일어난 사회 및 경제 변화를 가리킨다. 영국은 산업 발달에 필요한 풍부한 자원을 가지고 있어 가장 먼저 산업혁명을 이룰 수 있었다. 산업혁명 이후 기계화, 산업화, 전기화 등 혁신적인 발전으로 생산성이 향상되며 삶의 방식이 변화했다. 새로운 에너지원이 발견되고, 교통과 통신 수단이 발달하면서 지리적, 사회적 제약이 줄어들었다. 정보 기술의 발달로 전 세계의 정보 및 지식 공유가 쉬워져 교육과 연구의 효율성이 크게 향상되었다. 산업혁명 이후 급속히 발달한 과학기술이 인류 문명과 사회에 미친 긍정적 효과와 부정적 효과를 조사한 후 보고서를 작성하여 발표해 보자.

관련 학과 자연계열 전체

《**4차산업혁명의 이해**》, 4차산업혁명 융합법학회, 박영사(2024)

단원명 | 과학과 인류의 미래

🔍 과학기술, 문화적 변화, 예술 작품, 콘텐츠, 미디어, 과학 용어, 음악, 인공지능, 로봇, 심미적 가치, 인간과 기계, 사물, 기술 발전, 가상 현실, 증강 현실, 의사 결정

> **[12과사03-01]** • • •
>
> 과학기술의 발전을 통해 새롭게 나타난 문화적 변화를 찾아보고, 과학을 주제로 하는 예술 작품이나 콘텐츠를 제작하여 발표할 수 있다.

➡️ 과학기술의 발전은 새로운 문화를 형성하고 예술 작품에 영향을 주었다. 디지털 기술의 발전으로 인터넷과 모바일 통신이 보편화되면서 정보에 대한 접근이 쉬워졌고, 미디어 콘텐츠의 생산과 공유가 늘어났다. 디지털 기술이 시각 예술과 음악에서도 큰 역할을 하며 창의성과 표현의 다양성이 커졌다. 가상 현실과 증강 현실을 포함한 새로운 형태의 예술과 엔터테인먼트가 등장하면서 과학기술은 문화에 대한 이해와 교육을 촉진했다. 기술 발전은 새로운 문화적 관점을 형성하고 사람들의 삶과 사고에 영향을 준다. 과학기술의 발전을 통해 새롭게 나타난 문화적 변화를 찾아보고, 과학을 주제로 하는 영상 작품을 제작하여 발표해 보자.

관련 학과 자연계열 전체

《**미술관에 간 화학자**》, 전창림, 어바웃어북(2013)

> **[12과사03-02]** • • •
>
> 일상생활이나 미디어에서 사용되는 과학 용어를 조사하고, 과학 용어가 우리 사회에 미치는 파급효과를 설명할 수 있다.

➡️ 과학 용어는 새로운 개념을 이해하고 문제를 해결하는 도구로 우리 생활과 사회 전반에서 중요하게 활용되고 있다. 물리학 용어로는 중력, 운동, 에너지, 전기 등이 있으며, 화학 용어로는 원소, 화합물, 반응, 산업 화학 등이 있다. 이러한 용어들은 기술 발전과 새로운 상황에 대응하는 데 큰 도움을 주며, 현대 사회의 변화와 발전을 이끄는 핵심적인 도구이다. 일상생활이나 미디어에서 사용되는 과학 용어들 중 관심 있는 용어를 선정하고, 선택한 과학 용어를 중심으로 PPT를 제작하여 발표해 보자.

관련 학과 자연계열 전체

《**과학 용어 도감**》, 미즈타니 준, 윤재 역, 초사흘달(2020)

> **[12과사03-03]** • • •
>
> 과학기술의 발전이 음악에 영향을 끼친 사례를 탐색하고 인공지능으로 음악을 창작하거나 로봇을 활용한 연주를 통해 과학의 심미적 가치를 느낄 수 있다.

➡️ 인공지능은 인간의 학습과 문제해결 능력을 모방하는 컴퓨터 시스템 또는 소프트웨어를 가리킨다. 이 기술은 데이터 분석, 패턴 인식, 결정 제공 등을 통해 인간과 유사한 수준의 학습, 추론, 문제해결 능력을 구현하는 데 사용된다. 현재 인공지능은 음성 인식, 이미지 분석, 의료 진단, 자율주행자동차, 음악 창작 등 다양한 분야에서 혁신적인 응용이 이루어지고 있다. 인공지능이 음악 창작에 활용된 사례를 조사하고, 과학기술이 예술적 표현에 기여하는 방식을 이해하며, 인공지능의 심미적 가치를 체감한 내용을 발표해 보자.

관련 학과 자연계열 전체

《**예술, 인공지능을 만나다**》, 신석근, 부크크(2024)

> **[12과사03-04]** • • •
>
> 인간과 기계, 사물 등을 연결하는 과학기술의 발전 동향을 파악하고 미래 사회의 변화를 예측할 수 있다.

➡️ 사물 인터넷은 인간과 기계 또는 기기 간의 연결을 강화하는 핵심 기술로 발전하고 있다. 실시간 데이터 수집

및 분석을 통해 효율적인 통신, 생산 및 서비스를 제공한다. 머신러닝, 인공지능, 클라우드 컴퓨팅 등과 결합하며 스마트 시스템의 성능이 향상됨에 따라 자동화된 의사 결정 및 상호작용이 가능해졌다. 5G 네트워크 및 빅데이터는 이러한 발전에 핵심적인 역할을 하며, 연결된 장치 간의 효과적인 소통과 데이터 처리를 지원한다. 이러한 과학기술의 발전은 스마트시티, 스마트홈, 스마트 헬스케어 등 혁신적인 서비스와 시스템을 제공하면서 산업을 발전시키고 인간의 생활을 혁신하고 있다. 인간과 기계, 사물 등을 연결하는 과학기술의 발전 동향을 조사하고, '사물인터넷 기반 스마트홈의 진화와 사회적 영향'을 주제로 보고서를 작성해 보자.

관련 학과 물리학과, 분자생물학과, 생명과학과, 수학과, 식물자원학과, 식품영양학과, 조경학과, 지구환경과학과, 천문우주학과, 축산학과, 통계학과, 해양학과, 화학과, 환경학과

《**사물인터넷 개론**》, 서경환 외 3명, 배움터(2023)

[12과사03-05] ● ● ●

가상 현실이나 증강 현실을 활용한 우리 주변의 사례를 조사하고, 이러한 기술이 미래 사회에 미칠 수 있는 영향에 대해 토론할 수 있다.

➡ 가상 현실과 증강 현실은 게임, 교육, 의료 등 다양한 분야에서 활용되고 있다. 가상 현실은 교육 분야나 게임 산업에서 주로 사용되고 사용자들에게 현실에서 떨어져 가상 세계로 이동하는 경험을 제공한다. 증강 현실은 실제 환경에 가상의 요소를 덧붙여 정보를 제공하는 데 사용된다. 증강 현실은 스마트폰 애플리케이션이나 헤드업 디스플레이 등에서 차량 내비게이션, 광고, 게임 같은 기술을 통해 보편화되고 있다. 의료 분야에서는 학습, 진단, 치료 등에 활용되고 있으며, 제조, 건설 및 디자인 분야에서도 사용되고 있다. 가상 현실이나 증강 현실과 같은 과학기술이 미래 사회에 미칠 수 있는 영향을 분야별로 조사한 후 보고서를 작성해 보자.

관련 학과 자연계열 전체

《**가상현실 증강현실의 미래**》, 이길행 외 8명, 콘텐츠하다(2018)

[12과사03-06] ● ● ●

집단적 의사 결정을 통해 과학기술과 관련된 사회적 문제를 해결한 사례를 조사하여 과학기술에 대한 시민의 이해와 균형 있는 가치 판단의 필요성을 인식할 수 있다.

➡ 후쿠시마 원전 사고 수습 과정은 집단적 의사 결정을 통해 과학기술과 관련된 사회적 문제를 해결한 대표적 사례이다. 2011년 동일본 대지진으로 인한 쓰나미가 후쿠시마 원자력 발전소를 파손해 방사능 유출이라는 심각한 문제가 발생했다. 이때 과학자, 엔지니어, 정부 관계자, 국제기구 전문가 등이 협력해 문제를 해결하기 위한 다양한 방안을 모색했다. 방사능 노출을 최소화하기 위해 냉각수 투입, 긴급 대피, 방사능 오염수 처리 등 창의적이고 합리적인 해결책이 적용되었으며, 이 과정에서 데이터 분석과 예측 모델이 의사 결정에 활용되었다. 과학기술과 관련된 사회적 문제를 조사하고, 데이터 분석을 통한 집단적 의사 결정으로 해결된 사례를 선정한 후, 과학기술에 대한 시민의 이해와 균형 있는 가치 판단의 필요성에 대해 토론해 보자.

관련 학과 자연계열 전체

《**데이터 과학**》, 존 켈러허·브렌던 티어니, 권오성 역, 김영사(2019)

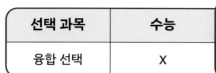

단원명 | 기후와 환경생태의 특성

| 🔍 | 날씨, 기후, 기후시스템, 되먹임 과정, 생태지도

[12기환01-01] ●●●

날씨와 기후의 특성을 이해하고, 이를 비교하여 설명할 수 있다.

➡️ 지구는 온실기체의 증가로 인해 지난 100년간 평균 기온과 해수면 높이가 지속적으로 상승하고 있다. 이산화탄소, 메테인 등을 온실기체(지구에서 우주로 방출되는 특정 파장 범위를 지닌 적외선 복사 에너지를 흡수하여 열을 저장하고 다시 지표면으로 방출하는 기체)라고 부르는 이유가 무엇인지 조사해 보자. 또한 온실효과와 비닐 효과의 차이점은 무엇인지 분석하여 발표해 보자.

관련 학과 대기과학과, 물리학과, 지구환경과학과, 해양학과, 화학과, 환경학과

《기후변화 과학》, Teruyuki Nakajima·Eiichi Tajika, 현상민 역, 씨아이알(2020)

[12기환01-02] ●●●

기후시스템이 유지되는 되먹임 과정을 이해하고 생물권과 다른 권역 간 상호작용을 설명할 수 있다.

➡️ 화석 연료 사용 때문에 이산화탄소와 메탄 등 온실기체가 증가함에 따라 지구의 온도가 상승하고 있다. 지구온난화가 가속화되어 빙하가 녹을 경우 다량의 담수가 갑작스럽게 북대서양으로 유입되어 해수의 순환에 어떤 영향을 초래할 수 있는지 조사해 보자. 방하가 녹아서 생긴 담수가 북대서양에 유입되면 밀도가 높아 침강하던 표층수가 침강하지 않게 되고 해수의 연직 순환이 멈춰 북유럽과 북아메리카에 빙하기가 나타날 수 있다는 것을 '하인리히 이벤트'라고 한다. 지구온난화에 의해 빙하기가 도래할 수 있다는 가설의 원리에 대해 탐구해 보자.

관련 학과 대기과학과, 지구환경과학과, 해양학과, 환경학과

《빙하의 반격》, 비에른 로아르 바스네스, 심진하 역, 유아이북스(2020)

[12기환01-03] ●●●

기후변화가 생태계와 우리의 생활환경에 영향을 미친 사례를 조사하여 발표할 수 있다.

➡️ 최근 동해에 출몰하는 해파리 떼로 인해 어장이 황폐해지고, 때로는 사람도 위협받고 있다. 해파리의 대량 발생 주기는 50년 정도였으나, 최근 2~3년으로 짧아지고 출몰하는 기간도 길어지고 있다. 대량의 해파리 떼가 동물성 플랑크톤을 포식하면서 어민들의 어획량이 급감하기도 하고, 원자력 발전소 냉각수 취수로망에 해파리가 달라붙어 원전 가동이 중단되는 사태가 일어나기도 한다. 한반도 연근해에서 해파리가 급증한 원인에 대

해 파악하여 발표해 보자.

관련 학과 동물자원과학과, 생물학과, 수산생명의학과, 지구환경과학과, 환경학과

《**키워드로 보는 기후변화와 생태계**》, 공우석, 지오북(2012)

단원명 | 기후위기와 환경생태 변화

| 🔍 | 기후위기, 융해와 열팽창, 미래 생태계 변화 예측 보고서, 꽃의 개화 시기, 생물다양성

[12기환02-01]　　　　　　　　　　　　　　　　● ● ●

기후위기가 일어나는 주요 원인을 이해하고, 기후위기의 심각성을 인식할 수 있다.

➡ 세계 곳곳에서 기온이나 강수량 등이 정상적인 상태를 벗어난 이상 기후 현상이 발생하고 있다. 이집트는 112년 만에 눈이 내려 피라미드와 스핑크스가 하얀 눈에 덮였고, 남미 대륙에서는 겨울인데 40도에 육박하는 이상 고온 현상이 지속되기도 했다. 이러한 이상 기후 현상이 일어나는 이유에 대해 파악해 보고, 대기와 해양은 이러한 기후변화와 어떤 관련성이 있는지 탐구해 보자.

관련 학과 대기과학과, 지구환경과학과, 해양학과, 환경학과

《**탄소·해양·기후**》, 현상민·강정원, 에이퍼브프레스(2023)

[12기환02-02]　　　　　　　　　　　　　　　　● ● ●

빙상의 융해와 열팽창으로 인한 해수면 상승을 기후변화와 연계하여 설명할 수 있다.

➡ 지구온난화의 진행으로 북극 지방의 빙하가 녹으면서 삶의 터전을 잃고 작은 빙하 조각을 타고 표류하는 북극곰의 애처로운 모습에서 지구의 위기를 느낄 수 있다. 또한 남태평양의 작은 섬나라 투발루(Tuvalu)는 9개의 섬으로 이루어져 있는데, 해수면 상승으로 이미 2개의 섬이 가라앉았고, 2060년에는 나라 전체가 바다에 잠길 것으로 예측된다고 한다. 지구촌 곳곳에서 이러한 이상 기후가 나타나는 원인에 대해 조사해 보고, 인간의 생활환경에 어떤 영향을 미치고 있는지 분석하여 발표해 보자.

관련 학과 대기과학과, 동물자원과학과, 수산생명의학과, 지구환경과학과, 해양학과, 환경학과

《**인간이 만든 재앙, 기후변화와 환경의 역습**》, 반기성, 프리스마(2018)

[12기환02-03]　　　　　　　　　　　　　　　　● ● ●

극한 기상 현상의 종류와 원인을 이해하고 극한 기상 현상이 환경생태에 미친 영향을 사례를 들어 설명할 수 있다.

➡ 극한 기상 현상이 사회경제에 미치는 영향과 그 해결 방안에 대해 탐색한 후, 재난 관리 및 위기 대응 정책에 대해 조사해 보자. 극한 기상 현상에 의해 주거 구조물이 피해를 입는 상황에 대해 조사하고, 주거 구조물의 보강 방법이나 자재의 종류 변경 등에 대해 탐색해 보자. 또한 극한 기상 현상에 의한 농작물의 피해와 식량 부족 현상에 대해 조사한 후, 적합한 농작물의 재배 방법에 대해 탐구해 보자.

관련 학과 농생물학과, 대기과학과, 식물자원학과, 원예학과, 지구환경과학과, 환경학과

《**미래를 바꾸는 탄소 농업**》, 허북구, 중앙생활사(2022)

국어 교과군
영어 교과군
수학 교과군
도덕 교과군
사회 교과군
과학 교과군

[12기환02-04]

기후변화 시나리오에 따른 미래 생태계 변화 예측 보고서를 찾아보고, 미래의 기후와 생태계의 변화 양상을 추론할 수 있다.

➡ 기후변화 시나리오는 미래에 기후변화로 인한 영향을 평가하고 피해를 최소화하는 데 선제적 정보로 활용된다. 기후변화협의체(IPSS) 6차 평가보고서는 인구 통계, 경제 발달, 복지, 생태계 요소, 자원, 제도, 기술 발달, 사회적 인자, 정책을 고려하여 5개의 시나리오로 나타냈다. 2100년 기준 복사강제력 강도(기존 RCP 개념)와 미래 사회경제 변화를 기준으로 기후변화에 대한 미래의 완화와 적응 노력에 따라 구분된다. 기상청 기후정보포털 사이트를 통해 확인할 수 있는 RCP(대표 농도 경로) 시나리오와 SRES(배출시나리오에 관한 특별보고서) 시나리오를 비교하고 시나리오별 숫자의 의미에 대해 탐구해 보자.

관련 학과 대기과학과, 지구환경과학과, 환경학과
《지속가능한 미래를 위한 기후변화 데이터북》, 박훈, 사회평론아카데미(2021)

[12기환02-05]

꽃의 개화 시기 변화 자료를 조사하고, 꽃의 개화 시기 변화가 우리 생활에 끼치는 영향을 추론할 수 있다.

➡ 꽃의 개화 시기가 동식물 상호작용과 어떤 연관성이 있는지 조사해 보자. 꽃은 특정 동물 종들과 교감하며 수분과 영양 공급, 채집 및 수분 확산 등과 같은 상호 관계를 형성한다. 이러한 상호작용이 생태계 안정성에 미치는 영향에 대해 탐구해 보자. 추후 활동으로 이러한 꽃의 개화 시기가 변화한다는 자료를 찾아 조사하고, 개화 시기가 생물권에 미치는 영향에 대해 분석하는 탐구활동 보고서를 작성해 보자.

관련 학과 농생물학과, 산림학과, 생명과학과, 생물학과, 식물자원학과, 원예학과, 조경학과, 지구환경과학과, 환경학과
《꽃은 어떻게 세상을 바꾸었을까?》, 윌리엄 C. 버거, 채수문 역, 바이북스(2022)

[12기환02-06]

꿀벌을 비롯한 곤충의 개체 수 감소 원인을 기후변화와 연계하여 설명할 수 있다.

➡ 기후변화가 꿀벌이나 곤충 개체 수에 어떤 영향을 미치는지 생태계의 변화에 대해 탐구해 보자. 온실가스의 배출이 기후변화를 일으키며 곤충의 서식지를 파괴하고 식물 종 다양성 감소와 같은 생태학적 영향을 준다는 자료를 수집하고 분석하자. 곤충 개체 수의 변화가 생태계에 미치는 영향을 분석하고, 이를 통해 생태계 되먹임 과정에 대해 조사한 뒤 생태계 보전 및 지속가능한 환경 보전에 대해 탐구해 보자.

관련 학과 농생물학과, 대기과학과, 동물자원과학과, 산림학과, 식물자원학과, 원예학과, 지구환경과학과, 환경학과
《환경생태학》, 김동필 외 14명, 라이프사이언스(2023)

[12기환02-07]

수생태계의 물꽃 현상을 이해하고, 기후변화가 수생태계의 생물다양성에 끼치는 영향을 추론할 수 있다.

➡ 기후변화로 인한 수온 상승이 물꽃 현상을 일으키는 과정에 대해 학습하고 물꽃 현상이 발생하는 조건과 기후 변동 사이의 상관관계를 분석해 보자. 온도와 강우량 등의 기후 데이터와 물꽃 현상 발생 데이터를 비교하여 통계적인 관계성에 대해 살펴보자. 또한 기후변화에 의한 해양생태계의 변동과 함께 수산 자원 관리 및 보전 방안에 대해서 토의해 보자.

관련 학과 대기과학과, 미생물학과, 분자생물학과, 생물학과, 수산생명의학과, 지구환경과학과, 환경학과

《**녹조의 번성**》, 강찬수, 지오북(2023)

[12기환02-08]　　●●●

모기나 파리와 같은 곤충 매개 감염병이 새롭게 출현하거나 급격히 확산되는 현상을 기후변화와 연계하여 설명할 수 있다.

➡ 말라리아, 뎅기열, 지카 바이러스, 라임병, 웨스트나일 바이러스와 같은 벡터 매개성 질병은 세계 공중보건에 중대한 위협을 가하고 있다. 벡터 매개성 질병을 예방하기 위해서는 종합적인 방제 대책이 필요하며 환경 관리가 중요하다. 기후변화가 곤충 벡터의 분포와 확산에 어떤 영향을 미치는지 조사하고 분석해 보자. 특정 곤충 종류의 서식 환경과 분포 패턴, 질병 유전자 및 기생충 생태학 등을 파악한 뒤, 곤충 벡터 매개 질환의 전파 경로에 대해 조사하자. 기후환경 변화에 따른 식물, 동물, 미생물의 상호작용과 환경 변동 요인에 대해 탐구해 보자.

관련 학과 농생물학과, 미생물학과, 분자생물학과, 생명과학과, 생물학과, 지구환경과학과, 환경학과

《**모기**》, 티모시 C. 와인가드, 서종민 역, 커넥팅(2019)

단원명 | 기후위기에 대응하는 우리의 노력

🔍 | 백화현상, 해양생태계, 바다 사막화, 탄소중립 사회, 탄소 저감 과학기술

[12기환03-01]　　●●●

산호의 멸종으로 인한 백화현상의 예를 통해 기후변화가 해양생태계에 미치는 영향을 살펴보고, 바다 사막화를 예방하거나 복원할 수 있는 과학기술의 사례를 제시할 수 있다.

➡ 2023년 4월, 미국 국립해양대기국(NOAA)은 올해 4월, 해수면의 평균 온도를 21.1℃로 발표했다. 이는 역대 가장 더웠던 2016년 3월의 최고 기록 21℃를 뛰어넘는 수치다. 또한 한국해양과학기술원은 2023년 3월부터 5월까지 울산 인근 바다의 봄철 평균 해면 수온을 측정했는데, 그 결과 평년 평균치보다 1.8℃ 높은 10℃로 나타나, 1981년 관측 이래 최고치를 기록했다. 바다는 지구온난화의 속도를 늦추는 완충제 역할을 하지만, 이로 인해 바다의 폭염이라는 해양 열파가 더 잦고 강하게 발생하여 해양생태계의 근간을 이루는 산호초에 백화현상을 일으키는 등 바다에 악영향을 끼친다. 백화현상 등 기후변화가 해양생태계에 미치는 영향에 대해 탐구하여 발표해 보자.

관련 학과 수산생명의학과, 지구환경과학과, 해양학과, 환경학과

《**기후변화와 바다**》, 이재학, 지성사(2023)

[12기환03-02]　　●●●

기후변화에 따라 가속화되는 사막화, 대형 산불, 지역적 가뭄과 홍수 등을 이해하고, 이를 극복하기 위한 인류의 노력에 대해 토의할 수 있다.

➡ 기상청 기후정보포털 '기후변화 영향정보'에서는 기상·기후, 농업, 산림, 생태계 등 각 분야별로 나타나고 있는 현재의 우리나라 기후변화 영향 정보와 미래의 영향 정보를 확인할 수 있다. 해당 페이지를 통해 제공되는

정보는 관련 부처 및 기관과의 협력을 통해 구성한 것으로 상세 정보는 해당 기관별 홈페이지나 관련 보고서를 통해 확인할 수 있다. '기후정보포털-열린마당-발간물'을 통해 〈IPCC 기후변화 평가보고서〉와 〈지구온난화 1.5℃ 특별보고서〉 등을 참고하여 전 지구적으로 나타나는 기후변화 영향에 대해 탐구해 보자.

관련 학과) 농생물학과, 대기과학과, 식물자원학과, 지구환경과학과, 해양학과, 환경학과

우리가 반드시 알아야 할
지구온난화의 모든 것

제프리 베넷, 한귀영 역,
사람의무늬(2020)

책 소개 ·····

이 책은 지구온난화의 과학적 사실과 결과, 해결책에 관한 질문과 해답이 담겨 있다. 이 책의 목표는 세 가지이다. 하나, 누구나 지구온난화의 기본적인 과학 내용을 이해한다. 둘, 회의론자들이 주장하는 내용을 잘 이해하고, 과연 그들의 주장을 따를지 아니면 거부할지 결정할 수 있게 한다. 셋, 지구온난화가 실제적 문제라고 할지라도, 사람들이 모든 정치적 설득에 대해 동의하는 방식으로 문제를 해결할 수 있다는 점을 확신시킨다.

세특 예시 ·····

기후변화의 가속화에 따른 다양한 현상에 대해 학습하고 지구온난화의 과학적 근거와 결과의 상관관계에 대해 관심을 가짐. 이와 관련하여 '우리가 반드시 알아야 할 지구온난화의 모든 것(제프리 베넷)'을 읽고 지구온난화로 인해 빙하 용융, 해수면의 상승, 해양의 산성화 등의 문제가 발생한다는 관련성을 파악함. 또한 지구온난화의 문제를 해결하기 위해서는 화석 연료를 태양전지나 풍력 등 신재생 에너지로 대체할 필요성이 있다는, 독서활동을 통해 얻은 결론에 대해 발표함.

[12기환03-03]

● ● ●

탄소중립 사회를 이루기 위한 탄소 저감 관련 과학기술 개발 현황을 알아보고, 이의 적용 사례를 제시할 수 있다.

➡ 지구온난화의 영향으로 북극해의 얼음 면적은 점차 감소하는 추세이다. 국립기상과학원의 북극 해빙 감시 시스템에 의하면 2015년 9월의 북극해 얼음 면적은 2010년 9월보다 약 7.7% 감소한 것으로 나타났다. 북극해의 얼음 면적이 감소하면 지구환경에 여러 문제가 발생하지만, 다른 관점에서는 북극의 자원 탐사가 활발히 이뤄질 수 있다. 북극해에는 막대한 양의 석유와 천연가스가 매장되어 있을 것으로 추정되고, 철과 구리를 포함한 고부가 가치의 광물 자원, 한류성 어종을 비롯한 수산 자원이 분포하는 것으로 알려져 있다. 북극해 부근의 자원의 종류와 그 활용 방법에 대해 탐구해 보자.

관련 학과) 물리학과, 지구환경과학과, 해양학과, 화학과, 환경학과
《과학자들은 왜 깊은 바다로 갔을까?》, 김동성 외 31명, 교보문고(2022)

[12기환03-04]

● ● ●

기후위기와 환경생태 변화에 대응하기 위한 국제 사회의 노력을 알아보고, 민주 시민으로서 참여 방안을 제안할 수 있다.

➡ 폭우나 태풍, 해일이 없이 바닷물이 넘쳐 일어나는 침수 피해를 '마른하늘에 홍수(sunny day flooding)'라고 한다.

미국의 과학자들이 사례를 집계하여 분석한 결과 미국 동부와 남부 연안에서 이런 마른하늘의 홍수가 급격히 늘고 있다고 한다. 노퍽 시에서 대서양을 따라 남쪽으로 800㎞를 가면 조지아주의 작은 섬마을 티비 아일랜드가 나오는데 육지와 도로로 연결되어 있다. 최근 해수면이 높아지면서 침수가 잦아짐에 따라 티비 아일랜드는 고립된 섬이 되고 있다. 지구온난화로 해수면이 상승하는 이유에 대해 조사하고, 그 과정에 대해 탐구해 보자.

(관련 학과) 대기과학과, 물리학과, 지구환경과학과, 해양학과, 환경학과

《물이 몰려온다》, 제프 구델, 박중서 역, 북트리거(2021)

선택 과목	수능		절대평가	상대평가
융합 선택	X		5단계	X

단원명 | 융합과학 탐구의 이해

| 🔍 | 인류 사회, 문제해결, 융합적 탐구, 예술, 창작, 탐구 과정, 데이터의 종류와 가치, 지식의 창출

[12융탐01-01] ●●●

과학이 다양한 분야와 연계하여 인류 사회의 문제해결에 기여하였음을 이해하고, 융합적 탐구의 유용성을 느낄 수 있다.

➡️ 자연과학은 생물학, 화학, 지질학 등과 연계하여 환경 문제를 해결하는 데 도움을 주며, 이러한 연계는 복잡한 문제에 대한 효과적인 해결책을 찾는 데 중요한 역할을 한다. 자연과학과 사회 전반에 관한 융합적 탐구를 통해 과학의 윤리적 측면과 사회적 영향을 이해할 수 있다. 따라서 과학적 결정이 사회에 미치는 영향을 고려할 수 있는 시민을 양성하는 것이 중요하다. 자연과학이 다양한 분야와 연계하여 인류 사회의 문제를 해결하는 데 기여한 사례를 조사하여 토론해 보자.

관련 학과 자연계열 전체

《문과 남자의 과학 공부》, 유시민, 돌베개(2023)

[12융탐01-02] ●●●

예술에서의 창작이나 사회과학적 탐구 과정을 이해하고, 과학적 탐구 과정과의 공통점과 차이점을 비교할 수 있다.

➡️ 과학적 탐구는 주로 자연과학과 다양한 분야의 연구를 수행할 때 이루어진다. 이는 자연현상이나 기술적 문제를 다루며, 실험과 데이터 수집 및 분석을 통해 현상을 이해하고 문제를 해결하는 데 중점을 둔다. 창작은 주로 예술 분야에서 이루어지고, 감각적·감정적·미적인 표현을 중심으로 하며 그림, 작곡, 무용 등이 그 예에 해당한다. 사회과학적 탐구는 사회와 문화적 주제를 다루며, 문제 해결과 인간 행동 이해에 초점을 맞추어 조사·분석 등의 방법을 활용한다. 예술 창작이나 사회과학적 탐구 과정에서 나타난 문제 해결 사례를 조사하고, 과학적 탐구 과정과의 공통점과 차이점을 비교하여 보고서를 작성해 보자.

관련 학과 자연계열 전체

《과학을 보다》, 김범준 외 3명, 알파미디어(2023)

[12융탐01-03] ●●●

과학적 탐구 과정에서 사용되는 다양한 데이터의 종류를 이해하고, 지식의 창출 과정에서 데이터의 가치와 중요성을 인식할 수 있다.

➡️ 과학적 탐구는 다양한 종류의 데이터를 활용하여 주변의 현상에 대한 지식을 확장하고 이해를 심화시키는 과정을 말한다. 실험, 관측, 모의실험, 문헌 자료, 통계 자료 등의 데이터가 과학적 탐구에 활용되며, 이러한 데이터의 분석과 해석을 통해 새로운 통찰력을 얻고 이론을 발전시킨다. 과학적 탐구 과정에서 사용되는 관심 분야의 데이터를 조사하고, 지식의 창출 과정에서 과학적 데이터가 어떤 가치를 지니고, 왜 중요한지를 중심으로 글을 작성해 보자.

관련 학과 대기과학과, 동물자원과학과, 물리학과, 분자생물학과, 생명과학과, 수학과, 식물자원학과, 지구환경과학과, 천문우주학과, 축산학과, 통계학과, 해양학과, 화학과, 환경학과

지속가능한 미래를 위한 기후변화 데이터북

박훈, 사회평론아카데미(2024)

책 소개

이 책은 기후위기의 시대에 기후 급변점을 막기 위해 행동하는 시민이 꼭 알아야 할 '기후변화 데이터'를 담았다. 기후변화에 관한 최신 과학의 평가, 기후변화를 이해하는 데 꼭 필요한 생태계와 에너지, 경제 등에 관한 국내외 정부, 연구기관, 국제기구의 통계 자료와 보고서 등 기후변화 관련 데이터를 소개한다. 지구온난화에 따른 국내외 기후위기 현황을 있는 그대로 보여 주어 경각심을 일깨워 준다. 또한 기후 행동에 나섰을 때의 긍정적인 데이터도 함께 제시해 적극적인 행동의 변화를 촉구한다.

세특 예시

교과연계도서 발표활동에서 '지속가능한 미래를 위한 기후변화 데이터북(박훈)'을 읽고 과학적 탐구 과정에서 사용되는 다양한 데이터의 종류를 조사한 후, 데이터의 가치가 중요한 이유를 중심으로 글을 작성함. 과학적 탐구는 다양한 종류의 데이터를 활용하여 지식을 확장할 수 있다는 것을 말하며, 실험, 관측, 모의실험, 문헌 자료, 통계 등을 통해 데이터의 가치와 중요성을 설명함.

[12융탐01-04] ● ● ●

인공지능을 포함한 디지털 탐구 도구나 기술의 활용 사례를 조사하고, 과학적 탐구 과정에서 디지털 탐구 도구와 기술 활용의 의의를 평가할 수 있다.

➡️ 과학적 탐구 과정에서 디지털 탐구 도구나 기술을 활용하면 과학적 발견과 연구에 혁신을 가져올 수 있다. 온라인 라이브러리와 데이터베이스를 통해 학술 자료에 손쉽게 접근할 수 있으며, 빅데이터 분석 도구를 활용하면 방대한 데이터에서 통계적 패턴을 쉽게 발견할 수 있다. 또한 시뮬레이션과 모의실험 소프트웨어를 이용하여 복잡한 현상을 모델링하고 이해하는 것도 가능하다. 가상 현실 기술은 현실적인 환경을 조성하여 학습과 실험을 강화하고, 온라인 협업 도구는 과학자들 간의 협업을 촉진한다. 생물정보학 도구는 유전체 분석과 단백질 상호작용 등을 연구하는 데 활용되며, 온라인 교육 자료와 플랫폼은 과학 지식을 일반 대중에게 보다 쉽고 재미있게 보급하는 데 중요한 역할을 한다. 과학적 탐구를 목적으로 사용할 수 있는 디지털 탐구 도구나 기술의 활용 사례를 조사하고 발표해 보자.

관련 학과 자연계열 전체

《**디지털 교육 트렌드 리포트 2024》,** 박기현 외 12명, 테크빌교육(2023)

단원명 | 융합과학 탐구의 과정

🔍 관찰, 경험, 데이터, 탐구 문제, 모형, 고안, 문제해결, 탐구 도구, 데이터 수집, 타당성, 신뢰성, 시각 자료, 평균, 표준편차, 가설, 분석 결과, 결론 도출, 발표, 토론

[12융탐02-01] ● ● ●

실생활에서 관찰이나 경험을 통해 직접 얻은 데이터나 공개된 데이터를 가공하여 융합적 탐구 문제를 스스로 발견할 수 있다.

➡ 과학 분야에서 자신만의 융합적 탐구 문제를 발견하는 방법 중 하나는 일상생활 속 궁금증에 대해 조사하는 것이다. 일례로 동네 가게에서 파는 전구의 성능과 에너지 효율에 관심이 있다면, 직접 실험을 통해 각 전구의 밝기, 전력 소비량 등을 측정하고 비교할 수 있다. 또한 공공 데이터베이스에서 전국의 폐기물 처리 시설에 대한 정보를 찾아서 내가 사는 지역의 재활용 비율과 환경 영향을 연구하는 등의 탐구활동도 가능하다. 이러한 관찰, 실험, 데이터 분석을 통해 관심 분야의 문제를 탐구하는 과정을 경험할 수 있다. 실생활에서 관찰이나 경험을 통해 직접 얻은 데이터나 공개된 데이터를 가공하여 융합적 탐구 문제를 스스로 발견하는 데이터 과학자들을 조사하고, 연구 방법이나 다양한 사례를 조사하여 발표해 보자.

관련 학과 대기과학과, 물리학과, 분자생물학과, 수학과, 식품영양학과, 지구환경과학과, 천문우주학과, 통계학과, 해양학과, 화학과, 환경학과

데이터 과학자의 일

박준석 외 10명,
휴머니스트(2021)

책 소개

이 책은 다양한 분야에서 활동하고 있는 데이터 과학자들이 모여 데이터 과학의 현재를 알려 준다. 연구 방법론, 인공지능과 머신러닝, 결측 데이터 등 데이터 과학의 이론과 발전에 관해 설명한다. 금융, 게임, 스포츠, 보안, 의학, 교육 등의 분야에서 데이터 과학이 어떻게 활용되는지도 알려 준다. 데이터와 정보에 둘러싸여 살아가는 현대인이라면 꼭 알아야 할 흥미로운 내용이 가득하다.

세특 예시

교과연계도서 발표활동에서 '데이터 과학자의 일(박준석 외)'을 읽고, 데이터 과학자들에 대해서 파악한 후 연구 방법을 조사하여 보고서를 작성함. 데이터 과학자들의 연구 방법론, 인공지능과 머신러닝, 결측 데이터 등 데이터 과학의 이론과 발전에 대해서 조사함. 데이터 과학자들이 금융, 게임, 스포츠, 보안, 의학, 교육 등의 분야에서 데이터를 활용하는 방법을 설명함.

[12융탐02-02] ● ● ●

융합적 탐구 문제해결을 위한 가설이나 모형을 고안하고, 문제를 해결할 수 있는 방법이나 절차 등을 설계할 수 있다.

➡ 도시를 중심으로 융합적 탐구 문제해결을 위한 가설이나 모형을 고안하고, 도시 교통 혁신이라는 주제를 중심

문제를 해결해 나갈 수 있다. 일례로 현재의 도시 교통 문제에 대해 '도시 교통 혼잡은 환경오염과 시간 낭비를 초래한다'와 같은 가설을 설정하고, 대중교통 개선, 자율주행자동차 도입, 자전거 도로 확장 등 다양한 해결책을 제시할 수 있는 것이다. 관심 있는 분야에서 융합적 탐구 문제해결을 위한 가설이나 모형을 설정하고, 연구 방법이나 절차를 고민하여 탐구활동 계획서를 작성해 보자.

관련 학과 ▶ 대기과학과, 물리학과, 분자생물학과, 수학과, 식품영양학과, 지구환경과학과, 천문우주학과, 통계학과, 해양학과, 화학과, 환경학과

《시그널 코리아 2024》, (사)미래학회, 광문각출판미디어(2023)

[12융탐02-03] • • •

디지털 탐구 도구를 포함한 다양한 도구를 활용하여 데이터를 수집하고, 수집한 데이터의 타당성과 신뢰성을 평가할 수 있다.

➡ 과학에서 디지털 탐구 도구는 현대 과학 연구를 지원하는 데 사용되는 디지털 도구와 소프트웨어를 나타낸다. 이러한 도구들은 데이터 수집, 분석, 시각화, 시뮬레이션, 모델링, 실험 설계 및 협업을 하는 데 사용된다. 과학 자들은 이러한 도구들을 활용하여 데이터를 분석하고 모델을 개발하며 현상을 시뮬레이션하고, 현실 세계의 복잡한 문제에 대한 해결책을 찾는 데 도움을 받는다. 스프레드시트 프로그램을 사용하여 주변의 데이터를 수집하고, '스프레드시트를 활용한 지역 환경 데이터 분석'을 주제로 탐구 보고서를 작성해 보자.

관련 학과 ▶ 대기과학과, 물리학과, 분자생물학과, 수학과, 식품영양학과, 지구환경과학과, 천문우주학과, 통계학과, 해양학과, 화학과, 환경학과

《엑셀 데이터 분석 바이블》, 최준선, 한빛미디어(2021)

[12융탐02-04] • • •

융합적 탐구 과정을 통해 얻은 데이터를 탐구 목적이나 맥락에 맞게 시각 자료로 표현할 수 있다.

➡ 융합적 탐구 과정을 통해 얻은 데이터를 탐구 목적이나 맥락에 맞게 시각화하여 표현하는 것은 데이터를 이해하고 전달하는 데 큰 도움이 된다. 데이터 시각화를 통해 탐구 결과를 명확하게 표현하고 효과적으로 전달할 수 있기 때문이다. 관심 있는 분야의 실험을 설계하고 데이터를 수집한 후 다양한 시각 자료로 표현하여 과학실에 전시해 보자.

관련 학과 ▶ 대기과학과, 물리학과, 분자생물학과, 수학과, 식품영양학과, 지구환경과학과, 천문우주학과, 통계학과, 해양학과, 화학과, 환경학과

《엑셀 기초와 데이터 시각화》, 유현배, 홍릉(2023)

[12융탐02-05] • • •

평균, 표준편차 등을 바탕으로 데이터의 특성을 파악하고, 이를 토대로 가설이나 모형을 평가할 수 있다.

➡ 다양한 자연과학 데이터셋을 수집해 평균, 중앙값, 표준편차 등의 기초 통계량을 계산하고, 데이터의 분포와 특성을 분석할 수 있다. 이러한 통계량은 가설을 설정하고 이를 검증하는 데 활용된다. 이를 통해 자연과학 데이터 분석의 중요성과 응용 가능성을 이해하고, 실제 자연과학 문제 해결에 필요한 통계적 사고 능력을 기를 수 있다. 자연과학 분야에서 평균과 표준편차가 어떻게 사용되는지 조사한 후, 표로 정리하여 발표해 보자.

관련 학과 ▶ 자연계열 전체

《통계학대백과사전》, 이시이 도시아키, 안동현 역, 동양북스(2022)

국어 교과군
영어 교과군
수학 교과군
도덕 교과군
사회 교과군
과학 교과군

[12융탐02-06]

데이터 분석 결과를 바탕으로 결론을 도출하고 평가할 수 있다.

➡️ 데이터 분석 결과를 바탕으로 결론을 도출하기 위해서는 자연과학 데이터셋을 수집하고, 자연과학적 문제 해결 과정을 체계적으로 분석해야 한다. 먼저, 데이터의 평균, 중앙값, 표준편차 등의 기초 통계량을 계산하고, 데이터 분포를 시각화하여 특성을 파악한다. 그런 다음, 특정 자연과학적 가설을 설정하고 이를 검증하기 위한 통계적 기법을 적용한다. 지속가능발전 가능한 기술 개발과 관련된 탐구주제를 선정하여 데이터 분석을 실시한 후, 다양한 영상 및 시각 자료, 강조 텍스트 및 키워드, 명확하고 간결한 언어 사용 등 다양한 표현 방법을 활용하여 탐구 결과를 발표해 보자.

`관련 학과` 자연계열 전체

《교과세특 탐구활동 솔루션》, 한승배 외 2명, 캠퍼스멘토(2023)

[12융탐02-07]

다양한 표현 방법을 활용하여 융합적 탐구 문제, 과정, 결과, 결론 등을 효과적으로 발표하고 토론할 수 있다.

➡️ 도시와 관련된 융합적 탐구 문제를 해결하기 위해서 '도시의 지속가능한 발전을 위한 스마트 도시 프로젝트의 영향 평가'를 주제로 탐구 문제, 탐구 과정, 탐구 결과, 결론 등을 설명할 수 있다. 탐구 과정에서는 교통 데이터, 에너지 사용량, 폐기물 처리 정보, 대기 오염 데이터, 경제 활동과 인구 증가 등의 데이터를 수집하고 분석한 후 시각 자료를 제작하여 결론을 도출할 수 있다. 이와 같이 관심 있는 분야의 융합적 탐구 문제를 설정하고 보고서를 작성한 후 발표해 보자.

`관련 학과` 자연계열 전체

《과학의 눈으로 세상을 봅니다》, 이정모, 오도스(2024)

단원명 | 융합과학 탐구의 전망

🔍 과학기술, 미래 사회, 융합과학기술, 인류의 난제, 탐구 윤리, 윤리적 쟁점, 사회문제해결

[12융탐03-01]

과학기술의 변화와 발전을 고려하여 미래 사회에 등장할 새로운 융합과학기술을 예측할 수 있다.

➡️ 새롭게 출현한 융합기술의 예로, 3D 프린팅과 인공지능 기술이 활용된 개인 맞춤형 의료기기 제조 기술이 있다. 또한 나노 기술과 의료 분야의 융합으로 나노 의학에서 진단 및 치료 기술이 발전하고 있다. 에너지 저장 시스템에 태양광 및 전기자동차 충전 시스템을 연결한 스마트 그리드 기술도 최근 눈에 띄는 융합기술 중 하나이다. 이러한 기술들은 기존 기술을 결합하거나 혁신하여 새로운 분야나 산업을 개척하는 데 기여하고 있다. 관심 있는 자연과학 분야에서 연구·개발 중인 융합과학기술을 조사하여 보고서를 작성해 보자. 이를 통해 융합과학기술이 자연과학 연구에 미치는 영향을 종합적으로 분석한 후 PPT로 제작하여 발표해 보자.

`관련 학과` 자연계열 전체

《비전공자도 이해할 수 있는 AI 지식》, 박상길, 반니(2024)

[12융탐03-02]　● ● ●

오늘날 인류가 겪고 있는 난제를 융합과학기술을 활용하여 해결할 수 있는 방안에 대해 토의할 수 있다.

➡️ 오늘날 인류는 지속가능한 에너지 확보와 기후변화 대응, 의료 기술 발전과 공중보건 강화, 교육과 인적 자원 개발, 자동화로 인한 일자리 변화, 도시화와 교통 혼잡 문제 등 다양한 도전에 직면해 있다. 이러한 문제들은 과학과 기술의 융합적 접근을 통해 해결의 실마리를 찾을 수 있다. 예를 들어, 재생에너지와 스마트 그리드 기술은 에너지와 환경 문제를 완화시키고, 원격 의료와 인공지능 진단 시스템은 의료 분야의 혁신에 기여하고 있다. 여러 난제 중에서 관심 있는 주제를 선정한 뒤 융합과학기술을 활용해 해결할 수 있는 방안에 대해 토의해 보자.

관련 학과 대기과학과, 동물자원과학과, 물리학과, 분자생물학과, 생명과학과, 수산생명의학과, 수학과, 식품영양학과, 의류학과, 지구환경과학과, 천문우주학과, 통계학과, 해양학과, 화학과, 환경학과

《김범준의 이것저것의 물리학》, 김범준, 김영사(2023)

[12융탐03-03]　● ● ●

융합과학 탐구 과정에서 준수해야 할 윤리에 대해 알아보고, 과학기술의 발달에 따라 발생할 수 있는 윤리적 쟁점을 토론할 수 있다.

➡️ 융합과학은 다양한 학문 영역을 통합하고 경계를 넘어 상호작용함으로써 새로운 지식과 혁신을 창출하는 과정이다. 융합과학의 탐구 과정은 여러 단계로 나뉘는데, 우선 다양한 분야의 전문가들이 모여 문제를 정의하고 접근 방식을 결정한다. 이어서 각 분야의 지식을 융합하여 문제해결에 대한 새로운 접근법을 개발한다. 이 과정에서 실험, 모델링, 데이터 분석, 혁신적 기술 개발 등이 사용된다. 마지막으로, 이러한 접근법과 기술을 실제 문제해결에 적용하고, 그 결과를 평가하고 수정하는 과정을 거친다. 이러한 융합과학 탐구 과정에서 지켜야 할 원칙을 토의를 통해서 합의하고, '융합과학 탐구 과정 3가지 원칙'을 작성하여 온라인 협업 사이트에 게시해 보자.

관련 학과 대기과학과, 동물자원과학과, 물리학과, 분자생물학과, 생명과학과, 수산생명의학과, 수학과, 식품영양학과, 의류학과, 지구환경과학과, 천문우주학과, 통계학과, 해양학과, 화학과, 환경학과

《원병묵 교수의 과학 논문 쓰는 법》, 원병묵, 세로북스(2021)

[12융탐03-04]　● ● ●

융합과학기술을 활용하여 사회문제를 해결하는 과정에서 시민참여가 문제해결에 도움을 준 사례를 제시할 수 있다.

➡️ 스마트 그리드 시스템은 융합과학기술을 활용해 에너지 문제를 해결한 대표적 사례로, 전력망에 정보통신기술을 접목해 전기 사용량과 공급량, 전력선을 실시간으로 모니터링하고 관리함으로써 에너지 효율을 극대화한다. 예를 들어, 스마트 미터를 설치하면 가정이나 기업에서 사용하는 전력량을 실시간으로 측정하고, 이 데이터를 기반으로 에너지 사용 패턴을 분석할 수 있다. 이처럼 융합과학기술을 활용하여 에너지 문제를 해결하는 방법에 대해서 토의하고, '스마트 그리드와 재생 가능 에너지 통합 관리 시스템 설계'를 주제로 탐구 보고서를 작성해 보자.

관련 학과 자연계열 전체

《도시를 움직이는 모든 것들의 과학》, 로리 윙클리스, 이재경 역, 반니(2020)

교과세특 탐구주제 바이블 _자연계열(2022 개정 교육과정 적용)

1판 1쇄 찍음   2025년 2월 3일

출판   (주)캠토
저자   안병선·안준범·이남설·김래홍·허정욱·전소영·고재현·은동현·강서희·김강석·한승배·서수환·유홍규

총괄기획   이사라 (lsr@camtor.co.kr)
디자인   Gem
R&D   오승훈·민하늘·박민아·최미화·강덕우·송지원·국희진·양채림·윤혜원·송나래·황건주
미디어사업   이동준
교육사업   문태준·박흥수·정훈모·송정민·변민혜
브랜드사업   윤영재·박선경·이경태·신숙진·이동훈·김지수·조용근·김연정
경영지원   김동욱·지재우·임철규·최영혜·이석기·노경희
발행인   안광배

주소   서울시 서초구 강남대로 557(잠원동, 성한빌딩) 9F
출판등록   제 2012-000207
구입문의   (02) 333-5966
팩스   (02) 3785-0901
홈페이지   www.campusmentor.co.kr (교구몰)

ISBN 978-11-92382-44-9
ISBN 978-11-92382-41-8 (세트)